Der Bayerische Industrie-
und Handelskammertag 1909–1936

Europäische Hochschulschriften

Publications Universitaires Européennes
European University Studies

Reihe III
Geschichte und ihre Hilfswissenschaften

Série III Series III
Histoire, sciences auxiliaires de l'histoire
History and Allied Studies

Bd./Vol. 1037

PETER LANG
Frankfurt am Main · Berlin · Bern · Bruxelles · New York · Oxford · Wien

Sandra Flatscher

Der Bayerische Industrie- und Handelskammertag 1909–1936

Entstehung – Entwicklung – Tätigkeit

PETER LANG
Europäischer Verlag der Wissenschaften

Bibliografische Information der Deutschen Nationalbibliothek
Die Deutsche Nationalbibliothek verzeichnet diese Publikation in der Deutschen Nationalbibliografie; detaillierte bibliografische Daten sind im Internet über <http://www.d-nb.de> abrufbar.

Zugl.: Passau, Univ., Diss., 2005

D 739
ISSN 0531-7320
ISBN 3-631-56014-1

www.peterlang.de

Danksagung

Eine Arbeit wie diese kann nicht entstehen ohne die Hilfe und Unterstützung vieler Menschen, bei denen ich mich an dieser Stelle herzlich bedanken möchte. Dieser Dank geht in erster Linie an Herrn Prof. Dr. Winfried Becker, der indirekt den Anstoß zu diesem Thema gab und der die Arbeit stets mit einem offenen Ohr und Verbesserungsvorschlägen begleitet hat. Bedanken möchte ich mich auch bei Herrn PD Dr. Bernhard Löffler, der unerschrocken die Zweitkorrektur dieses umfangreichen Werks übernommen hat.

Ein großes Dankeschön gilt allen Mitarbeitern der von mir besuchten Bibliotheken und Archive, die mich stets freundlich empfangen und in jeder Hinsicht unterstützt haben. Namentlich erwähnen möchte ich Frau Angela Güntner von der Universitätsbibliothek Passau, Frau Dr. Eva Moser, Herrn Dr. Richard Winkler, Herrn Harald Müller und Frau Gabriele Köpke vom Bayerischen Wirtschaftsarchiv in München, Frau Dr. Gigl vom Bayerischen Hauptstaatsarchiv, Frau Petra Martensen und Herrn Dr. Martin Kammerer von der IHK Regensburg, Frau Ursula Zeibig von der IHK Nürnberg sowie Frau Sabine Fuchs-Hilbrich und Frau Sonja Tribowski von der IHK Ludwigshafen am Rhein. Das Bayerische Wirtschaftsarchiv hat darüber hinaus die Drucklegung dieser Arbeit durch einen äußerst großzügigen Zuschuß aus eigenen Mitteln sehr erleichtert.

Daneben gibt es noch eine Reihe anderer Personen, die zum Gelingen dieser Arbeit wesentlich beigetragen haben. Herr Hans Ziegenfuß, der langjährige Geschäftsführer der IHK Passau, hat mich in großzügiger Weise mit Literatur und Materialien zur IHK Passau versorgt. Herr Hans Stadler hat durch seine „logistische Unterstützung" meine Archivbesuche in München sehr erleichtert (danke auch für so manches Eis an heißen und weniger heißen Sommertagen!). Herr Dipl.-Ing. Florian Namberger hat unter Aufopferung seiner knappen Freizeit die Abbildungen in dieser Arbeit erstellt.

Meinen Eltern Maria und Hubert Pickl möchte ich herzlich für ihre Geduld, ihr Verständnis und ihre Unterstützung in all diesen Jahren danken. Ohne sie hätte diese Arbeit niemals entstehen können.

Der größte Dank gebührt meinem Mann Maurice Flatscher, der die Entstehung dieser Arbeit mit mir durchlebt und durch-„litten" hat. Er war stets zu Diskussionen über den Bayerischen Handelskammertag bereit, las Korrektur und hat sich so selbst fast zu einem Experten in dieser Frage entwickelt. Er hat meine Launen ertragen und mir geholfen, Krisen zu meistern, über manche Schreibblockade hinwegzukommen und den Blick fürs Wesentliche nicht zu verlieren. Ohne ihn wäre es mir nicht möglich gewesen, diese Arbeit zu beenden. Dafür bin ich ihm von Herzen dankbar.

Sandra Flatscher

INHALTSVERZEICHNIS

Tabellen- und Abbildungsverzeichnis

1. Tabellen:

2. ABBILDUNGEN:

ABKÜRZUNGSVERZEICHNIS

AEG	Allgemeine Elektrizitäts-Gesellschaft
BASF	Badische Anilin- und Soda-Fabrik
Bd.	Band
BdI	Bund der Industriellen
BHStA	Bayerisches Hauptstaatsarchiv, München
BMW	Bayerische Motorenwerke
BStA	Bayerisches Staatsarchiv
BHK	Bayerischer Handelskammertag
BIHK	Bayerischer Industrie- und Handelskammertag
BIV	Bayerischer Industriellen-Verband
BWA	Bayerisches Wirtschaftsarchiv, München
BVP	Bayerische Volkspartei
CDI	Centralverband Deutscher Industrieller
DAF	Deutsche Arbeitsfront
d.h.	das heißt
DHT	Deutscher Handelstag
DIHT	Deutscher Industrie- und Handelstag
DNVP	Deutsch-nationale Volkspartei
fl.	Silbergulden
GK	Gewerbekammer
hg.	herausgegeben
HGK(n)	Handels- und Gewerbekammer(n)
HK(n)	Handelskammer(n)
HWK(n)	Handwerkskammer(n)
IHK(n)	Industrie- und Handelskammer(n)
Jg.	Jahrgang
k(gl.)	königlich
M	Mark
MAN	Maschinenfabrik Augsburg-Nürnberg
Mio.	Million(en)
MSPD	Mehrheits-Sozialdemokratische Partei Deutschlands
NSDAP	Nationalsozialistische Deutsche Arbeiterpartei
o.J.	ohne Jahr
o.O.	ohne Ort
RM	Reichsmark
SA	Sturmabteilung
sog.	sogenannt
SPD	Sozialdemokratische Partei Deutschlands
USPD	Unabhängige Sozialdemokratische Partei Deutschlands
VO	Verordnung

EINLEITUNG

1. FORSCHUNGSGEGENSTAND

Die deutschen Industrie- und Handelskammern bilden, wie Volker Dorsch es ausdrückte, trotz ihrer langen, zum Teil schon 200jährigen Geschichte immer noch eine Art „terra incognita relicta“ innerhalb der Verbandshistoriographie.[1] Kritische Darstellungen der Entstehung und Entwicklung der einzelnen Kammern sind, von den notwendigerweise knappen und teils auch tendenziösen Jubiläumsschriften der Kammern selbst einmal abgesehen, auch heute noch nicht die Regel. Mehr Beachtung in der Forschung fand und findet dagegen der 1861 gegründete Deutsche Industrie- und Handelstag als allgemeiner Dachverband der deutschen Industrie- und Handelskammern.[2] Nahezu gänzlich unbeachtet blieben jedoch bisher die Kammerverbände auf Länderebene, die in der Literatur bisher nur am Rande, im Zusammenhang mit der Darstellung der Geschichte ausgewählter Kammern, erwähnt werden.[3] Auf Zusammensetzung, Arbeitsweise und behandelte Themen wird dabei höchst selten – und wenn, dann sehr kurz – eingegangen.

Gleiches gilt für den Bayerischen Industrie- und Handelskammertag. Bereits 1883 gab es, ausgehend von einer Initiative der Handels- und Gewerbekammer für Oberbayern, den Versuch eines Zusammenschlusses der acht Handelskammern auf dem Gebiet des damaligen Königreichs Bayern zu einem Handels- und Gewerbekammertag. Diese Initiative entsprach durchaus dem Geist jener Zeit, hatten sich doch in den Jahren zuvor auch die Kammern anderer deutscher Länder zu Kammertagen und -verbänden zusammengeschlossen; allerdings scheiterte sie noch im gleichen Jahr. Nach einigen weiteren erfolglosen Anläufen kam es deshalb in Bayern erst 1909 – im deutschen Vergleich also sehr spät – zur Gründung eines Handelskammertages. Er umfaßte, wie 1883 schon vorgesehen, alle acht Handelskammern des Königreichs, in deren Namen er fortan gegenüber

---

[1] DORSCH, Volker: Die Handelskammern der Rheinprovinz in der zweiten Hälfte des 19. Jahrhunderts: eine Studie zu Funktion und Entwicklung wirtschaftlicher Interessenvertretungen, Wiesbaden 1982, zugl. Diss. Frankfurt/M. 1979, S. 3f.

[2] Exemplarisch sei verwiesen auf LICHTER, Jörg: Die Handelskammern und der Deutsche Handelstag im Interessengruppensystem des Deutschen Kaiserreichs, Köln 1996 (LICHTER bezieht sich trotz des Titels in erster Linie auf den Deutschen Handelstag) sowie auf SCHÄFER, Dieter: Der Deutsche Industrie- und Handelstag als politisches Forum der Weimarer Republik. Eine historische Studie zum Verhältnis von Politik und Wirtschaft, Hamburg 1966.

[3] Eine Ausnahme bilden die Kammerzweckverbände im heutigen Nordrhein-Westfalen, denen sich gleich zwei Darstellungen widmen: KÖNIG, Ingrid: Handelskammern zwischen Kooperation und Konzentration. Vereinigungen, Arbeitsgemeinschaften und Zweckverbände von Handelskammern im niederrheinisch-westfälischen Industriegebiet 1890 bis 1933, Diss. Köln 1981; THALMANN, Frauke: Die Industrie- und Handelskammern im Ruhrgebiet während der Weimarer Republik: Wirkungsgeschichte und Handlungsspielräume zwischen Konkurrenz und Kooperation, Berlin 1996, zugl. Diss. Bochum.

Regierung, Parlament, Verwaltung und Öffentlichkeit auftrat. Der damalige bayerische Ministerpräsident, Freiherr von Podewils, konnte ihn daher auf der Gründungsveranstaltung am 2. März 1909 als „berufene Vertretung des Gesamtwillens der bayerischen Industrie- und Handelskreise" bezeichnen, da er, im Gegensatz zu den branchenspezifischen Fachverbänden wie dem Bayerischen Industriellenverband oder der Arbeitsgemeinschaft des Bayerischen Einzelhandels, als einziges Spitzengremium in Bayern sowohl Industrie- als auch Handelsinteressen repräsentierte. Weil der Handelskammertag jedoch, wie die einzelnen Kammern auch, gehalten war, diese zum Teil gegenläufigen Interessen gegeneinander abzuwägen, waren damit zugleich auch Konfliktlinien zwischen ihm und ebendiesen Fachverbänden vorprogrammiert, die sich besonders während des Ersten Weltkrieges und der anschließenden Übergangszeit manifestierten.

Der Bayerische Handelskammertag nahm sich in den Jahren nach seiner Gründung einer Vielzahl von Angelegenheiten an, die die Belange der Wirtschaft berührten. Zuvor jedoch galt es, eine funktionierende, allen beteiligten Kammern gerecht werdende Arbeitsweise festzulegen. Eine erste Zäsur brachte der 1914 beginnende Weltkrieg, der die Handelskammern unerbittlich in die Kriegswirtschaft mit einband und dadurch auch auf Arbeitsweise und Themen des Handelskammertages entscheidenden Einfluß nahm. Aufgrund der politischen Umwälzungen der Jahre 1918/19 gelang es dem Kammertag auch nach Kriegsende nicht, zur klar strukturierten Arbeitsweise der Vorkriegszeit zurückzukehren; in den folgenden Jahren der Weimarer Republik trugen die wirtschaftlichen Krisen wie Inflation und Weltwirtschaftskrise das Ihrige dazu bei. 1920 wurde der Handelskammertag um die Handelskammer Coburg erweitert; 1927 erhielt er im Zuge der allgemeinen Umbenennung der Handelskammern die neue Bezeichnung „Bayerischer Industrie- und Handelskammertag", womit der seit dem Weltkrieg gestiegenen Bedeutung der Industrie Rechnung getragen werden sollte. Die Machtübernahme durch die Nationalsozialisten 1933 veränderte nicht nur die politischen Vorzeichen erneut, sondern machte auch vor der Zusammensetzung und Tätigkeit der Handelskammern und damit auch des Industrie- und Handelskammertages nicht halt. Nach mehreren Versuchen der neuen Führungsriege des Kammertages, die Struktur des Gremiums den „Erfordernissen" der neuen Zeit anzupassen, war bereits 1936 klar, daß es für die auf freiwilliger Basis gebildeten Kammerverbände keinen Platz im „organischen Aufbau der deutschen Wirtschaft" gab; zusammen mit den anderen Landesverbänden wurde der Bayerische Industrie- und Handelskammertag am 10. September 1936 aufgelöst.

In diesen 27 Jahren, von 1909 bis 1936, koordinierte der Bayerische Industrie- und Handelskammertag die Positionen und Aktivitäten der acht, ab 1920 neun bayerischen Handelskammern, förderte die Selbstverwaltung der Wirtschaft, stand in engem Kontakt zur Staatsregierung und den Behörden und wirkte auf diese Weise auf Gesetzentwürfe und Verwaltungsakte ein. Umso erstaunlicher erscheint es, daß die Forschung den Bayerischen Industrie- und Handelskammertag bisher weitgehend ignoriert hat.

2. Quellenlage und Literatur

Dabei mangelt es an Quellen keineswegs.[4] Das Bayerische Wirtschaftsarchiv in München, eine 1994 entstandene und der Münchner Kammer angegliederte Gemeinschaftseinrichtung der nunmehr zehn Industrie- und Handelskammern des Freistaates, verwahrt die überlieferten Akten des Handelskammertages. Briefe, Aktennotizen und besonders die Sitzungsprotokolle geben Aufschluß über die Entstehungsgeschichte des Handelskammertages ab 1883 sowie über seine Entwicklung und Aktivitäten nach 1909. Dabei ist in den Unterlagen über seine Tätigkeit zwischen 1909 und 1936 eine Zweiteilung festzustellen: Während die Protokolle bis 1923 äußerst ausführlich und penibel über den Ablauf der einzelnen Tagungen berichten, wurden aus Kostengründen nach dem Ende der Inflation 1923 nur noch sporadisch von einzelnen Sitzungen Niederschriften angefertigt; oftmals sind nur noch Tagesordnungen erhalten.

Ergänzend zu den Beständen des Handelskammertages wurden die ebenfalls im Bayerischen Wirtschaftsarchiv gelagerten Akten der Industrie- und Handelskammer für München und Oberbayern herangezogen. Diese Unterlagen sind für die Darstellung der Tätigkeit des Handelskammertages umso wertvoller, als die Münchner Kammer nicht nur eine federführende Rolle bei der Gründung des Kammertages einnahm, sondern auch während des gesamten betrachteten Zeitraumes als Vorortkammer, d.h. als Geschäftsführerin der Gemeinschaftsinstitution fungierte. Manche Vorgänge und Sachverhalte lassen sich daher erst unter Zuhilfenahme der Akten der Münchner Kammer näher erläutern.

Um die ab 1924 auftretenden Lücken in den Akten des Industrie- und Handelskammertages so weit wie möglich schließen zu können, wurde auf die Bestände anderer Kammern zurückgegriffen. Als überraschend ergiebig erwies sich dabei das – wissenschaftlich bisher kaum genutzte – Archiv der Industrie- und Handelskammer Ludwigshafen am Rhein, in dessen Akten sich Notizen zu vielen der im fraglichen Zeitraum abgehaltenen Sitzungen finden. Im Bestand der Industrie- und Handelskammer Passau sind einige aufschlußreiche Dokumente zur Wiedergründung des Handelskammertages nach Ende des Zweiten Weltkrieges unter dem Titel der „Arbeitsgemeinschaft der Bayerischen Industrie- und Handelskammern“ erhalten.

Viele der Aktivitäten des Bayerischen Industrie- und Handelskammertages zielten auf direkte Einflußnahme auf behördliche und insbesondere ministerielle

---

[4] An dieser Stelle soll darauf hingewiesen werden, daß Zitate aus Quellen in Orthographie und Interpunktion unverändert übernommen wurden.

Entscheidungsvorgänge ab. Da die im Handelskammertag behandelten Themen ihren Ursprung zu einem nicht geringen Teil in Projekten einzelner Ministerien haben, lassen sich deren Hintergründe oft erst mit Hilfe der im Bayerischen Hauptstaatsarchiv verwahrten Ministerialakten erfassen. Die Eingaben des Kammertages wurden in den Ministerialakten dokumentiert; oftmals finden sich darin auch Dokumente, die die inner- und interministeriellen Entscheidungsprozesse belegen und damit die dem Handelskammertag erteilte Antwort näher beleuchten.

Angesichts dieser Quellenfülle erscheint es umso legitimer, die Frage aufzuwerfen, warum der Bayerische Industrie- und Handelskammertag in der Kammergeschichtsforschung bisher weitgehend unbeachtet blieb. Die Antwort hierauf muß in der bereits erwähnten Vernachlässigung der Kammergeschichte innerhalb der Verbandsforschung gesucht werden, da die Handelskammern aufgrund ihrer Stellung als öffentlich-rechtliche Körperschaften und ihrer Einbindung in das staatliche Verwaltungssystem für viele Historiker nur geringe Attraktivität besaßen.[5] Die Aufarbeitung der Kammergeschichte wurde daher auch in Bayern lange Zeit den Industrie- und Handelskammern selbst überlassen, eine Aufgabe, welcher sich die Kammern durch die Herausgabe von Jubiläumsschriften annahmen. Diese Festschriften bieten oft nur einen komprimierten und wohl auch interessegeleiteten Abriß der Vergangenheit der jeweiligen Kammer mit unterschiedlichen Schwerpunkten und sind daher unter wissenschaftlichen Gesichtspunkten nur bedingt verwendbar.[6] Dennoch wird in der folgenden Darstellung (wenn auch mit der gebotenen Vorsicht) auf diese Schriften zurückgegriffen, da die Geschichte so mancher Kammer bisher nicht in anderer Form bearbeitet wurde.

---

[5] Vgl. die Einschätzung bei KAMMERER, Martin: Interessenvertretungspolitik im Wandel – von der „Oberpfälzisch-Regensburg'schen Handelskammer“ zur Industrie- und Handelskammer Regensburg 1843-1932, Weiden/Regensburg 2002, zugl. Diss. Regensburg 2001, S. 2f.

[6] Vgl. z.B. die Schriften: Am 7. April 1843 – 125 Jahre Industrie- und Handelskammer für München und Oberbayern, hg. von der Industrie- und Handelskammer für München und Oberbayern, München 1968 (konzentriert sich mehr auf die Wirtschaft des Kammerbezirks als auf die Entwicklung der Kammer selbst); 125 Jahre Industrie- und Handelskammer Nürnberg 1843-1968, hg. von der Industrie- und Handelskammer Nürnberg, Nürnberg 1968 (beleuchtet schlaglichtartig die Gründung der HK und gibt Ausblick auf die wirtschaftliche Situation Nürnbergs und Mittelfrankens an der Schwelle zu den 1970er Jahren, blendet die Jahre zwischen 1850 und 1970 aber aus). Ausnahmen von diesem Vorwurf bilden z.B. der Beitrag von SCHÄFER, Dieter: 125 Jahre Industrie- und Handelskammer in Unterfranken, in: 125 Jahre Industrie- und Handelskammer Würzburg-Schweinfurt, hg. von der Industrie- und Handelskammer Würzburg-Schweinfurt, Würzburg [1968], S. 81-189; sowie die Schrift von BRANDT, Harm-Hinrich: „Ein tüchtiges Organ des Handels- und Fabrikantenstandes“. Die Industrie- und Handelskammer Würzburg-Schweinfurt in 150 Jahren, o.O. [1993].

Es gibt für die bayerischen Handelskammern allgemein zwei ältere wissenschaftliche Abhandlungen, die beide, allerdings in der eingangs bereits bemängelten knappen Form, auf die Gründung des Bayerischen Handelskammertages eingehen, ohne diese aber in erschöpfender Weise zu behandeln.[7] Neuere wissenschaftliche Darstellungen existieren von den Kammern Nürnberg und Regensburg. Die Arbeit über die Kammer Nürnberg[8] endet bereits 1889, also noch vor der Gründung des Bayerischen Handelskammertages; ZINNER erwähnt darin auch nicht auf den gescheiterten Gründungsversuch von 1883. KAMMERER, dessen Dissertation[9] über die Kammer Regensburg zeitlich weiter gefaßt ist, geht sowohl auf diesen Versuch als auch auf die tatsächliche Gründung ein, bezieht beides aber, wie es auch durchaus in der Intention seiner Arbeit liegt, vorrangig auf die Handelskammer Regensburg.

Die Tätigkeit des Bayerischen Industrie- und Handelskammertages wird von KAMMERER sporadisch dann aufgegriffen, wenn sie mit den von ihm ausgewählten Tätigkeitsbeispielen der oberpfälzischen Kammer in Zusammenhang steht. Von einer eingehenden Darstellung kann dabei aber nicht gesprochen werden. Ebenso verhält es sich mit den Arbeiten von ZORN/HILLENBRAND[10] und WINKEL[11] über die schwäbische bzw. die oberbayerische Kammer, die hin und wieder, aber keineswegs systematisch auf den Kammertag verweisen.

Die innere Entwicklung des Kammertages zwischen 1909 und 1936 wurde bisher noch nicht beschrieben, ebensowenig die Auflösung des Kammertages im September 1936. Dagegen schildert FUCHS in seiner Dissertation über die Wiedergründung der bayerischen Industrie- und Handelskammern nach 1945[12] bereits die Gründung der Arbeitsgemeinschaft der Bayerischen Industrie- und Handelskammern von 1946. Allerdings beschränkt er sich dabei auf die Akten der Münchner Kammer und versäumt es auch, die Arbeitsgemeinschaft in Be-

---

[7] LEONHARDY, Friedrich: Gliederung der bayerischen „Handels- und Gewerbekammern" und späteren „Handelskammern" bis zur Gegenwart und ihre innere und äußere Handelspolitik in der Zeit von 1869 bis zum Ausbruch des Weltkrieges, Nürnberg 1926, zugl. Diss. Erlangen; STÜRMER, Erich: Die Geschichte des Instituts der Handelskammern in Bayern, Amorbach 1911, zugl. Diss. Erlangen.

[8] ZINNER, Bernd: Die Handelskammer von Mittelfranken. Organisation und gutachtliche Tätigkeit 1842-1889, Nürnberg 1976, zugl. Diss. Erlangen.

[9] KAMMERER: Interessenvertretungspolitik (vgl. oben Anm. 5).

[10] ZORN, Wolfgang/HILLENBRAND, Leonhard: Sechs Jahrhunderte schwäbische Wirtschaft. Beiträge zur Geschichte der Wirtschaft im bayerischen Regierungsbezirk Schwaben (125 Jahre Industrie- und Handelskammer Augsburg), Augsburg 1969.

[11] WINKEL, Harald: Wirtschaft im Aufbruch. Der Wirtschaftsraum München-Oberbayern und seine Industrie- und Handelskammer im Wandel der Zeit, München 1990. Winkel verzichtet leider gänzlich auf einen Anmerkungsapparat; seine Arbeit über die Münchner Kammer ist daher nur bedingt wissenschaftlich zu nennen.

[12] FUCHS, Rainer: Die bayerischen Industrie- und Handelskammern im Wiederaufbau 1945 bis 1948 - Zwischen amerikanischem Demokratisierungswillen und eigener Selbstverwaltungstradition, Diss. München 1988.

ziehung zum früheren Bayerischen Industrie- und Handelskammertag zu setzen. Es erscheint daher durchaus gerechtfertigt, diese Gründung, die im Grunde – wie bei den Industrie- und Handelskammern selbst – nur eine Wiedergründung war, in der vorliegenden Arbeit noch einmal aufzugreifen.

3. ZIELSETZUNG UND VORGEHENSWEISE

Ziel dieser Arbeit ist es, die eingangs erwähnte Lücke in der Kammergeschichtsforschung zumindest für Bayern zu schließen. Im Rahmen dieser Arbeit soll deshalb eine Vielzahl von Fragen beantwortet werden, welche in der Forschung bisher vernachlässigt worden sind: Warum scheiterte der erste Versuch zur Bildung eines Bayerischen Handelskammertages in einer Zeit, in der es in zahlreichen anderen deutschen Ländern bereits solche Vereinigungen gab? Welche Gründe führten 26 Jahre später dennoch zur Bildung einer solchen Institution? Wie organisierten die einzelnen Kammern ihre Zusammenarbeit innerhalb des Bayerischen Handelskammertages? Gab es Satzungsänderungen, und wenn ja, warum? Welche Themen wurden auf den Sitzungen des Kammertages behandelt? Gab es erkennbare Schwerpunkte? Wie gestalteten sich die Beziehungen des Kammertages zu den Behörden und den wirtschaftlichen Fachverbänden? Wie reagierte der Kammertag auf die politischen Veränderungen im betrachteten Zeitraum? Wie und warum wurde er im September 1936 wieder aufgelöst?

Die Arbeit ist chronologisch aufgebaut. Vorangestellt ist ein Kapitel (Kapitel A), das sich mit der Entwicklung der bayerischen Wirtschaft von der Gründung des Zollvereins bis zum Vorabend des Zweiten Weltkrieges beschäftigt, um es dem Leser zu erleichtern, die Ausbildung des bayerischen Handelskammerwesens sowie die Debatten und Entscheidungen des Bayerischen Handelskammertages in die großen Zusammenhänge einzubetten.

Das zweite Kapitel (Kapitel B) schildert die Entstehung der bayerischen Handelskammern sowie ihre Veränderungen im 19. Jahrhundert und zeigt auf, daß dabei von Anfang an an die Einrichtung eines Gemeinschaftsgremiums gedacht worden war. Es beschreibt das Scheitern des ersten Gründungsversuchs von 1883 und die gelungene Gründung des Bayerischen Handelskammertages im Jahr 1909.

Das dritte Kapitel (Kapitel C) befaßt sich mit der Entwicklung und der Tätigkeit des Bayerischen Handelskammertages von 1909 bis 1936. Nach einigen allgemeinen Bemerkungen zur Tätigkeit des Kammertages werden in fünf Abschnitten die innere Ausgestaltung und die Aktivitäten des Kammertages dargestellt sowie, im letzten Unterkapitel, seine Auflösung. Diese Abschnitte sind nach Zeiträumen gegliedert, die sich an der politischen Entwicklung Bayerns und Deutschlands orientieren. Die Abgrenzung dieser Zeiträume – Kaiserreich, Erster Weltkrieg, Übergangszeit, Weimarer Republik, Nationalsozialismus –

ergibt sich im großen und ganzen von selbst. Deshalb soll an dieser Stelle nur kurz auf den Begriff der Übergangszeit eingegangen werden, der manchem Leser eventuell nicht geläufig ist: Die Zeit der „Übergangswirtschaft" nach dem Ende des Ersten Weltkrieges (im folgenden kurz „Übergangszeit" genannt) benennt in der Forschung eigentlich nur die Phase zwischen 1918 und 1920 „mit allen über das rein Militärische hinausgehenden sozialen, wirtschaftlichen und politischen Aspekten"[13], wird in der vorliegenden Arbeit jedoch wie auch bereits von SPERL weiter gefaßt, weil die Wirtschaft und mit ihr der Bayerische Handelskammertag erst nach dem Überwinden der Inflation Ende 1923 und dem damit einhergehenden Ende der Sozialisierungsbestrebungen wieder zur Ruhe und damit zu einigermaßen ungestörtem Arbeiten zurückfand. Das mit „Weimarer Republik" betitelte Unterkapitel umfaßt dementsprechend nur noch die Jahre zwischen 1924 und Anfang 1933.

Im letzten analytischen Kapitel (Kapitel D) wird die Wiedergründung des Handelskammertages als „Arbeitsgemeinschaft der Bayerischen Industrie- und Handelskammern" 1946 geschildert und ein kurzer Ausblick auf die Entwicklung der Arbeitsgemeinschaft bis in die heutige Zeit gegeben. Daran schließt sich eine zusammenfassende Darstellung an (Kapitel E), die die wichtigsten Ergebnisse der Arbeit in knapper Form nochmals aufgreift.

Im Anhang befinden sich die Texte der verschiedenen Satzungsentwürfe und Satzungen, die die Entstehung und sodann die Tätigkeit des Bayerischen Handelskammertages begleitet haben. Zudem wurde dort einiges an biographischem Material über die Präsidenten und Sekretäre der bayerischen Handelskammern im betrachteten Zeitraum zwischen 1909 und 1936 zusammengetragen – soweit es ermittelt werden konnte und ohne jeden Anspruch auf Vollständigkeit.

---

[13] SPERL, Gabriela: Wirtschaft und Staat in Bayern 1914-1924, Berlin 1996, zugl. Diss. München 1985, S. 211. Zur Ausdehnung auf den Zeitraum bis zum Ende der Inflation siehe ebd., S. 214.

A. Die Entwicklung der bayerischen Wirtschaft vom Zollverein bis zum Zweiten Weltkrieg im Überblick

Es ist in der Forschung unstrittig, daß Bayern bis weit ins 20. Jahrhundert hinein ein überwiegend agrarisch strukturiertes Land geblieben war.[1] Erst in den Jahren des Wirtschaftswunders der Nachkriegszeit läßt sich auch für Bayern ein so gewaltiger Industrialisierungsschub feststellen, daß die Landwirtschaft erstmals signifikant zurückgedrängt wurde. Dennoch darf dabei nicht übersehen werden, daß Bayern, wie die meisten größeren deutschen Staaten, keineswegs über eine homogene Wirtschaftsstruktur verfügte. Industriell fortgeschrittene Gegenden wie etwa die Pfalz oder Mittelfranken existierten und existieren auch heute noch neben in weiten Teilen noch ländlichen Räumen wie Niederbayern oder der Oberpfalz. Dieses Kapitel soll einen – notwendigerweise knappen – Überblick über die Entwicklung der bayerischen Wirtschaft in ihren großen Zügen geben, um es dem Leser zu erleichtern, die Entwicklung des bayerischen Handelskammerwesens sowie die Debatten und Entscheidungen des Bayerischen Handelskammertages in die großen Zusammenhänge einzubetten. Dabei wird, dem Thema der Arbeit gemäß, der Schwerpunkt der Betrachtung auf Industrie und Handel gelegt, Handwerk und Landwirtschaft werden nur am Rande berührt, Arbeiterfrage und Sozialgesetzgebung bleiben unberücksichtigt.

I. Von der Gründung des Zollvereins bis zur Reichsgründung

I. 1 Der Stand der bayerischen Wirtschaft zum Zeitpunkt der Gründung des Zollvereins

Als erster deutscher Einzelstaat hob Bayern unter der Regierung Montgelas 1807 durch eine Zoll- und Mautordnung für die Gesamtstaaten des neuen Königreichs die Binnenzölle im Innern des Landes auf und schuf so einen innerbayerischen zollfreien Handelsraum. Dies geschah auch mit der Intention, die neu erworbenen Gebiete so schnell wie möglich in die bestehenden Strukturen zu integrieren.[2] Der zollfreie Binnenmarkt wurde zunächst 1828 durch die Zollunion mit Württemberg vergrößert, ehe die Gründung des Deutschen Zollvereins

---

[1] Siehe z.B. BOSL, Karl: Die ‚geminderte' Industrialisierung in Bayern, in: Aufbruch ins Industriezeitalter. Bd. 1: Linien der Entwicklungsgeschichte, hg. von Claus GRIMM, München 1985, S. 22-39, hier S. 22; SPILKER, Ernst Moritz: Bayerns Gewerbe 1815-1965, München 1985, zugl. Diss. Köln, S. 19. SPILKERS Analysen können im Rahmen dieser Arbeit nur bedingt verwendet werden, da der von ihm verwendete Begriff „Gewerbe" nicht zwischen Industrie und Handwerk unterscheidet.

[2] Vgl. SCHÄFER: 125 Jahre, S. 84; BURKHARDT, Irene: Das Verhältnis von Wirtschaft und Verwaltung in Bayern während der Anfänge der Industrialisierung (1834-1868), Berlin 2001, zugl. Diss. Erlangen/Nürnberg 1994, S. 21.

1834 den schrankenlosen Handel auf weite Teile des späteren kleindeutschen Reichs ausdehnte.[3] Durch den Beitritt Badens zwei Jahre später war nun auch eine zollfreie Verbindung zur bayerischen Rheinpfalz gewährleistet, die 1816 an Bayern gekommen und seither trotz aller Bemühungen um eine Landverbindung vom rechtsrheinischen Bayern getrennt war und erst jetzt vollständig in das Königreich integriert werden konnte.[4]

Innerhalb dieses nunmehr nahezu schrankenlosen Wirtschaftsgebiets boten die einzelnen Regionen sehr verschiedenartige natürliche Voraussetzungen für die moderne wirtschaftliche Entwicklung.[5] Fast das ganze Land wies für die Landwirtschaft geeignete Böden auf, das fruchtbarste Kornland besaß und besitzt Niederbayern unmittelbar südlich der Donau, besonders um Straubing. In Franken und vor allem in der Rheinpfalz herrschte der Weinanbau vor. Natürliche Armutsgebiete gab es dagegen in der nördlichen und östlichen Oberpfalz, im Oberpfälzer und Bayerischen Wald, in Rhön, Spessart und Frankenwald.

Weniger reich erwies sich Bayern an Bodenschätzen. Nennenswerte Kohlevorkommen gab es kaum, die pfälzischen Steinkohleflöze von Bexbach erschöpften sich noch im 19. Jahrhundert, die Braunkohle, die in Oberbayern und der Oberpfalz abgebaut wurde, konnte den Bedarf der wachsenden Industrie nicht decken und war zudem qualitativ der Ruhr- und der Saarkohle nicht

---

[3] Österreich lehnte einen Beitritt zum Zollverein aus Furcht vor einer Schädigung der im Aufbau befindlichen eigenen Industrie ab, blieb bei seinen Schutzzöllen und trat auch später trotz wiederholter Bemühungen dem Zollverein nicht bei. Dennoch ist FOX der Ansicht, daß der Zollverein „aus der Not heraus geboren“ wurde, „um der zunehmenden Bedeutung volkswirtschaftlicher Verbindungen Rechnung tragen zu können“, nicht, wie in der nationalliberal-kleindeutschen Geschichtsschreibung angedeutet, um eine Einigung Kleindeutschlands unter politischer Führung Preußens herbeizuführen. Vgl. FOX, Angelika: Die wirtschaftliche Integration Bayerns in das Zweite Deutsche Kaiserreich. Studien zu den wirtschaftspolitischen Spielräumen eines deutschen Mittelstaates zwischen 1862 und 1875, München 2001, S. 38. Zum Zollverein siehe auch HENNING, Friedrich-Wilhelm: Die Industrialisierung in Deutschland 1800 bis 1914, 8. durchges. u. erg. Aufl., Paderborn u.a. 1993, S. 89-91.

[4] BURKHARDT: Verhältnis, S. 41; MÖCKL, Karl: König und Industrie. Zur Industrialisierungspolitik der Könige – Max I. Joseph, Ludwig I. und Max II., in: Aufbruch ins Industriezeitalter. Bd. 2: Aufsätze zur Wirtschafts- und Sozialgeschichte Bayerns 1750-1850, hg. von Rainer A. MÜLLER, München 1985, S. 13-36, hier S. 20. Zur Vereinigung der Pfalz, ihrerseits wieder aus unterschiedlichen Territorien zusammengesetzt, mit Bayern siehe HAAN, Heiner: Gründungsgeschichte der Industrie- und Handelskammer für die Pfalz im Spiegel der pfälzischen Wirtschaftsentwicklung (1800-1850), in: Beiträge zur pfälzischen Wirtschaftsgeschichte, Speyer 1968, S. 179f. Vgl. zu den Klagen der pfälzischen Wirtschaft über die Isolation ihres Gebiets durch die bestehenden Zollschranken ebd., S. 185f.; siehe auch BECKER, Arno: Eine Interessenvertretung von des Königs Gnaden, in: 150 Jahre IHK Pfalz. Sonderbeilage der Rheinpfalz, Nr. 111, 14.5.1993, ohne Seitenangabe.

[5] Vgl. hierzu ZORN, Wolfgang: Kleine Wirtschafts- und Sozialgeschichte Bayerns 1806-1933, München-Pasing 1962, S. 14. Zu den Bodenschätzen genauer FEHN, Hans: Das Land Bayern und seine Bevölkerung seit 1800, in: Handbuch der bayerischen Geschichte, hg. von Max SPINDLER, Bd. 4/2, München 1975, S. 647-707, hier S. 657-679.

gleichwertig. Der für die Industrialisierung so wichtige Rohstoff mußte deshalb in großen Mengen von außerhalb Bayerns eingeführt werden,[6] was den Industrialisierungsprozeß hemmend beeinflußte.[7] Auch das Eisenerz der Oberpfalz reichte mengenmäßig als Grundlage eines größeren Schwerindustriebezirks nicht aus. Eine wesentlichere Rolle spielten jedoch der Salzabbau und die Salzsolegewinnung bei Berchtesgaden, Reichenhall, Traunstein und den anderen oberbayerischen Salinen. Bei Passau wurde Graphit abgebaut, im ganzen östlichen Bayern Schwefel- und Magnetkies, Flußspat, Kaolin (Porzellanerde) sowie feuerfester Ton, im Fichtelgebirge Granit und andere Nutzsteine.

Auch die Bevölkerung des Königreichs war ungleich verteilt. 1840 wies die amtliche Statistik 4,37 Mio. Einwohner aus, die größten Städte waren München (95.531 Einwohner), Nürnberg (46.824), Augsburg (36.869), Würzburg (26.814), Regensburg (21.942) und Bamberg (20.863). Alle anderen Gemeinden hatten deutlich weniger als 20.000 Einwohner, die spätere Industriemetropole Ludwigshafen am Rhein, die damals noch Rheinschanze hieß, besaß gar erst eine Bevölkerung von 1.511 Personen.[8] Im Vergleich mit dem Deutschen Bund wies Bayern eine leicht unterdurchschnittlich wachsende Bevölkerungsdichte auf, denn betrug sie 1816 noch 47 Einwohner pro km² gegenüber 45 im Deutschen Bund, so waren es 1841 57 gegenüber 60.[9] Von den Kreisen bzw. späteren Regierungsbezirken verzeichnete die Pfalz die höchste, die Oberpfalz die geringste Bevölkerungsdichte. Zudem war die „Städtefreudigkeit“, d.h. die Bildung geschlossener Ortschaften, in Altbayern (Ober- und Niederbayern sowie die Oberpfalz) immer geringer als in Franken, insbesondere Unterfranken, und in der Rheinpfalz.[10]

Alle diese Faktoren – geringe Bodenschätze, fruchtbare Böden, weit verstreute Siedlungen – spielten bei der industriellen Entwicklung eine außerordentlich hemmende Rolle, begünstigten sie doch eindeutig den Agrarsektor. Nach der amtlichen Statistik von 1840 entfielen von der Gesamtbevölkerung 65,7 % auf Land- und Forstwirtschaft, 25,7 % auf Industrie, Gewerbe, Handel, Verkehr, wechselnde Lohnarbeit (die Statistik trifft hier keine genauere Unterscheidung)

---

[6] Vgl. hierzu ausführlich BLAICH, Fritz: Die Energiepolitik Bayerns 1900-1921, Kallmünz/Opf. 1981, S. 2f.

[7] BURKHARDT: Verhältnis, S. 30; SPILKER: Bayerns Gewerbe, S. 267-269, 279.

[8] Bayerns Entwicklung nach den Ergebnissen der amtlichen Statistik seit 1840, hg. vom K. Statistischen Landesamt, München 1915, S. 1f. Die größte Stadt der Pfalz war damals Landau mit 11.818 Einwohnern, gefolgt von Speyer mit 11.147 Einwohnern. Zum Wachstum Ludwigshafens siehe auch: Damals & heute. Menschen & Persönlichkeiten ihrer Heimatstadt, hg. v. Reinhold MAAß, Aspach 2003, S. 98-104.

[9] SCHUMANN, Dirk: Bayerns Unternehmer in Gesellschaft und Staat 1834-1914. Fallstudien zu Herkunft und Familie, politischer Partizipation und staatlichen Auszeichnungen, Göttingen 1992, S. 23f.

[10] ZORN: Kleine Wirtschafts- und Sozialgeschichte, S. 14f.

und 6,8 % auf öffentlichen Dienst und freie Berufe einschließlich Militär.[11] Auch wenn die Statistik hier noch nicht zwischen erwerbstätiger Bevölkerung und Angehörigen differenziert und die Prozentangaben daher nicht unbedingt korrekt sind, belegen sie doch überzeugend das Übergewicht von Land- und Forstwirtschaft, in deren Bereich fast zwei Drittel der bayerischen Beschäftigten tätig waren.

Hierzu trug auch die eher restriktive Gewerbegesetzgebung Bayerns bei. Während Preußen 1807 die generelle Gewerbefreiheit[12] einführte, war in Bayern zwar die alte Organisationsform des Gewerbes, das Zunftwesen, durch die Gewerbeverordnung von 1804 modernisiert und aufgelockert, doch nicht gänzlich beseitigt worden. Die fortan ziemlich großzügige Erteilung von Konzessionen fand 1818 ihr Ende, als das Gewerbekonzessionsrecht im rechtsrheinischen Bayern (die Pfalz hatte die allgemeine Gewerbefreiheit des französischen Kaiserreichs behalten[13]) an die Gemeinden überging und diese die Zulassungen eindämmten. Das Gewerbegesetz von 1824/25 führte für die den Zünften nachfolgenden Gewerbsvereine in den rechtsrheinischen Gebieten staatliche Kommissäre ein, der Staat behielt sich künftig das Urteil über die endgültige Erteilung von Konzessionen vor.[14]

Dennoch hatten sich in Bayern schon vor Gründung des Zollvereins größere Betriebe herausbilden können, die das Ihre zur späteren Industrialisierung beitrugen. Industrialisierung ist dabei der „Übergang von der handarbeitsorientier-

---

[11] Bayerns Entwicklung, S. 4. Ohne Beruf bzw. Berufsangabe waren demnach 1,8 %. Zu den Problemen der Ausweisung des Anteils der einzelnen Sektoren an der Erwirtschaftung des Sozialprodukts um 1820/30, das eventuell die Zusammensetzung der bayerischen Wirtschaft vor dem Zollverein beleuchten könnte, sei verwiesen auf ZORN, Wolfgang: Die wirtschaftliche Struktur Bayerns um 1820, in: Festschrift für Max SPINDLER zum 75. Geburtstag, hg. von Dieter ALBRECHT, Andreas KRAUS, Kurt REINDEL, München 1969, S. 611-631, hier S. 619-623. ZORN gelingt nur die Aussage, daß die Landwirtschaft den größten Teil des bayerischen Sozialprodukts aufbrachte.

[12] Gewerbefreiheit bedeutete, daß jedermann (im allgemeinen auch Frauen) in jedem Umfang jeden Produktionszweig mit jeder Produktionstechnik eröffnen und betreiben konnte, vgl. HENNING: Industrialisierung, S. 60. Zur Einführung der Gewerbefreiheit in den einzelnen deutschen Staaten ebd., S. 62-65.

[13] Vgl. HAAN, Heiner: Die Anfänge der Industrialisierung in der Pfalz, in: Festschrift für Max SPINDLER zum 75. Geburtstag, hg. von Dieter ALBRECHT, Andreas KRAUS, Kurt REINDEL, München 1969, S. 633-655, hier S. 655. Die Pfalz hatte generell die aus dem Empire stammenden fortschrittlichen „Institutionen“ behalten dürfen, vgl. SCHERER, Karl: Zum Verhältnis Pfalz-Bayern in den Jahren 1816-1848, in: Die Pfalz und Bayern 1816-1956, hg. v. Hans FENSKE, Speyer 1998, S. 9-40, hier S. 13f.

[14] ZORN, Wolfgang: Bayerns Gewerbe, Handel und Verkehr (1806-1933), in: Handbuch der bayerischen Geschichte, hg. von Max SPINDLER, Bd. 4/2, München 1975, S. 782-845, hier S. 786. Zu den Wechseln in der bayerischen Gewerbepolitik zwischen liberaleren und strengeren Haltungen siehe HENNING: Industrialisierung, S. 63.

ten zur maschinenorientierten Tätigkeit."[15] Bei den Betrieben ist zu unterscheiden zwischen Manufakturen und Fabriken im modernen Sinne. Unter Manufakturen versteht man „gewerbliche Großbetriebe mit beträchtlicherem Anlagekapital, in denen jedoch nur handwerkliche Arbeitsgänge zusammengefaßt" werden.[16] Eine Trennung zwischen Handwerk und Industrie für diese Zeit bereitet daher große Probleme.[17] Manufakturen gab es vornehmlich im Luxusgewerbe und in den Zweigen, die größere Mengen gleichartigen Bedarfs zu liefern hatten, zum Beispiel für Militärzwecke. So existierte etwa seit 1801 eine staatliche Gewehrmanufaktur in Amberg. Bayerns Hauptmanufakturgebiete waren jedoch Mittel- und Oberfranken, darunter neben den im oberfränkischen Selb angesiedelten Porzellanmanufakturen vor allem Tabak- und Kattunmanufakturen. Letztere waren auch in der Augsburger Gegend vertreten. In Altbayern spielte das Manufakturwesen dagegen eine vergleichsweise geringe Rolle. In München sind besonders die Anfänge der optischen Industrie durch den Unternehmer Josef Utzschneider und den Optiker Josef Fraunhofer anzuführen.

Eine moderne Fabrik bezeichnet dagegen „einen gewerblichen Großbetrieb mit zentralem Kraftantrieb (durch Wasser, später meist durch Dampfmaschinen) und mit zahlreichen modernen Arbeitsmaschinen".[18] Der Maschineneinsatz bei der Güterfertigung ist das Hauptkennzeichen der „industriellen Revolution"[19], die in der mechanischen Baumwollspinnerei Großbritanniens ihren Anfang genommen hatte. Kleineren bayerischen Spinnfabriken in Augsburg und Ansbach war deshalb auch kein nachhaltiger Erfolg beschieden, da die britische Konkurrenz anfangs zu übermächtig schien. Behaupten konnte sich dagegen die in ihren Kinderschuhen steckende Maschinenindustrie: Mit der 1817 gegründeten Maschinenfabrik König & Bauer in Oberzell bei Würzburg, die Schnellpressen für den Zeitungsdruck herstellten, besaß Bayern eine der frühesten deutschen Maschinenbauwerkstätten, die bald auch mit der englischen und belgischen Ma-

[15] HENNING: Industrialisierung, S. 111.

[16] ZORN: Bayerns Gewerbe, S. 789.

[17] Vgl. hierzu z.B. die Darstellung von RUDHART, Ignaz: Ueber den Zustand des Königreichs Bayern nach amtlichen Quellen. Bd. 2: Ueber die Gewerbe, den Handel, und die Staatsverfassung des Königreichs Bayern, Erlangen 1827. RUDHART verwendet die Begriffe „Gewerbe", „Handwerk" und „Industrie" synonym. Als Regierungspräsident des Unterdonaukreises (d.h. Niederbayerns) fordert er zwar vehement eine staatliche Förderung der Industrie, geißelt zugleich aber schärfstens das modernere Fabrikwesen englischen und französischen Typs, weil es die Menschen ihrer Arbeit entfremde. Ebd., S. V-IX, 27-30.

[18] ZORN: Bayerns Gewerbe, S. 790.

[19] „Industrielle Revolution" nennt man den Ablauf der Industrialisierung, d.h. des Übergangs von der handarbeitsorientierten zur maschinenorientierten Tätigkeit, wenn er stürmisch, also innerhalb weniger Jahre verläuft, vgl. HENNING: Industrialisierung, S. 111f. Das wichtigste Kennzeichen ist dabei der Einsatz von Maschinen bei der Güterfertigung (Dampfmaschine, Spindelmaschine, Maschinenwebstuhl) und im Verkehr (Eisenbahn, Dampfschiff, Eisenschiff).

schinenindustrie in Wettbewerb trat. Weitere entsprechende Werkstätten gab es in Nürnberg sowie im pfälzischen Zweibrücken.[20]

Der Übergang von der vorindustriellen Phase zum Einsetzen der Industrialisierung machte insgesamt vor der Zollvereinsgründung nur geringe Fortschritte.[21] Dies läßt sich anhand des Beispiels der Pfalz veranschaulichen, welche, obwohl später der am weitesten industrialisierte Regierungsbezirk Bayerns, um 1820 eine auch im bayerischen Vergleich unterdurchschnittliche gewerbliche Tätigkeit aufwies und insgesamt nur einen fabrikartigen Betrieb mit mehr als 50 Arbeitern und 19 Betriebe mit 20 bis 49 Beschäftigten verzeichnete.[22] Die wichtigsten pfälzischen Industriezweige waren in dieser Zeit die Eisen- und die Papierfabrikation, auch die Textilbranche spielte eine bedeutende Rolle.[23]

Anders zeigte sich der florierende bayerische Handel. Die Haupthandelsstädte waren von jeher Nürnberg und Augsburg gewesen, in geringerem Maße Regensburg, München, Lindau, Würzburg und Hof. Einen Rückgang verzeichnete lediglich der pfälzische Handel, der bis zur Einführung des Zollvereins unter den für ihn äußerst ungünstigen Zollverhältnissen litt.[24] Die für 1819/20 bis 1823/24 berechnete Außenhandelsbilanz Bayerns ergab eine Gesamtausfuhr von 108,74 Mio. fl. und eine Gesamteinfuhr von 108,62 Mio. fl. (ohne die Waren der in den bayerischen Binnenmarkt noch nicht integrierten Pfalz). Dabei entfielen bei der Ausfuhr auf die bayerischen Industrieerzeugnisse 65 Mio. fl., darunter auf die wertmäßig höchsten Posten Blattgold 17,2 Mio. fl. und Baumwollwaren 8,54 Mio. fl., die Salzausfuhr betrug nur 3,35 Mio. fl.. Die Haupteinfuhrgüter waren wiederum Baumwollwaren (14,68 Mio. fl.), raffinierter Zucker (14,91 Mio. fl.), Seidenwaren (12,43 Mio. fl.) und Kaffee (10,23 Mio. fl.). Österreich trat als Hauptabnehmerland aufgrund seiner Schutzzollpolitik allmählich hinter die anderen deutschen Bundesstaaten zurück,[25] eine Tendenz, die in der Folge durch den Zollverein noch verstärkt wurde.

I.2 Die Entwicklung bis zur Reichsgründung

Die Bevölkerung Bayerns nahm bis 1871 auf 4,86 Mio. Personen zu.[26] Bayern behauptete damit zunächst noch seine Stellung als bevölkerungsreichster Staat

[20] ZORN: Bayerns Gewerbe, S. 791.
[21] ZORN: Bayerns Gewerbe, S. 790f. Allgemein wird der Beginn der Industrialisierung in Deutschland zwischen 1830 und 1850 angesetzt, die Übergangsphase von der vorindustriellen Zeit zum vollen Einsetzen des Industrialisierungsprozesses von 1795 bis 1835, vgl. HENNING: Industrialisierung, S. 34, 112. Zum Textilgewerbe, insbesondere der Baumwollspinnerei, und der Maschinenindustrie als Leitsektoren der Industrialisierung siehe unten Pkt. A.I.2.
[22] SPILKER: Bayerns Gewerbe, S. 28; HAAN: Anfänge, S. 641.
[23] HAAN: Anfänge, S. 636.
[24] HAAN: Gründungsgeschichte, S. 187.
[25] ZORN: Bayerns Gewerbe, S. 792.
[26] Bayerns Entwicklung, S. 4.

im Deutschen Reich nach Preußen, setzte damit jedoch das unterdurchschnittliche Wachstum, das sich zuvor bereits angedeutet hatte, fort, denn die Zuwachsrate zwischen 1816 und 1870 betrug nur 36,6 % gegenüber 58,1 % im Deutschen Bund. Eine große Rolle spielten hier neben dem strengen Heirats- und Niederlassungsrecht und der Auswanderung, vornehmlich nach Amerika, die seit dem 18. Jahrhundert regelmäßig wiederkehrenden Agrarkrisen, die die soziale Lage insbesondere der bayerischen Landbevölkerung so sehr verschlechterten, daß das Fertilitätsniveau vor allem in den kleinbäuerlich geprägten Gebieten weit unter den Wert anderer deutschen Regionen sank.[27]

Dazu trat ein im Vergleich unterdurchschnittlicher Verstädterungsgrad: 1871 lebten in Bayern 76,4 % der Bevölkerung auf dem Land, das heißt in Gemeinden mit weniger als 2.000 Einwohnern, im Reichsdurchschnitt dagegen nur 63,9 %; in Mittel- und Großstädten mit mehr als 20.000 Einwohnern lebten 8,7 % der Bayern, im Reich 12,5 %. Bayern wies in dieser Hinsicht einen deutlichen Rückstand zu den Industrieregionen Preußens und zum Königreich Sachsen auf.[28]

Dieser Eindruck wird durch die berufliche Verteilung der Bevölkerung noch verstärkt. Die Statistik der Berufsabteilungen weist für 1871 zwar die Gruppe „Industrie, Gewerbe, Handel, Verkehr, wechselnde Lohnarbeit" mit 48,4 % als die stärkste aus (nach einem zwischenzeitlichen Rückgang 1852 auf 22,7 %), während die Land- und Forstwirtschaft zum gleichen Zeitpunkt auf 40,7 % gefallen sei (1852: 67,9 %).[29] Diese Angaben sind jedoch mit Vorsicht zu verwenden: Die nachfolgenden Prozentzahlen für die Jahre 1882 und 1895 (siehe unten) zeigen wiederum Land- und Forstwirtschaft als größte Berufsgruppe, wenn auch mit absolut sinkenden Ziffern, die Abteilung „Industrie, Gewerbe, Handel, Verkehr, wechselnde Lohnarbeit" verzeichnet dagegen stetige Zuwächse. Es ist daher anzunehmen, daß es sich bei den Zahlen von 1871 um „Ausreißer" handelt, die nicht die langfristige Entwicklung der Wirtschaft widerspiegeln.[30]

---

[27] ZIEGLER, Dieter: Das Zeitalter der Industrialisierung (1815-1914), in: Deutsche Wirtschaftsgeschichte, hg. von Michael North, München 2000, S. 192-281, hier S. 209; zur Auswanderung vgl. BURKHARDT: Verhältnis, S. 31.

[28] SCHUMANN: Bayerns Unternehmer, S. 23f. Zu den oben bereits genannten sechs bayerischen Städten, die schon 1840 mehr als 20.000 Einwohner aufgewiesen hatten, trat bis 1871 nur noch Fürth. Bayerns Entwicklung, S. 2.

[29] Bayerns Entwicklung, S. 4.

[30] MÖCKL, Karl: Die Prinzregentenzeit. Gesellschaft und Politik während der Ära des Prinzregenten Luitpold in Bayern, München 1972, S. 434, führt die „Ausreißer" von 1871 auf die „Boomwirkung der Gründerzeit" zurück. MÖCKL muß sich hier – obwohl nicht explizit genannt – auf die im folgenden beschriebene „Erste Gründerzeit" beziehen, da die Statistik von 1871 wohl kaum in der Lage gewesen sein dürfte, die durch die Reichsgründung ausgelöste Entwicklung schon zu berücksichtigen. Die Gewerbezählung von 1875 kann die Lage nicht erhellen, da sie nicht mit einer Berufszählung verbunden war und auch ansonsten diverse Mängel aufwies, so daß sie mit den folgenden Gewerbezählungen von 1882 und 1895 nicht

Mit der „ersten Gründerzeit“, deren Anfang sich auf etwa 1850 datieren läßt, begann der eigentliche steile Aufstieg des deutschen Industriewesens. Auch Bayern verzeichnete in den Jahren bis zur Reichsgründung einen wenn auch vergleichsweise weniger stark ausgeprägten industriellen Aufschwung; man spricht daher in bezug auf Bayern weniger von einer „Industriellen Revolution“, als vielmehr von einer „geminderten Industrialisierung“[31]. So bestanden zwar um 1840 im rechtsrheinischen Bayern vermutlich 62 gewerbliche „Großbetriebe“ mit mehr als 50 Beschäftigten, davon zehn in München, sechs in Augsburg und vier in Nürnberg,[32] doch wurden in Bayern zwischen 1852 und 1854 nur 10 Gesellschaften mit einem Aktienkapital von insgesamt 8,5 Mio. fl. gegründet, während es in Preußen zwischen 1852 und 1857 59 Gesellschaften mit einem Kapital von 70 Mio. fl. waren.[33]

Insgesamt auffallend war dabei die breite Streuung der Neugründungen in Nordbayern und die Ballung in wenigen Städten in Südbayern. Ein von König Max II. in Auftrag gegebenes Gutachten aus dem Jahre 1854 nannte als Industrieräume in Bayern die Gegenden Nürnberg-Fürth, Hof und das bayerische Vogtland, Augsburg-Kaufbeuren-Kempten und die Pfalz – aber noch nicht die Landeshauptstadt München, die erst später zur bedeutenden Industriestadt heranwuchs.[34]

Zum Aufschwung in Bayern trug neben der vergleichsweise späten Einführung der grundsätzlichen Gewerbefreiheit 1868[35] unter Amtsführung des Handelsministers Gustav von Schlör, durch die der Zunftzwang ganz aufgehoben und die Konzessionspflicht auf privates Verkehrs- und Kreditwesen, auf Apotheken, Gastwirtschaften und einige Sondergewerbe eingeschränkt wurde, maßgeblich die Institution des Zollvereins bei, obgleich anfangs die erwarteten belebenden Impulse auf die heimische Wirtschaft noch ausgeblieben waren.[36] Als in der Kontroverse um den preußisch-französischen Handelsvertrag

---

unbedingt vergleichbar ist, vgl. CONRADT, Wolfgang: Die deutschen Gewerbezählungen von 1875 bis 1950 und ihre Erhebungsgrundlagen, in: Zeitschrift des Bayerischen Statistischen Landesamts, 1954, Heft 1/2, S. 49-55, hier S. 49, 52. Auch ansonsten sind die Ergebnisse der verschiedenen Gewerbezählungen nicht ohne weiteres miteinander vergleichbar. Das verwendete Zahlenmaterial darf daher nicht verabsolutiert werden, sondern soll vielmehr als Richtlinie dienen.

[31] Vgl. BOSL: Industrialisierung, S. 23, 25, 36; MÖCKL: König und Industrie, S. 33; GRIMM, Claus: „Industriezeitalter“ – eine geschichtliche Epoche, in: Aufbruch ins Industriezeitalter. Bd. 1: Linien der Entwicklungsgeschichte, hg. von Claus GRIMM, München 1985, S. 11-21, hier S. 16.; EMMINGER, Otmar: Die bayerische Industrie, München 1947, S. 22.

[32] ZORN: Bayerns Gewerbe, S. 802.

[33] MÖCKL: König und Industrie, S. 31.

[34] ZORN: Bayerns Gewerbe, S. 804f.

[35] Bayern war damit nach Sachsen (1861), Baden (1862) und Württemberg (1862) das letzte deutsche Land von Bedeutung, das die Gewerbefreiheit einführte, vgl. HENNING: Industrialisierung, S. 63.

[36] SPILKER: Bayerns Gewerbe, S. 18f.

der Kontroverse um den preußisch-französischen Handelsvertrag von 1862, der für die Zollvereinsstaaten den Übergang zum Freihandel bedeutete, die bayerische Regierung die Nichtverlängerung des Zollvereinsabkommens riskierte, um die heimische Wirtschaft zu schützen, protestierten Vertreter des Handels und der Industrie Bayerns nach anfänglicher Ablehnung des Vertrags: Lieber nahm man den Übergang zum Freihandel und die damit verbundenen Nachteile in Kauf, als die Fortsetzung des Zollvereins aufs Spiel zu setzen. Auch eine eventuelle Zollunion Bayerns mit Österreich hätte dafür keinen adäquaten Ersatz geboten. Die bayerische Regierung lenkte ein, auch um der Rheinpfalz willen, für die die Trennung vom Zollverein Isolation und wirtschaftlichen Ruin bedeutet hätte, und verzichtete damit de facto auf eine eigenständige und von Preußen unabhängige Wirtschaftspolitik in bezug auf Zoll- und Handelsfragen. Diese Entwicklung fand 1867 mit der Einsetzung des Zollparlaments nach dem Ende des preußisch-österreichischen Krieges ihren vorläufigen Höhepunkt.[37]

Die damit verbundene Abkoppelung Österreichs, die sich bereits in dem zwischen dem Zollverein und der Donaumonarchie geschlossenen Handelsvertrag von 1865 manifestiert hatte und in dessen Folge die Zollsätze zwischen den Vertragspartnern empfindlich erhöht wurden, brachte der bayerischen Wirtschaft zwar schwere Einbußen bei,[38] konnte sie aber in ihrem wenn auch moderaten Wachstum nicht dauerhaft bremsen. Der Krieg von 1866 beeinträchtigte den bayerischen Handel kaum, da innerhalb der Zollvereinsmitglieder, ungeachtet der militärischen Fronten, weiterhin ungehinderter Warenverkehr herrschte.[39]

Im Gegensatz zu England, wo die Industrialisierung im Textilgewerbe ihren Anfang nahm, lassen sich in Deutschland zwei für die Entwicklung des Industrialisierungsprozesses entscheidende Leitsektoren unterscheiden, nämlich Textilgewerbe und Eisenbahnbau. Während in Großbritannien die Textilindustrialisierung einige Jahre vor dem Eisenbahnbau einsetzte, fielen in Deutschland der Beginn der Textilindustrialisierung und die Anfänge des Eisenbahnbaus zusammen in die erste Industrialisierungsphase. Dadurch kommt dem Metallsektor für den Industrialisierungsprozeß in Deutschland im Vergleich zu England eine

---

[37] Vgl. zu diesem Komplex FOX: Integration, S. 89-166; HENNING: Industrialisierung, S. 169-172. Zur ursprünglich ablehnenden Haltung der bayerischen Handelskammern und ihrer Meinungsänderung siehe BURKHARDT: Verhältnis, S. 196f., ebenso POHL, Hans: Stellungnahmen des Deutschen Handelstages zur Verkehrs- und Außenwirtschaftspolitik 1861 bis 1914, in: Zur Politik und Wirksamkeit des Deutschen Industrie- und Handelstages und der Industrie- und Handelskammern 1861 bis 1949, hg. von Hans POHL, Stuttgart 1987, S. 50-65, hier S. 59f. Zur Verflechtung der bayerischen Wirtschaft mit den nördlichen Zollvereinsstaaten siehe auch SCHREMMER, Eckart: Die Wirtschaft Bayerns. Vom hohen Mittelalter bis zum Beginn der Industrialisierung (Bergbau, Gewerbe, Handel), München 1970, S. 697.

[38] FOX: Integration, S. 142.

[39] Ebd., S. 150.

größere Rolle zu; HENNING stuft sie sogar als bedeutsamer ein als diejenige des Textilgewerbes.[40]

Beide Leitsektoren standen auch am Ausgangspunkt der bayerischen Industrialisierung.[41] Die Textilindustrie siedelte sich aufgrund günstiger Voraussetzungen (kanalisierte Wasserkräfte, verfügbare Facharbeiterschaft, verhältnismäßige Kapitalkraft) vor allem in der Augsburger Region an. Das größte Unternehmen, die Aktiengesellschaft Mechanische Baumwoll-Spinnerei und Weberei Augsburg (gegründet 1837), umfaßte ein Aktienkapital von 1,2 Mill. fl. und 753 Arbeiter.[42] Die oberfränkische Baumwollindustrie folgte nach 1850 in der Mechanisierung dem Vorbild der schwäbischen, darüber hinaus gab es Neugründungen im oberbayerischen Kolbermoor und im pfälzischen Oggersheim. Entwicklung, Bedeutung und regionale Schwerpunkte der frühen bayerischen Baumwollindustrie gehen aus den Gewerbezählungen des Zollvereins hervor: Zwischen 1847 und 1861 erhöhte sich die Zahl der bayerischen Maschinenspinnereien von 11 auf 33; davon waren in Schwaben 4 bzw. 13, in Oberfranken 2 bzw. 10. Von den 1.141 Spinnereiarbeitern in ganz Bayern 1847 entfielen 916 auf Schwaben und 54 auf Oberfranken, von insgesamt 7.194 Arbeitern 1861 4.219 auf Schwaben und 2.455 auf die jetzt an zweiter Stelle stehende Pfalz. Bayern stand mit der Zahl seiner Baumwollspinnerein im Zollverein an dritter Stelle hinter Sachsen und der preußischen Rheinprovinz; es stellte etwas mehr als ein Zehntel der Spinnereien des Zollvereins, aber fast ein Fünftel der Arbeiter und lag nach seiner durchschnittlichen Betriebsgröße von 222,8 Beschäftigten sogar an erster Stelle. Bayern gehörte damit während der frühen Industrialisierung in der fabrikmäßig betriebenen Baumwollspinnerei zu den am weitesten fortgeschrittenen deutschen Staaten.[43]

Weitere für Bayern bedeutende Verbrauchsgüter neben der Baumwolle waren Wolle, Hanf sowie Bleistifte und Spiegel, welche v.a. in Nürnberg hergestellt wurden. Die oberfränkische Porzellanindustrie ging zur Gründung von Aktiengesellschaften und damit zur Massenfertigung über. In die Kategorie Verbrauchsgüter fällt auch die Nahrungs- und Genußmittelindustrie, die, wiewohl für die Industrialisierung keine zentrale Branche, besonders im Brauereiwesen einen steilen Aufschwung erlebte; die Münchner Brauereien übernahmen schon in den Anfangsjahren des Zollvereins die technischen Innovationen aus England, große fränkische Brauereien machten nach 1850 als erste das bayerische Bier zu

---

[40] HENNING: Industrialisierung, S. 132-149.

[41] Die Bedeutung der beiden Sektoren wird in der Literatur unterschiedlich gewichtet. Nach BOSL: Industrialisierung, S. 24, nahm der bayerische Wirtschaftsaufschwung seinen Auftakt mit dem Eisenbahnbau; BURKHARDT: Verhältnis, S. 32, unterstreicht demgegenüber, daß die ersten großen Fabriken Bayerns in der Verbrauchsgüterindustrie, und zwar im Textilgewerbe, gegründet wurden.

[42] ZORN: Bayerns Gewerbe, S. 801.

[43] Zahlen zitiert nach SCHUMANN: Bayerns Unternehmer, S. 33-35.

einem begehrten Ausfuhrgut. Bayern nahm damit innerhalb des Zollvereins eine Spitzenstellung ein, denn es verfügte über mehr als ein Viertel aller Brauereien und fast ein Drittel aller Brauer. In der Nahrungs- und Genußmittelindustrie, bei der im Königreich vor allem die Zuckerfabrikation sowie die Tabakverarbeitung eine tragende Rolle innehatten, zählte es insgesamt gleichwohl nicht zu den führenden deutschen Staaten.[44]

Die gegenüber der Verbrauchsgüterindustrie kapitalintensivere Investitionsgüterindustrie erhielt wie erwähnt mit dem Eisenbahnbau den entscheidenden Anstoß. Auf Privatinitiative der Nürnberger Großhändler Platner und Scharrer wurde in den Jahren 1833-35 die sogenannte „Ludwigsbahn" von Nürnberg nach Fürth erbaut, die am 7. Dezember 1835 mit einer englischen Lokomotive eröffnet werden konnte und die erste deutsche Dampfeisenbahn mit Personenbeförderung war. Josef Anton von Maffei gründete in der Folge 1837/38 in der Hirschau bei München ein Hammerwerk mit Gießerei, das zur Maschinenfabrik heranwuchs und 1841 die erste bayerische Lokomotive baute. 1847 beschäftigte Maffei dort ca. 500 Arbeiter.[45] Der bayerische Staat überließ die weitere Planung und Entwicklung des Eisenbahnbaus trotz oder wegen dieses Erfolgs zunächst privaten Gesellschaften, denn König Ludwig I. zog eine Förderung der Wasserstraßen und des Kanalbaus, insbesondere des Donau-Main-Kanals, des sogenannten Ludwigs-Kanals, vor.[46] Erst ab 1843 engagierte sich der bayerische Staat selbst als Bahnunternehmer und übernahm in der Folge die bis dahin bereits erbauten privaten Strecken, nur die „Ostbahnstrecke" Nürnberg-Regensburg-Passau-Linz wurde angesichts enttäuschender Ertragsrechnungen doch wieder einer privaten Gesellschaft überlassen. Anders verlief dagegen die Entwicklung in der Pfalz, dort blieb es bis 1909 bei Privatbahnen. Bis zur Reichsgründung war Bayerns Haupteisenbahnnetz im wesentlichen nach allen Richtungen hin ausgebaut, das „neue, höherwertige Verkehrsmittel [übte] einen starken gestaltenden Einfluß auf das gewerbewirtschaftliche Wachstum der von ihm erfaßten Räume aus."[47] Zugleich muß aber betont werden, daß Ludwigs Entscheidung für den Kanalbau und gegen die frühzeitige Förderung des Eisenbahnbaus Bayern gegenüber den fortgeschrittenen Industrieregionen Deutschlands einen Entwicklungsnachteil gebracht hat.[48]

Neben den Eisenbahnbau trat im Investitionsgüterbereich bald die Industriemechanisierung: 1840 erfolgte die Gründung der Maschinenfabrik Augsburg, die ab 1844 unter der Leitung des Ingenieurs Buz einen hohen Ruf erlangte. In Nürnberg eröffnete der Fabrikant Klett 1841 ebenfalls eine Maschinenbauan-

---

[44] SCHUMANN: Bayerns Unternehmer, S. 38f.
[45] ZORN: Bayerns Gewerbe, S. 804.
[46] MÖCKL: König und Industrie, S. 21.
[47] ZORN: Bayerns Gewerbe, S. 797f., Zitat S. 798.
[48] MÖCKL: König und Industrie, S. 21.

stalt. Umfang und Leistung der Großbetriebe nahmen nach 1850 sprunghaft zu, wodurch die Maschinenfabriken, allen voran die oben genannten in Augsburg und Nürnberg, bedeutende Fortschritte verzeichneten.[49] Der Rohstoff Kohle gewann durch diese Entwicklung insbesondere für die eisenschaffende Industrie enorm an Wichtigkeit, die Nähe zu Kohlengebieten wurde entscheidend. Innerhalb des bayerischen Eisenhüttenwesens hatte deshalb die Pfalz einen Wettbewerbsvorteil. Regional führend im Investitionsgüterbereich wurde jedoch Mittelfranken, das 1861 in seinen vier Fabriken 1.635 Beschäftigte aufwies und damit das noch 1847 an erster Stelle gelegene Oberbayern ablöste. Im Zollverein lag Bayern 1861 bei den Maschinenbauanstalten nach der Betriebszahl an sechster und nach der Beschäftigtenzahl an vierter, bei den Waggonfabriken an dritter bzw. zweiter Stelle, womit es auch in dieser wichtigen Branche in der Frühphase der Industrialisierung keineswegs als rückständig eingestuft werden kann.[50]

Neu war nach 1850 die Gruppe der Grundstoff- und Produktionsgüterindustrie, in der sich besonders die Papiermacherei aus Lumpen hervortat. Wichtiger war jedoch die Entfaltung der chemischen Industrie. Bereits in den Anfangsjahren des Zollvereins hatte Bayern eine Reihe bedeutender Unternehmen besessen, neben Mineralfarbenfabriken in München und Nürnberg und den mittelfränkischen Bleistiftfabriken waren dies zum Beispiel die Fikentschersche Quecksilberfabrik im oberfränkischen Marktredwitz sowie das Unternehmen Wilhelm Sattlers im unterfränkischen Schweinfurt. Nach 1850 kam es zu weiteren Neugründungen, neben Oberbayern in erster Linie in der Pfalz, die mit der Gründung der Badischen Anilin- und Sodafabrik (BASF) 1865 in Ludwigshafen führend wurde. Die BASF umfaßte 1870 bereits 520 Beschäftigte.[51] Nach der Betriebs- und Beschäftigtenzahl war 1861 (also noch vor Entstehen der BASF) Mittelfranken mit 36 Fabriken und 476 Beschäftigten im chemischen Bereich die führende bayerische Region vor Unterfranken (23 Fabriken und 265 Beschäftigte); Bayern stand in diesem Jahr im Zollverein nach der Zahl der Fabriken (insgesamt 83) an zweiter, nach der Beschäftigtenzahl (958) an dritter, der Betriebsgröße nach (11,5 Beschäftigte je Betrieb) allerdings erst an fünfzehnter Stelle.[52] Diese Rangfolge änderte sich mit der Gründung der BASF, innerhalb Bayerns wurde die Pfalz führend, Bayern nahm damit im Zollverein nach der preußischen Rheinprovinz die zweite Stelle in der chemischen Industrie ein.

Diese Industriezweige, die sich während der Hochindustrialisierung herausgebildet hatten, blieben auch für die weitere wirtschaftliche Entwicklung Bayerns bestimmend.

---

[49] ZORN: Bayerns Gewerbe, S. 804.

[50] SCHUMANN: Bayerns Unternehmer, S. 36. HENNING: Industrialisierung, S. 152, stuft Bayern genau auf diesem Gebiet allerdings als unterdurchschnittlich ein.

[51] ZORN: Bayerns Gewerbe, S. 803f. Der Name der BASF hängt damit zusammen, daß der Verwaltungssitz bis 1919 in Mannheim blieb.

[52] SCHUMANN: Bayerns Unternehmer, S. 36f.

Der bayerische Handel nahm durch die neuen Eisenbahnverbindungen ebenfalls einen Aufschwung, da die Transportkosten gesenkt, die Transportgeschwindigkeit erhöht und die Lieferregelmäßigkeit wesentlich verbessert werden konnten.[53] Dabei nahm die Spezialisierung des Handels immer mehr zu. Die bayerische Außenhandelsbilanz spiegelte die wachsende Industrialisierung wider, die Ausfuhr von Gewerbeerzeugnissen ließ jetzt diejenige von Agrargütern weit hinter sich. Auch das bayerische Bankwesen fächerte sich nun immer weiter auf, die ständigen Neugründungen von Aktiengesellschaften im Zuge der Industrialisierung bot ihm ein reichhaltiges Betätigungsfeld, so daß zunehmend auch außerbayerisches Kapital in das Königreich gelangte.[54]

II. DIE BAYERISCHE WIRTSCHAFT IM KAISERREICH

II.1 DIE WIRTSCHAFTLICHE INTEGRATION BAYERNS INS KAISERREICH

Das Deutsche Reich war Rechtsnachfolger sowohl des Norddeutschen Bundes als auch des Zollvereins. Durch die verfassungsgemäße Übernahme norddeutscher Bundesgesetze in Bayern und den anderen süddeutschen Staaten wurden auf wirtschaftspolitischem Gebiet die Vereinheitlichungsmaßnahmen eingeleitet, die bereits zu Zollvereinszeiten diskutiert, aber nicht umgesetzt worden waren.[55] Insbesondere betrafen sie neben der Vereinheitlichung von Maßen und Gewichten[56] das Geld- und Münzwesen, das durch das Reichsgesetz vom 4. Dezember 1871 und das Münzgesetz vom Juni 1873 in den nächsten Jahren bis 1876 auf die Goldwährung und die Mark zu 100 Pfennig umgestellt wurde.[57] Dazu gehörten aber auch die Einführung der Allgemeinen Deutschen Wechselordnung, die Beseitigung der Doppelbesteuerung und die Bewilligung neuer indirekter Steuern für das Reich[58], die Behandlung von Papiergeld sowie die Erweiterung des Geltungsraumes des Allgemeinen Deutschen Handelsgesetzbuches von 1869.

Das bayerische Eigenleben wurde dadurch verhältnismäßig wenig beengt, vielmehr profitierte die heimische Wirtschaft davon, denn die eingeleiteten Maßnahmen erleichterten den Güterverkehr mit den anderen deutschen Staaten doch erheblich. Besonders das Reichsbankgesetz, das die bisherige Zersplitterung und Rechtsunsicherheit des Banknotenwesens beseitigte und zugleich die Preußische Bank in die Reichsbank umwandelte, trug zur Beschleunigung der Industrialisierung auch in Bayern bei, denn erst jetzt wurden die Banknoten zu vollgültigen Umlaufmitteln und konnten den Umlaufmittelbedarf der wachsen-

---

[53] HENNING: Industrialisierung, S. 163.
[54] ZORN: Bayerns Gewerbe, S. 804-808.
[55] Vgl. hierzu FOX: Integration, S. 276; HENNING: Industrialisierung, S. 63.
[56] Ausführlich hierzu FOX: Integration, S. 344-356.
[57] ZORN: Bayerns Gewerbe, S. 808; FOX: Integration, S. 301-324.
[58] Vgl. zu den Steuern ZORN: Bayerns Gewerbe, S. 810.

den Volkswirtschaft decken.[59] Dem bayerischen Staat verblieben trotz der zahlreichen Rechtsangleichungen weitgehende wirtschaftspolitische Zuständigkeiten, Fragen des modernen Wirtschafts- und Soziallebens, der Landwirtschaft und des Kleingewerbes wurden von der neuen Reichsverfassung kaum berührt.[60] Daneben hatte sich Bayern bei den Beitrittsverhandlungen Ende 1870 in Versailles eine Reihe von Sonderrechten, sogenannte Reservatrechte, sichern können. Es wurde im Heimat-, Verehelichungs- und Niederlassungswesen innerhalb der eigenen Grenzen, im Militärwesen (mit Einschränkungen für den Kriegsfall), im Eisenbahnwesen (abgesehen von den Belangen der nationalen Verteidigung), im Post- und Telegraphenwesen, im Immobilienwesen sowie in der Besteuerung von Branntwein und Bier von der Reichsgesetzgebung und der Reichsaufsicht befreit.[61] Der bayerischen Exekutive verblieb so auf wirtschaftspolitischem Gebiet ein größerer Handlungsspielraum als den anderen süddeutschen Regierungen.

II.2 DIE ENTWICKLUNG BIS 1914

Der Ausbruch des deutsch-französischen Krieges 1870 traf die bayerischen Wirtschaftskreise völlig unvorbereitet. In einer bisher nicht bekannten Art und Weise und zum höchsten Befremden der Vertreter der bayerischen Wirtschaft griff er in die bilateralen Wirtschaftsbeziehungen ein: Frankreich kündigte mitten im Krieg den Handelsvertrag von 1862 auf und zeigte keinerlei Neigung, ihn zu erneuern,[62] der Handel mit dem an sich neutralen Österreich litt unter Aus- und Durchfuhrverboten, zahlreiche Banken kündigten bereits bewilligte Kredite, so daß Unternehmen in Geldschwierigkeiten gerieten. Hinzu kamen die Einschränkungen im Transportverkehr und die Steigerung der Lebensmittelpreise. Der Aufwärtstrend in allen Sparten der bayerischen Wirtschaft wurde so empfindlich gestört, aber, da die deutschen Staaten nicht selbst Kriegsschauplatz waren, nicht dauerhaft behindert.[63]

---

[59] BORN, Karl Erich: Der wirtschaftliche und soziale Strukturwandel in Deutschland am Ende des 19. Jahrhunderts, in: Moderne deutsche Verfassungsgeschichte (1815-1914), hg. von Ernst-Wolfgang BÖCKENFÖRDE unter Mitarbeit von Rainer WAHL, 2., veränderte Auflage, Königstein/Ts. 1981, S. 485-503, hier S. 486.

[60] FOX: Integration, S. 276.

[61] Ebd., S. 275. Auch Württemberg und Baden erhielten Reservatrechte, jedoch weniger ausgedehnt als Bayern.

[62] WINKEL: Wirtschaft, S. 49. Während des deutsch-deutschen Krieges von 1866 waren die Handelsbeziehungen fast ungehindert fortgeführt worden (siehe oben). Die bayerischen Händler waren deshalb davon ausgegangen, daß auch diesmal die Geschäfte der „Nicht-Kombattanten" von den militärischen Auseinandersetzungen nicht tangiert würden.

[63] FOX: Integration, S. 259f. Wie FOX von einer „Zerstörung" des wirtschaftlichen Aufwärtstrends zu sprechen, erscheint übertrieben. Welche wirtschaftliche Auswirkungen die anschließende Errichtung des Reichslandes Elsaß-Lothringen auf die angrenzende Pfalz hatte, die

Die freihändlerische Zollpolitik des Zollvereins wurde vom Reich in den Anfangsjahren, in denen das rasche Hereinströmen der französischen Kriegsentschädigungen in Gold einen raschen Aufschwung bewirkte, fortgesetzt. Auf die sogenannte „Gründerzeit" folgte 1873 jedoch schon die „Gründerkrise",[64] die als Börsen- und Kreditkrise zunächst den kapitalintensiven Eisenbahnbau ruckartig verlangsamte, so daß die deutsche Eisenindustrie den scharfen freien Wettbewerb der britischen doppelt empfindlich spürte. In ähnlicher Lage war die deutsche Baumwollindustrie, die der nordamerikanischen Konkurrenz ausgesetzt war. Unter diesen Umständen bildete sich eine neue Schutzzollbewegung, die auf eine grundlegende Richtungsänderung der Reichszollpolitik hinarbeitete. Bismarck vollzog schließlich 1878/79 die Wendung vom wirtschaftlichen Liberalismus zum Neomerkantilismus.[65] Der Reichszolltarif von 1879 brachte, nachdem 1877 erst die Eisenschutzzölle vollends abgeschafft worden waren, wieder Einfuhrzölle für Roheisen, Eisenwaren, Getreide und Industriegüter sowie einen beträchtlichen Schutzzoll für Baumwollwaren. Auch die späteren Tarife behielten unter gewissen Schwankungen diese Linie bei.

Handel und Industrie Bayerns, mit Ausnahme der Pfalz sowohl vom Gründerboom als auch von der anschließenden, bis 1896 andauernden Krise weniger betroffen als in anderen deutscher Staaten,[66] setzten in einer „Epoche des raschen Wandels insbesondere im wirtschaftlichen, technischen und sozialen Bereich"[67] trotz aller Diskussionen für und wider die Schutzzölle ihr Wachstum fort. Von der Gesamtbevölkerung, die bis 1910 auf 6,89 Mio. Einwohner anstieg, entfielen nach der amtlichen Statistik 1907 40,3 % auf Land- und Forst-

---

damit ihren Status als Grenzland verlor, ist bisher noch kaum untersucht, vgl. WÜNSCHEL, Hans-Jürgen: Anmerkungen zum pfälzisch-bayerischen Verhältnis 1866-1914, in: Die Pfalz und Bayern 1816-1956, hg. v. Hans FENSKE, Speyer 1998, S. 131-161, hier S. 150.

64 Vgl. zur Gründerkrise HENNING: Industrialisierung, S. 205-210.

65 ZORN: Bayerns Gewerbe, S. 809; HENNING: Industrialisierung, S. 216f.

66 BOSL: Industrialisierung, S. 22, 35. Vgl. für München WINKEL: Wirtschaft, S. 49f.; für Augsburg ZORN/HILLENBRAND: Sechs Jahrhunderte, S. 309; für die Pfalz: WYSOCKI, Josef: Die pfälzische Wirtschaft von den Gründerjahren bis zum Ausbruch des Ersten Weltkrieges, in: Beiträge zur pfälzischen Wirtschaftsgeschichte, Speyer 1968, S. 209-251, hier S. 217f. Gegenteiliger Ansicht ist SPILKER: Bayerns Gewerbe, S. 21f., der ausführt, Bayern sei von der Gründerkrise stärker betroffen gewesen als andere Teile des Reichs, zugleich aber selbst darauf verweist (S. 25), daß die bayerische Wirtschaft aufgrund ihrer klein- und mittelbetrieblichen Struktur in Krisen schneller reagieren konnte als die in anderen Teilen Deutschlands üblichen großen Industriebetriebe mit ihren auf Jahre festgelegte Fertigungsprogrammen. Dieser Widerspruch muß im Rahmen dieser Arbeit offen gelassen werden. Die neuere Forschung ist im übrigen der Meinung, daß die sogenannte „Große Depression" keine war, da die deutsche Volkswirtschaft auch weiterhin eine expansive Tendenz aufwies, vgl. D. ZIEGLER: Zeitalter, S. 234.

67 ALBRECHT, Dieter: Von der Reichsgründung bis zum Ende des Ersten Weltkrieges, in: Handbuch der bayerischen Geschichte, hg. von Max SPINDLER, Bd. 4/1, 2. völlig neu bearb. Ausgabe, München 2003, S. 319-439, hier S. 397.

wirtschaft (1882: 50,9 %), 45,8 % auf Industrie, Gewerbe, Handel, Verkehr, wechselnde Lohnarbeit (1882: 37,3 %) und 5,2 % auf öffentlichen Dienst und freie Berufe (1882: 4,6 %).[68] Deutlich erkennbar ist hier der industrielle und gewerbliche Fortschritt, doch gleichzeitig belegen diese Zahlen auch ein Zurückbleiben Bayerns gegenüber den meisten anderen deutschen Ländern: Während in Bayern 1907 33,3 % der Bevölkerung von Tätigkeiten in Gewerbe und Industrie lebten, waren dies im Deutschen Reich durchschnittlich bereits 42,8 %, reichsweit wurden nicht mehr als 28,6 % der Gesamtbevölkerung der Landwirtschaft zugerechnet. In Sachsen lebten schon 1882 nur mehr 20,0 % der Bevölkerung von der Landwirtschaft und bereits 56,2 % von Tätigkeiten in Gewerbe und Industrie, auch Preußen und selbst Württemberg hatten einen Vorsprung vor Bayern.[69]

Regional zeigten sich dabei innerhalb Bayerns in Abhängigkeit von der wirtschaftlichen Entwicklung erhebliche Unterschiede. Oberbayern konnte seine Bevölkerung zwischen 1840 und 1910 mehr als verdoppeln (1910: 1,53 Mio.) und war damit der Regierungskreis mit den meisten Einwohnern, die Bevölkerungsdichte betrug hier 91 Einwohner je km². Die noch Mitte des 19. Jahrhunderts relativ geringen Unterschiede zwischen den anderen Bezirken vergrößerten sich im Lauf der Zeit, am stärksten wuchs die Bevölkerung Mittelfrankens (1910: 929.985 Einwohner; 114 Einwohner je km²) sowie der Pfalz (935.570; 158). Niederbayern (722.865; 66) und die Oberpfalz (599.990; 62), die zusammen mit Unterfranken (709.832; 81) die geringsten Zuwächse verzeichneten, blieben bis 1907 von der Landwirtschaft dominiert (in Niederbayern waren 1907 weniger als 9 % der Bevölkerung in Gewerbe und Industrie beschäftigt[70]), doch auch die anderen Regierungsbezirke mit Ausnahme der Pfalz konnten mit der reichsweiten Entwicklung (Deutsches Reich 1913/14: 125 Einwohner je km²) nicht Schritt halten.[71]

---

[68] Bayerns Entwicklung, S. 1 u. 4. Das Bevölkerungswachstum blieb besonders in den ersten Jahren nach der Reichsgründung weit hinter dem durchschnittlichen Bevölkerungswachstum im Reich zurück (1871-1895 um -7 %), was auf die relativ hohe Auswanderung zurückzuführen ist. Ebd., S. 17f.

[69] Bayerische Berufsstatistik 1907. Berufliche und soziale Gliederung, hg. vom K. Statistischen Bureau, München 1908, S. 17, 83-85. Zum Vergleich mit anderen deutschen Staaten und dem Reich siehe auch Statistisches Jahrbuch für das Königreich Bayern, 11. Jahrgang 1911, Anhang S. 3.

[70] Tradition und Bewährung – 125 Jahre Industrie- und Handelskammer für Niederbayern in Passau, hg. von der IHK für Niederbayern in Passau, Passau 1973, S. 38.

[71] SCHUMANN: Bayerns Unternehmer, S. 24f. Zahlen bei EHEBERG, Karl Theodor v.: Die wirtschaftliche Entwicklung Bayerns unter der Regentschaft 1886 bis 1911. Fest-Rede zur Feier des 90. Geburtstages Seiner Kgl. Hoheit des Prinzregenten, Erlangen 1911, S. 33. Inwieweit die bayerische Bevölkerung von Wanderungsbewegungen beeinflußt war, vgl. EHEBERG, S. 5. Zum Wachstum in der Pfalz siehe WYSOCKI: Wirtschaft, S. 229. Zum Vergleich mit dem Deutschen Reich und anderen deutschen Staaten siehe HENNING: Industrialisierung, S. 18.

Diese Entwicklung geht einher mit der für die Industrialisierung so kennzeichnenden Landflucht, so daß zwar auch in Bayern der Grad der Verstädterung, ein wichtiger Indikator für die Industrialisierung, immer mehr zunahm, allerdings nach wie vor unterdurchschnittlich blieb: 1910 lebten 55,3 % der bayerischen Bevölkerung auf dem Land und nur 25,8 % in Städten mit mehr als 20.000 Einwohnern, im Reichsdurchschnitt waren es dagegen 40,0 % bzw. 34,7 %.[72] Die größte Stadt war nach wie vor die Hauptstadt München, die 1910 596.467 Einwohner aufwies und damit gegenüber 1871 um 251,5 % gewachsen war. Auch die anderen bayerischen Großstädte verzeichneten in dieser Periode teils enorme Zuwächse – so wuchs Nürnberg um 300,3 %, Augsburg um 140,2 %, Würzburg immerhin um 111,2 % –, am deutlichsten zeigten sich die Folgen der Industrialisierung aber in Ludwigshafen am Rhein, dessen Bevölkerung im wesentlichen aufgrund der Ansiedlung und der Expansion der BASF um 957,9 % auf 83.301 Menschen zunahm.[73] Allerdings entfalteten diese Entwicklungskerne noch keine solche Breitenwirkung, daß sie ihr weiteres Umfeld und damit den agrarisch geprägten Grundcharakter Bayerns verändert hätten.[74] Sie sind deshalb als industrielle „Inseln“ zu betrachten, während vornehmlich in West- und Mitteldeutschland ganze „Führungsregionen“ wie etwa das Ruhrgebiet oder das sächsische Gewerbezentrum des Chemnitz-Leipziger Bezirks entstanden, die auf ihr gesamtes Umland ausstrahlten.[75]

Ein Blick auf die Betriebsgrößenklassen belegt ein weiteres Zurückbleiben Bayerns in dieser Hinsicht: Von sämtlichen Gewerbebetrieben waren 1907 trotz aller Entwicklungen und Konzentrationsbewegungen bis dahin 93,2 % Kleinbetriebe (1-5 Personen), 6,2 % Mittelbetriebe (6-50 Beschäftigte) und nur 0,6 % Großbetriebe (über 51 Beschäftigte). Zwar relativiert sich dieses Bild etwas durch die Verteilung der beschäftigten Personen, denn die Kleinbetriebe umfaßten nur 47,0 %, die Mittelbetriebe dagegen 24,1 % und die Großbetriebe 28,9 % des gesamten Personals, doch ein Vergleich mit dem Reichsdurchschnitt zeigt,

---

Einen genaueren Überblick über die wirtschaftliche Entwicklung der einzelnen Regierungsbezirke bietet SPILKER: Bayerns Gewerbe, S. 26-50.

[72] SCHUMANN: Bayerns Unternehmer, S. 24.

[73] Eigene Berechnungen auf Grundlage der Angaben in Bayerns Entwicklung, S. 2. Im Zollverein war das Städtewachstum noch deutlich geringer ausgefallen. München wuchs 1840-1871 um 77,6 %, Nürnberg um 77,7 %, Augsburg um 38,9 %, Würzburg um 49,2 %, Ludwigshafen aber schon um 421,1 % (dies vor allem in den letzten Jahren vor der Reichsgründung). Basisdaten ebd. Zur (industriellen) Entwicklung der genannten Städte im Kaiserreich (mit Ausnahme Würzburgs) vgl. SCHUMANN: Bayerns Unternehmer, S. 43-54. SCHUMANN zieht in seiner Analyse als fünfte Stadt Regensburg „als Beispiel für einen schwächer entwikkelten Standort“ heran (ebd., S. 19).

[74] SCHUMANN: Bayerns Unternehmer, S. 43. BOSL: Industrialisierung, S. 23, spricht von „Halbformen“ der Industrialisierung in den bayerischen Städten, von „Kümmerformen“ in bezug auf die ländlichen Gegenden Bayerns.

[75] D. ZIEGLER: Zeitalter, S. 233f.; SPILKER: Bayerns Gewerbe, S. 40.

daß Bayern weniger Mittel- und Großbetriebe aufwies und damit eher kleinbetrieblich strukturiert war. Dieser Eindruck wird noch verstärkt durch die Verteilung der Arbeitnehmer: Während das Zahlenverhältnis bei den Mittelbetrieben in Bayern und im Reich annähernd gleich war, umfaßten im Reichsdurchschnitt die Groß- und Kleinbetriebe jeweils 37,3 % der Gewerbetätigen.[76] Insgesamt wurde Bayern mit dieser Entwicklung ein „zwiespältige[r] Charakter als verspätet sich industrialisierendes Agrarland mit wenigen großindustriellen Zentren“[77] zu eigen, denn daß Bayern nach wie vor Agrarland war, geht aus den obigen Angaben hervor. SCHUMANN verweist jedoch auf die eminenten Struktur- und Wachstumsunterschiede zwischen den bayerischen Regionen und das Entwicklungsniveau und -tempo von Bayerns Industrie und Handel, welche zwischen 1882 und 1907 stärker als im Durchschnitt des Deutschen Reiches gewachsen waren.[78] Verschiedentlich wird daher die Ansicht vertreten, Bayern habe erst während der „Großen Depression“ (1873-1896) und unter der Regierung Podewils (1903-1912) seine erste industrielle Revolution erlebt.[79]

Um so schwerer traf die „Kohlennot“, die um 1900 über die deutsche Wirtschaft hereinbrach, die sich entwickelnde bayerische Industrie.[80] Die Regierung des selbst rohstoffarmen Königreichs war nun gezwungen, ihre bisher zurückhaltende Energiepolitik aufzugeben und alternative Energiequellen zu erschließen, wollte sie die heimische Wirtschaft lebensfähig erhalten und nicht auf Dauer von den Ressourcen anderer Länder abhängig werden. Erstmals kamen deshalb Gedanken an eine Ausnutzung der bayerischen Wasserkräfte zur Stromerzeugung zur Sprache, die nach langen Planungen und Diskussionen schließlich 1914 im Bau des Saalachkraftwerks bei Bad Reichenhall mündeten, das insbesondere die Bahnstrecke Salzburg-Freilassing-Bad Reichenhall-Berchtesgaden elektrifizieren sollte. Der Bau des in diesem Zusammenhang größten Projekts, des Walchenseekraftwerks, wurde zunächst zurückgestellt.[81]

Infolgedessen wurde durch Verbesserung und Erweiterung des Verkehrswesens, durch die rasante Entwicklung der Technik, die eine Umwälzung ganzer Industriezweige nach sich zog und sie vor neue Aufgaben stellte, auch in Bayern eine neue Organisationsform nötig, die den Anforderungen der neuen Industriewirtschaft gewachsen war. Allenthalben setzten sich Konzentrationsbestrebun-

---

[76] Ergebnisse der gewerblichen Betriebszählung von 1907, zitiert nach EHEBERG: Entwicklung, S. 19.

[77] ECKARDT, Günther: Industrie und Politik in Bayern 1900-1919. Der Bayerische Industriellen-Verband als Modell des Einflusses von Wirtschaftsverbänden, Berlin 1976, S. 34.

[78] SCHUMANN: Bayerns Unternehmer, S. 42f.

[79] BOSL: Industrialisierung, S. 35; MÖCKL: Prinzregentenzeit, S. 432f. u. 556. Das Deutsche Reich insgesamt war zu jener Zeit freilich schon auf dem Weg zu seiner „Zweiten industriellen Revolution“, vgl. D. ZIEGLER: Zeitalter, S. 237.

[80] Vgl. zu den Ursachen der „Kohlennot“ BLAICH: Energiepolitik, S. 1-6.

[81] Vgl. zu diesem Komplex ausführlich BLAICH: Energiepolitik, S. 16-92.

gen in Gang, die alle Bereiche der Wirtschaft erfaßten: „Betriebskonzentration, Besitz- und Kapitalkonzentration, endlich eine kaufmännische Konzentration, d.h. die Zusammenfassung vieler Unternehmen zur gemeinsamen Organisation einzelner Teile der kaufmännischen Betriebsführung, so zum Beispiel des Einkaufs, Vertriebs oder der Festlegung der Preise."[82] In Bayern läßt sich in Übereinstimmung mit dem oben Gesagten zwischen 1895 und 1907 eine raschere Zunahme der Konzentrationsbewegung als im Reichsdurchschnitt feststellen,[83] ein Beleg dafür, daß die bayerische Industrie verstärkte Anstrengungen unternahm, um den Anschluß an stärker industrialisierte Gebiete zu finden.

Vielleicht auch aufgrund dieser Bemühungen erreichte die bayerische Industrie wie diejenige im Deutschen Reich im ganzen bis etwa 1910 ein Stadium der industriellen Reife, in welchem eine Vielzahl von Gütern nach Weltmarktanforderungen produziert werden konnten.[84] Der Schwerpunkt lag dabei in Bayern nach wie vor auf der Verbrauchsgüterindustrie und hier wiederum auf der Baumwollindustrie, die unter allen bayerischen Industriezweigen die weitaus meisten Arbeitskräfte aufzuweisen hatte. Reichsweit fiel Bayern in dieser Branche nun jedoch etwas zurück: 1907 nahm es nach der Zahl seiner Großbetriebe (218) nur noch den achten Rang unter den deutschen Staaten ein, besaß aber immer noch sechs der 33 Riesenbetriebe,[85] d.h. Betriebe mit über 500 Beschäftigten. So lag zum Beispiel die Beschäftigtenzahl der Mechanischen Baumwollspinnerei und Weberei in Augsburg bei Kriegsausbruch bei 3.340.[86] Einen leichten Rückgang verzeichnete dagegen die Pfalz, in der es versäumt worden war, rechtzeitig das moderne maschinelle Produktionsverfahren einzuführen.[87] Die durchschnittliche Betriebsgröße der bayerischen Textilfabriken mit 256,9 Beschäftigten überstieg jedoch immer noch, ebenso wie im Zollverein, den Reichsdurchschnitt (174,1 %).[88] Bayern war demnach in der Baumwollindustrie nach wie vor ein wichtiger Staat.

Neu war im Kaiserreich innerhalb der Verbrauchsgüterindustrie die fabrikmäßige Lederschuhherstellung, die sich in Pirmasens aus der Leichtschuherzeugung in Heimarbeit herausgebildet hatte; 1892 fertigten 98 Schuhfabriken dort bereits 14 Mio. Paare an. 1907 waren es schon über 300 Betriebe, die mit 11.450

---

[82] SCHNORBUS, Axel: Arbeit und Sozialordnung in Bayern vor dem Ersten Weltkrieg 1890-1914, München 1969, S. 24. Vgl. auch TILLY, Richard: Vom Zollverein zum Industriestaat, München 1990, S. 78f. Zum Ausmaß der Zusammenschlüsse in Deutschland siehe HENNING: Industrialisierung, S. 218f.

[83] SCHNORBUS: Arbeit und Sozialordnung, S. 25. Gegenteiliger Ansicht ist hier wieder SPILKER: Bayerns Gewerbe, S. 64, der für Bayern eine schwächere Konzentrationsbewegung als im Reichsdurchschnitt feststellt.

[84] ZORN: Bayerns Gewerbe, S. 812.

[85] SCHUMANN: Bayerns Unternehmer, S. 35.

[86] ZORN: Bayerns Gewerbe, S. 812.

[87] WYSOCKI: Wirtschaft, S. 250f.

[88] SCHUMANN: Bayerns Unternehmer, S. 35.

Angestellten und Arbeitern Schuhe herstellten, 1913 beschäftigte eine nur geringfügig höhere Zahl an Betrieben 16.180 Menschen. Im gleichen Jahr stammten etwa 16 % des gesamten deutschen Bedarfs aus der Pfalz.[89]

In der Nahrungs- und Genußmittelindustrie erlebten die Brauereien einen plötzlichen gewaltigen Ausbau in kapitalstarke Aktiengesellschaften, erleichtert durch die Liberalisierung des deutschen Aktienrechts durch die Aktienrechtsnovelle von 1870:[90] Gab es 1879 noch 15 Aktienbrauereien, waren es im Jahr 1900 bereits 74. 1913 umfaßte die bayerische Biererzeugung 27,6 % der deutschen Bierproduktion und etwa ein Zehntel des weltweiten Bierkonsums.[91]

Im Bergbau konnte von den bayerischen Regionen seit jeher nur die Pfalz ansatzweise mit den eigentlichen deutschen Montanindustriebezirken wie dem Ruhrgebiet und Oberschlesien konkurrieren. Hier zeigte sich eine deutliche Betriebskonzentration und zugleich ein Wachstum: 1875 gab es noch 29 Betriebe mit insgesamt 2.541 Beschäftigten, während es 1907 nur noch 14 Betriebe mit insgesamt 5.858 Angestellten und Arbeitern waren.[92]

Die bayerische Investitionsgüterindustrie blieb wegen des Übergewichts der anderen deutschen Montangebiete, vor allem des Ruhrgebiets, in ihrer Entwicklung vergleichsweise zurück, verzeichnete aber dennoch signifikante Fortschritte. Die Pfalz lag in der Metallverarbeitung über dem Reichsdurchschnitt.[93] In der Augsburger Maschinenfabrik wurde 1878 die erste von Carl Linde entworfene Ammoniak-Eismaschine gebaut, in den Jahren 1893 bis 1897 Rudolf Diesels neuer Arbeitsmotor bis zur Arbeitsfähigkeit entwickelt, so daß fortan der Bau von Dieselmotoren eine bevorzugte Stelle in der Augsburger Fabrik einnahm. An Innovationskraft fehlte es also keineswegs. 1898 schlossen sich die Maschinenfabrik Augsburg und die 1873 zur Aktiengesellschaft umgewandelte Klettsche Maschinenfabrik in Nürnberg (nunmehr Maschinenbau-AG) zur Aktiengesellschaft Maschinenfabrik Augsburg-Nürnberg (MAN) zusammen. Ihr Aktienkapital betrug 1914 bereits 27 Mio. Mark, 1913 wies sie als größtes bayerisches Industrieunternehmen schon über 12.000 Beschäftigte auf. Die Beschäftigtenzahl der gesamten bayerischen Maschinenindustrie außer Fahrzeug- und Kesselbau betrug 1882 6.545 Menschen, 1907 bereits 35.449. In der jungen elektrotechnischen Industrie wurde 1893 die zwanzig Jahre zuvor von Sigmund Schukkert in Nürnberg eröffnete Werkstätte zur Elektrizitäts-AG vorm. Schuckert & Co umgewidmet, die schon kurz darauf Zweigwerke in mehreren europäischen

---

[89] WYSOCKI: Wirtschaft, S. 244f.; ZORN: Bayerns Gewerbe, S. 812.

[90] Vgl. hierzu BORN: Strukturwandel, S. 486. BORN nennt diese Liberalisierung neben den naturwissenschaftlich-technischen Erfindungen und der Vereinheitlichung des Geldwesens als dritten wesentlichen Faktor zur Beschleunigung des Tempos der deutschen Industrialisierung nach 1870.

[91] ZORN: Bayerns Gewerbe, S. 813.

[92] WYSOCKI: Wirtschaft, S. 238.

[93] Ebd., S. 239, 243.

Ländern gründete. Sie war um 1900 mit 42 Mio. Mark Aktienkapital das kapitalstärkste bayerische Unternehmen. 1903 erfolgte die Verschmelzung mit dem Berliner Siemens-Konzern zur Firma Siemens-Schuckert AG mit einem Kapital von 80 Mio. Mark. In der optisch-feinmechanischen Industrie wurde München zwar von Jena überrundet, konnte im ganzen seine Stellung aber wahren und ausbauen.[94] Insgesamt besaß Bayern 1907 nach Sachsen, der preußischen Provinz Rheinland und der Stadt Berlin die meisten Großbetriebe im Maschinen- und Apparatebau; deren Betriebsgröße lag mit 271,8 Beschäftigten deutlich über dem Reichsdurchschnitt von 231,4 Personen.[95]

Das Herzstück der bayerischen Grundstoff- und Produktionsgüterindustrie bildete immer deutlicher die chemische Industrie, die vor allem in der Pfalz angesiedelt war,[96] und hier in erster Linie die BASF, die unter fortlaufender Vergrößerung in der künstlichen Indigo- und der Stickstoffdüngerherstellung bahnbrechend wurde. Auch sie errichtete Zweigwerke im Ausland und konkurrierte, nachdem die Schuckert-Werke sich mit einem außerbayerischen Unternehmen zusammengeschlossen hatten, mit der MAN um den Platz als bedeutendstes einheimisches bayerisches Unternehmen. Die BASF beschäftigte 1910 7.610 Arbeiter und Angestellte, ihr Aktienkapital betrug 1907 36 Mio. Mark. Doch auch im rechtsrheinischen Bayern bildete sich ein bedeutender Chemiestandort heraus, und zwar das spätere südostbayerische Chemiedreieck. 1908 wurden als erstes großes Kalkstickstoffwerk Deutschlands die Bayerischen Stickstoffwerke in Trostberg gegründet, die von entscheidender Bedeutung für die Düngerwirtschaft wurden. Die elektrochemischen Werke von Wacker in Burghausen waren seit 1914 die früheste deutsche Chemiefabrik auf Wasserkraftgrundlage. Bayern verfügte auf diese Weise 1907 nach der preußischen Rheinprovinz über die meisten Großbetriebe der chemischen Industrie (61); mit 290,5 Beschäftigten lag die durchschnittliche Betriebsgröße deutlich über der im Reich.[97]

Innerhalb der Grundstoff- und Produktionsgüterindustrie gab es in Bayern noch weitere Zweige, die jedoch in Betriebsgröße und Kapitalstärke der chemischen Industrie nicht gleichkamen. Dennoch gelang es der oberfränkischen Granitindustrie, die zur Industrie der Steine und Erden zählte, um 1900 Weltbedeutung zu erlangen, auch in der Pfalz gehörte die Industrie der Steine und Erden, besonders mit ihren Steinbrüchen und Steinhauereien sowie den Ziegeleien, zu den wachstumsstärksten Branchen.[98]

---

94 ZORN: Bayerns Gewerbe, S. 813f.
95 SCHUMANN: Bayerns Unternehmer, S. 36.
96 WYSOCKI: Wirtschaft, S. 230, 239, 245f.
97 SCHUMANN: Bayerns Unternehmer, S. 37.
98 ZORN: Bayerns Gewerbe, S. 814; WYSOCKI: Wirtschaft, S. 248-250.

Der am schnellsten wachsende Wirtschaftsbereich war jedoch der Handel.[99] Mit zunehmendem industriellem Wachstum und immer engerer Verflechtung der Weltwirtschaft verlegte sich der bayerische Groß- und Außenhandel wie der gesamte deutsche Handel auf den Export ins Ausland, besondere Geltung erlangte hierbei das Ein- und Ausfuhrgeschäft mit überseeischen Partnerwirtschaften. Der nordbayerische Handel richtete sich dabei vornehmlich auf die hanseatischen Nordseehäfen aus, während für das südliche Bayern auch das österreichisch-ungarische Triest in Frage kam: 1913 entfielen 43,3 % der deutschen Gesamtausfuhr nach Triest (nach dem Warengewicht) auf Bayern. Von der bayerischen Gesamtausfuhr über die Reichsgrenzen gingen 1899 fast drei Viertel nach Übersee, nahezu ein Drittel des bayerischen Übersee-Imports und -Exports entfiel dabei auf Mittelfranken, was die Stellung Nürnbergs, Bayerns wichtigster Handelsstadt für Industrie- und Kolonialwaren, unterstreicht.[100]

Während sich in der Betriebsorganisation des Großhandels, ähnlich wie in der Industrie, aufgrund der Vergrößerung, Verdichtung und Beschleunigung des inner- und außerdeutschen Warenverkehrs ein Zug zur Konzentration zeigte, bildeten sich im Einzelhandel neue Geschäftsformen heraus. Die Fabriken entsandten selbst ihre Geschäftsreisenden auf das flache Land. Mit Hilfe von Post und Eisenbahn verbreitete sich das unmittelbare Versandgeschäft. Die traditionellen Einzelhändler der Lebensmittel- und Kolonialwarenbranche reagierten darauf ebenfalls mit Konzentrationsbestrebungen und gründeten umfassende Einkaufsgenossenschaften, weitere Tendenzen waren die Entwicklung von Filialsystemen und die Entstehung von Warenhäusern. Dies wiederum rief, als Reaktion auf die oftmals überhöhten Einzelhandelsgewinnspannen, die Gründung von Konsumvereinen als örtliche Verbrauchergenossenschaften hervor. Bei alledem nahm die Zahl der kleinen Einzelhandelsgeschäfte unter wachsender Spezialisierung aber noch zu. Da im Einzelhandel keine Beschränkung der Gewerbefreiheit erfolgte, blieb die Auslese hier mehr dem Wettbewerb um die Kundschaft überlassen als im kleinen Gewerbe, das nach dem Handwerkergesetz von 1897 teilweise wieder dem Innungszwang unterlag.[101]

Daneben erfuhr das Bank- und Kreditwesen eine weitere Ausdehnung, es war wie die anderen Wirtschaftszweige auch von einer Konzentrationsströmung erfaßt, die zur Gründung von Filialen der großen Institute führte. Die größte Kreditbank am Vorabend des Ersten Weltkriegs war dabei die Königliche Bank in Nürnberg, die 1875 Niederlassungen in München und Augsburg eröffnet hatte. Bayerische Banken wie zum Beispiel die Bayerische Hypotheken- und Wechsel-Bank drangen dabei auch in das übrige Reichsgebiet vor.[102] Das bayerische

---

[99] SCHNORBUS: Arbeit und Sozialordnung, S. 30.

[100] ZORN: Bayerns Gewerbe, S. 817. Zur Problematik der statistischen Erfassung des bayerischen Außenhandels vgl. EHEBERG: Entwicklung, S. 24.

[101] SCHNORBUS: Arbeit und Sozialordnung, S. 30; ZORN: Bayerns Gewerbe, S. 817f.

[102] ZORN: Bayerns Gewerbe, S. 818f.

Banken- und Versicherungszentrum war und blieb die Hauptstadt München, die vor dem Ersten Weltkrieg über die Hälfte aller bayerischer Großbetriebe in Handel, Bank-, Versicherungs- und Verkehrswesen sowie aller dort Beschäftigten besaß.[103]

Die bayerische Wirtschaft war also am Vorabend des Ersten Weltkrieges eng in die reichsdeutsche Wirtschaft eingeflochten und mit weitverzweigten Firmen wie dem Schuckert-Konzern und der BASF auch mit der Weltwirtschaft verbunden.

II.3 DIE BAYERISCHE WIRTSCHAFT IM ERSTEN WELTKRIEG

Der Erste Weltkrieg von 1914 bis 1918 war der erste moderne Krieg, für dessen Ausgang nicht nur die Erfolge der Truppen an der Front, sondern auch die Stärke der Wirtschaft in den sich bekämpfenden Ländern entscheidend war. Insofern stellte dieser Krieg eine weitaus größere Zäsur in der bayerischen Wirtschaft dar als noch der deutsch-französische von 1870/71.

Trotz mannigfacher Diskussionen bereits lange vor 1914 auf Reichsebene und in den einzelnen Bundesstaaten über einen kommenden Krieg und dessen mögliche Auswirkungen auf die Wirtschaft blieben diesbezügliche Planungen eher theoretisch; der Gedanke, daß die wirtschaftliche Kraft der beteiligten Staaten kriegsentscheidend und die Zivilbevölkerung von diesem Krieg stärker als von früheren betroffen sein könnte, setzte sich nur sehr langsam durch.[104]

Die in jeder Hinsicht unzureichende Vorbereitung auf den Krieg führte daher in den ersten Wochen zu chaotischen Verhältnissen in der bayerischen Wirtschaft. Zeitgenossen schien es, „als ob das gewerbliche Leben stillstehen“[105] würde, weil die Zukunft plötzlich äußerst ungewiß erschien, es an Aufträgen mangelte und durch Einberufung viele Arbeitnehmer und -geber fehlten. Erschwerend kamen die durch den Truppentransport hervorgerufenen Verkehrsstörungen hinzu, die den Export zeitweilig fast gänzlich zum Erliegen brachten und

---

[103] SCHUMANN: Bayerns Unternehmer, S. 39-42.

[104] ROTH, Regina: Staat und Wirtschaft im Ersten Weltkrieg. Kriegsgesellschaften als kriegswirtschaftliche Steuerungsinstrumente, Berlin 1997, S. 28-31. Gründe für die mangelnde Kriegsvorbereitung waren, daß einerseits Wirtschaftsvertreter und auch manche zivile Behörden wie das Reichsamt des Innern Eingriffe des Staates in die Wirtschaft als unerwünscht ablehnten, andererseits die große Mehrheit des Militärs überzeugt war, der Krieg würde maximal ein Jahr dauern und langfristige Planungen wären daher überflüssig. Vgl. zum Reichsamt des Innern als Wirtschaftszentralbehörde des Reichs FACIUS, Friedrich: Wirtschaft und Staat. Die Entwicklung der staatlichen Wirtschaftsverwaltung in Deutschland vom 17. Jahrhundert bis 1945, Boppard a. Rh. 1959, S. 73-78.

[105] SPERL: Wirtschaft und Staat, S. 27; WYSOCKI, Josef: Zwischen zwei Weltkriegen, wirtschaftliche Probleme der Pfalz 1918-1939, in: Beiträge zur pfälzischen Wirtschaftsgeschichte, Speyer 1968, S. 253-294, hier S. 281.

für Engpässe bei der Rohstoffbeschaffung sorgten.[106] Daraus resultierte zunächst eine weit über dem Reichsdurchschnitt liegende Arbeitslosigkeit in Bayern,[107] die allerdings durch Einberufungen, durch die Verwendung unbeschäftigter Arbeiter in der Landwirtschaft sowie durch die Anpassung und Umstellung der Industrieproduktion auf die Kriegsbedürfnisse relativ rasch wieder abgebaut werden konnte. Insgesamt verlief dieser Prozeß der Umstellung in Bayern aufgrund der hier vorherrschenden klein- und mittelbetrieblichen Struktur der Industrie aber wesentlich langsamer als in anderen Teilen des Reiches, da die kleineren Unternehmer erst allmählich erkannten, daß es in diesem Krieg auch für sie etwas zu gewinnen gab, und ihre Betriebe entsprechend umrüsteten.[108]

Der Staat versuchte die Kriegswirtschaft mit allen Mitteln zu fördern; Zentrum der unmittelbar staatlichen Rüstungsindustrie war Ingolstadt. Von der MAN wurden mit Staatshilfen in Augsburg U-Boot-Dieselmotoren und in Nürnberg Lastkraftwagen hergestellt. Den Auftakt zu einer Reihe von Unternehmensneugründungen bildeten 1915 die Bayerischen Geschützwerke Friedrich Krupp AG in Freimann bei München als Zweigwerk des Essener Konzerns, dem bald weitere Maschinenfabriken, Fahr- und Flugzeugwerke folgten. 1917 wurden mehr Industriebetriebe neugegründet als 1913, darunter auch das Innwerk sowie die Reichsaluminiumwerke in Töging.[109]

Die bayerische Regierung konnte jedoch nicht verhindern, daß sie durch die sukzessive Errichtung immer neuer Reichsbehörden ihren Einfluß auf die heimische Wirtschaft im Verlauf des Krieges weitgehend verlor. Zu diesen Behörden gehörte zunächst die Kriegsrohstoffabteilung im preußischen Kriegsministerium, die im August 1914 auf Initiative von Walther Rathenau, dem Leiter der AEG, gegründet wurde und mit Zustimmung der Kriegsministerien von Bayern, Sachsen und Württemberg die zentrale Bewirtschaftung der in Deutschland oft knappen, für die Rüstung aber wichtigen Ressourcen übernahm. Ihr zur Seite standen die privaten Kriegsrohstoffgesellschaften, „gemeinnützige Selbstverwaltungskörperschaften von Industrie und Handel“ mit dem obersten Ziel der Vorratsschaffung. Sie sollten unter staatlicher Aufsicht zwischen Angebot von und Nachfrage nach Rohstoffen vermitteln und für eine gerechte Aufteilung unter

---

106 ZORN: Bayerns Gewerbe, S. 821.

107 Im September 1914 waren in Bayern 20,3 % der gewerkschaftlich organisierten Arbeiter arbeitslos, im Reich 15,7 %, SPERL: Wirtschaft und Staat, S. 28. Besonders betroffen war der Raum Nürnberg/Fürth mit Quoten von bis zu 50 %, vgl. hierzu SCHWARZ, Klaus-Dieter: Weltkrieg und Revolution in Nürnberg, Stuttgart 1971, S. 121.

108 SPERL: Wirtschaft und Staat, S. 25.

109 ZORN: Bayerns Gewerbe, S. 821. LUEBECK, Julius: Die wirtschaftliche Entwicklung Bayerns und die Verwaltung von Handel, Industrie und Gewerbe, München 1919, S. 44.

den Rüstungsfirmen sorgen.[110] Die Einzelstaaten hatten fortan keinen Zugriff mehr auf die Rohstoffverteilung.

Im Dezember 1916 vollzog sich mit dem Hindenburg-Programm bzw. dem „Vaterländischen Hilfsdienstgesetz" eine organisatorische Umstrukturierung der Kriegswirtschaft, die auf den Erkenntnissen aus den verlustreichen Materialschlachten bei Verdun basierten und eine maximale Mobilisierung und Ausnutzung aller Ressourcen und Arbeitskräfte erlauben sollte. Dieses Hilfsdienstgesetz war nach ZORN der „Übergang zur regelrechten Notwirtschaft"[111], denn es gestattete dem Staat weitreichende Eingriffe in die Privatwirtschaft bis hin zu Fabrikstillegungen. Ziel war eine Umverteilung von Arbeitskräften aus unterbeschäftigten Wirtschaftsbranchen in kriegswichtige Industrien. Mit der Gründung des Waffen- und Munitionsbeschaffungsamtes (Wumba) und des Obersten Kriegsamtes erfolgte parallel dazu eine bisher nie dagewesene Zentralisierung der Kriegswirtschaft.[112]

Das Hilfsdienstgesetz übertrug dem Kriegsamt die Leitung aller mit der Gesamtkriegsführung zusammenhängenden Angelegenheiten in bezug auf Arbeiter und Rohstoffe, wodurch es, obgleich formal preußische Behörde, gewisse Befugnisse in den drei Bundesstaaten mit selbständiger Militärverwaltung erlangte. Bayern sah auf diese Weise eines seiner wichtigsten Reservatrechte, die Militärhoheit, bedroht.

Von Kriegsbeginn an gab es Klagen bezüglich einer Benachteiligung Bayerns bei der Vergabe von Rohstoffen, die anfangs noch beschwichtigend abgetan wurden.[113] Als sich allerdings die Klagen der Industrie häuften, schuf die bayeri-

---

[110] SPERL: Wirtschaft und Staat, S. 49f., Zitat S. 50; FACIUS: Wirtschaft und Staat, S. 81-84; ROTH: Staat und Wirtschaft, S. 31 u. 108. Bis Kriegsende gab es insgesamt etwa 200 derartige Gesellschaften für Rohstoffe und Lebensmittel, ebd., S. 105f.

[111] ZORN: Bayerns Gewerbe, S. 821.

[112] ROTH: Staat und Wirtschaft, S. 33; SPERL: Wirtschaft und Staat, S. 60; HENNING, Friedrich-Wilhelm: Das industrialisierte Deutschland 1914 bis 1992, 8., durchges. u. wesentl. erw. Auflage, Paderborn u.a. 1993, S. 35. Von Ende 1914 bis November 1918 waren ansteigend 23 bis 61 % der Männer über 16 Jahren zu den Streitkräften eingezogen, also der Wirtschaft nicht verfügbar, ebd., S. 34.

[113] Vgl. z.B. den Brief des bayerischen Gesandten in Berlin, Lerchenfeld, an den bayerischen Ministerpräsidenten Hertling (20.12.1914), in dem dieser über einen Besuch des Vorstands der Abteilung für Industrie, Gewerbe u. Handel im bayer. Außenministerium, Meinel, in Berlin berichtet. Meinel habe demnach die maßgebenden Personen kennengelernt u. festgestellt, „daß den hiesigen Leuten nichts ferner liegt, als Bayern schlecht zu behandeln oder übergehen zu wollen; daß vielmehr überall die beste Absicht besteht un[s] soweit nur immer möglich entgegenzukommen. (...)" in: Briefwechsel Hertling-Lerchenfeld 1912-1917, hg. von Ernst DEUERLEIN, Boppard a. Rh. 1973, S. 376. Vgl. hierzu auch FISCHER, Doris: Die Münchner Zensurstelle während des Ersten Weltkrieges, München 1973, S. 37. Der bayerische Pressereferent Falkner v. Sonnenburg wies wiederholt darauf hin, wie schädlich die alleinigen Beschlüsse der Berliner Behörden auf dem Gebiet der Rohstoffbewirtschaftung für die Volksstimmung in Bayern waren.

sche Regierung ebenfalls eine Reihe von Institutionen, die die Lage verbessern sollten, dies aber nicht dauerhaft vermochten. Die erste dieser Stellen war im Juli 1916 die „Staatliche Vermittlungsstelle für militärische Lieferungen", die zwischen den wichtigsten Beschaffungsstellen in Bayern und Preußen vermitteln sollte.[114]

Auf das Hilfsdienstgesetz reagierte das bayerische Kriegsministerium mit der Entsendung eines „Beauftragten des Kgl. Bayerischen Kriegsministerium beim Preußischen Kriegsamt", der dort offiziell die Interessen des bayerischen Staates vertreten sollte.[115]

Auch innerhalb Bayerns wurde nun umstrukturiert. Noch im Dezember 1916 wurde beim bayerischen Kriegsministerium ein Kriegsamt eingerichtet, das ähnliche Kompetenzen wie das Oberste Kriegsamt in Berlin erhielt. Wie auch auf Reichsebene wurden als ausführende Organe Kriegsamtsstellen in den drei bayerischen Armeekorpsbezirken München, Nürnberg und Würzburg eingesetzt, dazu eine Kriegsamtsnebenstelle für das linksrheinische Bayern mit Sitz in Ludwigshafen. Obgleich sowohl die Organisationsstruktur als auch die Kompetenzbereiche der Kriegsamtsstellen in den nächsten Monaten mehrfach überarbeitet wurden, kollidierten diese mit den bereits bestehenden Strukturen der stellvertretenden Generalkommandos und ziviler Behörden. Die jeweiligen Aufgaben- und Arbeitsbereiche waren nicht klar definiert, vielfach griffen sie ineinander über. Dies erschwerte erheblich den Ablauf der Rohstoffbewirtschaftung und sorgte für Spannungen zwischen dem Kriegsamt und den stellvertretenden Generalkommandos.[116]

Da sich trotz der Einrichtung der Stelle des Bayerischen Beauftragten und der Umstrukturierungen in Bayern die bayerische Wirtschaft, und zwar in erster Linie die Industrie, weiterhin darüber beschwerte, zu wenig Heeresaufträge zu erhalten,[117] wurde die Wirtschaftspolitik immer mehr zum Gegenstand der bayerischen Reichspolitik. Im Mai 1917 einigten sich die Bundesstaaten schließlich mit den militärischen Behörden auf Errichtung einer Vermittlungsstelle der Bundesstaaten für Heeres- und Marinelieferungen, die sogenannte „Ausgleichsstelle der Bundesstaaten", die die Heeresaufträge möglichst gleichmäßig verteilen sollte. Dabei stellte sich die Frage nach einem sinnvollen Verteilungsschlüssel: Die wirtschaftliche Leistungsfähigkeit schied von vornherein aus, da sie

---

[114] SPERL: Wirtschaft und Staat, S. 53f. Zeitgenossen wie LUEBECK schreiben der Stelle einen wesentlichen Anteil an der späteren Verbesserung der Auftragsverteilung zu (LUEBECK: Entwicklung, S. 71f.), neuere Untersuchungen haben aber ergeben, daß sie nur wenig erfolgreich war (SPERL: Wirtschaft und Staat, S. 54-59).

[115] SPERL: Wirtschaft und Staat, S. 64-66.

[116] Ebd., S. 71f.

[117] Ein Großteil der bayerischen Bevölkerung war zu diesem Zeitpunkt überzeugt, daß die Benachteiligung Bayerns durch das Reich systematisch erfolge. Vgl. hierzu LUEBECK: Entwicklung, S. 68; ebenso bei OSEL, Heinrich: Zur Entwicklung von Bayerns Industrie und Handel, Dießen 1917, S. 11f.

mangels Daten nicht genau ermittelt werden konnte. Deshalb behalf man sich mit dem Anteil der Bevölkerung des jeweiligen Bundesstaates an der Gesamtbevölkerung des Reichs. Für Bayern ergab sich damit rechnerisch eine Quote von 10,65 %.[118]

Bei einer Untergliederung der nach Bayern vergebenen Aufträge ist ersichtlich, daß es zwar durchaus Branchen gab, die von der Vergabepraxis überreichlich profitierten (so erreichte die Landwirtschaft von Januar 1917 bis September 1918 eine Quote von 25,06 %, die chemische Industrie 19,72 %), der Großteil, darunter auch diejenigen Gewerbezweige mit besonders hohen Umsätzen, blieb aber weit hinter der Quote zurück (Munitionsherstellung: 5,83 %, Waffen: 4,69 %). Insgesamt erwies sich diese Festlegung daher als wenig praktikabel, Bayern erreicht die angestrebte Beteiligungsquote zu keinem Zeitpunkt.[119]

Obwohl im Winter 1916/17 bereits ersichtlich war, daß die Zielvorgaben des Hindenburg-Programms nicht erreicht werden konnten, wurde daran festgehalten. Das Verkehrssystem brach unter den Mehranforderungen durch Frontausdehnung und steigende Transportvolumina zusammen, wodurch die ohnehin bereits äußerst angespannte Kohleversorgung empfindlich gestört wurde, was wiederum Betriebsunterbrechungen und Produktionsausfälle nach sich zog. Seit Kriegsbeginn war die Kohleförderung aufgrund des Arbeitskräfteproblems hinter dem Bedarf zurückgeblieben und sank beständig weiter. In Bayern war der absolute Tiefpunkt 1916 erreicht, als die Kohleversorgung 38 % unter dem Stand von 1913 blieb; die Abhängigkeit von Zufuhren aus dem Reich stieg.[120] SCHWARZ gibt an, daß in diesem Winter in Nürnberg selbst hundert Fabriken, die für den Heeresbedarf arbeiteten, vorübergehend den Betrieb einstellen mußten.[121] Aber erst im Juni 1917 gaben auch die offiziellen Stellen in Berlin zu, daß das Hindenburg-Programm „nur Verwirrung in den Betrieb gebracht“ habe und heute gescheitert sei; Kohlen stünden nicht mehr zur Verfügung.[122]

---

[118] SPERL: Wirtschaft und Staat, S. 89; LUEBECK: Entwicklung, S. 71.

[119] Handlungsspielraum und Kompetenzen der Ausgleichsstelle waren zu eng begrenzt, wichtige Gebiete wegen ihrer Bedeutung für die Kriegsführung von vornherein ausgenommen. SPERL weist aber auch der bayerischen Seite selbst eine Teilschuld an der geringen Wirksamkeit zu, da einerseits die Zuständigkeiten der bayerischen Vertreter in Berlin zu unübersichtlich waren, andererseits die überwiegend kleinbetriebliche Struktur der bayerischen Wirtschaft ihre Leistungsfähigkeit erheblich beeinträchtigte. SPERL: Wirtschaft und Staat, S. 94-96.

[120] Ebd., S. 76.

[121] SCHWARZ: Weltkrieg und Revolution, S. 160.

[122] Lerchenfeld an Hertling, 15.6.1917, in: DEUERLEIN: Briefwechsel, S. 853f. Noch im Februar hatte Lerchenfeld berichtet, an Kohle und anderen Rohstoffen mangele es nicht, einziger wunder Punkt sei die Frachtfrage (Lerchenfeld an Hertling, 1.2.1917, in: DEUERLEIN: Briefwechsel, S. 803).

Trotz der Bemühungen der bayerischen Behörden um eine verstärkte Vergabe von Heeresaufträgen nach Bayern, die einzig noch die Zuteilung von Kohle ermöglichten, wies Bayern die reichsweit höchsten Stillegungszahlen auf. Nach der gewerblichen Betriebszählung des Professors Gottl-Ottilienfeld, die dieser im Auftrag der bayerischen Regierung durchführte und im Juni 1917 vorlegte, waren seit Kriegsbeginn in Bayern 226 Betriebe mit 350.000 Arbeitern, einem Siebtel aller Arbeitskräfte, stillgelegt worden.[123] Am stärksten betroffen waren die Industrie der Steine und Erden, in der 1917 31,6 % der Betriebe stillgelegt waren,[124] sowie das Baugewerbe (25,3 %). Auch die Textil- und die Bekleidungsindustrie, die Nahrungsmittelindustrie und die Industrie der Holz- und Schnitzstoffe verzeichneten als nicht kriegswichtige Branchen tiefe Einbrüche,[125] obwohl zum Beispiel die Textilindustrie durch Verwendung von Ersatzstoffen (etwa Papiergespinste statt Baumwolle) durchaus Anstrengungen unternahm, um weiterarbeiten zu können.[126]

Daß große Firmen ebenfalls nicht davor gefeit waren, plötzlich von der Zuteilung der Kohlen ausgeschlossen zu werden, zeigt der Fall der erst 1915 in München errichteten Bayerischen Geschützwerke Friedrich Krupp, die im Juni 1917 den Brennstoff nicht mehr erhielten.[127] Angesichts dieser Lage wurden gegen Kriegsende wieder verstärkt Pläne zum Ausbau der bayerischen Gewässer zur Energienutzung laut.[128]

Erschwert wurde die wirtschaftliche Lage in Bayern wie im ganzen Reich von Kriegsbeginn an durch die Lebensmittelknappheit, ausgelöst durch den Ansturm der Bevölkerung auf die Lebensmittelgeschäfte und den massenhaften Ankauf der Städte auf dem Land, verstärkt durch die alliierte Seeblockade, weil gewöhnlich ein erheblicher Teil der Nahrungsmittel und vor allem des Futtergetreides sowie des Lebendviehs aus dem Ausland importiert wurde.[129] Trotz des Höchstpreisgesetzes vom 4. August 1914, wonach für die Dauer des Krieges für Gegenstände des täglichen Bedarfs Höchstpreise festgesetzt werden konnten, war es den Behörden nicht möglich, wesentliche Preissteigerungen zu verhin-

[123] BHStA MH 15496. Zu den Hintergründen und Mängeln dieser Zählung vgl. CONRADT: Gewerbezählungen, S. 49, 53.

[124] Eine Ausnahme bildete die Graphitindustrie bei Passau, wo nach dem Wegfall der Zufuhr aus Ceylon die einzige nennenswerte deutsche Fundstätte lag. LUEBECK: Entwicklung, S. 68f., schätzt den Wertanstieg der bayerischen Graphitwerke auf 300 %.

[125] SPERL: Wirtschaft und Staat, S. 184; ECKARDT: Industrie und Politik, S. 70-74.

[126] LUEBECK: Entwicklung, S. 69.

[127] Lerchenfeld an Hertling, 15.6.1917, in: DEUERLEIN: Briefwechsel, S. 853f. Dies überrascht um so mehr, als die Friedrich Krupp AG bis dahin das einzigartige Privileg genoß, daß ihre Bestellungen mit denen der staatlichen Beschaffungsstellen gleichgestellt waren, vgl. ROTH: Staat und Wirtschaft, S. 105f.

[128] BLAICH: Energiepolitik, S. 141-153.

[129] SCHWARZ: Weltkrieg und Revolution, S. 117; MOMMSEN, Wolfgang: Die Urkatastrophe Deutschlands. Der Erste Weltkrieg 1914-1918, Stuttgart 2002, S. 92f.

dern. Wie in allen Teilen des Reiches gab man auch in Bayern die Schuld daran neben den Bauern[130] in erster Linie dem Handel, dem man vorwarf, sich durch Wucher persönlich an der Notsituation zu bereichern. Die Anklagen waren dabei weniger gegen den Großhandel gerichtet, für den oftmals ebenfalls Preisbeschränkungen galten, als vielmehr gegen Zwischen- und Einzelhandel.[131] Es wuchs daher der Ruf nach rigoroser Beschneidung des freien Handels, da dieser beinahe täglich die Preise erhöhte.[132] Trotz zunehmender Bewirtschaftung mußte der tägliche Bedarf vielfach über Schleichhandel und Hamsterfahrten gedeckt werden. Neueste Untersuchungen gehen davon aus, daß 1918 ein Drittel der überhaupt zur Verfügung stehenden Lebensmittel am öffentlich kontrollierten Verteilungssystem vorbei über den Schwarzmarkt zum Verbraucher gelangte.[133] Die hungernden Verbraucher forderten letztlich die Abschaffung des gesamten Handels und die Übernahme der Warenverteilung durch ein staatliches System.[134]

Die bayerischen Behörden versuchten durch diverse Maßnahmen, die angespannte Lage im Lande, entstanden durch Lebensmittelknappheit und explodierende Preise, und die damit verbundene negative Stimmung gegenüber Preußen und auch der eigenen Regierung zu entschärfen.[135] Sie konnten jedoch nicht verhindern, daß allgemeine Kriegsmüdigkeit und die schlechte Ernährungslage im Januar 1918 wie auch in anderen Teilen des Reichs sowie der Donaumonarchie zu Arbeitsniederlegungen führten, von denen in erster Linie Rüstungsbetriebe betroffen waren. Das größte Ausmaß erreichten die Streiks in Bayern am 28. und 29. Januar in Nürnberg, wo 42.000 Arbeiter aus 120 Betrieben die Arbeit niederlegten.[136] In München wurde der Streik von Kurt Eisner angeführt, er verlief hier weniger friedvoll als im übrigen Bayern; auf Vermittlung der MSPD konnte er aber auch hier am 2. Februar beigelegt werden.

---

[130] Vgl. zur Lage der bayerischen Bauern im Krieg MÜNCH, Friedrich: Die agitatorische Tätigkeit des Bauernführers Heim, in: Bayern im Umbruch, hg. von Karl BOSL, München 1969, S. 301-344.

[131] Zur allgemeinen Lage des Einzelhandels siehe FELDMAN, Gerald D.: Kriegswirtschaft und Zwangswirtschaft, in: Der Erste Weltkrieg, hg. von Wolfgang MICHALKA, München 1994, S. 467ff.

[132] SCHWARZ: Weltkrieg und Revolution, S. 118; FELDMAN: Kriegswirtschaft und Zwangswirtschaft, S. 468f.

[133] Siehe AMBROSIUS, Gerold: Von Kriegswirtschaft zu Kriegswirtschaft (1914-1945), in: Deutsche Wirtschaftsgeschichte, hg. von Michael NORTH, München 2000, S. 282-350, hier S. 296.

[134] SCHWARZ: Weltkrieg und Revolution, S. 142.

[135] Zu den Vorwürfen der Bevölkerung gegenüber der eigenen Regierung in bezug auf die schlechte Versorgungslage vgl. AY, Karl-Ludwig: Die Entstehung einer Revolution. Die Volksstimmung in Bayern während des Ersten Weltkrieges, Berlin 1968, S. 26f.

[136] ALBRECHT, Willy: Landtag und Regierung in Bayern am Vorabend der Revolution von 1918, Berlin 1968, S. 296f. In Nürnberg agitierten – einzigartig in der deutschen Streikbewegung – nicht nur die USPD, sondern auch Führer der MSPD und die Freien Gewerkschaften.

Naturgemäß veränderte sich die bayerische Wirtschaft unter der Kriegsbelastung, worüber zumindest ansatzweise die Volks- und Berufszählung vom 1. Dezember 1916 Auskunft gibt. Im Gegensatz zu den früheren Zählungen zog die Erhebung von 1916 jedoch die Erwerbstätigen, nicht die gesamte Berufsbevölkerung (Erwerbstätige, Dienende, Angehörige) heran.[137] Zu beachten ist ferner, daß die absoluten Beschäftigungszahlen während des Krieges selbstverständlich abnahmen, da viele Männer im Feld standen. Nach der Berufszählung waren im Dezember 1916 noch 35,3 % (1907: 44,3 %) der erwerbstätigen Bevölkerung im primären Sektor tätig, 22,7 % (1907: 26,6 %) im sekundären und 8,8 % (1907: 9,3 %) im tertiären, woraus ersichtlich ist, daß der Rückgang der Erwerbstätigen in erster Linie die Landwirtschaft betraf.[138] Auch wenn sich diese Zahlen nach Kriegsende wieder etwas relativierten, ist erkennbar, daß der Erste Weltkrieg das Primat der Landwirtschaft in Bayern nicht beseitigen, aber doch die industrielle Entwicklung beschleunigen konnte.

Dies deckt sich mit der Entwicklung der Betriebsgrößenstruktur, die eindeutig zugunsten der Großbetriebe verschoben wurde, da die Tendenz zur Konzentration und damit der Grad der Industrialisierung zunahmen. Denn obwohl Bayern einen absoluten Rückgang bei der Anzahl seiner Betriebe verzeichnete, verbuchten die Großbetriebe einen prozentualen Beschäftigungszuwachs um mehr als 10 % gegenüber 1907; damit arbeiteten 1917 40,5 % aller Beschäftigten in Großbetrieben. Einen erheblichen Zuwachs wiesen die Riesenbetriebe auf, deren Zahl von 39 (1907) auf 54 stieg, was einem relativen Anstieg von 38,5 % entsprach. Die Beschäftigtenzahl dieser Betriebe nahm absolut um 60.900, relativ um 81,6 % zu. So beschäftigte zum Beispiel die MAN in Nürnberg im Frühjahr 1918 über 9.000 Personen gegenüber 4.500 in Friedenszeiten; auch die auf Rüstungsbedarf umgestellte Nürnberger Spielwarenindustrie konnte die Zahl ihrer Arbeiter und Angestellten von 7.000 vor dem Krieg auf 15.000 Ende 1918 mehr als verdoppeln.[139] Neben der bereits erwähnten Maschinenindustrie profitierten insbesondere die chemische Industrie, hier vor allem die Elektrochemie,[140] und der Bereich Eisen- und Metallverarbeitung von den Kriegsanforderungen.[141] Einbrüche erlitten vor allem die Mittel- und Kleinbetriebe, die besonders von den

---

[137] Die Kriegs-Volkszählungen vom Jahre 1916 und 1917 in Bayern, hg. vom Bayerischen Statistischen Landesamt, München 1919, S. 136. Die Angaben von 1916 können daher nicht ohne weiteres mit den bisherigen Zahlen von 1882 und 1907 verglichen werden. Zu den methodischen Schwierigkeiten bei der Auswertung vgl. auch CONRADT: Gewerbezählungen, S. 49, 53.

[138] Die Kriegs-Volkszählungen, S. 139. Viele Landarbeiter wanderten in die erheblich besser bezahlten Rüstungsbetriebe ab, weshalb in der Landwirtschaft vor allem zur Erntezeit die Helfer fehlten. Vgl. hierzu MÜNCH: Tätigkeit, S. 339.

[139] SCHWARZ: Weltkrieg und Revolution, S. 188f. Zur genauen Entwicklung der MAN während des Kriegs siehe ECKARDT: Industrie und Politik, S. 67f.

[140] Vgl. hierzu ECKARDT: Industrie und Politik, S. 64f.

[141] SPERL: Wirtschaft und Staat, S. 186.

Betriebsstill- und -zusammenlegungen betroffen waren. Die Beschäftigtenzahl sank hier in der Industrie um 40 %, im Handel um 25 %. Dennoch dominierten diese Betriebsgrößen die bayerische Wirtschaftsstruktur nach wie vor.

Insgesamt kann daher zwar von einer Beschleunigung der industriellen und gewerblichen Entwicklung gesprochen werden, wodurch bei den Zeitgenossen der Eindruck entstand, der Krieg habe die bayerische Wirtschaft erst richtig industrialisiert.[142] Zu berücksichtigen bleibt jedoch die oben erwähnte starke Stellung der Landwirtschaft, die erst im Verlauf der Weimarer Republik zurückging. Der Krieg sorgte aber durch seine verstärkten wirtschaftlichen Verflechtungen zumindest für die „innere Vereinheitlichung der Volkswirtschaft des Bismarckreiches", so daß „fortan von einer besonderen bayerischen Wirtschaft nur noch bedingt die Rede sein" konnte.[143]

III. DIE BAYERISCHE WIRTSCHAFT IN DER WEIMARER REPUBLIK

III. 1 ÜBERGANGSZEIT UND INFLATION

Mit der Ausrufung der deutschen Republik am 9. November 1918 durch Philipp Scheidemann und der Unterzeichnung des Waffenstillstandes am 11. November standen die Wirtschaftskreise in Deutschland vor völlig veränderten politischen und wirtschaftlichen Grundlagen.[144] Zwar entschied man sich bereits am 15. November für einen Fortbestand des Systems der Marktwirtschaft, doch konnten die Zwangsmaßnahmen der Kriegswirtschaft nur allmählich zurückgefahren werden.[145] Die Wirtschaftspolitik des Reichs war in den ersten Jahren durch den Versailler Friedensvertrag, der bis 1925 unter anderem eine Handelsbegünstigung der Siegerstaaten vorschrieb, eng begrenzt, diejenige Bayerns zudem durch die gegenüber der Verfassung des Kaiserreichs deutlich zentralistischere Weimarer Reichsverfassung. Die Finanzreform des Zentrumspolitikers Erzberger zog einen wesentlichen Teil der direkten Steuern, die bisher Ländersteuern gewesen waren, ans Reich und ließ den Ländern nur Zuteilungen auf dem Wege des sogenannten Finanzausgleichs zukommen. Hauptsächliche Landessteuern

---

[142] Z.B. LUEBECK: Entwicklung, S. 44; ECKARDT: Industrie und Politik, S. 99-101; SPERL: Wirtschaft und Staat, S. 186ff., bestreitet diese Auffassung eben mit dem Hinweis auf die nach wie vor existierende Vorrangstellung der Landwirtschaft sowie der Mittel- und Kleinbetriebe, sie ist der Ansicht, der Krieg habe lediglich Impulse ausgelöst.

[143] ZORN: Bayerns Gewerbe, S. 823.

[144] Zur Ausgangslage und den allgemein bestehenden Problemen vgl. HENNING: Industrialisiertes Deutschland, S. 51-53.

[145] POHL, Harald: Kommunale Wirtschafts- und Finanzpolitik in Bayern zur Zeit der Weimarer Republik: dargestellt am Beispiel der Wirtschaftsregion Ingolstadt, Diss. Regensburg 1985, S. 80f. Bei Lebensmitteln wurde die staatliche Bewirtschaftung 1920/21 abgebaut, bei Eisen- und Stahlerzeugnissen wurde das System der Höchstpreise bereits 1919 aufgehoben, während der Wohnungsmarkt bis 1924 einer rigiden staatlichen Bewirtschaftung unterlag.

blieben Grund- und Gebäudesteuer und Gewerbesteuer.[146] Bayern verlor daneben seine bisherigen Reservatrechte auf dem Gebiet der Eisenbahn und der Post, beide wurden aufgrund der neuen Reichseinheitlichkeit des öffentlichen Verkehrswesens vom 1. April 1920 an Teil des Reichsvermögens. Aber auch auf das Biersteuerreservat, bisher für den Staatshaushalt von gewisser Bedeutung, mußte Bayern fortan verzichten, es erhielt künftig lediglich 13,55 % aus der jährlichen Biersteuereinnahme des Reiches zugewiesen.[147]

Besonders hart traf der Versailler Vertrag die Pfalz. Nach Art. 428 des Vertrags wurden die deutschen Gebiete westlich des Rheins durch die Truppen der alliierten und assoziierten Mächte für einen Zeitraum von fünfzehn Jahren besetzt, was die Ausführung des Friedensvertrags durch Deutschland garantieren sollte.[148] Damit unterstand fortan auch die Pfalz der französischen Besatzung, zudem wurden die westpfälzischen Kohlengruben um St. Ingbert und Homburg zur „Arrondierung“ dem Saargebiet zugerechnet, das durch das „Saarstatut“ dem französischen Zollgebiet angegliedert wurde. Als oberste Vertretung der Besatzungsmächte wurde nach dem zugleich mit dem Versailler Vertrag unterzeichneten Rheinlandabkommen der „Interalliierte Hohe Ausschuß für die Rheinlande“, kurz Rheinlandkommission, unter französischem Vorsitz eingesetzt. Diese Rheinlandkommission, die dem Abkommen zufolge auf die Gewährleistung von Unterhalt und Sicherheit der alliierten Truppen beschränkt war, griff in der Folge in weite Teile des öffentlichen Lebens der besetzten Gebiete ein und etablierte sich als oberste Staatsgewalt. Die pfälzische Wirtschaft, vom rechtsrheinischen Deutschland fast völlig abgeschnitten, wurde zu Beginn der Besatzung durch ein großzügiges Wirtschaftsprogramm im Zuge der „pénétration pacifique“, der friedlichen Durchdringung, durch die ein profranzösischer Stimmungsumschwung in der Bevölkerung herbeigeführt werden sollte, wesentlich gefördert, namentlich der Güteraustausch mit Frankreich wurde belebt. Dennoch blieb der Warenaustausch mit dem benachbarten, aber nun von Deutschland wieder abgetrennten Wirtschaftsraum Elsaß-Lothringen und auch dem Saargebiet schwierig. Spätestens mit dem französischen Ruhreinmarsch im Januar 1923 und dem sich anschließenden passiven Widerstand, der auch in der Pfalz praktiziert wurde, war dieser bescheidene Aufschwung aber zu Ende, denn die Auswirkungen des Widerstands auf die Wirtschaft waren geradezu katastrophal. Im Rahmen der Pfänderpolitik beschlagnahmte die Rheinlandkommission die Zölle und sonstigen Außenhandelsabgaben, die Arbeitslosigkeit nahm größte

[146] Vgl. hierzu POHL: Wirtschafts- und Finanzpolitik, S. 52-79.

[147] Ebd., S. 63f. Diese Zuweisungsquote unterschritt das bayerische Aufkommen erheblich und war in den folgenden Jahren der Anlaß für weitere Auseinandersetzungen über die Verbesserung der Abfindung. Eisenbahn- und Postreservat waren dagegen für den bayerischen Staat nicht „überlebensnotwendig“.

[148] WYSOCKI: Weltkriege, S. 257.

Ausmaße an. Letztendlich mußte auch hier wie an der Ruhr der passive Widerstand als völliger Mißerfolg bedingungslos aufgegeben werden.[149]

Die nach Kriegsende notwendigen umfangreichen wirtschaftspolitischen Maßnahmen der Reichsregierung sowie der Länder (Demobilisierungsmaßnahmen, Programme zur Arbeitsbeschaffung) lösten zusammen mit der inflationären Entwicklung, hervorgerufen durch die Erhöhung der Geldmenge des Deutschen Reiches während des Krieges und der gleichzeitigen Verringerung des inländischen Sozialprodukts, einen Wirtschaftsaufschwung aus, der auch in Bayern einsetzte, durch die Hyperinflation 1923 aber beendet wurde.[150] Bemerkenswert dabei ist, daß die bayerischen Preise während des Krieges und auch noch unmittelbar danach unter dem Reichsniveau gelegen hatten, im Frühjahr 1922 die Teuerungswelle Bayern aber mit ungedämmter Wucht erfaßte, so daß die bayerische Preisentwicklung innerhalb weniger Wochen und Monate zu der im übrigen Reich aufschloß. Wie schon während des Krieges wurden Schuldige für die rasche Teuerung gesucht, und man glaubte sie wieder einmal in den außerbayerischen Händlern, die die bayerischen Lebensmittel aufkauften, in den Schiebern und Wucherern, in der Regierung, die der Entwicklung nicht Herr wurde, gefunden zu haben. Parallel dazu verschärfte sich wiederum der Gegensatz zwischen Stadt und Land; die Städter warfen den Bauern vor, Agrarprodukte zurückzuhalten und mit den Wucherern gemeinsame Sache zu machen.[151] Die bayerische Regierung wie die Reichsregierung erwiesen sich dieser Entwicklung gegenüber als relativ hilflos.[152] 1922 sank der Dollarwechselkurs der Papiermark unter 1 % ihres Nennwertes, im Januar 1923 brachte der Ruhrkampf den unaufhaltsamen Zusammenbruch, bis im November 1923 ein Dollar mit 4.200.000.000.000 M bezahlt wurde.[153] Die Umstellung auf die Rentenmark konnte den Verfall schließlich stoppen, die Umwandlung zur Reichsmark als Goldkernwährung die Mark wieder stabilisieren. Dies brachte neben gesunden Geldverhältnissen allerdings die Vernichtung der Sparvermögen in Papiergeld und festverzinslichen Werten in größtem Ausmaß mit sich. Die Industrie Bayerns wurde aber mit ihrem Sachwertebesitz durch die Inflation nicht gefährdet

---

[149] WYSOCKI: Weltkriege, S. 257-261. Einziger Erfolg des passiven Widerstands war das Aufbrechen der gemeinsamen Front der alliierten Siegermächte gegen Deutschland, da die Pfänderpolitik Frankreich mit den USA und England in Konflikt brachte und mit dem anschließenden Dawes-Plan erstmals Deutschland in den Fragen über seine Zukunft Mitsprache erhielt. Zum Handelsverkehr mit Elsaß-Lothringen und dem Saargebiet siehe ebd., S. 268f. Vgl. zur Ruhrkrise auch GEMBRIES, Helmut: Die Pfalz und Bayern in der Weimarer Zeit, in: Die Pfalz und Bayern 1816-1956, hg. von Hans FENSKE, Speyer 1998, S. 189-211, bes. S. 197-199.

[150] ZORN: Bayerns Gewerbe, S. 824; POHL: Wirtschafts- und Finanzpolitik, S. 82-85.

[151] SPERL: Wirtschaft und Staat, S. 414f.

[152] Ebd., S. 429-431.

[153] Vgl. zur Entwicklung des Mark-Kurses HENNING: Industrialisiertes Deutschland, S. 64-66.

und setzte seit 1924 erhebliche, besonders private amerikanische Auslandsdarlehen für Ausbau und Rationalisierung ein.

Die industrielle Produktion verminderte sich unmittelbar nach Kriegsende in ganz Deutschland sehr stark, was auf der Umstellung von der Kriegsmaterialproduktion auf die Herstellung von Gütern des zivilen Bedarfs sowie auf der nach wie vor bestehenden Knappheit an Kohlen und Rohstoffen beruhte. Besonders betroffen war hiervon die in die Kriegsproduktion stärker eingeschaltete Investitionsgüterindustrie, so daß die Konsumgüterindustrie einen dauerhaften Vorsprung erzielen konnte, den sie auch dann nicht verlor, als eine wirtschaftliche Erholung einsetzte.[154] Dieser Wirtschaftsaufschwung, der nach der Überwindung der Inflation und nach Ende des Ruhrkampfes einsetzte, erfaßte ganz Bayern und sorgte für den bis dahin kräftigsten Wachstums- und Industrialisierungsschub, der bis 1928 andauerte und zeitweise um rund 10 % über dem Reichsdurchschnitt lag.[155] Neben den alten Wirtschaftszentren entstanden nun neue Industriestandorte. So etablierten sich in Unterfranken die beiden Städte Schweinfurt und Aschaffenburg endgültig als Industriestädte, Unterfranken wurde insgesamt eine Region, in der es sich unter bestimmten Umständen vorteilhafter produzieren ließ als in den bisherigen Ballungszentren.[156]

Seit Kriegsende trat das Reich nun auch in Bayern als wirtschaftlicher Unternehmer auf. 1923 wurden die ehemals reichseigenen Rüstungswerke zu einer Aktiengesellschaft namens Vereinigte Industrie-Unternehmungen AG (VIAG) zusammengefaßt, zu der auch die Innwerk AG Töging und die Stickstoffwerke in Trostberg gehörten.[157]

Der bayerische Staat, seit 1920 um Coburg vergrößert,[158] stand in der Wirtschafts- und Sozialpolitik fast völlig im Schatten der neuen Republik, da die diesbezüglichen Kompetenzen nun auf Reichsebene lagen. Er betätigte sich daher vornehmlich in der Gewerbeförderung sowie in der Verkehrs- und Energiepolitik. Für den verkehrsmäßigen Ausbau und die energiemäßige Nutzung einer Großschiffahrtsstraße vom Main bei Aschaffenburg über Bamberg, Nürnberg und Regensburg bis zur Donau bei Passau gründeten das Reich und das Land Bayern 1921 gemeinsam die Rhein-Main-Donau AG München, die auch die Donau von Ulm bis Kelheim mit Staustufen ausbauen und Schiffahrtsanschlüsse nach Augsburg und München herstellen sollte. Aschaffenburg wurde als Angelpunkt zum Rheingroßschiffahrtsweg wichtigster bayerischer Mainhafen. Für die Kraftversorgung Bayerns, um die Abhängigkeit vom Energieträger Kohle zu

---

[154] HENNING: Industrialisiertes Deutschland, S. 56f.

[155] LANZINNER, Maximilian: Zwischen Sternenbanner und Bundesadler. Bayern im Wiederaufbau 1945-1958, Regensburg 1996, S. 165.

[156] SCHÄFER: 125 Jahre, S. 146.

[157] ZORN: Bayerns Gewerbe, S. 825.

[158] Vgl. hierzu C.IV.4: Anschluß der HK Coburg.

mildern, wurden die schon während des Kriegs begonnenen Projekte für Wasserkraftwerke in „einem beispiellosen Aufbauboom“[159] umgesetzt. Das Walchenseekraftwerk wurde weitergebaut und 1925 vollendet, gleichzeitig unternahm der Staat den Ausbau der Isar zwischen München und Moosburg und die Stromverwertung in einem Großkraftwerk Mittlere Isar. Sowohl das Isar- als auch das Walchenseewerk waren Aktiengesellschaften, deren Hauptanteilseigner der Staat Bayern war. Die Verteilung des erzeugten Stroms wurde von einem 1921 vom Staat gegründeten Unternehmen, der Bayernwerk AG, übernommen; der bayerische Staat wurde hier durch Übernahme aller Aktien Alleinbesitzer. Das Höchstspannungsnetz des Bayernwerks dehnte sich über ganz Bayern aus. Daneben nahm die Innwerk AG den Ausbau des Inns in Angriff, so daß die Wasserkraft-Ausbauleistung in ganz Bayern von 421.583 PS 1923 schon 1925 auf 828.135 PS gestiegen war.[160]

In der privaten Industrie verknüpfte sich in Bayern wie im übrigen Reich die Rückkehr zur Friedenswirtschaft durch das Anwachsen der Konzern- und Kartellbewegung aufgrund von Rohstoffabhängigkeit und -knappheit, Unsicherheit über die Absatzverhältnisse sowie finanziellen Schwierigkeiten mit einer erheblichen Steigerung der Betriebskonzentration, die alle Zweige der Industrieerzeugung erfaßte. Die Siemens-Schuckert-Werke wurden 1922 Teil des größten deutschen Konzerns, der von H. Stinnes geschaffenen Elektromontangruppe Siemens-Rheinelbe-Schuckert-Union, die aber nach seinem Tod rasch wieder zerfiel. Die MAN wurde 1920/22 in den Ruhr-Montankonzern der Gutehoffnungshütte eingegliedert, die Maximilianshütte 1921 in die saarländische Röchlinggruppe, 1929 in den mitteldeutschen Flick-Konzern. Die BASF vollzog 1925 mit ihren IG-Farben-Konzernpartnern den Schritt zur Vollfusion.[161] Das größte Unternehmen der bayerischen Porzellanindustrie, die Philip Rosenthal AG in Selb, verlegte den Hauptsitz nach Berlin und bildete selbst einen Konzern, der 1921 auch auf Schlesien übergriff. Doch auch bei Preisgabe ihrer wirtschaftlichen Unabhängigkeit blieben innerhalb der Konzerne noch viele bayerische Großfirmen organisatorisch selbständig und abgrenzbar. Daneben gab es besondere bayerische Kartelle, etwa in der Form des Kohlensyndikats für das

---

[159] BOSL: Industrialisierung, S. 35.

[160] ZORN: Bayerns Gewerbe, S. 825; ECKARDT: Industrie und Politik, S. 54f.

[161] ZORN: Bayerns Gewerbe, S. 826. Die BASF war 1904 der von Carl Duisberg (Leverkusen) angeregten Interessengemeinschaft der deutschen Farbwerke, kurz IG-Farben, beigetreten. Vgl. zur Konzentrationsbewegung auch POHL: Wirtschafts- und Finanzpolitik, S. 94. Nach POHL hätten bayerische Industrielle zu diesem Zeitpunkt noch Hoffnung gehabt, „eine selbständige bayerische Industrie zu errichten“, die Übernahmen bayerischer Firmen in größere Konzerne wären daher quasi ohne Zutun und gegen den Willen der bayerischen Industriellen erfolgt. Dem widerspricht SPERL, die hervorhebt, daß die jeweiligen Unternehmen ihren Schritt als ökonomisch notwendig begründeten. Vgl. SPERL: Wirtschaft und Staat, S. 437, 484, 502-508.

rechtsrheinische Bayern oder auch als ausgesprochene Großhändlerkartelle im Textilbereich.[162]

Ein besonderes Wachstum verzeichnete auch nach dem Krieg der Maschinen- und Apparatebau, was hauptsächlich aufgrund des in Bayern vorhandenen guten Know-how und der großen Zahl der durch die Freisetzungseffekte der Landwirtschaft billig zur Verfügung stehenden Arbeitskräfte möglich war. Diese starke Entfaltung des wichtigsten Gewerbezweiges der Kapitalgüterindustrien in Bayern trug entscheidend dazu bei, daß der Kapitalgütersektor seit den 1920er Jahren stärker dem allgemeinen deutschen Wachstumstrend folgte.[163]

In der besetzten Pfalz erfolgte in gegenläufiger Tendenz in den meisten bis dahin führenden Wirtschaftszweigen ein Rückgang. Hierzu zählt die Metallindustrie, die Industrie der Steine und Erden, die Nahrungs- und Genußmittelindustrie sowie die Textil- und die Schuhindustrie. Zumeist waren diese Rückgänge auf Schwierigkeiten beim Bezug des nötigen Rohmaterials oder auf den Verlust der bisherigen Absatzgebiete zurückzuführen, da die französischen Besatzer den Warenverkehr mit dem rechtsrheinischen Deutschland soweit als möglich unterbanden; lediglich die Pirmasenser Schuhindustrie spürte die direkte marktwirtschaftliche Konkurrenz der aus Frankreich eingeführten Fabrikate. Die chemische Industrie war die einzige, die sich sowohl beim Bezug der nötigen Herstellstoffe als auch bei der Neuorientierung im Absatz rasch umstellen konnte. Einen wirklichen Aufschwung verzeichnete aber nur die Nähmaschinen- und die Fahrradindustrie, die bereits vor dem Krieg einen räumlich sehr ausgedehnten Absatz gefunden hatten.[164]

Auch im privaten Kreditwesen dauerte die Konzentration nach dem Krieg weiter an. Dabei wurden besonders die Bodenkreditinstitute wie die Bayerische Hypotheken- und Wechsel-Bank hart von den Folgen der Inflation betroffen, was das weitere Vordringen der Berliner Großbanken in Bayern erleichterte. Die Deutsche Bank übernahm 1921 die Pfälzische Bank. Die Disconto-Gesellschaft kam im selben Jahr unter eigenem Namen nach München und vereinigte sich 1929 mit der Deutschen Bank zur stärksten deutschen Großbank mit gemeinsamem Filialennetz auch in Bayern. Seit 1924 wurden, zurückhaltender als in anderen deutschen Ländern, Bausparkassen gegründet. Im Versicherungswesen gingen die Aktien der Bayerischen Versicherungsbank 1923 an die Münchner Rückversicherung und die Allianz über, deren gesamtes Bayerngeschäft die Bank dann übernahm; 1930 entfiel etwa die Hälfte der im Reich getätigten Rückversicherungsumsätze auf München.[165]

---

162 ZORN: Bayerns Gewerbe, S. 827.
163 SPILKER: Bayerns Gewerbe, S. 156f.
164 WYSOCKI: Weltkriege, S. 275-280.
165 ZORN: Bayerns Gewerbe, S. 828.

Der bayerische Handel sah nach der Überwindung der Übergangswirtschaft vor allem eine Ausgestaltung des Landwarenhandels. 1925 bildete sich die Bayerische Warenvermittlung landwirtschaftlicher Genossenschaften (Baywa), deren Großaktionärin die Bayerische Zentraldarlehenskasse der Raiffeisengenossenschaften war und die im ganzen Land Lagerhäuser errichtete. Trotz dieser Konkurrenz und trotz der allgemein schlechten wirtschaftlichen Lage nahm die Zahl der kleinen Einzelhandelsbetriebe nicht ab. Im Güterumschlag zu Wasser setzte vor allem der größte Hafen Bayerns, Ludwigshafen, seinen Aufstieg fort.[166]

Insgesamt hatte sich bis 1925 das Kräfteverhältnis innerhalb der Bevölkerung, die trotz der kriegsbedingten Ausfälle auf 7,38 Mio. Personen gewachsen war, weiter zugunsten von Industrie und Handel verschoben. Im Gegensatz zu 1907, als 40,3 % der Gesamtbevölkerung auf den Sektor Landwirtschaft entfielen, waren es nun nur noch 34,9 %. Gewerbe und Industrie sowie Handel und Verkehr konnten ihren Anteil von 45,8 % (1907) auf 47,4 % steigern. Von der erwerbstätigen Bevölkerung waren 1925 noch 38,6 % dem primären Sektor zuzurechnen (1907: 44,2 %), dagegen 46,1 % dem sekundären und tertiären (1907: 40,7 %).[167] Die Zahl der in Industrie und Handel Tätigen übertraf also erstmals diejenige der in der Landwirtschaft Erwerbstätigen; Bayern kann daher nunmehr als Agrar-Industriestaat bezeichnet werden. Denn daß die Landwirtschaft in Bayern nach wie vor eine vergleichsweise dominierende Rolle spielte, wird bei einem Blick auf das Reich und andere deutsche Länder deutlich: Reichsweit waren 1925 nur mehr 30,5 % der Erwerbstätigen der Landwirtschaft zuzurechnen, in Sachsen sogar nur noch 12,4 %. Selbst in Württemberg und Baden lag der Anteil der agrarischen Erwerbstätigen mit 41,7 % beziehungsweise 36,9 % unter dem bayerischen.[168]

III.2 DIE WELTWIRTSCHAFTSKRISE

Von Nordamerika ausgehend und von einer Agrarkrise eingeleitet, brachte die Weltwirtschaftskrise von Oktober 1929 an Börsenkrise, Kreditkrise, Industriekrise, Massenarbeitslosigkeit, Absinken der Massenkaufkraft und allgemeine Verelendung. Doch war es keineswegs so, daß die wirtschaftliche Depression aus dem Nichts auftauchte, vielmehr warf sie bereits Monate vorher durch erste

---

166 Ebd.

167 Zur Bevölkerungsentwicklung vgl. Bayern im Lichte seiner hundertjährigen Statistik, München 1933, S. 51; sonstige Angaben: Bayerische Berufsstatistik 1925, hg. vom Bayerischen Statistischen Landesamt, München 1926, S. 15-17. Die Angaben zur Verteilung der Gesamtbevölkerung auf die einzelnen Sektoren für 1907 weichen in der Statistik von 1925 geringfügig von den Angaben der Statistik von 1907 ab; zur besseren Vergleichbarkeit mit den bisherigen Ausführungen wurden deshalb hier die Angaben von 1907 eingesetzt.

168 Vgl. SPERL: Wirtschaft und Staat, S. 163.

Ansätze von Arbeitslosigkeit und Not ihre Schatten voraus.[169] Die tiefen Rückwirkungen der Vermögenszerstörung durch die Inflation namentlich im mittleren und kleineren Bürgertum verhinderten nun jedoch eine nochmalige Abwertung der Währung durch die Reichsregierung, diese zog die Devisenzwangswirtschaft vor.[170]

Dabei waren die einzelnen deutschen Länder und Landesteile von den Auswirkungen der Krise höchst unterschiedlich betroffen. Bayern zeigte sich – wie auch der süddeutsche Nachbar Württemberg – aufgrund verschiedener Faktoren insgesamt nur mäßig krisenanfällig: Zum einen wechselten sich hier Regionen mit ausgeglichener Mischung zwischen bäuerlichen und gewerblichen Strukturen (Franken, Pfalz) mit überwiegend landwirtschaftlich strukturierten Regionen (Altbayern, Schwaben) ab, die nach einer Untersuchung des Statistischen Reichsamts die Depression mit den relativ höchsten positiven Veränderungen der Betriebszahlen in Industrie und Handwerk sowie Handel und Verkehr und zugleich den geringsten Arbeitsplatzeinbußen überstanden. Die „Rückständigkeit" Bayerns wirkte sich hier also stabilisierend aus, wie Tabelle 1 veranschaulicht.[171]

Zum anderen spielte in der bayerischen Industrie – die zudem immer noch überwiegend konsumgüterorientiert strukturiert war, während die Krise die Kapitalgüterindustrien wesentlich härter traf – wie gezeigt der Mittel- und Kleinbetrieb eine größere Rolle als im Reichsdurchschnitt, und da diese Betriebe schwe-

---

169 So vermeldete das Arbeitsamt Rosenheim bereits im Juni 1928 „eine ungewöhnlich ungünstige Lage des Arbeitsmarktes", vgl. hierzu STÄBLER, Wolfgang: Weltwirtschaftskrise und Provinz. Studien zum wirtschaftlichen, sozialen und politischen Wandel im Osten Altbayerns 1928 bis 1933, Kallmünz/Opf. 1992, S. 76f. Auch in der Pfalz stiegen seit 1928 die Arbeitslosenzahlen wieder, vgl. WYSOCKI: Weltkriege, S. 291. Bereits seit April 1927 befanden sich die deutschen Börsenkurse (im Gegensatz zu denjenigen in den USA) in einem Abwärtstrend, der Börsenkrach verstärkte diesen allenfalls, vgl. HENNING: Industrialisiertes Deutschland, S. 92, sowie JAMES, Harold: Deutschland in der Weltwirtschaftskrise 1924-1936, Stuttgart 1988, S. 47, 66f.

170 ZORN: Bayerns Gewerbe, S. 824.

171 Vgl. auch SPILKER: Bayerns Gewerbe, S. 22-25; FREY, Alfons: Die industrielle Entwicklung Bayerns von 1925 bis 1975. Eine vergleichende Untersuchung über die Rolle städtischer Agglomerationen im Industrialisierungsprozeß, Berlin 2003, zugl. Diss. Eichstätt-Ingolstadt, S. 53f. Stärker als Industrie und Handel traf die Weltwirtschaftskrise in Bayern die Landwirtschaft, die zudem von den langfristigen strukturellen Verschiebungen zwischen den Wirtschaftsbereichen betroffen war, vgl. FREY: Entwicklung, S. 51f. Einen Vergleich mit den anderen deutschen Ländern bietet PETZINA, Dietmar: Zum Problem des Verlaufs und der Überwindung der Weltwirtschaftskrise im regionalen Vergleich, in: DERS.: Die Verantwortung des Staats für die Wirtschaft: ausgewählte Aufsätze, Essen 2000, S. 158-187. PETZINA: Problem, S. 162, bestätigt die relative Stabilität Bayerns, die nur von Württemberg übertroffen wurde, weist aber zugleich darauf hin, daß trotz der krisenbedingten Verschiebungen auch 1936 noch die Industriegebiete ein höheres Pro-Kopf-Einkommen aufwiesen als Regionen mit hohem Anteil an agrarisch Beschäftigten.

Tabelle 1: Entwicklung der Betriebe und Beschäftigten 1925-1933 in Prozent				
	Betriebe		*Beschäftigte*	
	Industrie/Handwerk	*Handel/Verkehr*	*Industrie/ Handwerk*	*Handel/Verkehr*
Bayern	+ 9,1	+ 9,4	- 21,2	+ 6,2
Dt. Reich	- 0,1	+ 6,4	-30,3	- 1,2
Preußen	+ 2,1	+ 6,9	- 31,9	- 1,8
Sachsen	- 20,6	+ 2,5	- 37,3	- 2,6
Württemberg	+ 4,1	+ 13,2	- 15,3	+ 8,7

Quelle: STÄBLER: Weltwirtschaftskrise und Provinz, S. 77f.

rer an Auslandsgelder gelangten als Großunternehmen, wirkte sich auch die rasche Zurückziehung kurzfristiger ausländischer, besonders amerikanischer Guthaben in Bayern während der Krise vergleichsweise weniger verheerend aus.[172]

Bayern deshalb als „in Krisen- und Notzeiten immer wieder [...] glückliche Insel innerhalb der deutschen Gebiete“[173] zu bezeichnen, erscheint dennoch übertrieben. Die Hauptindustriezweige Bayerns litten schwer unter der Wirtschaftskrise, allen voran die überwiegend großbetrieblich angelegte Maschinenindustrie, die (ohne Fahrzeug- und Kesselbau) 1933 nur noch 47.489 Menschen beschäftigte, während es 1925 noch 93.753 gewesen waren. Die MAN, die 1924 den Dieselkraftwagenbau aufgenommen hatte, verzeichnete 1931/32 7.400 Angestellte und Arbeiter gegenüber 15.300 in den Jahren 1927/28. Auch die Baumwollindustrie hatte schwer zu kämpfen, ebenso die für Bayern wichtige Industrie der Steine und Erden und die chemische Industrie.[174]

Bayern wurde in dieser Krisenzeit zum „größte[n] finanzielle[n] Zuschußgebiet“ im Rahmen des Reichsfinanzausgleichs und besaß deshalb, auch wegen der seit 1930 nur noch geschäftsführend im Amt befindlichen Regierung lediglich geringe „Manövrierfähigkeit“ gegenüber der Reichspolitik.[175] Eine eigene Wirtschaftspolitik war nun kaum noch möglich.

Dennoch gab es – in Übereinstimmung mit der Untersuchung des Statistischen Reichsamts – auch wirtschaftliche Erfolge zu vermelden: Die Wasserkraft wurde weiter ausgebaut, 1931 wurden 1.041.038 PS erzeugt. Die Stromausfuhr

---

[172] ZORN: Bayerns Gewerbe, S. 825; SPILKER: Bayerns Gewerbe, S. 22. Eine Ausnahme bildete wiederum die von der Besetzung noch schwer geschädigte Pfalz, vgl. WYSOCKI: Weltkriege, S. 292f.

[173] EMMINGER: Industrie, S. 21.

[174] ZORN: Bayerns Gewerbe, S. 827; STÄBLER: Weltwirtschaftskrise und Provinz, S. 95-112. Die allgemeine Arbeitslosigkeit erreichte in Bayern im Februar 1932 mit 543.999 Arbeitslosen ihren Höhepunkt, stieg Ende Januar 1933 nochmals auf 516.188 und gegen Ende des Jahres nach starkem Rückgang wieder auf 362.784, vgl. ZORN: Bayerns Gewerbe, S. 828f.

[175] Vgl. BLAICH, Fritz: Wirtschaftlicher Partikularismus deutscher Länder während der Weltwirtschaftskrise 1932: Das Beispiel der Auto-Union AG, in: Vierteljahreshefte für Zeitgeschichte, 24. Jg. 1971/1. Heft, S. 406-414, hier S. 409.

war nunmehr ein bedeutender Einnahmeposten Bayerns.[176] Die Maschinenindustrie konnte trotz der Einbrüche ihre Diversifikation fortsetzen; der Maschinenbau Kaiserslauterns wurde von der Entwicklung der Nähmaschine bestimmt, während sich in Nürnberg als neue Sonderindustrien der Motorrad- und der Radiobau entfalteten. Die bayerischen „Schwergewichte" in den Einzelindustrien der Weimarer Republik bestanden 1933, gemessen an den Beschäftigtenzahlen, in der feinkeramischen Industrie (34,1 % aller deutschlandweit Beschäftigten), in der Spielwarenindustrie vor allem um Nürnberg (32,6 %), Brauerei und Mälzerei (29 %), Schuhindustrie um Pirmasens (22,3 %), Baumwollindustrie (22,1 %) und in der optischen Industrie (18,8 %). Gleichzeitig wurde Bayerns Verflechtung mit dem Reich immer enger.[177]

Im bayerischen Handel hielt der Boom, der sich schon in den Vorkriegsjahren abgezeichnet hatte, bis in die frühen dreißiger Jahre ungebrochen an. Unter Beteiligung größerer auch ausländischer Konzerne breiteten sich wie in ganz Deutschland die Warenhäuser weiter aus. Im Versandhandel wurde das Haus Witt in Weiden, das auch eigene Fabriken erwarb, bis 1933 zum größten Spezialversandhaus Europas.[178] Doch auch jetzt nahm die Zahl der kleinen Einzelhandelsbetriebe trotz der harten Konkurrenz und der schlechten Ertragslage nicht ab; 1933 gab es über 98.000 bayerische Einzelhandelsfirmen, 11.000 mehr als 1925, was die Gefahr einer „eklatanten Überbesetzung" heraufbeschwor.[179] Hierzu trug auch bei, daß der Handel in Bayern die rückläufige Beschäftigung in anderen Bereichen stärker auffing als in anderen Teilen des Deutschen Reichs.[180]

IV. DIE BAYERISCHE WIRTSCHAFT IM NATIONALSOZIALISMUS BIS 1939

IV.1 DIE ORGANISATION DER WIRTSCHAFT IM NATIONALSOZIALISMUS

Mit der Machtübernahme Hitlers im Januar 1933 erfolgten für die gesamte deutsche Wirtschaft einschneidende Veränderungen, denn die Nationalsozialisten betonten, daß „der Nationalsozialismus, einmal an der Macht, die Wirtschaftspolitik nicht irgendwelchen Ressorts oder gar Zweckverbänden zur selbstherrlichen Lenkung überlassen, daß er sie vielmehr als umfassende und wesentliche Lebensäußerung des Volkes in den Kreis seiner Totalität einbeziehen, daß er

176 ZORN: Bayerns Gewerbe, S. 825.
177 Ebd., S. 827.
178 Ebd., S. 828.
179 STÄBLER: Weltwirtschaftskrise und Provinz, S. 113-116, Zitat S. 113. Zahlen von ZORN: Bayerns Gewerbe, S. 828. STÄBLER (a.a.O) nennt abweichende Zahlen, die aber ebenfalls das Wachstum der Anzahl der Betriebe bestätigen. Zum deutschen Binnenhandel allgemein: HENNING: Industrialisiertes Deutschland, S. 116f.
180 SPILKER: Bayerns Gewerbe, S. 82, 92.

anstatt der rein *privat*wirtschaftlichen Denkungsweise eine wahrhaft *volks*wirtschaftliche Denkungsweise zur Richtschnur seiner Wirtschaftspolitik erheben würde. Denn von Anfang an sah der Nationalsozialismus die *Wirtschaft nur als Teil der Gesamtpolitik*, als Teil des Kampfes um das Leben der Nation, den er in seine Führung zu nehmen hatte."[181]

In Übereinstimmung mit dieser Aussage, nach der die Wirtschaft nur als Teil der Gesamtpolitik gesehen wurde, wurde der künftigen Gestaltung der Wirtschaftsordnung vor 1933 nur ein nachrangiger Stellenwert zugeordnet, auch Hitler selbst hatte vor seiner Machtübernahme kein konkretes wirtschaftliches Programm entwickelt.[182] Zwar hatten die Nationalsozialisten bereits am 24. Februar 1920 ein Parteiprogramm beschlossen (das sogenannte 25-Punkte-Programm), das bis 1933 nicht abgeändert wurde. Darin fanden sich marxistische („Verstaatlichung aller bisher bereits vergesellschafteten (Trusts) Betriebe"), mittelständische („Kommunalisierung der Groß-Warenhäuser und ihre Vermietung zu billigen Preisen an kleine Gewerbetreibende") und national ausgerichtete (Forderung nach Kolonien „zur Ernährung unseres Volkes und Ansiedlung unseres Bevölkerungs-Überschusses") Elemente, so daß sich breite Bevölkerungsgruppen angesprochen fühlen konnten.[183]

Nach der Machtübernahme war jedoch von diesem 25-Punkte-Programm, zumindest was die Wirtschaft betraf, nur noch am Rande zu hören, manche Nationalsozialisten distanzierten sich sogar offen davon.[184] Die „Quintessenz der nationalsozialistischen Wirtschaft [...], die staatliche Leitung in allen Bereichen, kündigte sich in diesem Programm nicht an."[185] In der Tat versprach man sich nun viel von einer Umorganisation, einer ständischen Neuordnung der Wirtschaft, die dem Staat den Zugriff auf alle Unternehmen und Bereiche ermöglich-

---

[181] Bayern im ersten Vierjahresplan. Denkschrift der Bayerischen Landesregierung zum 9. März 1937, München 1937, S. 201. Hervorhebungen im Original. Zu der in diesem Rahmen nicht zu lösenden Frage, wie das Wirtschaftssystem des Nationalsozialismus zu charakterisieren ist, sei allgemein verwiesen auf die neueste Darstellung v. PROLLIUS, Michael v.: Das Wirtschaftssystem der Nationalsozialisten 1933-1939. Steuerung durch emergente Organisation und Politische Prozesse, Paderborn 2003.

[182] Vgl. HESSE, Horst: Auswirkungen nationalsozialistischer Politik auf die bayerische Wirtschaft (1933-1939), in: Zeitschrift für bayerische Landesgeschichte (43) 1980, S. 369-485, hier S. 370-372. Demnach bewegte sich Hitlers wirtschaftspolitisches Denken in eher primitiven Bahnen, zudem verachtete er wirtschaftliche Belange. Noch 1936 erklärte er, der nationalsozialistische Staat sei kein Wirtschaftssystem und habe mit einer bestimmten Wirtschaftsauffassung oder Wirtschaftsentwicklung gar nichts zu tun. Die Wirtschaft sei nur eines unter mehreren Hilfsmitteln für den Staat. Vgl. ABEL, Heinz: Die Industrie- und Handelskammern im nationalsozialistischen Staate, Breslau ^{2}1941, S. 7. Siehe hierzu auch FISCHER, Wolfram: Die Wirtschaftspolitik des Nationalsozialismus, o.O. 1961, S. 8-12.

[183] HENNING: Industrialisiertes Deutschland, S. 141-143; STOLPER, Gustav: Deutsche Wirtschaft seit 1870, fortgeführt von Karl HÄUSER und Knut BORCHARDT, Tübingen 1964, S. 149.

[184] HESSE: Auswirkungen, S. 370-372.

[185] STOLPER: Wirtschaft, S. 148.

te. Dabei sollte das Prinzip der Lückenlosigkeit gelten: „Es darf nichts leer im Wirtschaftsraum hängen, vielmehr muß alles in die sinnvolle Ordnung eingegliedert werden."[186] Die neue Regierung begann erst allmählich, dann aber in immer rascherer Folge, durch Gesetze konkrete Maßnahmen zur Umgestaltung von Wirtschaft und Gesellschaft zu schaffen. Die wesentlichen Grundlagen hierzu wurden mit den folgenden Gesetzen, Erlässen und Verordnungen gelegt:

- Das *Reichsnährstandsgesetz* vom 13. September 1933 brachte die ersten Regelungen für die Landwirtschaft, den Gartenbau, den Weinbau, die Fischerei, die Nahrungsgüterindustrie und den Handel mit Nahrungsgütern.
- Das *Gesetz über den vorläufigen Aufbau des Handwerks* vom 29. November 1933 brachte die Voraussetzungen für die Einführung der Pflichtinnungen und des Führerprinzips im Handwerk.
- Das *Gesetz zur Ordnung der nationalen Arbeit* vom 20. Januar 1934 regelte die innerbetrieblichen Verhältnisse in der gesamten Wirtschaft neu (Betriebsführer, Gefolgschaft, Ersetzung der Betriebsräte durch die Vertrauensräte etc.).
- Das *Gesetz zur Vorbereitung des organischen Aufbaus der deutschen Wirtschaft* vom 27. Februar 1934 (Aufbaugesetz) ermöglichte es, die Wirtschaftsverbände als die alleinigen Repräsentanten der einzelnen Wirtschaftszweige anzusehen. Diese Wirtschaftsverbände erhielten eine Schlüsselstellung in der nationalsozialistischen Wirtschaftsplanung und -ordnung.
- Die *Erste Durchführungsverordnung zum Aufbaugesetz* vom 7. November 1934 (und weitere Durchführungsverordnungen) brachten die Ausführung und Verfeinerung der Organisation der Wirtschaft.
- Der *Erlaß des Reichs- und Preußischen Wirtschaftsministers über die Reform der Organisation der gewerblichen Wirtschaft* vom 7. Juli 1936 verfolgte eine stärkere Vereinheitlichung und Übersichtlichkeit der Organisation der Wirtschaft.[187]

Ziel dieser Gesetze war es, die Wirtschaft in Verbände zu gliedern, die alleinige Vertreter der Einzelunternehmen und der Gesamtheit der Unternehmen gegenüber dem Staat waren und die gleichzeitig im Rahmen des Führerprinzips[188] die Bindeglieder des Staates zu den einzelnen Unternehmen sein sollten.

Im Bereich der überbetrieblichen Selbstverwaltung war dabei die Landwirtschaft der erste und letztlich auch einzige Sektor, der nach organisch-

[186] Zitiert nach HESSE: Auswirkungen, S. 375.

[187] Nach HENNING: Industrialisiertes Deutschland, S. 144f.

[188] Das „Führerprinzip" bedeutete, daß der Leiter einer Verbandsgruppe nicht von deren Mitgliedern gewählt werden durfte, sondern vom „Führer" der nächsthöheren Organisationsstufe im Einvernehmen mit der Leitung der NSDAP ernannt wurde. Vgl. BLAICH, Fritz: Staat und Verbände in Deutschland zwischen 1871 und 1945, Wiesbaden 1979, S. 104.

ständischen Vorstellungen neu organisiert wurde. Im Herbst 1933 wurde der sogenannte „Reichsnährstand" ins Leben gerufen, der zwangsweise alle Erzeuger, Verarbeiter und Händler landwirtschaftlicher Produkte vereinigte. Als vom Reichswirtschaftsministerium formell unabhängige Körperschaft war er zugleich Berufsorganisation und Marktlenkungsorgan, das Produktionsmengen, Preis- und Handelsspannen für jede Verarbeitungsstufe regelte.[189]

Der Aufbau eines ähnlich gearteten Reichsstandes für den Handel und das Handwerk blieb dagegen in den Anfängen stecken. Für die Organisation von Handel und Industrie wurde daher besonders das Aufbaugesetz von 1934 ausschlaggebend. Es verlieh dem Wirtschaftsminister die Befugnis, Wirtschaftsorganisationen als alleinige Vertretung ihres Geschäftszweiges anzuerkennen, Wirtschaftsverbände einzurichten, aufzulösen oder zusammenzulegen, Geschäftsordnungen und Satzungen abzuändern oder zu ergänzen, die Leiter zu ernennen oder abzusetzen etc. Die Wirtschaft war dabei in zweifacher Hinsicht durchorganisiert, nämlich nach Gewerbezweigen und nach Regionen. Die regionale Unterteilung erfolgte nach Gauen; die Hauptgruppen der Gewerbezweige, auch „Reichsgruppen" genannt, waren Industrie, Handwerk, Handel, Banken, Versicherung und Energiewirtschaft, die wiederum in viele Gruppen und Untergruppen unterteilt wurden.[190] Die Reichsgruppen waren allerdings weniger Vertretungen einer ständisch verstandenen Selbstverwaltung von Arbeitgebern und -nehmern als vielmehr in der Hauptsache Vollzugs- und Kontrollorgane staatlicher Lenkung der klein- und mittelständischen Wirtschaft unter der Führung der Großindustrie, die ihre Selbständigkeit noch am ehesten wahren konnte.[191]

Auf diese Weise waren sämtliche Unternehmer in die Wirtschaftsordnung und damit in die Befehlshierarchie eingebunden. Die bisher durch den demokratischen Staat überwachte freie Marktwirtschaft war damit spätestens im Herbst 1936 in eine Planwirtschaft übergegangen, in der zwar das Eigentum an Produktionsmitteln offiziell nicht angetastet wurde – soweit der Eigentümer sich nicht negativ über Hitler oder die Partei geäußert hatte oder Jude war –, in der aber der Staat mächtig genug war, jede wirtschaftliche Handlung anzuordnen, und dies auch ausgiebig tat.[192]

Ab 1937 wurde die wirtschaftliche Tätigkeit durch einschneidende Vorschriften in immer noch engere Bahnen gedrängt. Auslandsgeschäfte wurden von oben geregelt, Rohstoffbezug und Vorratsbildung in vielen Fällen durch Vertei-

---

189 AMBROSIUS: Kriegswirtschaft, S. 328.

190 STOLPER: Wirtschaft, S. 162f.

191 AMBROSIUS: Kriegswirtschaft, S. 328.

192 STOLPER: Wirtschaft, S. 151; HENNING: Industrialisiertes Deutschland, S. 145. Zu den massiven Eingriffen des Staates in die Wirtschaft zwischen 1933 und 1939 in bezug auf Arbeitsplätze, Devisen, Preisbildung etc. siehe HESSE: Auswirkungen, S. 375-386.

lungs- und Kontingentierungsmaßnahmen behindert, daneben gab es zahlreiche Investitionsverbote und -gebote, Emissionssperren, Zwangskartelle etc.[193]

IV.2 Die Entwicklung bis 1939

Nach dem Ende der Eigenstaatlichkeit Bayerns durch die „Gleichschaltung der Länder“[194] wurde das Land fortan auch wirtschaftlich nahezu allein vom Reich her gelenkt, eine eigenständige bayerische Wirtschaftspolitik war nun kaum mehr möglich: „Neben der Reichsgesetzgebung war die bayerische Landesgesetzgebung fast bedeutungslos geworden“.[195] Die Reichswirtschaftspolitik, die die Wirtschaftskrise, insbesondere die Arbeitslosigkeit, durch Kreditneuschöpfung für Arbeitsbeschaffung und durch Staatskonjunktur zu überwinden suchte, schien zunächst erfolgreich zu sein, denn die Arbeitslosigkeit ging auch in Bayern, von Randgebieten wie der Pfalz, der Rhön und der Ostmark einmal abgesehen, rasch zurück.[196] Hierzu trug nach Gründung der Körperschaft „Reichsautobahnen“ am 27. Juni 1933 wesentlich der Bau der Autobahnlinie Hof-Nürnberg-München-Salzburg mit Abzweigung von München über Augsburg nach Ulm bei, die bis 1939 abgeschlossen wurde und der Straße gegenüber der Schiene wieder mehr Gewicht verlieh. Der Ausbau der Rhein-Main-Donau-Wasserstraße wurde ebenfalls vorangetrieben, 1940 konnten die großen Rheinschiffe den Main bis Würzburg befahren.[197] Daneben gab es noch ein von der bayerischen Regierung initiiertes Arbeitsbeschaffungsprogramm, das sogenannte Siebert-Programm, das insbesondere Baumaßnahmen in den Kommunen förderte.[198]

1935 begann die industrielle Ankurbelung durch offene Aufrüstung, die mit Hilfe der Reichsbank finanziert wurde. Die 1937 erschienene Denkschrift der bayerischen Landesregierung, „Bayern im ersten Vierjahresplan“, spricht von einem „kraftvollen Aufschwung“ der bayerischen Industrie, die „restlos in den allgemeinen Aufstieg eingegliedert, ihre Leistungsfähigkeit wesentlich gesteigert werden“ konnte.[199] Sie zählt eine Reihe von wirtschaftlichen Fortschritten

---

193 SCHÄFER: 125 Jahre, S. 152f.

194 Vgl. zu Machtübernahme in Bayern durch die NSDAP und zu Gleichschaltung ZIEGLER, Walter: Bayern im NS-Staat 1933 bis 1945, in: Handbuch der bayerischen Geschichte, hg. v. Max SPINDLER, 2. völlig neu bearbeitete Auflage, München 2003, Bd. 4/1, S. 500-634, hier S. 514-531.

195 HESSE: Auswirkungen, S. 385, ähnlich S. 375 u. 405.

196 ZORN: Bayerns Gewerbe, S. 829; HENNING: Industrialisiertes Deutschland, S. 149f.; PROLLIUS: Wirtschaftssystem, S. 300. In den erwähnten Randgebieten blieb die Arbeitslosigkeit ein langwieriges Problem.

197 ZORN: Bayerns Gewerbe, S. 829; siehe zu den Autobahnen HENNING: Industrialisiertes Deutschland, S. 151, u. W. ZIEGLER: Bayern, S. 549; zum Mainausbau SCHÄFER: 125 Jahre, S. 153.

198 W. ZIEGLER: Bayern, S. 547.

199 Bayern im ersten Vierjahresplan, S. 203.

auf, so die Ansiedlung von Niederlassungen außerbayerischer Betriebe in Bayern, die Wiederbelebung der „einst blühende[n] Puppenindustrie" in Neustadt bei Coburg, die Errichtung einer Zellwollefabrik in Kelheim „dank der opferbereiten Mitarbeit der gesamten süddeutschen Textilindustrie", die Erweiterung der Aluminiumfabrik in Töging.[200]

Diese Darstellung mag nicht nur Propaganda gewesen sein, denn unbestreitbar setzte Mitte der 30er ein konjunktureller Aufschwung ein, von dem in erster Linie die Städte profitierten.[201] Doch sie verschweigt, daß es bis Kriegsausbruch in Bayern – mit Ausnahme der Rüstungsindustrie – nicht gelang, den gewerblichen Stand von 1928 wieder zu erreichen, d.h. die Wirtschaft hatte den durch die Weltwirtschaftskrise erlittenen Schaden noch immer nicht überwunden. Die Zuwachsraten bei den Erwerbstätigen im Bereich Industrie und Handwerk zwischen 1933 und 1939 blieben mit 54 % nach wie vor hinter jenen des Reichs (62 %) zurück, weder wurden durch das nationalsozialistische Regime neue Industrien geschaffen noch neue Industriebetriebe größeren Umfangs in Bayern angesiedelt.[202] Eine kurz vor dem Krieg im Jahr 1939 durchgeführte Volks- und Berufszählung belegt zudem den immer noch sehr großen Stellenwert der Landwirtschaft in Bayern, der nach dem verwaltungstechnischen Ausscheiden der hochindustrialisierten Pfalz im Frühjahr 1935[203] gegenüber früheren Untersuchungen sogar noch größer geworden ist: Während 34,2 % der Erwerbstätigen in Industrie und Handwerk arbeiteten (im Reichsdurchschnitt 42,1 %), waren 38,4 % in Land- und Forstwirtschaft tätig (Deutsches Reich: 26,1 %).[204] Zu betonen ist jedoch, daß Industrie und Handwerk 1936 mit 3,2 Milliarden RM gut die Hälfte des (rechtsrheinisch) bayerischen Sozialprodukts bestritten, während Land- und Forstwirtschaft hierzu nur etwa 1,2 bis 1,3 Milliarden RM beitrugen.[205]

---

[200] Ebd., S. 203, 207, 211f.

[201] Vgl. FREY: Entwicklung, S. 51.

[202] Ebd., S. 54, 216.

[203] Die Pfalz war bei der Abgrenzung der Wirtschaftsgebiete im Sommer 1933 zunächst dem „Wirtschaftsgebiet Südwestdeutschland" (Baden u. Württemberg) zugeschlagen worden, dann aber aus Gründen der Reichseinheit wieder an Bayern gelangt. Im Frühjahr 1935 wurde die Pfalz jedoch erneut aus dem Wirtschaftsgebiet Bayern herausgenommen und mit dem Saarland, das im Januar wieder an Deutschland gekommen war, zu einem neuen Wirtschaftsgebiet mit der Verwaltungsstelle Saarbrücken zusammengefaßt. Im Hintergrund stand dabei stets das Streben des pfälzischen Gauleiters Josef Bürckel nach einer vollständigen Loslösung der Pfalz von Bayern. Vgl. HEINZ, Hans-Joachim: Bürckels Gaupartikularismus, München und Berlin 1933-1939, in: Die Pfalz und Bayern 1816-1956, hg. von Hans Fenske, Speyer 1998, S. 213-235, hier S. 221f.

[204] EMMINGER: Industrie, S. 22. Den nationalsozialistischen Staat dürfte dieses Verhältnis nicht gestört haben, wurde doch die Landwirtschaft (auch in Hinblick auf den kommenden Krieg) erheblich gefördert, vgl. HESSE: Auswirkungen, S. 378-380.

[205] EMMINGER: Industrie, S. 23.

Bayern stand allerdings auch nicht im Mittelpunkt der staatlichen Industriepolitik, die sich vornehmlich auf Mitteldeutschland konzentrierte.[206] Vielmehr erfolgte im Zuge des Vierjahresplans einerseits eine Umschichtung der Produktion zu Lasten des klein- und mittelständischen Gewerbes, andererseits eine stärkere räumliche Verlagerung der Industrie auf die traditionellen Industrieregionen im Rhein-Ruhr-Gebiet, in Sachsen und um Berlin, während die Peripherie industriell ausgedünnt wurde,[207] was zweifellos auch für Bayern galt, obgleich es durch die Angliederung Österreichs und des Sudetenlandes im März bzw. Oktober 1938 seine wirtschaftliche Randlage im Reich verlor.[208] Zwar faßte die schon mehrfach angesprochene Rüstungsindustrie auch in Bayern Fuß; MAN und BMW arbeiteten bald für Heer und Kriegsmarine, die Bayerische Flugzeugwerke AG in Augsburg (ab 1937 Messerschmitt AG) stiegen zu einem der führenden Flugzeugwerke des Reichs auf.[209] Die von der Regierung im Zuge der Aufrüstung besonders geförderten Industriezweige wie die eisenschaffende und die metallverarbeitende Industrie waren in Bayern aber oft nur schwach vertreten (siehe oben), lediglich die chemische Industrie sowie die Aluminiumerzeugung spielten hier eine nennenswerte Rolle. Die für Bayern so kennzeichnenden Industriezweige Textil und Bekleidung verzeichneten unterdurchschnittliche, Nahrungs- und Genußmittel nur sehr geringe Zuwächse im Produktionswachstum.[210] Daß dabei erwartungsgemäß insbesondere große Betriebe von der Wirtschaftsförderung der Nationalsozialisten profitieren konnten, zeigt ein Blick auf die Entwicklung der Betriebsgrößenklassen:

Tabelle 2: Entwicklung der Betriebe in Industrie und Handwerk in Bayern 1934-1937

	1-4 Beschäftigte	5-49 Beschäftigte	50 und mehr Beschäftigte
Betriebe 1934	92.915	17.905	2.334
Betriebe 1937	96.571	22.140	3.244
Zunahme absolut	3.656	4.235	910
Zunahme in %	3,9	23,7	38,9

Quelle: HESSE: Auswirkungen, S. 432.

206 Vgl. HENNING: Industrialisiertes Deutschland, S. 157f.
207 AMBROSIUS: Kriegswirtschaft, S. 337f.
208 Vgl. ZORN: Bayerns Gewerbe, S. 829.
209 ZORN: Bayerns Gewerbe, S. 830; W. ZIEGLER: Bayern, S. 547.
210 FISCHER, Wolfram: Bergbau, Industrie und Handwerk 1914-1970, in: Handbuch der deutschen Wirtschafts- und Sozialgeschichte, hg. von Hermann AUBIN und Wolfgang ZORN, Stuttgart 1976, Bd. 2, S. 796-843, hier S. 818-821. Trotz ihrer insgesamt kleinen Stellung innerhalb Bayerns verzeichnete die Eisen- und Stahlindustrie bis 1939 bei den Beschäftigten das prozentual höchste Wachstum aller Gewerbegruppen, auch der chemischen Industrie, vgl. FREY: Entwicklung, S. 62, 64.

Hinzu trat eine zunehmende Gängelung durch eine stetig wachsende Anzahl staatlicher Eingriffe und Vorschriften, welche die Rohstoffbewirtschaftung im Sinne der Aufrüstung optimieren sollten, die Produktion letztlich aber erheblich erschwerten. So wurden zum Beispiel 1934 vier Überwachungsstellen für die bayerische Textilindustrie (für Baumwolle, Wolle, Seide, Kleidung) eingerichtet, deren Vorschriften- und Fragebögenflut selbst die Menge der Abfälle festhielt und für die Bearbeitung Gebühren erhob: „Die Unternehmen waren also gezwungen, ihre eigene Bevormundung zu finanzieren."[211] Ab 1937 traten dennoch die ersten, durch die gesteigerte Rüstungsaktivität ausgelösten Versorgungsengpässe auf.[212]

Ebensowenig wie die Industrie war der Handel frei in seiner Entwicklung. Zwar bestand eine der ersten wirtschaftspolitischen Maßnahmen der Nationalsozialisten in der Förderung des Außenhandels, der durch besondere Außenhandelsstellen organisatorisch unterstützt wurde,[213] doch waren dem bayerischen Außenhandel ebenso wie dem gesamtdeutschen dabei durch die seit der Machtübernahme verfolgte Autarkiewirtschaft enge Grenzen gesetzt.[214] Hitler war angesichts der Erinnerung an die wirtschaftlichen Probleme während des Weltkrieges entschlossen, für Selbstversorgung und Unabhängigkeit vom Ausland zu sorgen. Zu diesem Zweck wurde eine lückenlose Überwachung der Ein- und Ausfuhr, verknüpft mit der Kontrolle der Devisen und der Auslandskredite, aufgebaut. Handel mit dem Ausland war ohne Bewilligung nicht mehr möglich; für die Handelsgüter galt eine von der Reichsbank erstellte Dringlichkeitsliste, die die Einfuhr der für die Aufrüstung nötigen Rohstoffe zu Lasten der für den zivilen Bedarf erforderlichen Materialien sichern sollte.[215] Für die einzelnen Unternehmen bedeutete dies eine Kontingentierung der Einfuhr, unter der auch die bayerische Wirtschaft zu leiden hatte. Zahlreiche seit Jahren gewachsene Handelsbeziehungen mit dem Ausland, so zum Beispiel der holzverarbeitenden In-

---

[211] PROLLIUS: Wirtschaftssystem, S. 301. Anschaulich schildert diese bizarre Lage BLAICH, Fritz: Die bayerische Industrie 1933-1939. Elemente von Gleichschaltung, Konformismus und Selbstbehauptung, in: Bayern in der NS-Zeit II. Herrschaft und Gesellschaft im Konflikt, Teil A, hg. v. Martin BROSZAT u. Elke FRÖHLICH, München/Wien 1979, S. 237-280, hier bes. S. 252-260.

[212] WYSOCKI: Weltkriege, S. 294. Bereits im Juli 1936 hatte das Wirtschaftsministerium in München ein negatives Urteil über die Rohstofflenkung gefällt, welche „wie ein Bremsklotz" am Rade der sonst im ganzen günstig verlaufenden Entwicklung läge. Vgl. HESSE: Auswirkungen, S. 399; hier (S. 399-410) auch zahlreiche Beispiele. Siehe auch PROLLIUS: Wirtschaftssystem, S. 301.

[213] SCHÄFER: 125 Jahre, S. 151.

[214] Ein anschauliches Beispiel dafür, wie eng die Grenzen für Hersteller und Handel tatsächlich waren, liefert BLAICH: Industrie, S. 268.

[215] STOLPER: Wirtschaft, S. 163f., zu den Methoden des Außenhandels ebd., S. 166-169.

dustrie mit Österreich, wurden so empfindlich gestört, teils – auch aufgrund von Boykottbewegungen im Ausland – zerstört.[216]

Im Einzelhandel wurde schon 1933 der Wettbewerb der allzuvielen Kleinbetriebe durch das Einzelhandelsschutzgesetz eingeschränkt, eine Reform der Struktur zugunsten der Kleinen, insbesondere die versprochene Abschaffung der Warenhäuser, unterblieb jedoch, nicht zuletzt, weil sich die Großbetriebe des Einzelhandels als unerläßlich erwiesen.[217] Die Zahl der Beschäftigten im Bereich Dienstleistungen und Handel nahm daher entgegen Hitlers ursprünglichen Ankündigungen bis 1939 noch um 69 % zu und verzeichnete damit ein stärkeres Wachstum als im gesamten Reich (+ 61 %).[218] Dies schlug sich auch in der Entwicklung der Betriebsgrößenklassen nieder, in der – ähnlich wie in Industrie und Handwerk – die großen Betriebe die höchsten Zuwachsraten verzeichneten und damit der Trend trotz aller nationalsozialistischer Propaganda eindeutig zum Großbetrieb ging:

Tabelle 3: Entwicklung der Handelsbetriebe in Bayern 1934-1937

	1-4 Beschäftigte	5-49 Beschäftigte	50 und mehr Beschäftigte
Betriebe 1934	13.077	4.469	218
Betriebe 1937	14.116	5.367	282
Zunahme absolut	1.039	898	64
Zunahme in %	7,9	20,0	29,3

Quelle: HESSE: Auswirkungen, S. 433.

Insgesamt konzentrierten sich die mittelstandsfreundlichen Maßnahmen auf die Jahre 1933 bis 1935 und ließen dann nach.[219]

V. ZUSAMMENFASSUNG

Die bayerische Wirtschaft durchlief in den gut einhundert Jahren von der Gründung des Zollvereins bis zum Vorabend des Zweiten Weltkriegs eine rasante Entwicklung. Dominierte 1840 noch eindeutig die Landwirtschaft, aus der knapp zwei Drittel der bayerischen Gesamtbevölkerung ihr Einkommen bezogen, so war dieses Gewicht nun zugunsten des sekundären und tertiären Sektors verschoben. Die Bedeutung der Landwirtschaft war konstant rückläufig, wenngleich sie auch in den 1930er Jahren im Reichsvergleich noch sehr hoch war.

---

[216] HESSE: Auswirkungen, S. 410-412, 427-430.

[217] ZORN: Bayerns Gewerbe, S. 830; BORCHARDT, Knut: Handel, Kreditwesen, Versicherung, Verkehr 1914-1970, in: Handbuch der deutschen Wirtschafts- und Sozialgeschichte, hg. von Hermann AUBIN und Wolfgang ZORN, Stuttgart 1976, Bd. 2, S. 845-875, hier S. 866f.

[218] FREY: Entwicklung, S. 56.

[219] HESSE: Auswirkungen, S. 442.

Im industriellen Bereich bildeten sich mit dem Maschinenbau, der Textil-, der Genußmittel- und der chemischen Industrie wichtige Zweige heraus, die diese intersektoralen Veränderungen maßgeblich beeinflußten und die auch die Konkurrenz der anderen deutschen Staaten nicht zu scheuen brauchten. Hierzu trug neben der Aufhebung der Zollschranken und der Einführung der Gewerbefreiheit auch die Reichsgründung bei, die für die Industrialisierung positive Impulse lieferte, welche später durch den Ersten Weltkrieg noch verstärkt wurden. Bayerns Industrie und Handel knüpften schon vor der politischen Einigung Deutschlands enge Beziehungen zu den anderen deutschen Staaten, die sich kontinuierlich weiter vertieften. Eine erhebliche Rolle spielte dabei die politische Entwicklung, so daß sich im Prozeß der wirtschaftlichen Verflechtung verschiedene Stufen unterscheiden lassen: Das Kaiserreich sorgte durch die Vereinheitlichung der Maße, Gewichte und vor allen Dingen des Geldes für eine Vereinfachung und damit für einen Anstieg des Güter- und Kapitalverkehrs zwischen den einzelnen deutschen Staaten. Die Kriegswirtschaft des Ersten Weltkrieges schränkte die Handlungsfähigkeit der bayerischen Regierung auf wirtschaftlichem Gebiet erstmals empfindlich ein, verstärkte aber – wenngleich aufgrund der kriegsbedingten Abkoppelung vom Weltmarkt – die innerdeutschen Wirtschaftsbeziehungen. Die Beschränkung der wirtschaftlichen Kompetenzen der bayerischen Regierung wurde nach Kriegsende durch die Weimarer Reichsverfassung sowie durch die Erzbergersche Finanzreform fortgesetzt, Bayern blieb auf wirtschaftlichem Gebiet nur noch geringer Handlungsspielraum. Zugleich setzte sich in der Weimarer Republik jedoch die Tendenz zur Konzern- und Kartellbewegung fort, die gerade die großen bayerischen Unternehmen wie Siemens-Schuckert, BASF und MAN in deutschlandweite Konzerne einbanden. Der Nationalsozialismus degradierte dann die bayerische Regierung wie alle anderen Länderregierungen auch zur bloßen Befehlsempfängerin des Berliner Reichskabinetts herab, während die private Wirtschaft durch eine Fülle von Gesetzen und Verordnungen an die Weisungen und die Überwachung des Staates gebunden wurde. Am Ende des hier betrachteten Zeitraumes kann daher von einer eigenständigen bayerischen Wirtschaft nicht mehr gesprochen werden.

Die Entwicklung Bayerns verlief jedoch fast immer langsamer als in anderen Teilen des Reichs. Die bayerische Industrie wurde gehemmt durch fehlende Rohstoffe, insbesondere der Kohle, sowie durch die erst spät gewährte Gewerbefreiheit. Aufgrund der geringen Siedlungsdichte fehlten Ballungsräume, die zu industriellen „Führungsregionen" wie das Ruhrgebiet hätten heranwachsen können; die größeren Städte Bayerns konnten lediglich die Rolle industrieller „Inseln" übernehmen, welche aber nicht auf ihr Umland ausstrahlten. Zudem erkannte die bayerische Regierung lange Zeit nicht, daß es volkswirtschaftlich sinnvoll war, die Industrie zu fördern; hieran konnte erst der Erste Weltkrieg etwas ändern.

Der Bayern dadurch eigentümliche Charakter eines verspätet sich industrialisierenden Staates, eines Agrar-Industriestaates, half dem Land jedoch, Krisenzeiten wie etwa die Weltwirtschaftskrise mit geringeren Einbußen als andere Teile des Reichs zu überstehen, weil sich hier die starke Verwurzelung in der Landwirtschaft als stabilisierend erwies. Diesen ganz eigenen Charakter behielt Bayern bis zum Zweiten Weltkrieg bei, da auch den Nationalsozialisten das Land unter industriellen Gesichtspunkten als nicht sonderlich förderungswürdig erschien.

B. Die bayerischen Handelskammern und die Gründung des Bayerischen Handelskammertages

I. Die Entwicklung des Handelskammerwesens in Bayern bis 1869

I.1 Vorläufer der Handelskammern

In der Literatur wird gewöhnlich auf zwei Wurzeln des deutschen Handelskammerwesens verwiesen. Dies sind zum einen die frühen Formen des Zusammenschlusses der deutschen Kaufmannschaft, die im allgemeinen als Kommerzkollegien, Kaufmannsgilden oder Korporationen bezeichnet wurden und den Gedanken der Selbstverwaltung umsetzten, zum anderen die französischen Handelskammern und ihre Rechtsgrundlagen.[1]

Vorwiegend in fürstlichen Territorien wurden im 17. und 18. Jahrhundert auf Initiative der Regierungsgewalt Wirtschaftsverwaltungsbehörden gegründet, die neben Beamten auch ernannte – nicht gewählte – Vertreter der Wirtschaft umfaßten und Kommerzienkollegium, Kommerzienrat oder Kommerziendeputation genannt wurden. Sie sollten unter Zuhilfenahme der Sachkenntnis der Kaufleute den Handel und alle dem Handel dienenden Einrichtungen wie Märkte, Messen, Kauf- und Lagerhäuser fördern sowie sich um Gewerbe und Manufakturen bemühen und hatten teilweise sogar die Gerichtsbarkeit in ihrem Bereich inne.[2] Für die Obrigkeit waren diese Kollegien Hilfsbehörden, keine Interessenvertretungen. Die mitwirkenden Unternehmer erkannten dagegen schnell, daß der Übergang von der gutachtlichen Stellungnahme, der Orientierung an gemeinwirtschaftlichen Belangen zur Vertretung besonderer Interessen fließend war.[3] Die ersten derartigen Behörden auf deutschem Boden waren die von Herzog und Kurfürst Maximilian I. von Bayern zwischen 1610 und 1640 mehrmals zum „Polizey- und Commerciwesen verordneten Räte", die nach kurzer Dauer jeweils wieder eingingen und durch die Schäden des Dreißigjährigen Krieges ohne Nachfolge blieben.[4] Erst im letzten Drittel des 17. sowie im ersten Drittel des 18. Jahrhunderts wurde neben Bayern auch in vielen anderen deutschen Ländern die Einführung von zentralen, aus Hofbeamten und Vertretern des Handelsstandes bestehenden Kommerzienkollegien versucht, die zunächst ausnahmslos scheiterten. Ab 1730 kam es zu dauerhafteren Einrichtungen, auch in kleineren

---

[1] FRENTZEL, Gerhard/JÄKEL, Ernst: Die deutschen Industrie- und Handelskammern und der Deutsche Industrie- und Handelstag, Frankfurt a.M./Bonn 1967, S. 16; KEUCHER, Johannes: Geschichtliche Entwicklung und gegenwärtiger Stand des Kammer-Systems (Industrie- und Handelskammern, Landwirtschafts- und Handwerkskammern), Weißenfels a.S. 1931, zugl. Diss. Halle-Wittenberg, S. 9.

[2] WÜLKER, Gerda: Der Wandel der Aufgaben der Industrie- und Handelskammern in der Bundesrepublik, Diss. Hagen 1972, S. 9f.; KEUCHER: Entwicklung, S. 9f.

[3] BRANDT: Organ, S. 11.

[4] FACIUS: Wirtschaft und Staat, S. 19f., vgl. auch Exkurs I, S. 177-179.

Staaten wie zum Beispiel im Fürstbistum Würzburg, wo 1746 eine „ständige Commercien-Commission aus Merkantilsachverständigen" gegründet wurde.[5] Durch einen Wechsel der Wirtschaftspolitik in Bayern und Österreich fanden jedoch diese Einrichtungen 1776 zuerst hier ein Ende, durch den Untergang des Reichs und den damit einhergehenden tiefgreifenden Veränderungen der Behördenorganisation erloschen sie in den anderen Staaten ebenfalls.[6]

In Reichsstädten und Freien Städten gab es dagegen hoheitlich anerkannte „Handlungsvorstände", die sich auf Gilden und Zünfte zurückführen lassen und im Gegensatz zu den Kommerzienkollegien auf Initiative der Kaufmannschaft selbst gegründet wurden. Ihre Aufgabe bestand neben der Erstellung unparteiischer Gutachten über Handelsbräuche ebenfalls in der Förderung des freien Handels in ihrem Gebiet, so daß der Unterschied in den Aufgabenbereichen der Kommerziendeputationen und der Handlungsvorstände eigentlich nicht allzu groß war.[7] Auf später bayerischem Gebiet sind zwei bedeutsame Einrichtungen dieser Art zu nennen, und zwar in den Reichsstädten Nürnberg und Augsburg; sie waren zudem die einzigen Handlungsvorstände, die in Bayern Anfang des 19. Jahrhunderts noch existierten. Der Nürnberger Handelsvorstand datiert auf das Jahr 1560, als 61 Nürnberger Großkaufleute sich mit einer Eingabe an den reichsstädtischen Rat wandten, in welcher sie die „dauernde Unordnung" auf dem Markt beklagten und darum ersuchten, nach dem Vorbild von Antwerpen und Venedig feste Markt- und Börsenzeiten einzuführen. Mit dieser Neuregelung schloß Nürnberg organisatorisch zu den großen internationalen Handelsplätzen auf, zugleich fand der Nürnberger Handelsstand mit der Marktordnung von 1560 seine Vertretung, die sechs Jahre später durch eine feste Organisation fixiert wurde.[8] Die Wurzeln der Augsburger Kaufleutestube, auch „Stubengesellschaft" genannt, reichen noch weiter zurück, nämlich bis ins Jahr 1368, als bei der Einführung des Zunftregiments in Augsburg auch eine Zunft der Kaufleute gegründet wurde. Da die Patrizier jedoch ihre eigene Geschlechterstube hatten und sich weigerten, der Zunft beizutreten, und die reichen Kaufleute durch Ehen mit Patrizierinnen gleichberechtigt in der Herrenstube verkehrten, erlangte die Kaufleutestube jedoch bei weitem nicht das Gewicht, das der Stellung der Kaufleute als „Zweitem Stand" nach den Patriziern entsprochen hätte.

---

[5] SCHÄFER: 125 Jahre, S. 83.

[6] FACIUS: Wirtschaft und Staat, S. 28-30.

[7] WÜLKER: Wandel, S. 9, 13. WÜLKER führt daneben noch einen dritten Typus eines Selbstverwaltungsorgans der deutschen Wirtschaft auf, der zu Beginn des 18. Jh. vereinzelt in Hugenottenniederlassungen wie z.B. Kassel auftrat und wahrscheinlich nach dem Vorbild der frz. „Chambres de commerce" entstanden war. In Bayern spielte dieser Typus jedoch keine Rolle und wird daher hier auch nicht weiter berücksichtigt.

[8] ENDRES, Rudolf: Die selbständig handelnde Kaufmannschaft. Nürnberger Handelsvorstand zwischen Renaissance und Biedermeier, in: Im Zeichen der Waage. 425 Jahre Nürnberger Handelsvorstand 1560-1985, hg. von der Industrie- und Handelskammer Nürnberg mit Gerhard PFEIFFER, Nürnberg 1985, S. 35-44, hier S. 35f.

Als 1538 die angeheirateten Kaufleute voll ins Patriziat aufgenommen wurden, gab sich die Kaufleutestubengesellschaft drei Jahre später ein neues Statut, das sie neu beleben und ihre Position gegenüber der Geschlechtergesellschaft stärken sollte. 1548, nach der Niederlage des Schmalkaldischen Bunds, erfolgte unter Karl V. eine Neuordnung der Zünfte in Augsburg, in deren Folge sich die Kaufleutestube einseitig für die Patrizier öffnen mußte. Sie war fortan gesellschaftliche Vereinigung und Standesorganisation mit Gutachter- und Beraterrolle. Durch den Anschluß Augsburgs an Bayern verlor die Geschlechterstube jegliche verfassungsmäßige Bedeutung, während die Stubengesellschaft als Gremium des wechselfähigen Handelsstandes weiterbestand, das zudem die Augsburger Börse unterhielt.[9]

Im Zuge der Ausbreitung des französischen Empire entstanden Anfang des 19. Jahrhunderts neben den Handlungsvorständen auch auf deutschem Boden die ersten Handelskammern nach französischem Vorbild. Die erste Institution dieser Art, zugleich die älteste Handelskammer Europas, war 1650 in Marseille von Kaufleuten gegründet worden und ging ihrerseits wiederum auf eine spanische Einrichtung von 1283, den „Consulado“ von Valencia, zurück.[10] Durch Ordonnanz Ludwigs XIV. wurden, vor allem aufgrund des Wirkens und der Ideen Colberts, um 1700 weitere „Chambres de commerce“ eingesetzt, die während der Revolution, weil den neuen freiheitlichen Grundsätzen nicht entsprechend, eine kurze Unterbrechung erfuhren, 1801/1802 per Verfügung aber ihre Arbeit wieder aufnehmen konnten, da man erkannt hatte, daß die entsprechenden Aufgaben ohne ihre Mitwirkung nicht zu erfüllen waren.[11] In den Gebieten, die 1801 durch den Frieden von Lunéville an Frankreich abgetreten worden waren, wurden ebenfalls Handelskammern nach französischem Recht eingerichtet, ebenso in den in der Folge besetzten deutschen Gebieten. Auf diese Weise entstanden die Handelskammern von Köln, Mainz, Krefeld, Aachen, Eupen-Malmedy und Stolberg, die auch nach den Befreiungskriegen nicht wieder beseitigt, sondern vielmehr von Preußen und Hessen anerkannt wurden. Von 1830 an erfolgte die Errichtung weiterer Handelskammern in Preußen nach dem Vorbild der aus der Zeit der Besetzung stammenden Kammern, „aber das System wurde ausgebaut und fortgebildet, und den Interessenvertretungen die Form un-

[9] ZORN/HILLENBRAND: Sechs Jahrhunderte, S. 10f., 22, 26, 36, 63f.

[10] WÜLKER: Wandel, S. 14. Die Handelskammer in Marseille hatte sich aus einem 1601 institutionalisierten „Conseil de commerce“ entwickelt, dem anfangs nur Beamte angehörten, zu dem später aber auch Kaufleute zugezogen wurden, die sich eben 1650 zu einer eigenen Körperschaft zusammenschlossen, vgl. KEUCHER: Entwicklung, S. 10.

[11] WÜLKER: Wandel, S. 15, gibt als Wiedereinsetzungsjahr 1801 an, ebenso FISCHER, Wolfram: Unternehmerschaft, Selbstverwaltung und Staat, Berlin 1964, S. 14; KEUCHER: Entwicklung, S. 11, ebenso wie COHEN, Arthur/SIMON, Edmund: Geschichte der Handelskammer München seit ihrer Gründung (1869). Beitrag zur Wirtschaftsgeschichte der letzten Jahrzehnte, München 1926, S. 1, dagegen 1802.

abhängiger, jedoch vom Staat anerkannter und beaufsichtigter Korporationen gegeben."[12]

Durch die Verbindung dieser beiden Wurzeln, des deutschen Gedankens der Selbstverwaltung mit den Kammern nach französischem Recht, entstand in den deutschen Ländern ein ganz neuer Handelskammertypus, der nie wie in Frankreich gegenüber staatlichen Behörden lediglich beratende Funktion innehatte, sondern stets ein ausgeprägtes korporatives Element aufwies.[13] Freilich mußte der Gedanke der Selbstverwaltung sich im Lauf der Zeit, besonders in den süddeutschen, absolutistisch ausgerichteten Staaten, erst noch behaupten; auf preußischem Boden hatte er es dagegen wesentlich leichter.[14]

I.2 Die Gründung der bayerischen Handelskammern 1842/43

Die in Preußen existierenden Handelskammern beeinflußten die diesbezügliche Entwicklung der anderen deutschen Staaten nachhaltig. In Bayern waren es zunächst besonders die Wirtschaftskreise der Pfalz, die auf die Einführung derartiger Kammern drängten. Sie hatten diese Einrichtung bereits während der französischen Besatzung kennengelernt, als die Mainzer Kammer auch ihre Interessen gegenüber Behörden und Militär vertreten hatte,[15] und forderten nun aufgrund der durch die Wiedereinführung der Zollschranken schlechten wirtschaftlichen Lage der Pfalz eine neue Interessenvertretung. Die erste Anregung zur Gründung einer Handelskammer in der Pfalz stammte von dem bayerischen Vertreter in der Zentralkommission für die Rheinschiffahrt, Bernhard Sebastian Nau, der sich schon 1816 in München um eine Nachfolgeorganisation für die Mainzer Kammer bemühte, allerdings ohne Erfolg. Ebenfalls ohne Antwort blieb die Bitte der Speyerer Kaufmannschaft von 1819 um Errichtung einer Kammer, auch die Petition weiterer pfälzischer Wirtschaftskreise im Jahr darauf wurde von den Behörden in München kommentarlos zu den Akten gelegt.[16]

Weitere Anstöße kamen dann auch aus anderen Teilen Bayerns. 1826 empfahl der in Erlangen lehrende Nationalökonom Karl Heinrich Rauh in seinem Lehrbuch der politischen Ökonomie den Regierungen die Beteiligung des Handelsstandes an wirtschaftlichen Entscheidungen und damit wohl indirekt die Grün-

---

[12] KEUCHER: Entwicklung, S. 12.
[13] ZINNER: Handelskammer, S. 27.
[14] WÜLKER: Wandel, S. 21.
[15] Zur Arbeit der Mainzer Kammer vgl. FISCHER: Unternehmerschaft, S. 15-18.
[16] HAAN: Gründungsgeschichte, S. 188-191; BECKER: Interessenvertretung; ebenso bei ARNSPERGER, Leopold: 125 Jahre Handelskammer in der Pfalz, in: Pfälzisches Industrie- und Handelsblatt. Nachrichtenorgan der Industrie- und Handelskammer für die Pfalz, 43. Jg, 1968, S. 261. Siehe auch SCHÄFER, Dieter: Die Begründung der Handelskammern in Bayern, in: Aufbruch ins Industriezeitalter, Bd. 2: Aufsätze zur Wirtschafts- und Sozialgeschichte Bayerns 1750-1850, hg. von Rainer A. MÜLLER, München 1985, S. 269-279, hier S. 269f.

dung von Handelskammern nach französischem Vorbild.[17] Im Jahr darauf setzte sich der ehemalige Leiter des Statistischen Büros in München, Ignaz Rudhart, ebenfalls für die Gründung von Handels- und Gewerbekammern ein.[18]

Letztlich führten aber erst die Initiativen der bayerischen Ständeversammlung zum Erfolg. Bei der Beratung über ein neues bayerisches Zollgesetz 1825 stellte die Kammer der Abgeordneten den Antrag, „daß in den vorzüglichsten Städten des Reiches, insbesondere in den Kreishauptstädten, dann zu Bamberg, Nürnberg und Lindau Handelskammern zu dem Ende errichtet werden mögen, um die Bildung der Handelsgesellschaften für die Beförderung der Ausfuhr inländischer Erzeugnisse zu erzwecken."[19] Trotz der Zustimmung der Kammer der Reichsräte ging die Regierung auch diesmal noch mit Stillschweigen über die Angelegenheit hinweg. Erst auf einen erneuten Antrag 1831, Industriekammern für jeden Kreis zu errichten, „worin alle Interessen des Kreises in commerzieller, landwirthschaftlicher und Gewerbs-Beziehung vertreten werden",[20] reagierte sie.

Nachdem der König im Abschied der Ständeversammlung vom 29. Dezember 1831 die Zusicherung gegeben hatte, „[d]em geäußerten Verlangen [der Stände] wegen Errichtung eigener Industrie- und Handelskammern in den Kreisen [...] die verdiente Aufmerksamkeit"[21] widmen zu wollen, wurden im März 1832 die Kreisregierungen vom Innenministerium aufgefordert, über die Art und Weise der Einführung dieses Instituts in ihrem Kreise zu beraten. Dabei sollten folgende Gesichtspunkte bevorzugt behandelt werden: Standort und Anzahl der Handelskammern in jedem Kreis, ihre Zusammensetzung und Funktion, passive Wahlfähigkeit und Wahlmodus, Leitung und Dauer der Sitzungen und schließlich das Problem eines allgemeinen und zentralen Industrie- und Handelsrates, bestehend aus Vertretern der einzelnen Kammern.[22]

---

[17] ZINNER: Handelskammer, S. 33.
[18] WINKEL: Wirtschaft, S. 5.
[19] Zitiert nach STÜRMER: Geschichte, S. 22f. Um Verwechslungen vorzubeugen, sei darauf hingewiesen, daß die Verwendung des Begriffes „Reich" sich hier ebenso wie bei der „Kammer der Reichsräte" auf das König*reich* Bayern bezieht.
[20] Verhandlungen der Zweiten Kammer der Ständeversammlung des Königreichs Bayern 1831, 10. Beilagenbd., Beilage G, S. 53f.; Bd. 20, CXVI. Sitzung, S. 6f., S. 81f.; Bd. 21, CXXI. Sitzung, S. 60; Bd. 27, CLIII. Sitzung, S. 32.
[21] Verhandlungen der Zweiten Kammer der Ständeversammlung des Königreichs Bayern 1831, Bd. 28, S. 56. Die Bezeichnung „Industrie- und Handelskammern" wurde bis 1926 offiziell nicht wiederholt, die Kammern fortan stets als „Handelskammern" bezeichnet; hierzu ist anzumerken, daß „Industrie" in Deutschland im 19. Jahrhundert teilweise jedes Großgewerbe unabhängig vom technischen Stand der Produktion bezeichnete, also der Name „Industrie- und Handelskammern" nicht unbedingt mit dem heutigen Inhalt des Begriffs gleichzusetzen ist. Vgl. hierzu HENNING: Industrialisierung, S. 111.
[22] BHStA MH 14161.

Die eingegangenen, teils sehr unterschiedlichen Gutachten bildeten die Grundlage eines im Innenministerium angefertigten Referentenentwurfes, der in enger Zusammenarbeit mit dem Finanzministerium überarbeitet und am 23. Februar 1834 als Verordnungsentwurf zur Sanktionierung und eventuellen Weiterleitung an den Staatsrat durch den Innenminister Fürst von Oettingen-Wallerstein dem König überreicht wurde. Es war zu berücksichtigen gewesen, daß die Kreisregierungen und Stadtmagistrate eher eine echte Interessenvertretung der gewerblichen Wirtschaft nach angelsächsischem Vorbild anstrebten, während sowohl König Ludwig I. als auch der Finanzminister neuen Repräsentativversammlungen äußerst skeptisch gegenüberstanden und – wenn überhaupt – ein Hilfsorgan des Staates mit behördlichem Charakter wünschten.[23] Oettingen-Wallerstein betonte daher bei der Übergabe des Verordnungsentwurfs die Notwendigkeit eigener Organe des Handelsstandes nach dem Vorbild anderer deutscher Staaten auch in Bayern; schon durch die Einführung der Kammern auf dem Verordnungswege und nicht per Gesetz behielte sich die Regierung aber auch für die Zukunft den entscheidenden Gestaltungsspielraum vor. Durch einfache Verordnungen wäre festzulegen, daß die Kammern bloße, die Regierung beratende und Gutachten vorlegende Behörden seien, wodurch auch das Repräsentativsystem Bayerns, bestehend aus Gemeinden, Landräten und den Ständen, keinesfalls erweitert würde. Daraus folge, „daß 1. die Staatsregierung bei der Zusammensetzung nicht an Wahlen gebunden werden dürfe, 2. keine über die reine Gutachtertätigkeit hinausgehende Geschäftstätigkeit wie etwa den Verkehr mit anderen Behörden, mit Vereinen und Privaten einzuräumen noch die Entgegennahme von Petitionen zu gestatten sei, 3. die Kammerberatungen der unmittelbaren behördlichen Leitung unterliegen müßten."[24] Hierdurch wurden nach Meinung des Innenministers die positiven Aspekte der Institution zur Gänze ausgenutzt, ohne daß sich negative Entwicklungen einstellen konnten: Die Staatsregierung war stets in der Lage, die Ansichten der Handeltreibenden über wichtige Fragen einzuholen, war hierzu aber keineswegs verpflichtet. Die königliche Ernennung der Mitglieder gestattete eine zweckmäßige Auswahl und bildete ein Mittel, die Notabilitäten des Handelsstandes an den Thron zu knüpfen. Die Versammlung, die nur über bestimmte Fragen beraten durfte, konnte auf diese Weise nicht von Parteien unterwandert werden oder sich als Hemmschuh erweisen.

---

[23] Ludwig I. mochte hier als abschreckendes Beispiel etwa an den Pfälzer Landrat denken, der sich im Vormärz „zu einer vorparlamentarischen Plattform des pfälzischen Liberalismus" entwickelt hatte und auch während des Hambacher Fests von 1832 eine antibayerische Rolle spielte. SCHERER, Karl: Zum Verhältnis Pfalz-Bayern in den Jahren 1816-1848, in: Die Pfalz und Bayern 1816-1956, hg. von Hans FENSKE, Speyer 1998, S. 9-40, hier S. 14f., 21, 24. Zur Institution des Landrats siehe Kap. C.II.3.a.

[24] Zitiert nach BRANDT: Organ, S. 20. Ähnlich auch bei ZINNER: Handelskammer, S. 36.

Der Verordnungsentwurf und besonders auch Oettingen-Wallersteins Note reflektieren eindeutig die Haltung des Königs in dieser Frage. Hatte Ludwig I. seine Regierungszeit 1825 noch mit einer deutlich liberalen Einstellung und großer Reformfreudigkeit begonnen, so veränderte sich diese Denk- und Regierungsweise vor allem unter dem Eindruck der französischen Julirevolution von 1830 und dem Hambacher Fest von 1832 immer mehr zu einem „nahezu kompromißlose[n] halbabsolutistische[n] Regierungsstil".[25] Ludwig I. war ein Gegner der Volkssouveränität, was sich auch in seinen Konflikten mit der Kammer der Abgeordneten widerspiegelt. Die schon existierenden Handelskammern im linksrheinischen Preußen und Hessen wurden von den rheinischen Liberalen wie David Hansemann als Plattform ihrer konstitutionell-liberalen Ideen genutzt, was in Bayern allzuleicht Nachahmer finden konnte.[26] Ein Verordnungsentwurf über die Einführungen von Industrie- und Handelskammern konnte daher nur dann die Zustimmung des Monarchen finden, wenn er, wie der Entwurf von 1834, keinerlei Möglichkeiten zur Vermehrung der Repräsentativversammlungen und keine Republikanisierung einzelner Stände ermöglichte, sondern der „neoabsolutistisch-restaurativen Regierungsweise Ludwigs mit seiner schroffen Betonung des monarchischen Prinzips"[27] entsprach.

Obwohl Ludwig den Antrag noch zur Beratung an den Staatsrat überwies, blieb dieser dort unerledigt liegen, was wohl durchaus den Intentionen des Monarchen entsprochen haben dürfte. Offiziell begründet wurde dieses Vorgehen mit der Gefährdung der schwierigen Abschlußverhandlungen zum Deutschen Zollverein – mit anderen Worten: die gewerbliche Wirtschaft sollte keine weitere Plattform zur politischen Einmischung und Meinungsbildung erhalten – sowie mit der konservativen Neuordnung des Gewerbewesens in Bayern, die die Rolle

---

[25] KRAUS, Andreas: Grundzüge der Geschichte Bayerns, 2. durchgesehene u. aktualisierte Auflage, Darmstadt 1992, S. 165. Zu Verfassungsverständnis und Regierungsweise Ludwigs vgl. auch KRAUS, Andreas: Die Regierungszeit Ludwigs I. (1825-1848), in: Handbuch der bayerischen Geschichte, hg. von Max SPINDLER, 2. völlig neu bearbeitete Auflage, München 2003, Bd. 4/1, S. 129-236, hier S. 134-139; zu Ludwigs Reaktion auf die französische Juli-Revolution und das Hambacher Fest ebd., S. 201-214.

[26] SCHÄFER: Begründung, S. 271. David Hansemann (1790-1864), Wirtschaftsführer und Politiker, kam durch seine liberalen Forderungen nach konstitutionellen Veränderungen des öfteren mit der preußischen Obrigkeit in Konflikt. Später trug er maßgeblich zur Entstehung des Deutschen Handelstages bei. Vgl. ANGERMANN, Erich: Hansemann, David Justus Ludwig, in: NDB, 7. Bd., Berlin 1966, S. 626-629.

[27] ZINNER: Handelskammer, S. 37; zu Ludwigs I. Selbstverständnis in bezug auf die Wirtschaft siehe BURKHARDT: Verhältnis, S. 59-63. Oettingen-Wallersteins Reformbestrebungen auf wirtschaftlichem Gebiet innerhalb der engen Vorgaben Ludwigs zeigt GÖTSCHMANN, Dirk: Das bayerische Innenministerium 1825-1864. Organisation und Funktion, Beamtenschaft und politischer Einfluß einer Zentralbehörde in der konstitutionellen Monarchie, Göttingen 1993, zugl. Habil. Regensburg 1990, S. 217f.

der traditionellen Organisationen von Handwerk und Handel stärkte und so die Einrichtung von Kammern als minder wichtig erscheinen ließ.[28]

Erst der neue Innenminister Karl von Abel griff zuerst schon bei seiner Ernennung im März 1838, sodann nochmals im April 1839, nachdem am 1. Mai 1838 erneut die Speyerer Kaufmannschaft eine entsprechende Petition an den Landtag gerichtet hatte,[29] die Handelskammerfrage wieder auf, weil er die Gefahren eines relativen Zurückbleibens des Königreichs Bayern im deutschen Industrialisierungs- und Integrationsprozeß sah. Im Gegensatz zu seinem Vorgänger hatte er keinerlei Berührungsängste gegenüber dem aufsteigenden Wirtschaftsbürgertum und erkannte auch, daß dessen Vertreter nicht unbedingt mit dem „staatsgefährdenden Liberalismus"[30] gleichzusetzen waren. Er verwies auf den großen Nutzen, den die Regierungen anderer Zollvereinsstaaten, in erster Linie Preußen, besonders auf den Zollkonferenzen aus den Berichterstattungen ihrer Handelskammern zogen, und auch darauf, daß die seit 1825 bestehenden bayerischen Handels- und Gewerbevereine[31] für eine solche Auskunftstätigkeit völlig ungeeignet waren, dies schon allein deshalb, weil an ihnen auch „die unbedeutendsten Gewerbetreibenden" teilnahmen, während die zunftfreien Fabriken im gegenwärtigen System der Korporationen überhaupt nicht repräsentiert waren.[32]

Abel entwarf daher einen neuen, deutlich liberaleren Verordnungsentwurf, nach dem Kammern in den Städten errichtet werden sollten, in denen entsprechend dem Entwicklungsniveau von Handel und Fabrikindustrie ein Bedürfnis gegeben und eine ersprießliche Tätigkeit gewährleistet war. Im Gegensatz zum alten Entwurf sollten die Kammern nicht auf die Behandlung behördlich vorgegebener Themen beschränkt werden, sondern auch das Initiativrecht erhalten. Das ausschließliche königliche Ernennungsrecht wurde durch ein bescheidenes Wahlelement abgemildert. Jedoch sollte es dem König vorbehalten bleiben, jederzeit einzelne oder alle Handelskammern gänzlich wieder aufzuheben oder sie aufzulösen und ihre Neubildung anzuordnen, um das politische Wohlverhalten der neuen Institution zu gewährleisten. Diese Klausel sollte den Argwohn Ludwigs besänftigen, doch BRANDT verweist wohl zu Recht darauf, daß die Durch-

[28] BRANDT: Organ, S. 21f.; KAMMERER: Interessenvertretungspolitik , S. 31-33.
[29] HAAN: Gründungsgeschichte, S. 197f.
[30] BRANDT: Organ, S. 22. Welchen Widerständen Abel mit seinem Projekt begegnete, zeigt ein Ausspruch des Präsidenten des bayerischen Appellationsgerichtes Joseph von Hermann im Jahr 1840: „Die Industrie- und Handelskammern sind der Nährboden für Mächte der Finsternis und revolutionäre Umtriebe.", zitiert nach ENGEL, Thomas: „150 Jahre Mittler zwischen Staat und Wirtschaft", in: IHK magazin. Wirtschaftsinformationen der Industrie- und Handelskammer für die Pfalz 6/1993, S. 12-14, hier S. 12.
[31] Das bayerische Gewerbegesetz von 1825 hatte die alten Zünfte in Gewerbevereine, die Handelsinnungen in Handelsvereine umgewandelt. Vgl. hierzu SCHÄFER: 125 Jahre, S. 87.
[32] BRANDT: Organ, S. 23.

setzung derartiger Strafaktionen politisch zweifellos problematisch gewesen wäre.[33] Nach ZINNER war der Abelsche Entwurf aber keineswegs ein Entgegenkommen an die Wünsche des liberalen Bürgertums, sondern vielmehr in der Absicht verfaßt, „die Handelskammern nicht von Anfang an als organisatorische Totgeburten in Erscheinung treten zu lassen. Was nutzte ein Institut, dessen Lebensfähigkeit durch eine zu enge Reglementierung in Frage gestellt war? Eine gewisse Selbständigkeit bedeutete eine größere Funktionsfähigkeit und -tüchtigkeit."[34]

Abermals überwies der König die Angelegenheit an den Staatsrat, wo sie freilich erst im Juli 1840 beraten wurde. Hier stieß sie auf den erbitterten Widerstand einer kleinen Minderheit, die die Handelskammern aufgrund ihrer französischen Provenienz als Herde revolutionärer Umtriebe betrachtete und dadurch die Skepsis des Monarchen wieder wachrief. Ludwig entschied sich daher vorläufig noch gegen die Errichtung von Handelskammern, da Handel und Manufakturen nach seinen Worten auch ohne dieselben blühten.[35] Die pfälzische Kreisregierung erhielt daher im selben Jahr auf ihre Anfrage die Mitteilung, daß der König die Gründung von Handelskammern bis auf weiteres ablehne; wenn nötig, solle man mit Ad-hoc-Kommissionen als wirtschaftlichen Beratungsgremien arbeiten, die nach Erledigung ihrer Aufgaben gleich wieder aufgelöst werden könnten.[36]

Abel gab jedoch das Projekt nicht auf. Zwei Jahre später legte er zusammen mit dem Finanzminister einen neuen Antrag vor, in dem er wiederum auf den innerdeutschen Konkurrenzaspekt hinwies und sich zugleich bemühte, die Bedenken des Königs zu zerstreuen. Nach längeren schriftlichen Diskussionen stimmte dieser schließlich zu, nachdem er noch festgelegt hatte, daß mindestens die Hälfte der Kammermitglieder aus Fabrikanten zu bestehen habe, denn „diesen liegt des Landes Nutzen nahe, die Kaufleute als solche sind aber Kosmopoliten."[37] Insgesamt ging man also „mit einem gewissen Mißtrauen und mit Ängstlichkeit an die Schaffung der neuen Einrichtung."[38]

---

[33] Ebd., S. 23f.

[34] ZINNER: Handelskammer, S. 39; HAAN: Gründungsgeschichte, S. 199f.

[35] BRANDT: Organ, S. 24-26; ZINNER: Handelskammer, S. 39f.

[36] SCHÄFER: Begründung, S. 270.

[37] Signat Ludwigs 19.9.1842. BayHStA MH 14161. Vgl. BRANDT: Organ, S. 26f.; ZINNER: Handelskammer, S. 40-42. Im Schriftwechsel zwischen Ludwig und Abel ging es in erster Linie um finanzielle Bedenken, Ludwig fürchtete, die HKn kämen den Staat zu teuer. Abel konnte ihn schließlich damit beruhigen, daß die HK-Mitglieder die meisten anfallenden Kosten selbst tragen würden, vgl. DOMARUS, Max: Die Gründung der Handelskammer für Niederbayern und ihre Vorgeschichte", o.O. [1968] (masch.), S. 4f. Daß Ludwig auch den Fabrikanten gegenüber mißtrauisch war, weil sie aufgrund ihres Kapitals zu großen Einfluß auf Gesellschaft und Politik gewinnen konnten, während er die staatstragende Gesellschaftsschicht im „alten" Mittelstand vermutete, zeigt BURKHARDT: Verhältnis, S. 67-71.

[38] STÜRMER: Geschichte, S. 25.

Am 19. September 1842 unterzeichnete König Ludwig I. die „Allerhöchste Verordnung, die Einführung von Handelskammern betreffend“[39]. Der Weg der Gesetzgebung war nur dadurch vermieden worden, daß der Staatshaushalt mit den Geschäftsbedürfnissen der Kammern nicht belastet wurde; diese waren vielmehr von den Teilnehmern bzw. von dem betreffenden Handels- und Fabrikstand zu übernehmen. Die Mitgliedschaft war ehrenamtlich, die Lokalitäten für die Sitzungen für die Kanzlei und Registratur waren von der Gemeinde, die Sitz der Handelskammer werden sollte, zur Verfügung zu stellen.[40]

Die Kammern hatten den Zweck, die Regierung bei der Förderung von Handel und Gewerbe beratend zu unterstützen; neben der Berichts- und Begutachtungspflicht besaßen sie das Initiativrecht zur Vorlage eigener Anregungen und Anträge. Im Rahmen ihrer Aufgaben hatten sie freies Korrespondenzrecht.

Die Kammermitglieder, deren Zahl für jede Kammer vom König besonders festgesetzt wurde und die sich im allgemeinen je zur Hälfte aus Kaufleuten sowie aus Handwerkern und Fabrikbesitzern zusammensetzen sollten, wurden vor der ersten Sitzung vom König auf Vorschlag der Kreisregierungen und des Innenministeriums bestimmt, bei den nachfolgenden periodischen Teilerneuerungen durften die Kammern im Kooptationsverfahren Dreiervorschläge machen, aus denen der König auswählte; die Selbstverwaltung der Kammer äußerte sich lediglich in dem Recht, den ersten und zweiten Vorsitzenden selbst zu wählen, die freilich ebenfalls der Bestätigung des Königs bedurften.[41] Die gesamte Kammertätigkeit unterlag der Regierungskontrolle. Der bei den regelmäßig alle zwei Monate stattfindenden Sitzungen anwesende Regierungskommissar[42] konnte bei Befugnisüberschreitung die Sitzung auflösen, der König konnte Mitglieder entlassen, einzelne oder alle Kammern auflösen oder gänzlich wieder aufheben. Dennoch kann die Verordnung zur Gründung der Kammern in Bayern

---

[39] Abgedruckt in: Regierungsblatt für das Königreich Bayern 1842, Sp. 974-981. Eine Übersicht über die gesetzlichen Grundlagen des bayerischen Kammerwesens mit jeweils kurzer inhaltlicher Erläuterung bieten HELFRICH, Paul: 125 Jahre Industrie- und Handelskammer für München und Oberbayern. Nachtrag zu der 1968 erschienenen Jubiläumsschrift, München 1971, S. 2-9, sowie WINKEL: Wirtschaft, S. 254-269.

[40] PFEIFFER, Gerhard: Aus den Anfängen der Industrie- und Handelskammer zu Nürnberg, in: 125 Jahre Industrie- und Handelskammer Nürnberg 1843-1968, hg. von der Industrie- und Handelskammer Nürnberg, Nürnberg 1968, S. 51f.

[41] Ebd., S. 52; WINKEL: Wirtschaft, S. 6.

[42] Das Amt des Regierungskommissars verlor im Laufe der Zeit an Gewicht und war nach dem Ersten Weltkrieg völlig bedeutungslos, wurde aber erst 1933 aufgehoben. Vgl. Oberfränkische Wirtschaft. Mitteilungsblatt der Industrie- und Handelskammer für Oberfranken Bayreuth. Sondernummer zum 125jährigen Bestehen der Industrie- und Handelskammer für Oberfranken Bayreuth, hg. von der Industrie- und Handelskammer für Oberfranken Bayreuth, Bayreuth 1968, S. 12.

– besonders angesichts Ludwigs Widerwillen – als ein beachtlicher Schritt zur „Entstaatlichung" der Willensbildung im Königreich gewertet werden.[43]

Die bayerischen Handelskammern gehörten im Vergleich mit den anderen deutschen Staaten immer noch zur ersten Kammer-„Gründungswelle" bis 1848;[44] die bayerische Verordnung war zugleich die erste Verordnung eines deutschen Landes für die Bildung von Handelskammern.[45] Bayern war damit der eigentliche Vorreiter der Handelskammergesetzgebung in Deutschland[46] und auch den anderen süddeutschen Staaten ein Stück voraus: Die erste badische Kammer, die Handelskammer Karlsruhe, stammte zwar schon aus dem Jahr 1820, doch die badischen Kammern hatten lange Zeit überhaupt kein Statut, weshalb sie nach den Prinzipien der Handelsinnungen, die sie vorher gewesen waren, weiterarbeiteten. Württemberg verzeichnete gar erst 1855 die ersten Kammergründungen.

Die bayerischen Kammern unterschieden sich in drei bemerkenswerten Punkten von den Einrichtungen in den übrigen deutschen Staaten:[47] Dem an den französischen Zentralismus angelehnten Verwaltungsaufbau Bayerns entsprechend wurden sie nicht wie in Preußen „auf Wunsch" oder „nach Bedürfnis", sondern flächendeckend, einheitlich und (fast) gleichzeitig für das gesamte Staatsgebiet gegründet, ein für die deutschen Handelskammergründungen einmaliger Vorgang.[48] Wenn es auch nicht richtig ist, daß die bayerischen Handelskammern

---

[43] EPP, Wolfgang: Die Industrie- und Handelsgremien – Ursprünge und Widerstände, in: Bayerisch-Schwäbische Wirtschaft. Zeitschrift der IHK für Augsburg und Schwaben 5/93, Augsburg 1993, S. 18f., hier S. 19.

[44] Zur zeitlichen Abfolge der Kammergründungen in Deutschland vgl. WÜLKER: Wandel, S. 22-25, 29.

[45] Am 7. April, S. 6.

[46] SCHÄFER: Begründung, S. 274. HUBER, Franz Caspar: Die Württembergischen Handelskammern 1856-1906. Festschrift zur Feier des 50jährigen Bestehens der Württembergischen Handelskammern, Bd. 1, Stuttgart 1906, S. 22f., reklamiert dieses Privileg für Württemberg, das per kgl. Verordnung v. 19.9.1854 HKn zuließ (die Ausführungsbestimmungen zur Verordnung ergingen 1855, die Genehmigung der Geschäftsordnungen der HKn erfolgte 1856), indem er die bayerischen HKn von 1842/43 fälschlicherweise zu „handelskammerähnliche[n] Institute[n]" degradiert und erst die Verordnung von 1868 als der württembergischen Verordnung gleichwertig anerkennt. Zu einem ähnlichen Ergebnis kommen COHEN/SIMON: Geschichte, S. 7, die die Geschichte der HK München erst 1869 einsetzen lassen. Daß jedoch zumindest manche der bayerischen HKn von Beginn an eine rege Tätigkeit entwickelt haben, zeigt das Beispiel der HK Regensburg, vgl. KAMMERER: Interessenvertretungspolitik, S. 58-63.

[47] Vgl. SCHÄFER: 125 Jahre, S. 90.

[48] SCHULZ hat daher nicht recht, wenn er schreibt, die HKn der deutschen Staaten hätten erst nach 1848 ausgehend vom preußischen Vorbild „ein einheitliches Gesicht" erhalten. Er beachtet nicht, daß die bayerischen HKn bereits seit 1843 ein einheitliches Gesicht hatten. SCHULZ, Gerhard: Über Entstehung und Formen von Interessengruppen in Deutschland seit

„eine Frucht bürokratischer Initiative, nicht etwa der Bemühungen der gewerblichen Wirtschaft selbst"[49] waren, so ist doch unstrittig, daß das Verhältnis der bayerischen Kammern zum Staat aufgrund der äußeren politischen Verhältnisse zwangsläufig ein sehr viel abhängigeres sein mußte als etwa im liberaleren Preußen.[50] Dies wird auch daraus ersichtlich, daß die bayerischen im Unterschied zu den anderen deutschen Kammern einen deutlicher formulierten Auftrag hatten, die Regierung bis hin zum König zu beraten. Der dritte wesentliche Unterschied bestand darin, daß die Kammern nicht frei in ihrer gebietlichen oder lokalen Abgrenzung, sondern vielmehr an die Grenzen der Regierungskreise bzw. -bezirke gebunden waren, was, ungeachtet der tatsächlichen anfänglichen Ausprägung, ihre spätere Entwicklung zur Kreiskammer vorwegnahm.[51] FISCHERS Aussage, die bayerischen Kammern seien im Gegensatz zu den preußischen von Anfang an die Vertretung der gesamten gewerblichen Wirtschaft ihres Bezirks gewesen,[52] darf dagegen nicht als weitere Besonderheit der bayerischen Handelskammern gewertet werden, da WÜLKER nachgewiesen hat, daß auch die preußischen Kammern, unbeschadet ihrer jeweiligen Bezeichnung als Handelskammern oder Industrie- und Gewerbekammern sowie ihrer Besetzung, ebenfalls von Anfang an alle Gewerbetreibenden vertraten und die Funktionen des jeweils anderen Kammertyps miterfüllten.[53]

Nach Rücksprache des für die Kammern (und für die Wirtschaft im allgemeinen) zuständigen Innenministeriums bei den Kreisregierungen genehmigte der König am 7. April 1843 im Vollzug der Verordnung vom September 1842 die Handelskammern für Oberbayern mit Sitz in München, für die Oberpfalz und Regensburg in Regensburg, für Mittelfranken in Nürnberg, für die Pfalz mit Sitz zunächst in Kaiserslautern, ab 1877 in Ludwigshafen, für Oberfranken in Bamberg, ab 1854 in Bayreuth, und für den Regierungsbezirk Schwaben und Neuburg in Augsburg. Erst einige Wochen später, am 19. Mai 1843, folgte die Handelskammer für Unterfranken und Aschaffenburg mit Sitz in Würzburg.[54]

Beginn der Industrialisierung, in: Interessenverbände in Deutschland, hg. von Heinz Josef VARAIN, Köln 1973, S. 25-54, hier S. 37.

[49] So BRANDT: Organ, S. 27. Aufgrund der oben beschriebenen Bemühungen der Pfälzer Handeltreibenden ist diese Aussage zu relativieren.

[50] WÜLKER: Wandel, S. 21.

[51] Vgl. SCHÄFER: 125 Jahre, S. 90.

[52] FISCHER: Unternehmerschaft, S. 53.

[53] WÜLKER: Wandel, S. 27.

[54] Vgl. Jahrbuch der Deutschen Handelskammern und sonstigen amtlichen Handelsvertretungen, hg. im Auftrag des Deutschen Handelstags von der Handelskammer zu Leipzig, Jg. 1905, Leipzig 1905, S.259. Für die einzelnen Kammern: für Oberbayern: Am 7. April 1843, S. 8; für die Oberpfalz: KAMMERER: Interessenvertretungspolitik, S. 36; für Mittelfranken: PFEIFFER: Anfänge, S. 55; für die Pfalz siehe FAUCK, Siegfried: Zur Geschichte der Industrie- und Handelskammer, in: Pfälzisches Industrie- und Handelsblatt, 43. Jg, 1968, S. 263. SCHÄFER:

Gänzlich aus diesem Schema heraus fällt einzig die Gründung der Handelskammer für Niederbayern in Passau: Die Kreisregierung von Niederbayern in Landshut hatte als einzige am 15. Oktober 1842 die Einführung einer Kammer auch in Niederbayern mit der Begründung abgelehnt, daß sich im gesamten Kreis keine acht geeigneten Kandidaten, die zur Gründung einer Handelskammer vorgeschrieben waren, finden ließen, eine zwar offensichtlich unwahre Behauptung, die aber dazu führte, daß es in Niederbayern vorerst keine Kammer gab.[55] Erst 1847 war auch die Regierung von Niederbayern bereit, die Errichtung einer Kammer in ihrem Bezirk zu akzeptieren, als Standort befürwortete sie Passau, einmal wegen seiner handelstechnisch günstigen Lage an Donau und Inn, zum zweiten, „weil daselbst der intelligentere Theil der Handelswelt von Niederbayern vereint ist."[56] In der Tat hatte sich in Passau seit den 1830er Jahren ein zeitgemäß wirtschaftender Handels- und Gewerbestand entwickelt, unter dessen zahlreichen Angehörigen sich unschwer geeignete Kandidaten finden ließen,[57] so daß die Handelskammer für Niederbayern schließlich durch eine kgl. Entschließung vom 2. Januar 1848 errichtet werden konnte.

Die Verordnung hatte den aus der Vorgeschichte stammenden Widerstreit zwischen den Auffassungen, „Gebietskammern" für die Regierungsbezirke zu errichten oder sie als lokale Wirtschaftsvertretung der Stadt ihres Sitzes zu empfinden, nicht entschieden, sie legte nur fest, daß Handelskammern für jene Bezirke und in jenen Städten des Königsreichs gebildet werden sollen, „welche der König nach Zeit und Umständen hierzu" bestimmen würde. Laut einer Entschließung des Innenministeriums vom 5. Oktober 1842, die zur Ausführung der Verordnung erging, sollte höchstens eine Kammer in jedem Regierungsbezirk

---

125 Jahre, S. 88, dürfte irren, wenn er für Kaiserslautern bereits 1838 eine Kammergründung angibt, weder Arno BECKER noch ARNSPERGER oder FAUCK sprechen davon. Für Schwaben: BAER, Wolfram: Ursprung und Gründung der Kammer, in: Bayerisch-Schwäbische Wirtschaft. Zeitschrift der Industrie- und Handelskammer für Augsburg und Schwaben 5/93, Augsburg 1993, S. 9; für Oberfranken: Oberfränkische Wirtschaft, S. 12 u. 15; für Unterfranken: SCHÄFER: 125 Jahre, S. 89 sowie KITTEL, J.B.: Die Würzburger Handelsvertretung in alter und neuer Zeit, in: Festschrift zur Eröffnung des Handelskammer-Gebäudes Würzburg, Würzburg 1914, S. 15-127, hier 94f.

[55] Zur Verzögerung der Gründung einer HK in Niederbayern vgl. am anschaulichsten die Darstellung von DOMARUS: Gründung (leider gänzlich ohne Quellenangaben), S. 5-20. Demnach habe die Landshuter Regierung eine Einschränkung ihrer eigenen Entscheidungsfreiheit befürchtet, der ehrgeizige Regierungspräsident v. Beisler habe zudem durch eine ähnlich ablehnende Haltung wie Ludwig I. (dessen Bedenken ihm ja bekannt waren) seine eigene Karriere fördern wollen. Siehe auch Tradition und Bewährung, S. 12-16; LOIBL, Richard: Die Wirtschaft Niederbayerns und ihre Industrie- und Handelskammer, Passau 1998, S. 21-24.

[56] Zitiert nach Tradition und Bewährung, S. 15.

[57] Vgl. zum Aufschwung des Handelsstandes in Passau BECKER, Winfried: Niedergang und Wiederaufstieg: Grenzstadt im Königreich Bayern 1803-1918, in: Geschichte der Stadt Passau, hg. v. Egon BOSHOF u.a., 2. erweiterte u. aktualisierte Auflage, Regensburg 2003, S. 219-262, hier S. 239f.

gegründet werden, aber es werde „nur die Frage sein, ob nach den örtlichen und bezirklichen merkantilen Verhältnissen die Wirksamkeit dieser Handelskammer sich auf den Ort ihrer Errichtung zu beschränken habe oder ob und welcher Distrikt derselben außerhalb des betreffenden Gemeindebezirkes noch zuzuteilen sei." Dies ließ den ausführenden Behörden reichlich Spielraum,[58] doch der Weg zur Kreiskammer war beschritten.

Viele der neuen bayerischen Handelskammern wurden von den Kreisregierungen von vornherein als Vertretungen des gesamten Bezirks bzw. der wirtschaftlich bedeutendsten Städte konzipiert. Dies trifft zu auf die Kammern Würzburg, Augsburg, Nürnberg, Kaiserslautern, Passau und Bamberg.[59] Dagegen scheint die Kammer für Oberbayern in München anfangs eine reine „Stadtkammer" ohne Vertreter von auswärtigen Orten gewesen zu sein.[60]

Nicht überall wurde die neue Institution von den bereits vorhandenen Wirtschaftsgremien vorbehaltlos akzeptiert. Während die Augsburger Stubengesellschaft sie begrüßte und sogar aktiv zur Errichtung der Kammer in Augsburg beigetragen hatte,[61] sprach sich der Nürnberger Handelsvorstand dezidiert gegen Handelskammern aus und erklärte, daß die Interessen von Handel und Industrie in Nürnberg auch künftig am besten vom Handelsvorstand selbst vertreten werden könnten. In der Folge lehnten zwei Nürnberger Kaufleute, die zugleich dem Handelsvorstand angehörten, ihre Wahl in die neue Kammer ab, was zunächst den Versuch einer Koordination zwischen dem neuen und dem alten Gremium zum Scheitern brachte und sogleich Nachwahlen nötig machte. Da auch weitere Geschäftsleute aus Nürnberg, die als Kammermitglieder vorgesehen waren, sich anfangs abwartend verhielten und der konstituierenden Sitzung fernblieben, konnte die Beschlußfähigkeit hier erst auf der zweiten Kammersitzung hergestellt werden.[62] Handelsvorstand und Handelskammer bestanden parallel weiter;

---

58 ZORN/HILLENBRAND: Sechs Jahrhunderte, S. 123.

59 SCHÄFER: 125 Jahre, S. 89; ZORN/HILLENBRAND: Sechs Jahrhunderte, S. 130f.; PFEIFFER: Anfänge, S. 58; FAUCK: Geschichte, S. 263; LOIBL: Wirtschaft, S. 24f; Oberfränkische Wirtschaft, S. 12f.

60 WINKEL: Wirtschaft, S. 6f.

61 BAER: Ursprung und Gründung, S. 8f; ZORN/HILLENBRAND: Sechs Jahrhunderte, S. 121, 125. Die Stubengesellschaft spielte fortan nur noch die Rolle eines privaten Handelsvereins, war aber als Träger der Börse nach wie vor einflußreich. Siehe dazu SCHÄFER: Begründung, S. 273.

62 PFEIFFER: Anfänge, S. 53-58. Im Gegensatz zur Nürnberger Zurückhaltung waren aus den Nachbarstädten Fürth, Erlangen und Schwabach die repräsentativsten Kaufleute und Unternehmer in der Kammer vertreten. Ebd., S. 62. Vgl. auch HIRSCHMANN, Gerhard: Aufbruch in das Industriezeitalter. Der Handelsvorstand im Königreich Bayern 1806 bis 1918, in: Im Zeichen der Waage, hg. von der IHK Nürnberg, Nürnberg 1985, S. 45-60, hier S. 54.

erst 1854 wurde das Nebeneinander im Rahmen einer Neuorganisation des Handelskammerwesens aufgehoben.[63]

Im Gegensatz zu Oettingen-Wallersteins Vorarbeiten zum Entwurf von 1834 und auch zu den Entwürfen zur nun erlassenen Verordnung[64] war darin mit keinem Wort von einer gemeinsamen Instanz der bayerischen Handelskammern die Rede. Vermutlich ist dies auch auf das Mißtrauen des Königs zurückzuführen, der mit den neuen Institutionen auf keinen Fall eine neue Repräsentativversammlung in seinem Staat einrichten wollte. In der Tat hätte wohl ein wie auch immer gearteter bayerischer Handelsrat oder Handelskammertag wie ein kleines wirtschaftliches Nebenparlament gewirkt. Doch schon der – nach der Verordnung erlaubte – Schriftverkehr der Kammern untereinander wurde skeptisch betrachtet, besonders als das Innenministerium Anfang 1845 feststellte, daß die Kammern sich offensichtlich über ihre Tätigkeit zu verständigen und abzustimmen begannen. Das Ministerium erließ darauf am 2. Februar 1845 eine Entschließung, den schriftlichen Verkehr der Handelskammern unter sich betreffend, die ausdrücklich erklärte, „daß dieser erlaubte Schriftverkehr nicht die Befugnis der Handelskammern einschließe, sich die erstellten Gutachten gegenseitig mitzuteilen. Die Handelskammern seien vielmehr nur befugt, sich die zur Erstattung solcher Gutachten etwa erforderlichen faktischen Unterlagen gegenseitig zuzusenden. Einer Ausdehnung dieser Befugnis bedürfe es deshalb nicht, weil das Ministerium selbst die Abwägung zwischen abweichenden Ansichten zu treffen wisse."[65] ZINNER deutet diese Haltung wohl richtig, wenn er dazu schreibt: „Bürgerliche Selbstverwaltung und Mitspracherecht im Rahmen der Handelskammern wollte man im lokalen bzw. regionalen Bereich gerne gewähren. Wo aber durch die Zusammenarbeit der bayerischen Handelskammern [...] auch nur Ansätze zur Entwicklung zentraler repräsentativer Organisationsfor-

---

[63] ZINNER: Handelskammer, S. 32, 142-147, 230f.; PFEIFFER: Anfänge, S. 71f.; HIRSCHMANN: Aufbruch, S. 54. Der Handelsvorstand wurde 1854 als Handelsrat Teil der HK. Bis 1889 wurden die Mitglieder des Handelsrats noch auf Lebenszeit ernannt, erst von da an mußten sie sich dem üblichen sechsjährigen Turnus unterwerfen.

[64] ZINNER: Handelskammer, S. 68. Oettingen-Wallerstein hatte den Gedanken an einen allgemeinen Handels- und Industrie-Rat im Entwurf aufgegeben, nachdem das Finanzministerium ihn darauf hingewiesen hatte, daß auch die französischen Kammerverordnungen, an denen man sich in Bayern orientiert hatte, keinen solchen Rat beinhalteten. Vielmehr bestünden in Frankreich für den Conseil général d'économie und den Conseil général des manifactureurs spezielle Verordnungen, die den Zusammentritt dieser Gremien regelten. Kgl. Staatsministerium der Finanzen an kgl. Staatsministerium des Innern, 12.2.1834. BHStA MH 14161. Oettingen-Wallerstein hätte vielleicht eine ähnliche Regelung eingeführt, wäre der Entwurf für die Handelskammerverordnung angenommen worden.

[65] Zitiert nach SCHÄFER: 125 Jahre, S. 92. Ähnlich bei ZINNER: Handelskammer, S. 67.

men des handeltreibenden Bürgertums vermutet werden konnten, war es mit der Zustimmung der Staatsorgane vorbei."[66]

I.3 Die Reformen bis 1880

Die neugegründeten Handelskammern werden in der Literatur einige Male zu Recht einem „Versuchs- und Vorstadium" zugewiesen, in dem der Beweis der Lebensfähigkeit der neuen Institutionen erbracht werden sollte.[67] Daß die Handelskammern lebensfähig waren, konnte nachgewiesen werden, wenn auch mit unterschiedlicher Intensität an den einzelnen Orten. Die Notwendigkeit von Reformen trat allerdings bald deutlich hervor; insbesondere die Zusammensetzung der einzelnen Kammern bereitete immer wieder Schwierigkeiten.

Bei der Verordnung von 1842 fällt auf, daß dem zahlenmäßig weit überlegenen „Gewerbsstand", d.h. den Handwerkern, nominell nur etwa ein Viertel der Kammersitze zugewiesen worden war. In der Praxis konnte dies erfüllt sein wie etwa in München, wo von den zwölf Mitgliedern genau drei aus dem Handwerk stammten, oder nicht wie bei der Kammer in Kaiserlautern, die als größte bayerische Kammer mit insgesamt 15 Mitgliedern nicht einen Handwerker in ihren Reihen hatte. Auch in der allein verwendeten Bezeichnung „Handelskammer" kommt zum Ausdruck, daß eigentlich an das Handwerk bei dieser Interessenvertretung weniger gedacht war. Daher ist es verständlich, wenn das Handwerk, vor allem angesichts der sich verschärfenden Konkurrenzsituation mit den Industriellen, mit dieser Regelung nicht einverstanden war und eine Vergrößerung des eigenen Anteils verlangte.[68]

Die politischen Unruhen von 1848, die in Deutschland ganz wesentlich auch eine soziale Bewegung waren,[69] kamen dieser Forderung entgegen. Die Handwerksmeister forderten auch in Bayern sehr nachdrücklich Gewerbeschutz, Wiederherstellung des alten Zunftzwanges und Abwehr der Fabrikkonkurrenz. Die Regierung unter dem neuen König Max II. nahm darauf Rücksicht, nicht zuletzt, um ein Abgleiten des Handwerks in den politischen Radikalismus zu verhindern. Diese sozialkonservativen Tendenzen schlugen sich neben der Errichtung eines eigenen „Staatsministeriums des Handels und der öffentlichen Arbeit", das nunmehr die Zuständigkeit für die Kammern übernahm,[70] in der

---

[66] ZINNER: Handelskammer, S. 68.

[67] STÜRMER: Geschichte, S. 35f.; SCHÄFER: Begründung, S. 274.

[68] WINKEL: Wirtschaft, S. 7.

[69] Vgl. hierzu BRANDT: Organ, S. 44f. Zur Forderung der Handwerker nach einer angemessenen Interessenvertretung siehe z.B. STRAATEN, Martin: Entwicklung und Aufgaben der Einkaufsgenossenschaften des Bäcker- und Konditorenhandwerks in Deutschland, Berlin 1989, S. 6f.

[70] Vgl. zur Errichtung des Staatsministeriums BORCHARDT, Knut: Zur Geschichte des Bayerischen Staatsministeriums für Wirtschaft und Verkehr, Stuttgart 1987, S. 11-14. Bayern befand sich hier im Einklang mit vielen anderen deutschen Staaten, z.B. Preußen und Österreich, in

Gesetzgebung nieder; für das bayerische Kammerwesen führten sie im Endeffekt zu zwei neuen Verordnungen, die am 3. August 1848 verabschiedet wurden.[71] Die erste von ihnen brachte die Einführung einer für das ganze Land zuständigen „Gewerbskammer“ in München, deren acht Mitglieder allerdings nur von den Gewerbsvereinen Münchens aus den dort ansässigen Gewerbsmeistern vorzuschlagen und dann durch die Gewerbsstände der Städte des Königreichs zu bestätigen waren; auswärtigen Meistern, so dachte man wohl, wäre ohnehin die lange Anreise zu beschwerlich und die Kosten dafür zu hoch. Die Aufgaben dieser neuen Gewerbskammer waren im Vergleich zur Handelskammer wesentlich bescheidener; sie sollte nur auf vom Staatsministerium des Innern einberufenen Sitzungen ihren Rat erteilen, Eigeninitiative war nicht vorgesehen. Dies rief natürlich den Widerstand der Standesangehörigen hervor: Man verlangte entsprechend den Handelskammern Gewerbskammern in jedem Regierungsbezirk mit dem Sitz in der für das Gewerbe bedeutsamsten Stadt des Kreises.[72]

Die zweite Verordnung, die ausdrücklich eine Abänderung bzw. Ergänzung der Verordnung vom 19. September 1842 war, legte dementsprechend fest, daß die bestehenden Handelskammern künftig nur noch aus Mitgliedern des Handels- und Fabrikantenstandes zusammengesetzt sein sollten. Die übrige Organisation und ihr Aufgabenkreis wurden nicht verändert. Interessanterweise wurde hier abermals an eine Vorstufe des Handelskammertags gedacht: Wenn es aus bestimmten Gründen für angemessen erachtet wurde, sollte das Staatsministerium des Innern das Recht haben, je zwei Mitglieder der einzelnen Handelskammern zu einem „Handelsrat des Reiches“ zusammenzurufen; dieser Handelsrat trat jedoch niemals zusammen.[73]

Frankfurt wurde zudem ein Reichshandelsministerium bei der Provisorischen Zentralgewalt geschaffen. Das bayerische Handelsministerium wurde allerdings lange Zeit von anderen Ministern (meistens die Außen-, zuletzt der Finanzminister) neben ihren eigenen Ministerien mitbetreut, erst 1865 erhielt es mit Adolf von Pfretzschner seinen ersten eigenen Chef, ebd., S. 15f.

[71] Dies waren die K. Allerhöchste Verordnung, die Einführung einer Gewerbskammer betreffend, sowie die K. Allerhöchste Verordnung, die Einführung von Handelskammern betreffend; beide abgedruckt in: Regierungsblatt für das Königreich Bayern 1848, Sp. 785-790 bzw. 790f.

[72] SCHÄFER: 125 Jahre, S. 92.

[73] Art. 2 der Verordnung lautete: „Wird es für angemessen erachtet, die Gutachten der Handelskammern einer nochmaligen technischen Prüfung zu unterstellen, oder über Gegenstände des commerziellen und industriellen Bereiches eine concentrirte Berathung anzuordnen, so steht es Unserem Staatsministerium des Innern zu, einen allgemeinen Handelsrath des Reiches zu versammeln. Derselbe bildet sich durch die Abordnung zweier Mitglieder von Seite einer jeden Handelskammer und tritt unter dem Vorsitze Unseres Staats-Ministers des Innern in Wirksamkeit.“ Regierungsblatt für das Königreich Bayern 1848, Sp. 791. Vgl. auch WINKEL: Wirtschaft, S. 9.

Diese Regelungen waren nur von kurzer Dauer. Schon durch die Verordnung vom 27. Januar 1850[74] wurden die zentrale Gewerbskammer sowie die Kreishandelskammern wieder aufgehoben, statt dessen führte sie „Gewerbe- und Handelskammern“ ein, die auf „Antrag von Betheiligten“ in allen Städten gegründet werden durften, in denen ein Bedürfnis hierzu bestand; man rückte also vom Prinzip der Kreiskammern ab. Die neuen Gewerbe- und Handelskammern umfaßten erneut alle Wirtschaftszweige außer der Landwirtschaft und wurden in drei selbständige Abteilungen untergliedert: den Gewerbe-, den Fabrik- und den Handelsrat. Entsprechend dem Bedürfnis der einzelnen Kammern konnten diese auch nur aus zwei oder sogar einer dieser Abteilungen bestehen. Die bayerische Regierung erwartete von den Räten eine bessere Bewältigung gewerblicher Konflikte und Krisen auf der Ebene der Selbstverwaltung.[75]

Die Ratsmitglieder, deren Zahl mindestens sieben betragen sollte, wurden nun nicht mehr vom König berufen, sondern erstmals von den Angehörigen des jeweiligen Standes gewählt. Nach dem Willen des Gesetzgebers sollten mit dieser „Abkehr von der zugleich gouvernementalen und oligarchischen Kammerorganisation von 1842“[76] echte Interessenvertretungen errichtet werden; mit diesem Übergang zum allgemeinen Wahlrecht nach dem Beispiel anderer deutscher Staaten war zudem ein wichtiger Schritt in Richtung einer wirklichen Ständevertretung nach Art der Parlamente getan.[77]

Die Gewerbe- und Handelskammer, die unter hoheitlicher Aufsicht des neugegründeten Staatsministeriums des Handels und der öffentlichen Arbeiten stand, war immer dann zuständig, wenn es Angelegenheiten zu beraten galt, die alle Stände betrafen. Sie sollte gutachtlich gehört werden,[78] hatte bei statistischen Erhebungen mitzuwirken und insbesondere am Ende eines jeden Jahres einen Hauptbericht über Lage, Verhältnisse und Bedürfnisse von Industrie und Handel unmittelbar dem Ministerium vorzulegen. In Art. 25 findet sich erstmals die Formulierung, daß die Gewerbe- und Handelskammer „die Gesamtinteressen der Industrie und des Handels in ihrem Bezirke wahrzunehmen“ habe. Das Gewerbe im Sinne des Handwerks wird dagegen nicht eigens erwähnt, was bei der offiziellen Kammerbezeichnung doch zumindest auffällig ist. Neu war die Regelung, daß zu den Kosten der Kammern und ihrer einzelnen Abteilungen aus Staats- und Kreisfonds Zuschüsse bewilligt werden konnten.

---

[74] Abgedruckt in: Regierungsblatt für das Königreich Bayern 1850, Sp. 121-138.

[75] BRANDT: Organ, S. 46.

[76] Ebd.

[77] Vgl. KAMMERER: Interessenvertretungspolitik, S. 76. Die freie Wahl der Kammermitglieder war in den preußischen Kammern, aber auch in Baden und Hessen von vornherein üblich gewesen. Württemberg entschied sich 1854, bei der ersten gesetzlichen Regelung seiner HKn, als einziger deutscher Staat noch für das Präsentationsrecht. Vgl. WÜLKER: Wandel, S. 41f.

[78] So wurden die Handels- und Gewerbekammern 1852/53 zur Beratung der neuen Gewerbeordnung herangezogen, vgl. GÖTSCHMANN: Innenministerium, S. 579f.

Nach der Verordnung von 1850 waren die Kammern nicht an die Grenzen der Regierungskreise gebunden, in ihrer Wirksamkeit also nicht flächendeckend: Wo das Bedürfnis nach einer Kammer nicht gegeben war, konnten bestehende Handelsgremien und sonstige Vereinigungen fortbestehen.[79] Zusätzlich zu den neuen lokalen Kammern war – den Forderungen der Kreisregierungen nach einem Konsultativorgan entsprechend – aber auch die Errichtung von Kreis-Gewerbe- und Handelskammern gestattet.[80] Dies klingt wie die gesamte Verordnung kompliziert und alles andere als eindeutig, weshalb sich auch „ein unglaubliches Chaos"[81] aus Kammern, Handelsgremien und -vereinen ergab. Von einem gemeinsamen Gremium der bayerischen Handelskammern wie etwa dem „Handelsrat des Reiches" war nun nicht mehr die Rede, in Art. 31 behielt sich das Staatsministerium des Handels und der öffentlichen Arbeiten lediglich vor, „in den Fällen, in denen eine concentrirte Berathung über Gegenstände der gewerblichen Industrie oder des Handels für angemessen erachtet wird, eine solche durch Berufung von Sachverständigen und *insbesondere von Abgeordneten der Gewerbe- und Handelskammern oder einzelner Abtheilungen* herbeizuführen."[82]

1853 erfolgte bereits eine erneute Reorganisation,[83] die das Chaos entwirren und die Arbeit der Kammern zweckmäßiger gestalten sollte. Schon 1850 brachten Abgeordnete aus dem Handwerkerstand eine Gesetzesinitiative in den Landtag ein, in der sie eine Verbesserung der gesetzlichen Vertretung des Handwerks durch eine größere Zahl von Gewerberäten forderten. Als Dachorganisation der Räte, auch der Industrie- und Handelsräte, sah der Entwurf in jedem Regierungsbezirk eine zentrale Gewerbe-, Handels- und Fabrikkammer vor. Ein wesentliches Anliegen der Initiatoren war, für diese Gremien ein wirtschaftspolitisches Anhörungsrecht gesetzlich festzuschreiben. Insbesondere sollte die Regierung nach § 14 gehalten sein, einschlägige Gesetz- und Vertragsentwürfe vor der Einbringung in den Landtag durch „eine von den Gewerbe- Handels- und Fabrikkammern gewählte Versammlung von je Einem Abgeordneten einer solchen Kammer am Sitze der Staatsregierung" prüfen und begutachten zu lassen.[84] Hier kam wieder einmal eine gemeinsame Organisation der bayerischen Handels- und Gewerbekammern zur Sprache, die zentral über die Wirtschaft betreffende

---

[79] WINKEL: Wirtschaft, S. 10.

[80] BRANDT: Organ, S. 50. Meist wurden die seit 1843 bestehenden HKn als Kreiskammern weitergeführt.

[81] SCHÄFER: 125 Jahre, S. 93; ähnlich FISCHER: Unternehmerschaft, S. 54, der von einem „Institutionswirrwarr" spricht.

[82] Regierungsblatt 1850, Sp. 137. Hervorhebung durch d. Verf.

[83] Vgl. WINKEL: Wirtschaft, S. 15f.; SCHÄFER: 125 Jahre, S. 94; KAMMERER: Interessenvertretungspolitik, S. 80f.

[84] Gesetzentwurf abgedruckt in: Verhandlungen der Kammer der Abgeordneten des bayerischen Landtages 1850, Beilagenbd. 5, S. 137-139. BRANDT: Organ, S. 52, ist in seiner Darstellung dieses Sachverhalts nicht ganz korrekt.

Gesetzentwürfe beraten und so die Interessenvertretung dieser Stände verstärken sollte. Zwar blieb die Initiative zunächst unerledigt im Landtag liegen, doch griff die Neuordnung von 1853 viele Elemente daraus auf, allerdings nicht den Gedanken einer gemeinsamen Delegiertenversammlung.

Mit den §§ 135-162 der Gewerbeinstruktion vom 17. Dezember 1853[85], die nur für die sieben älteren bayerischen Regierungsbezirke galt, mithin also für das rechtsrheinische Bayern, wurden wieder Kammern für die ganzen Regierungskreise eingerichtet, ihr Name lautete fortan „Kreis-Gewerbe- und Handelskammern". Die drei Abteilungen der früheren Gewerbe- und Handelskammern bestanden als lokale Einrichtungen fort. Die neue Kammer setzte sich aus den Vorsitzenden und Stellvertretern aller im jeweiligen Regierungsbezirk bestehenden „Räte" zusammen, deshalb war mit Rücksicht auf die Beschwerlichkeiten und Kosten, die mit einer Reise der Auswärtigen in die jeweilige Stadt verbunden waren, die Sitzungsperiode der Gesamtkammer auf eine sich über mehrere Tage erstreckende Jahrestagung begrenzt, die nach dem Wunsch des Gesetzgebers jährlich am 15. Januar zu beginnen, längstens zehn Tage zu dauern und mindestens 25 Mitglieder zu umfassen hatte.

Obwohl § 156 in besonderen Fällen auf Anordnung oder mit Genehmigung des Staatsministeriums des Handels und der öffentlichen Arbeiten auch eine außerordentliche Einberufung der Kammern gestattete und § 157 festlegte, daß dieselben, „insoweit es die Verhältnisse gestatten, mit ihren Gutachten bei allen Gegenständen [zu vernehmen waren], welche diese Interessen wesentlich berühren"[86], war mit dieser Neuordnung die eigentliche „Kammer" auf eine einmal im Jahr stattfindende Konferenz „zusammengeschrumpft", die nur einmal pro Jahr einen Jahresbericht und Gutachten vorlegen konnte. Diese schwerfällige Organisation konnte eine ständig tätige Behörde nicht ersetzen, was wiederum bedeutete, daß die Interessen des Handels und des Gewerbes nicht mehr stetig und rechtzeitig vertreten werden konnten. Das tatsächliche Schwergewicht der Arbeit lag deshalb auf lokaler Basis bei den Räten. Vielfach wurde daher schon nach kurzer Zeit der Ruf nach einer weiteren Umbildung laut, da das bestehende Institut „bis jetzt seiner Aufgabe in keiner Weise genügte und nicht genügen konnte".[87] Statt dessen sollte wieder eine ständige Kammer eingerichtet werden, die unter Verzicht auf eine Aufteilung nach einzelnen Räten die Gesamtinteressen der Wirtschaft wahrnehmen könnte. Die Würzburger Kammer forderte daneben das Recht, mit anderen Kammern kommunizieren und kooperieren zu

---

[85] Abgedruckt in: Regierungsblatt für das Königreich Bayern 1853, Sp. 1957-1971. §§ 135-155 der Instruktion betrafen die Gewerbe-, Fabrik- und Handelsräte, §§ 156-162 die Gewerbs- und Handelskammern.

[86] Ebd., Sp. 1968.

[87] So z.B. der Vorsitzende der Kreis-Gewerbe- und Handelskammer für Oberbayern, Leo Haenle, gleichzeitig Vorsitzender des Fabrikrates in München und Mitglied der Abgeordnetenkammer. Zitiert nach WINKEL: Wirtschaft, S. 18.

dürfen (wie schon 1842 war das Recht auf Korrespondenz auf die Erfüllung der Aufgabe, die Interessen von Handel und Industrie wahrzunehmen, begrenzt), und befürwortete die Einrichtung eines ständigen Ausschusses aller bayerischen Kammern in München.[88]

Eine Sonderstellung nahm die Pfalz ein. Die Gewerbeinstruktion vom Dezember 1853 galt für sie nicht, da sie, wie bereits erwähnt, nach dem Anschluß an Bayern die allgemeine Gewerbefreiheit des französischen Kaiserreichs behalten hatte. Deshalb wurde für sie am 16. April 1855 eine eigene Verordnung „die Errichtung von Gewerb-, Fabrik- und Handelsräthen, dann die Einführung einer Gewerbs- und Handelskammer in der Pfalz betreffend“[89] erlassen, die die bis dahin geltende Verordnung von 1850 aufhob und inhaltlich mit den §§ 135-162 der Gewerbeinstruktion identisch war. Damit wurden auch in der Pfalz eine einmal pro Jahr tagende Kreis-Gewerbe- und Handelskammer sowie lokale Fabrik-, Handels- und Gewerberäte eingeführt.

Aufgrund einer Neuordnung des Gewerbswesens 1862, in deren Folge die Instruktion von 1853 aufgehoben und durch die Gewerbeordnung vom 21. April 1862[90] ersetzt wurde, trat die für die Pfalz erlassene Verordnung von 1855 an die Stelle der bisher im rechtsrheinischen Bayern geltenden Paragraphen bezüglich der Handels- und Gewerbekammern. Damit standen die bayerischen Kammern wieder auf derselben gesetzlichen Grundlage. Zugleich wurden mit der Gewerbeordnung zwei Änderungen eingeführt: Das Wahlrecht zu den Kammern unterlag künftig einem Zensus, wodurch der Einfluß der Kleingewerbetreibenden geschmälert wurde. Ferner wurde zur Deckung der Kosten der Gewerbe-, Fabrik- und Handelsräte erstmals das Umlageverfahren eingeführt.[91]

Am 20. Dezember 1868 wurde schließlich die Verordnung „die Handels- und Gewerbekammern, dann die Handels-, Fabrik- und Gewerberäthe betreffend“ verabschiedet.[92] Sie stand in engem Zusammenhang mit dem bayerischen Gewerbegesetz vom 30. Januar 1868, das in seinem Art. 27 festlegte: „Die Bestimmungen über die Gewerbe-, Fabrik- und Handelsräte, dann über die Gewer-

88 BRANDT: Organ, S. 59. Die Regierung von Unterfranken wies diese Forderungen zurück: Die Verbindung der Kammern untereinander sei nicht abgeschnitten, man könne sich ja gegenseitig die Jahresberichte zusenden; eine gemeinsame Einrichtung der bayerischen Kammern am Sitz der Staatsregierung würde nur die Bürokratie verstärken. Die Instruktion von 1853 (§ 162) enthielt wie die Verordnung von 1850 nur die Möglichkeit der Teilnahme von HK-Abgeordneten an Beratungen des Handelsministeriums.

89 Abgedruckt in: Regierungsblatt für das Königreich Bayern 1855, Sp. 501-516.

90 Abgedruckt in: Regierungsblatt für das Königreich Bayern 1862, Sp. 717-856; Bestimmung über die HKn: § 149, Sp. 855f.

91 Vgl. hierzu COHEN/SIMON: Geschichte, S. 4.

92 Abgedruckt in: Regierungsblatt für das Königreich Bayern 1868, Sp. 2553-2566.

be- und Handelskammern bleiben der Regierung überlassen."[93] Der bayerische Landtag trat damit der Regierung für die Handelskammern das Verordnungsrecht ab, während andere deutsche Staaten in dieser Zeit eigene Handelskammergesetze schufen (Preußen 1870, Württemberg 1874) und diese Institution so der parlamentarischen Kontrolle unterwarfen.[94] Zugleich bedeutete der Artikel aber auch eine Existenzgarantie für die Kammern, die Institution als solche konnte künftig nicht mehr beseitigt werden.[95]

Nach der neuen Verordnung, die die Regierung unter ausdrücklicher Aufhebung der bisherigen Vorschriften erließ, war in jedem Regierungsbezirk eine ständige Kammer zu errichten,[96] die sich aus zwei Abteilungen zusammensetzen sollte: der Handelskammer für Handel und Fabriken sowie der Gewerbekammer für die nicht in diese Kategorie gehörenden Gewerbe. Dazu zählten natürlich in erster Linie das Handwerk, aber auch Kleingewerbe wie zum Beispiel Gastwirte. Wahlrecht und Wählbarkeit waren auf die Mitglieder des Handels-, Fabrik- und Gewerbestandes am Sitz der Kammer beschränkt; Voraussetzungen zur Wählbarkeit waren außerdem die bayerische Staatsangehörigkeit, ein Mindestalter von 30 Jahren sowie ein mindestens dreijähriger Geschäftsbetrieb. Alle drei Jahre war die Hälfte der Mitglieder zu erneuern; erstmals gab es eine Ehrenpflicht zur Annahme der Wahl. Der Vorsitzende wurde von den Kammermitgliedern selbst gewählt, sollte aber nach dem Willen des Gesetzgebers stets aus der Abteilung Handel und Industrie stammen, wohl weil die Angehörigen dieses Standes sich öfter durch besondere Aktivitäten ausgezeichnet hatten als die Handwerker.[97]

Die Kammersitzungen fanden fortan je nach Bedürfnis bzw. auf Antrag dreier Mitglieder oder eines Bezirksgremiums statt, nicht mehr wie bisher in vom Ministerium festgesetzten Zeiträumen. Nach der Verordnung hatten die Kammern einen fachlich gebildeten Sekretär anzustellen, wodurch sie erstmals zu ständigen Behörden mit eigener Büroorganisation avancierten. Erst jetzt war eine permanente Wirksamkeit der Kammern möglich.[98]

Die neuen Handels- und Gewerbekammern waren als begutachtende Sachverständigenorgane für die betreffenden Behörden gedacht, die von diesen in der Regel bei jeder wichtigen, die Wirtschaft angehenden Angelegenheiten gehört

---

93 Gewerbegesetz abgedruckt in: Gesetzblatt für das Königreich Bayern 1866/69, Sp. 309-328; Art. 27: Sp. 322f.

94 KAMMERER: Interessenvertretungspolitik, S. 124; SCHÄFER: 125 Jahre, S. 99. Zum preußischen Kammergesetz siehe FRENTZEL/JÄKEL: Industrie- und Handelskammern, S. 18f., zum württembergischen siehe F. C. HUBER: Württembergische Handelskammern, S. 26f.

95 ZINNER: Handelskammer, S. 228; BINGOLD, Heinrich: Die Handelskammer Regensburg und ihre Vorläufer, Diss. Erlangen 1921, S. 126.

96 Im Gegensatz zur Verordnung von 1853 war nun die Errichtung einer HK in jedem Regierungsbezirk obligatorisch, STÜRMER: Geschichte, S. 61.

97 WINKEL: Wirtschaft, S. 18.

98 SCHÄFER: 125 Jahre, S. 99.

werden mußten. Erstmalig war aber auch die bezirkliche Interessenvertretung als amtliche Aufgabe formuliert, die durch die Bündelung kommerzieller und industrieller Interessen des Bezirks wahrgenommen werden sollte. Damit war der Übergang von dem 1842 etablierten reinen Beratungsgremium zu einer Institution der Interessenvertretung auch offiziell dokumentiert. Diese Neuerung entsprach durchaus dem Verständnis der selbstbewußten Kammermitglieder jener und auch der folgenden Zeit, denn in den Handelskammern engagierten sich vornehmlich die erfolgreichen Unternehmer.[99] Daneben bestand weiterhin die Verpflichtung zur Erstattung eines Jahresberichts über die Lage, die Verhältnisse und Bedürfnisse von Handel und Gewerbe, in dem auch Wünsche und Anträge vorgebracht werden konnten.

Die Kostendeckung der Kammern erfolgte durch Zuschüsse aus den Kreis- und dem Zentralfonds sowie durch Beiträge der Mitglieder; die Höhe der Beiträge unterlag der Genehmigung der Regierung.

Ein gemeinsames Gremium der bayerischen Kammern war in der Verordnung nicht vorgesehen, sie gestattete ihnen nun lediglich, „in Angelegenheiten ihres Wirkungskreises unter einander in schriftlichen Verkehr zu treten" (§ 2).

Die neben der Kammer bestehenden Räte sollten zu „Bezirksgremien" zusammengefaßt werden, die nun organisatorisch in untergeordneter Stellung mit der Kammer verbunden waren.[100] Dadurch entstanden gewisse Reibungsflächen zwischen Kammer und Gremien: Die Mitglieder der beiden Kammerabteilungen konnten nur aus den am Kammersitz ansässigen Wahlberechtigten gewählt werden, diese mußten aber auch allein für die Kosten der Kammer aufkommen. Die Bezirksgremien waren verpflichtet, der Kammer Materialien zur Erstattung der Jahresberichte zu liefern, blieben aber sonst von der Tätigkeit der Kammer weitgehend ausgeschlossen. Zwar waren ihre Vorstände aufgefordert, den Kammersitzungen beizuwohnen (nach einem Ministerialerlaß vom 8. April 1869 waren sie „stimmberechtigte Teilnehmer"[101]), doch war hierfür oft die Reise zu weit und vor allen Dingen zu teuer.

Von mehreren Kammern, zum Beispiel München, ist belegt, daß es zwischen ihnen und einigen Bezirksgremien verschiedene Differenzen gab, die vor allem darauf beruhten, daß deren lokales Eigeninteresse nicht unbedingt mit den Entscheidungen am oft fernen Kammersitz in Einklang stehen mußte. Oft war auch

---

[99] SCHUMANN: Bayerns Unternehmer, S. 241f., dokumentiert für das Kaiserreich, daß sich in den bayerischen HKn vor allem die erfolgreichen Unternehmer und zwar in erster Linie aus Kaufmannsfamilien engagierten. Die Kammerpräsidenten stammten, von Einzelfällen abgesehen, aus dem Kreis der führenden Eigentümer-Unternehmer und der Unternehmerelite, darunter vielfach Millionäre (z.B. Joseph Pschorr in München und Paul von Schmid in Augsburg).

[100] Am 7. April 1843, S. 14. Vgl. auch BRANDT: Organ, S. 61.

[101] Zitiert nach KAMMERER: Interessenvertretungspolitik, S. 127.

die Teilnahmebereitschaft der Gremien an der Kammerarbeit zu gering, was nicht nur die oben bereits angesprochene Teilnahme an Sitzungen betraf, sondern auch die per Post zu versendenden Mitteilungen vor der Erstellung des Jahresberichts, die von manchen Gremien nicht erstattet wurden.[102]

Schon vier Jahre nach dem Erlaß der jüngsten Verordnung war wiederum eine Reorganisation im Gespräch, die nach der Auflösung des Staatsministeriums des Handels und der öffentlichen Arbeiten im Zuge der Reichsgründung von dem nun wieder für die Handelskammern zuständigen Staatsministerium des Innern – Abteilung für Landwirtschaft, Gewerbe und Handel – angeregt wurde. Dabei wurde die Frage aufgeworfen, ob eine Abtrennung der Gewerbekammern sinnvoll sei, was die meisten bayerischen Kammern zurückwiesen, nicht zuletzt, weil sie eine Kompetenzminderung fürchteten. Es blieb bei der Verordnung von 1868.[103]

Die Reichsgründung selbst hatte keine organisatorischen Auswirkungen auf die bayerischen Handelskammern. Obwohl es nach der Reichsverfassung dem Reich zustand, mit der Gesetzgebung über Wirtschaftsfragen auch die Organisation der Wirtschaft zu regeln, machte es davon in bezug auf die deutschen Handels- und Gewerbekammern keinen Gebrauch, so daß diese Kompetenz weiterhin bei den Ländern verblieb.[104]

1882 wurden, diesmal von mehreren bayerischen Kammern ausgehend, erneut Ergänzungsvorschläge zur geltenden Verordnung diskutiert. Insbesondere der Wahlmodus, der bei den einzelnen Kammern höchst unterschiedlich geregelt war, stand im Mittelpunkt der Kritik, denn seit 1868 die Gewerbefreiheit erteilt worden war, hatten sich zahlreiche Kleingewerbearten im Dienstleistungssektor herausgebildet, die nach der geltenden Verordnung zu den Kammerwahlen berechtigt waren, obwohl sie wenig mit dem Handwerk oder dem klassischen Handelsstand zu tun hatten. Die Kammern beklagten, daß „jede Marktfrau“[105]

---

[102] WINKEL: Wirtschaft, S. 20.

[103] WINKEL: Wirtschaft, S. 20; SCHÄFER: 125 Jahre, S. 104f. Grund für die neue Diskussion war die Außerkraftsetzung des bayerischen Gewerbegesetzes von 1868 und die Übernahme der Gewerbeverfassung des Norddeutschen Bundes als Reichsgewerbeordnung im Zuge der deutschen Einigung. Damit entfiel auch die formale Rechtsgrundlage (§ 27 der Gewerbeordnung) des bayerischen Kammerwesens; vgl. hierzu BRANDT: Organ, S. 62.

[104] Das Reich machte von dieser Kompetenz nur in bezug auf die Handwerkerinnungen und später die Handwerkskammern Gebrauch. MOSTHAF, Walther: Die württembergischen Industrie- und Handelskammern Stuttgart, Heilbronn, Reutlingen, Ulm 1855-1955, Festschrift zum 100jährigen Bestehen der Industrie- und Handelskammern Stuttgart, Heilbronn, Reutlingen, Ulm. Bd. 2, Stuttgart 1962, S. 3.

[105] WINKEL: Wirtschaft, S. 21. Die HGK Regensburg listete 1881 unter den Kammerzugehörigen u.a. „Hadernsammler, Gesindevermietherinnen, Oebstler und Oebstlerinnen“ und sogar eine „Ehevermittlungsbureau-Inhaberin“ auf, vgl. KAMMERER: Interessenvertretungspolitik,

wählen und so bei der ohnehin geringen Wahlbeteiligung die Wahlen entscheidend beeinflussen könne. Entsprechende Vorstöße zu einer Neuregelung und Vereinheitlichung der Wahlregelungen nach dem Vorbild der Gesetze in Preußen, Baden und Württemberg blieben jedoch ergebnislos, da das Ministerium der Ansicht war, daß die Verordnung von 1868 sich bisher generell gut bewährt habe und die Frage einer Änderung einzelner Punkte noch nicht genügend untersucht sei.[106]

II. HANDELSKAMMER-ZUSAMMENSCHLÜSSE IM DEUTSCHLAND DES 19. JAHRHUNDERTS

Nach der Gründung von Handelskammern in den einzelnen deutschen Staaten dauerte es nicht lange, ehe auf regionaler und auch überregionaler Ebene über unterschiedliche Kooperationsformen zwischen den einzelnen Kammern nachgedacht wurde, um die Interessen der beteiligten Kreise noch effizienter vertreten zu können.[107] Dem Jahrbuch der deutschen Handelskammern von 1905 zufolge gab es im 19. Jahrhundert vierzehn verschiedene Zusammenschlüsse von Handelskammern,[108] die alle den Zweck verfolgten, die Interessen von Industrie und Handel der jeweiligen Region zu fördern. Der bedeutendste, weil weitreichendste von ihnen war zweifellos der Deutsche Handelstag. Daneben gab eine Reihe von Vereinigungen auf Länderebene, die mit Ausnahme des Badischen und des Preußischen Handelstages erst nach der Gründung des Deutschen Handelstags geschaffen wurden und deren Verbandsstrukturen teils sehr unterschiedlich ausgeprägt waren. Die wichtigsten von ihnen sollen im folgenden kurz vorgestellt werden.[109]

S. 142. Vgl. dazu auch den Jahresbericht der Pfälzischen Handels- und Gewerbekammer für das Jahr 1882, Ludwigshafen am Rhein 1883, S. 4-12, die darin denselben Umstand kritisiert.

[106] Vgl. KAMMERER: Interessenvertretungspolitik, S. 143; Jahresbericht der Pfälzischen Handels- und Gewerbekammer 1882, S. 5; siehe auch Jahresbericht der Pfälzischen Handels- und Gewerbekammer 1883, Ludwigshafen am Rhein 1884, S. 1f.

[107] Vgl. hierzu F. C. HUBER: Württembergische Handelskammern, S. 31, 39f.

[108] Jahrbuch der deutschen Handelskammern 1905, S. IX.

[109] Die länderspezifischen Zusammenschlüsse können aufgrund der dürftigen Literaturlage nur äußerst knapp vorgestellt werden.

II. 1 Der Deutsche Handelstag 1861

1819 wurde durch Friedrich List[110] der erste Versuch unternommen, einen deutschen Handels- und Gewerbeverein zu gründen, der Kaufleute aus ganz Deutschland zur gemeinsamen Vertretung ihrer wirtschaftlichen Interessen zusammenschließen sollte. Der Verein verfolgte das erklärte Ziel, die wirtschaftspolitischen Schranken in Deutschland aufheben zu lassen, da der Deutsche Bund, der nach Artikel 19 der Bundesakte eigentlich eine einheitliche Regelung von Handel und Verkehr im Bundesgebiet schaffen sollte, hierzu keine Anstrengungen unternahm. Dieser Versuch scheiterte zwar nach einigen Jahren, doch die Idee blieb erhalten, besonders in kleineren deutschen Staaten wie etwa Baden, die ihre Abgeschlossenheit von Handelsbeziehungen nach außen stärker spürten als größere Länder.[111]

Insofern war es nur eine logische Folge, wenn der Badische Handelstag (siehe unten) in seiner Versammlung vom 15. Mai 1860 beschloß, „für die Anbahnung eines allgemeinen deutschen Handelstags die Initiative zu ergreifen und Heidelberg, als Vorort des Badischen Handelstags, mit dem Vollzuge zu beauftragen.“[112] Die badischen Vertreter des Industrie- und Handelsstandes wollten damit langfristig in erster Linie gleiche wirtschaftliche Grundlagen für alle Staaten des Zollvereins erreichen, d.h. gleiche Maße und Gewichte, einen gemeinschaftlichen Münzfuß, ein allgemeines deutsches Handelsgesetzbuch sowie Vertretungen im Ausland, „dies vor allem vor dem Hintergrund, daß die politische Einheit Deutschlands noch in weiter Ferne liegt.“[113] Die Umsetzung der Anregung wurde durch die gleichzeitige Gründung des Preußischen Handelstages (siehe unten) erleichtert.[114] Dabei war von vornherein die Mitgliedschaft nicht auf Handelskammern begrenzt, sondern erstreckte sich auch auf kaufmännische Korporationen, Handelsvorstände und alle ähnlichen Einrichtungen.[115]

---

[110] Friedrich LIST (1789-1846), Nationalökonom, setzte sich als Professor in Tübingen schon früh für Staatsreformen, u.a. mit dem Ziel größerer wirtschaftlicher Freiheit durch eine deutschen Zolleinigung, ein. Daneben verfaßte er maßgebliche Beiträge zur theoretischen Nationalökonomie und trug entscheidend zur Förderung des Eisenbahnbaus in Deutschland bei. Vgl. BRAEUER, Walter: List, Friedrich, in: NDB, 14. Band, Berlin 1984, S. 694-697.

[111] HENNING: Industrialisierung, S. 89; FRENTZEL/JÄKEL: Industrie- und Handelskammern, S. 59f.

[112] So im Aufruf der HK Heidelberg vom 6.6.1860 an die anderen deutschen HKn und Handelskorporationen, abgedruckt in: Der Deutsche Industrie- und Handelstag in seinen ersten hundert Jahren. Zeugnisse und Dokumente, hg. vom Deutschen Industrie- und Handelstag, Bonn 1962, S. 58. Vgl. auch Jahrbuch der deutschen Handelskammern 1905, S. 508.

[113] Der Deutsche Handelstag 1861-1911, hg. vom Deutschen Handelstag, Berlin 1911, 1. Bd., S. 2. Zu den Zielen des geplanten Deutschen Handelstages vgl. auch den Antrag Theodor Freys an den Badischen Handelstag vom 14.5.1860, abgedruckt in: Der Deutsche Industrie- und Handelstag in seinen ersten hundert Jahren, S. 54.

[114] Ebd. Ebenso in Jahrbuch der deutschen Handelskammern 1910, S. 493.

[115] FRENTZEL/JÄKEL: Industrie- und Handelskammern, S. 60.

Von Beginn an bestanden jedoch Meinungsverschiedenheiten darüber, ob die Teilnahme am zu gründenden Handelstag auf die Zollvereinsstaaten beschränkt bleiben sollte oder ob auch die anderen Staaten des Deutschen Bundes und hier vor allem Österreich zugezogen werden sollten.[116] Der Badische und auch der Preußische Handelstag waren der Meinung, den Deutschen Handelstag wenigstens am Anfang auf die Staaten des Zollvereins und die Hansestädte zu beschränken, da die Handelsverhältnisse der österreichischen Staaten von denen des Zollvereins doch zu sehr abwichen, als daß von gemeinsamen Beratungen ein großer Erfolg zu erwarten wäre. In Reaktion auf ein Rundschreiben der Handelskammer Heidelberg sprach sich die Mehrheit der deutschen Handelsvorstände aber für einen allgemeinen deutschen Handelstag aus, d.h. unter Berücksichtigung Deutsch-Österreichs.[117]

Der erste Deutsche Handelstag tagte vom 13. bis 18. Mai 1861 in der großen Aula der Heidelberger Universität, in der durch schwarz-rot-goldene Fahnen auch symbolisch sein Eintreten für die politische Einheit Deutschlands ausgedrückt wurde, für die er die Grundlage legen sollte, wie der Präsident des Großherzoglich-Badischen Handelsministeriums, Geheimrat Weinzierl, in seiner Eröffnungsrede als Vertreter der Großherzoglich-Badischen Regierung betonte.[118] Den Vorsitz führte der Vorstand des Preußischen Handelstags, David Hansemann.

Aus Bayern waren auf diesem ersten Handelstag die Handelskammern München, Nürnberg und Ludwigshafen vertreten; besonders die Nürnberger Kammer hatte sich im Vorfeld in besonderem Maße für sein Zustandekommen engagiert und war auch an der Vorkommission für die Tagesordnung der ersten Sitzung beteiligt gewesen.[119] Auch aus Unterfranken waren Delegierte angereist, allerdings nicht von der Handels- und Gewerbekammer für Unterfranken, sondern

---

[116] Mitglieder des Deutschen Bundes, aber nicht des Zollvereins waren 1861: Österreich, die Hansestädte, Mecklenburg, Holstein und Lauenburg.

[117] Der Deutsche Handelstag, S. 4f.

[118] Ebd., S. 9f. Vgl. auch FRENTZEL/JÄKEL: Industrie- und Handelskammern, S. 61f. Zu Programm u. Berichten über den ersten DHT in Heidelberg siehe: Der Deutsche Industrie- und Handelstag in seinen ersten hundert Jahren, S. 30-35. Zur Verbindung zwischen dem Streben nach nationaler Einheit und den wirtschaftlichen Interessen des dt. Großbürgertums siehe HESSELMANN, Hans: Das Wirtschaftsbürgertum in Bayern 1890-1914, Wiesbaden 1985, S. 49f.

[119] Der Deutsche Handelstag, S. 6, 8; Jahresbericht der Kreis-Gewerbe- und Handelskammer der Pfalz für 1861, Ludwigshafen am Rhein 1862, S. 4. Sitz der pfälzischen HK war zu diesem Zeitpunkt offiziell immer noch Kaiserslautern, doch fanden die Jahressitzungen bereits seit 1857 in Ludwigshafen, der nun wirtschaftlich bedeutenderen Stadt, statt. 1877 wechselte auch die Geschäftsstelle von Kaiserslautern nach Ludwigshafen. Vgl. A. BECKER: Interessenvertretung. Es erscheint daher nicht voreilig, schon 1861 von einer HK Ludwigshafen zu sprechen.

vom Würzburger Handelsrat.[120] Dabei hatte die bayerische Regierung den Handelstag alles andere als willkommen geheißen: Das Bayerische Staatsministerium des Handels riet den bayerischen Kammern von einer Beteiligung zunächst ab, weil der Handelstag nicht von einer Regierung auf ordentlichem Weg eingeleitet war und deshalb nicht geeignet schien, „durch förmliche Abgeordnete öffentlicher Gremien" beschickt zu werden. Daß der badische Großherzog bei der Gründung selbst anwesend war und auch einen Zuschuß gewährte, mochte nicht unwesentlich dazu beigetragen haben, die bayerischen Bedenken, die im übrigen von den Regierungen Württembergs und Hessens geteilt wurden, zu beseitigen.[121]

Nach der auf dieser ersten Zusammenkunft beschlossenen provisorischen Satzung hatte der Handelstag jeweils über den Ort seiner nächsten Tagung zu beschließen; gegen einen festen Tagungsort waren vor allem die süddeutschen und österreichischen Delegierten eingetreten, da man fürchtete, Berlin könne zum ständigen Sitz des Deutschen Handelstags werden und die Industrie Süddeutschlands und Österreichs dadurch benachteiligt werden. Die Süddeutschen äußerten auch Bedenken gegen ein ständiges Zentralbureau und einen bleibenden (oder ständigen) Ausschuß, der für die Zeit von einem Handelstag zum nächsten die Geschäfte führen sollte, weil sie zu hohe Kosten und zuviel Bürokratie vermeiden wollten. Mit diesem Einwand konnten sie sich allerdings nicht durchsetzen, zum Sitz beider Einrichtungen wurde in der Abstimmung Berlin gewählt.

Der Ausschuß erhielt nach der Satzung 15 Mitglieder; in ihm waren die beiden bayerischen Kammervorsitzenden Leo Haenle aus München und Wilhelm Puscher aus Nürnberg vertreten.[122]

Neben der oberbayerischen, der pfälzischen und der mittelfränkischen Handelskammer beschlossen noch im gleichen Jahr die oberfränkische und die unterfränkische Kammern ihren Beitritt zum Deutschen Handelstag.[123] Da die neue Vereinigung nicht nur Kammern, sondern allen Handelskörperschaften offen stand, erklärten die drei bayerischen Handelsräte und späteren Bezirksgremien zu Kaiserslautern, Kempten und Landau ebenfalls noch 1861 ihren Beitritt.[124] Wann sich Augsburg dem Deutschen Handelstag anschloß, ist heute nicht mehr eindeutig zu klären, doch steht fest, daß die Kammer schon vor 1868 dem Han-

---

120 BRANDT: Organ, S. 59.

121 SCHÄFER: Deutscher Industrie- und Handelstag, S. 12f.

122 Der Deutsche Handelstag, S. 15-18.

123 Oberfränkische Wirtschaft, S. 17; SCHÄFER, Dieter: Weggefährten einer Handelskammer, Würzburg 1978, S. 28.

124 Der Deutsche Handelstag, S. 96. ZINNER: Handelskammer, S. 170, weist darauf hin, daß auch der Handelsrat Fürth 1861 dem Deutschen Handelstag beigetreten ist; dies wird in der Schrift „Der Deutschen Handelstag" aber nicht bestätigt.

delstag angehört haben mußte, da die Schrift „Der Deutsche Handelstag" sie im Zusammenhang mit der vierten Vollversammlung 1868 explizit erwähnt (siehe unten). Die Kammer Regensburg wurde 1877 Mitglied des Handelstages.[125] Mit dem Eintritt der Handelskammer Passau 1897 waren alle bayerischen Handelskammern Mitglieder des Deutschen Handelstages.[126]

Die endgültige Satzung des Handelstags wurde erst auf seiner vierten Vollversammlung am 20. Oktober 1868 beraten, sie erfuhr gegenüber der provisorischen aber keine wesentlichen Änderungen; lediglich die Vorschrift, wonach der Handelstag alle zwei Jahre zusammentreten sollte, wurde aufgehoben, da sie aufgrund der politischen Ereignisse bisher nicht eingehalten werden konnte. Die Anberaumung von Versammlungen wurden nunmehr dem Ermessen des Ausschusses überlassen, es sei denn, 25 Mitglieder stellten einen diesbezüglichen Antrag.[127]

Nicht vertreten waren auf dieser Vollversammlung die Handelskammern München, Nürnberg und Augsburg, die den Deutschen Handelstag nach dem preußisch-österreichischen Krieg von 1866 und dem darauf folgenden Ausscheiden Österreichs aus dem Deutschen Bund für überflüssig hielten, da mit der Konstituierung des norddeutschen Reichsparlaments und eines besonderen Zollparlaments die Ziele des Handelstags eigentlich erreicht seien.[128] Zuvor hatten sie – allerdings vergeblich – eine Weiterbeteiligung Österreichs am Deutschen Handelstag gefordert.[129] Doch erst aufgrund dieser Ereignisse, welche die kleindeutsche Reichsgründung vorwegnahmen, konnte sich der Handelstag allmählich von einem politischen zu einem wirtschaftlichen Verband entwickeln.

Ab 1874 tagte auch die Vollversammlung stets in Berlin, um eine örtliche und persönliche Fühlung mit den maßgebenden Regierungsstellen des Reichs zu gewährleisten;[130] im gleichen Jahr fand eine Revision der Satzung statt, wonach die Zahl der Mitglieder des bleibenden Ausschusses auf 25 bis 30 erhöht wurde. Davon erhoffte man sich eine effizientere Arbeit des Handelstags. 1880 brachte die Handelskammer München zusammen mit den Kammern Bielefeld und Dresden den Antrag ein, die Vollversammlungen des Handelstags mindestens alljährlich einzuberufen, wodurch man eine bessere Vertretung der Interessen von Handel und Gewerbe erwartete.[131]

---

[125] KAMMERER: Interessenvertretungspolitik, S. 139.
[126] Der Deutsche Handelstag, S. 95.
[127] Ebd., S. 28, 37f.
[128] Ebd., S. 29-31.
[129] SCHÄFER: Deutscher Industrie- und Handelstag, S. 14.
[130] Vgl. FRENTZEL/JÄKEL: Industrie- und Handelskammern, S. 63.
[131] Der Deutsche Handelstag, S. 46, 48, 68f.

1886 wurde die Satzung erneut einer Revision unterzogen. Die Plenarversammlung fand danach wieder alle zwei Jahre statt – augenscheinlich waren die alljährlichen Sitzungen nicht durchzuführen gewesen. Die Stimmenzahl der verschiedenen Körperschaften wurde ebenfalls reformiert. Bisher erfolgten Abstimmungen nach dem Prinzip „Jeder Platz eine Stimme", doch künftig war die Zugehörigkeit zu einer „Klasse" ausschlaggebend: Bereits die provisorische Satzung von 1861 hatte die Handelsvertretungen je nach Bedeutung in verschiedene Klassen eingeteilt, die für die Höhe der Mitgliedsbeiträge ausschlaggebend waren. Nun wurde dieses Schema auch auf die Stimmenzahl übertragen, so daß gewichtigere Handels- und Industrieplätze fortan tonangebend waren und nicht mehr von „unbedeutenderen" Plätzen überstimmt werden konnten.[132]

Diese häufigen Satzungsdiskussionen und -revisionen, die darauf abzielten, die Arbeit des Handelstags nicht nur effizienter, sondern insbesondere auch stabiler[133] zu gestalten, weisen darauf hin, daß unter den Mitgliedern in bestimmten Fragen alles andere als Einigkeit über die einzuschlagende politische Richtung herrschte. Hatte bis 1866 das politische Ringen um eine groß- oder kleindeutsche Ausrichtung den Handelstag beherrscht, so war dies nach der Gründung des Deutschen Reichs die wirtschaftspolitische Gretchenfrage nach Schutzzöllen oder Freihandel.[134] Die Mehrzahl der bayerischen Kammern neigte dabei mehr zum Freihandel, weil die bayerische Industrie exportorientiert war und zugleich billige ausländische Rohstoffe benötigte.[135] Bereits 1868 erklärte die Handelskammer Nürnberg neben zahlreichen ost- und westpreußischen Kammern ihren Austritt, weil sie ihren freihändlerischen Standpunkt bei der Beratung über eine Revision des Zolltarifs nicht vertreten sah.[136] Der bleibende Ausschuß reagierte auf diesen Vorgang mit dem Versuch, zollpolitische Angelegenheiten von der Tagesordnung fernzuhalten; Fragen, die den Bestand des Deutschen Handelstags hätten gefährden können, sollten nicht mehr zur Diskussion gestellt werden.

1875 fand diese „Vogel-Strauß-Politik"[137] des Deutschen Handelstags ein Ende, da die Konkurrenz der neuen und aufstrebenden Interessenverbände, die sich ebenfalls auf Reichsebene zusammenzuschließen suchten, drohte, ihn als Vertretung der Wirtschaft ins Hintertreffen geraten zu lassen;[138] im Jahr darauf erfolgte

---

[132] Ebd., S. 86-88.
[133] Vgl. ebd., S. 69.
[134] SCHÄFER: Deutscher Industrie- und Handelstag, S. 15f.
[135] SCHÄFER: 125 Jahre, S. 109.
[136] ZINNER: Handelskammer, S. 170.
[137] FRENTZEL/JÄKEL: Industrie- und Handelskammern, S. 64.
[138] 1876, auf dem Höhepunkt der zollpolitischen Auseinandersetzungen, wurde der Centralverband Deutscher Industrieller (CDI) gegründet, er verfolgte unter Führung der Schwerindustrie eine schutzzollpolitische Linie. Als Gegenpol kam es 1895 zur Gründung eines zweiten industriellen Spitzenverbandes, des Bundes der Industriellen (BdI), in dem sich eher die verarbeitende Industrie organisierte, welche für Freihandel eintrat. Der BdI vermochte die Mei-

ein Beschluß im schutzzöllnerischen Sinne. Nach erbitterten Kämpfen in den nächsten Jahren protestierten 1878 unter der Führung von Königsberg 21 Seehafenplätze gegen diese Zollpolitik, zehn Kammern und Korporationen der Ostseehäfen traten aus dem Handelstag aus, da sie selbst für den Freihandel eintraten.[139] Im Januar 1885 kündigte auch Nürnberg, das 1874 erst wieder beigetreten war, neben den Körperschaften Thorn, Bromberg, Osnabrück, Leer, Lüdenscheid, Bielefeld und Dortmund erneut die Mitgliedschaft im Deutschen Handelstag, weil trotz des Drucks von 18 Handelskammern, darunter auch München, die Erhöhung der Getreidezölle vom selben Jahr nicht diskutiert werden sollten; erst 1894 wurde die mittelfränkische Handelskammer dem Handelstag wieder Mitglied des Deutschen Handelstags.[140] Zu diesem Zeitpunkt war der Gegensatz zwischen Anhängern des Freihandels und Vertretern des Schutzzolls in den Hintergrund getreten, weil man erkannte, daß von der politischen Macht der Landwirtschaft und dem aufkommenden Sozialismus eine weit größere Gefahr für die deutsche gewerbliche Wirtschaft ausging als von ungünstigen Zolltarifen. Damit hatte man wieder einen Boden für gemeinsame Arbeit gefunden, doch es dauerte noch bis 1899, bis auch die letzte Kammer zum Deutschen Handelstag zurückgekehrt war.[141]

II.2 LÄNDERSPEZIFISCHE ZUSAMMENSCHLÜSSE

2.1 DER BADISCHE HANDELSTAG 1834/1860

In Baden wurden bereits in den 1820er Jahren zwanglosere gemeinschaftliche Besprechungen der badischen Handelskammern abgehalten;[142] von 1834 an fanden diese Zusammenkünfte als „Badischer Handelstag" statt, der sich aus Delegierten der einzelnen Handelskammern zusammensetzte.[143] Der Badische Handelstag ist damit der älteste Zusammenschluß dieser Art in Deutschland. Zwar ließen die Geschehnisse von 1848 den Handelstag „in Vergessenheit geraten"[144], doch erfolgte im Jahre 1860 auf Initiative der Handelskammer Freiburg im Breisgau eine Wiederbelebung, so daß die erste Tagung des „neuen" Han-

---

nungsführerschaft des CDI innerhalb der deutschen Unternehmerschaft aber nicht entscheidend zu beeinflussen. ZIEGLER: Zeitalter, S. 246. Vgl. auch WEHLER, Hans-Ulrich: Krisenherde des Kaiserreichs 1871-1918, Göttingen 1979, S. 295f.

[139] FRENTZEL/JÄKEL: Industrie- und Handelskammern, S. 64.

[140] ZINNER: Handelskammer, S. 171; Der Deutsche Handelstag, S. 77-85, 95; FRENTZEL/JÄKEL: Industrie- und Handelskammern, S. 66f. KAMMERER: Interessenvertretungspolitik, S. 140, schiebt die HK Nürnberg fälschlicherweise in die schutzzöllnerische Ecke.

[141] FRENTZEL/JÄKEL: Industrie- und Handelskammern, S. 67f.

[142] Jahrbuch der deutschen Handelskammern 1905, S. 508. Vgl. zum Badischen Handelstag auch FISCHER: Unternehmerschaft, S. 61.

[143] Vgl. hierzu: Der Deutsche Handelstag, S. 2.

[144] Ebd.

delstags am 15. und 16. Mai 1860 in Heidelberg abgehalten werden konnte, wo er anschließend institutionalisiert wurde. Wie oben erwähnt, erfolgte bereits auf dieser ersten Tagung die Anregung für die Errichtung des Deutschen Handelstages. Nach Reformen der badischen Kammern 1862 bzw. 1878[145] wurde der Badische Handelstag am 5. Dezember 1880 auf Anregung der Kammer Karlsruhe neu eingerichtet.

2.2 DER PREUßISCHE HANDELSTAG 1860

Vom 15. bis 17. Mai 1858 fand in Berlin eine Konferenz der Handelsvorstände zu Königsberg, Elbing, Danzig, Stettin, Posen, Breslau, Berlin, Magdeburg, Halle, Leipzig und Köln statt, auf der einheitliche Usancen für das Produkten- und Warengeschäft vereinbart wurden; dabei wurde auch beschlossen, auf periodisch wiederkehrenden Konferenzen, zu denen alle preußischen Handelsvorstände eingeladen werden sollten, Gegenstände von allgemeinem kaufmännischen Interesse zu beraten. Die nächste Konferenz dieser Art, die vom 20. Februar bis 2. März 1860 unter dem Vorsitz von David Hansemann abgehalten wurde, tagte unter dem Namen Preußischer Handelstag und vereinte 43 preußische Handelskörperschaften.[146] Wie der Badische Handelstag trug auch der Preußische maßgeblich zur Gründung des Deutschen Handelstages bei. Dieser übernahm allmählich die Funktion des Preußischen Handelstags und bildete für die preußischen Handelskammern eine Art Zentralinstanz, wenngleich er in die preußische Behördenhierarchie nicht eingegliedert war.[147] Der Preußische Handelstag dürfte sich hierauf als mehr oder minder überflüssig aufgelöst haben; das Jahrbuch der deutschen Handelskammern von 1905 führt ihn jedenfalls nicht mehr auf. Dafür bildete sich in den einzelnen Provinzen eine Reihe loser Vereinigungen meist ohne Satzungen wie die Vereinigung von Handelskammern des niederrheinisch-westfälischen Industriebezirks (1899), der Verband mitteldeutscher Handelskammern (1899), die Freie Vereinigung ostdeutscher Handelskammern (1899), der Verband Brandenburgischer Handelskammern (1900) und die Vereinigung der Posenschen und Westpreußischen amtlichen Handelsvertretungen (1904).[148]

2.3 DER HESSISCHE HANDELSTAG 1881

Der Hessische Handelskammertag wurde im Jahr 1881 auf Anregung der Kammer Offenbach als freie Vereinigung der hessischen Handelskammern gegründet worden. Von Anfang an wurde die Handelskammer Mainz zum Vorort bestimmt

[145] Vgl. zur Entwicklung der HKn in Baden Jahrbuch der deutschen Handelskammern 1905, S. 342-344.

[146] Der Deutsche Handelstag, S. 1.

[147] F. C. HUBER: Württembergische Handelskammern, S. 32.

[148] Jahrbuch der deutschen Handelskammern 1905, S. 516-523. Zur Vereinigung von Handelskammern des niederrheinisch-westfälischen Industriebezirks vgl. allgemein KÖNIG: Handelskammern.

und bei späteren Versammlungen stets wiedergewählt. Wie der Badische Handelstag umfaßte auch der Hessische alle Kammern des Staates. Durch Art. 36 des hessischen Handelskammer-Gesetzes vom 6. August 1902 wurde der Handelstag als Zwangsorganisation auf unmittelbar gesetzlicher Grundlage ähnlich den Handelskammern selbst neu errichtet, dessen Statut vom Ministerium des Innern zu erlassen war. Es unterschied sich inhaltlich jedoch kaum von den Statuten anderer Handelstage.[149]

2.4 Der Württembergische Handelskammertag

Die württembergischen Kammern begannen schon bald nach ihrer Gründung 1856 in verschiedenen Angelegenheiten zusammenzuarbeiten. Eine Initiative der Kammern Stuttgart, Ulm, Calw und Rottweil im Jahr 1875, die einen Zusammenschluß nach dem Vorbild Badens verfolgte, wurde von den übrigen vier württembergischen Kammern unter dem Hinweis auf die seit 1848 bestehende Zentralstelle für Gewerbe und Handel, in der man bereits zusammenarbeite, abgelehnt. Für die weitere Zusammenarbeit genügten ihrer Ansicht nach zwanglose Treffen, die unter anderem 1881 und 1882 unter dem Namen „Württembergischer Handelskammertag" stattfanden. Ein erneuter Vorstoß der Kammer Reutlingen 1895 wurde ebenfalls zurückgewiesen.[150]

1901 und 1902 fanden auf Initiative der Handelskammer Rottweil (die sich dafür neben den Beispielen Baden und Hessen übrigens fälschlicherweise auch auf Bayern berief) erneut zwei Württembergische Handelskammertage statt, die jedoch aufgrund des Mißtrauens gegenüber einer Vorortkammer Stuttgart zunächst nicht zu einer eigenen Organisation führten. Erst 1912 wurde der Württembergische Handelskammertag institutionalisiert.[151]

III. Erste Versuche zur Gründung eines Bayerischen Handelskammertags

III. 1 Die Initiative der Kammer München

Der Gedanke an gemeinsame Tagungen der bayerischen Handelskammern war seit ihrer Entstehung mehr oder minder präsent, wie die Vorarbeiten zu Oettin-

---

[149] Jahrbuch der deutschen Handelskammern 1905, S. 527.

[150] F. C. HUBER: Württembergische Handelskammern, S. 40; MOSTHAF, Walther: Die württembergischen Industrie- und Handelskammern Stuttgart, Heilbronn, Reutlingen, Ulm 1855-1955, Festschrift zum 100jährigen Bestehen der Industrie- und Handelskammern Stuttgart, Heilbronn, Reutlingen, Ulm. Bd. 1: Die Handels- und Gewerbekammern, Stuttgart 1955, S. 26f., 206.

[151] MOSTHAF: Württembergische Industrie- und Handelskammern, Bd. 1, S. 51-53. Zu den besprochenen Themen vgl. F. C. HUBER: Württembergische Industrie- und Handelskammern, S. 40.

gen-Wallersteins Verordnungsentwurf von 1834, in denen an einen bayerischen „Industrie- und Handelsrat" gedacht wurde, sowie die Verordnung von 1848, die einen „Handelsrat des Reiches" enthält, exemplarisch zeigen. Ab 1860 bzw. 1861 übten der Badische, der Preußische und der Deutsche Handelstag eine Vorbildfunktion aus, die ihre Wirkung auf die bayerischen Handelskammern nicht verfehlte und diese zur Nachahmung anregte. 1863 richtete die Kammer Regensburg eine Anfrage an das Handelsministerium, in der sie die Gründung eines „Central-Organs für Handel, Industrie und Gewerbe" anregte, in welchem alle Gewerbs-, Handels- und Fabrikräte einmal im Jahr tagen sollten, um so eine bayernweite Vertretung der einzelnen Kreise zu erreichen.[152] Aufgrund der geschilderten damaligen Zersplitterung der Wirtschaftsvertretungen in Bayern hätte eine derartige landesweite Vertretung allerdings nur unter äußerst aufwendigen und organisatorisch komplizierten Bedingungen ins Leben gerufen werden können, wovor die zuständigen Behörden zurückscheuten. Die Anfrage blieb daher folgenlos.

Der Umschwung der deutschen Wirtschaftspolitik seit Ende der 1870er Jahre ließ die Vorteile einer größeren Zentralisierung der Vertretung der Handelsinteressen jedoch offenkundig werden,[153] zudem war die bayerische Kammerlandschaft durch die Reorganisation von 1868/68 wesentlich bereinigt worden. Nach dem Vorbild anderer deutscher Staaten wurde daher nun auch in Bayern ein derartiger Zusammenschluß der Handelskammern erstmals ernsthaft diskutiert. Auf dem XI. Deutschen Handelstag am 16. Dezember 1882 in Berlin kam es zu Besprechungen zwischen den Delegierten der Handels- und Gewerbekammern München, Augsburg und Bayreuth über die Nützlichkeit und Notwendigkeit periodischer Versammlungen von Vertretern der bayerischen Handels- und Gewerbekammern; der Anlaß hierfür war einerseits die Existenz des Deutschen Handelstags sowie die entsprechenden Einrichtungen in den anderen deutschen Staaten, wie sie oben geschildert wurden,[154] andererseits sollte auf diesem Wege eine einheitliche Haltung der bayerischen Kammern zur anstehenden Frage einer Reorganisation des Wahlmodus' erreicht werden.[155] Der genaue Wortlaut der Unterredung ist nicht überliefert, doch dürften sich – trotz späterer widersprüchlicher Angaben – sämtliche daran beteiligten bayerischen Delegierten diesem Gedanken gegenüber aufgeschlossen gezeigt haben, sonst wäre das weitere Vor-

---

[152] KAMMERER: Interessenvertretungspolitik, S. 140.

[153] COHEN/SIMON: Geschichte, S. 175.

[154] HGK f. Oberbayern an die anderen sieben bayerischen HGKn, 17.1.1883. BWA K1/II/3. Zur Besprechung auf dem Deutschen Handelstag vgl. auch Jahrbuch der deutschen Handelskammern 1910, S. 510. Der Vorsitzende der HGK München, Weidert, berief sich in seinem Rundschreiben auf den Badischen, den Hessischen sowie – fälschlicherweise – auf den Württembergischen Handelskammertag.

[155] WINKEL: Wirtschaft, S. 21.

gehen der Kammer München, die sich von den Vorteilen einer derartigen Organisation in Bayern besonders überzeugt zeigte, nicht verständlich.

Auf ihrer 36. öffentlichen Sitzung Anfang 1883 befaßte sich die Kammer für Oberbayern, die sich aufgrund ihres Sitzes in der Residenz und ihrer unmittelbaren Nachbarschaft zu den Staatsministerien und -behörden schon früh als *die* bayerische Kammer verstand,[156] mit der Möglichkeit der Bildung eines bayerischen Handels- und Gewerbekammertages und beschloß, sich dafür einzusetzen: „Mit Recht erwartet man von ihm nämlich nicht nur eine Kräftigung des Anschub jeder einzelnen Kammer den Behörden und dem Publikum gegenüber, sondern hofft auch auf eine gründlichere Durchberatung schwieriger & wichtiger Materien, als solche manchmal vielleicht der einzelnen Kammer möglich ist.“[157] Bereits hier werden die beiden Aspekte eines Verbunds der bayerischen Kammern angesprochen, die sich später auch in seiner Arbeit manifestieren sollten: die Steigerung des politischen Gewichts nach außen sowie eine Verbesserung der wirtschaftlichen Selbstverwaltung im Innern.

In ihrem Rundschreiben vom 17. Januar 1883 unterrichtete die Kammer München die bayerischen Schwesterkammern von ihrem Beschluß und bot an, Vorschläge für Richtlinien einer derartigen Vereinigung zu erarbeiten.[158] Die Antwort der anderen Kammern hierauf fiel eher zurückhaltend aus: In Unterfranken wurde die Notwendigkeit periodischer Versammlungen „mehrfach in Zweifel gezogen“[159], aber dennoch einer Beratung der Angelegenheit zugestimmt. In Schwaben dagegen sah man die Gefahr einer Zentralisierung und Dominierung des bayerischen Handelskammerwesens durch München und sprach sich deshalb dahingehend aus, daß „nur Versammlungen von Fall zu Fall und mit einem Turnus in Ansehung des Versammlungsortes zu empfehlen wären“[160], d.h. die Kammern sollten nicht periodisch zusammentreten, sondern nur dann, wenn es ein wirklich gesamtbayerisches Anliegen zu besprechen galt, und vor allem sollte vermieden werden, „ein für allemal München als Versammlungsort zu bestimmen.“[161] Damit zeichnete sich bereits ab, daß sich in Bayern auf regionaler Ebene jene Diskussionen wiederholen würden, welche man zwanzig Jahre zuvor bereits in bezug auf den Deutschen Handelstag geführt hat-

---

[156] Ebd., S. 58.

[157] Rundschreiben der HGK f. Oberbayern, 17.1.1883. BWA K1/II/3. Die HGK f. Oberbayern hatte sich bereits im Januar 1882 für einen derartigen Zusammenschluß interessiert und sich unter anderem die Geschäftsordnungen des hessischen Handelskammertags zuschicken lassen. Lismann glaubte diese für einen entsprechenden bayerischen Zusammenschluß übernehmen zu können, vgl. Lismann an die HGK München, 22.1.1882. BWA K1/II/3.

[158] Rundschreiben der HGK f. Oberbayern, ebd.

[159] HGK f. Unterfranken u. Aschaffenburg an die HGK f. Oberbayern, 14.2.1883. BWA K1/II/3.

[160] Protokoll der HGK f. Schwaben u. Neuburg über die öffentliche Plenarsitzung vom 16.2.1883. BWA K1/II/3.

[161] Ebd.

te und in denen sich die Angst der wirtschaftlich Schwächeren vor der Dominierung des Stärkeren auch in politischer Hinsicht widerspiegelte.

Auf der 37. öffentlichen Sitzung der Handels- und Gewerbekammer München betonte das Kammermitglied Benjamin Lismann[162], das sich sehr um das Zusammengehen der bayerischen Kammern bemühte, deshalb noch einmal, daß den Münchnern nichts ferner läge als eine Zentralisation, wie es auch der vorliegende Entwurf einer Geschäftsordnung zeige; der Vorsitzende Johann Carl Weidert[163] erinnerte an das Gespräch mit den Vertretern Bayreuths und Augsburgs auf dem letzten Deutschen Handelstag, bei dem Einmütigkeit in dieser Frage geherrscht habe, weshalb die heutigen Bedenken Augsburgs umso befremdlicher wirkten. Die anwesenden Kammermitglieder zeigten sich einig, diese Angelegenheit weiterzuverfolgen.[164]

Diesem Beschluß entsprechend versandte die Handels- und Gewerbekammer für Oberbayern am 12. März 1883 den vorläufigen Entwurf einer „Geschäftsordnung des bayerischen Handels- und Gewerbekammertages" an die anderen bayerischen Kammern sowie an die Bezirksgremien mit der Bitte um Beratung im jeweiligen Kreise und um Mitteilung etwaiger Änderungswünsche; eine Besprechung hierüber sollte am Tag der nächsten Sitzung des bayerischen Eisenbahnrats erfolgen.[165]

Der von Lismann erarbeitete Entwurf der Geschäftsordnung[166] bezeichnete als Zweck des Bayerischen Handels- und Gewerbekammertags die Bildung „eine[r] freie[n] Vereinigung der bayerischen Handels- und Gewerbekammern, welche zur Förderung der gemeinsamen Zwecke und Ziele sowie zur Besprechung und Beschlußfassung über gemeinschaftliche Angelegenheiten periodisch zusammentritt." Bei Abstimmungen sollte jeder Kammer genau eine Stimme zustehen, d.h. die einzelnen Delegierten jeder Kammer mußten sich untereinander auf eine

---

[162] B. Lismann von der Fa. Gebr. Lismann, einem Kupferwerk in München, war von 1873-1895 Mitglied der Kammer. HELFRICH, Paul: 125 Jahre Industrie- und Handelskammer für München und Oberbayern, München 1971, S. 53.

[163] J. C. Weidert, ab 1900 von Weidert (Kommerzienrat), Inhaber des Bank- und Speditionsgeschäfts Gutleben & Weidert in München, war von 1869-1906 Mitglied der Kammer, ab 1873 bis zu seinem Ausscheiden ihr erster Vorsitzender. HELFRICH: 125 Jahre, S. 57, 63.

[164] Separat-Abdruck aus Nr. 10 der Bayerischen Handelszeitung, 3.3.1883. Exemplar auch im Akt BWA K1/II/3.

[165] Der bayerische Eisenbahnrat war am 16.3.1881 durch kgl. Verordnung gegründet worden und der bayerischen Staatseisenbahnverwaltung als „beratendes Kollegium der Verkehrsinteressenten" zugeordnet. Er bestand aus 25 Mitgliedern und wurde mindestens zweimal pro Jahr eingerufen. Jede der sieben rechtsrheinischen HGKn durfte zwei Vertreter benennen. STÜRMER: Geschichte, S. 109f. Siehe hierzu auch BECHTEL, Heinrich: Wirtschaftsgeschichte Deutschlands im 19. und 20. Jahrhundert, München 1956, S. 341. Die in diesem Eisenbahnrat nicht vertretene linksrheinische HGK Ludwigshafen (die Pfälzer Bahnen befanden sich bis 1909 in Privatbesitz) sollte von dem Ergebnis der Beratungen unterrichtet werden. Bayerische Handelszeitung, 3.3.1883.

[166] Vgl. Wortlaut im Anhang.

Haltung verständigen. Mehrheitsbeschlüsse banden jedoch die abweichenden Kammern in keiner Weise, diesen wurde vielmehr freies Handeln nach eigenem Ermessen ausdrücklich zugesichert. Zur Einberufung des Kammertages, zur Ausführung und Vollziehung seiner Beschlüsse sowie zur Besorgung der laufenden Geschäfte war nach dem Entwurf für jedes Jahr aus der Zahl der „theilnehmenden Kammern“ ein Vorort zu wählen.[167] Der Vorort war verpflichtet, den Kammertag einzuberufen, wenn mindestens zwei Kammern dies gemeinschaftlich beantragten; in der Regel sollte ein solcher aber regelmäßig vor dem Zusammentritt des Deutschen Handelstages bzw. des Deutschen Gewerbetages erfolgen, um eine Abstimmung der bayerischen Kammern bezüglich etwaiger auf diesen Veranstaltungen zur Sprache kommenden Fragen zu gewährleisten. Bei dieser Gelegenheit sollte auch jeweils der neue Vorort bestimmt werden. Die Leitung der im Normalfall öffentlichen Sitzungen oblag dem Vorort, ebenso die Veröffentlichung des Verhandlungsverlaufs und der gefaßten Beschlüsse. Auf Antrag einer teilnehmenden Kammer konnte ein Gegenstand auch in geheime Beratung verwiesen werden. Die vom Vorort zu erstellende Tagesordnung, zu der jede Kammer Anträge stellen konnte, war mindestens zwei Wochen vor dem Sitzungstermin bekanntzugeben. Die für den Handels- und Gewerbekammertag entstehenden Kosten sollten alljährlich zu gleichen Teilen auf die zugehörigen Kammern verteilt werden.

Wiederum fiel das Echo auf diesen Vorstoß aus München sehr gemischt aus: Während die Würzburger Kammer sich nunmehr ganz und gar überzeugt davon gab, „daß durch Schaffung der beabsichtigten Vereinigung die vaterländischen wirtschaftlichen Interessen gefördert werden können und daß es wohl eines Versuches werth sei, ob und wie dieses Ziel auf dem angebahnten Wege zu erreichen ist,“[168] und die Passauer Kammer die Abhaltung von Delegiertenkonferenzen bayerischer Handels- und Gewerbekammern in Koppelung mit den Eisenbahnratsversammlungen als das Geeignetste erachtete,[169] vermochte nun die oberfränkische Kammer die Notwendigkeit periodischer Versammlungen nicht einzusehen, zumal diese nicht unerhebliche Kosten verursachen würden, die das ohnehin bereits schmale Budget der Körperschaft noch weiter belasteten.[170] Aber nur die pfälzische Handels- und Gewerbekammer lehnte einen Beitritt von vornherein ab. Sie teilte mit, man habe den Vorschlag aus München in einer Plenarsitzung eingehend geprüft, müsse aber von einer Beteiligung absehen,

[167] Daß hier ausdrücklich nur die am Kammertag partizipierenden Korporationen erwähnt werden, deutet darauf hin, daß Lismann von Anfang an nicht mit einer Teilnahme aller bayerischen Kammern rechnete und sie offenbar für die Bildung eines gemeinsamen Gremiums auch nicht für nötig erachtete.

[168] HGK f. Unterfranken u. Aschaffenburg an die HGK f. Oberbayern, 22.3.1883. BWA K1/II/3.

[169] HGK f. Niederbayern an die HGK f. Oberbayern, 30.3.1883. BWA K1/II/3.

[170] HGK f. Oberfranken an die HGK f. Oberbayern, 3.4.1883. BWA K1/II/3.

„zumal der Zweck, gemeinschaftliche Angelegenheiten zu erörtern, bei unserer isolierten Lage nur in äußerst seltenen Fällen wirklich erreicht werden könnte."[171] Dagegen zeigten sich mehrere Bezirksgremien, wie diejenigen aus Fürth und Aschaffenburg, sehr aufgeschlossen gegenüber der Einsetzung einer derartigen Vereinigung, forderten aber, als selbständige Körperschaften ebenfalls daran beteiligt zu werden.[172]

Am 11. April 1883, einen Tag nach der Sitzung des bayerischen Eisenbahnrats, fand im Saal des Kunstgewerbehauses in München die Versammlung der bayerischen Handels- und Gewerbekammern und der Bezirksgremien zur Beratung und, nach dem Wunsche Lismanns, Gründung des Bayerischen Handels- und Gewerbekammertages statt.[173] Per Akklamation wurden Weidert zum ersten Vorsitzenden der Sitzung, Kaufmann Münch, der Vertreter des Bezirksgremiums Fürth, zum zweiten Vorsitzenden und Dr. Dahlmann, Sekretär der oberbayerischen Kammer,[174] zum Schriftführer berufen. Für den weiteren Verlauf der Zusammenkunft ist es sehr bezeichnend, daß kein Mitglied einer anderen Handelskammer in diesen Vorstand gewählt worden war. Sicherlich hätte man den Delegierten einer Kammer dem Vertreter eines bloßen Bezirksgremiums vorgezogen, daher ist davon auszugehen, daß kein entsprechender Vorschlag gemacht wurde – die anderen Handelskammern übten sich offensichtlich bereits hier in Zurückhaltung.

Karl Maison, Posamentierwarengroßhändler aus München, legte zu Beginn der Generaldebatte nochmals die Gründe für einen Handels- und Gewerbekammertag dar: einerseits größere Erfolge in der inneren Abstimmung zwischen den einzelnen Kammern, andererseits eine größere Wirkung eines Votums der Kammern nach außen, zum Beispiel in Export-, Tarif- und Reichssteuerfragen, „bei welchen allen es wünschenswert erscheine, dass die Interessen Bayerns

---

[171] Pfälzische HGK an die HGK f. Oberbayern, 29.3.1883. BWA K1/II/3. Die Darstellung bei COHEN/SIMON: Geschichte, S. 175, die pfälzische HGK hätte ein zustimmendes Schreiben geschickt, ist daher nicht richtig. Die Frage, ob bei der ablehnenden Entscheidung der Pfälzer auch ihr vorhandenes oder eben nicht vorhandenes Selbstverständnis als Bayern eine Rolle spielte, soll hier nicht diskutiert werden; in diesem Zusammenhang sei verwiesen auf den oben zitierten Aufsatz von Hans-Jürgen WÜNSCHEL, in dem dieser wertvolle Anregungen zum allgemeinen Verständnis der Pfälzer jener Zeit liefert.

[172] Bezirksgremium f. Handel, Fabriken und Gewerbe in Aschaffenburg an die HGK f. Oberbayern, undatiert (eingegangen 28.3.1883). Ebd. Eine Notiz des Münchner Sekretärs Dahlmann auf dem Brief zeigt, daß die Münchner Kammer eine derartige Beteiligung der Gremien auch beabsichtigte.

[173] Vgl. hierzu den Separat-Abdruck aus Nr. 15 der Bayerischen Handelszeitung, 11.4.1883, auch für das Folgende. Exemplar in BWA K1/II/3. Am Abend des 10. April hatte in einem Münchner Café bereits eine Vorbesprechung der Delegierten stattgefunden, über deren Inhalt keine Angaben vorliegen.

[174] Dr. Robert Dahlmann war von April 1882 bis September 1883 als Sekretär bei der HGK f. Oberbayern angestellt. HELFRICH: 125 Jahre, S. 66.

gründlicher als bisher vertreten würden." Auch mit der Reorganisation der Handelskammer-Verordnung von 1868, besonders in bezug auf das Wahlrecht, sollte sich der Kammertag beschäftigen.

Der Augsburger Delegierte Ammon erwiderte, daß seine und auch die Regensburger Kammer die Notwendigkeit einer Vereinigung nicht sähen, jede Zentralisation sollte vielmehr vermieden werden. Nach ihrer Überzeugung war es vorteilhafter, wenn jede Kammer ihre Geschäfte in ihrem Kreise allein besorgte, da die Interessen in den verschiedenen Kammerbezirken so weit auseinandergingen, daß es nur wenige gemeinschaftliche Berührungspunkte gäbe, die einen derart großen Apparat wie den geplanten Kammertag nicht rechtfertigten.

Der oberbayerische Fabrikant Billing wandte darauf ein, daß Augsburg auch Mitglied des Deutschen Handelstages sei, deshalb sei es unverständlich, „welche Bedenken vorliegen im engeren Vaterlande dasselbe zu thun, was man im Reiche für gut finde." Ein weiteres Gegenargument kam vom Landtagsabgeordneten Bachmann, Mitglied der Münchner Kammer: Die Kammern seien ja auch für die Zentralisation im jeweiligen Kreis durch eine volle Beherrschung ihrer Bezirksgremien. Nach einer längeren ergebnislosen Debatte über die Stellung der Bezirksgremien innerhalb des Kammertags wurde schließlich der Antrag Billing angenommen, wonach der Handels- und Gewerbekammertag gegründet und denjenigen Kammern, deren Delegierte ohne bestimmtes Mandat anwesend waren, der Zutritt offen gelassen wurde. Allerdings stimmten schon bei dieser Abstimmung die Kammern Mittelfranken und Oberpfalz mit Nein; die Kammer Schwaben hatte sich zuvor bereits gegen die Gründung eines Handelskammertags ausgesprochen.[175]

Darauf trat man in die Beratung der Geschäftsordnung ein. Lismann beantragte selbst die Änderung der Bezeichnung von „Handels- und Gewerbekammertag" in „Handels- und Gewerbetag" sowie die Aufnahme der Bezirksgremien in die Satzung, was noch angenommen wurde. Als Lismann aber auch im Paragraph 2 über die Abstimmung im Kammertag die Bezirksgremien gleichberechtigt aufnehmen wollte, kam der Einwand, daß die viel zahlreicheren Gremien die Kammern auf diese Weise leicht majorisieren könnten. Hier zeigt sich deutlich, welches Mißtrauen die Kammern den Bezirksgremien aufgrund der bestehenden Differenzen entgegenbrachten. Dahlmann versuchte, dies abzutun, indem er auf den Einfluß der Kammern auf die Gremien hinwies, der eine derartige Majori-

---

[175] Für die ablehnende Haltung der schwäbischen Kammer mochte auch eine Rolle spielen, daß die Stadt Augsburg seit der Eingliederung in den bayerischen Staat sukzessive an Bedeutung verloren hatte. Die begünstigte Haupt- und Residenzstadt München gewann besonders im Bank- und Börsenwesen allmählich die Oberhand, und Augsburg lag im Gegensatz zu etwa Nürnberg München so nahe, daß es daneben kein allseits ausstrahlender, selbständiger Mittelpunkt bleiben konnte. Vgl. ZORN/HILLENBRAND: Sechs Jahrhunderte, S. 78, 81f.; BAER: Ursprünge und Gründung, S. 11. Eine neuerliche Unterordnung unter die Hauptstadt sollte nun also unbedingt vermieden werden.

sierung unwahrscheinlich machte. Dennoch brachte er einen Vermittlungsvorschlag, nach dem die Gremien eine, die Kammern aber jeweils zwei Stimmen erhalten sollten, dies auch vor dem Hintergrund, daß jede Kammer wiederum aus einer Gewerbe- und einer Handelskammer bestand. Nach längerer Diskussion einigte man sich schließlich auf diesen Vorschlag, nicht ohne noch festzuhalten, daß die beiden Kammerstimmen gleichlautend abgegeben werden mußten. Der dritte Paragraph, der die Folgen der Abstimmung festlegte, wurde unverändert angenommen.

Bei der Wahl des Vororts gab es wieder Einwände; der Oberpfälzer Großhändler Laux und der Vorsitzende der Kammer Unterfranken, Holzwarth, bestanden darauf, daß Kammern den Vorsitz auch ablehnen dürften, wenn sie dessen Geschäfte nicht führen könnten. Deshalb wurde statt der Wahl ein bestimmter Turnus festgelegt, nach dem der Vorort wechseln sollte,[176] und zwar in der Weise, daß die finanziell schwächeren Kammern erst später herangezogen werden sollten. Die Kosten des Kammertags wurden auf Antrag des Münchner Vorsitzenden Weidert nach Stimmen verteilt, d.h. daß die Kammern zu zwei Teilen, die Gremien zu einem Teil herangezogen werden sollten. Die restlichen Paragraphen wurden ohne Änderung angenommen.

Damit war der Bayerische Handels- und Gewerbetag theoretisch gegründet und seine Satzung festgelegt. Allerdings waren, wie oben schon angesprochen, viele Delegierte ohne bestimmtes Mandat der Kammer gekommen, d.h. die in München erreichten Beschlüsse mußten in den meisten Fällen erst von der Vollsitzung der Kammern abgesegnet werden, ehe sie in Kraft treten konnten. Die Handels- und Gewerbekammer Mittelfranken hatte gar angekündigt, einen Beitritt aller rechtsrheinischen Kammern zur Bedingung eines eigenen Beitritts zu machen.[177]

Dennoch versandte die Kammer München am 17. April 1883 bereits in ihrer Eigenschaft als „Vorort des bayer. Handels- und Gewerbetages für 1883" das Protokoll der Delegiertensitzung sowie die Geschäftsordnung des Handels- und Gewerbetags an die anderen bayerischen Kammern und an die Bezirksgremien und ersuchte um baldigste Zusendung der Beitrittserklärung, da nur durch die allgemeinste Beteiligung dem Verband diejenige Bedeutung zufalle, „die ihm als der Repräsentanz des gesammten bayerischen Handels und Gewerbes zweifellos gebührt; [...]."[178]

---

[176] Der Vorort sollte in folgendem Turnus wechseln: München, Nürnberg, Augsburg, Bayreuth, Würzburg, Regensburg, Passau, Ludwigshafen. Die Aufnahme der Kammer Ludwigshafen trotz ihrer Ablehnung basierte wahrscheinlich auf der Hoffnung, sie in den nächsten Jahren doch noch umstimmen zu können.

[177] Bayerische Handelszeitung Nr. 15.

[178] Rundschreiben der HGK f. Oberbayern an die anderen bayerischen Kammern und Bezirksgremien, 17.4.1883. BWA K1/II/3.

Hier jedoch zeigte sich, wie gering die Überzeugung von der Nützlichkeit und Notwendigkeit einer gemeinsamen Institution bei den meisten Kammern noch ausgeprägt war. Nur sieben Bezirksgremien[179] erklärten unumwunden ihren Beitritt, während neben dem Gremium Aschaffenburg auch die Kammern Würzburg und Bayreuth als Bedingung für einen eigenen Beitritt den sämtlicher rechtsrheinischer Handels- und Gewerbekammern verlangten.[180] Die Kammern Nürnberg, Regensburg und Augsburg lehnten dagegen einen Beitritt ab, und zwar zumeist mit dem Hinweis auf die Aufnahme der Bezirksgremien und einer dadurch entstehenden plötzlichen Erweiterung des ursprünglich beabsichtigten Kammertags zu einem Bayerischen Handels- und Gewerbetag, die man als verfehlt erachtete.[181] Außerdem waren diese Kammern der Meinung, daß ein „Mitteldding" zwischen den einzelnen Kammern und dem Deutschen Handelstag nicht gebraucht würde.[182] Der Delegierte der Augsburger Kammer zum Deutschen Handelstag, Frommel, verwahrte sich zudem dagegen, er hätte die Idee eines bayerischen Kammertages mitinitiiert, vielmehr sei die Anregung hierzu allein von Weidert ausgegangen, der mit ihm und dem Vertreter der Bayreuther Kammer, dem Bankier Feustel, in Berlin darüber gesprochen habe.[183]

Inwieweit die in den letzten Jahren üblichen Querelen im Deutschen Handelstag und dem Austritt mehrerer Kammern aus demselben zur negativen Haltung gegenüber einer ähnlichen Organisation auf Landesebene beigetragen hatten, kann hier nur vermutet werden. Keiner der Abgeordneten der Kammern hatte dies auf der Sitzung in München angesprochen, doch unterschwellig mag eine gewisse Furcht vor einer weiteren Gemeinschaftsinstitution, die ja wie der Deutsche Handelstag auf Reichsebene gegenüber den Ministerien und Behörden in Bayern als Vertretung des gesamten bayerischen Handels und Gewerbes auftreten wollte, geherrscht haben.[184]

---

[179] Dies waren die Bezirksgremien Kulmbach, Miltenberg, Weiden, Kitzingen, Fürth, Bamberg, Ansbach, Marktbreit und Weißenburg. Siehe entsprechende Schreiben im Akt BWA K1/II/3.

[180] Schreiben der HGK f. Unterfranken, 8.5.1883; Schreiben der HGK f. Oberfranken, 31.5.1883, jeweils an die HGK f. Oberbayern. BWA K1/II/3.

[181] 1889 wurde auch im bleibenden Ausschuß des DHT darüber beraten, ob die bayerischen Bezirksgremien Mitglieder des DHT sein könnten; man beschloß, die ihm seit 1861 ununterbrochen angehörenden Gremien Kaiserslautern, Kempten und Landau auch künftig als Mitglieder zu akzeptieren, künftig aber keine Neuaufnahmen von Bezirksgremien mehr vorzunehmen. Der Deutsche Handelstag, S. 95f.

[182] Vgl. HGK der Oberpfalz an Laux, 6.4.1883; HGK f. Mittelfranken an die HGK f. Oberbayern, 7.5.1883; Bericht über Sitzung der Augsburger HGK v. 22.6.1883 in der Augsburger Abendzeitung Nr. 170, 23.6.1883. BWA K1/II/3.

[183] Augsburger Abendzeitung Nr. 170, 23.6.1883.

[184] Vgl. hierzu ZINNER: Handelskammer, S. 170f; KÖNIG: Handelskammern, S. 32f. COHEN/SIMON: Geschichte, S. 175, verweisen in der Tat auf die im DHT zu Tage getretenen verschiedenartigen handelspolitischen Ausrichtungen der bayerischen HKn, die nun das Projekt eines bayerischen Handelskammertages hätten scheitern lassen.

Tief enttäuscht setzte die Kammer München am 14. Juli 1883 die anderen Korporationen davon in Kenntnis, daß das Projekt eines gemeinsamen Verbandes gescheitert war: „Nachdem [der Beitritt sämtlicher rechtsrheinischer Kammern] nicht erfolgt ist, und eine Einigung für den Augenblick auch kaum zu erzielen sein dürfte, glaubt die Handels- und Gewerbekammer für Oberbayern von einer weiteren Verfolgung der Angelegenheit Abstand nehmen und alle ferneren Schritte zu Gunsten eines bayer. Handels- und Gewerbetages einstellen zu sollen."[185] Besonders getroffen zeigte sich der Vorsitzende Weidert, der nun plötzlich als alleiniger Initiator der Idee bezeichnet wurde, während alle anderen die Verantwortung für die Unternehmung von sich gewiesen hatten.[186] So ist es verständlich, daß die oberbayerische Kammer sich zunächst einmal zurückzog und wie angekündigt keine weiteren Schritte in dieser Angelegenheit mehr unternahm.

III.2 Der Kompromißvorschlag der Kammer Würzburg

Die Verantwortlichen der Handels- und Gewerbekammer für Unterfranken und Aschaffenburg hatten bereits vor dem offiziellen Schreiben aus Zeitungsnachrichten erfahren, daß die Schaffung eines Handels- und Gewerbetages an der Haltung verschiedener Schwesterkammern gescheitert war, wollten dies aber so nicht hinnehmen. Sie versuchten vielmehr, eine Einigung herbeizuführen, die von der Basis, d.h. von der gemeinsamen Arbeit ausgehen sollte. Aus der Behandlung von Themen, die für alle bayerischen Handelskammern von Interesse wären, so die Überlegung, würde dann von selbst eine Organisation mit eigenen Regeln erwachsen, deren Zweckmäßigkeit bereits erwiesen wäre. Deshalb unterbreiteten sie ihren Kollegen in München den Vorschlag, die Handels- und Gewerbekammer für Oberbayern solle anläßlich der nächsten Sitzung des Eisenbahnrats die Vertreter der rechtsrheinischen Kammern zu einer Besprechung über die Herstellung der Wählerlisten für die Kammerwahlen und die Zusammensetzung der Kammern, d.h. zu einer Besprechung über eine Reform der Verordnung betreffend der Handels- und Gewerbekammern von 1868, einladen. Dies sei ein Thema, das alle Kammern beträfe, wodurch Einverständnis und gemeinsames Handeln erzielt werden könne.[187] Weidert erwiderte allerdings, „daß wir angesichts der auch von Ihnen bedauerten ablehnenden Haltung verschiedener Schwesterkammern in Sache des bayer. Handels- und Gewerbetages, vorerst keine Veranlassung haben, dieselben zu einer weiteren gemeinsamen Konferenz irgendwelcher Art einzuladen."[188] Dies war genau die Haltung, die

[185] Rundschreiben der HGK f. Oberbayern, 14.7.1883. BWA K1/II/3.
[186] Vgl. Weidert an Feustel, 26.6.1883. BWA K1/II/3.
[187] HGK f. Unterfranken u. Aschaffenburg an die HGK f. Oberbayern, 3.7.1883. BWA K1/II/3.
[188] Entwurf der Antwort auf demselben Brief, datiert vom 14.7.1883.

sich auch in der offiziellen Benachrichtigung über das Scheitern des Vorhabens widerspiegelte.

Doch so leicht ließ sich der Würzburger Vorsitzende Franz Holzwarth[189] nicht entmutigen. Er setzte die anderen Kammern von seinem Vorschlag in Kenntnis, wies auf die Ablehnung Münchens hin[190] und bat um die Beteiligung der Kollegen an der vorgeschlagenen Sitzung, um so auch Weidert und Dahlmann umstimmen zu können. Der Vorsitzende war überzeugt, daß gemeinsam von allen bayerischen Kammern ausgearbeitete Abänderungsvorschläge zur Allerh. Verordnung vom 20. Dezember 1868, betreffend die Handels- und Gewerbekammern, eher das Gehör der Staatsregierung finden würden als Eingaben der einzelnen Kammern.

Genau dies, ein größeres Gewicht gegenüber den Behörden, hatte man in München ursprünglich mit dem Kammertag erreichen wollen. In der Tat zeigte sich nun Dahlmann, ermuntert durch die Unterstützung aus Würzburg, bereit, eine gemeinsame Besprechung auszurichten; er gab an, seine Kammer habe es nach den Erfahrungen um die Gründung eines Handels- und Gewerbetages nur abgelehnt, die Initiative zu ergreifen, „bis eine andere Kammer, überzeugt von dem Nutzen eines solchen Zusammengehens die Frage wieder aufgreife."[191] Die Kammer für Oberbayern habe außerdem die Angelegenheit der Wählerlisten für die Kammerwahlen stets im Auge behalten, man könne daher bei der geplanten Besprechung auf Wunsch einen Vortrag hierüber halten. Hier wird ersichtlich, daß man in München vom Verlauf der bisherigen Bemühungen um die Bildung einer gemeinsamen Institution so enttäuscht war, daß Weidert und Dahlmann von sich aus wohl um keinen Preis weitere Schritte unternommen hätten, vermutlich auch deshalb, um nicht zu insistierend zu wirken und so den Befürchtungen verschiedener anderer Kammern um eine angestrebte Zentralisierung des bayerischen Handelskammerwesens durch München neuen Vorschub zu leisten. Etwas anderes war es allerdings, wenn die Anregung von einer anderen Kammer, in diesem Falle Würzburg, ausging, und zwar aus vier Gründen: Erstens wurde so für alle Korporationen in Bayern offenkundig, daß auch weitere Einrichtungen eine Vereinigung wünschten. Zweitens konnte bei dieser Vorgehensweise unmöglich der Vorwurf einer beabsichtigten Dominanz durch München erhoben werde. Drittens – dies mag zum gegenwärtigen Zeitpunkt eine

---

[189] Kommerzienrat Franz Holzwarth, Großkaufmann aus Würzburg, war von 1869-1889 Vorsitzender der Kammer f. Unterfranken u. Aschaffenburg. 125 Jahre Industrie- und Handelskammer Würzburg-Schweinfurt, hg. von der IHK Würzburg-Schweinfurt, Würzburg [1968], ohne Seitenangabe. Vgl. zu seiner Person auch KITTEL: Handelsvertretung, S. 112.

[190] „Die Münchner Schwesterkammer anerkennt zwar die Nothwendigkeit in der angeregten Frage [der Reform der Kammerverordnung, Anm. d. Verf.] Wandel zu schaffen u. die Nützlichkeit gemeinsamer Schritte, lehnt es aber ab die Initiative zu ergreifen." Rundschreiben der HGK f. Unterfranken u. Aschaffenburg, 3.8.1883. BWA K1/II/3.

[191] Dahlmann an die HGK f. Unterfranken u. Aschaffenburg, 9.8.1883. BWA K1/II/3.

nicht unerhebliche Rolle gespielt haben – würde ein neuerliches Scheitern nicht wieder zu Lasten des Ansehens der oberbayerischen Handelskammer gehen, da man sich ja nur der Initiative der Würzburger angeschlossen hatte. Und viertens – vielleicht der wichtigste Grund – konnte auf diese Weise eventuell das angestrebte Ziel, ein bayerischer Handels- und Gewerbetag, verwirklicht werden.

Am 18. August mußte Holzwarth seinen Münchnern Kollegen jedoch mitteilen, daß zwar die Kammern Augsburg, Passau und nun auch Ludwigshafen ihre Beteiligung an der Besprechung zugesagt hatten, von Nürnberg und Regensburg aber noch immer keine Antwort vorläge, während Bayreuth die Teilnahme an der Besprechung ablehne, „da diese Schwesterkammer keine Mißstände kennt und in Verlegenheit wäre, wenn sie der kgl. Staatsregierung Mißstände mittheilen sollte.“[192] Eine Vereinigung der bayerischen Kammern drohe bei dieser Sachlage wiederum zu scheitern, die Ludwigshafener Kammer wurde deshalb davon in Kenntnis gesetzt; diejenigen rechtsrheinischen Kammern, die sich für die Angelegenheit interessierten, sollten sich aber doch wenigstens durch ihre Eisenbahnratsdelegierten zu einer Besprechung treffen.

Das weitere Vorgehen ist aus den Akten nicht ersichtlich, insbesondere sind keine Notizen oder Protokolle von der Eisenbahnratssitzung hinterlegt, weshalb die Annahme naheliegt, daß, sollte die Besprechung überhaupt zustande gekommen sein, sie nicht sonderlich fruchtbar verlaufen ist. Auch weitere Initiativen aus Würzburg oder München sind für diesen Zeitraum nicht überliefert. Die Bemühungen um einen bayerischen Handels- und Gewerbe(kammer)tag mußten so wieder als gescheitert betrachtet werden. Dies war umso bedauerlicher, als mit der Handelskammerreform ein Thema gefunden worden war, das sogar die Kammer Ludwigshafen trotz ihrer „isolierten Lage“ zu einer Teilnahme am gemeinsamen Vorgehen bewogen hatte.

IV. Kammerrechtsreformen und neue Anstöße

IV.1 Die Reform der Handelskammer-Verordnung von 1889

Welch nachteilige Lage sich aufgrund dieses Scheiterns für die bayerischen Kammern ergeben sollte, zeigte sich schon ein Jahr später. Nachdem dem Ministerium des Innern die unterschiedlichsten Revisionswünsche zur Verordnung von 1868 zugegangen waren, verlangte es am 13. Juli 1884 eine gutachtliche Stellungnahme der Kammern zu diesen zum Teil widersprüchlichen Änderungswünschen.[193] Ausdrücklich bestand es dabei auf der Einholung der Meinungen der Bezirksgremien, wodurch die Beantwortung der Anfrage erheblich verzögert wurde, da die Gremien sich vielfach trotz Anmahnung durch die

---

[192] HGK f. Unterfranken u. Aschaffenburg an die HGK f. Oberbayern, 18.8.1883. BWA K1/II/3.

[193] WINKEL: Wirtschaft, S. 23; KAMMERER: Interessenvertretungspolitik, S. 145 u. 148.

Kammern nicht äußerten. Angesichts dieser Situation vergingen Jahre, ehe das Ministerium schließlich im März 1889 eine einheitliche Linie in den Äußerungen der Kammern feststellen konnte. Danach sollte die Kammerorganisation an sich im Grunde unverändert bleiben, zu ändern waren lediglich das Wahlrecht und das Verhältnis zu den Bezirksgremien.

Auch der Gedanke „eines bayerischen Handels- und Gewerbekammerrates" in Analogie zum bayerischen Eisenbahnrat wurde 1884 von seiten des Ministeriums angesprochen; er sollte zum Teil aus Delegierten der einzelnen Kammern, zum Teil aus von der Staatsregierung zu berufenden Mitgliedern bestehen. Das Ministerium legte den Kammern eine derartige Vereinigung nun sehr ans Herz. Der Versuch, ein alle Kammern des Landes umfassendes Gremium zu schaffen, mißlang jedoch erneut, selbst die Münchener Handelskammer war nun in ihrer Mehrheit dagegen.[194]

Die Verordnung vom 25. Oktober 1889[195] legte schließlich fest, daß Stimmrecht und Zugehörigkeit zu einer Handelskammer künftig an die Eintragung ins Handelsregister oder einen Sitz im Vorstand einer Handelsgeschäfte betreibenden Aktiengesellschaft gebunden war. Wahlstimmberechtigt zur Gewerbekammer waren alle übrigen Personen, die selbständig ein zur Gewerbesteuer veranlagtes stehendes Gewerbe betrieben und mindestens drei Mark Gewerbesteuer entrichteten. Beide Gruppen bezogen sich nur auf am Kammersitz ansässige Personen. § 3 legte deshalb explizit fest, daß die beiden Kammerabteilungen zusätzlich jetzt auch auswärtige Mitglieder umfassen sollten, was die Vorsitzenden und ihre Stellvertreter aus den Bezirksgremien ansprach. Auf diese Weise sollte die Koordination zwischen der übergeordneten Handelskammer und den untergeordneten Bezirksgremien, von denen es in Bayern damals insgesamt 46 gab,[196] verbessert werden.

Die Verordnung von 1889 griff übrigens auch das heikle Thema des Frauenwahlrechts auf, allerdings nur am Rande. Danach konnten Geschäftsinhaberinnen nicht selbst aktiv wählen, sondern mußten dies ihrem Ehemann oder Geschäftsleiter überlassen. „Die Frage bezüglich des Wahlrechts von Handelsfrauen, die ohne Ehemann und Geschäftsführung sind, ist vom Gesetz wohl mit Absicht offen gelassen worden, um nicht zu einer sozialpolitisch höchst umstrittenen Frage, wie dem Frauenwahlrecht, unumwunden Stellung nehmen zu müs-

---

194 COHEN/SIMON: Geschichte, S. 180; WINKEL: Wirtschaft, S. 23; STÜRMER, S. 113; KAMMERER: Interessenvertretungspolitik, S. 141; ZORN/HILLENBRAND: Sechs Jahrhunderte, S. 161.

195 Abgedruckt in: Gesetz- und Verordnungsblatt für das Königreich Bayern 1889, S. 559-568.

196 Vgl. STÜRMER: Geschichte, S. 79. Nach Regierungsbezirken aufgeteilt: Pfalz: 15; Mittelfranken: 8; Unter- und Oberfranken je 6, Niederbayern und Schwaben je 4, Oberbayern: 3; Oberpfalz: 2.

sen, die bei den Handelskammern, wo das Wahlrecht ja auf dem Geschäftsbetriebe beruht, vielleicht am ersten zu einem bejahenden Zugeständnis drängt. Man muss also annehmen, dass solche Handelsfrauen zwar im Besitze des aktiven Wahlrechts sind, es aber nicht ausüben, d.h. seine Ausübung durch Dritte nicht vornehmen lassen können, es ruht also für sie ähnlich wie das Reichs- oder Landtagswahlrecht für Angehörige des Soldatenstandes."[197]

IV.2 Die Initiative der Kammer Ludwigshafen 1903

Nach dem Scheitern der Anregungen aus München und Würzburg vergingen zwanzig Jahre, ehe erneut eine Kammer Schritte in dieser Angelegenheit unternahm. Interessanterweise war dies nun gerade die Handels- und Gewerbekammer Ludwigshafen, die 1883 noch eine Beteiligung an einem gemeinsamen Handelskammertag entschieden abgelehnt hatte. Ein Grund für diesen Meinungswandel lag sicherlich einerseits im Wechsel des Vorstands der Kammer von August von Clemm zu Franz von Wagner,[198] mochte andererseits aber durch die politischen Entwicklungen der jüngsten Zeit in der Pfalz in der Folge noch bestärkt worden sein: Bei den Ludwigshafener Stadtratswahlen von 1899 verloren die bis dahin in diesem Gremium vertretenen und es sogar im wesentlichen bestimmenden Unternehmer und Industriellen unerwartet hoch und zogen daraus die Konsequenz, die Tätigkeit im Stadtrat zugunsten eines verstärkten Engagements in der Handelskammer und in Unternehmerverbänden aufzugeben. Führende und überregional tätige Wirtschaftsvertreter wie Heinrich von Brunck, Direktor der BASF, brachten ihre Energie erstmals in die bisher wenig beachtete Kammer ein, übernahmen darin auch Spitzenpositionen, um durch sie Einfluß in ihrem Sinne auszuüben.[199] Durch diesen Wechsel in der Zusammensetzung der Kammer wurde wohl nun auch erstmals eine Zusammenarbeit mit den anderen bayerischen Handelskammern interessant.

Daß gerade die Pfälzer Kammer einen erneuten Vorstoß für einen gemeinsamen Bayerischen Handelskammertag unternahm, widerlegt zumindest für die hier Beteiligten THALMANNS These, das – nach anfänglichen Schwierigkeiten – seit dem deutsch-französischen Krieg neuentstandene Zugehörigkeitsgefühl der Pfälzer zu Bayern sei vom „preußisch-deutsch orientierten gehobenen Wirtschaftsbürgertum nicht so geteilt"[200] worden.

[197] STÜRMER: Geschichte, S. 74. Auch die Verordnung von 1908 beließ es bei dieser Regelung, ebd., S. 65.

[198] Für diese Annahme gibt es keinen anderen Anhaltspunkt als die zeitliche Koinzidenz: Der Wechsel in der Vorstandschaft erfolgt 1898, und aus diesem Jahr datiert auch der erste Vorstoß der HK für die Pfalz für einen bayerischen Gewerbe- und Handelskammertag.

[199] HESSELMANN: Wirtschaftsbürgertum, S. 212-214, 216f. Der Anteil von Vertretern der größten und bedeutendsten Unternehmen Ludwigshafens in der pfälzischen HK stieg von rund 14 % im Jahr 1890 über 45 % 1902 auf mehr als 58 % im Jahr 1914, ebd., S. 217.

[200] THALMANN, Heinrich: Die Pfalz und Bayern in der Zeit des Ersten Weltkriegs, in: Die Pfalz und Bayern 1816-1956, hg. von Hans FENSKE, Speyer 1998, S. 163-188, hier S. 165.

In der Zwischenzeit hatte sich manches getan. Nicht nur war die Handelskammer-Verordnung wieder einmal reformiert worden, auch das Handwerk war immer selbstbewußter geworden und hatte schon seit geraumer Zeit eine verbesserte Vertretung des eigenen Standes gefordert. Dieser wachsenden Mittelstandsbewegung trug der Deutsche Reichstag am 24. Juni 1897 mit einer Novelle der Reichsgewerbeordnung Rechnung; in ihrem Paragraph 103 versprach die Novelle die Errichtung eigener Handwerkskammern, die das Lehrlingswesen regeln, die Gesellenprüfungen abnehmen und generell Staats- und Gemeindebehörden über die Lage des Handwerks informieren sollten.[201] Nach monatelangen Vorarbeiten errichtete das bayerische Staatsministerium des Innern am 11. Dezember 1899 eigenständige Handwerkskammern auch in Bayern,[202] die analog zu den Handels- und Gewerbekammern Kreiskammern waren und sich wie die anderen deutschen Handwerkskammern am 1. April 1900 konstituierten.

Noch im November 1900 nahm der „Deutsche Handwerks- und Gewerbekammertag" als freiwillige Dachorganisation seine Arbeit auf, und ab dem 30. Juni 1901, also schon kurze Zeit nach ihrer Gründung, arbeiteten die bayerischen Handwerkskammern im Rahmen des „Bayerischen Handwerkskammertags" zusammen: „Eine einheitliche Vertretung der Interessen durch gemeinsames Vorgehen in handwerkspolitischen Fragen erleichterte die Zusammenarbeit mit Gesetzgebern und Verwaltungseinrichtungen."[203] Dabei wurde von vornherein der Kammer in München die Funktion des Vororts übertragen, wofür in erster Linie die Nähe zu Landtag und Ministerien ausschlaggebend war. Die Sitzungen des Handwerkskammertages sollten unter dem ständigen Vorsitz der Münchner Kammer abwechselnd in den verschiedenen bayerischen Kammern stattfinden, die Unterhaltskosten trugen alle bayerischen Handwerkskammern gemeinsam.[204]

Die Haltung der bayerischen Handels- und Gewerbekammern gegenüber diesen neuen Einrichtungen war dabei ganz und gar uneinheitlich. Manche, wie die Kammer Ludwigshafen[205], hatten im Vorfeld für ein Nebeneinander der alten Handels- und Gewerbekammern und der neuen Handwerkskammern plädiert, weil ein Interessengegensatz zwischen Industrie und Handwerk nicht zu erken-

---

201 Gesetz, betr. die Abänderung der Gewerbeordnung v. 26.7.1897, Reichsgesetzblatt 1897, S. 663-706. Vgl. insbesondere S. 685-691 zur Einführung der Handwerkskammern.

202 BECK, Birgit: Im Dienst am Ganzen. Hundert Jahre Handwerkskammer für München und Oberbayern, München 1999, S. 41-43. 100 Jahre Handwerkskammer für Oberfranken, hg. von der HWK für Oberfranken, Bayreuth 2000, S. 30-32.

203 BECK: Dienst, S. 85.

204 BAUERNFEIND, Martina: 100 Jahre Handwerkskammer für Mittelfranken, Nürnberg 2000, S. 91. Vgl. auch 100 Jahre HWK für Oberfranken, S. 38.

205 Jahresbericht der Pfälzischen Handels- und Gewerbekammer für das Jahr 1884, Ludwigshafen am Rhein 1885, S. 1f.

nen sei, andere, so zum Beispiel die Kammern München und Würzburg[206], waren von vornherein für eigenständige Handwerkskammern unter Auflösung der Gewerbekammern eingetreten.

Die Kammer Ludwigshafen nahm 1898 eine Zusammenkunft der bayerischen Handelskammern in München, auf welcher diese einen gemeinsamen Protest gegen den Gewerbesteuergesetzentwurf verfaßten, zum Anlaß, nach dem Beispiel anderer deutscher Staaten die Gründung eines Bayerischen Handels- und Gewerbekammertages anzuregen, denn die „Zweckmäßigkeit eines solchen scheint uns außer allem Zweifel zu stehen."[207] Wie schon vor ihr die Kammer München, argumentierte nun auch sie, daß durch gemeinsame Beratungen und Stellungnahmen die bayerischen Handelskammern sich einerseits Arbeit ersparen und sich abstimmen konnten, andererseits die Interessen von Industrie und Handel durch gemeinsame Kundgebungen gegenüber der Öffentlichkeit besser gewahrt würden. Dies schien schon allein deshalb geraten, weil der Ansprechpartner der Kammern mehr und mehr die Staatsregierung bzw. das zuständige Ministerium wurde, während die bisherigen Adressaten, die Bezirksregierungen, an Bedeutung verloren.[208] Denselben Standpunkt vertrat Ludwigshafen auf der Zusammenkunft der Vorstände der bayerischen Kammern anläßlich des 80. Geburtstags des Prinzregenten. Die Idee fand allmählich allgemeinen Anklang, und die genannte Kammer wurde beauftragt, ein Statut für dieses gemeinsame Gremium zu entwerfen.[209] Der von der Pfälzer Handelskammer hierauf erarbeitete „Entwurf eines Statuts nebst Geschäftsordnung des Bayerischen Handels- & Gewerbekammertages"[210], der den Schwesterkammern zur Beratung zugesandt wurde, war mit 14 Paragraphen zwar sehr viel ausführlicher als der Vorschlag Lismanns, der nur acht Punkte umfaßt hatte, beinhaltete im wesentlichen aber nichts anderes als der alte. Manche Aspekte, wie etwa der Ablauf der Versammlungen, wurden lediglich näher spezifiziert. Die einzige wirkliche Abweichung bestand darin, daß als Mitglieder des Handels- und Gewerbekammertages explizit nur die Handels- und Gewerbekammern genannt wurden, während die Bezirksgremien überhaupt nicht erwähnt wurden. Die Frage nach ihrer Beteiligung stellte sich also nicht mehr.

An der Reaktion der rechtsrheinischen Kammern auf diesen Vorstoß war jedoch abzusehen, daß sich die Haltungen in dieser Sache in den letzten zwanzig

---

206 SCHÄFER: 125 Jahre, S. 112; WINKEL: Wirtschaft, S. 24. WINKEL gibt im Gegensatz zu SCHÄFER an, Würzburg habe sich für einen Erhalt der Gewerbekammern eingesetzt.

207 Jahresbericht der Pfälzischen Handels- und Gewerbekammer für das Jahr 1902, Ludwigshafen am Rhein 1903, S. 12.

208 Vgl. BRANDT: Organ, S. 88.

209 Jahresbericht der Handels- und Gewerbekammer für Mittelfranken 1903, Nürnberg 1904, S. 9f.

210 Text des Entwurfs im Anhang.

Jahren – trotz des Vorbilds der Handwerkskammern und trotz der gemeinsamen Sitzung in München – nicht bedeutend verändert hatten. Regensburg, dessen Mitglied Georg Christlieb sich in der Frage der Revision der Handelskammer-Verordnung sehr engagierte, sprach sich im Mai 1903 für einen Handelskammertag aus,[211] und auch die Kammer Würzburg stimmte in ihrer Sitzung am 31. Juli 1903 dem Entwurf im Prinzip bei, war also immer noch an der Bildung eines gemeinsamen Gremiums interessiert.[212] Die Kammer Augsburg faßte dagegen am 25. September 1903 den einstimmigen Beschluß, die ablehnende Haltung gegenüber der Entwicklung eines Kammertages beizubehalten, da naturgemäß einzelne Interessengegensätze in den Beziehungen zwischen den Schwesterkammern bestünden und diese auch durch einen gemeinsamen Verband nicht beseitigt werden könnten, weil sich keine Kammer in solchen Fragen durch einen Mehrheitsbeschluß binden ließe. Zudem sei die Arbeitsbelastung der Kammervorstände bereits so hoch, daß eine Mehrung der Arbeitslast durch regelmäßige gemeinsame Sitzungen nicht zu empfehlen sei.[213] Auch die Bayreuther Kammer hielt ein gemeinsames Gremium nach den bisherigen Erfahrungen nicht für notwendig, da sich das gegenwärtige Verfahren der Einzelberatungen innerhalb der acht Kammern durchaus bewährt habe und bei besonders wichtigen Interessen bereits mehrmals gemeinsame Beratungen „auf dem Wege freier Zusammenkünfte“ stattgefunden hätten. Für ein Treffen sei daher keine Organisation mit einem eigenen Statut erforderlich.[214] Nur unwesentlich anders formulierte es Nürnberg: Gegen die Schaffung eines bayerischen Handels- und Gewerbekammertages sei prinzipiell nichts einzuwenden, da es auch in Bayern ein Bedürfnis gebe, wichtige Fragen gemeinsam zu beraten, doch müsse diese Organisation, um ihren Zweck am besten zu erreichen, unbedingt möglichste Freiheit der Bewegung besitzen. Vor allem müsse aller Anschein eines über den einzelnen in ihm vereinigten Kammern stehenden gewissermaßen amtlichen Or-

---

[211] Mitteilungen der HGK der Oberpfalz und von Regensburg, 1.5.1903, 1. Jg., Nr. 6. Exemplar in Archiv IHK Ludwigshafen, 26 Aa 2 h. Christlieb skizzierte im gleichen Jahr einen Entwurf für eine Reform der HK-Verordnung, in dem auch der Zusammenschluß der bayerischen Kammern beantragt wurde. Vgl. KAMMERER: Interessenvertretungspolitik, S. 200f.

[212] Interner handschriftlicher Bericht der HGK f. Oberbayern, undatiert. BWA K1/I/15, 1. Akt. Die HGK Würzburg regte selbst in einer Denkschrift vom 8.10.1903 beim Staatsministerium die Gründung eines Handelskammertages an. Exemplar der Denkschrift in Archiv IHK Ludwigshafen, 26 Aa 2 h. Vgl. auch SCHÄFER: 125 Jahre, S. 112.

[213] Protokoll der HGK für Schwaben und Neuburg über die öffentliche Plenar-Sitzung vom 25.9.1903. Exemplar in Archiv IHK Ludwigshafen, 26 Aa 2 h.

[214] HGK f. Oberfranken an alle bayerischen Kammern, 28.1.1904. BWA K1/I/15, 1. Akt. Die erwähnten gemeinsamen Beratungen beziehen sich auf die Treffen bezüglich der Steuergesetzentwürfe im Januar 1899 in München u. bezüglich der Revision der Allerh. Verordnung über die Handels- und Gewerbekammern im Mai 1903 in Nürnberg. Vgl. Artikel „Bayerischer Handelskammertag“ in den Münchener Neuesten Nachrichten, 8.1.1909, Exemplar in BWA K1/I/15, 1. Akt.

gans vermieden werden. Nur ein Kammertag, wie er zum Beispiel in Württemberg bestehe und welcher lediglich von Fall zu Fall zusammentrete, sei daher akzeptabel.[215] In München stand man der Frage wie zuvor zwar sympathisch, aber abwartend gegenüber, wie eine Notiz des Kammermitglieds Pfister[216] vom 22. Dezember 1903 ausdrückt: „Ich bin heute noch der Meinung, wie ehedem, daß es uns nicht ziemt und der Sache nicht förderlich ist, wenn *wir* eine ausgesprochene Stellung zu derselben einnehmen. *Die Schwesterkammern* sollen sich erst klar werden, was sie wollen. Uns kann schließlich alles recht sein."[217] Ein Stellungnahme aus Passau liegt nicht vor, aber allein aus der Ablehnung der Augsburger und der Bayreuther Kammern ergibt sich zwingend der neuerliche Mißerfolg in den Bemühungen um einen bayerischen Handelskammertag, dies umso mehr, als der Ludwigshafener Entwurf im Gegensatz zu demjenigen Lismanns von der Gesamtheit der bayerischen Kammern ausging. So wurde denn auch die Angelegenheit vorerst nicht weiter verfolgt.[218]

Infolgedessen war nun für alle Beteiligten erkennbar, daß sich die bayerischen Kammern weder von einer Satzung noch von der gemeinsamen Arbeit ausgehend von alleine zusammenschließen würden. Offensichtlich waren hierfür Impulse von außen nötig, die in der Folgezeit auch gegeben wurden.

IV.3 ANSTÖßE VON AUßEN

3.1 DIE ENTSTEHUNG DER FACHVERBÄNDE

Wie im Kapitel A über die Entwicklung der bayerischen Wirtschaft gezeigt, hatten sich nach der Gründung des Deutschen Reiches im Zuge des wirtschaftlichen Wachstums neue Betriebsformen gebildet, die in erster Linie in der zunehmenden Zusammenlegung der wirtschaftlichen Kräfte und einem damit verbundenen Wachstum der Betriebsgrößen resultierten. Mit der Kartellbildung steigerten die Unternehmer nicht nur ihre Macht gegenüber der Konkurrenz, sondern auch gegenüber den Arbeitnehmern. Deshalb fanden parallel zu dieser Entwicklung auch die Gewerkschaften immer mehr Zulauf, die durch Ausbau und Umstrukturierung der inneren Verfassung ihrer Verbände vor allem nach

---

215 Jahresbericht der Handels- und Gewerbekammer für Mittelfranken 1903, S. 10f.

216 Otto von Pfister, Kommerzienrat und Geh. Kommerzienrat, Teilhaber der Fa. Pfister, Mayr & Co., Getreidegroßhandlung, war von 1895-1911 Mitglied der Kammer, 1906-1908 Vorsitzender der HGK f. Oberbayern, 1909-1911 erster Präsident der neuen HK. HELFRICH: 125 Jahre, S. 55, 63.

217 Notiz Pfisters auf einem Brief der HGK Ludwigshafen, 16.12.1903. BWA K1/II/15, 1. Akt. Hervorhebung im Original.

218 STÜRMER: Geschichte, S. 113, irrt, wenn er angibt, die HK Ludwigshafen habe die anderen HKn 1903 von ihrem Projekt überzeugen können.

der Jahrhundertwende einen immer größeren Raum in der Arbeiterbewegung einnahmen. Dies traf besonders auf die Freien Gewerkschaften zu, innerhalb derer ebenfalls eine Konzentrationsbewegung einsetzte, so daß Branchenverbände zu großen Industrieverbänden zusammenwuchsen.[219]

Die Vergrößerung des Machteinflusses der Arbeitnehmer[220] hatte wiederum eine Rückkoppelung auf die Politik der Unternehmer zur Folge. Da diese aus ihrer Sicht nur ungenügend im Reichstag und in den Landesparlamenten vertreten waren, koordinierten sie ihre wirtschaftspolitischen Interessen bald in Verbänden, auf Reichsebene etwa im Centralverband Deutscher Industrieller (CDI, gegründet 1876) oder im Bund der Industriellen (BdI, 1895),[221] zumal die althergebrachten Interessenvertretungen der Unternehmer, die Handelskammern, sich zur Durchsetzung besonderer Interessentenforderungen gegenüber dem Staat als wenig tauglich erwiesen. Diese waren nämlich wegen der ihnen zugrundeliegenden gesetzlichen Regelungen darauf bedacht, innerhalb ihres Bezirkes einen Ausgleich der Interessen unter den einzelnen Mitgliedern vorzunehmen. Auch verbot ihnen ihre öffentlich-rechtliche Stellung, allzu heftig gegen wirtschaftspolitische Entscheidungen des Staates vorzugehen.[222] Auf diese Weise kam es zwischen 1870 und 1908 nach einer zeitgenössischen Einschätzung zur Gründung von fast 500 Verbänden in Industrie, Handel und Gewerbe, unter denen die Interessengruppen des industriellen Sektors die größte Zahl ausmachten.[223]

Der Druck der verschiedenen Interessenverbände auf den Staat wuchs, wodurch auf Reichsebene ab 1878/79 eine zunehmende Kooperation zwischen Verbänden, Bürokratie und Staatsspitze möglich wurde. Da es in Deutschland im Unterschied zu anderen westlichen Industrieländern keine voll parlamentarisch kontrollierte Regierung gab, konzentrierte sich der Einfluß der Verbände

---

[219] SCHNORBUS: Arbeit und Sozialordnung, S. 60. Im Jahre 1906 gab es noch 66 verschiedene gewerkschaftliche Organisationen in Deutschland, 1913 dagegen nur noch 49.

[220] Ebd., S. 61. Bis 1912 waren z.B. bereits ca. 20 % aller bayerischen Arbeiter Mitglied einer Gewerkschaft, davon allein die Hälfte aus München, Nürnberg und Augsburg. In den industrialisierten Gebieten des Reiches lag die Quote allerdings weit darüber, z.B. in Sachsen 35,5 %, Groß-Berlin 54,2 %, Bremen 88,2 %.

[221] Vgl. WEHLER: Krisenherde, S. 295f. WEHLER weist besonders auf die Personalverflechtungen zwischen Kartellen und Verbänden hin. Vgl. hierzu auch NIPPERDEY, Thomas: Interessenverbände und Parteien in Deutschland vor dem Ersten Weltkrieg, in: Politische Vierteljahresschrift, Jg. 2, 1961, S. 262-280, hier S. 265.

[222] BLAICH: Staat und Verbände, S. 3. Durch personelle Verflechtungen bestand eine Brücke zwischen den privaten und den öffentlichen Interessenvertretungen, die man allgemein als vorteilhaft betrachtete, denn als freier Verband konnte man der Regierung notfalls offensiv gegenübertreten, während durch das Kammerwesen stets die Rückversicherung einer institutionalisierten Partnerschaft mit der Obrigkeit blieb. Ebd., S. 4.

[223] LICHTER: Handelskammern, S. 9-11.

stärker auf die hohe Beamtenschaft in den Ministerien, wo die Gesetze und internationalen Verträge vorbereitet wurden.[224]

In Bayern war die Lage nicht anders. Auch hier schwand der Einfluß der Unternehmer in der Zweiten Kammer kontinuierlich, wie JAEGER in seinem Versuch einer Quantifizierung des Anteils von Mandatsträgern aus der Unternehmerschaft in der Abgeordnetenkammer des Bayerischen Landtags nachweist. Danach war der Unternehmer-Anteil im Vergleich mit anderen Ständen insgesamt zwar erheblich, fiel in den betrachteten Legislaturperioden zwischen 1890 und 1918 aber – in Einklang mit dem Rückgang der nationalliberalen Partei, der die meisten Unternehmer angehörten – von seinem Höhepunkt 1893 mit mehr als einem Viertel der Abgeordneten (28,5 %) auf knapp ein Fünftel rund zwei Jahrzehnte später (1912: 19,6 %). Dabei dominierten mittlere und kleinere Unternehmer, große und bedeutende Industrielle waren nicht sehr zahlreich vertreten.[225] Zu dieser Entwicklung trug nicht zuletzt der Übergang zum direkten, gleichen und geheimen Wahlrecht 1907 in der Abgeordnetenkammer bei.[226]

Zwar stand die Zweite Kammer des Landtags aus mehreren Gründen ohnehin nicht im Mittelpunkt der versuchten Einflußnahme durch die Wirtschaft: So räumte ihr die Verfassung gegenüber der Regierung nur geringe Handhaben ein. Insbesondere bestand eine Ministerverantwortlichkeit nur bei Verfassungsverletzungen, so daß die Regierung, zudem gestärkt durch die relative Schwäche der monarchischen Staatsspitze, ihre Politik weitgehend ohne Rücksicht auf die Meinung der Abgeordneten verfolgen konnte.[227] Daneben bestand gleichberechtigt die Kammer der Reichsräte, deren Mitglieder nicht gewählt, sondern aufgrund eines vom König verliehenen erblichen Anspruchs auf Sitz und Stimme in der Kammer saßen bzw. vom König auf Lebenszeit in die Kammer berufen worden waren. Das Wirtschaftsbürgertum konnte seine Stellung in dieser Ersten

---

224 FISCHER, Wolfram: Vom Agrarstaat zur Industriegesellschaft, in: Das deutsche Kaiserreich 1867/71 bis 1918. Bilanz einer Epoche, hg. von Dieter LANGEWIESCHE, Freiburg/Würzburg 1984, S. 64-72, hier S. 72. Vgl. auch NIPPERDEY: Interessenverbände und Parteien, S. 268.

225 JAEGER, Hans: Unternehmer in der deutschen Politik 1890-1918, Bonn 1967, S. 74-76. Vgl. auch HESSELMANN: Wirtschaftsbürgertum, S. 65f.; SCHUMANN: Bayerns Unternehmer, S. 234.

226 Hier ist allerdings festzustellen, daß das Wahlrecht beschränkt war auf die männlichen Einwohner Bayerns, die das 25. Lebensjahr zurückgelegt hatten, die bayerische Staatsangehörigkeit seit mindestens einem Jahr besaßen und seit mindestens einem Jahr direkte Steuern zahlten. Außerdem wurden durch die Wahlkreiseinteilung die ländlichen Gebiete Bayerns bevorzugt. Vgl. ALBRECHT: Landtag und Regierung, S. 35; HESSELMANN: Wirtschaftsbürgertum, S. 67-69.

227 D. ALBRECHT: Reichsgründung, S. 377. Das Zentrum, das um die Jahrhundertwende die Mehrheit in der Zweiten Kammer stellte, zeigte erst allmählich die Bereitschaft, eigene Positionen gegen die liberale Regierung durchzusetzen, vgl. ebd., S. 400-412.

Kammer vor dem Weltkrieg ständig stärken und schon von daher entscheidenden Einfluß auf die Gesetzgebungsarbeit ausüben.[228]

Dies schien zur Durchsetzung von Einzelinteressen jedoch nicht zu genügen. Die großen Unternehmer Bayerns, zumal die Industriellen wie Anton Rieppel von der MAN, engagierten sich daher ab 1902 in erster Linie im Bayerischen Industriellenverband (BIV),[229] um wie die großen Reichsverbände CDI und BdI direkt auf Regierung und Ministerialbürokratie einwirken zu können. Neben dem Bayerischen Industriellen-Verband, der eine besonders rege Tätigkeit entfaltete, existierten und agierten aber noch weitere Verbände wie zum Beispiel der Verein Süddeutscher Baumwollindustrieller[230] oder der Verein Münchener Brauereien.

Die herkömmlichen Interessenvertretungen, die bayerischen Handelskammern, erkannten diese neuen Vereinigungen von Anfang an ganz klar als Konkurrenz, denn es entstand für sie die Gefahr, das Gehör der Staatsregierung, insbesondere des seit 1904 für sie zuständigen Ministeriums des Äußern und des Kgl. Hauses,[231] zu verlieren oder deren Aufmerksamkeit nur noch in eingeschränktem Maße zu erhalten.[232] Daraus ergaben sich zweierlei Probleme: Einerseits büßte auf diese Weise jede einzelne Handelskammer als Institution an Ansehen bei den vertretenen Ständen ein, andererseits war sie so nicht mehr in der Lage, ihren verordnungsgemäßen Auftrag, die Vertretung und Förderung der Wirtschaft in ihrer Gesamtheit, zu gewährleisten, da sich durch den verstärkten Einfluß der Verbände zwangsläufig diejenigen Einzelinteressen, die am lautesten vertreten wurden, durchsetzen mußten.

---

[228] Vgl. ausführlicher HESSELMANN: Wirtschaftsbürgertum, S. 34f., 67-69. Siehe auch SCHNORBUS: Arbeit und Sozialordnung, S. 62. Zum Einfluß der Unternehmer in der Kammer der Reichsräte vgl. LÖFFLER, Bernhard: Die bayerische Kammer der Reichsräte 1848 bis 1918, München 1996, S. 185ff.

[229] Zum BIV siehe ECKARDT: Industrie und Politik; zur Tendenz der Wirtschaft in Bayern, sich zusammenzuschließen und Interessengemeinschaften einzugehen, vgl. MÖCKL: Prinzregentenzeit, S. 439f.

[230] Vgl. BLAICH: Staat und Verbände, S.6.

[231] Seit Aufhebung des Handelsministeriums im Zuge der deutschen Einigung 1871 war für die HKn das Innenministerium zuständig gewesen. 1904 wurde die Wirtschaftsabteilung und damit die HKn dem Außenministerium zugeschlagen. Vgl. zu dieser Umstrukturierung innerhalb der bayerischen Ministerien BORCHARDT: Geschichte, S. 21.

[232] Vgl. COHEN/SIMON: Geschichte, S. 240: „Es ist klar, daß die amtlichen Vertretungen von Handel und Industrie diesen Neubildungen gegenüber anfangs teilweise recht zurückhaltend waren. Denn es war zu befürchten, daß dieselben, da sie wenigstens dem Namen nach dieselbe allgemeine Aufgabe zu erfüllen hatten wie auch jene (Interessenvertretung), sich zu ihrem Konkurrenzorgan entwickeln, ihren Einfluß schmälern könnten, ohne – vermöge ihres privaten Charakters – denselben Beschränkungen unterworfen zu sein.“ Ähnlich ging es allen deutschen HKn, vgl. zum Beispiel für die HKn des Ruhrgebiets THALMANN: Industrie- und Handelskammern, S. 25-27. Vgl. auch LICHTER: Handelskammern, S. 12.

Die Handelskammern erkannten, daß sie, um die drohende Gefahr der Entmachtung abzuwehren, Reformen auf verschiedenen Ebenen anstreben mußten, „daß sie sich einerseits von der früher etwas einseitigen Beratungsfunktion gegenüber den Behörden, andererseits auch von dem Eindruck zu großen Staatseinflusses auf die Kammer noch mehr lösen mußten zugunsten einer auch in der Methodik der Verbandstätigkeit ähnlichen Vertretung regionaler Interessen."[233] Die Kammern mußten also, um die Konkurrenz mit den Verbänden aufnehmen zu können, diese mit den eigenen Waffen schlagen, d.h. sich soweit angängig die Vorteile der Verbände aneignen. Dazu war es nötig, daß sich die Kammern dem Staat gegenüber emanzipierten, indem sie den Unternehmern, insbesondere den Industriellen, in ihrer Region zu verstehen gaben, daß sie deren Interessen vertraten und nicht bloß Gutachten für die Behörden anfertigten. Die verbandsähnliche regionale Tätigkeit mußte die Solidaritätsbasis mit den Unternehmern herstellen, die erst die Gutachtertätigkeit, die bezirkliche Selbstverwaltung und die Selbstordnungsfunktion auf Dauer sichern konnte.

Gleichzeitig war den Handelskammern bewußt, daß sie eine starke Vertretung in der Landeshauptstadt benötigten: „Nur eine entsprechende Zusammenfassung der Wirksamkeit der einzelnen Handelskammern konnte die wünschenswerte Mitwirkung in der Gesetzgebung und der ministeriellen Tätigkeit des Landes sichern."[234] Sie sahen deutlich, daß sie nur durch einen gemeinsamen Handelskammertag nach dem Vorbild der anderen deutschen Handels- bzw. Handelskammertage und des bayerischen Handwerkskammertags, durch den sie ihren Einfluß bündeln konnten, im Wettlauf mit den Verbänden um das Gehör der Staatsregierung und der Ministerien konkurrieren konnten. Insofern blieb den Kammern keine andere Wahl, als dem „Trend" der Zeit zu folgen, wie es beispielsweise die sächsischen Handelskammern vorgemacht hatten, die sich 1902 auf Veranlassung der Kammer Leipzig zur Vereinigung der Handelskammern des Königreichs Sachsen zusammengetan hatten.[235] Auch die württembergischen Kammern hatten, wie oben ausgeführt, inzwischen eigene Handelskammertage abgehalten.

Daneben sahen sich die bayerischen Handelskammern nach ergebnisloser Aufforderung der Staatsregierung, sich zusammenzuschließen, der Gefahr ausgesetzt, daß diese selbst handeln und eine Gesamtorganisation der Wirtschaft schaffen würde mit der Folge, „damit den ‚amtlichen' Charakter der Handelskammern noch mehr zu verstärken und auf der anderen Seite die Wirkungsmög-

---

233 SCHÄFER: 125 Jahre, S. 119.

234 Ebd., S. 120.

235 Jahrbuch der deutschen Handelskammern 1905, S. 524f. Der Vereinigung wurde die Bezeichnung „Sächsischer Handelskammertag" beigefügt.

lichkeit der Handelskammern dadurch zu schmälern, daß in diese Gesamtorganisation auch noch andere Verbände hineingenommen würden."[236]

Doch obgleich sie diese neue Bedrohung für ihre Bedeutung im Staatsgefüge klar erkannten, zögerten die Handelskammern schließlich zu lange. Die Staatsregierung kam ihnen mit einer eigenen Gesamtorganisation der bayerischen Wirtschaft zuvor.

3.2 DIE ZENTRALSTELLE FÜR INDUSTRIE, GEWERBE UND HANDEL

Am 28. September 1905 erklärte Prinzregent Luitpold von Bayern in der Thronrede zur Eröffnung des Landtags die Absicht der Regierung zur Errichtung einer Zentralstelle für Handel und Gewerbe.[237] Einzelheiten zur Ausgestaltung dieser zentralen Interessenvertretung, die ihren künftigen Sitz in München haben sollte, wurden in einer Denkschrift zum Landtagsetat veröffentlicht. Die bayerische Regierung orientierte sich dabei am Vorbild anderer Bundesstaaten: In Württemberg existierte seit 1848 eine Zentralstelle für Handel und Gewerbe, Baden und Preußen schufen beide 1905 ein Landesgewerbeamt.[238]

Die bayerischen Handels- und Gewerbekammern wurden durch diese staatliche Offensive völlig überrascht, denn auch sie erhielten erst durch die Thronrede Kenntnis von dem Vorhaben der kgl. Staatsregierung.[239]

Die Zentralstelle sollte sich nach der Denkschrift aus 30 Mitgliedern zusammensetzen: Die acht bayerischen Handels- und Gewerbekammern sowie die acht bayerischen Handwerkskammern durften je ein zu wählendes Mitglied entsenden, daneben sollten vier Gesellen und vier Arbeiter aus den Ausschüssen der Handwerkskammern vertreten sein. Darüber hinaus waren Sitze für die Direktoren des Bayerischen und des Pfälzischen Gewerbemuseums, des Polytechnischen Vereins und des Bayerischen Kunstgewerbevereins vorgesehen. Mitwirken sollten auch der Zentralinspektor für Fabriken und Gewerbe im Staatsministerium des Kgl. Hauses und des Äußern sowie ein Vertreter des Verbandes bayerischer Industrieller.

Damit war genau das eingetreten, was die Kammern befürchtet hatten, nämlich die Schaffung einer Gesamtorganisation der bayerischen Wirtschaft unter Beteiligung anderer Verbände und Stellen, wodurch zwangsläufig der Einfluß der Handelskammern sinken mußte, obwohl die offiziellen Stellen durch sie ei-

---

236 SCHÄFER: 125 Jahre, S. 120.

237 Verhandlungen der Kammer der Abgeordneten des bayerischen Landtages 1905/06. Stenographische Berichte, I. Bd., S. XXVI.

238 STÜRMER: Geschichte, S. 112; FACIUS: Wirtschaft und Staat, S. 59f. Zur württembergischen Zentralstelle siehe F. C. HUBER: Württembergische Industrie- und Handelskammern, S. 17-20.

239 Vgl. KAMMERER: Interessenvertretungspolitik, S. 205.

gentlich eine Stärkung der öffentlichen Bedeutung der Kammern beabsichtigt hatten.[240]

Der drohende Bedeutungsverlust spiegelte sich auch in den der Zentralstelle zugewiesenen Aufgaben wider, denn der Denkschrift zufolge sollte sie in allen einschlägigen allgemeinen Fragen, „so in allen wichtigen wirtschaftlichen Fragen, in Zoll-, Handels- und Verkehrsangelegenheiten, zur Prüfung und Beseitigung hier beklagter Mißstände, zum Vorschlag und zur Durchführung von Maßnahmen zur Hebung und Kräftigung von Gewerbe und Handel, so Einführung neuer Industriezweige, Förderung des Absatzes inländischer Gewerbe-Erzeugnisse, Prüfung der Wünsche des Handels- und Gewerbestandes, insbesondere auf Grund der Berichte der Handels- und Gewerbekammern, sowie der Handwerkskammern“[241] Anhörungs- und Mitspracherecht haben, womit sie die bisher originären Aufgaben der Handelskammern, die die Verordnung von 1889 ihnen zugestanden hatte, übernahm. Gerade der letzte Satz der Aufgabenformulierung gab Anlaß zur Vermutung, daß der bisher direkte Verkehr zwischen Kammern und Ministerium künftig über die neue Zentralstelle geleitet werden sollte.

Obgleich noch in der Denkschrift selbst ausdrücklich darauf hingewiesen wurde, daß die Aufgaben der Kammern, auch der Handwerkskammern, durch dieses Gremium nicht beeinträchtigt werden sollten, sahen die Handelskammern ihre Stellung „auf das nachhaltigste berührt.“[242] Es darf daher nicht verwundern, daß sie die Zentralstelle strikt ablehnten. In einer gemeinsamen Resolution vom 18. Januar 1906 taten sie diese Ablehnung auch gegenüber dem für sie zuständigen Kgl. Staatsministerium des Kgl. Hauses und des Äußern kund, Abschriften gingen an die Kammer der Abgeordneten sowie an die Kammer der Reichsräte.[243] Darin erklärten sie einstimmig, „dass aus praktischen Erwägungen von der beabsichtigten Ausdehnung dieser Stelle auf Industrie und Handel abzusehen sei“; eine Notwendigkeit für ein neues Organ zur Beratung und Begutachtung allgemeiner, die Interessen von Gewerbe und Handel berührender Angelegenheiten neben sich selbst sahen sie nicht. Um den Einfluß der neuen Institution aber von vornherein zu minimieren, kündigten sie schließlich den organisatorischen Zusammenschluß der bayerischen Handelskammern in einem bayerischen Handelskammertag an, wodurch die für die Zentralstelle vorgesehenen Aufgaben zur Gänze erfüllt würden.[244] Ausdrücklich bedauerten sie noch, in dieser

[240] Vgl. STÜRMER: Geschichte, S. 112; COHEN/SIMON: Geschichte, S. 325.
[241] Jahresbericht der HK München 1906, München 1907, S. 3.
[242] Ebd., S. 4.
[243] Ebd. Vgl. auch KAMMERER: Interessenvertretungspolitik, S. 206. KAMMERER datiert die Resolution irrtümlicherweise auf 1905. Vgl. hierzu den Artikel „Bayerischer Handelskammertag“ in den Münchner Neuesten Nachrichten, 8.1.1909, der das genaue Datum nennt. Ausgabe in BWA K1/II/15, 1. Akt.
[244] Jahresbericht der HK München 1906, S. 4.

Frage nicht gehört worden zu sein, ehe die Denkschrift im Landtag veröffentlicht worden war.[245]

Den Bedenken und der heftigen Kritik der Handelskammern zum Trotz bewilligten sowohl die Landtagsabgeordneten als auch die Reichsräte in ihren Sitzungen vom 24. Februar bzw. 20. April 1906 den von der Regierung für die Errichtung der Zentralstelle geforderten Betrag von 10.000 Mark. Im August übersandte das Staatsministerium des Äußern den Handelskammern den überarbeiteten Entwurf einer Verordnung, betreffend die Errichtung einer Zentralstelle für Industrie, Gewerbe und Handel, zur gutachtlichen Äußerung.[246] Darin waren verschiedene von den Handelskammern vorgebrachte Wünsche berücksichtigt, auch waren die erforderlichen Mittel bereits bewilligt. Deshalb schienen den Kammern prinzipielle Einwände gegen die Schaffung der Stelle nicht mehr möglich, sie glaubten sich vielmehr darauf beschränken zu müssen, „eine für Handel und Industrie möglichst günstige Gestaltung der Zentralstelle zu erwirken."[247] Am 12. September 1906 einigten sich die Delegierten der bayerischen Handelskammern auf einer gemeinsamen Sitzung in Nürnberg auf eine dementsprechende gemeinsame Eingabe an das Staatsministerium,[248] in der sie eine stärkere Berücksichtigung der Handelskammern in der für sie zuständigen Abteilung I forderten, aber auch nochmals ihren Unmut über die neue Stelle zum Ausdruck brachten.

Obwohl das Ministerium die Handelskammern um dieses Gutachten gebeten hatte, fanden die Wünsche der Kammern keine Berücksichtigung mehr. Die Verordnung trat am 10. Januar 1907 nahezu unverändert in Kraft. Die Kammern mußten sich dieser Entscheidung beugen und entsandten ihre Vertreter, um zumindest durch rege Mitarbeit Einfluß auf die Arbeit der Institution ausüben zu können.[249]

Die Schaffung der unerwünschten Konkurrenzsituation war der letzte Impuls, der für eine Vereinigung der Kammern noch gefehlt hatte. Im Gegensatz zu Württemberg, wo die Existenz der Zentralstelle für Gewerbe und Handel die Verbindung der Kammern zu einem Kammertag stets verhindert hatte, da man ihn aufgrund der Zusammenarbeit in der staatlichen Stelle als überflüssig empfand,[250] wurde in Bayern ein solcher Kammertag erst durch das Entstehen der

245 Vgl. KAMMERER: Interessenvertretungspolitik, S. 206.

246 Jahresbericht der HK München 1906, S. 5, 9. Nach dem neuen Entwurf sollte die Zentralstelle aus drei voneinander fast vollständig unabhängigen Abteilungen bestehen, deren erste für Handel und Industrie, die zweite für Handwerk und Gewerbe und die dritte für Arbeiterschutz und -wohlfahrt zuständig sein sollte. Die Abteilung I bestand aus 17-23 Mitgliedern, nur acht davon waren Delegierte der Handelskammern.

247 Ebd.

248 Wortlaut der Eingabe ebd., S. 6f. Daneben stand es jeder Kammer frei, eine eigene Eingabe an das Staatsministerium zu richten.

249 KAMMERER: Interessenvertretungspolitik, S. 207.

250 MOSTHAF: Württembergische Industrie- und Handelskammern, Bd. 1, S. 206.

Zentralstelle für Industrie, Gewerbe und Handel ermöglicht. Ein Zusammenschluß mußte nun zwingend erfolgen, nicht nur weil die Kammern diesen der Regierung gegenüber schon angekündigt hatten, sondern weil jede einzelne Kammer sich durch die Zentralstelle in der Substanz ihrer Arbeit gefährdet sah, wodurch nun endlich der gemeinsame Grund für die Vereinigung gefunden war und auch bisher skeptischere Kammern wie etwa Bayreuth zustimmten. Diese Absicht wurde auf einer Zusammenkunft der Vorstände der bayerischen Handels- und Gewerbekammern zur Beratung des neuen Entwurfs der Handelskammerverordnung, abgehalten am 26. Juni 1907 in Nürnberg, bekräftigt; die Vorstände beschlossen: „Die Handelskammern des Königreichs bilden in ihrer Gesamtheit den bayerischen Handelskammertag. Derselbe regelt seine Geschäftsordnung durch ein dem Ministerium des Königlichen Hauses und des Äussern zur Genehmigung vorzulegendes Statut.“[251] Bis zur endgültigen Gründung sollten jedoch noch fast zwei Jahre vergehen, was auch mit der Revision der Handelskammerverordnung zu tun hatte, die die Kammern abwarten wollten.

IV.4 Die Reform der Handelskammer-Verordnung von 1908

In den Jahren, die seit der Novellierung von 1889 vergangen waren, hatten sich die bayerischen Handels- und Gewerbekammern immer wieder mit einer Revision der sie betreffenden Verordnung befaßt. Besonders die Situation der nebeneinander existierenden Handwerks- und Gewerbekammern verlangte eine Bereinigung. Inzwischen trat wohl eine Mehrheit innerhalb der Handelskammern für eine Abspaltung und Auflösung der Gewerbekammern ein, eine Minderheit, vor allem jene sogenannten Kleingewerbetreibenden wie Wirte und Fuhrleute, die in der Handwerkskammer keine Vertretung finden würden, verlangte jedoch den Verbleib des Gewerbes in der alten Institution.[252] Der Großteil der Handwerker forderte dagegen vehement ein Ende der Gewerbekammern, da sie – per Gesetz sowohl der Handwerks- als auch der Gewerbekammer angehörend – durch die zweifachen Umlagen doppelt belastet waren.

Die Verordnung vom 25. Februar 1908, die Handelskammern und Handelsgremien betreffend,[253] brachte die Trennung der Handels- und Gewerbekammern, die Gewerbekammern gingen weitgehend in den neuen Handwerkskammern auf. Das bisher gemeinsame Vermögen wurde den Handelskammern zugeschlagen. Der Aufgabenkatalog der Handelskammern wurde durch die Verordnung etwas erweitert, unter anderem erhielten sie die Befugnis der öffentlichen Anstellung von Sachverständigen, zum Beispiel Handelschemiker, sowie der

---

[251] Jahresbericht der HK München 1909, München 1910, S. 28.

[252] So sprach sich der Bayerische Gastwirte-Verband gegen eine Auflösung der GKn aus, weil er befürchtete, daß seine Mitglieder dann keine Vertretung in den Kammern mehr hätten, vgl. Oberfränkische Wirtschaft, S. 18. Siehe auch SCHÄFER: 125 Jahre, S. 117.

[253] Abgedruckt in: Gesetz- und Verordnungsblatt für das Königreich Bayern 1908, S. 69-82.

Ausstellung von Ursprungszeugnissen und anderen Bescheinigungen. Mit § 3 der neuen Verordnung erhielten die Kammern zugleich die Rechte einer juristischen Person.

Das Wahlrecht, sowohl aktiv als auch passiv, und damit die Beitragspflicht wurden „auf alle im entsprechenden Register eingetragenen und ein Handelsgewerbe treibenden, natürlichen und juristischen Personen, Gesellschaften und Genossenschaften – ausgenommen die landwirtschaftlichen und Handwerker-Genossenschaften – des ganzen Kammerbezirks ausgedehnt."[254] Die Kammern repräsentierten damit erstmals den gesamten Handels- und Industriestand ihres jeweiligen Bezirks, verdienten also erst hier wirklich die Bezeichnung „Kreiskammer". Die Kammerbezirke wurden für die Wahlen in Wahlkreise eingeteilt, allerdings mit Ausnahme der Gremialbezirke, in denen nur Wahlen zum Handelsgremium stattfanden, von denen dann wiederum je ein Mitglied, in der Regel der Vorsitzende, zur Handelskammer abgeordnet wurde.

Eine bayerische Eigentümlichkeit bildeten die beiden Ausschüsse, die jeder Kammer durch §§ 14 und 15 der neuen Verordnung angegliedert wurden: der Ausschuß der Kleingewerbetreibenden sowie der Ausschuß der Handlungsgehilfen und technischen Angestellten. Der Ausschuß der Kleingewerbetreibenden war von den am Kammersitz wohnenden, weder dem Handwerk angehörigen, noch im Handelsregister eingetragenen Kaufleute wie „Kramer, Fuhrleute und Wirte"[255], also Minderkaufleute nach § 4 des Handelsgesetzbuches mit Ausnahme derjenigen, die weniger als drei Mark Gewerbesteuer entrichteten, zu wählen und sollte vier bis sechs Mitglieder umfassen.[256] Damit sollte gewährleistet sein, daß die Kleingewerbetreibenden auch nach Wegfall der Gewerbekammern eine wirtschaftspolitische Vertretung besaßen.

Der Ausschuß der Handlungsgehilfen und technischen Angestellten sprach ebenfalls nur diejenigen Gehilfen und Angestellten an, die am Kammersitz beschäftigt waren; ihm sollten sechs bis vierzehn Mitglieder angehören.[257] Nach einer Ministerialentschließung vom 26. Juni 1909 waren „technische Angestellte" im Sinne der neuen Verordnung Personen nach dem Wortlaut des § 133a der Gewerbeordnung, „also alle mit der Leitung oder Beaufsichtigung des Betriebs oder einer Betriebsabteilung beauftragten, mit höheren technischen Dienstleistungen beauftragten Angestellten"[258], meist also sogenannte Betriebsbeamte, Werkmeister, Maschinen- und Bautechniker, Chemiker oder technische Zeichner. Die Errichtung dieses Ausschusses war deshalb von besonderer Bedeutung, weil damit der Charakter der bayerischen Handelskammern als reiner Unternehmerkammern durchbrochen und erstmals der Versuch gemacht wurde, „Ar-

---

[254] Am 7. April 1843, S. 26.
[255] Ebd.
[256] HELFRICH: 125 Jahre, S. 14; COHEN/SIMON: Geschichte, S. 323.
[257] HELFRICH: 125 Jahre, S. 14.
[258] Zitiert nach KAMMERER: Interessenvertretungspolitik, S. 225f.

beitgeber und eine bestimmte Klasse von Arbeitnehmern, wenn auch nicht unter voller Gleichberechtigung, zu berufsständiger Gemeinschaftsarbeit in einer Korporation zusammenzufassen."[259] Das unverzichtbare und immer mehr an Bedeutung gewinnende Hilfspersonal des Kaufmanns sollte auf diese Weise ein Sprachrohr erhalten; allerdings ließen die anders gelagerten Interessen der angesprochenen Gruppe keine auf Dauer wirksame Beteiligung an der Kammerarbeit zustande kommen,[260] weshalb auch das Interesse der Angestellten an den Ausschüssen rasch erlahmte.[261]

Die Ausschußmitglieder waren keine Kammermitglieder, besaßen aber deren Rechte und Pflichten. Sie waren zu den Beratungen der Kammern hinzuzuziehen, wenn Angelegenheiten des Kleingewerbes bzw. der Handlungsgehilfen und technischen Angestellten zur Beratung anstanden.

Unter § 2 Ziffer 8 ermächtigte die Verordnung die Handelskammern, sich zu einem bayerischen Handelskammertag zusammenzuschließen. Die Handelskammern führten diese Erlaubnis stolz auch auf ihren entsprechenden Beschluß von 1907 zurück[262], doch aus der Betrachtung der Vorgeschichte ist nur allzu deutlich ersichtlich, daß eigentlich nicht das Ministerium, sondern vielmehr die Handelskammern selbst zu diesem Schritt hatten gedrängt werden müssen. Hätten sich die Kammern bereits zwanzig Jahre zuvor auf diese gemeinsame Position verständigen können, ist wohl unzweifelhaft, daß auch schon die Vorgängerverordnung diese Befugnis enthalten hätte, sprach das Ministerium damals einen derartigen Zusammenschluß doch eigens an.

---

[259] LEONHARDY: Gliederung, S. 35. BINGOLD: Handelskammer, S. 204, bezeichnet den Ausschuß als „ein Ergebnis der sozialen Bewegungen der verflossenen Jahrzehnte, die auf Sonderberechtigungen gewisser Erwerbstände abzielten." Siehe hierzu auch KEUCHER: Entwicklung, S. 40-43.

[260] WINKEL: Wirtschaft, S. 27; COHEN/SIMON: Geschichte, S. 324f. Nach STÜRMER: Geschichte, S. 36f., bekundeten die bayerischen Kammern mit diesem Ausschuß ihre Bereitschaft, „den sozialen Bestrebungen der Zeit Rechnung zu tragen"; diese Darstellung ist insofern falsch, als beide Ausschüsse nicht auf die Initiative der Kammern zurückzuführen sind, vgl. HELFRICH: 125 Jahre, S. 7.

[261] So verzeichnete der Ausschuß der Handlungsgehilfen und technischen Angestellten der HK Würzburg 1914 nur noch ein einziges Mitglied, nachdem für ausgeschiedene Mitglieder keine Zuwahlen mehr stattfanden. KITTEL: Handelsvertretung, S. 122f.

[262] Jahresbericht der HK München 1909, S. 28. In den Jubiläumsschriften einiger Kammern (z.B. Tradition und Bewährung, S. 40; Am 7. April 1843, S. 26) ist zu lesen, die Verordnung von 1908 hätte auch den „Anstoß" für die Gründung des BHK gegeben; daß dies eine arg verkürzte Darstellung der historischen Abläufe ist, geht aus Obigem hervor.

V. DER BAYERISCHE HANDELSKAMMERTAG UND SEINE SATZUNG

V. 1 DIE GRÜNDUNGSSITZUNG AM 1. UND 2. MÄRZ 1909

Nachdem nun auch die neue Allerh. Verordnung vom 25. Februar 1908, die Handelskammern und Handelsgremien betreffend, in § 2 Ziffer 8 den Handelskammern ausdrücklich die Befugnis erteilt hatte, sich zu einem Handelskammertag zusammenzuschließen, ergriff wiederum die neue Handelskammer München in ihrer ersten öffentlichen Sitzung am 8. Januar 1909 die Initiative und beschloß, an die übrigen bayerischen Handelskammern mit dem Antrag auf Schaffung eines bayerischen Handelskammertages heranzutreten.[263] Nach den Ereignissen der letzten Jahre handelte es sich dabei mehr oder minder um eine bloße Formalität, wie die Antworten der anderen Handelskammern zeigen: Ludwigshafen hielt die Schaffung eines Handelskammertages wie sechs Jahre zuvor immer noch für zweckmäßig und wünschenswert und bot wiederum die Ausarbeitung der Satzungen hierfür an.[264] Auch Nürnberg begrüßte nach einem entsprechenden Beschluß auf der ersten Sitzung am 19. Januar eine gemeinsame Organisation aufs wärmste und regte an, die Konstituierung solle so rasch wie möglich stattfinden, denn „[d]er Stand der Ausschussverhandlungen über die Reform der direkten Steuern in Bayern lässt es als höchst wichtig erscheinen, dass der Zusammenschluss mit tunlichster Beschleunigung erfolgt und dass sich die neue Organisation alsdann sofort mit diesem überaus wichtigen Gegenstand beschäftigt." Hierzu lade die Kammer die Schwesterkammern nach Nürnberg ein.[265] Regensburg schloß sich diesen Ausführungen an.[266] Augsburg zeigte sich nun ebenfalls für den Gedanken aufgeschlossen, wollte sich aber nur unter Vorbehalt der entsprechenden Gestaltung der Satzungen daran beteiligen.[267] Auch Passau, Bayreuth und Würzburg erteilten ihre Zustimmung zur Bildung eines gemeinsamen Kammertages[268], so daß nun, im Gegensatz zu den früheren Versuchen,

---

263 Vgl. Bericht in der Bayerischen Handelszeitung Nr. 4, 23.1.1909. BWA K1/II/15, 1. Akt.

264 HK Ludwigshafen an die HK München, 19.1.1909. BWA K1/II/15, 1. Akt.

265 HK Nürnberg an die HK München, 21.1.1909. BWA K1/II/15, 1. Akt. Zur Gründungssitzung am 19.1.1909 vgl. PIECHULLEK, Dieter: Das Rathaus der Wirtschaft. Handelsvorstand und IHK Nürnberg für Mittelfranken, Nürnberg 2001, S. 42. Kommerzienrat Berthold Bing, Mitglied des Nürnberger Handelsvorstands, forderte nun ausdrücklich ein stärkeres Engagement der Nürnberger Kammer; die Initiative für den BHK dürfe nicht ausschließlich von München und Ludwigshafen ausgehen. Da die Entscheidung zugunsten eines Kammertags bereits einige Jahre zuvor gefallen war, konnte es Bing nun nur noch darum gehen, der eigenen Kammer durch rege Beteiligung bei der Planung und Vorbereitung ausreichenden Einfluß auf die Gestaltung der Satzungen zu sichern.

266 HK Regensburg an die HK München, 23.1.1909. BWA K1/II/15, 1. Akt.

267 HK Augsburg an die HK München, 27.1.1909. BWA K1/II/15, 1. Akt.

268 Brief der HK Passau, 30.1.1909; Brief der HK Bayreuth, 1.2.1909, jeweils an die HK München; Notiz über telefonische Besprechung (5.2.1909) zwischen Pfister und dem Syndikus der HK Würzburg, Dr. Kittel, wonach die Beteiligung Würzburgs als sicher gelte, obwohl

schon im Vorfeld der Gründung die Bereitschaft aller Kammern hierzu dokumentiert war, wodurch ein erneutes Scheitern von vornherein ausgeschlossen werden konnte.

Bereits Ende Januar einigte man sich aber auf München als Tagungsort, da der bayerische Ministerpräsident Freiherr von Podewils für diesen Fall seine Anwesenheit angekündigt hatte, während er nicht willens oder in der Lage war, deshalb nach Nürnberg zu fahren.[269] Nachdem die Kammern großen Wert auf die Fühlungnahme mit der Staatsregierung legten, waren sie nur zu gern bereit, dem Wunsch Podewils' nachzukommen.

Als Gründungsdatum wurde der 2. März 1909 in Aussicht genommen, am 1. März sollte nachmittags eine Beratung der Satzungen und der Geschäftsordnung sowie eine Vorbesprechung sonstiger Tagesordnungspunkte stattfinden, damit die Konstituierung am nächsten Tag reibungslos ablaufen konnte.[270] Lediglich die Kammer Augsburg plädierte, im übrigen vergebens, dafür, beide Sitzungen an einem Tag stattfinden zu lassen: „Wir gehen bei unserer Anregung von der Erwägung aus, daß die Arbeiten des bayerischen Handelskammertages für die Vorsitzenden und die ständigen Referenten der einzelnen Kammern, die ohnehin durch den stets wachsenden Umfang der Geschäfte der Kammern, durch sonstige mit der Kammer in Verbindung stehende öffentliche Funktionen und durch Wahrnehmung ihrer eigenen Berufsgeschäfte meist in außerordentlichem Maße in Anspruch genommen sind, eine neue und nicht unerhebliche Belastung mit sich bringen werden. Ohne verkennen zu wollen, daß das gemeinschaftliche Zusammenarbeiten den Kammern einen Teil ihrer Aufgaben erleichtern wird, würden wir doch Wert darauf legen, daß die Inanspruchnahme durch die gemeinschaftlichen Tagungen der bayerischen Handelskammern auf das unumgänglich notwendige Maß beschränkt wird."[271] Augsburg stimmte also der Errichtung eines Handelskammertages zu, weil dies aufgrund der oben beschriebenen allgemeinen Gesamtsituation nicht mehr zu umgehen war und auch weil man sich gewisse Vorteile davon versprach, wollte aber die dadurch entstehende „Inanspruchnahme" und damit die gemeinsamen Arbeiten gleich zu Beginn „auf das unumgänglich notwendige Maß" beschränkt wissen. Dadurch sollte wohl schon vor der Gründung einem Ausufern der gemeinschaftlichen Beratungen und der Beratungsgegenstände vorgebeugt werden. München antwortete lediglich mit dem Hinweis, daß die Länge der Beratungen zur Satzung und Geschäftsordnung nicht absehbar sei; auch hätten alle anderen Handelskammern bereits zugestimmt.[272]

---

die Kammer noch nicht in einer Plenarsitzung darüber entschieden habe. Dies geschah am 18.2., vgl. HK Würzburg an HK München, 19.2.1909. BWA K1/II/15, 1. Akt.

[269] Rundschreiben der HK Nürnberg, 29.1.1909. BWA K1/II/15, 1. Akt.

[270] Rundschreiben der HK München, 8.2.1909. BWA K1/II/15, 1. Akt.

[271] HK Augsburg an die HK München, 11.2.1909. BWA K1/II/15, 1. Akt.

[272] HK München an die HK Augsburg, 15.2.1909. BWA K1/II/15, 1. Akt.

Am 10. Februar versandte die Handelskammer Ludwigshafen ihren neuen Entwurf des Statuts nebst Geschäftsordnung mit der Bitte um Abänderungswünsche der anderen Kammern, um noch vor der Konstituierung einen definitiven Entwurf ausarbeiten und den Schwesterkammern übermitteln zu können.[273] Der neue Vorschlag beruhte im wesentlichen auf demjenigen von 1903, die wichtigsten Änderungen bestanden darin, daß der Vorort nur alle drei Jahre gewählt werden und jede Kammer bei Abstimmungen nur eine Stimme besitzen sollte (der Entwurf von 1903 hatte für jede Abteilung der Kammern, also für die Handels- und die Gewerbeabteilung, je eine Stimme vorgesehen. Dies war nun, nach der Abtrennung der Gewerbekammern, nicht mehr nötig). Von der Kammer München ist belegt, daß sie der Kammer Ludwigshafen entsprechende Abänderungsvorschläge unterbreitete; so wollte sie, wahrscheinlich in Anspielung auf den Deutschen Handelstag und eingedenk der eigenen Initiative von 1883, statt der Bezeichnung Handelskammertag den Namen Handelstag durchsetzen, was durch die Allerh. Verordnung wohl nicht verwehrt würde[274], außerdem erschien ihr der Zeitraum von drei Jahren für einen Vorort zu lang und es sollte in den Statuten festgehalten werden, daß der Handelskammertag in der Regel alljährlich stattfinden sollte. Letztlich aber waren die Veränderungswünsche der Kammern insgesamt nicht so zahlreich und gravierend, daß sich die Aufstellung eines neuen Entwurfes lohnte.[275] Die Beratungen vom 1. März fanden deshalb auf der Grundlage des ursprünglichen Vorschlages statt.

Gleichzeitig informierten sich die Handelskammern München und Nürnberg über die entsprechenden Statuten anderer Handelskammertage und diesbezüglicher Zusammenschlüsse im Reich, etwa des Badischen, des Hessischen und des Sächsischen Handelskammertages, des Verbands der amtlichen Handelsvertretungen Posens und Westpreußens, des Verbandes Brandenburgischer Handelskammern und des Ausschusses der Handelskammern im Regierungsbezirk Liegnitz.[276]

Parallel dazu sammelten die bayerischen Kammern Themen, die auf der Tagesordnung des ersten Handelskammertages beraten werden sollten. In der Regel wurde dabei diejenige Kammer zur Referentin ernannt, die das jeweilige Thema vorschlug. So nannte München als Vorschläge die bayerische Steuerreform, die „Erledigung der den bayerischen Handelskammern in § 2 Ziff. 6 und 7 der Kgl. Allerh. Verordnung vom 25. Februar 1908 zugewiesenen Obliegenheiten“, also die Beschäftigung mit den den Kammern neu zugewiesenen Geschäftsfeldern bezüglich der Anstellung von Gewerbetreibenden und der Aus-

---

[273] Rundschreiben der HK Ludwigshafen, 10.2.1909. BWA K1/II/15, 1. Akt.
[274] HK München an die HK Ludwigshafen, 17.2.1909. BWA K1/II/15, 1. Akt.
[275] Rundschreiben der HK Ludwigshafen, 26.2.1909. BWA K1/II/15, 1. Akt.
[276] Vgl. Rundschreiben der HK München an die HKn Karlsruhe, Darmstadt, Leipzig, Breslau, Posen, Potsdam, Liegnitz, Magdeburg, Hannover, Essen, Hagen, Wiesbaden, 15.2.1909, für die HK Nürnberg deren Antworten an die HK München. BWA K1/II/15, 1. Akt.

stellung von Ursprungszeugnissen,[277] und das Privileg der Bayerischen Notenbank.[278] Ludwigshafen brachte den in diesen Tagen veröffentlichten Entwurf einer Fernsprechgebührenordnung in Vorschlag,[279] überließ das entsprechende Referat aber dann den Münchner Kollegen, da hier bereits ein Mitglied die Behandlung der Angelegenheit angeregt hatte. Das Thema der Mainkanalisierung, das der Münchner Syndikus Kahn bei der Handelskammer Würzburg angeregt hatte, wurde kurzfristig wieder von der Tagesordnung gestrichen, da diese bereits allzu überfrachtet war;[280] dafür wurde der Punkt zur Handelskammerverordnung wieder verändert. Schließlich stand als endgültige Tagesordnung für den 2. März fest:

1. Konstituierung des Handelskammertages (Berichterstatterin: Handelskammer München)
2. Die bayerische Steuerreform (Berichterstatterinnen: die Handelskammern Nürnberg und München)
3. Die Erhöhung der Fernsprechgebühren (Berichterstatterin: Handelskammer München)
4. Bestellung und Vereidigung der in § 36 der Reichsgewerbeordnung bezeichneten Art durch die Handelskammern (Berichterstatterin: Handelskammer Nürnberg)[281]

Neben dem Ministerpräsidenten Podewils lud die Handelskammer München zur bevorstehenden Gründung Prinz Ludwig, den Staatsminister der Finanzen Hermann Ritter von Pfaff, den Staatsminister für Verkehrsangelegenheiten Heinrich Ritter von Frauendorfer und verschiedene andere Vertreter von Ministerien, Kreisregierung und Stadt ein. Auch an Vertreter der Presse, u.a. an die Redaktionen der *Münchener Neuesten Nachrichten*, der *Münchener Zeitung*, der *Augsburger Abendzeitung* und des *Bayerischen Kuriers*, erging eine Einladung. Die eigenen Kammermitglieder wurden aufgefordert, möglichst zahlreich zu erscheinen.[282]

Am Montag, den 1. März 1909, fanden sich nachmittags um vier Uhr 56 Vertreter der acht bayerischen Handelskammern im Sitzungssaal der Handelskammer München zu einer geheimen vorbereitenden Sitzung ein; einziger Gegenstand auf der Tagesordnung war die Beratung des Statuts und der Geschäftsord-

---

[277] Vgl. Verordnung von 1908, Gesetz- und Verordnungsblatt 1908, S. 71.
[278] Rundschreiben der HK München, 8.2.1909. BWA K1/II/15, 1. Akt.
[279] HK Ludwigshafen an die HK München, 11.2.1909. BWA K1/II/15, 1. Akt.
[280] Vgl. Briefwechsel HK München-HK Würzburg, Mitte Februar 1909. BWA K1/II/15, 1. Akt.
[281] Vgl. Einladung der HK München an die anderen Kammern, 19.2.1909. BWA K1/II/15, 1. Akt.
[282] Vgl. entsprechenden Briefwechsel in BWA K1/II/15, 1. Akt.

nung des bayerischen Handelskammertages.[283] Berichterstatterin hierzu war naturgemäß die Kammer Ludwigshafen. Die ausgearbeiteten Satzungen wurden ohne wesentliche Veränderungen angenommen, die Münchner Änderungswünsche wurden kaum berücksichtigt.[284] Eine größere Diskussion rief allerdings der Nürnberger Antrag hervor, die Satzungen im § 4 abzuändern und München als ständigen Vorort des Handelskammertages festzulegen. Der Augsburger Vorsitzende, Kommerzienrat von Schmid,[285] wandte dagegen ein, daß der Standpunkt der Gleichberechtigung der Kammern damit zerstört und die gemeinschaftliche Vertretung der Interessen der bayerischen Industrie und des bayerischen Handels dadurch illusorisch werde. Auch Dr. Wagner, der Vorsitzende der Kammer Ludwigshafen, erkannte eine Beeinträchtigung der Gleichberechtigung, für ihn überwog jedoch der Vorteil, den die Möglichkeit der Anwesenheit von Regierungsvertretern in München bot. Kommerzienrat Schüller aus Bayreuth schloß sich dieser Argumentation an, während für die beiden Präsidenten aus Regensburg und Würzburg, Kommerzienrat Christlieb und Kommerzienrat Hilcken, die Anwesenheit von Regierungsvertretern nicht von ausschlaggebender Bedeutung war. In der Abstimmung über den Paragraphen entschied man sich mit 5 : 3 Stimmen gegen einen ständigen Vorort und für einen periodischen Wechsel. Interessanterweise ist auch die Kammer München unter den Gegnern des Antrags zu finden; offensichtlich wollte Pfister wie auch schon sein Vorgänger Weidert um jeden Preis den Anschein eines Strebens nach Vorherrschaft vermeiden.[286]

Trotz dieser Debatte wurde München anschließend zum ersten Vorort des Handelskammertags gewählt, wofür verschiedene Gründe ausschlaggebend gewesen sein mögen: die Tatsache, daß München die größte bayerische Kammer war und damit den größten Apparat aufwies, seine Verdienste um das Zustandekommen des Handelskammertags und vielleicht auch trotz allem die Überlegung, daß eine gewisse Behördennähe gerade am Anfang der gemeinsamen Unternehmung nur dienlich sein konnte.

Mit der Annahme des Statuts und der Geschäftsordnung erfolgte schließlich die rechtliche Konstituierung des Bayerischen Handelskammertags durch die

---

[283] Statut und Geschäftsordnung des BHK im Anhang.

[284] So hatte Pfister unter anderem zum § 2 angeregt, als stimmberechtigte Vertreter der HKn im Regelfall gewählte Kammermitglieder vorzuschreiben, die Beamten der einzelnen Kammern sollten nur in Ausnahmefällen abstimmen dürfen und eigentlich als wissenschaftliche Begleiter den Tagungen beiwohnen. Vgl. Protokoll der Sitzung in BWA K2/II/1, 1. Akt.

[285] Kurze biographische Angaben zu den einzelnen HK-Vorsitzenden und den Syndici im Zeitraum 1909-1936 (soweit sie ermittelt werden konnten) finden sich im Anhang; in der Darstellung wird im weiteren nicht eigens darauf verwiesen. Zur immensen Bedeutung, die die Unternehmer dem vom Monarchen verliehenen Titel „Kommerzienrat" beimaßen, siehe HESSELMANN: Wirtschaftsbürgertum, S. 63.

[286] Protokoll der Sitzung v. 1.3.1909. BWA K2/II/1, 1. Akt. Gegen den Antrag Nürnbergs hatten Augsburg, München, Passau, Regensburg und Würzburg gestimmt, dafür Nürnberg, Bayreuth und Ludwigshafen.

acht bayerischen Handelskammern. Sie wurde auf dem am nächsten Tag stattfindenden I. Bayerischen Handelskammertag, zu dem sich neben 83 Vertretern der Handelskammern auch 13 Ehrengäste, darunter Prinz Ludwig und der Ministerpräsident Freiherr von Podewils, einfanden, lediglich noch feierlich der Öffentlichkeit mitgeteilt. Podewils bezeichnete den Handelskammertag in seiner Begrüßungsansprache als „berufene Vertretung des Gesamtwillens der bayerischen Industrie- und Handelskreise" und gab seiner Hoffnung Ausdruck, die neue Organisation möge für die Wirtschaft Bayerns viel bewirken. Gleichzeitig lehnte er jede staatliche Bevormundung der Wirtschaft ab: „In dieser Erkenntnis ist auch die Versicherung begründet, die ich Ihnen zur Eröffnung Ihres Wirkens geben möchte: daß ich Ihren Kundgebungen stets jenen Wert beimessen werde, der dem ersten Organ von Handel und Industrie in Bayern zukommt."[287]

Danach trat man in die Tagesordnung ein; die einzelnen Punkte wurden nach den Referaten lebhaft diskutiert und zumeist mit einstimmigen Beschlußfassungen abgeschlossen.[288] Dieses geschlossene Vorgehen der Kammern wurde dabei von den anwesenden Regierungsvertretern mit Erstaunen und Respekt vermerkt.[289] Ein gemeinsames Festessen am Abend, zu dem auch die Ehrengäste geladen waren, beendete die feierliche Gründungssitzung des Bayerischen Handelskammertages.

V.2 Innere Organisation und Arbeitsweise nach der Satzung

Die auf der konstituierenden Sitzung des Bayerischen Handelskammertags von den Vertretern der acht bayerischen Handelskammern angenommenen Satzungen untergliederten sich in sechzehn Paragraphen, die wiederum nach verschiedenen Gesichtspunkten zusammengefaßt waren. Diese Satzungen, die mit dem Gründungstag in Kraft traten (vgl. § 16), bildeten den rechtlichen Rahmen für die Tätigkeit des Bayerischen Handelskammertags während der fast 27 Jahre seines Bestehens.[290]

2.1 Die rechtliche Stellung des Handelskammertages (§§ 1-2)

Nach § 1 war der Bayerische Handelskammertag eine freie Vereinigung mit dem Zweck, wichtige gemeinsame Aufgaben der Mitglieder (nach § 2 die bayerischen Handelskammern) durch gemeinsame Beratungen und Beschlußfassungen zu fördern. Da diese Rechtsform Auswirkungen auf die Tätigkeit des Han-

[287] Vgl. Protokoll des I. BHK vom 2.3.1909. BWA K1/II/15, 1. Akt, ebenso in K2/II/1, 1. Akt.

[288] Die Tagesordnungspunkte und ihre Behandlung finden im Kapitel C: „Entwicklung und Tätigkeit des BHK bis 1936" Erwähnung.

[289] Aussage des Regensburger HK-Präsidenten Christlieb auf der Delegiertenkonferenz v. 25.6.1910. BWA K2/I/2.

[290] Genauer Wortlaut im Anhang.

delskammertags hatte, soll sie im folgenden ein wenig ausführlicher erörtert werden.

Die bayerischen Handelskammern waren mit der Verordnung von 1908 Körperschaften des öffentlichen Rechts geworden, bereits zuvor waren sie, da der Staat ihnen von ihrer Gründung an staatliche Aufgaben übertragen hatte, halbstaatliche Stellen gewesen. Der Bayerische Handelskammertag bildete jedoch eine freie Vereinigung, daher war er, ebenso wie der Deutsche Handelstag und die anderen Organisationen auf Länderebene, ein Zusammenschluß privatrechtlicher Natur. Analog zu FRENTZELS/JÄKELS Ausführungen zum Deutschen Handelstag läßt sich für den Bayerischen Handelskammertag anführen, daß er „ein Organ der Kammern [war], das sich diese zur Erhöhung des Wirkungsgrades ihrer Arbeit nach eigenem Ermessen geschaffen“ hatten. Seine Aufgabe war „im wesentlichen die Koordinierung der Kammerarbeit und der wirtschaftspolitischen Voten der Kammern“, hierfür bedurfte er „von der Sache her, anders als die Kammern, keiner Körperschaftsrechte.“[291] Die Mitgliedskammern durften ihm keine hoheitlichen Aufgaben übertragen, für deren Erfüllung blieben regional allein sie zuständig. Aus dem gleichen Grund konnte umgekehrt der Staat ihm keine administrativen Aufgaben mit hoheitlichen Befugnissen übertragen; damit blieb ein wichtiger Teil der herkömmlichen Handelskammeraktivitäten aus der Tätigkeit des Handelskammertags ausgeschlossen.[292]

2.2 DIE BESTIMMUNG DES VORORTS (§ 4)

Nach § 4 der Satzungen mußte alle drei Jahre eine Handelskammer zur Führung der Geschäfte zum Vorort gewählt werden. Der Vorsitzende dieser Kammer war dann zugleich Vorsitzender des Bayerischen Handelskammertages. Aufgabe des Vororts war es insbesondere, die Versammlungen des Handelskammertages vorzubereiten und die auf demselben gefaßten Beschlüsse auszuführen. Letztere Bestimmung war in den Satzungen dadurch eingeschränkt, daß der Handelskammertag sich darauf einigen konnte, den Vollzug eines Beschlusses derjenigen Kammer zu übertragen, die die Aufnahme der Angelegenheit in die Tagesordnung angeregt hatte. Alle ausgearbeiteten Berichte und Gutachten waren den anderen Kammern nochmals zur Genehmigung vorzulegen, ehe sie an den Adressaten (zumeist die bayerische Regierung sowie die zuständigen Ministerien) gesandt wurden.

Wie oben bereits ausgeführt, wurde München auf der vorbereitenden Sitzung am 1. März 1909 zum ersten Vorort des Bayerischen Handelskammertages bestimmt. Der damalige Vorsitzende der Münchner Kammer, Kommerzienrat Otto von Pfister, war damit zugleich der erste Vorsitzende bzw. Präsident des Handelskammertages.

---

[291] FRENTZEL/JÄKEL: Industrie- und Handelskammern, S. 79.

[292] Vgl. die Ausführungen KÖNIGS: Handelskammern, S. 56, zur „Vereinigung von HKn des niederrheinisch-westfälischen Industriebezirk“.

2.3 Der Ablauf von Versammlungen (§§ 5-13)

Die Paragraphen 5 mit 13 regelten den Ablauf der Versammlungen des Handelskammertages. Demnach sollte der Handelskammertag in der Regel alljährlich einberufen werden (§ 5), außerdem mußte eine Einberufung erfolgen, wenn sie von mindestens drei Kammern unter Angabe der Gründe gewünscht wurde. Tag und Ort der Zusammenkunft waren vom Vorort zu bestimmen (§ 6). Zwar legte die Satzung den Sitz der Vorortkammer als üblichen Tagungsort fest, doch erlaubte sie hiervon auch Abweichungen, wovon in den ersten Jahren auch häufig Gebrauch gemacht wurde.

Nach § 7 der Satzungen sollten die Einladungen zu den jeweiligen Versammlungen unter Bekanntgabe der Tagesordnung mindestens vierzehn Tage vor dem Termin der Sitzung ergehen; die Berichterstatter zu den einzelnen Tagesordnungspunkten waren dabei vom Vorort zu ernennen, jedoch wurde satzungskonform die Hauptberichterstattung meist der Kammer übertragen, die einen Verhandlungsgegenstand angeregt hatte.

§ 8 übertrug die Leitung der Sitzungen dem Kammervorsitzenden des „jeweiligen Vororts“; war dieser verhindert, so sollte der Vorsitzende der Tagung „aus der Mitte der Versammlung nach freier Wahl bestellt“ werden, an seine Person waren keine Bedingungen geknüpft. Ebenfalls nach freier Wahl waren zwei Stellvertreter des Vorsitzenden zu bestimmen. Die genannten Wahlen sollten ebenso wie die der beiden in § 9 vorgesehenen Schriftführer nach der Satzung durch Stimmzettel erfolgen; für den Fall, daß niemand widersprach, war auch die Möglichkeit des Zurufs vorgesehen.[293]

Nach § 10 hatten die Verhandlungen des Handelskammertages öffentlich stattzufinden; die Öffentlichkeit war auszuschließen, wenn dies von mindestens zwei Kammern gewünscht wurde. Diesem Paragraphen entsprechend wurden die Vollversammlungen des Handelskammertages in der Regel als öffentliche Veranstaltungen abgehalten und die Presse ausführlich darüber informiert.

§ 11 berechtigte zur Teilnahme an den Sitzungen des Handelskammertags alle von den Handelskammern hierzu abgeordneten Mitglieder und Beamten[294], zudem bestand die Möglichkeit, außerhalb der Kammer stehende Sachverständige zu den Beratungen hinzuzuziehen, denen allerdings lediglich eine beratende Stimme zukam. Über Beschlüsse abstimmen durften nur die Kammern, wobei

---

[293] Die Wahlen wurden stets per Akklamation entschieden, eine schriftliche Wahl läßt sich in den Akten kein einziges Mal feststellen.

[294] Infolge der halbamtlichen Stellung der Handelskammern als juristische Personen des öffentlichen Rechts wird das hauptamtliche Büropersonal der Kammern als „Beamte“ bezeichnet und auch als solche besoldet. KAMMERER: Interessenvertretungspolitik, S. 241; MOST: Selbstverwaltung, S. 129.

jeder Kammer genau eine Stimme zustand (§ 12). Hier zeigt sich eine Abweichung von den Satzungen des Deutschen Handelstags, die sich auch in den Statuten anderer Landesverbände[295] feststellen läßt: Obwohl die Kosten je nach Leistungskraft der einzelnen Kammern verteilt wurden (siehe unten), erhielten größere Kammern auch nur eine Stimme. Kleine Kammern wie Passau konnten dementsprechend ihren Standpunkt ebenso vertreten wie die größeren.

Die Beschlußfassung erfolgte durch einfache Stimmenmehrheit, Stimmengleichheit galt als Ablehnung. Der Minderheit blieb es laut Satzung unbenommen, ihren abweichenden Standpunkt selbständig weiter zu vertreten. Damit war eine von manchen Kammern so gefürchtete Majorisierung und Bindung an den eigenen Interessen zuwiderlaufende Entscheidungen von vornherein ausgeschlossen.

Über die Tagungen des Handelskammertags war nach § 13 vom Vorort jeweils ein eingehender Sitzungsbericht anzufertigen.

2.4 Kosten und Finanzierung

Die Satzung bestimmte in § 14 in bezug auf die Finanzierung des Handelskammertages lediglich, daß die „gesamten Kosten des Handelskammertages einschließlich der Kosten für die Führung der Vorortsgeschäfte" von den einzelnen Kammern „nach Maßgabe des Gewerbesteuersolls ihrer Beitragspflichtigen" getragen wurden, die Reisekosten und Tagegelder der Vertreter der Kammern bei den Zusammenkünften sollte jede Kammer für sich selbst tragen. Über Abrechnungszeitraum sowie -datum gab es in der Satzung nur die Angabe, daß das Geschäftsjahr des Bayerischen Handelskammertages das Kalenderjahr war (§ 3).

VI. Zusammenfassung

Die Gründung der bayerischen Handelskammern 1842, wiewohl im Vergleich mit anderen deutschen Staaten noch relativ früh, war das Ergebnis eines langwierigen Prozesses. König Ludwig I. stand dem Projekt eigentlich ablehnend gegenüber, gab aber schließlich dem Druck des Innenministers Abel nach und gestattete die Errichtung von Handelskammern in jedem Kreis des Königreichs.

Schon frühzeitig, in den ersten Verordnungsentwürfen Oettingen-Wallersteins von 1832, wurde dabei an einen „allgemeinen und zentralen Industrie- und Handelsrat" gedacht, in dem Vertreter der einzelnen Kammern vereint die Regierung beraten sollten. Diese Idee wurde erstmals 1848, anläßlich der ersten Reform der Handelskammerverordnung, mit einem „Handelsrat des Reiches" umgesetzt, der jedoch niemals zusammentrat. Obgleich die zahlreichen folgenden Reorganisa-

---

[295] Vgl. z.B. Statut des Hessischen Handelskammertags, § 2, sowie Geschäftsordnung für die Vereinigung der Handelskammern des Königreichs Sachsen (Sächsischer Handelskammertag), § 12. Beide in BWA K1/II/15, 1. Akt.

tionen der Kammerverordnung diesen Aspekt vorerst nicht mehr aufnahmen, geriet er doch nie gänzlich in Vergessenheit, denn allmählich reifte auch in den einzelnen Kammern der Gedanke an einen Zusammenschluß, welcher durch das Vorbild Badens und Preußens sowie in erster Linie des Deutschen Handelstags an Aktualität gewann. 1883 unternahm daher die Handelskammer München den Versuch einer Einigung in einem Bayerischen Handels- und Gewerbetag, der jedoch an der Skepsis einiger anderer Kammern scheiterte. Insbesondere Nürnberg, Augsburg und Regensburg lehnten die Idee einer gemeinsamen Institution ab. Hierbei spielte neben der geplanten Aufnahme der Bezirksgremien die Angst vor einer Dominanz Münchens eine große Rolle, möglicherweise aber auch die Erinnerung an die derzeitigen Querelen im Deutschen Handelstag. Auch der Kompromißvorschlag der Kammer Würzburg konnte an der Haltung der Schwesterkammern nichts ändern.

Als Ludwigshafen 1903 einen eigenen Entwurf für einen Bayerischen Handelskammertag vorlegte, hatte sich an der Meinung der rechtsrheinischen Kammern nichts geändert, obwohl die Handwerker ihnen 1901 mit einem Bayerischen Handwerkskammertag vorausgingen. Erst die drohende Konkurrenz durch Fachverbände, in erster Linie durch den Bayerischen Industriellen-Verband, sowie durch die von der Regierung eingerichtete Zentralstelle für Industrie, Gewerbe und Handel veranlaßte die Handelskammern, ihre Position zu überdenken, weil sie gewärtig sein mußten, ihren Einfluß sowohl auf die Regierung als auch auf die von ihnen vertretenen Unternehmer zu verlieren. 1907 beschlossen sie daher die Gründung eines Bayerischen Handelskammertags, die schließlich am 2. März 1909, nach der Reform der Handelskammerverordnung 1908 und der anschließenden Neukonstitution der Kammern, erfolgte.

C. Entwicklung und Tätigkeit des Bayerischen Handelskammertages bis 1936

I. Allgemeine Bemerkungen zur Tätigkeit des Bayerischen Handelskammertags

I.1 Zum Einfluß von Handelskammern und des Handelskammertages

Im Zusammenhang mit der politischen Interessenvertretung der Anliegen von Handel und Industrie durch die Handelskammern stellt sich die Frage, wie effektiv eine solche Interessenvertretung sein kann. Eine abschließende Beurteilung kann hier und wohl auch am Ende dieser Arbeit zu diesem Punkt nicht erfolgen, hier sollen nur allgemeine Überlegungen angestellt werden. Dazu ist zu sagen, daß sich die Effektivität einer Handelskammer im politischen Bereich „zwar vermuten und in Ansatz bringen läßt, daß aber ein direkter Nachweis – geschweige denn eine quantitative Zuordnung der Wirksamkeit – bei der Komplexität politischer Entscheidungsprozesse, in die ja oft auch irrationale Momente mit einfließen, nicht möglich ist."[1]

Hermann ADAM hat in seiner Studie über den Einfluß von Industrie- und Handelskammern auf politische Entscheidungsprozesse[2] versucht, diesen Nachweis für die Bundesrepublik zu erbringen. Er kommt dabei zu dem Ergebnis, daß der Einfluß einzelner Kammern auf regionaler Ebene in bestimmten Fragen nahezu nicht vorhanden sei; auch auf Länderebene, selbst wenn sich die jeweilige Arbeitsgemeinschaft der Handelskammern des Bundeslandes einschalte, sei er noch gering. Am weitreichendsten sei der politische Einfluß auf Bundesebene, wenn der Deutsche Industrie- und Handelstag sich engagiere.[3] Für die Zwecke dieser Arbeit ist zu dieser Untersuchung folgendes anzumerken: ADAM mußte sich zwangsläufig auf Fallstudien beschränken, konnte also nicht das gesamte Spektrum der Kammerarbeit und deren Effizienz im einzelnen untersuchen. Der Einfluß von Kammern und Kammerverbänden variiert jedoch je nach Gegebenheiten, ein absoluter Wert läßt sich, wie oben beschrieben, ihm nicht zumessen. Eine direkte Übertragung der Untersuchungsergebnisse auf die Tätigkeit des Bayerischen Handelskammertags im genannten Zeitraum ist zudem nicht zulässig, da die bundesdeutsche Verbandslandschaft, innerhalb derer ADAMS Studie angesiedelt ist, sich doch erheblich von den Verhältnissen im Bayern zur Zeit des Kaiserreichs und auch der Weimarer Republik unterscheidet. BLAICH glaubt sogar, den Kammern für diese Zeit den Rang eines „Entscheidungsträgers" und nicht nur eines „Einflußträgers" zubilligen zu können,

---

[1] ZINNER: Handelskammer, S. 196f.

[2] ADAM, Hermann: Der Einfluß der Industrie- und Handelskammern auf politische Entscheidungsprozesse, Frankfurt/M., New York 1979.

[3] Ebd., S. 206-208.

da die ausschließlich juristisch und kameralistisch geschulten Ministerialbeamten in vielen wirtschaftlichen Fragen auf den sachkundigen Rat der Kammern angewiesen wären.[4] Diese Darstellung ist jedoch übertrieben, wie auch in der folgenden Darstellung der Tätigkeit des Bayerischen Handelskammertags zu erkennen sein wird.

Der Wert von ADAMS Ergebnissen liegt für diese Arbeit daher vielmehr in ihren Relationen: Mag der politische Einfluß einer Arbeitsgemeinschaft bzw. eines Kammertags auch *gering* sein, so ist er doch immer noch größer als der einer einzelnen Kammer, der *nahezu nicht vorhanden* ist.

In diesem Sinne läßt sich für die Arbeit des Bayerischen Handelskammertags schlußfolgern, daß ihr Ergebnis, was das Einwirken auf politische Vorgänge betrifft, nicht absolut zu messen ist, aber doch in den meisten Fällen das Vorgehen einer einzelnen Kammer in bestimmten Fragen übertrifft.[5] Zu diesem Ergebnis gelangt auch die zeitgenössische Einschätzung von COHEN/SIMON, welche schreiben: „Sicher ist, daß Gehalt und Wirkung der gutachtlichen Tätigkeit der bayerischen Handelskammern, daß der Einfluß, den die Handels- und Industriekreise mittels ihrer Handelskammern ausüben, durch den Zusammenschluß zu einem Handelskammertag nur gewonnen hat."[6]

Zudem ist in diesem Zusammenhang zu erwähnen, daß die Präsidenten der bayerischen Handelskammern in dem uns interessierenden Zeitraum (und wohl zweifellos auch heute noch) wirtschaftlich sehr erfolgreiche Männer waren, die nicht nur wegen der von ihnen vertretenen Bevölkerungskreise, sondern schon aufgrund ihres eigenen ökonomischen und finanziellen Hintergrunds über beträchtliche Einflußmöglichkeiten verfügten. Verwiesen sei beispielhaft auf die Augsburger Paul von Schmid und Christian Diesel sowie den Münchner Joseph Pschorr.[7] Fanden sich nun diese Personen in einem Gremium zusammen, so ist davon auszugehen, daß gemeinsame Eingaben bei Regierungsstellen von den Behörden nicht einfach übergangen, sondern zumindest geprüft wurden.

I.2 DAS ARBEITSFELD DES BAYERISCHEN HANDELSKAMMERTAGS

Die Aufgaben einer Handelskammer sind, da es sich bei ihr um eine Selbstverwaltungskörperschaft handelt, vom Gesetzgeber klar umrissen. Ehe jedoch diese

---

[4] BLAICH: Energiepolitik, S. 6, Fußnote 24.

[5] Vgl. hierzu auch BOETTCHER, Erik: Kooperation und Demokratie in der Wirtschaft, Tübingen 1974, S. 40f., der darlegt, daß durch eine Kooperation Gleichgesinnter sich der Handlungsspielraum des einzelnen erhöht.

[6] COHEN/SIMON: Geschichte, S. 327.

[7] Vgl. HESSELMANN: Wirtschaftsbürgertum, S. 93f., 107f., 260f. Kurze Angaben zu den Kammerpräsidenten und -sekretären, also jenen Personen, die die Geschicke des BHK im wesentlichen bestimmten, finden sich im Anhang.

Aufgaben näher erläutert werden, soll an dieser Stelle zum besseren Verständnis kurz auf den Ausdruck „Selbstverwaltung" eingegangen werden.

Die Bedeutung des Begriffs „Selbstverwaltung" geht zurück auf die Reformpläne von Karl Reichsfreiherr vom und zum Stein (1807/08), der den preußischen Kommunen damit größere Eigenständigkeit zugestehen wollte. Erst später wurde der Begriffsinhalt auch auf die Wirtschaft übertragen.[8]

Selbstverwaltung beinhaltet die Übertragung staatlicher Zuständigkeiten auf nachgeordnete Körperschaften; sie kann sich also nicht aus sich selbst ergeben, sondern muß sich im Rahmen des staatlichen Willens vollziehen, sie bedingt den Verzicht des Staates auf eigene Tätigkeit. Als Träger der Selbstverwaltung kommen daher nur öffentlich-rechtliche Körperschaften in Frage, da es sich ja um die Erledigung öffentlicher Aufgaben handelt, deren Erfüllung auch jederzeit überprüfbar sein muß. Aus diesem Aufsichtsrecht des Staates kann jedoch kein Weisungsrecht abgeleitet werden, die Selbstverwaltungskörperschaft löst die ihr übertragenen Aufgaben innerhalb der bestehenden Gesetze nach eigenem Gutdünken. Most definiert den Begriff daher wie folgt: „Selbstverwaltung ist (...) die Erfüllung öffentlicher Aufgaben durch vom Staat dazu berufene öffentlich-rechtliche Körperschaften unter staatlicher Aufsicht, aber mit eigener Verantwortlichkeit und eigener Entschlußfreiheit, sowie mit eigenen, selbstgewählten Organen."[9]

Die Bezeichnung „wirtschaftliche Selbstverwaltung" entstand in Anlehnung an den Ausdruck „kommunale Selbstverwaltung".[10] Unter all den im weiten Feld der Wirtschaft tätigen Organisationen treffen die in der Definition genannten Kriterien allein auf die Kammern – neben den Handelskammern selbstverständlich auch die Landwirtschafts- und die Handwerkskammern – zu.[11] Angesichts ihrer Wurzeln einerseits in den Kommerzienkollegien und Handlungsvorstände, in denen die Kaufleute schon früh Selbstverantwortung übernahmen, und andererseits in den französischen Handelskammern, die von vornherein als Beratungsgremien eng mit dem Staat verbunden waren, überrascht die Übertragung der Selbstverwaltung gerade auf die Kammern nicht. Für sie ergibt sich durch die Übernahme der öffentlichen Aufgaben trotz aller Spannungen zwischen Erfüllung hoheitlicher Aufgaben und Interessenvertretung zugunsten der Mitglieder ein großer Vorteil: Die Wirtschaft erhält damit den Freiraum, Dinge, die sie

---

[8] WÜLKER: Wandel, S. 3f. Noch Anfang des 20. Jahrhunderts war die Begriffsübertragung umstritten, vgl. MOST: Selbstverwaltung, S. 1f.

[9] MOST: Selbstverwaltung, S. 2-12, Zitat S. 13.

[10] Ebd., S. 13f. Anfangs war die Bezeichnung nicht eindeutig; MOST plädiert noch für eine Änderung in „Selbstverwaltung der Wirtschaft", um eine Verwechslung mit der wirtschaftlichen Tätigkeit der Kommunen zu vermeiden.

[11] Ebd., S. 19.

selbst betreffen, auch selbst und vor allem dezentral zu regeln, ohne daß der Staat überall lenkend eingreifen müßte.[12]

Wirtschaftliche Selbstverwaltung ist also im Zusammenhang dieser Arbeit die Zuständigkeit der Handelskammern, ihnen durch die geltende Verordnung übertragene Befugnisse in Angelegenheiten der Wirtschaft eigenverantwortlich zu regeln.

Diese Zuständigkeit unterteilt sich nach MOST in staatliche Aufgaben, die den Selbstverwaltungskörperschaften vom Staat übertragen und von denselben in ihrer Eigenschaft als Hilfsorgan der Staatsverwaltung nach staatlichen Vorschriften ausgeführt werden, sowie in eigene Aufgaben der Selbstverwaltung. Zu letzteren zählen einmal die obligatorischen (Zwangs-)Aufgaben, deren Erfüllung der Staat verlangt, ohne aber die Ausführung zu reglementieren, und zum anderen die fakultativen Aufgaben, die die Selbstverwaltung sich im Rahmen des ihr Gestatteten selbst sucht und nach eigenem Gutdünken verfolgt.[13] Die staatlichen Aufgaben bestanden von der Entstehung der Handelskammern an in erster Linie in der Verpflichtung, sich gegenüber staatlichen Organen über wirtschaftspolitische Fragen gutachtlich zu äußern, über den Stand der Wirtschaft im Kammergebiet, deren Bedürfnisse und Wünsche zu berichten sowie Anregungen zu ihrer Förderung zu geben. Die entsprechenden Bestimmungen finden sich auch in der Verordnung von 1908, die für den größten Zeitraum der Tätigkeit des Bayerischen Handelskammertags galt.[14] MOST rechnet zu den gutachtlichen Äußerungen neben der Feststellung von Handelsgebräuchen, der Anhörung der Kammern vor der Bestellung von Konkursverwaltern und Geschäftsaufsichtspersonen und der Mitwirkung bei der Führung der Handelsregister auch die Bestellung von Bücherrevisoren und die öffentliche Anstellung von Sachverständigen. Weitere öffentliche Aufgaben sind das Ausstellen amtlicher Bescheinigungen und Beurkundungen, zum Beispiel Ursprungszeugnisse, und die Aufsicht über Börsen.[15] Die Berichterstattung über den Stand der Wirtschaft, über Bedürfnisse, Wünsche, Anregungen erfolgte üblicherweise über den nach der Verordnung vorgeschriebenen Jahresbericht der Kammern.

Die obligatorischen Aufgaben der Selbstverwaltung sind im Grenzgebiet zwischen Staats- und Selbstverwaltung angesiedelt. Zu ihnen zählt MOST neben der

[12] Vgl. dazu STIHL, Hans Peter: Fundament Freiheit. Wirtschaftliche Selbstverwaltung aus unternehmerischer Sicht. Vortrag auf der Tagung des Verbandes der Geschäftsführer deutscher Industrie- und Handelskammern, Berlin 1991, S. 11-13. STIHL, S. 11, kommt deshalb zu dem Urteil: „Die Kammern sind organisierte Staatsferne." Ob dies allerdings auch schon für die Zeit des Kaiserreichs galt, muß bezweifelt werden.

[13] Vgl. dazu MOST: Selbstverwaltung, S. 32. Siehe zu den Aufgaben einer Handelskammer auch FRENTZEL/JÄKEL: Industrie- und Handelskammern, S. 36-57.

[14] Vgl. § 2 Ziff. 1 u. 4 der Verordnung v. 25.2.1908, Gesetz- und Verordnungsblatt für das Königreich Bayern 1908, S. 70.

[15] MOST: Selbstverwaltung, S. 41-44.

oben bereits beschriebenen Mitwirkung der Kammern am Landeseisenbahnrat hier vor allem die zahlreichen Aufgaben, die den Kammern während des Ersten Weltkrieges und der anschließenden Übergangszeit erwuchsen;[16] auf sie soll hier nicht näher eingegangen werden, da sie für den Handelskammertag nahezu keine Rolle spielten.

Der Schwerpunkt der fakultativen Aufgaben schließlich liegt bei der Beratung und Betreuung der Firmen des Kammerbezirks in allen Aspekten des wirtschaftlichen Lebens.[17] Ein wichtiges freiwilliges Betätigungsfeld der Kammern war ab den 1920er Jahren die Mitwirkung in der schulischen Berufsausbildung und das Abhalten von Lehrlingsprüfungen, besonders im kaufmännischen Bereich. Im Dritten Reich wurde diese Kammeraufgabe noch weiter ausgebaut und institutionalisiert, in der Bundesrepublik dann den staatlichen Aufgaben zugerechnet.[18]

Für die Tätigkeit des Bayerischen Handelskammertags ergeben sich nun gewisse Einschränkungen. Da er im Gegensatz zu den einzelnen bayerischen Kammern keine Körperschaft öffentlichen Rechts, sondern ein Zusammenschluß privatrechtlicher Natur war, war es ihm von vornherein verwehrt, die den Kammern vom Staat übertragenen obligatorischen Aufgaben auszuführen. Er konnte also gegenüber Gerichten keine Gutachten abgeben, er durfte auch keine Ursprungszeugnisse ausstellen; die Handelskammern konnten in diesen Fragen allenfalls gemeinsam die Art und Weise der Ausstellung bzw. die Regeln für derartige Tätigkeiten festlegen. Gleiches gilt auch für die Anstellung von Sachverständigen.

Eine Unterteilung der Arbeit des Handelskammertags nach den beschriebenen Kriterien ist daher nicht zweckmäßig. Die folgende Darstellung der Tätigkeit des Bayerischen Handelskammertags folgt deshalb der Einteilung der Handelskammeraufgaben von Hans ZIEGENFUß, dem langjährigen Geschäftsführer der Industrie- und Handelskammer Passau.[19] ZIEGENFUß unterscheidet fünf Funktionen einer Kammer:

1. das wirtschaftspolitische Wirken für die Bezirkswirtschaft
2. die öffentlichen Aufgaben
3. die gutachtliche Tätigkeit in Verwaltungs- und Gerichtsverfahren
4. die Betreuung der Mitglieder
5. die Ordnungsfunktion in der Wirtschaft.[20]

---

[16] Ebd., S. 44-64.
[17] Ausführlich dazu ebd., S. 64-98.
[18] Ebd., S. 87-89; WÜLKER: Wandel, S. 80f.
[19] ZIEGENFUß, Hans: Aufgaben einer Industrie- und Handelskammer. Vortrag vor dem Rotary-Club Passau am 17.1.1995 (unveröffentl. Manuskript).
[20] Ebd., S. 7.

Die Punkte 2 und 3, öffentliche Aufgaben und gutachtliche Tätigkeit, fallen unter die staatlichen Aufgaben einer Kammer; hat der Handelskammertag sich mit ihnen beschäftigt, so nur in der oben erläuterten, eingeschränkten Form. Die Betreuung der Mitglieder, also die Beratung und Erteilung von Auskunft, verblieb auf Kammerebene und bildete keinen Gegenstand der Handelskammertagsarbeit. Damit bleiben für den Handelskammertag in erster Linie die Funktionen des wirtschaftspolitischen Wirkens sowie die Ordnungsfunktion in der Wirtschaft.

Das wirtschaftspolitische Wirken betrifft die Wahrnehmung des Gesamtinteresses der Wirtschaft gegenüber den politischen Entscheidungsträgern, also die politische Interessenvertretung, die nach ZIEGENFUß „rechtzeitig sachlich, aber auch nachdrücklich“[21] erfolgen soll. Über die Ordnungsfunktion in der Wirtschaft nehmen die Kammern den ihnen vom Gesetz bzw. der Verordnung im Rahmen der wirtschaftlichen Selbstverwaltung eingeräumten Freiraum wahr, wirtschaftliche Rahmenbedingungen nach ihren Vorstellungen zu regeln, ohne dazu eine staatliche Stelle bemühen zu müssen.

Neben diesen von ZIEGENFUß aufgestellten Katalog treten in der folgenden Darstellung die Gliederungspunkte „Innere Angelegenheiten des Handelskammertags und der Handelskammern“, in der alle die Arbeitsweise und Satzung des Handelskammertags oder der Handelskammern betreffenden Fragen behandelt werden, sowie „Beschäftigung mit staatspolitischen Themen“, in der die Äußerungen des Handelskammertags zu politischen Themen, die nicht unmittelbar zum Feld der Wirtschaft gehörten, zusammengefaßt werden. Dabei ist zu beachten, daß den einzelnen Kammern als öffentlich-rechtlichen Körperschaften allgemeinpolitische Stellungnahmen nicht gestattet waren.[22] Der Handelskammertag als privatrechtlicher Dachverband mußte sich hieran zwar nicht zwingend halten, formulierte aber, wie im folgenden noch zu sehen sein wird, in den seltenen Fällen, in denen er sich eines solchen Themas annahm, nichtsdestoweniger seine diesbezüglichen Resolutionen meist äußerst zurückhaltend.

Die Reihenfolge der verschiedenen Gliederungspunkte in der Darstellung ergibt sich aus chronologischen Überlegungen; keinesfalls soll damit eine Gewichtung ihrer Bedeutung verbunden sein.

I.3 DIE BETEILIGUNG DER EINZELNEN KAMMERN AN DER ARBEIT DES BAYERISCHEN HANDELSKAMMERTAGES

Wie die Entstehungsgeschichte des Bayerischen Handelskammertages belegt, waren sich 1909 zwar alle bayerischen Handelskammern darüber einig, daß ein solches Gemeinschaftsgremium nun nötig und von Vorteil war, doch hatten die

---

[21] Ebd., S. 8.

[22] WINKLER, Heinrich August: Pluralismus oder Protektion? Verfassungspolitische Probleme des Verbandswesens im deutschen Kaiserreich, Wiesbaden 1972, S. 12.

Meinungen hierüber in den vorausgegangenen 26 Jahren doch deutlich geschwankt. Nun mußte sich in der Praxis erweisen, ob der Bayerische Handelskammertag genügend Unterstützung seiner Mitglieder erhielt, um lebensfähig zu sein und nicht das Schicksal mancher Handelskammervereinigungen, besonders in Nord- und Ostdeutschland, zu teilen, welche wenige Jahre nach der Gründung bereits wieder eingeschlafen waren.[23] Dies konnte nur gelingen, wenn alle bayerischen Handelskammern bereit waren, sich gleichermaßen an der Arbeit des Handelskammertages zu beteiligen, da nur so eine gleichwertige Vertretung aller bayerischen Interessen gewährleistet sein konnte. Zu diesem Zweck soll im folgenden die Beteiligung der einzelnen Kammern an der Tätigkeit des Handelskammertages untersucht werden. Hierfür werden zwei Kriterien herangezogen: Zum einen ist dies die Anwesenheit der einzelnen Kammern auf Sitzungen des Handelskammertages, die das Interesse belegt, welche die Kammern dem Handelskammertag entgegenbrachten, da zweifellos angenommen werden kann, daß eine Kammer, die für sich keinen Nutzen in der Arbeit der gemeinsamen Institution erblickte, früher oder später den Versammlungen, die ja keinen geringen Zeitaufwand bedeuteten, fernbleiben würde. Das zweite Kriterium ist die Bereitschaft zur Übernahme von Referaten auf den Sitzungen, wodurch das Engagement der einzelnen Kammern für die Gemeinschaftsinstitution bewertet werden kann.

In den Akten lassen sich von der Gründung am 2. März 1909 bis zur Auflösung im September 1936 insgesamt 67 Sitzungen des Bayerischen Handelskammertages feststellen. Bei neun davon fehlt jede Angabe zur Verteilung der Referate, weil entweder die Sitzung nur der Aussprache über ein bestimmtes Thema diente oder die Tagesordnung nicht mehr erhalten ist. Von zwei Versammlungen sind keine Angaben über die Anwesenden mehr erhalten.

Bei der Analyse der restlichen Sitzungen nach den oben genannten Kriterien ergeben sich folgende Ergebnisse: Wie Tabelle 4 zeigt, war nur die Handelskammer München auf sämtlichen 65 hier berücksichtigten Versammlungen vertreten. Nimmt man die beiden Sonderfälle Ludwigshafen und Coburg einmal aus, hält sich die Häufigkeit des Fernbleibens der anderen Kammern jedoch in engen Grenzen: Augsburg, Nürnberg, Regensburg und Würzburg fehlten in all den Jahren zwischen 1909 und 1936 jeweils nur einmal, die von München, wo die meisten Treffen abgehalten wurden, verkehrsferner gelegenen Kammern Bayreuth und Passau jeweils viermal, und dies zumeist in der durch äußerste Transportschwierigkeiten gekennzeichneten Nachkriegszeit. Von diesen sieben

---

[23] So zum Beispiel die „Vereinigung ostdeutscher Handelskammern" mit Sitz in Breslau oder der „Verband Brandenburgischer Handelskammern" mit Sitz in Potsdam. Vgl. entsprechende Schreiben der HK Potsdam bzw. der HK Breslau an die HK München, beide v. 18.2.1909. BWA K1/II/15, 1. Akt.

Handelskammern kann daher getrost angenommen werden, daß sie in der Arbeit des Bayerischen Handelskammertages für sich erhebliche Vorteile sahen.

Etwas anders lagen die Dinge allerdings bei den beiden Kammern Ludwigshafen und Coburg. Coburg war insofern ein Sonderfall, als die Kammer zusammen mit dem Staatsgebiet des vormaligen Herzogtums erst 1920 zu Bayern gelangte. Um die Perspektive hier nicht zu verzerren und eine bessere Vergleichbarkeit zu gewährleisten, weist Tabelle 4 in der rechten Spalte die Anzahl der Sitzungen des Handelskammertages nach Beitritt der Coburger Kammer aus. Doch auch hier ist noch deutlich zu erkennen, daß Coburg den Versammlungen wesentlich öfter fernblieb als die übrigen rechtsrheinischen Kammern. Dies mag sich zum einen aus der relativ großen Verkehrsferne von München erklären, zum anderen aber – und dies ist wahrscheinlicher – aus der Tatsache, daß sich die Wirtschaftslage in Coburg nach dem Beitritt zu Bayern nicht in dem Maße verbesserte, wie es sich die Bevölkerung zuvor erhofft hatte. Allem Anschein nach erblickte man in Coburg im Bayerischen Handelskammertag nicht in dem Maße ein Instrument zur Förderung der eigenen Interessen, wie man es bei den anderen Kammern tat.

Tabelle 4: Anwesenheit der einzelnen Kammern auf den Sitzungen des Bayerischen Industrie- und Handelskammertages

Handelskammer	*Anwesenheit*					
	auf 65 Sitzungen (1909-1936)		*auf 33 Sitzungen vor Beitritt der HK Coburg (1909-1920)*		*auf 32 Sitzungen nach Beitritt der HK Coburg (1920-1936)*	
	absolut	*%*	*absolut*	*%*	*absolut*	*%*
Augsburg	64	98,5	32	97,0	32	100
Bayreuth	61	93,8	30	90,9	31	96,9
Coburg	28	43,1	-	-	28	87,5
Ludwigshafen	50	76,9	25	87,7	25	78,1
München	65	100	33	100	32	100
Nürnberg	64	98,5	32	97,0	32	100
Passau	61	93,8	30	90,9	31	96,9
Regensburg	64	98,5	33	100	31	96,9
Würzburg	64	98,5	32	97,0	32	100

Quelle: Eigene Berechnungen auf Basis der Akten des Bayerischen Industrie- und Handelskammertages.

Der zweite Sonderfall, Ludwigshafen, war zwar von Anfang an Mitglied des Handelskammertages, nahm aber aufgrund der geographischen Lage als einzige linksrheinische Kammer Bayerns eine Sonderstellung ein. Diese geographische Lage kam im Zusammenhang mit dem Handelskammertag besonders nach dem Ende des Weltkrieges zur Geltung, als Frankreich das linke Rheinufer besetzte und zunächst jeden Verkehr mit den rechtsrheinischen Gebieten untersagte. Die Vertreter der Ludwigshafener Kammer waren so in den Jahren 1919/1920 daran gehindert, die Sitzungen des Handelskammertages in München aufzusuchen; gleiches galt für das Jahr 1923, in dem der Ruhrkampf tobte. Hieraus ergibt sich die geringe Anwesenheitsquote Ludwigshafens.

Tabelle 5: Verteilung der auf den Sitzungen des Bayerischen Industrie- und Handelskammertages gehaltenen Referate auf die einzelnen Kammern

Handelskammer	*Anzahl der Referate*					
	1909-1936		*vor Beitritt der HK Coburg (1909-1920)*		*nach Beitritt der HK Coburg (1920-1936)*	
	absolut	*%*	*absolut*	*%*	*absolut*	*%*
Augsburg	40	13,7	13	9,1	27	18,2
Bayreuth	25	8,5	13	9,1	12	8,1
Coburg	4	1,4	-	-	4	2,7
Ludwigshafen	12	4,1	6	4,2	6	4,0
München	109	37,5	51	35,6	58	39,2
Nürnberg	50	17,2	26	18,2	24	16,2
Passau	8	2,8	4	2,8	4	2,7
Regensburg	23	7,9	17	11,9	6	4,0
Würzburg	20	6,9	13	9,1	7	4,9
Summe:	291	100	143	100	148	100

Quelle: Eigene Berechnungen auf Basis der Akten des Bayerischen Industrie- und Handelskammertages.

Tabelle 5 zeigt die Anzahl der Referate, die eine jede der bayerischen Handelskammern auf den Sitzungen des Handelskammertages gehalten hat. Wie kaum anders zu erwarten, erwies sich die größte bayerische Handelskammer, München, als Motor des Bayerischen Industrie- und Handelskammertages. Ihr großer Kammerapparat sowie die unmittelbare Nähe zur Regierung und den Ministerien erlaubten ihr, allein mehr als ein Drittel aller Referate anzuregen und auszuarbeiten. Alle anderen Kammern sind demgegenüber weit abgeschlagen, einzig Augsburg und Nürnberg, die nächstgrößeren Kammern nach München, können noch mit einer größeren Anzahl von Vorträgen aufwarten. Die geringe Quote der Kammer Ludwigshafen, die leistungsmäßig sicherlich im Bereich von Augsburg und Nürnberg anzusiedeln ist, ergibt sich wohl aus ihrem häufigen Fernbleiben. Die kleinen Kammern Passau und Coburg rangieren erwartungsgemäß am unteren Ende der Skala, da ihr bescheidenes Budget und die geringe Mitarbeiterzahl (Passau verzeichnete noch 1939 nur zehn hauptamtliche Mitarbeiter[24], während zum Beispiel die Kammer München bereits 1932 46 Beamte

[24] LOIBL: Wirtschaft, S. 46.

und Angestellte beschäftigte[25]) nur selten die für ein Referat nötige intensive Auseinandersetzung mit einem Thema gestatteten.

Interessant ist jedoch die durch den Beitritt Coburgs notwendige Unterteilung in zwei Zeiträume. Augenscheinlich bemühten sich in den ersten Jahren der Existenz des Bayerischen Handelskammertages gerade auch die kleineren Kammern wie Regensburg darum, durch das Einbringen von Themen und deren Vortrag an der Arbeit des Kammertages teilzunehmen und dadurch dessen Richtung zu beeinflussen. Diese relativ ausgewogene Mitwirkung fand mit dem Beginn der Weimarer Republik ein abruptes Ende; Augsburg und Nürnberg übernahmen neben München eindeutig die Führung. Zu erklären ist diese Entwicklung mit den vielen Wirtschaftskrisen der Weimarer Zeit, die gerade den kleineren Handelskammern weder die nötige Zeit noch das erforderliche Geld ließen, um sich intensiver mit einem Gegenstand auseinanderzusetzen. Die größeren Kammern wie München, Augsburg und Nürnberg konnten dagegen für verschiedene Bereiche Spezialisten heranbilden. Die Tatsache, daß dennoch bis zum Ende des Handelskammertages 1936 trotzdem alle Kammern regelmäßig an den Sitzungen teilnahmen, beweist jedoch, daß auch die kleinen Kammern von der Arbeit der drei leistungsstärksten profitierten. Insbesondere kam es im Gegensatz zum Deutschen Handelstag niemals zu Austritten einzelner Kammern. Insofern läßt sich hier das Fazit ziehen, daß – mit der möglichen Ausnahme Coburg – alle bayerischen Handelskammern gleichermaßen an der Arbeit des Handelskammertages interessiert waren und sich je nach Leistungsvermögen daran beteiligten.

[25] Dies geht aus einem Zirkular der IHK München vom 11.1.1932 an alle Beamte und Angestellten hervor, welches 46 Namen auflistet. BWA K1/I/53.

II. ENTWICKLUNG UND TÄTIGKEIT DES BAYERISCHEN HANDELSKAMMERTAGS IM KAISERREICH BIS 1914

II.1 ARBEITSWEISE UND INHALTLICHE SCHWERPUNKTE

Mit der Verabschiedung der Satzungen in der Gründungssitzung am 1. März 1909 verfügten die bayerischen Handelskammern über ein theoretisches Gerüst für ihre gemeinsame Zusammenarbeit; nun galt es, dieses Gerüst in die Praxis umzusetzen und zu sehen, wie es sich im alltäglichen Arbeiten und Handeln der Kammern bewähren würde. In den ersten Jahren seiner Tätigkeit kam es daher im Handelskammertag immer wieder zu Diskussionen über Änderungen der Satzung, da die eine oder andere Bestimmung sich als zu ungenau erwies oder als verbesserungswürdig eingestuft wurde. Trotz dieser Diskussionen, die einen relativ breiten Raum in der Arbeit des Handelskammertages einnahmen, erreichten die Kammern recht schnell eine für alle Beteiligten zufriedenstellende und dem Interesse des Ganzen dienende Arbeitsweise, mit der bis zum Ausbruch des Ersten Weltkrieges alle anfallenden Fragen und Probleme in geeigneter Form gelöst werden konnten.

Der Sitzungsrhythmus war mit 2,62 Tagungen pro Jahr im Vergleich zu späteren Zeiträumen relativ hoch. Bei den besprochenen Themen stand, wie es Tabelle 6 ausweist, eindeutig die Kategorie des wirtschaftspolitischen Wirkens, d.h. die nach außen, auf Einflußnahme auf Politik und Behörden abzielende Seite des Handelskammertages im Vordergrund, doch wurde die Selbstverwaltung, die „Ordnungsfunktion in der Wirtschaft", darüber nicht vernachlässigt. Insgesamt boten diese ersten fünf Jahre der Tätigkeit des Bayerischen Handelskammertags das Bild einer harmonischen, in sich stimmigen Organisation, die mit viel Schwung und Elan erfolgreiche Arbeit leistete.

Tabelle 6: Verteilung der vom Bayerischen Handelskammertag besprochenen Themen 1909-1914

	absolut	*%*
Wirtschaftspolitisches Wirken	43	58,90
Besprechung öffentlicher Aufgaben	-	-
Gutachtliche Tätigkeit	-	-
Ordnungsfunktion in der Wirtschaft	8	10,96
Beschäftigung mit staatspolitischen Themen	1	1,37
Innere Angelegenheiten der HKn und des BHK	20	27,40
Sonstiges	1	1,37
Summe	73	100

Quelle: Eigene Berechnung auf Basis der Akten des Bayerischen Handelskammertages.

II.2 Innere Angelegenheiten des Bayerischen Handelskammertags und der Handelskammern

2.1 Ausbildung der Arbeitsweise und Diskussionen um Änderungen der Satzung

2.1.1 Delegiertenversammlungen

Die Satzungen legten in den Paragraphen 5 bis 13 den Ablauf von Versammlungen des Handelskammertags fest; zur Bezeichnung dieser Versammlungen heißt es dabei in § 5 lediglich: „Der Handelskammertag wird vom Vorort in der Regel alljährlich einberufen." Bei der Ausarbeitung und auch bei der Annahme der Satzungen im Jahr 1909 glaubte man also, falls man sich überhaupt Gedanken darüber machte, mit *einer* Art von Tagung – derjenigen, die später als „Vollversammlung" bezeichnet wurde – die gemeinsamen Anliegen wirkungsvoll vertreten zu können. Doch schon auf dem I. Handelskammertag am 2. März 1909 stellte sich heraus, daß dies für eine wirklich effektive Arbeit nicht genügte, denn das komplexe Thema „Bayerische Steuerreform", dessentwegen die Gründung des Handelskammertags so beschleunigt worden war, konnte innerhalb des vorgegebenen Rahmens unmöglich eingehend beraten werden. Noch viel weniger war eine gemeinsame Entschließung möglich. Deshalb beschlossen die Vertreter der einzelnen Handelskammern, diesbezüglich eine Kommission einzusetzen, in der jede Kammer mit einem Delegierten und damit mit einer Stimme vertreten sein sollte.[26] Diese Kommission, die am 2. April 1909 in Nürnberg zusammentrat, begründete die „Arbeitssitzungen" des Handelskammertags, die schließlich ab 1910 als „Delegiertenkonferenzen" bezeichnet wurden. Sie dienten einerseits dazu, die nun regelmäßig alljährlich vor dem Zusammentritt des bayerischen Landtages stattfindenden öffentlichen Vollversammlungen vorzubereiten, damit sich die bayerischen Kammern dort mit einer einheitlichen Meinung zu den besprochenen Themen präsentieren konnten, andererseits wurden auf ihnen die während des übrigen Jahres anfallenden Sachfragen besprochen.[27]

---

[26] Vgl. Protokoll des I. BHK vom 2.3.1909. BWA K1/II/15, 1. Akt. Die meisten Kammern delegierten ihre Syndici zu dieser Sitzung ab.

[27] Daß die Vollversammlungen auf die Landtagssitzungen abgestimmt waren, zeigt ein Brief der HK München an die anderen bayerischen HKn (7.7.1909): „Da der Landtag nach den uns gewordenen Informationen nicht früher als zum 29. September d.Js. einberufen wird, erscheint auch ein Zusammentritt des Bayerischen Handelskammertages vor dem 20. September nicht zweckmäßig." BWA K2/II/2. Im November 1909 entspann sich eine Diskussion darüber, ob das Gewicht des BHK vor allem gegenüber der Staatsregierung geschwächt werde, sollte er zu oft zusammentreten, bzw. ob die Eigenständigkeit der einzelnen Kammern dadurch eingeschränkt werde. Dies betraf vor allen Dingen diejenigen Fälle, in denen das Ministerium nur einzelne HKn um eine Stellungnahme bat. Christlieb (Regensburg) konnte sich jedoch mit der Ansicht durchsetzen, der BHK sei doch genau zu dem Zweck geschaffen worden, eine machtvolle Vertretung für Bayerns Industrie und Handel zu sein. Einflußnahme

Die Vollversammlungen entwickelten sich demgegenüber immer mehr zu bewußt auf breite Resonanz und öffentliche Wirkung hin angelegte repräsentative Veranstaltungen. Den unbestrittenen Höhepunkt stellte hierbei der 1913 in Ludwigshafen abgehaltene VI. Bayerische Handelskammertag dar, dem nach dem offiziellen Teil noch ein Ausflug in die Pfälzer Weinberge folgte.

Auf dem erstmals offiziell als Delegiertenkonferenz apostrophierten Arbeitstreffen der Kammern am 25. Juni 1910 in Regensburg wurde die Handelskammer Ludwigshafen beauftragt, einen Entwurf zur entsprechenden Abänderung und Ergänzung der Satzungen auszuarbeiten.[28] Der Syndikus der Kammer Ludwigshafen, Kehm, übersandte diesen Entwurf im September des Jahres an die Schwesterkammern. Demnach sollte fortan unterschieden werden zwischen Vollversammlungen und Delegiertenkonferenzen, die §§ 5 bis 13 sollten nur noch auf die Vollversammlungen bezug haben. Zur Regelung der Delegiertenkonferenzen schlug Kehm einen neuen Paragraphen (§ 13 a) vor, der sich dadurch von der bestehenden Satzung unterschied, daß „zwar ebenfalls sämtliche Handelskammern eingeladen werden, [...] jedoch nur in kleinerem Kreise in nicht öffentlicher Sitzung verhandelt wird."[29] Im übrigen sollten die Bestimmungen für die Vollversammlungen auch auf die Delegiertenkonferenzen Anwendung finden mit der Maßgabe, daß die zeitliche Frist zwischen Einladung und Sitzung auf zehn Tage verkürzt wurde. Daneben sah Kehm in einem § 13 b auch die Regelung der Kommissionssitzungen vor, die sich neben den aus der ersten Kommission entstandenen Delegiertenkonferenzen ebenfalls entwickelt hatten. Dabei trafen sich Abgeordnete einzelner, zuvor benannter Kammern, um für bestimmte Sachfragen Entschließungsvorschläge auszuarbeiten und so die Entschlußfindung auf der nächsten Tagung zu erleichtern. Im Gegensatz zu den Delegiertenkonferenzen waren bei den Kommissionssitzungen also nicht alle Kammern vertreten.

Der Ludwigshafener Entwurf wurde auf dem III. Bayerischen Handelskammertag am 10. September 1910 in Regensburg besprochen. Der Vorsitzende Pfister führte dabei an, daß er es für zweckmäßiger hielt, einfach nach den vorgeschlagenen Statuten zu verfahren, sie aber erst in die Satzungen mit aufzunehmen, wenn eine allgemeine Revision derselben erfolge. Mit dieser Vorgehensweise erklärten sich die Vertreter der anderen Kammern einverstanden, so daß eine Ergänzung der Satzungen zunächst einmal aufgeschoben wurde.[30] Da je-

---

lasse sich in bestimmten Fragen nur durch den BHK erzielen, da die Eingaben der verschiedenen Kammern ja doch nur zu den Akten gelegt würden. Vgl. Protokoll der Sitzung des BHK v. 16.11.1909. BWA K2/II/1, 1. Akt.

[28] Vgl. Protokoll der Delegiertenkonferenz vom 25.6.1910. BWA K2/I/2.

[29] Entwurf einer Abänderung und Ergänzung der Statuten des BHK. Anlage zu einem Brief der HK Ludwigshafen an die HK München, 8.9.1910. BWA K2/I/2.

[30] Vgl. Protokoll des III. BHK vom 10.9.1910. BWA K2/I/2.

doch eine allgemeine Revision nie erfolgte, blieben die Delegiertenkonferenzen eine lediglich faktische Ergänzung der Handelskammertags-Satzungen.

Entsprechend dem Ludwigshafener Vorschlag entsandte jede Kammer eine Vertretung zu den Delegiertenkonferenzen „und zwar gewöhnlich ein oder mehrere Mitglieder sowie den Syndikus, bei besonders wichtigen Verhandlungen mehrere Syndici."[31] Da die von Kehm ausgearbeiteten Regelungen trotz sachlicher Übereinstimmung aller Kammern niemals Eingang in die Satzungen fanden, man aber das Bedürfnis nach einen legitimen Basis für die Abhaltung der Delegiertenkonferenzen empfand, wandte man schließlich die Vorschriften über den Geschäftsgang in den Vollversammlungen (§ 4 Abs. 3 und 4, §§ 8, 11, 13) sinngemäß auch auf die Verhandlungen der Delegiertenkonferenzen an. Einziger Unterschied war, daß die Versammlungen in der Regel nicht öffentlich stattfanden,[32] was aber die Kammern nicht daran hinderte, Regierungsvertreter oder Sachverständige hierzu einzuladen.

2.1.2 Wahl des Vororts

Nachdem gerade die Bestimmung des Vororts schon anläßlich der ersten Initiativen zur Gründung einer gemeinsamen Organisation 1883 heftig diskutiert worden war, da verschiedene Kammern eine Dominanz Münchens befürchtet hatten, und die Debatten hierüber auch in der vorbereitenden Sitzung wieder zur Sprache gekommen waren, schien eine Satzungsänderung ausgerechnet in diesem Punkt von vornherein ausgeschlossen. Um so bemerkenswerter sind die Vorgänge im Jahre 1911, als die Wahl des nächsten Vorortes für die Jahre 1912-1914 anstand. München beabsichtigte, die Nürnberger Schwesterkammer hierfür in Vorschlag zu bringen, wollte sich aber vor dem IV. Handelskammertag, der am 30. September 1911 in Würzburg stattfand, deren Einverständnisses versichern. Nürnberg bat jedoch, von diesem Vorschlag Abstand zu nehmen, und schlug vielmehr vor, den Vorort auch in der nächsten Wahlperiode in München zu belassen, weil die Führung der Geschäfte „in so mustergültiger Weise geschehen" sei; außerdem habe sich München als Sitz der Vorortkammer „mit Rücksicht auf den Verkehr mit den Ministerien als so zweckmäßig erwiesen, dass wir nur wünschen können, dass sich an den bestehenden Verhältnissen nichts ändert."[33] Pfister und Kahn erneuerten daraufhin ihren Wunsch, den Vorort an Nürnberg zu übertragen, denn auch wenn die Satzungen der Wiederwahl einer Kammer nicht entgegenstünden, so liefe ein derartiges Vorgehen doch den Intentionen bei der Schaffung des Handelskammertages zuwider.[34] Schließlich beschloß man, die Entscheidung dem Handelskammertag selbst zu überlassen,

---

[31] HK München an Ministerialrat Dr. Decker (Staatsministerium für Handel, Industrie und Gewerbe), 24.12.1920. BWA K1/II/15, 1. Akt.

[32] Ebd.

[33] HK Nürnberg an die HK München, 29.7.1911. BWA K2/I/3.

[34] HK München an die HK Nürnberg, 10.7.1911. BWA K2/I/3.

den Vertretern Ludwigshafens wurde als Mitglieder derjenigen Kammer, die die Satzungen ausgearbeitet hatte, die Berichterstattung dazu übertragen.

Dr. Kehm, Syndikus der Handelskammer Ludwigshafen, führte auf dem IV. Handelskammertag aus, daß es zwar die Intention des § 4 gewesen sei, keine Kammer hinter die andere zurückzusetzen, inzwischen habe man jedoch erkannt, daß sich ein Wechsel aus mancherlei Gründen nicht empfehle, vor allem weil in München auch das vorgesetzte Ministerium des Königlichen Hauses und des Äußern, die sonstigen Zentralbehörden und der Landtag ihren Sitz hätten: „Die Aufgaben des Handelskammertages sind andauernd gewachsen und ihre zweckmäßige Erledigung erheischt vielfach eine persönliche Fühlungsnahme und Information bei den genannten Behörden bezw. den parlamentarischen Körperschaften und eine solche kann augenscheinlich am leichtesten und bequemsten von der Münchener Kammer geleistet werden.“[35] Umgekehrt könnten Vertreter der Behörden sowie Mitglieder des Landtages den Versammlungen des Handelskammertags am einfachsten in München anwohnen.[36] Daneben sei es kaum möglich, den sich ständig häufenden Aktenbestand des Handelskammertages alle drei Jahre von einem Ort zum anderen zu transportieren. Kehm plädierte daher nach dem Beispiel anderer Kammertage, so dem Württembergs und dem Badens, München als Vorort wiederzuwählen und lediglich die Versammlungen, wie in den letzten drei Jahren bereits geschehen, an verschiedenen Orten abzuhalten. Pfister bedankte sich für diese Ausführungen, bat die Schwesterkammern aber, diesen keine Folge zu leisten, da sonst der Gedanke an das Primat einer Kammer wieder auflebe, der beim Zusammenschluß schließlich eine der Hauptschwierigkeiten gebildet habe. Seiner Meinung nach sollte der vorgesehene Turnus realisiert werden, schon um Erstarrungen vorzubeugen; auch seien die Behördenvertreter bisher auch in andere Städte gekommen. Nachdem sich Nürnberg und Bayreuth aber ausdrücklich für die Wiederwahl Münchens ausgesprochen hatten, wurde der Antrag Ludwighafens einstimmig angenommen. München war damit auch für die zweite Wahlperiode zum Vorort des Bayerischen Handelskammertags gewählt, Pfister damit weiterhin sein Präsident. Zu einer dritten Wahlperiode sollte es durch den Ausbruch des Ersten Weltkrieges im Sommer 1914 nicht mehr kommen. Auch nach Kriegsende wurde die Frage der Wahl eines neuen Vororts nicht mehr aufgeworfen. München wurde daher nach dem Gewohnheitsrecht zum ständigen Vorort des Handelskammertages, ohne dazu je offiziell ernannt worden zu sein.

Allem Anschein nach hatten drei Jahre praktische Arbeit genügt, um den anfangs skeptischen Handelskammern wie Augsburg und Regensburg die Angst vor einer Beherrschung durch den Vorort München zu nehmen, auch wenn sie

---

[35] Vgl. Protokoll des IV. BHK vom 30.9.1911. BWA K2/II/1, 1. Akt, ebenso in K2/I/3.

[36] Dieses Argument ist nicht stichhaltig, da man ausdrücklich beabsichtigte, die Versammlungen wie auch schon bisher bei verschiedenen Kammern abzuhalten. Vgl. weiteren Sitzungsverlauf.

nicht offen für seine Wiederwahl plädierten wie dies die Kammern Ludwigshafen, Nürnberg und Bayreuth taten, also jene drei Kammern, die auch schon 1909 für einen ständigen Vorort eingetreten waren. Augsburg, Regensburg, Passau und Würzburg beugten sich eher einer objektiven Notwendigkeit. Im Hintergrund mag dabei auch der Arbeitsaufwand, den die Vorortkammer für den Handelskammertag zu erbringen hatte, eine Rolle gespielt haben; kleinere Kammern wie Regensburg und Passau hatten ja schon 1883 darauf hingewiesen, diesen nicht übernehmen zu können. Die Tatsache, daß München sich dadurch nahezu zwangsläufig zu einer Art primus inter pares entwickelte, wurde offenbar billigend in Kauf genommen.

2.1.3 Kosten und Finanzierung

Die Satzung bestimmte zu diesem Punkt lediglich, daß die gesamten Kosten des Handelskammertags einschließlich der Kosten für die Führung der Vorortsgeschäfte von den einzelnen Kammern nach Maßgabe des Gewerbesteuersolls ihrer Beitragspflichtigen getragen werden sollten (§ 14). Nähere Ausführungsbestimmungen finden sich darin nicht. In der Praxis bürgerte es sich schon ab 1909 ein, daß München als zunächst gewählter und dann ständiger Vorort die für den Handelskammertag entstehenden Kosten vorschußweise beglich und am Ende eines jeden Kalenderjahres abrechnete. Erst 1912 fand diese Vorgehensweise ihren Niederschlag in schriftlicher Form, allerdings nicht durch eine Ergänzung der Satzung des Handelskammertags, sondern in § 41 der „Dienstanweisung für die Kassen- und Buchführung bei der Handelskammer München", die am 1. Januar 1912 in Kraft trat. Der besagte Paragraph führte aus: „Wenn die Handelskammer München Vorort des Bayerischen Handelskammertags ist, hat sie die entstehenden Auslagen vorschußweise zu begleichen. Nach Verlauf eines Kalenderjahres sind diese Ausgaben auf die einzelnen Kammern, gemäß § 14 der Satzungen des Bayerischen Handelskammertags, umzulegen, der Umlageplan ist den einzelnen Kammern bekanntzugeben und die auf sie treffenden Beträge von diesen nach Verlauf einer 14tägigen Frist zu erheben. Werden innerhalb dieser Frist Erinnerungen von der umlagepflichtigen Kammer erhoben, ohne dass dieselben im Wege der Verständigung beglichen werden können, so ist die Entscheidung des nächsten Bayerischen Handelskammertags herbeizuführen."[37]

Auf diese Weise fungierte damit in diesem Punkt eine Bestimmung der Handelskammer München als – notwendige – nähere Ausführungsbestimmung der Handelskammertagssatzung.

Nur einmal gab es Überlegungen bezüglich einer Änderung des § 14, die sich jedoch nicht mit den Zahlungsmodalitäten beschäftigten, sondern vielmehr mit der Aufteilung der Kosten unter die einzelnen Kammern. Ausgerechnet eine der

---

[37] § 41 der Dienstanweisung für die Kassen- und Buchführung bei der HK München, in BWA K1/I/26, 1. Akt.

kleineren Handelskammern, nämlich die Kammer Regensburg, die von der ursprünglich festgelegten Regelung eigentlich insofern profitierte, als daß ihr Beitrag zum Handelskammertag relativ gering war, unterbreitete im Januar 1913 in einem Brief an den Vorort den Vorschlag, die Kosten künftighin zu gleichen Anteilen zu tragen. Als Begründung hierfür gab sie an: „Die einzelnen Kammern, auch diejenigen mit einem geringerem Gewerbesteuersoll, ziehen aus der Tätigkeit des Bayerischen Handelskammertags sämtlich den gleichen Nutzen. Auch beteiligen sich alle Kammern an den Veranstaltungen des Bayerischen Handelskammertages in annähernd gleichem Umfange; es erscheint uns daher auch gerechtfertigt, wenn sie die Kosten zu gleichen Teilen tragen."[38]

Aufgrund dieser Anregung führte die Münchner Kammer eine Befragung aller Mitgliedskammern hierzu durch, die Antworten fielen jedoch durchwachsen aus. Bemerkenswert ist dabei, daß in den Stellungnahmen der Kammern die Auswirkungen einer derartigen Änderung auf die eigene finanzielle Situation – jedenfalls zunächst – kaum eine Rolle spielten. So lehnte weder Passau als kleinste Kammer den Vorschlag ab, obwohl er sie finanziell schlechter stellen würde,[39] noch zeigten sich die größeren Kammern über die ihnen dadurch in Aussicht gestellte Kostenersparnis erfreut. Die Kammer Nürnberg erklärte beispielsweise, man habe das bisherige Verfahren als billig betrachtet und könne die Schlußfolgerung der Kammer Regensburg, wonach der gleiche Nutzen aus der Tätigkeit des Handelskammertags auch zur Entrichtung gleicher Beiträge verpflichte, nicht nachvollziehen: „Der Einzelnutzen einer Kammer steht vielmehr u. E. zu dem Gesamtnutzen aller Kammern in demselben Verhältnis wie der Einzelbetrag zu den Gesamtbeiträgen aller Kammern."[40] In Nürnberg war man demnach überzeugt, daß eine größere Kammer, in deren Bezirk mehr Industrie und Handel vorhanden war und die aufgrunddessen auch höhere Einnahmen verzeichnete, auch mehr von der Arbeit der gemeinsamen Vertretung profitierte. Dennoch wollte man sich in Nürnberg dem Regensburger Wunsch nicht verschließen.

Nur die Handelskammer für Oberfranken, die leistungsmäßig etwa im mittleren Feld der bayerischen Kammern anzusiedeln war, sprach sich dezidiert gegen eine Änderung aus, denn sie hielt „die Berücksichtigung der finanziellen Leistungsfähigkeit der einzelnen Handelskammern bei der Verteilung der Kosten des Bayerischen Handelskammertages, wie sie § 14 der Satzungen vorsieht, für durchaus richtig und zweckmäßig [...]."[41] Abgesehen davon erschien es der

---

[38] HK Regensburg an die HK München, 30.1.1913. BWA K2/I/5. Zur Beteiligung der einzelnen Kammern am Kammertag vgl. Punkt C.I.3.

[39] Vgl. Brief der HK Passau an die HK München, 11.2.1913. BWA K2/I/5. Passau erklärt sich hier noch explizit mit einer Änderung der Satzung in diesem Punkt einverstanden.

[40] HK Nürnberg an die HK München, 14.2.1913. BWA K2/I/5.

[41] HK Bayreuth an die HK München, 7.2.1913. BWA K2/I/5.

Kammer Bayreuth nicht erwünscht, die Satzungen bereits nach drei Jahren in einem so wichtigen Punkt abzuändern.

Als Reaktion auf diese unterschiedlichen Antworten setzte die Vorortkammer die Angelegenheit auf die Tagesordnung der nächsten Delegiertenkonferenz, die am 24. Mai 1913 in München stattfinden sollte. Bereits am 25. April äußerte aber der Passauer Vorsitzende gegenüber den Kollegen in München, daß sich die niederbayerischen Kammermitglieder in ihrer Sitzung vom 21. April mit großer Mehrheit gegen eine Satzungsänderung des § 14 ausgesprochen hätten.[42] Regensburg zog daraufhin auf der Delegiertenkonferenz den Antrag bezüglich einer Satzungsänderung zurück; dieser wurde damit von der Tagesordnung abgesetzt und auch künftig nicht mehr diskutiert.[43] Die Beitragsbemessungsgrundlage zum Handelskammertag blieb damit bis zu seinem Ende die Leistungsfähigkeit der einzelnen Kammern, lediglich in deren relativem Verhältnis zueinander gab es kleine Veränderungen.

Für das Jahr 1910 ist eine Gesamtaufstellung über die verursachten Kosten der Tätigkeit des Bayerischen Handelskammertags erhalten (vgl. Tabelle 7). Demnach bestand der größte Posten von Anfang an in den Druckkosten, von denen wiederum 1.528 Mark, also immerhin 85 %, auf den Druck der Sitzungsprotokolle entfielen.[44]

Tabelle 7: Aufstellung der Kosten des Bayerischen Handelskammertages für das Jahr 1910	
Druckkosten	1.796,00 M
Reisekosten	91,20 M
Kosten des Diners beim III. Bayerischen Handelskammertag	54,80 M
Porto	70,37 M
Druckkosten (Bestallungsurkunden für Bücherrevisoren und Handelschemiker)	112,00 M
Summe	2.124,37 M

Quelle: Protokoll der Delegiertenkonferenz v. 11.2.1911. BWA K2/II/1, 1, Akt.

[42] HK Passau an die HK München, 25.4.1913. BWA K2/I/5. Allem Anschein nach trugen die Mitglieder gegen höhere Handelskammertagsbeiträge größere Bedenken als der Vorstand der Passauer Kammer, der zuvor einer Satzungsänderung ja noch zugestimmt hatte.

[43] Vgl. Protokoll der Delegiertenkonferenz vom 24.5.1913. BWA K2/II/1, 2. Akt.

[44] Aufschlüsselung der Druckkosten in der Antwort der Vorortkammer München auf eine entsprechende Anfrage aus Ludwigshafen und Nürnberg, 25.1.1911. BWA K2/I/5. Ein ähnliches Verhältnis wies auch die Kostenstruktur des allerdings viel größeren Deutschen Handelstags für das Geschäftsjahr 1910/11 auf, dessen Ausgaben für Druckkosten 88 % der Gesamtausgaben in Höhe von 24.154 Mark betrugen. Der Deutsche Handelstag, S. 128.

Etwas ausgewogener gestaltete sich das Verhältnis zwischen den einzelnen Posten in den Jahren, in welchen weniger Sitzungen stattfanden und damit eine geringere Anzahl von Protokollen gedruckt werden mußten wie etwa im Jahr 1912 (vgl. Tabelle 8).

Tabelle 8: Aufstellung der Kosten des Bayerischen Handelskammertages für das Jahr 1912	
Druckkosten	131,50 M
Reisekosten	49,00 M
Kosten des Diners beim V. Bayerischen Handelskammertag	136,60 M
Porto und Sonstiges	68,73 M
Summe	385,83 M

Quelle: Schreiben des BHK an die HK Ludwigshafen, 27.1.1913. Archiv IHK Ludwigshafen, XXIV B.

Die Verteilung der Kosten erfolgte in diesen ersten Jahren nach folgendem Schlüssel:

Tabelle 9: Verteilung der Kosten des Bayerischen Handelskammertages auf die einzelnen Kammern (1912)		
Handelskammer	*absolut*	*%*
Augsburg	45,20	11,7
Bayreuth	34.-	8,8
Ludwigshafen	62,69	16,2
München	110,37	28,6
Nürnberg	81,46	21,1
Passau	9,95	2,6
Regensburg	16,80	4,4
Würzburg	25,36	6,5
Summe	385,83	100

Quelle: Berechnung auf Grundlage der Aufstellung im Schreiben des BHK an die HK Ludwigshafen, 27.1.1913. Archiv IHK Ludwigshafen, XXIV B.

Der Schlüssel ergab sich aus den Relationen der Höhe des Gewerbesteuersolls eines jeden Kammerbezirks zueinander. Die Verteilung der Kosten des Bayerischen Handelskammertages ist daher auch ein guter Indikator für die Stärke von Industrie und Handel in den einzelnen bayerischen Regierungsbezirken.

2.1.4 Beteiligung der Ausschüsse der Kleingewerbetreibenden sowie der Handlungsgehilfen und technischen Angestellten

Im Vorfeld des II. Handelskammertags im September 1909 entstand zwischen den bayerischen Kammern eine Diskussion darüber, ob die nach der Verordnung von 1908 bei den einzelnen Kammern zu bildenden Ausschüsse der Kleingewerbetreibenden sowie der Handlungsgehilfen und technischen Angestellten an den Sitzungen des Handelskammertags beteiligt werden sollten. Man war sich aber rasch darüber einig, daß man eine derartige Beteiligung der im Grunde unerwünschten Ausschüsse ablehnte. Die Münchner Kammer argumentierte, auf dem Handelskammertag würden keine Themen beraten, die die Handlungsgehilfen und technischen Angestellten betrafen, während zwar die bayerische Steuerreform auch für die Kleingewerbetreibenden von Belang sei, doch habe man die Angelegenheit auch bisher ohne diese beraten; überdies erfolgten die Beratungen ohnehin im Namen aller Gewerbetreibenden, also auch der Kleingewerbetreibenden. Im Grunde wollte man aber durch eine Zuziehung dieses Ausschusses zur bevorstehenden Sitzung keinen Präzedenzfall für künftige Tagungen schaffen.[45] Die anderen Kammern schlossen sich dieser Argumentation im wesentlichen an,[46] Regensburg warnte bei einer Heranziehung der Ausschüsse gar vor „unberechenbaren Folgen für die Stellung der Handelskammern."[47] Augsburg begründete die ablehnende Haltung damit, daß zwar die einzelnen Kammern durch die Verordnung verpflichtet seien, die Ausschüsse bei bestimmten Angelegenheiten teilnehmen zu lassen, der Handelskammertag aber eine freie Vereinigung der Kammern sei, die hier selbst die Regeln über eine Teilnahme aufstellen konnten: „Einen Anspruch auf Teilnahme am Handelskammertag können die Mitglieder der verordnungsmässigen Ausschüsse nicht erheben."[48] Nur die Kammern Passau und Ludwigshafen, obwohl generell ebenfalls auf dem Münchner Standpunkt, zeigten sich prinzipiell bereit, die Ausschüsse zumindest in Einzelfällen zu den Beratungen des Handelskammertags hinzuzuziehen.[49] Derartige Einzelfälle schienen sich jedoch nicht zu ergeben, eine Beteiligung der Ausschüsse ist während des gesamten Bestehens des Handelskammertags nicht nachweisbar.

2.2 Etablierung eines gemeinsamen Organs: die Bayerische Handelszeitung

Zur Information ihrer Angehörigen besaßen die meisten bayerischen Kammern eigene Mitteilungsblätter, in denen über die Aktivitäten der jeweiligen Kam-

---

[45] HK München an die anderen bayerischen HKn, 7.9.1909. BWA K2/II/2.

[46] HK f. Oberfranken an HK München, 8.9.1909; HK Nürnberg an HK München, 8.9.1909; HK Würzburg an HK München, 9.9.1909. BWA K2/II/2.

[47] HK Regensburg an HK München, 9.9.1909. BWA K2/II/2.

[48] HK Augsburg an HK München, 9.9.1909. BWA K2/II/2.

[49] HK Ludwigshafen an HK München, 8.9.1909; HK Passau an HK München, 14.9.1909. BWA K2/II/2.

mern, über neue Handelsvorschriften etc. berichtet wurde. So gab die Kammer München bereits seit 1871 die *Bayerische Handelszeitung* heraus, die als erste wirkliche eigene Handelskammerzeitschrift Deutschlands gilt;[50] die Kammer Bayreuth folgte ab Februar 1910 mit ihren *Mitteilungen der Handelskammer für Oberfranken in Bayreuth*.[51] Auch der Deutsche Handelstag unterhielt seit 1897 ein eigenes Blatt, die Zeitschrift *Handel und Gewerbe*, in der in erster Linie Äußerungen von Handelskammervertretern sowie Material für die Kammertätigkeit veröffentlicht wurde.[52]

Bereits im Vorfeld der Gründung des Bayerischen Handelskammertags hatte die Kammer Augsburg die Einrichtung eines gemeinsamen Organs auch für den bayerischen Zusammenschluß vorgeschlagen.[53] Auf der ersten Delegiertenkonferenz des Handelskammertags, die auch diese Bezeichnung führte und am 25. Juni 1910 in Regensburg stattfand, regte der Augsburger Syndikus Dr. Büttner dies erneut an, um die Außenwirkung der Arbeit des Kammertags zu verstärken.[54] Eine gewisse Rolle mochten dabei aber auch die beiden Entschließungen des Staatsministeriums des Kgl. Hauses und des Äußern spielen, in denen der bayerische Ministerratsvorsitzende Graf Klemens von Podewils die Schaffung eines Zentralorgans für Bayerns Industrie und Handel ansprach mit dem Ziel, „ein für Handel und Industrie wertvolles, inhaltlich gediegenes Blatt, das auch in weiteren Kreisen gebührende Beachtung finden würde, zu schaffen."[55] Die bayerischen Handelskammern liefen hier Gefahr, analog zur Errichtung der Zentralstelle für Industrie, Gewerbe und Handel wieder einen Wunsch des zuständigen Ministeriums zu ignorieren, durch selbständiges Handeln der Regierung überrascht zu werden und dadurch an Einfluß zu verlieren. Diskutiert wurde der

---

[50] Zur Entstehung der Bayerischen Handelszeitung vgl. COHEN/SIMON: Geschichte, S. 25-30; zu ihrer Einschätzung als erster wirklich eigener HK-Zeitschrift Deutschlands siehe RAITHEL, Marga: Die Zeitschriften der Industrie- und Handelskammern. Sonderdruck des Deutschen Industrie- und Handelstages, Bonn 1958, S. 13 (im Archiv IHK Passau).

[51] Oberfränkische Wirtschaft, S. 18.

[52] Der Deutsche Handelstag, S. 97. Von 1871 bis 1884 hatte der DHT das Deutsche Handelsblatt herausgegeben, das aber nicht genug Abonnenten fand, um die Kosten zu decken. Ebd., S. 40.

[53] HK Augsburg an HK München, 11.2.1909. BWA K1/II/15, 1. Akt. Die HK München hatte die Bayerische Handelszeitung bereits bei ihrer Gründung als gemeinsames bayerisches Organ konzipieren wollen, war damit bei den Schwesterkammern aber auf Ablehnung gestoßen, vgl. RAITHEL: Zeitschriften, S. 14.

[54] Vgl. Protokoll der Delegiertenkonferenz v. 25.6.1910. BWA K2/II/1, 1. Akt. Die HK Regensburg hatte auf derselben Sitzung sogar die Gründung eines gemeinschaftlichen Organs zusammen mit dem Polytechnischen Verein und dem BIV anregen wollen, nahm aber noch vor der Sitzung davon Abstand, da, wie Syndikus Dr. Clarus erklärte, die beiden Vereine keine „Zentralisierung" in diesem Punkt wollten.

[55] Podewils an alle bayerischen HKn, den Bayerischen Industriellen-Verband und den Polytechnischen Verein München, 18.3.1910. In Abschrift in BHStA MWi 5747. Vgl. auch Podewils an alle bayerischen HKn, 24.3.1911. BWA K2/I/4.

Vorschlag aber erst auf dem III. Bayerischen Handelskammertag am 10. September 1910, ebenfalls in Regensburg.[56] Hier stellte Büttner den Antrag, als offizielles Organ des Handelskammertages die von der oberbayerischen Kammer herausgegebene *Bayerische Handelszeitung* zu verwenden. Dieses Blatt war insofern geradezu prädestiniert für diese Aufgabe, als es bereits seit Jahren nicht nur die Sitzungsberichte der Handelskammer München, sondern auch weiterer bayerischer Kammern veröffentlichte.[57] Dr. Kehm, der Ludwigshafener Syndikus, bezweifelte jedoch grundsätzlich den Bedarf eines gemeinsamen Organs, da auch keiner der übrigen im Deutschen Reich bestehenden Handelskammertage auf Länderebene ein solches Organ besäße. Seiner Ansicht nach reichten Pressenotizen über die Tätigkeit des Kammertags aus. Die Vertreter aus Bayreuth und Würzburg[58] befürchteten, die von den eigenen Kammern herausgegebenen Mitteilungen würden von einem offiziellen Organ des Handelskammertags beeinträchtigt werden. Ein weiterer Einwand betraf den finanziellen Mehraufwand, den die Kammern durch ein Abonnement für sich und die Mitglieder eingehen müßten.

Nach kurzer Debatte sprachen sich fünf Kammern (Augsburg, München, Nürnberg, Passau, Regensburg) für den Augsburger Vorschlag aus, drei stimmten dagegen (Bayreuth, Ludwigshafen, Würzburg). Daher wurde beschlossen, daß die Kammer München die Angelegenheit mit den dreien auf dem Korrespondenzweg erledigen sollte.

In einem Brief vom 7. November 1910 an die Handelskammern Bayreuth, Ludwigshafen und Würzburg griffen Pfister und Kahn nochmals die auf dem Handelskammertag vorgebrachten Einwände auf, suchten sie zu entkräften und boten mit einer Ermäßigung des Bezugspreises auch ein finanzielles Entgegenkommen an. Die drei Kammern stimmten daraufhin der Schaffung eines offiziellen Organs zu, betonten jedoch, daß dies vor allem im Interesse einer einheitlichen Stellungnahme aller bayerischen Kammern erfolge.[59]

Auf der Delegiertenkonferenz am 11. Februar 1911 in München wurde die *Bayerische Handelszeitung* nun von allen Handelskammern als gemeinsames Organ akzeptiert; ab dem 1. April 1911 sollte sie als offizielles Sprachrohr des Bayerischen Handelskammertags fungieren. Der Münchener Vorsitzende und Präsident des Handelskammertags, Kommerzienrat von Pfister, richtete „das Ersuchen an die Mitglieder und Syndici der Schwesterkammern, durch Be-

[56] Vgl. Protokoll des III. BHK v. 10.9.1910. BWA K2/II/1, 1. Akt.

[57] COHEN/SIMON: Geschichte, S. 30, Fußnote 1.

[58] Die Einwände Würzburgs erstaunen umso mehr, als sich diese Kammer in ihrer Vollversammlung v. 21.4.1910 für die „Zentralisierung des für Handel und Industrie wichtigen Nachrichtenmaterials in einer Zeitschrift" ausgesprochen hatte und dies auch auf dem nächsten BHK ansprechen wollte. HK Würzburg an das Kgl. Staatsministerium des Kgl. Hauses und des Äußern, 25.4.1910. BHStA MWi 5747.

[59] Vgl. entsprechenden Briefwechsel in BWA K2/I/4.

kanntgabe ihrer Meinungsäußerung, Bearbeitung brennender Fragen usw. mitzuhelfen, daß die Bayerische Handelszeitung in ihrer neuen Form auch wirklich ein lebendiges und geachtetes Organ überall darstelle, wo sie hinkomme, ähnlich wie die Zeitschrift ‚Handel und Gewerbe' des Deutschen Handelstags."[60]

Podewils begrüßte das Vorgehen des Handelskammertags in einem Schreiben an alle bayerischen Handelskammern. Dem Grundgedanken der Schaffung eines Zentralorgans für Bayerns Industrie und Handel sei damit „vorerst nach Lage der Verhältnisse" Rechnung getragen; die Handelskammern hätten dadurch neuerlich den Willen bekundet, in Fragen, die sie gemeinsam berührten, zusammenzuwirken.[61]

2.3 Änderung der Handelskammer-Verordnung von 1908

Die bayerischen Handelskammern hatten die Verordnung von 1908 als Revision der alten Regelung von 1889 sehr begrüßt, doch in manchen Punkten zeigte sich in der Folge ein gewisser Anpassungsbedarf. Auf dem V. Handelskammertag am 21. September 1912 in Augsburg beschäftigten sich die Delegierten mit der Frage der Änderung der Handelskammer-Verordnung von 1908, und zwar im Punkt des Frauenwahlrechts, das sich gegenüber der Verordnung von 1889 nicht geändert hatte. Der Nürnberger Syndikus Dr. Gunz plädierte dafür, den Frauen, die Inhaber einer ins Handelsregister eingetragenen Firma waren, das aktive Wahlrecht zu den Kammerwahlen zu verleihen, wie es bereits in Sachsen, Württemberg, Hessen und Stettin geschehen wäre und auch vom Deutschen Handelstag befürwortet werde. Tatsächlich besaßen die Geschäftsfrauen in Württemberg seit 1899, im Königreich Sachsen seit 1900 und in Hessen seit 1902 sowohl das aktive und das passive Wahlrecht, sie waren damit, was die Handelskammerwahlen betrafen, ihren männlichen Kollegen gleichgestellt. Neben den von Gunz genannten Staaten galt dies noch für Braunschweig, Bremen (nur Kammer für Kleinhandel), Reuß (ältere Linie) und für den Kreis Saalfeld in Sachsen-Meiningen. In Stettin dagegen hatten die Frauen wie in den Korporationen von Königsberg, Berlin, Danzig und Tilsit zwar das aktive, aber nicht das passive Wahlrecht inne. Einige andere Staaten, neben Preußen, Mecklenburg und Anhalt eben auch Bayern, gewährten den Frauen ebenfalls nur das aktive Wahlrecht, dieses mußte jedoch durch einen Stellvertreter ausgeübt werden. In Baden hatten die Geschäftsfrauen nominell das aktive und passive Wahlrecht, doch war das aktive ebenso durch einen Stellvertreter auszuüben.[62]

Gunz' Vorschlag zielte also dahin, den Geschäftsinhaberinnen in Bayern zu ermöglichen, die Wahl wie in Württemberg, Hessen und Sachsen selbst auszuüben. Diejenigen Frauen, so Gunz weiter, die die Wahl dennoch lieber durch

---

[60] Vgl. Protokoll der Delegiertenkonferenz v. 11.2.1911. BWA K2/II/1, 1. Akt.

[61] Podewils an alle bayerischen HKn, 24.3.1911. BWA K2/I/4

[62] HEYMANN, Lida Gustava: Das Wahlrecht der Frauen zu den Handelskammern in den deutschen Bundesstaaten, Leipzig 1910, S. 3-32.

den Ehemann oder den Geschäftsleiter ausüben lassen wollten, sollten künftig eine schriftliche Vollmacht ausstellen müssen. Gegen die Stimmen von Augsburg, Passau und Regensburg wurde dieser Antrag angenommen und im Namen des Bayerischen Handelskammertags an das Staatsministerium des Kgl. Hauses und des Äußern weitergeleitet.[63]

Von der Ersetzung des Gewerbesteuergesetzes vom 9. Juni 1899 durch die Steuergesetzgebung vom 14. August 1910 war auch die geltende Handelskammer-Verordnung betroffen, nach der diejenigen Gewerbetreibenden, die keine Handwerker waren und mindestens drei Mark Gewerbesteuer entrichteten, zum Kleingewerbetreibendenausschuß der Kammer wahlberechtigt waren. Die neue Gewerbesteuer fiel deutlich niedriger aus, die Grenze von drei Mark wurde dadurch von vielen Gewerbetreibenden nicht mehr erreicht. Das Staatsministerium des Kgl. Hauses und des Äußern ersuchte deshalb mit Entschließung vom 22. Juli 1912 die Handelskammern, zu diesem Problem Stellung zu nehmen. Auf Vorschlag des Referenten, Dr. Gunz, und in Anlehnung an eine Stellungnahme des Finanzministeriums sprachen sich die Delegierten für ein Senken der Schwelle auf zwei Mark Gewerbesteuer aus.[64]

2.4 Errichtung einer Handelskammer in Aschaffenburg

Nach § 1 der Verordnung von 1908 hatte für jeden Regierungsbezirk „mindestens eine Handelskammer zu bestehen."[65] Da das Prinzip der einen ungeteilten Kammer pro Regierungsbezirk in Bayern vielerorts umstritten war, weil manche Städte ihre eigene Wirtschaft durch die Kammer nur ungenügend vertreten sahen,[66] nahmen einige Orte diese Formulierung zum Anlaß, um selbst eine Handelskammer zu beantragen. So suchte das Bezirksgremium Hof am 13. April 1908 bei der Regierung von Oberfranken um die Errichtung einer selbständigen Handelskammer nach, was diese aber ablehnte, da sie es bei einer Kammer im Bezirk belassen wollte.[67] Weitaus hartnäckiger zeigte sich in dieser Frage das Aschaffenburger Bezirksgremium, das schon wenige Jahre nach der Gründung der Handelskammern Eigenständigkeitsbestrebungen gezeigt hatte.[68] 1906 hatte

---

[63] Vgl. Protokoll des V. BHK v. 21.9.1912. BWA K2/II/1, 2. Akt.

[64] Vgl. Protokoll der Delegiertenkonferenz v. 24.5.1913. BWA K2/II/1, 2. Akt. Das Staatsministerium behielt sich in der Entschließung vor, auch einzelne Handelskammern sowie die Zentralstelle für Industrie, Gewerbe und Handel zu der Frage der Abänderung der Handelskammer-Verordnung zu befragen. Dies zeigt, daß das Ministerium, obwohl es die Gründung des Handelskammertags sehr befürwortet hatte, den Standpunkt desselben nicht ohne weiteres als alleinige Stellungnahme der bayerischen Handelskammern hinnahm.

[65] Gesetz- und Verordnungsblatt für das Königreich Bayern 1908, S. 70.

[66] LEONHARDY: Gliederung, S. 36f.

[67] Oberfränkische Wirtschaft, S. 18.

[68] Bereits 1849 beklagte sich der Aschaffenburger Fabrikant Franz Dessauer darüber, daß die „geographischen und commerciellen Verhältnisse" Aschaffenburgs sich zu sehr von jenen

das Gremium einen eigenen Sekretär eingestellt und sich eigenmächtig als Handelskammer bezeichnet, was ihm durch das Ministerium in München untersagt wurde. Zwischen Würzburg und Aschaffenburg hob daraufhin ein „ärgerlicher Kleinkrieg um technische Fragen des Schriftverkehrs"[69] an, der wohl die Unhaltbarkeit der bestehenden Verhältnisse anzeigen sollte. Das Gremium nutzte nun die Formulierung der neuen Verordnung und beantragte am 11. März 1908 die Errichtung einer eigenständigen Kammer in Aschaffenburg mit der Begründung, die bestehende Kammer in Unterfranken vertrete nur die Interessen Würzburgs und majorisiere die Außenbezirke, obwohl Aschaffenburg weitaus industrialisierter sei als Würzburg. Da die wirtschaftlichen, sozialen und insbesondere mentalen Orientierungen in Aschaffenburg allein schon aus geographischen Gründen unbestreitbar anders gelagert waren (Aschaffenburgs Wirtschaft orientierte sich zu großen Teilen in Richtung des Frankfurter Raumes), zogen sich die Verhandlungen zwischen Bezirksgremium, Handelskammer, Regierung von Unterfranken und Staatsministerium in München bis zum Frühjahr 1910 hin, doch letztlich überwog das in Bayern inzwischen traditionelle Prinzip der Kreiskammer. Das Staatsministerium lehnte am 7. April 1910 den Aschaffenburger Antrag ab. Auch eine erneute diesbezügliche Eingabe des Bezirksgremiums vom März 1912 wurde abschlägig beschieden.[70]

Am 15. Mai 1914 beschäftigte sich der Bayerische Handelskammertag auf einer eigens dafür einberufenen Delegiertenkonferenz mit dieser Frage.[71] Anlaß dafür war die am nächsten Tag stattfindende Beratung der Angelegenheit in der Zentralstelle für Industrie, Gewerbe und Handel, weil das Gremium Aschaffenburg wiederholt Anträge hierzu gestellt hatte. Würzburg befürchtete eine den Aschaffenburger Interessen günstige Stimmung in der Zentralstelle und hoffte, die eigene Position durch eine ablehnende Stellungnahme des Handelskammertags stärken zu können.[72] Erwartungsgemäß sprachen sich die bayerischen Handelskammern auf dieser Sitzung einstimmig gegen die Errichtung einer Handelskammer in Aschaffenburg aus, weil man keinesfalls einen Präzedenzfall schaffen wollte, der die anderen nach Unabhängigkeit strebenden Gremien, zu denen neben Hof auch Landshut gehörte, ermutigen würde. Einer Dezentralisierung sollte vorgebeugt werden, da die einzelnen Handelskammern sonst zwangsläufig an Gewicht verlören. Ein Bezirk, so die allgemeine Meinung, könne zudem keine zwei Handelskammern tragen, ohne daß die Umlagen beträchtlich

---

Würzburgs unterschieden, als daß eine Würzburger Kammer die hiesigen Interessen adäquat vertreten könne. Vgl. POLLINGER, Melanie: Initiative und Engagement, Aschaffenburg 1996, S. 4.

[69] BRANDT: Organ, S. 81.

[70] Ebd., S. 80-84. BRANDT führt diese Bestrebungen auf verkehrspolitische Rivalitäten zwischen Aschaffenburg und Würzburg bezüglich der Mainkanalisierung zurück.

[71] Vgl. Protokoll der Delegiertenkonferenz v. 15.5.1914. BWA K2/II/1, 2. Akt.

[72] HK Würzburg an HK München, 29.4.1914. BWA K2/IIa/6.

steigen müßten. Als Gegenbeispiel verwies man auf Preußen, wo kleinere Kammern sich bereits zu größeren zusammenschlössen. Das Ergebnis dieser Delegiertenkonferenz wurde wie immer in kurzer Form der Presse mitgeteilt.

Zwei Monate später, am 6. Juli 1914, teilte der bayerische Ministerratsvorsitzende Graf Hertling dem Bayerischen Handelskammertag mit, daß sich die Abteilung I der Zentralstelle für Industrie, Gewerbe und Handel in ihrer Sitzung vom 16. Mai 1914 mit überwältigender Mehrheit gegen die Errichtung einer Handelskammer in Aschaffenburg ausgesprochen habe, weshalb das Staatsministerium des Kgl. Hauses und des Äußern von einer weiteren Verfolgung der Frage absehe. Jedoch sei die Bedeutung Aschaffenburgs auf industriellem Gebiet und als künftiger großer Mainhafen unbestreitbar. Ohne daß die Kammer Würzburg daran schuld sei, würde dieser Bedeutung durch die gegenwärtige Vertretung in derselben nicht Rechnung getragen. Deshalb schlug das Ministerium vor, Aschaffenburg für alle Fragen der Mainkanalisation im Bayerischen Handelskammertag Sitz und Stimme zu geben, da diese für die Stadt besondere Bedeutung habe. Dieser Vorschlag sollte auf der nächsten Tagung des Handelskammertags beraten werden.[73]

Aufgrund des Kriegsausbruchs trat diese Frage zunächst völlig in den Hintergrund und wurde in den nächsten Jahren nicht mehr besprochen, doch der Brief Hertlings deutet bereits die langfristige Entwicklung an, die nach dem Ende des Zweiten Weltkriegs tatsächlich zu einer eigenständigen Handelskammer Aschaffenburg führte.[74]

II.3 Wirtschaftspolitisches Wirken

3.1 Die bayerische Steuerreform

Das beherrschende Thema des ersten Jahres und zugleich dasjenige, dessentwegen die Gründung des Bayerischen Handelskammertags beschleunigt worden war, war die bayerische Steuerreform, die in den Jahren 1906 bis 1910 von Regierung und Landtag erarbeitet wurde und schließlich zum 1. Januar 1912 in Kraft trat. Das bayerische Steuersystem war bis zu diesem Zeitpunkt im wesentlichen ein System von Ertragssteuern, d.h. von Objektsteuern, die „die steuerliche Belastung lediglich vom Standpunkt des Objekts aus" betrachten und die Gesamtlast des einzelnen Steuerzahlers außer acht lassen.[75] Die bayerischen Ertragssteuern belasteten die Erträge der fünf Steuerquellen Grundbesitz, Hausbesitz, Gewerbebetrieb, Kapital- und Arbeitseinkommen. Die Besteuerung von

[73] Hertling an BHK, 6.7.1914. BWA K2/I/15.

[74] Vgl. POLLINGER: Initiative und Engagement, S. 5-8. Siehe auch Kap. D.I.

[75] Vgl. den Artikel v. BRÄUER, Karl: Ertragssteuern, in: Handbuch der Finanzwissenschaft, Bd. 2, Tübingen 1927, S. 3-64, hier S. 3.

Grund- und Hausbesitz galt bereits bei der Erhebung Bayerns zum Königreich und wurde im Lauf des 19. Jahrhunderts sukzessive um die drei anderen Steuerquellen ergänzt. Das System bot den Vorteil, daß es relativ einfach zu handhaben war, und diente zudem der Vereinheitlichung des zu Jahrhundertbeginn bestehenden Gemenges an unterschiedlichen Steuern in den einzelnen Gebieten des Königreichs.[76]

Dagegen berücksichtigte es weder den steigenden Finanzbedarf des Staates, die zunehmende Differenzierung der Volkswirtschaft in Handel und Gewerbe, Industrie und Landwirtschaft, die Verflechtung der einzelnen Nationalwirtschaften noch fortschrittlichere Produktionstechniken und erweiterte Infrastrukturen. Es fehlten ein steuerfreies Existenzminimum, die Erfassung der eigentlichen Leistungsfähigkeit des Steuersubjekts sowie die Möglichkeit eines Schuldzinsenabzugs. Das System beinhaltete darüber hinaus noch weitere Ungerechtigkeiten: Grund- und Miethaussteuer waren relativ zu hoch, die Gewerbesteuer erfaßte weder Konjunkturschwankungen noch differenzierte sie zwischen Groß- und Kleinbetrieben, Kapitalrenten- und Einkommensteuer überlasteten kleine Einkommen und bevorzugten die großen.[77] Deshalb wurden schon bald Forderungen nach einer Reform dieses Steuersystems und der Einführung einer allgemeinen Einkommensteuer laut, die im Gegensatz zur Ertragssteuer „den Vorgang der steuerlichen Belastung in die Beziehung eines Subjektes zu diesen ertragspendenden Quellen“[78] verlegt.

1848 wurde daher eine allgemeine Einkommensteuer eingeführt, die – unter Berücksichtigung eines steuerfreien Existenzminimums – erstmals den Arbeitsbetrag nach einer progressiven Staffelung besteuerte, allerdings in der Bevölkerung auf so wenig Gegenliebe stieß, daß sie bereits acht Jahre nach ihrer Einführung wieder abgeschafft wurde. 1879 unternahm die Regierung diesbezüglich einen erneuten Versuch, der allerdings am Widerstand der Kammer der Abgeordneten scheiterte, so daß 1881 nur eine spezielle Einkommensteuer für nicht bereits anderweitig besteuertes Einkommen errichtet wurde.[79]

Im Gegensatz zu Bayern hatten das Großherzogtum Baden (1884) und das Königreich Württemberg (1905) Einkommensteuern als Ergänzung zu einer reduzierten Ertragssteuer eingeführt;[80] Preußen war mit der Miquelschen Steuerreform 1891 zu einer Kombination aus allgemeiner progressiver Einkommensteu-

---

[76] Vgl. LÖFFLER: Reichsräte, S. 228f.

[77] Ebd., S. 234.

[78] BRÄUER: Ertragssteuern, S. 3.

[79] LÖFFLER: Reichsräte, S. 230-234. Auch die Kammer der Reichsräte lehnte eine allgemeine Einkommensteuer ab.

[80] WELLER, Karl/WELLER, Arnold: Württembergische Geschichte im südwestdeutschen Raum, Stuttgart und Aalen [8]1975, S. 270, 287.

er und Vermögenssteuer übergegangen.[81] Spätestens von diesem Zeitpunkt an diskutierte man auch in Bayern intensiver die Möglichkeit einer prinzipiellen Steuerreform. Mehrere Reformvorlagen sowohl der Regierung als auch der Kammer der Abgeordneten wurden in den nächsten Jahren jedoch von der ablehnenden Haltung der Reichsräte zu Fall gebracht, die zäh das Ertragssteuersystem mit hohen Grund-, Gewerbe- und Haussteuererträgen verteidigten. Neben einer prinzipiell konservativen Einstellung spielten hier durchaus auch wirtschaftliche Interessen eine Rolle, denn die bayerische Industrie, die Aktiengesellschaften, die Großunternehmen und Besserverdienenden sollten vor zu starker Besteuerung geschützt werden.[82]

Im Mai 1906 legte die Staatsregierung unter Federführung des Finanzministers von Pfaff eine umfangreiche Denkschrift über die Reform der direkten Steuern in Bayern vor, die, anders als die früheren Versuche, das ganze Steuersystem prinzipiell umgestalten sollte. Das Ertragssteuersystem sollte von einer allgemeinen Einkommensteuer als neuer Hauptsteuer, die den Reinertrag der gesamten Einkommensquellen der Steuerpflichtigen einheitlich erfaßte und besteuerte, abgelöst werden. Die Ertragssteuern sollten sehr reduziert als Ergänzungssteuern noch für einige Zeit in Kraft bleiben und später durch eine kombinierte Vermögens- und Wertsteuer ersetzt werden. Pfaff nannte dabei als Reformziel neben der Erschließung neuer Einnahmequellen für die finanziell stark belasteten Gemeinden die Schaffung einer allgemeinen Einkommensteuer, „die die Gesamtheit der wirtschaftlichen Verhältnisse des einzelnen, des Steuersubjekts, zur Grundlage der Besteuerung macht, zu diesem Zwecke sein gesamtes reines Einkommen nach Abzug seiner Schulden zu ermitteln sucht und unter Berücksichtigung besonderer, seine Leistungsfähigkeit beeinflussender Verhältnisse in progressiver, das heißt mit der Höhe des reinen Einkommens prozentual steigender Weise zur Besteuerung heranzieht."[83]

Zwei Jahre später sandte die Regierung zehn Entwürfe von Steuergesetzen an den Landtag zur Beratung.[84] Jede der beiden Kammern setzte hierfür einen be-

---

[81] NIPPERDEY, Thomas: Deutsche Geschichte 1866-1918. Bd. 2: Machtstaat vor der Demokratie, München, 2. durchgesehene Auflage 1993, S. 175-177. Allerdings war diese Steuerreform durch Zugeständnisse an junkerliche Interessen „verwässert" worden, vgl. ZIEGLER: Zeitalter, S. 264.

[82] LÖFFLER: Reichsräte, S. 235f. Besonders nachdrücklich wurden diese wirtschaftlichen Interessen vom pfälzischen Weingutsbesitzer Armand Buhl und dem Münchner Bankier Adolf v. Auer vertreten.

[83] Denkschrift der Staatsregierung v. 31.5.1906, zitiert nach LÖFFLER: Reichsräte, S. 242f.

[84] Diese Entwürfe umfaßten neben dem Einkommensteuergesetz, dem Rückgrat der Reform, das Gewerbesteuergesetz, Kapitalrentensteuergesetz, Gesetz betr. die Änderung der Gesetze über die allgemeine Grund- und Haussteuer, Einführungsgesetz zu den Gesetzen über die direkten Steuern, Umlagengesetz, Warenhaussteuergesetz, Wertzuwachssteuergesetz, Besitz-

sonderen Ausschuß ein. Der Steuerausschuß der Abgeordnetenkammer beriet von November 1908 bis Mai 1909.

Die Steuerreform, deren erste Lesung im Landtag bereits erfolgt war, bildete das Hauptthema des I. Handelskammertags am 2. März 1909; ein Zeichen für ihre Komplexität ist allein die Tatsache, daß die Thematik auf drei verschiedene Referenten aufgeteilt wurde. Von vornherein wurde allerdings festgelegt, daß sich an die Vorträge keine Diskussion anschließen würde, sondern eine spezielle Kommission gebildet werden sollte, „damit bis zur Zeit der zweiten Lesung im Landtag in einem Zweiten Bayerischen Handelskammertag über diesen außerordentlich wichtigen Gegenstand in seiner ganzen Breite und Tiefe Beratung gepflogen und definitiver Beschluß gefaßt werden kann.“[85] Jede Kammer sollte ein Mitglied in diese Kommission entsenden, so daß jede Kammer dort mit einer Stimme vertreten war.

Der erste Referent, Syndikus Dr. Gunz aus Nürnberg, der sich in dieser Frage besonders engagierte, betonte die Wichtigkeit der Entlastung des Handels bzw. der Nicht-Überbelastung durch zu hohe Steuern und warnte vor der einseitigen Entlastung der kleinen und mittleren Einkommen auf Kosten der großen, da diese sonst schwinden oder außer Landes gehen würden, was der industriellen Entwicklung Bayerns, das ja in dieser Beziehung ohnedies hinterherhinke, noch mehr schaden müsse. Deshalb sei es wichtig, daß die Stimme des Handels in der Beratung des Landtages gehört werde. Der Ludwigshafener Syndikus Dr. Kehm wies in diesem Sinne darauf hin, daß vor allem die Besteuerung der Erwerbsgesellschaften, aus denen der Großteil der Industrie bestand, in Bayern zu hoch sei und durch die in der Steuerreform vorgesehene Doppelbesteuerung noch höher werden solle, wodurch die Industrie noch weiter benachteiligt werde. Das Münchener Kammermitglied Fraenkel schließlich sprach sich dagegen aus, die geplanten Ertragssteuern auf maximal sieben Jahre zu beschränken und danach eine Vermögenssteuer einzuführen, weil dies dem Handel und der Industrie keine Planungssicherheit biete. Hier wird bereits deutlich, daß den einzelnen Handelskammern unterschiedliche Punkte besonders wichtig waren.

Die zur Beratung der Steuergesetzentwürfe eingesetzte Kommission tagte am 2. April 1909 in Nürnberg mit 16 Delegierten der einzelnen Kammern.[86] Auf

---

veränderungsabgabengesetz und Hundeabgabengesetz. Entwürfe in Verhandlungen der Kammer der Abgeordneten 1907/08, Beilagen-Bd. IV, S. 33-327.

[85] Vgl. Protokoll des I. BHK v. 2.3.1909. BWA K1/II/15, 1. Akt.

[86] Vgl. Protokoll über die Sitzung der zur Beratung über die bayerische Steuergesetzentwürfe berufenen Kommission des BHK v. 2.4.1909. Danach waren anwesend für Oberbayern: Großhändler Fraenkel, Syndikus Dr. Kahn; für Niederbayern: Fabrikant Xaver Jacob, Sekretär Hörtreiter; für die Pfalz: Bankier Heinrich Perron, Syndikus Dr. Kehm; für die Oberpfalz: Kommerzienrat Spitta, Syndikus Dr. Hoffmann; für Oberfranken: Kommerzienrat Hermann Limmer; für Mittelfranken: Marktadjunt Berthold Bing, Marktadjunkt Max Leopold, Syndikus Dr. Gunz, Kommerzienrat Eugen Mayer; für Unterfranken: Syndikus Dr. Kittel; für

Anregung Kahns beschränkte man sich auf die Formulierung einiger markanter Anträge, weil man sich dadurch eine größere Wahrscheinlichkeit für deren Beachtung ausrechnete. Nach ausführlichen Beratungen über Einkommen-, Vermögens-, und Gewerbesteuer, über das Einführungsgesetz und die Gemeindesteuern einigten sich die Delegierten auf einen Antragskatalog, auf dessen Basis die Handelskammer Nürnberg als Gastgeberin der Kommission eine Denkschrift ausarbeitete, die dem bayerischen Finanzministerium sowie allen Mitgliedern der beiden Kammern des Landtags zuging.[87] Bezüglich der Einkommensteuer kritisierten die Handelskammern darin besonders die Behandlung der Aktiengesellschaften, die nach dem vorliegenden Entwurf der Regierung einer Doppelbesteuerung unterlagen, denn die Erträge sollten von der Gewerbesteuer, die Dividenden von der Kapitalrentensteuer erfaßt werden. Doch auch schon ohne Doppelbesteuerung, so die Kammern, überstiegen die Sätze der Einkommensteuer zusammen mit den Nebensteuern die Steuerpflicht der Konkurrenten in anderen wichtigen Bundesstaaten, insbesondere in Preußen, wodurch die Aufrechterhaltung der Wettbewerbsmöglichkeiten gefährdet sei; die Belastung der Betriebe sei insgesamt zu groß. Die Kammern forderten deshalb einen Abzug von 3½ % des Nominalkapitals bei der Berechnung des steuerpflichtigen Reineinkommens der Gesellschaften gegenüber 2 %, wie sie die Regierung einräumen wollte.

Dagegen befürwortete der Handelskammertag die schnellstmögliche Einführung einer Vermögenssteuer, die bisher lediglich aus dem Grund noch nicht eingeführt wurde, weil die Staatsregierung neben der bisher unbekannten Einkommensteuer nicht noch eine zweite unbekannte Steuer in Bayern wirksam werden lassen wollte. Die Handelskammern waren sich nun einig, „daß Handel und Gewerbe der Vermögenssteuer den Vorzug vor der ferneren Aufrechterhaltung eines buntscheckigen Systems von Ertragssteuern geben. Zweifellos wird erst mit der Heranziehung des Vermögens als solchem verhütet werden können, dass mit der Nebensteuer der Arbeitsertrag nochmals getroffen wird; auch wird sich nur durch sie eine gleichmässige Belastung des Besitzes erzielen lassen."[88] Die Kammern versprachen sich also von der Einführung der Vermögenssteuer ein Ende des unübersichtlichen „Gewirrs" der Ertragssteuern und zugleich eine gleichmäßige, d.h. gerechte Belastung des Besitzes.

Schwaben: Fabrikbesitzer Adolf Ammon, Regierungsaccessist Böhm. BWA K2/II/1, 1. Akt, auch in K2/XVII/1, 1. Akt.

[87] Denkschrift der Handelskammer Nürnberg zur Reform der direkten Steuern in Bayern im Auftrag des Bayerischen Handelskammertages erstellt, in: BWA K2/XVII/1, 1. Akt. Die Denkschrift ging am 27. April in 40 Exemplaren an den besonderen Ausschuß der Kammer der Abgeordneten zur Beratung der Gesetzentwürfe über die direkten Steuern, in 5 Exemplaren an das Staatsministerium der Finanzen, in 2 Exemplaren an das Staatsministerium des Kgl. Hauses und des Äußern sowie je einmal an alle Reichsräte und Abgeordnete des Landtags. Vgl. Abschriften der entsprechenden Begleitbriefe in BWA K2/XVII/1, 1. Akt.

[88] Denkschrift der Handelskammer Nürnberg, a.a.O.

Nur wenige Monate später, am 13. September 1909, trafen sich die Vertreter der bayerischen Handelskammern erneut, um auf einer Kommissionssitzung (sie entspricht den späteren Delegiertenkonferenzen) in Nürnberg den II. Bayerischen Handelskammertag vorzubereiten.[89] Auch auf diesem Treffen spielte das Thema Steuerreform eine herausragende Rolle. Inzwischen war im Landtag die zweite Lesung der entsprechenden Gesetzentwürfe erfolgt, der Steuerausschuß des Landtages hatte dabei bereits einer Reihe von Wünschen der Kammern durch die Beschlußfassung in zweiter Lesung entsprochen. Die Kammerdelegierten hatten sich daher nun mit den verbliebenen Entwürfen und deren Änderungen gegenüber den ursprünglichen Fassungen auseinanderzusetzen, wobei erkennbar wurde, daß die in der ersten Denkschrift festgehaltenen Anträge der Kammern hierbei kaum berücksichtigt worden waren. Nach einer Debatte über die einzelnen Punkte wurde wiederum die Kammer Nürnberg beauftragt, den Standpunkt der bayerischen Handelskammern in einer zweiten Denkschrift[90] an das Finanzministerium sowie an sämtliche Landtagsmitglieder darzulegen. Darin beschränkte man sich noch weiter auf einzelne Aspekte der Reform, um durch diese „Selbstbeschränkung" das Augenmerk des Ministeriums und der Landtagsmitglieder verstärkt auf diese Punkte zu lenken und deren Chancen auf Beachtung zu erhöhen. Zur Einkommensteuer kritisierte man neben den allzu geringen abzugsfähigen Ausgaben besonders die im Gesetz nach wie vor enthaltene Doppelbesteuerung der Gesellschaften mit beschränkter Haftung, weil sie mit den Aktiengesellschaften gleichbehandelt wurden, während sie nach Ansicht der Kammern aber vielmehr in die Nähe der offenen Handelsgesellschaften gehörten. Ihrer Meinung nach hätte das Gesetz eine verheerende Wirkung auf den Bestand der GmbH, die auch durch die von den Kammern gewünschte Abmilderung immer noch gegenüber der offenen Handelsgesellschaft in Bayern und der GmbH in anderen Bundesstaaten benachteiligt wäre. Auch zur Gewerbesteuer und zum Umlagengesetz merkten die Kammern in der Denkschrift einzelne Änderungswünsche an.

Auf dem II. Bayerischen Handelskammertag am 20. September 1909 in Nürnberg, der auf Antrag der Kammern Nürnberg und Ludwigshafen einberufen worden war, weil diese die Steuerreform nochmals in einer Hauptversammlung beraten wollten, sicherte Legationsrat Dr. Donle[91], der Vertreter des für die

---

[89] Vgl. Protokoll über die Kommissionssitzung des II. BHK v. 13.9.1909. BWA K2/II/1, 1. Akt.

[90] Zweite Denkschrift über die Gesetzentwürfe zur Reform der direkten Steuern in Bayern. BWA K2/II/1, 1. Akt. Vgl. auch Begleitschreiben des BHK an die Mitglieder des Landtags, 29.9.1909. BWA K2/II/2.

[91] Ludwig (Ritter v.) Donle (1869-1942), Jurist, seit 1895 im Außenministerium, ab 1906 als Legationsrat, ab 1912 Ministerialrat, am 1.1.1918 auf eigenes Ersuchen aus dem Staatsdienst mit Titel u. Rang eines Geh. Rats entlassen, 1.1.1918-31.12.1939 Generaldirektor u. Vorsit-

Kammern zuständigen Staatsministerium des Äußern und des Kgl. Hauses, zu, „daß sowohl das Ergebnis der Kommissionsberatungen als auch dasjenige der heutigen Tagung des zweiten Handelskammertages seitens der Regierung mit größtem Interesse verfolgt und als Prüfstein für die Wünsche und Bedürfnisse des Handels und der Industrie bei der bayerischen Steuerreform betrachtet werden wird.“[92] Der Vorsitzende des Handelskammertags, Kommerzialrat von Pfister, verdeutlichte nochmals die Absicht der Kammern: „Bayerns Industrie und Handel sind weit davon entfernt, nicht den berechtigten Teil von Steuerlasten auf die Schultern zu nehmen, der ihnen billigerweise aufgebürdet werden kann. Was Industrie und Handel aber vermieden wissen möchten, ist ihre einseitige Belastung unter Freilassung anderer steuerkräftiger Schultern.“[93] Pfister spielte damit auf die Landwirtschaft – weniger das Handwerk – an, die zur Zeit des Kaiserreichs als die große Gegnerin von Handel und Industrie galt. Auch Bayerns Industrie- und Handelskreise wurden nicht müde, darauf hinzuweisen, daß ihre eigene Wirtschaftskraft diejenige der Landwirtschaft bereits weit überstieg, während sie im Gegenzug in allen nur erdenklichen Belangen wie zum Beispiel eben bezüglich der Vertretung in der Kammer der Reichsräte benachteiligt wurden.

Die Kammern stimmten nochmals über die in der zweiten Denkschrift festgehaltenen Anträge ab; die Annahme erfolgte ohne Debatte und einstimmig. Lediglich zur Filialsteuer, die nach der Denkschrift gestrichen werden sollte, gab es eine Wortmeldung des Delegierten Seidelmann aus Augsburg. Er wies darauf hin, daß die Filialsteuer seit Jahren eine Forderung eines großen Teils des Einzelhandels sei, den der Bayerische Handelskammertag ebenfalls vertrete. Deshalb erhob er „den schärfsten Widerspruch“ gegen diesen Punkt, unterließ es aber, einen Gegenantrag zu stellen, weil alle anderen Delegierten, insbesondere auch der Augsburger Präsident, sich bereits dafür ausgesprochen hatten. Hier wird ein Dilemma deutlich, in welchem die Handelskammern und damit auch der Handelskammertag steckten: Nach der für sie geltenden Verordnung waren sie gehalten, das allgemeine Interesse von Industrie und Handel ihres Bezirks zu vertreten. Industrie und Handel waren aber keine homogenen Gruppen, sondern bestanden vielmehr aus einzelnen Zweigen, deren Interessen keineswegs immer gleichgelagert waren. Besondere Konflikte ergaben sich immer wieder zwischen dem Groß- und dem Einzelhandel, wie dies auch hier im Fall der Steuerreform zutage trat.

Pfister hob abschließend nochmals die Bedeutung der Beratungen des Handelskammertags hervor: „Wir dürfen wohl ohne Selbstüberschätzung für uns in

---

zender des Vorstands des „Bayerischen Lloyd“, Schiffahrts-Aktiengesellschaft in Regensburg. SCHÄRL, Walter: Die Zusammensetzung der bayerischen Beamtenschaft von 1806 bis 1918, Kallmünz/ Opf. 1955, S. 314.

[92] Vgl. Protokoll des II. BHK v. 20.9.1909. BWA K2/II/1, 1. Akt.

[93] Ebd.

Anspruch nehmen, daß den gesetzgebenden Faktoren von keiner Seite sachlichere und sachverständigere Vorstellungen zugegangen sind als aus den Kreisen des bayerischen Handels und der bayerischen Industrie, vertreten in den Handelskammern und in ihrer Gesamtheit, im Bayerischen Handelskammertag. Wir dürfen hoffen, daß unsere Vorstellungen nicht ungestört verhallen; wir wenigstens sind von jedem Vorwurf frei, wenn eine kurzsichtige Gesetzgebung die Steuerquellen selbst schädigt und angreift und dem nach außen hin so schwer ringenden bayerischen Wirtschaftsleben auch noch von innen Wunden schlägt."[94]

Anläßlich der Delegiertenkonferenz am 16. November 1909 in München konnten die Handelskammern bereits erste Erfolge ihrer Bemühungen verzeichnen:[95] Die Abgeordnetenkammer hatte einzelne Forderungen, darunter die Modalitäten der Berechnung des Schuldenabzugs bei der Gewerbesteuer, die Heraufsetzung der Höchstquote des Abzugs auf 50 % des Reingewinns und die Abzugsfähigkeit von Lebensversicherungsprämien, berücksichtigt und die Gesetzentwürfe dahingehend geändert. Nun beriet die Reichsratskammer darüber, der die Ergebnisse der Abgeordnetenkammer seit Anfang November zugingen.[96] Der Nürnberger Syndikus Dr. Gunz regte deshalb an, eine neue Denkschrift für die Reichsräte auszuarbeiten, in der insbesondere nochmals auf die doppelte Besteuerung der GmbH hingewiesen werden sollte, die in der Kaufmannschaft große Erbitterung hervorgerufen habe. Der Handelskammertag sprach sich jedoch in seiner Gesamtheit gegen eine weitere Stellungnahme aus, da den Reichsräten auch von anderer Seite wie etwa vom Münchener Handelsverein und vom Verband der Gesellschaften m.b.H. in dieser Frage genügend Material zugegangen sei, auf dessen Grundlage eine fundierte Entscheidung möglich sei.[97]

Die Generaldebatte im Steuerausschuß, sodann ab Januar 1910 im Plenum der Ersten Kammer des Landtags zeigte, daß eine weitere Stellungnahme des Handelskammertags in der Tat nicht mehr gebraucht wurde, denn die Wirtschaftsliberalen um den Bankier Auer setzten sich sehr intensiv für die Belange der Wirtschaft ein. Auer führte beispielsweise im Ausschuß aus: „Bayerns Industrie ist nicht so gesichert und entwickelt, daß sie Experimente vertragen kann [...]. Das Großkapital [ist] in den Steuergesetzen in einer Weise bedacht worden, daß man sich doch noch einmal überlegen soll, ob es klug ist, durch übermäßige Besteuerung die bestehenden Etablissements in ihrer Entwicklung zu hemmen und das Kapital zu veranlassen, sich gegen Neugründungen ablehnend zu verhalten."[98]

---

[94] Ebd.
[95] Vgl. Protokoll der Konferenz des BHK v. 16.11.1909. BWA K2/II/1, 1. Akt.
[96] Vgl. LÖFFLER: Reichsräte, S. 248.
[97] Vgl. Protokoll der Konferenz des BHK v. 16.11.1909. BWA K2/II/1, 1. Akt.
[98] Zitiert nach LÖFFLER: Reichsräte, S. 248.

Auer und die anderen Liberalen konnten sich mit dieser Argumentation zunächst gegen den zweiten Flügel der Kammer, der von den Konservativen um Max von Soden-Fraunhofen gebildete wurde, durchsetzen und im Ausschuß, dann auch in der Generaldebatte im Plenum einen für die Industrie vorteilhafteren Einkommensteuertarif festlegen. Die Kammer der Abgeordneten bestand aber auf ihren ursprünglichen Entschlüssen, so daß ein Großteil der Reichsräte, der ein Scheitern der gesamten Steuerreform nicht riskieren wollte, umschwenkte und im Sommer 1910 den gesamten Entwurf des Einkommensteuergesetzes, wie die Abgeordnetenkammer ihn vorgelegt hatte, annahm. Auch in anderen Punkten, zum Beispiel bei der Einführung der Filialbesteuerung, hatten die Reichsräte nachgeben müssen,[99] so daß letztlich für das Gewerbe- und Kapitaleinkommen erheblich höhere Belastungen hingenommen werden mußten.[100]

Der Bayerische Handelskammertag hatte daher nur wenige der ihm besonders am Herzen liegenden Punkte in der Steuerreform beeinflussen können, doch kann dies durchaus als Erfolg gewertet werden. Auch andere Verbände, allen voran der Bayerische Industriellen-Verband mit Anton von Rieppel, dem Direktor der MAN, der auch der Handelskammer München angehörte, hatten sich in der Debatte für ihre Interessen eingesetzt[101] und letztlich nicht mehr erreicht. Dagegen darf angenommen werden, daß die Handelskammern ohne gemeinsame Plattform, wie sie der Handelskammertag bot, und mit nur jeweils einzelnen, unkoordinierten Eingaben bei weitem nicht so viel erreicht hätten.[102]

3.2 Verstärkung der Vertretung von Handel und Industrie in der Kammer der Reichsräte und in den Distrikts- und Landräten

Ein weiteres Thema, das in den ersten Jahren der Tätigkeit des Bayerischen Handelskammertags eine große Rolle für die Handelskammern spielte, war der Versuch, die Vertretung des Industrie- und Handelsstandes in staatlichen Gremien zu verbessern.[103]

Zum IV. Bayerischen Handelskammertag, der am 30. September 1911 in Würzburg stattfand, stellte die Handelskammer Regensburg den Antrag, über eine Reform der Distrikts- und Landratsgesetze von 1852 zu beraten. Die Institution des Landrats stammte aus der Pfalz, in der es während des Empires einen Departementalrat gegeben hatte, der allerdings am Ende der französischen Herrschaft fast zur Bedeutungslosigkeit herabgesunken war. König Max Joseph belebte diese nunmehr in „Landrat" umbenannte Institution noch im Jahr des Anschlusses der Pfalz an Bayern neu und erhielt der Pfalz damit eine relativ große

[99] LÖFFLER: Reichsräte, S. 252-266.

[100] So Professor v. Eheberg, der anerkannteste zeitgenössische bayerische Finanzwissenschaftler. Vgl. ECKARDT: Industrie und Politik, S. 159.

[101] Vgl. LÖFFLER: Reichsräte, S. 252; ECKARDT: Industrie und Politik, S. 159.

[102] Dieser Meinung sind auch COHEN/SIMON: Geschichte, S. 327.

[103] Auch der BIV setzte sich hierfür ein, vgl. HESSELMANN: Wirtschaftsbürgertum, S. 277.

Selbständigkeit, denn der Rat, der sich aus zwanzig von der Krone aus der Klasse der Höchstbesteuerten ernannten Notabeln zusammensetzte, verstand sich als zuständig für alles, was das öffentliche Leben im Rheinkreis betraf. Zwar durfte er keine rechtsgültigen Beschlüsse fassen, doch war es ihm erlaubt, seine Bemerkungen, Wünsche und Anträge unter Umgehung der Kreisregierung direkt an den König und die Staatsregierung heranzutragen. Außerdem konnte er an der Zuweisung finanzieller Mittel für Aufgaben auf der Ebene der Regierungsbezirke mitwirken. 1828 wurde die Institution des Landrats auch in den rechtsrheinischen Kreisen Bayerns eingeführt, wenngleich mit einer dem dort noch geltenden Ständeprinzip angepaßten Wahlordnung.[104]

Nach den Distrikts- und Landratsgesetzen von 1852 war von allen Erwerbszweigen nur die Landwirtschaft mit einem festgeschriebenen Mitgliedsanteil in den genannten Gremien vertreten, was man in Regensburg als Zurücksetzung von Industrie und Handel empfand.[105] Durch die geplante Reform sollte ein Ende dieses einseitigen Zustands und die Aufnahme von Vertretern aus Industrie und Handel in die Räte erreicht werden. Der Antrag wurde jedoch zunächst zurückgestellt zugunsten einer eingehenden Beratung in einer Delegiertenkonferenz, was dann am 24. Mai 1913 schließlich geschah.[106]

Auf der Delegiertenkonferenz erkannten nach dem Referat des Regensburger Syndikus Clarus auch andere Handelskammer-Vertreter die Reformbedürftigkeit dieser Gesetze an, die Präsidenten der Kammern Augsburg und Bayreuth, Diesel und Schüller, erachteten die Chancen für eine derartige Änderung aufgrund der derzeitigen Zusammensetzung des Landtages aber als sehr gering[107] (diese Einschätzung war wohl auch der Grund dafür, daß man diesen Fragenkomplex nicht bereits früher – 1912 fanden überhaupt keine Delegiertenkonferenzen statt – beraten hatte). Der Präsident der Kammer Ludwigshafen, Wagner, forderte jedoch

[104] SCHERER: Verhältnis, S. 14f., 18; SCHUMANN: Bayerns Unternehmer, S. 125.

[105] In den Distrikträten stellten die Großgrundbesitzer insgesamt ⅜ der Zahl der Gemeindeabgeordneten, in den Landräten (neben Vertretern der Distriktsgemeinden, der kreisunmittelbaren Städte, der Pfarrer und der Universitäten) ¼ der Zahl der Vertreter der Distriktsgemeinden. Vgl. Gesetzblatt für das Königreich Bayern 1851 und 1852, S. 247, 271.

[106] Vgl. Protokoll der Delegiertenkonferenz v. 24.5.1913. BWA K2/II/1, 2. Akt. Die bayerischen HKn hatten, einer Initiative der HK München folgend, bereits 1905 eine entsprechende Eingabe an die Staatsregierung gerichtet, die allerdings erfolglos blieb. Nur die HK Augsburg hatte sich dem Antrag damals nicht angeschlossen, da sie eine völlige Beseitigung der ständisch gegliederten Vertretung wünschte und daher aus taktischen Gründen den Anschluß ablehnte. Vgl. COHEN/SIMON: Geschichte, S. 238f.

[107] Der BIV hatte in Kooperation mit dem Verein Süddeutscher Baumwollindustrieller seit 1908 bereits mehrmals eine entsprechende Reform angeregt, war von der bayerischen Staatsregierung aber stets abgewiesen worden. KUHLO, Alfred: Jubiläumsdenkschrift des Bayerischen Industriellen-Verbandes e.V. 1902-1927, München 1927, S. 78. Der Abgeordnete Casselmann war mit einem entsprechenden Antrag vom 27.2.1912 an die Kammer der Abgeordneten gescheitert. BHStA MH 14262.

dazu auf, die Forderung nach gleichberechtigter Vertretung von Industrie und Handel energisch zu vertreten, um überhaupt etwas zu bewirken, man solle sich nicht von vornherein entmutigen lassen. Nach längerer Debatte wurde beschlossen, den Antrag Regensburgs dem nächsten Handelskammertag zur Annahme zu empfehlen.

Syndikus Clarus erläuterte auf dem V. Handelskammertag am 20. September 1913 in Ludwigshafen erneut den Antrag seiner Kammer, wonach die bayerische Staatsregierung gebeten werden sollte, eine Reform der Distrikts- und Landratsgesetze in die Wege zu leiten, damit auch Industrie und Handel in den Gremien eine offizielle Standesvertretung erhielten.[108] Die versammelten Vertreter der bayerischen Handelskammern sprachen sich einstimmig für die Annahme des Antrags aus. Der auf nahezu allen Handelskammertagen anwesende Ministerialdirektor von Meinel, der Leiter der Abteilung für Industrie, Gewerbe und Handel im Staatsministerium des Kgl. Hauses und des Äußern,[109] dämpfte die etwa vorhandenen Hoffnungen der Kammervertreter aber sogleich mit den Worten, daß die Regierung über die Wünsche von Industrie und Handel Bescheid wisse und diese nach Möglichkeit auch aufgreifen wolle, jedoch stehe eine Änderung dieses Gesetzes nicht unmittelbar bevor, da es sich im großen und ganzen bis jetzt sehr gut bewährt habe.

Im gleichen Zeitraum beschäftigte man sich auch mit der Frage einer Reform der Kammer der Reichsräte. Diese war bereits in der Mitte des 19. Jahrhunderts diskutiert worden und flammte nach der Jahrhundertwende aufgrund der veränderten gesellschaftlichen und wirtschaftlichen Gegebenheiten wieder auf.[110] Besonders die erstarkende Industrie verlangte wie auch in anderen deutschen Staaten immer lauter nach einer stärkeren Vertretung in der Ersten Kammer, was zwischen 1907 und 1914 von liberalen Abgeordneten mehrfach in Reformanträgen aufgegriffen wurde, in welchen eine „zeitgemäße Erweiterung um gewählte Vertreter aus den Berufsgruppen Landwirtschaft, Handel, Industrie, Handwerk, Arbeiterschaft und den freien Berufen sowie der drei Landesuniversitäten und der Technischen Hochschule München“ gefordert wurde.[111] Einen konkreten

[108] Vgl. Protokoll des V. BHK v. 20.9.1913. BWA K2/II/1, 2. Akt.

[109] Wilhelm (Ritter v.) Meinel (1865-1927), Jurist, ab 1895 im Außenministerium, 1908 Ministerialrat, ab 1911 Titel und Rang eines Ministerialdirektors u. Vorstand der Ministerialabteilung für Industrie, Gewerbe und Handel, 19.12.1916 Titel u. Rang eines Staatsrates i.a.o. Dienst, 25.8.1918 Prädikat Exzellenz, ab Feb. 1919 als erster Vertreter des Reichswirtschaftsministeriums zu den Friedensverhandlungen in Versailles abgeordnet, ab April 1919 Staatsrat i.a.o. Dienst u. Ministerialdirektor im neuerrichteten Staatsministerium f. Handel, Industrie u. Gewerbe, 15.11.1922 Staatsminister f. Handel, Industrie u. Gewerbe, 8.2.1927 aus Gesundheitsgründen vom Ministeramt zurückgetreten. SCHÄRL: Beamtenschaft, S. 326.

[110] LÖFFLER: Reichsräte, S. 501-517.

[111] Ebd., S. 517. Vgl. auch REIMANN, Joachim: Der politische Liberalismus in der Krise der Revolution, in: Bayern im Umbruch. Die Revolution von 1918, ihre Voraussetzungen, ihr

Anlaß für den Ruf nach Reformen hatte die Verabschiedung der Steuerreform gegeben, in der sich letztlich die Abgeordneten gegen die Reichsräte durchgesetzt hatten. Der Bayerische Industriellen-Verband warf den Reichsräten deshalb Versagen in der Steuerpolitik bei der Vertretung industrieller Interessen vor und verlangte die Aufnahme einer größeren Zahl von Industrievertretern in die Erste Kammer.[112]

Auch der Bayerische Handelskammertag hielt den Zeitpunkt für eine Reform nun für gekommen, der Anstoß für die Diskussion des Themas im Handelskammertag ging dabei von der Kammer Bayreuth aus. Der Bayreuther Syndikus Dr. Hoffmann führte auf der oben bereits erwähnten Delegiertenkonferenz im Mai 1913 aus, die Frage der Zusammensetzung der Ersten Kammer sei deshalb für Handel, Industrie und Gewerbe in Bayern besonders von großer Bedeutung, „weil es in diesen Berufsständen nicht möglich ist, in der auf Grund des allgemeinen Wahlrechts gewählten II. Kammer bei den heutigen Verhältnissen in Bayern eine ihrer Bedeutung für das Staatsganze entsprechende Vertretung zu erlangen."[113] Im Kapitel B.IV.3.a wurde bereits darauf verwiesen, daß es Industrie und Handel aufgrund der Einführung des allgemeinen[114] und gleichen Wahlrechts 1907 nicht mehr möglich war, in der Abgeordnetenkammer einen nennenswerten Stimmanteil zu erringen. Zudem bevorzugte das bayerische Wahlrecht durch die Wahlkreiseinteilung ländliche Gegenden, in denen oftmals das bayerische Zentrum gewählt wurde, das die Grundlage der bayerischen Wirtschaft in erster Linie in Landwirtschaft und Handwerk erblickte und einer weiteren Industrialisierung eher skeptisch gegenüberstand, weil man fürchtete, daß diese zu vermehrter Arbeitslosigkeit und damit zur Verelendung der Arbeiter führen würde, während die reichen Unternehmen den Grund und Boden aufkauften und damit auch die Bauern zu „besitzlosen Proletariern" machten.[115] Dementsprechend dominierte in der im Februar 1912 neugewählten Zweiten Kammer das Zentrum, während die den Unternehmern nahestehende Nationalliberale Partei zwar Zugewinne verbuchen konnte, aber dennoch nur 19 von 163

Verlauf und ihre Folgen, hg. v. Karl BOSL, München 1969, S. 165-199, hier S. 176-178. In Preußen bemühte sich zur gleichen Zeit der DHT intensiv darum, Mitglieder im Herrenhaus zu platzieren, vgl. FRENTZEL/JÄKEL: Industrie- und Handelskammern, S. 72f.

[112] KUHLO: Jubiläumsdenkschrift, S. 86; zur Tätigkeit des BIV in bezug auf die bayerische Steuerreform vgl. ebd. S. 240-248.

[113] Vgl. Protokoll der Delegiertenkonferenz v. 24.5.1913. BWA K2/II/1, 2. Akt.

[114] Daß es sich dabei nicht wirklich um ein allgemeines Wahlrecht im heutigen Sinne handelte, wurde oben erwähnt.

[115] Vgl. entsprechende Ausführungen Schlittenbauers auf der Fraktionssitzung der Zentrumspartei am 9.10.1913 in: Die Protokolle der Landtagsfraktion der bayerischen Zentrumspartei 1893-1914, hg. u. bearb. v. Dieter ALBRECHT, Bd. 5: 1912-1914, München 1993, S. 185f. Ähnliche Ansichten vertrat Heinrich Held als Fraktionsvorsitzender der bayerischen Zentrumspartei, vgl. KEßLER, Richard: Heinrich Held als Parlamentarier. Eine Teilbiographie 1868-1924, Berlin 1971, S. 198.

Abgeordneten stellte.[116] Auch die Sozialdemokratische Partei wurde stärker und besaß nun 30 Sitze in der Kammer. Noch deutlicher wird die Schieflage, in der sich die Interessenvertreter von Industrie und Handel befanden, wenn man die berufliche Zusammensetzung betrachtet: In der Abgeordnetenkammer waren 46 Landwirte, dagegen nur 9 Kaufleute und 6 Fabrikbesitzer vertreten.[117] Angesichts dieser Gewichtung, die im Hinblick auf die Zusammensetzung der bayerischen Bevölkerung aber durchaus nicht als ungerecht gelten darf, hatten es Handel und Industrie selbstredend sehr schwer, ihre Interessen in dieser Kammer durchzusetzen.

Gegenwärtig, so Hoffmann auf der Delegiertenkonferenz, sei die Erste Kammer, das Gegengewicht zur Abgeordnetenkammer, jedoch so einseitig zusammengesetzt, „daß von einer Vertretung aller Volksinteressen in ihr keine Rede sein kann." Nur vier Mitglieder der Ersten Kammer seien Vertreter von Handel und Industrie, eine Anzahl weitere sei in der Stellung als Aufsichtsräte an Industrie und Handel interessiert. Die anderen Mitglieder außer den Prinzen und den kirchlichen Würdenträgern seien dagegen der Landwirtschaft bzw. dem Großgrundbesitz zuzurechnen. Mit dieser Analyse irrte Hoffmann allerdings, denn der Anteil der Großhändler und Industriellen in der Reichsratskammer lag 1913 doch etwas höher. LÖFFLERS Untersuchungen zufolge waren unter den ca. 90 Reichsräten mindestens vier erbliche und drei lebenslängliche Räte, die, ohne die „nur" als Aufsichtsratsmitglieder fungierende Räte mitzuzählen, als Vertreter von Handel und Industrie gelten dürfen.[118] Auch ist in der Steuerdebatte zum Ausdruck gekommen, daß ein erheblicher Teil der Reichsräte wesentlich industriefreundlicher eingestellt war als die Mehrheit der Abgeordneten. Dieser Teil hatte sich jedoch in der Entscheidung nicht durchsetzen können, so daß den Handelskammern an einer Verstärkung „ihrer" Vertreter sehr gelegen war.

Hoffmann nahm dabei ausdrücklich die lebenslänglichen Reichsräte vom Vorwurf der Einseitigkeit aus: Diese seien Männer, „die von höherer Warte aus

---

[116] Die Nationalliberale Partei trat in der Kammer der Abgeordneten allerdings nicht selbständig auf, sondern war mit der Fortschrittlichen Volkspartei und dem Deutschen Bauernbund in der Liberalen Vereinigung zusammengeschlossen. Die Liberale Vereinigung wurde bei der Wahl von 1912 mit insgesamt 33 Mandaten zweitstärkste Fraktion. W. ALBRECHT: Landtag und Regierung, S. 36. Zu den Gründen für die Neuwahl siehe ebd., S. 20-27.

[117] W. ALBRECHT: Landtag und Regierung, S. 37. Siehe zu den Ergebnissen der Landtagswahl auch THRÄNHARDT, Dietrich: Wahlen und politische Strukturen in Bayern 1848-1953, Düsseldorf 1973, S. 348.

[118] Bei den erblichen Räten handelt es sich um Theodor Frhr. v. Cramer-Klett jun., Hugo Ritter u. Edler v. Maffei, Eduard Benedikt Ritter u. Frhr. v. Poschinger v. Frauenau, Markus Paul Freiherr v. Schnurbein; bei den lebenslänglichen Räten um Adolf v. Auer, Franz Ritter v. Buhl und Anton Ritter v. Rieppel. Vgl. LÖFFLER: Reichsräte, S. 591ff. Hinzu kamen verwandtschaftliche Verbindungen zwischen diesen und mehreren anderen Reichsräten, die daher den Bedürfnissen von Industrie und Handel aufgeschlossener gegenüber gestanden haben dürften, vgl. HESSELMANN: Wirtschaftsbürgertum, S. 289-291.

und unbeeinflußt von kleineren Interessengegensätzen ihr Votum abgeben". Er erblickte den Mißstand vielmehr in der Vererblichkeit der Reichsratswürde. Nach der Verfassung durfte die Zahl der lebenslänglichen Reichsräte den dritten Teil der erblichen nicht übersteigen, wobei die Prinzen des kgl. Hauses und die Kronbeamten, welche nicht zugleich wegen ihrer Besitzungen Reichsräte waren, nicht mitgezählt wurden. 1913 gab es nach seinen Angaben 55 erbliche Reichsräte, die Zahl der lebenslänglichen betrug daher maximal 18, welche auch erreicht wurde. Gerade dieser Umstand, daß die Erste Kammer zu drei Vierteln aus erblichen Mitgliedern bestand, ließ für Hoffmann eine Reform notwendig erscheinen, denn „gegen die Vererblichkeit der Reichsratswürde [besteht] unzweifelhaft das Bedenken, daß hinsichtlich der persönlichen Eigenschaften des Inhabers bei der Nachfolge naturgemäß der Zufall eine besondere Rolle spielt." Mit anderen Worten: Nicht jeder, der die Reichsratswürde erbte, war für dieses Amt auch geeignet. Eine Reform konnte allerdings, wie oben bereits angesprochen, nur durch eine Verfassungsänderung herbeigeführt werden, die während der Regentschaft nicht wahrscheinlich war. Hoffmann beantragte daher selbst, „wegen Aussichtslosigkeit" von einer weiteren Behandlung des Gegenstandes abzusehen; diese sei zudem nicht dringlich, weil die Reichsratskammer gegenwärtig nicht selten mehr Verständnis für die Bedürfnisse von Handel und Industrie zeige als die Abgeordnetenkammer.

Dennoch erläuterte er theoretisch, wie eine Reform der Reichsratskammer aussehen könne: Zum einen sei es denkbar, mit dem Prinzip der Erblichkeit zu brechen und eine größere Zahl lebenslänglicher Reichsräte, die wenigstens die Hälfte aller Räte ausmachen sollten, zu berufen. Bei deren Auswahl seien alle Erwerbsstände „nach ihrer Bedeutung für das Staatsganze" zu berücksichtigen. Ohne Zweifel bezog Hoffmann sich mit diesem Ausdruck auf das im Vergleich zur Landwirtschaft höhere Steueraufkommen von Handel und Industrie, das seiner Meinung nach auch eine verbesserte Vertretung dieser Stände rechtfertigte.

Zum anderen könne man sich nach den Reformen in Elsaß-Lothringen, Hessen, Baden und Württemberg richten. Dort seien die nichterblichen Mitglieder der Ersten Kammern nun berufsständisch gegliedert, die Landwirtschafts-, Handwerks- und Handelskammern hätten entweder ein Wahlrecht (Elsaß, Baden) oder ein Vorschlagsrecht (Württemberg, Hessen). In allen vier Staaten seien die von den Kammern gewählten oder präsentierten Mitglieder stark in der Minderzahl, der konservative Charakter der Ersten Kammern sei dadurch gewahrt.[119]

---

[119] In Württemberg z.B. wurden nach der Verfassung vom 16.6.1906 fünf Vertreter der Berufsstände in die Erste Kammer der Landstände aufgenommen, davon zwei Vertreter von Handel und Industrie, zwei Vertreter der Landwirtschaft und ein Vertreter des Handwerks. MOSTHAF: Württembergische Industrie- und Handelskammern, Bd. 2, S. 65. Auch in anderen deutschen Staaten gab es Bestrebungen, die Erste Kammer ausgewogener zu gestalten, d.h. in stärkerem Maße als bisher Vertreter aus Industrie und Handel zu berücksichtigen. Vgl. hierzu

Da eine Reform der Reichsratskammer aus den genannten Gründen nicht wahrscheinlich war, beantragte der Referent abschließend, durch Vermittlung der Staatsregierung der Krone den Wunsch zu unterbreiten, bei Neubesetzungen der Reichsratsstellen Angehörige von Industrie und Handel verstärkt zu berücksichtigen.

Beide Anträge des Referenten wurden einstimmig angenommen. Pschorr fügte noch an, daß die Handelskammer München sich bereits mit dieser Frage beschäftigt habe und deshalb auch mit Meinel in Verbindung getreten sei. Meinel habe volles Verständnis für die Wünsche von Industrie und Handel und habe es auch begrüßt, daß diese Stände sich für eine verbesserte Vertretung einsetzen.

Nach dem Ende der Regentschaft entschloß man sich, das Thema erneut zu behandeln. Syndikus Hoffmann aus Bayreuth legte auf der Delegiertenkonferenz vom 25. Februar 1914 in Nürnberg nochmals die Gründe für eine Reform dar[120] und betonte, in keinem anderen deutschen Bundesland sei die Zusammensetzung der Ersten Kammer so einseitig wie in Bayern – nicht ohne allerdings wiederum einzuräumen, daß die Beschlüsse der Reichsräte für Industrie und Handel noch vorteilhafter waren als diejenigen der Abgeordneten. Die einseitige Zusammensetzung habe auch Ministerpräsident Hertling am 9. Dezember 1913 in einer Rede in der Abgeordnetenkammer bereits anerkannt, doch kurz darauf in der Reichsratskammer erklärt, er halte diese nicht für reformbedürftig.[121]

Hoffmann glaubte dennoch, unter den Reichsräten eine gewisse Reformbereitschaft erkennen zu können; auch sei nicht mit ernstlichem Widerstand des Staatsministeriums zu rechnen. Er beantragte daher im Namen der Kammer Bayreuth, dem Ministerium bestimmte Forderungen vorzulegen: Die Beschränkung, wonach die Zahl der lebenslänglichen Reichsräte den dritten Teil der erblichen nicht überschreiten durfte, sollte aufgehoben werden; dafür sollte eine Bestimmung eingeführt werden, nach der ein bestimmter Prozentsatz der lebenslänglichen Reichsräte, etwa ein Drittel, Industrie und Handel angehören mußte.

FRENTZEL, Gerhard: Die Industrie- und Handelskammern und ihre Spitzenorganisation, in: Die Verantwortung des Unternehmers in der Selbstverwaltung, hg. aus Anlaß der 100-Jahr-Feier des Deutschen Industrie- und Handelstages, Frankfurt/M. 1961, S. 27-192, hier S. 34-40.

[120] Vgl. Protokoll der Delegiertenkonferenz v. 25.2.1914. BWA K2/II/1, 2. Akt.

[121] Hertling erklärte sich bereit, seitens des Ministeriums und in Zusammenarbeit mit der Ersten Kammer zu prüfen, inwieweit unter Berücksichtigung der veränderten Zeitverhältnisse und des wirklichen Bedürfnisses Änderungen in der Kammer der Reichsräte vorzunehmen seien, wollte aber die prinzipielle Struktur der Kammer nicht antasten, da diese bisher sehr konstruktiv am Staatsganzen mitgearbeitet habe. Insbesondere befürwortete er in seiner Rede nicht eine einseitige Verstärkung der Vertreter von Industrie und Handel, da eine etwaige Reform alle Erwerbsstände einbeziehen müsse. Siehe Verhandlungen der Kammer der Abgeordneten des bayerischen Landtags, XXXVI. Landtagsversammlung 1913/14, Stenographische Berichte, VIII. Bd., S. 236f. Vgl. auch LÖFFLER: Reichsräte, S. 518; W. ALBRECHT: Landtag und Regierung, S. 63.

Damit stieß er bei manchen der anderen Kammern, besonders bei Augsburg, jedoch auf Widerstand, die strikt dagegen waren, konkrete Forderungen zu stellen. Man kam schließlich dahingehend überein, die Frage zunächst innerhalb der einzelnen Handelskammern nochmals zu beraten und dann eine neue Konferenz einzuberufen.

Beide Reformvorhaben, dasjenige der Distrikts- und Landräte sowie dasjenige der Kammer der Reichsräte, gerieten unter dem Eindruck des Kriegsausbruchs im August 1914 bei den Handelskammern in den Hintergrund. Zwar griff die Regierung den Gedanken der Umformung der Ersten Kammer angesichts der immer instabiler werdenden politischen Ordnung in den Jahren 1917 und 1918 nochmals auf, sie einigte sich schließlich mit dem Landtag auch auf konkrete Pläne zur Umsetzung dieser Reform.[122] Der Bayerische Handelskammertag nahm an dieser Debatte, die der Ausbruch der Revolution im November 1918 vollends irrelevant werden ließ, allerdings nicht mehr teil.

3.3 Verlegung von Feiertagen

Die Verlegung von kirchlichen Feiertagen, welche auf einen Wochen- und damit auf einen Arbeitstag fielen, auf die nachfolgenden Sonntage war eine alte Forderung des bayerischen Gewerbes, da man sich durch die häufigen katholischen Feiertage vielfach in der Erwerbstätigkeit zu sehr eingeschränkt fühlte. Die Wirtschaft war der Ansicht, daß der Handel reichlich Verkaufszeit zur Verfügung haben und die Industrie ungestört produzieren sollte, auch die verschiedenen Ämter und Behörden wie Post und Eisenbahn sollten ihre Dienste umfassend anbieten können. Besonders Augsburg hatte sich seit den 1890er Jahren mit den verschiedensten Begründungen für eine Neuregelung eingesetzt,[123] aber auch Bayreuth und München verfolgten diese Frage schon seit längerem.[124] Die Forderung war bisher jedoch stets an den kirchlichen Stellen und dem Kultusministerium gescheitert, obwohl eine Ministerialkommission, die 1835 über die bayerische Industrieausstellung des Vorjahres berichtete, hier ebenfalls einen Mißstand festgestellt hatte.[125]

Die oberfränkische Handelskammer setzte das Thema aus Anlaß der Neuregelung der Sonntagsruhe[126] auf die Tagesordnung der Delegiertenkonferenz vom Juni 1910 in Regensburg. Bayreuths Syndikus Dr. Hoffmann führte nach einem

[122] Siehe ausführlich LÖFFLER: Reichsräte, S. 519-524.
[123] ZORN/HILLENBRAND: Sechs Jahrhunderte, S. 204-207.
[124] Oberfränkische Wirtschaft, S. 16; WINKEL: Wirtschaft, S. 65.
[125] Vgl. BURKHARDT: Verhältnis, S. 83.
[126] Vgl. hierzu COHEN/SIMON: Geschichte, S. 360f. 1910 wurde die Sonntagsruhe im Handelsgewerbe, bisher auf einzelne Monate beschränkt, auf das ganze Jahr ausgedehnt. Zum Zusammenhang zwischen der Sonntagsruhe und der Forderung der Kammern nach Verlegung der Feiertage siehe auch ZORN/HILLENBRAND: Sechs Jahrhunderte, S. 204-207, 209-213.

Rückblick auf die vergangenen erfolglosen Bemühungen der bayerischen Kammern in dieser Beziehung aus, daß im rechtsrheinischen Bayern außer den hohen Festen Neujahr, Ostern, Himmelfahrt, Pfingsten und Weihnachten in Orten mit überwiegender katholischer Bevölkerung elf katholische Feiertage begangen wurden (Heilige Drei Könige, Mariä Lichtmeß, Joseph, Mariä Verkündigung, Fronleichnam, Johannes der Täufer, Peter und Paul, Mariä Himmelfahrt, Mariä Geburt, Allerheiligen, Mariä Empfängnis), sogenannte Feiertage „zweiter Ordnung". Zudem gab es in der Erzdiözese Bamberg zwei, in den Diözesen Augsburg, Eichstätt und Würzburg je ein Diözesanpatrozinium, welche jeweils weltlich und kirchlich gefeiert wurden. In der Pfalz wurden nur Fronleichnam, Mariä Himmelfahrt und Allerheiligen kirchlich und weltlich gefeiert.[127] Von den genannten elf Feiertagen waren, so Hoffmann weiter, vier (Hl. Drei Könige, Fronleichnam, Mariä Himmelfahrt, Allerheiligen) „Feiertage im Sinne des § 105a Abs. 2 der Gewerbeordnung", d.h. sie waren durch Bestimmung der bayerischen Landesregierung den hohen Festen gleichgeordnet worden, was bedeutete, daß die Arbeiter nicht zum Arbeiten verpflichtet werden durften.[128] Die übrigen sieben Feiertage galten nicht als Festtage im Sinn der Gewerbeordnung, doch auch an ihnen ruhte die Arbeit.

Angesichts dieser großen Zahl von Feiertagen wies Hoffmann darauf hin, daß in weiten Teilen Bayerns an zwölf, in Bamberg sogar an dreizehn Tagen die gewerbliche Tätigkeit zumindest beträchtlich gehemmt wurde, weshalb das Arbeitsjahr für den Industriellen und Handeltreibenden um fast einen halben Monat kürzer sei als im nichtkatholischen Deutschland und auch in anderen katholischen Teilen Deutschlands, nämlich der Pfalz; darüber hinaus sei der Arbeiter am Tag nach dem Feiertag weniger leistungsfähig. Aber auch für diesen selbst ergäben sich Nachteile, da er für den Feiertag keinen Lohn erhielt, dafür aber an diesem Tag Mehrausgaben zu verzeichnen hätte – Hoffmann stellte hier einen deutlichen Zusammenhang zwischen dem Lohnausfall und dem sozialen Elend der Arbeiter her –, auch könne den Arbeitern aufgrund des hohen Arbeitsausfalls oft kein jährlicher Urlaub gewährt werden. Das in Politik und Gesellschaft oft verwendete Gegenargument, Feiertage dienten der Erholung der Arbeiter, ließ Hoffmann nicht gelten, da ja auch protestantische Arbeiter ohne diese Erholung auskämen. Genau aus diesem Grunde würden katholische Arbeiter in manchen Gegenden sogar gegenüber Protestanten benachteiligt, weil diese weniger oft ausfielen: „Im vorigen Jahr sollen z.B. in Lehesten, wie behauptet wird, von Arbeiterentlassungen in den Herzoglich Meiningischen Schieferbrüchen in erster Linie katholische Arbeiter betroffen worden sein, weil diese dort nicht als vollgültige Arbeitskräfte das ganze Jahr über angesehen werden."[129]

---

[127] Vgl. Protokoll der Delegiertenkonferenz v. 25.6.1910. BWA K2/II/1, 1. Akt.

[128] Vgl. Reichsgewerbeordnung [15]1899, § 105a.

[129] Protokoll der Delegiertenkonferenz v. 25.6.1910. BWA K2/II/1, 1. Akt. Die Beweisführung Hoffmanns ist etwas schwach: Daß er zur Untermauerung dieses Arguments ein Beispiel

Gegen Ende seines Vortrags kam der Referent noch einmal auf sein Hauptanliegen zu sprechen: die Benachteiligung der bayerischen Industrie und des bayerischen Handels, die durch mangelnde Bodenschätze und die Binnenlage im Reich ohnehin in ihrer Entwicklung gehemmt seien. Die häufigen Feiertage verstärkten diese Benachteiligung angesichts der scharfen Konkurrenzverhältnisse, die in allen Branchen herrschten, besonders gegenüber der Konkurrenz aus den protestantischen Gebieten weiter. Dabei sei dies ein Hindernis, das sofort beseitigt werden könne: „In unserer Zeit der schweren Belastung der Arbeitgeber durch sozialpolitische Maßnahmen sowohl als durch die Steuergesetzgebung sollte man doch, soweit es irgend angängig ist, die Bahn für die Entwicklung der Kräfte der Unternehmer frei machen, sollte man unnötige Hindernisse, die aus alter Zeit stammen, endlich wegräumen.“[130] Um sich nicht dem Vorwurf der Unchristlichkeit auszusetzen, betonte Hoffmann eigens, daß dieser Forderung religiöse Bedenken nicht entgegenstünden, da es ja in der Pfalz auch nur drei kirchlich und weltlich begangene Feiertage gebe.

Weil die sachlichen Gründe, die für diese Forderung sprachen, den maßgeblichen Stellen seit langem bekannt waren, zweifelte der Referent selbst am Erfolg einer Eingabe. Seiner Meinung nach konnte die Angelegenheit nur Erfolg haben, wenn sie auf einem öffentlichen Bayerischen Handelskammertag „mit allem Nachdruck in breiter Öffentlichkeit“, in einer imposanten und eindringlichen Kundgebung verhandelt wurde.

In der anschließenden Diskussion ergab sich, daß die Lage keineswegs in ganz Bayern dieselbe war. Die Kammern Nürnberg und Regensburg bekannten, daß in den Städten des jeweiligen Bezirks auch an Feiertagen anstandslos gearbeitet wurde, während die Passauer Kammer einräumte, daß in Niederbayern die Feiertage eingehalten wurden. Trotz dieser uneinheitlichen Position wurde beschlossen, die Frage auf dem nächsten Handelskammertag zu behandeln. Der Vorsitzende Pfister regte an, zuvor noch Kontakt mit dem Bayerischen Landwirtschaftsrat aufzunehmen, weil auch die Landwirte an einer Verlegung interessiert seien.[131]

Auf dem nur knapp drei Monate später stattfindenden III. Handelskammertag konnte der Referent, wiederum Syndikus Hoffmann, bereits erste kleine Erfolge in dieser Angelegenheit vermelden:[132] Wenige Wochen zuvor sei die Feier des einen Bamberger Diözesanpatronstag (St. Kunigunde) auf den nächstfolgenden

---

aus dem benachbarten Thüringen heranziehen muß, von dessen Stichhaltigkeit er offenbar selbst nicht gänzlich überzeugt ist, zeigt, daß aus Bayern keine derartigen Praktiken bekannt sind.

[130] Ebd.

[131] Eine Kooperation mit den Handwerkskammern lehnte Pfister ohne Angabe von Gründen ab.

[132] Vgl. Protokoll des III. BHK v. 10.9.1910. BWA K2/II/1, 1. Akt.

Sonntag verlegt worden, ebenso wie bereits 1909 die Feier des Münchner St. Bennotags. Hoffmanns Argumentation erinnert an heutige Diskussionen, wenn er ausführt: „Ein Mehr oder Minus von 7 bis 10 Tagen im Jahre ist schon in Hinsicht auf die Generalunkosten eines Unternehmens von weittragender Bedeutung, es beeinflußt die Prosperität eines Betriebes ganz erheblich. An diesen Tagen, an denen im übrigen Deutschland und im Ausland sich Millionen fleißiger Hände rühren, ruhen die Werke im größten Teil Bayerns oder sie arbeiten nicht voll; an diesen Tagen, wo anderweit ungezählte Millionen von Werten geschaffen werden, legt man im katholischen Bayern die Hände in den Schoß. Das beeinträchtigt natürlich die Produktionsmöglichkeit und die Konkurrenzfähigkeit in Bayern höchst nachteilig. Der Industrie sind an diesen Tagen die Hände mehr oder minder fest gebunden, sie muß feiern, wo ihre Konkurrenz arbeitet, sie büßt dadurch an Leistungsfähigkeit ein, sie kann weniger flott liefern, sie verliert Abnehmer, sie kann Lieferfristen nicht einhalten, und gerät noch weiter ins Hintertreffen als sie es infolge anderer Verhältnisse schon ist."[133] All dies schädige nicht nur die heimischen Unternehmer, sondern schrecke auch potentielle Investoren ab, die davor zurückscheuten, Niederlassungen in Bayern aufzubauen. Mehrere Delegierte stimmten dem Referenten in dem Punkt zu, daß es in anderen katholischen Ländern wie Italien oder auch dem Rheinland weniger Feiertage gebe bzw. diese bereits verschoben seien, ohne daß diese Länder deshalb weniger katholisch seien. Der Antrag des Referenten auf Verschiebung der Wochenfeiertage zweiter Ordnung auf die folgenden Sonntage wurde vom Gremium einstimmig angenommen und dem Staatsministerien des Äußern sowie des Innern zugeleitet.

Im folgenden Jahr kam in die Frage der Verlegung der Wochenfeiertage, die bisher wie schon früher durch das Kultusministerium und verschiedene kirchliche Stellen abgelehnt worden war, neue Bewegung durch ein Motu proprio des Papstes vom 2. Juli 1911. Darin wurde unter Angabe rein wirtschaftlicher Gründe einer Verlegung bzw. Aufhebung der Feiertage zugestimmt.[134] Nach dem Motu proprio wurden die Feiertage Mariä Lichtmeß, Mariä Verkündigung, Mariä Geburt und jeweils die 2. Feiertage von Weihnachten, Ostern und Pfingsten aufgehoben, St. Joseph, St. Johannes der Täufer, Fronleichnam auf die folgenden Sonntage verlegt. Eine Verlegung der Patronatsfeste auf Sonntag war den Ordinariaten freigestellt.

Das Ergebnis des Motu proprio war jedoch nicht gänzlich im Sinne der bayerischen Kammern. Auf dem IV. Bayerischen Handelskammertag am 30. September 1911 in Würzburg stellte der unterfränkische Syndikus Dr. Kittel den

---

[133] Ebd.

[134] Unter anderem wurde angeführt, der Handel erlitte durch eine zu häufige Unterbrechung Schaden, außerdem bedinge die Teuerung der Lebensmittel eine Ausdehnung der Arbeitszeit jener, die von ihrem Lohn lebten. Ebd.

Antrag, sich bei Vertretern von Kirche und Staat für die Beibehaltung der 2. Feiertage von Weihnachten, Ostern und Pfingsten einzusetzen, da diese Feiertage im Sinne des § 105 der Reichsgewerbeordnung waren und daher nicht aufgehoben werden konnten. Außerdem bildeten die drei Feste „regelmäßig auch den Schluß bestimmter Wirtschaftsperioden eines Jahres", wo „ein gewisses größeres Ruhebedürfnis für die Angehörigen der Berufsstände, und zwar sowohl für die Arbeitgeber wie auch für die Arbeitnehmer, besteht."[135] Dagegen sollte eine Verlegung sämtlicher Patronatsfeste auf Sonntag und die Beibehaltung der nicht abgeschafften Feiertage zweiter Ordnung (St. Peter und Paul, Mariä Empfängnis) als solche erwirkt, d.h. diese nicht zu Feiertagen im Sinne des § 105 Reichgewerbeordnung aufgewertet werden. Kittels Antrag wurde einstimmig angenommen.

Wenige Monate später konnte der Handelskammertag in dieser Frage einen Teilerfolg verzeichnen. In Ausführung des päpstlichen Motu proprio erging am 12. Mai 1912 eine allerhöchste Verordnung die Regelung des Feiertagswesens betreffend, worin die Feiertage des heiligen Joseph, des heiligen Johannes des Täufers sowie sämtliche Patroziniumsfeste auf Sonntage verlegt und die drei Marientage Mariä Lichtmeß, Mariä Geburt und Mariä Verkündigung völlig gestrichen wurden.[136] Die 2. Feiertage von Ostern, Pfingsten und Weihnachten blieben also, wie von den Kammern gefordert, bestehen, mit der weiterhin vorgesehenen Feier von Fronleichnam an einem Arbeitstag mußte man sich notgedrungen abfinden.

Nur das Schicksal von Peter und Paul sowie von Mariä Empfängnis war weiterhin ungeklärt. Kittel erneuerte deshalb seinen diesbezüglichen Antrag auf dem V. Bayerischen Handelskammertag am 21. September 1912 in Augsburg: Eine Aufwertung der beiden verbliebenen Feiertage zweiter Ordnung zu gewerbeordnungsmäßigen Feiertagen im Interesse einer einheitlichen Feiertagsregelung sollte unbedingt verhindert werden, weil dies für die bayerischen Unternehmer zwei volle Feiertage mehr als zuvor bedeute. Wenn diese Feiertage schon nicht auf den Sonntag verlegt werden konnten, sollten sie wenigstens Feiertage zweiter Ordnung bleiben. Wiederum wurde der Antrag einstimmig angenommen.[137]

In diesem Zusammenhang sei erwähnt, daß auf Antrag der Kammer Regensburg ebenfalls auf dem V. Bayerischen Handelskammertag auch über eine Festlegung des Osterfestes gesprochen wurde. Offenbar folgte man hier einer Initia-

---

[135] Vgl. Protokoll des IV. BHK v. 30.9.1911. BWA K2/II/1, 1. Akt. Auch andere Kreise, so die Bischöfe und Ordinariate, die Arbeitervereine, die Bauern und die Landwirtschaftsvereine, waren mit der neuen Regelung nicht einverstanden. Vgl. Münchner Neueste Nachrichten, Nr. 470, 7.10.1911.

[136] Vgl. KUHLO: Jubiläumsschrift, S. 71.

[137] Vgl. Protokoll des V. BHK v. 21.9.1912. BWA K2/II/1, 2. Akt.

tive des Deutschen Handelstags, der sich für die Fixierung des Osterfestes auf den ersten Sonntag nach dem 4. April einsetzte, um im wirtschaftlichen Interesse große zeitliche Schwankungen zu vermeiden, da oftmals wirtschaftliche Abläufe an Ostern gekoppelt seien und bei einem frühen Osterfest die Zeit zur Herstellung verschiedener Waren knapp seien. Die Delegierten der Kammern sprachen sich einstimmig dafür aus, den Deutschen Handelstag in seinem – bekanntlich langfristig erfolglosen – Bemühen zu unterstützen.[138]

3.4 Die bayerische Erzeugungs- und Außenhandelsstatistik

Der deutsche Außenhandel wurde zur Zeit der Gründung des Bayerischen Handelskammertags zum Teil von einem System von Handelsverträgen geregelt, welche Anfang der 1890er Jahre von der Reichsleitung unter Caprivi mit Österreich-Ungarn, Italien, Belgien, der Schweiz, Rußland und Rumänien abgeschlossen worden waren.[139] Bei den Verhandlungen zu jenen Handelsverträgen hatte sich indes herausgestellt, daß die bayerischen Unterhändler bei weitem nicht so gut über die Bedürfnisse von Industrie und Handel unterrichtet gewesen waren wie jene aus Preußen. Im Frühjahr 1910 richtete deshalb das Staatsministerium des Kgl. Hauses und des Äußern eine vertrauliche Anfrage an die Kammern München und Nürnberg mit dem Zweck, zur Vorbereitung künftiger Handelsverträge eine Statistik über die Produktions- und Absatzverhältnisse der bayerischen Industrie mit dem Ausland zu erhalten. Die bayerischen Industrie- und Handelskreise sollten das hierfür benötigte Informationsmaterial sammeln, um die Position Bayerns in der nächsten Verhandlungsrunde zu verbessern. Ansonsten könne eine adäquate Vertretung der bayerischen Industrie bei den künftigen Verhandlungen nicht gesichert werden.[140] Die bayerischen Handelskammern, obwohl sonst stets darauf bedacht, Bayerns Handel und Industrie Vorteile zu verschaffen, lehnten dieses Ansinnen in ihrer Gesamtheit ab. Ihrer Meinung nach stand dem Ministerium in dieser Frage bereits genügend Material zur Verfügung (so zum Beispiel die Jahresberichte der Handelskammern), das lediglich nicht beachtet würde. Die vom Ministerium für die Einholung des Materials entworfenen Fragebögen seien zudem nicht zweckmäßig gestaltet, verläßliche Angaben seien daher nicht zu erwarten.[141]

Auf dem III. Bayerischen Handelskammertag im September 1910 wurde das Thema noch einmal angeschnitten. Allerdings gab es nun Einwände gegen den Beschluß der Delegiertenkonferenz. So führte der Geschäftsführer des Bayerischen Industriellenverbands, Alfred Kuhlo, der als Delegierter der Münchner Kammer auf der Tagung vertreten war, aus, daß es nach Abschluß der letzten

---

[138] Ebd.

[139] ZIEGLER: Zeitalter, S. 202; vgl. auch BLAICH: Staat und Verbände, S. 20.

[140] Abschrift der Anfrage v. 8.4.1910 in BHStA MH 11737.

[141] Vgl. auch Protokoll der Delegiertenkonferenz v. 25.6.1910. BWA K2/II/1, 1. Akt.

Handelsvertragsverhandlungen durchaus Klagen über eine ungenügende Berücksichtigung der bayerischen Interessen gegeben hatte, die Bestrebungen der Staatsregierung seien daher dankbar anzuerkennen. Es gebe eine Reihe von Ausfuhrartikeln, so Kuhlo, die für Gesamtdeutschland nicht sonderlich bedeutend seien, die aber ausschließlich oder hauptsächlich in Bayern hergestellt würden, wie zum Beispiel Porzellanwaren. Für diese Fälle sei es für Bayern von größtem Interesse, vorteilhafte Handelsverträge zu erhalten. Der vom Staatsministerium vorgeschlagene Versuch solle deshalb gewagt werden. In gleichem Sinne äußerte sich naturgemäß auch der als Vertreter der Regierung anwesende Ministerialdirektor von Rauck. Die Entscheidung der Delegiertenkonferenz wurde deshalb zurückgenommen und die Angelegenheit einer Kommission der Kammern Augsburg, München und Nürnberg zur Beratung übertragen.[142]

Die Kommission der drei Kammern arbeitete entsprechend den Ergebnissen des Handelskammertags Vorschläge für eine vereinfachte Form der Statistik aus, die Ende 1911 der Staatsregierung unterbreitet und von dieser auch angenommen wurden.[143] Der neue Fragebogen zur Einholung des Materials wurde entsprechend den Anregungen der Handelskammern gestaltet, die Erhebungen sollten nicht, wie vom Ministerium vorgesehen, durch die Zollbehörden, sondern durch die Handelskammern erfolgen, denen die Firmen nach Ansicht der Kammern mehr Vertrauen entgegenbrächten als den Behörden. Die Auswertung der Ergebnisse übernahm das Statistische Landesamt. Als Zugeständnis an die Kammern, die argumentiert hatten, daß das Ausfüllen der Fragebögen den Unternehmern erhebliche Mehrarbeit aufbürdete, sollten die Erhebungen höchstens alle drei Jahre durchgeführt und außerdem auf einige, für den Außenhandel Bayerns wichtige Industriezweige beschränkt werden.[144]

Die schließlich vom Staatsministerium des Kgl. Hauses und des Äußern erstellte und am 8. April 1913 beschlossene Erzeugungs- und Außenhandelsstatistik fand jedoch nicht die Zustimmung der Kammern. Der Augsburger Syndikus Dr. Büttner bemängelte auf der Delegiertenkonferenz im Mai 1913 die Unzweckmäßigkeit und „Unsachgemäßheit“ der Zusammenstellung der einzelnen Industriezweige; so seien in Gruppe I der Statistik mehrere wichtige Zweige der Textilindustrie wie die Baumwollspinnerei, die Rohzwirnerei, die Baumwollweberei und die Kattundruckerei aufgenommen, der Gruppe IV aber ganz allge-

[142] Vgl. Protokoll des III. BHK v. 10.9.1910. BWA K2/II/1, 1. Akt.

[143] Ausführliche Eingabe des BHK an das Staatsministerium des K. Hauses und des Äußern, 30.12.1911. Außen- und Finanzministerium stimmten darin überein, daß angesichts der ablehnenden Haltung des BHK gegenüber der von der Regierung geplanten Statistik ein Festhalten an ebendieser wenig sinnvoll wäre. Daher sollte ein Versuch mit Erhebungen in der vom BHK vorgeschlagenen Weise gewagt werden. K. Staatsministerium der Finanzen an K. Staatsministerium des K. Hauses und des Äußern, 20.7.1912. BHStA MH 11737.

[144] Vgl. Protokoll des VI. BHK v. 20.9.1913. BWA K2/II/1, 2. Akt.

mein die Textilindustrie und die Weberei zugeordnet. Ebenso „kunterbunt“ sei die Maschinenindustrie aufgeteilt. Auf Vorschlag des Nürnbergers Gunz stellte der Bayerische Handelskammertag daher den Antrag an das Staatsministerium, die Gliederung der einzelnen Industriezweige unter Anlehnung an die Reichshandelsstatistik neu aufzustellen.[145] Dieser Antrag wurde auf dem VI. Bayerischen Handelskammertag im September 1913 wiederholt und um eine von Büttner erstellte, an der Außenhandelsstatistik des Reichs orientierte Vorschlagsliste zur Aufteilung der Industrie- und Handelszweige ergänzt. Ministerialdirektor von Meinel erteilte dem Beschluß der Handelskammern seine ausdrückliche Zustimmung.[146]

Das Statistische Landesamt wurde hierauf beauftragt, neue Fragebögen zu erstellen, welche im Januar 1914 in einer Anzahl von 4950 Exemplaren (die Erhebung beschränkte sich auf große und mittlere Betriebe) an die Handelskammern versandt wurden.[147] Ihre Bearbeitung wurde jedoch durch den Krieg unterbrochen und später nicht mehr aufgenommen.

Es ist auffällig, daß die Handelskammern im Lauf der Zeit ihre Haltung in dieser Frage zur Gänze änderten. Hatte man das Ansinnen der Staatsregierung im Frühjahr 1910 noch als überflüssig zurückgewiesen, da ohnehin bereits genügend Material zur Verfügung stünde, erkannte man um die Jahreswende 1913/14, daß die Angaben der Firmen auch für die Kammern von Interesse sein könnten. So baten die Kammern Augsburg und Bayreuth das Statistische Landesamt um Duplikate der Fragebögen, die die Firmen ebenfalls ausfüllen und an die Kammern zurückschicken sollten. Das Amt wies die Anfrage mit der Begründung zurück, daß dieses Vorgehen bei den Unternehmern Mißtrauen erregen könnte, da in den Kammern ja gewissermaßen Konkurrenten säßen, die auf diese Weise Einsicht in die Geschäfte anderer erhalten würden. Der Münchner Handelskammer, die sich mit derselben Bitte direkt an den Direktor des Statistischen Landesamts, Ministerialrat Dr. Zahn, gewandt hatte, wurde von diesem geraten, der gesamte Bayerische Handelskammertag möge sich in dieser Frage an sein Amt wenden und gegebenenfalls das Staatsministerium des Kgl. Hauses und des Äußern um Hilfe ersuchen, da dies größeren Eindruck machte als die Anfragen einzelner Kammern. Auf der Delegiertenkonferenz vom 25. Februar 1914 wurde dieses Vorgehen von den Anwesenden einstimmig beschlossen, die

[145] Vgl. Protokoll der Delegiertenkonferenz v. 24.5.1913. BWA K2/II/1, 2. Akt.

[146] Vgl. Protokoll des VI. BHK v. 20.9.1913. BWA K2/II/1, 2. Akt. Eingabe des BHK an das K. Staatsministerium des K. Hauses und des Äußern v. 17.10.1913 in BHStA MH 11737.

[147] K. Statistisches Landesamt an das K. Staatsministerium des K. Hauses und des Äußern, 31.1.1914. Vgl. auch Darstellung über die Bayerische Erzeugungs- und Außenhandelsstatistik. Beides in BHStA MH 11737.

Ausarbeitung der Eingabe wurde der Kammer Augsburg übertragen, die in dieser Frage bisher stets als Referentin aufgetreten war.[148]

3.5 Verbesserung der Infrastruktur

Wie die einzelnen Kammern in ihren jeweiligen Bezirken kümmerte sich auch der Bayerische Handelskammertag als Gesamtorganisation um die Verbesserung der Infrastruktur in Bayern. Mehrmals stand die aktuelle bayerische Fernsprechgebührenordnung auf der Tagesordnung der Versammlungen, darunter bereits auf dem I. Bayerischen Handelskammertag, was die Bedeutung unterstreicht, die die Kammern dem neuen Kommunikationsmittel beimaßen. Dabei zeigten sich allerdings erneut die Probleme, die den Meinungsausgleich innerhalb der Kammern und damit auch des Kammertags erschwerten: So plädierte das Münchener Kammermitglied Pschorr 1909 gegen eine Erhöhung der Fernsprechgebühren, die durch die Beseitigung der Pauschalgebühren und die Einführung von Grund- und Gesprächsgebühren seiner Meinung nach einseitig zu Lasten der „Städte, Handel, Industrie und Gewerbe" gehen sollte, um den Ausbau des Fernsprechnetzes auf dem platten Land zu fördern. Ein Mitglied der oberbayerischen Handelskammer aus Bad Tölz stellte darauf die Frage, ob das „platte Land" wirklich bevorzugt werde, und wies darauf hin, daß es auch dort Industrielle und Handeltreibende gab. Pschorrs Antrag wurde dennoch einstimmig angenommen.[149] Dieses Beispiel zeigt, daß auch nach den Änderungen durch die Verordnung von 1908, die darauf abgezielt hatte, die Kammern mehr mit den Bezirken zu verknüpfen, die Vertreter der größeren Städte in den Kammern dominierten, was dazu führen konnte, daß die Belange der Industriellen und Handeltreibenden von auswärts vernachlässigt wurden.

Obgleich Bayern (ebenso wie Württemberg) aufgrund des Reservatrechts kein Teil des Reichspostgebiets war, beschäftigte sich der Handelskammertag im Februar 1911 dennoch mit dem von der Budgetkommission des Reichstags erstellten Entwurf der Fernsprechgebührenordnung für das Reichspostgebiet, da er bereits antizipierte, daß Bayern diese Gebührenordnung schließlich auch für das eigene Gebiet übernehmen werde.[150] Auch hier sprach man sich für die Erhaltung der Pauschalbeträge aus, um Handel und Industrie zu entlasten.

---

[148] Siehe Briefwechsel in BHStA MH 11737. Vgl. auch Protokoll der Delegiertenkonferenz v. 25.2.1914. BWA K2/II/1, 2. Akt.

[149] Vgl. Protokoll des I. BHK v. 2.3.1909. BWA K1/II/15, 1. Akt. Auch auf dem III. BHK v. 10.9.1910 spielte die Fernsprechgebührenordnung eine Rolle, vgl. Protokoll in BWA K2/II/1, 1. Akt.

[150] Vgl. Protokoll der Delegiertenkonferenz v. 11.2.1911. BWA K2/II/1, 1. Akt. Die wiederholte Beschäftigung des BHK mit Fragen des Reichspostgebiets zeigt eindrucksvoll, daß Bayern seine diesbezügliche Eigenständigkeit aufgrund der immer enger werdenden wirtschaftlichen Verknüpfung mit dem übrigen Deutschland keineswegs uneingeschränkt nutzen konnte, sondern sich in vielerlei Hinsicht an den Entscheidungen Berlins orientierte und wohl auch orientieren mußte.

In gleicher Weise nahm sich der Handelskammertag 1911 der Frage des Postscheckverkehrs an.[151] Der bayerische Postscheckverkehr wurde seit 1908 durch das bayerische Finanzgesetz vom 16. August und die Postscheckordnung vom 17. November gleichen Jahres geregelt, doch im Reich galt bisher nur eine provisorische Verordnung, die bis zum 1. April 1912 durch ein Gesetz ersetzt werden sollte. Da Bayern nach einer Neuregelung im Reich diese Änderung wahrscheinlich übernehmen würde, sahen sich die Handelskammern veranlaßt, die geplante Neuordnung zu besprechen. Auf Vorschlag des Referenten, Syndikus Heyn aus Nürnberg, setzte sich der Handelskammertag dafür ein, die geplanten Zuschlaggebühren für diejenigen, die das Postscheckverfahren verstärkt nutzten, aufzuheben und Überweisungen gebührenfrei zu gestalten. Außerdem schlug man eine Vereinfachung des Verfahrens, insbesondere die Zulassung von telegraphischen Anweisungen für Überweisungen und die Beteiligung sämtlicher Behörden und staatlichen Anstalten am Postscheckverkehr, vor.

Weitere Fragen auf dem Gebiet des Postwesens, die der Handelskammertag auf seinen Sitzungen behandelte, waren die Beschleunigung der Paketbeförderung zwischen Bayern und Norddeutschland, die 1911 noch drei bis vier Tage dauerte, was gerade für den Handel, der auf rasch eintreffende Waren angewiesen war, ein unhaltbarer Zustand war,[152] sowie der Verkauf von Reichspostmarken durch bayerische Postämter.[153] In diesem Zusammenhang plädierte der Handelskammertag für die Einführung einer Einheitsmarke, da er den Postverkehr durch die bayerischen Separatmarken behindert sah. Eine Vereinheitlichung, so der Referent, der Ludwigshafener Syndikus Kehm, berühre die bayerischen Separatrechte keineswegs, was das Beispiel Württemberg beweise, das seine eigenen Marken einige Jahre zuvor abgeschafft habe und nun am Erlös der Reichspostmarken beteiligt sei: „Die Frage der Beibehaltung oder Abschaffung der Sondermarke ist überhaupt nicht eine Angelegenheit, welche das Hoheitsrecht berührt; sie will vielmehr in erster Linie vom Standpunkt des Verkehrs beurteilt werden und von diesem aus stellt die Sondermarke ein Verkehrshindernis dar, welches sobald als möglich beseitigt werden sollte."[154] Mit dieser Aussage traten Handel und Industrie Bayerns für eine weitere Vereinheitlichung der Infrastruktur im Deutschen Reich ein, um so den Warenverkehr mit dem übrigen Deutschland zu erleichtern.

3.6 Staatliche Unterstützung von Kleinhandelsgenossenschaften

Zur Vertretung der Interessen des Handelskammertags ist auch die Behandlung der Frage der Kleinhandelsgenossenschaften zu rechnen. Das deutsche Genossenschaftswesen geht neben Friedrich Wilhelm Raiffeisen vor allem auf Her-

---

[151] Vgl. Protokoll des IV. BHK v. 30.9.1911. BWA K2/II/1, 1. Akt.
[152] Ebd.
[153] Vgl. Protokoll des V. BHK v. 21.9.1912. BWA K2/II/1, 2. Akt.
[154] Ebd.

mann Schulze-Delitzsch zurück, der in der Mitte des 19. Jahrhunderts den unter der Industrialisierung leidenden Handwerkern neue Wege aufzeigen wollte.[155] Die ersten Kleinhandelsgenossenschaften bzw. Einkaufsgenossenschaften von Lebensmittelhändlern auf deutschem Boden entstanden Ende der 1880er Jahre und damit weit später als die auf Selbsthilfe beruhenden Zusammenschlüsse von Verbrauchern zum gemeinsamen Bezug von Lebensmitteln, die sogenannten Konsumgenossenschaften bzw. -vereine, deren starkes Vordringen für ihre Entstehung ursächlich war. Die Zahl der Konsumgenossenschaften war in Deutschland zwischen 1864 und 1894 von 38 auf 638 gestiegen, womit sie ernsthafte Konkurrenten des Klein- oder Detailhandels wurden. Daneben bildeten sich frühzeitig noch weitere Vertriebsformen im Einzelhandel heraus, die ebenfalls den kleinen und mittleren Handelsbetrieben zur Gefahr wurden: Hierunter fallen die ersten Versandgeschäfte auf dem Textilsektor und später in der Lebensmittelbranche, die ersten Lebensmittelfilialbetriebe und die aufkommenden Warenhäuser.[156]

Die von diesen neuen Vertriebsformen bedrohten Einzelhändler, die sich aufgrund ihrer großen Zahl bereits gegenseitig scharfe Konkurrenz bereiteten, erkannten im Lauf der Zeit, daß die Leistungsfähigkeit ihrer gefährlichen Konkurrenten zum großen Teil auf der Zentralisierung des Wareneinkaufs beruhte. Daher entschlossen sie sich zur Errichtung von Einkaufsgenossenschaften, um so ebenfalls in den Genuß der ökonomischen Vorteile des Großeinkaufs zu gelangen. Die Zahl der Gründungen nahm ab 1900 rasch zu, was vornehmlich darauf zurückzuführen ist, daß das Genossenschaftsgesetz von 1889 neben der bis dahin zwingend vorgeschriebenen unbeschränkten Haftpflicht der Mitglieder eine Haftungsbeschränkung zuließ, wodurch das Haftungsrisiko der Genossenschafter erheblich gemindert werden konnte.[157] 1909, im Jahr der Gründung des Bayerischen Handelskammertags, waren in Deutschland 168 Wareneinkaufsgenossenschaften registriert, die im Schnitt 46 Mitglieder verzeichneten – dem standen allerdings 2246 Konsumvereine mit durchschnittlich 645 Angehörigen gegenüber.[158] Bei den Wareneinkaufsgenossenschaften trat dabei besonders die

---

[155] Vgl. hierzu STRAATEN: Einkaufsgenossenschaften, S. 9-13; NORDEN, Heinrich van: Die Einkaufs-Vereine der Händler unter besonderer Berücksichtigung des Verbandes Deutscher Glas-, Porzellan- und Luxuswaren-Händler Nürnberg, Nürnberg 1913, S. 9. Zu Schulze-Delitzschs Wirken siehe allgemeiner CONZE, Werner: Möglichkeiten und Grenzen der liberalen Arbeiterbewegung in Deutschland. Das Beispiel Schulze-Delitzschs, in: Interessenverbände in Deutschland, hg. von Heinz Josef VARAIN, Köln 1973, S. 85-102.

[156] SCHULTZ, Reinhard: Einkaufsgenossenschaften und freiwillige Ketten des Lebensmitteleinzelhandels – ein Vergleich, Karlsruhe 1969, S. 8f. LANDWERS, Richard: Die Lage des Kleinhandels und die Gründungen der Rabatt-Sparvereine und Einkaufs-Genossenschaften der Händler, Berlin 1905, S. 1-10. NORDEN, Heinrich van: Die Einkaufsgenossenschaften des Einzelhandels, Berlin 1920, S. 1-10.

[157] SCHULTZ: Einkaufsgenossenschaften, S. 9.

[158] Statistische Angaben bei NORDEN: Einkaufs-Vereine, S. 5-8.

Kolonialwarenbranche, die am stärksten unter den Konsumvereinen und auch unter der zunehmenden Zahl von Warenhäusern litt, in Erscheinung. Sie hatte als eine der ersten Geschäftszweige die Notwendigkeit von Zusammenschlüssen erkannt und wies 1909 deutschlandweit mit 77 Genossenschaften und durchschnittlich 44 Mitgliedern die meisten, wenn auch nicht die größten Zusammenschlüsse auf.[159] Die bayerischen Händler hielten sich dabei vergleichsweise zurück, denn für 1905 sind im Königreich nur drei Einkaufsgenossenschaften verzeichnet, während es in Sachsen, das in dieser Entwicklung allerdings deutschlandweit Vorreiter war, zur gleichen Zeit bereits fünfzehn Vereinigungen dieser Art gab.[160]

Der Bayerische Handelskammertag wurde schon kurz nach seiner Gründung mit dem Fall einer solchen Kleinhandelsgenossenschaft konfrontiert: Der Landtagsabgeordnete Dr. Heim[161] verkündete am 27. September 1909 auf der 3. Generalversammlung des Verbandes bayerischer Kaufleute der Kolonialwarenbranche in München seine Absicht, eine genossenschaftliche Einkaufszentrale für die bereits bestehenden Einkaufsgenossenschaften der bayerischen Kolonialwarenhändler und die noch nicht genossenschaftlich organisierten Kleinhändler zu gründen.[162] Heim orientierte sich mit dieser Einkaufszentrale vermutlich an dem 1907 entstandenen „Verband deutscher kaufmännischer Genossenschaften e.V.“, eine zentrale Warenbeschaffungsorganisation von dreizehn nord- und ostdeutschen Einkaufsgenossenschaften, aus der 1911 die Edeka hervorging.[163] Für den neuen Verbund wollte Heim – durchaus im Rahmen des Üblichen – Staatshilfe in Anspruch nehmen, um sie finanziell abzusichern.[164]

Das Vorhaben war für die bayerischen Handelskammern von größtem Interesse, sahen sie doch hier ihre ureigensten Belange, nämlich den freien, ungehinderten Handel, betroffen. Auf Antrag der Kammern Regensburg und Nürnberg

---

[159] Ebd., S. 26, 28.

[160] LANDWERS: Kleinhandel, S. 43f. Bei den bayerischen Genossenschaften handelte es sich um die Einkaufsgenossenschaft der Mitglieder des Vereins der Krämer und Spezereihändler München, die Einkaufsvereinigung Nürnberger Kolonialwarenhändler und die Einkaufsgenossenschaft der Kolonialwarenhändler zu Trostberg. Der Handel stand dem Verbund in Genossenschaften anfangs überaus skeptisch gegenüber (vgl. NORDEN: Einkaufs-Vereine, S. 10), was vielleicht ein Grund für die anfängliche Zurückhaltung der bayerischen Händler war.

[161] Vgl. zu Heim, einem prominenten Zentrumsabgeordneten, BERGMANN, Hannsjörg: Georg Heim – der „Bauerndoktor“ (1865-1938), in: Berühmte Regensburger, hg. von Karlheinz DIETZ und Gerhard H. WALDHERR, Regensburg 1997, S. 289-298.

[162] HK Nürnberg an HK München, 25.10.1909. BWA K2/IIa/1.

[163] Siehe hierzu GRAFF, Dieter: EDEKA – älteste Einkaufsgenossenschaft des Lebensmitteleinzelhandels, Köln [2]1994, S. 6-8.

[164] HK Nürnberg an HK München, 25.10.1909. BWA K2/IIa/1. Daß es für Einkaufsgenossenschaften gängige Praxis war, Staatszuschüsse zu beantragen, zeigen NORDEN: Einkaufs-Vereine, S. 25, und BLAICH: Energiepolitik, S. 19.

beschäftigte sich deshalb der Bayerische Handelskammertag auf seiner Sitzung vom 16. November 1909 mit diesem Sachverhalt; auch hatte die bayerische Staatsregierung im Hinblick auf den gewünschten Staatszuschuß um eine Stellungnahme gebeten.[165] Der Redner, der Regensburger Syndikus Dr. Wildner, bestritt nicht, daß die bayerischen Handelskammern nach der geltenden Verordnung auch die Interessen des Kleinhandels zu vertreten hatten; er wollte den Kleinhändlern daher gerne einen Zusammenschluß zugestehen, sofern sie sich davon einen Erfolg versprachen. Aber die Frage nach dem Nutzen einer derartigen Vereinigung sei, so Wildner weiter, nach sorgfältiger Überprüfung zu verneinen: Seiner Ansicht nach sei der Apparat einer Genossenschaft viel zu schwerfällig, um die raschen Entscheidungen zu treffen, die zur Erzielung eines Vorteils nötig wären; auch sei eine Gegenreaktion der Grossisten, wohl ebenfalls in Form eines Zusammenschlusses, zu erwarten, wodurch ein etwaiger Nutzen wieder aufgehoben würde. Die Frage nach der Berechtigung staatlicher Zuschüsse (auf Anraten Heims hatten die Kolonialwarenhändler in der Zwischenzeit die Gewährung staatlicher Unterstützung in Form einer kostenlosen Überlassung bahneigenen Grunds, eines nichtrückzahlbaren Zuschusses von 50.000 Mark, eines rückzahlbaren Zuschusses von 70.000 Mark sowie eines zweiprozentigen Darlehens in Höhe von 100.000 Mark beantragt) sei von vornherein abzuweisen: „Wohin soll es denn führen [...], wenn immer weitere Erwerbsgruppen, die unter der Not der Zeit zu leiden haben – welche wäre das nicht? –, auf Kosten der Allgemeinheit derartige staatliche Vergünstigungen beanspruchen, um eine in ihren Wirkungen zweifelhafte und gar nicht übersehbare Institution zu schaffen? Hier muß unbedingt die Selbsthilfe sich betätigen, und es darf nicht alles dem Staat überlassen bleiben."[166] Dieser Argumentation schlossen sich auch die anderen Kammern an; man kam überein, der Regierung eine entsprechende Eingabe zukommen zu lassen.

Dieser Entschluß des Bayerischen Handelskammertags ist um so interessanter, als 1900 die Kommission des Deutschen Handelstags nach einer eingehenden Erörterung der Kleinhandelsfrage den Händlern einen genossenschaftlichen Zusammenschluß ganz besonders empfohlen hatte und die Handelskammer Ludwigshafen im gleichen Zeitraum betont hatte, daß der Handel sich im Interesse seines eigenen Überlebens zu Genossenschaften vereinigen solle. Zudem arbeitete die Münchener Einkaufsgenossenschaft der Krämer und Spezereihändler äußerst erfolgreich,[167] was auch der örtlichen Handelskammer bekannt gewesen sein dürfte. Es liegt daher die Annahme nahe, daß der Beschluß, obgleich niemand in dem Punkt bezüglich der Nützlichkeit von Genossenschaften den Ausführungen des Referenten Wildner widersprach, sich nicht in erster Linie

[165] Vgl. Protokoll der Konferenz des BHK v. 16.11.1909. BWA K2/II/1, 1. Akt.
[166] Wildner auf der Konferenz des BHK v. 16.11.1909. BWA K2/II/1, 1. Akt.
[167] LANDWERS: Kleinhandel, S. 47f., 58.

gegen die Gründung der Genossenschaft richtete, sondern vielmehr gegen die Gewährung des Staatszuschusses, der den freien Wettbewerb verzerren würde.

Diese Annahme wird durch das weitere Vorgehen des Handelskammertags erhärtet. Trotz der ablehnenden Stellungnahme des Handelskammertags beschloß der bayerische Staat, den Kleinhandelsgenossenschaften Zuschüsse zu gewähren. Aus diesem Grund wurde das Thema im folgenden Jahr auf die Tagesordnung des III. Bayerischen Handelskammertags gesetzt. Wiederum sprach sich der Redner, nunmehr Syndikus Clarus aus Regensburg, gegen die staatliche Förderung einer kleinen Gruppe aus Steuergeldern, also auf Kosten der Allgemeinheit aus, auch wenn dies die bayerischen Handelskammern dem Vorwurf aussetze, einseitige Interessenpolitik zugunsten des Großhandels und gegen den ihnen ebenfalls anvertrauten Kleinhandel zu betreiben. Clarus' Argumentation spiegelt deutlich die wirtschaftsliberale Einstellung der Handelskammern jener Zeit wider, sie soll deshalb an dieser Stelle exemplarisch etwas ausführlicher zitiert werden: „Auf dem Gebiete des wirtschaftlichen Lebens aber herrscht das Spiel der freien Kräfte. Hier muß jede Bevorrechtigung ausgeschaltet bleiben. Es geht nicht an, den Leistungsunfähigen auf Kosten des Leistungsfähigen und wirtschaftlich Tüchtigen zu unterstützen, da dies gleichbedeutend mit der Hemmung jeden kulturellen Fortschritts, zum mindesten auf wirtschaftlichem Gebiete sein würde. Gewiß haben auch die Allgemeinheit und nicht zum mindesten die Handelskammern als berufene Vertreter nicht nur des Großhandels, sondern auch des Kleinhandels und der Detailgeschäfte ein Interesse an dem Wohlergehen auch dieser letzteren Erwerbskreise. Gewiß ist es daher lebhaft zu wünschen, daß diese Kreise innerhalb der ihnen im Wirtschaftsleben zukommenden Aufgaben so leistungsfähig wie möglich sind. Allein diese Leistungsfähigkeit darf nicht auf künstlichem Wege durch staatliche Unterstützung bewirkt, sondern sie muß im Wege der freien Betätigung, im Wege der Selbsthilfe errungen werden. Staatshilfe soll und darf den Erwerbständen nur in dem Sinne gewährt werden, daß der Staat für eine gerechte, den wirtschaftlichen Verhältnissen angepaßte Gesetzgebung Sorge trägt, die dem einzelnen die freie Entfaltung seiner Kräfte ermöglicht und ihn darin schützt."[168]

Ministerialdirektor von Rauck, der als Vertreter des Ministerratsvorsitzenden von Podewils auf dem Handelskammertag in Regensburg anwesend war, erklärte in seiner Erwiderung, die Angelegenheit sei einer der wenigen Punkte, in denen die Anschauung der Staatsregierung sich nicht mit jener der Handelskammern decke. Die Unterstützung werde nur gewährt, um finanziell schwache Personen allmählich auf eigene Füße zu stellen; sie werde auch strengstens überprüft, weshalb eine Verschwendung von Steuergeldern nicht zu befürchten sei. Zudem sei das Vorgehen auch vom Landtag gebilligt worden. Trotz dieses Einwands sprachen sich die Handelskammern, die von der Richtigkeit ihrer Haltung

[168] Vgl. Protokoll des III. BHK v. 10.9.1910. BWA K2/II/1, 1. Akt.

überzeugt waren, erneut für den Antrag des Referenten gegen staatliche Zuschüsse und eine nochmalige Eingabe an das Staatsministerium aus, obwohl ein Erfolg in dieser Sache bereits ausgeschlossen war.[169]

II.4 Beschäftigung mit staatspolitischen Themen: Das Ende der Regentschaft

Als berufene Vertretung der Kreise von Industrie und Handel beschäftigte sich der Bayerische Handelskammertag neben den eigentlichen Aufgaben auch mit staatspolitischen Themen, sobald diese die Interessen der Wirtschaft berührten. In den ersten Jahren seiner Tätigkeit war dies das Ende der Regentschaft, das in Regierung und Bevölkerung wiederholt diskutiert wurde und indirekt den Handelskammern ebenfalls zum Vorteil gereichen würde.

Die Regentschaft war 1886 für König Ludwig II. eingesetzt worden, dessen Lebensführung und finanzielle Verschuldung von der Regierung als nicht mehr tragbar empfunden wurde. Da sein Bruder Otto wegen geistiger Umnachtung als regierender König nicht in Frage kam, übernahm der nächste Agnat und Onkel des Königs, Prinz Luitpold, der jüngere Bruder König Max' II., am 10. Juni die Regentschaft zunächst für Ludwig II., dann, nach Ludwigs Tod am 13. Juni, für Otto I.[170]

Nach der bayerischen Verfassung von 1818 (Tit. II § 21) hatte die Regentschaft so lange zu dauern, „bis das eingetretene Hinderniß aufhört."[171] In diesem Falle bedeutete dies, daß sie bis zum Tode König Ottos andauern mußte. Otto war 1886 aber erst 38 Jahre alt und körperlich völlig gesund, weshalb eine lange Regentschaft absehbar war. Für das Staatsganze wie auch für den monarchischen Gedanken war dies ein eher schädlicher Zustand,[172] weshalb es bereits während der Regentschaft Luitpolds Bestrebungen zu einer Beendigung des Provisoriums gegeben hatte. Die dafür seit 1901 im bayerischen Innenministerium angestellten detaillierten juristischen Vorüberlegungen scheiterten jedoch in erster Linie am Prinzregenten selbst, der eine Übernahme der Krone strikt ablehnte.[173] Aber auch die liberal-konservativen Regierungen bis 1912 hatten kein

---

[169] Ebd.

[170] Zur Einsetzung der Regentschaft, die schon seit den frühen 1880er Jahren geplant war, ihren verfassungsrechtlichen Problemen und der Rolle der Regierung Lutz siehe ausführlich MÖCKL: Prinzregentenzeit, S. 133-167; D. ALBRECHT: Reichsgründung, S. 388-390.

[171] Verfassungs-Urkunde des Königreichs Baiern v. 26.5.1818, abgedruckt in: Bayerische Verfassungsurkunden. Dokumentation zur bayerischen Verfassungsgeschichte, bearb. von Alfons WENZEL, München, 4. erg. Auflage 2002, S. 27.

[172] Vgl. MÖCKL: Prinzregentenzeit, S. 330, 475, 558f.

[173] Luitpold hegte eine Abneigung gegen den wesentlich erweiterten Pflichtenkreis eines Königs, wollte daneben auch sein Verhalten von 1886 nicht neuen Mißdeutungen aussetzen, vor allem lehnte er aber aus legitimistisch-dynastischen Gründen ab. LÖFFLER: Reichsräte, S. 540.

Interesse daran, den für sie vorteilhaften Zustand eines in seiner Handlungsfähigkeit eingeschränkten Regenten zu beenden.

Als Luitpold jedoch am 12. Dezember 1912 starb, wurde die Frage erneut akut. Luitpolds Nachfolger als Regent und Verweser des Reiches war sein ältester Sohn Ludwig, der dem Projekt einer Regentschaftsbeendigung schon aus finanziellen Gründen aufgeschlossen gegenüber stand, denn die Familie des Regenten war finanziell schlechter gestellt als die des Königs. Doch auch Vorteile für die Staatsräson und die bundesstaatliche Repräsentation überzeugten Ludwig von der Vorteilhaftigkeit des Projekts.[174]

Unter der Regierung des Grafen Hertling waren seit Oktober 1912 erneut Pläne zur Beendigung der Regentschaft besprochen worden. Im Ministerrat einigte man sich schließlich auf ein Verfassungsgesetz, dem zufolge eine Regentschaft nach Ablauf von zehn Jahren mit Zustimmung des Landtages beendet werden konnte. Nachdem Ludwig die Regentschaft übernommen hatte, beabsichtigte der Ministerrat die sofortige Übernahme der Königskrone auf diesem Wege, scheiterte aber am Widerspruch der Mehrheit der Zentrumsfraktion, die in der vorzeitigen Beendigung der Regentschaft eine Absetzung des rechtmäßigen Königs Otto sah, was aus ihrer Sicht dem monarchischen und dem Legitimitätsprinzip schweren Schaden zufügen würde. Obwohl eine Minderheit des Zentrums, die Liberale Partei und der Bayerische Bauernbund ebenso wie die überwiegende Mehrheit der Reichsräte für das Ende der Regentschaft eintraten, verzichtete Prinz Ludwig daraufhin vorläufig auf weitere Schritte, da er auf Anraten des Justizministers Thelemann die Zustimmung aller bürgerlichen Parteien als Grundlage einer Regentschaftsbeendigung gefordert hatte.[175]

Die Frage erfuhr eine Neubelebung im Oktober 1913, als Teile des Gesetzentwurfes der Regierung vom Dezember 1912 bekannt wurden und die Öffentlichkeit, die in weiten Teilen ebenfalls ein Ende des Provisoriums wünschte, zunehmend Druck ausübte.[176] Daß dieser Druck von höherer Stelle durchaus gewollt und zum Teil auch beeinflußt war, zeigt das Vorgehen des Bayerischen Handelskammertags in dieser Frage. Der Präsident der Münchner Kammer und damit auch Vorsitzende des Handelskammertags, Pschorr, hatte diesbezüglich mit „mehreren maßgebenden Personen an hoher Stelle" Fühlung genommen und dort die Möglichkeit einer gemeinsamen Kundgebung der bayerischen Industrie-

---

Zu den Vorhaltungen gegenüber Luitpold, der in der Öffentlichkeit als treibende Kraft hinter der Entmündigung des Königs erschien, siehe D. ALBRECHT: Reichsgründung, S. 391.

174 LÖFFLER: Reichsräte, S. 541; D. ALBRECHT: Reichsgründung, S. 411. Zur finanziellen Situation Ludwigs siehe MÖCKL: Prinzregentenzeit, S. 183.

175 LÖFFLER: Reichsräte, S. 542f.; W. ALBRECHT: Landtag und Regierung, S. 52.

176 LÖFFLER: Reichsräte, S. 543; D. ALBRECHT: Reichsgründung, S. 412.

und Handelskreise zugunsten der Beendigung der Regentschaft angesprochen.[177] Diese Initiative aus der Wirtschaft mußte in den Augen der Befürworter der Regentschaftsbeendigung als höchst willkommen erscheinen, vertrat der Handelskammertag doch nicht unwesentliche Teile der bayerischen Bevölkerung.

Die Handelskammer München lud die bayerischen Schwesterkammern in ihrer Eigenschaft als Vorort für den 15. Oktober 1913 zum VII. Bayerischen Handelskammertag, auf dem aufgrund des einzigen zu besprechenden Punktes, aber entgegen der sich bisher eingebürgerten Tradition keine Regierungsvertreter anwesend waren. Präsident Pschorr stellte sich in seiner Eröffnungsrede hinter den Wunsch weiter Teile der Bevölkerung, nach fast dreißig Jahren der Regentschaft endlich wieder einen regierenden König zu haben. Das Tätigwerden des Handelskammertags rechtfertigte er folgendermaßen: „Dieser Gedanke verlangt nach einem wirksamen Ausdruck, und so kommt es sicher uns, als den Vertretern eines namhaften Teils der erwerbenden Stände, als den offiziellen Vertretern von Handel, Industrie und Gewerbe zu, führend dem allgemeinen Empfinden Wort zu verleihen, um jenen Kreisen, die eine Änderung nach dieser Richtung herbeizuführen in der Lage sind, zu dokumentieren, wie lebhaft im ganzen Lande, besonders in unseren Kreisen, dieser Wunsch nach Beendigung der Regentschaft ist."[178]

Syndikus Kahn war aber ehrlich genug, auf den praktischen Hintergrund dieses Engagements zu verweisen: Die Münchner Kammer wollte eine Reform der Reichsratskammer erreichen,[179] wofür die Verfassung geändert werden müßte, was aber „entsprechend einer weitherrschenden juristischen Auffassung"[180] während der Regentschaft nicht angängig erschien. Deshalb kamen die in der

---

[177] So in der Einladung der HK München zum VII. BHK. Das Original ist nicht mehr erhalten, der Inhalt geht jedoch aus einem Brief der HK Nürnberg vom 16.10.1913 hervor. BWA K2/II/7. Die Familie Pschorr verfügte über gute Beziehungen zu mehreren Mitgliedern der kgl. Familie, besonders der hier angesprochene Kammerpräsident Joseph Pschorr pflegte freundschaftliche Kontakte zu Luitpold, mehr jedoch noch zu dessen Sohn Ludwig; mehrfach erhielt er Einladungen zu Diners der kgl. Familie. Die Verbindung zwischen Joseph Pschorr und Ludwig III. wird noch deutlicher angesichts der Tatsache, daß Ludwig auch noch nach seiner Inthronisation wöchentlich einen Kegelclub in den Pschorrbräubierhallen aufsuchte, die unter der Leitung Joseph Pschorrs standen. HESSELMANN: Wirtschaftsbürgertum, S. 259.

[178] Vgl. Protokoll des VII. BHK v. 15.10.1913. BWA K2/II/1, 2. Akt.

[179] Siehe dazu oben C.II.2.b.

[180] Protokoll des VII. BHK. In der Tat war diskutiert worden, ob während der Regentschaft Verfassungsänderungen vorgenommen werden durften. Da die Verfassung hier nicht eindeutig war, bot sich für Interpretationen großer Raum. Der „Papst" der bayerischen Staatrechtslehre, Max von Seydel, war der Auffassung, daß die Verfassung während der Regentschaft unabänderlich sei (MÖCKL: Prinzregentenzeit, S. 498). Die in späteren Jahren allgemein anerkannte Position, die durchaus von praktischen Erwägungen geleitet war, lautete dann dahingehend, daß formelle Verfassungsänderungen während der Regentschaft insoweit zulässig waren, als sie die Verfassung nicht im materiellen Sinne, d.h. die Staatsform der konstitutionellen Monarchie, änderten. Vgl. LÖFFLER: Reichsräte, S. 536f.

Bevölkerung vorhandenen Bestrebungen, die Regentschaft zu beenden, den Kammerwünschen sehr entgegen. Einstimmig verabschiedeten die bayerischen Handelskammern eine Resolution an das Staatsministerium des Kgl. Hauses und des Äußern sowie an die beiden Kammern des Landtages, wonach der Bayerische Handelskammertag als Vertreter von Industrie, Handel und Gewerbe es für dringend wünschenswert hielt, den Zustand der Regentschaft zu beenden und dem Land wieder einen regierenden König zu geben. Der Bayerische Landtag und die Staatsregierung wurden aufgefordert, hierzu geeignete Schritte zu unternehmen.

Bereits am Tag darauf beschloß der Ministerrat, für den Fall einer Zustimmung des Regenten und von verbindlichen Erklärungen der bürgerlichen Parteien eine neuerliche Gesetzesvorlage an den Landtag einzubringen.[181] Unter dem zunehmenden öffentlichen Druck stimmte nun auch das Zentrum für eine Beendigung der Regentschaft. Nach Rücksprache mit Prinzregent Ludwig und den beiden Kammern des Landtags legte die Regierung am 28. Oktober 1913 den oben erwähnten Gesetzentwurf über die Regentschaft vor, der am 30. Oktober bzw. 4. November vom Landtag angenommen wurde.[182] Am 5. November erklärte Prinzregent Ludwig aufgrund der beschlossenen Verfassungsänderung die Regentschaft für beendet und den Thron für erledigt. Drei Tage später sprach Ludwig den königlichen Eid auf die Verfassung vor Ministern, Staatsrat und einer Deputation beider Kammern, am 12. November bestieg er als König Ludwig III. feierlich den Thron.[183]

In Zusammenhang mit dieser Angelegenheit kam es zwischen den Kammern München und Nürnberg zu einem aufschlußreichen Disput über das Vorgehen des Vororts, weil er ein Beleg für einen jener seltenen Fälle ist, in dem eine Kammer mit der Führung der Vorortgeschäfte durch die oberbayerische Kammer nicht einverstanden war. Der Vorstand der Nürnberger Kammer, insbesondere der Vorsitzende Eugen Mayer, fühlte sich durch Pschorrs eigenmächtiges Vorgehen im Vorfeld des Handelskammertags übergangen. Zwar stimmte auch seine Kammer am 15. Oktober der gemeinsamen Resolution zu, tags darauf tat sie jedoch ihren Unmut über das Münchner Vorgehen schriftlich kund. Mayer argumentierte, durch Pschorrs Handeln hätten die anderen bayerischen Kammern keine andere Wahl mehr gehabt, als der Resolution ihr Placet zu geben, da Pschorr diese ja bereits angekündigt habe. Dadurch sei die Entscheidungsfreiheit der einzelnen Mitglieder des Handelskammertags empfindlich eingeschränkt worden. Für die Zukunft verlangte Mayer daher eine frühzeitige Abstimmung

[181] W. ALBRECHT: Landtag und Regierung, S. 54.
[182] Text in Bayerische Verfassungsurkunden, S. 27.
[183] LÖFFLER: Reichsräte, S. 544-547; D. ALBRECHT: Reichsgründung, S. 412.

zwischen den Kammern, ehe der Vorort eigenmächtige Schritte unternehme.[184] Pschorr wies diese Anschuldigungen von sich; weder habe er bei seiner Unterredung „mit Personen, die der höchsten Stelle nahe stehen," eine gemeinsame Erklärung des Bayerischen Handelskammertags angekündigt, noch seien die Kammern verpflichtet gewesen, sich dieser anzuschließen, da die Münchner ansonsten durchaus auch eigenständig hätten vorgehen können.[185] Im folgenden Briefwechsel[186] verharrte jede Kammer auf ihrem bereits geäußerten Standpunkt, doch dürfte die Geschäftsführung des Vororts diesen kleinen Zwist zum Anlaß genommen haben, künftig vor dem Einleiten einer gemeinsamen Aktion für eine Abstimmung zwischen den Mitgliedern des Handelskammertags zu sorgen.

II.5 Ordnungsfunktion in der Wirtschaft: Die Bestellung von Sachverständigen

Die große Aufgabe, die sich dem Bayerischen Handelskammertag in den ersten Jahren seiner Tätigkeit im Bereich der Selbstordnung der Wirtschaft stellte, war die Regelung der den Handelskammern durch die Verordnung von 1908 übertragene Bestellung von Sachverständigen. Daß die Kammern diese neue Befugnis durchaus ernst nahmen, zeigt allein schon die Tatsache, daß die Frage bereits auf dem I. Bayerischen Handelskammertag behandelt wurde. Eine Anstellung von Gewerbetreibenden nach § 36 der Reichsgewerbeordnung bewirkte für die betreffenden Personen ein höheres Ansehen, weil die Industrie- und Handelskreise davon ausgingen, daß die Handelskammern über diese informiert waren und die Anstellung als Beglaubigung der Sachkenntnis und der Würdigkeit derselben aufgefaßt wurde. In vielen anderen deutschen Bundesstaaten, so zum Beispiel Preußen, Württemberg, Baden und Hessen, waren die Handelskammern längst zu einer solchen Anstellung berechtigt. Um möglichst einheitliche Regelungen für das deutsche Wirtschaftsgebiet zu schaffen, hatten sie diese seit 1884 oft zusammen ausgearbeitet bzw. später für sich übernommen. Dies betraf Vereinbarungen über gemeinsame Vorschriften für die vereideten Probenehmer von Rohzucker und Melasse, für die Probenahme von Handelsdüngemitteln und von Kraftfuttermitteln, für die Probenahme von Getreide, Ölsaaten, Hülsenfrüchten und Erzeugnissen der Getreidemühlen, für die Probenahme von Sämereien, für die Bestellung von Handelschemikern und Bücherrevisoren sowie für die beeidigten Probenehmer für Kali und andere Salze.[187]

---

[184] HK Nürnberg an HK München, 16.10.1913. BWA K2/II/7.
[185] HK München an HK Nürnberg, 25.10.1913. BWA K2/II/7.
[186] HK Nürnberg an HK München, 29.10.1913; HK München an HK Nürnberg, 4.11.1913. BWA K2/II/7.
[187] Jahrbuch der deutschen HKn 1910, S. 516-530. Urheberin der gemeinsamen Vorschriften war in vielen Fällen die HK Magdeburg.

Im März 1909 beschloß der Bayerische Handelskammertag, der für Bayern lediglich einen Bedarf an Bücherrevisoren und Handelschemikern sah, die in diesem Bereich seit 1899 bzw. 1901 existierenden Regelungen unter einigen kleinen Änderungen ebenfalls zu übernehmen.[188] Die Vorschriften legten fest, welche Voraussetzungen die Handelschemiker und die Bücherrevisoren zu erfüllen hatten, welche Tätigkeiten sie übernehmen und wo sie diese ausüben durften.[189]

Die für Bayern nötigen Änderungen zu besprechen, war Aufgabe einer im September 1909 eingesetzten Kommission, die aus den Syndici Kahn (München), Heyn (Nürnberg) und Wildner (Regensburg) bestand.[190] Sie legte ihre Ergebnisse eine Woche später auf dem II. Bayerischen Handelskammertag vor, der sie einstimmig annahm, jedoch unter dem Vorbehalt, daß die Staatsregierung vor der Genehmigung jene Änderungen vornehmen konnte, die sie für nötig hielt.[191]

Die von der Regierung ohne Veränderungen genehmigten Vorschriften bewährten sich in der Praxis überwiegend gut, doch manche Regelungen erwiesen sich als zu eng. Auf dem IV. Bayerischen Handelskammertag 1911 in Würzburg stand daher eine kleine Revision der auf die Handelschemiker bezogenen Richtlinien zur Debatte, die eine Ausweitung der Beeidigung auf einen größeren Kreis von ebenfalls geeigneten Chemikern zum Ziel hatte. Der Änderungsantrag, der von Kahn stammte, wurde von den Anwesenden einstimmig angenommen.[192] Allerdings wies das Außenministerium den Antrag umgehend zurück, weil die Vorschriften von den Handelskammern selbst ausgearbeitet worden seien und ihr nunmehriges Vorgehen bei den zuständigen Stellen daher Befremden errege.[193] Der Handelskammertag mußte dies akzeptieren, argumentierte aber seinerseits, daß es unklug sei, ersichtliche Mängel nur deshalb nicht abzustellen, weil sie noch nicht erheblich genug seien, und schloß für damalige

---

188 Vgl. Protokoll des I. BHK v. 2.3.1909. BWA K1/II/15, 1. Akt.

189 Die Vorschriften über Handelschemiker und Bücherrevisoren finden sich im Jahrbuch der deutschen Handelskammern 1910, S. 525-528.

190 Vgl. Protokoll der Kommissionssitzung des II. BHK v. 13.9.1909. BWA K2/II/1, 1. Akt. Vgl. auch Entwurf in MH 14262.

191 Vgl. Protokoll des II. BHK v. 20.9.1909. BWA K2/II/1, 1. Akt.

192 Vgl. Protokoll des IV. BHK v. 30.9.1911. BWA K2/II/1, 1. Akt; BHK an das K. Staatsministerium des K. Hauses und des Äußern, 7.11.1911. BHStA MWi 763.

193 Podewils an HK München, 11.1.1912. BWA K2/II/1, 1. Akt. Die Ablehnung beruhte auf einer Stellungnahme des Ersten Direktors der Kgl. Untersuchungsanstalt für Nahrungs- und Genußmittel in München, Paul, welcher betonte, daß ein Handels- bzw. Nahrungsmittelchemiker sich im Unterschied zu anderen Chemikern im Besitz eines amtlichen Nachweises über eine entsprechende Prüfung befand und eben deshalb die anderen Chemiker als nicht genügend qualifiziert betrachtet werden mußten. BHStA MJu 16484, ebenso in MWi 763.

Verhältnisse recht drastisch: „Wir werden uns daher niemals das Recht nehmen lassen, Anträge, die uns begründet erscheinen, zu stellen.“[194]

II.6 Zusammenfassung

Der Bayerische Handelskammertag entwickelte in den ersten fünf Jahren seiner Existenz eine rege Tätigkeit und nahm sich dabei eines breiten Themenspektrums an. Für die Arbeit der Organisation selbst war dabei die Beschäftigung mit der beschlossenen Satzung und ihrer Umsetzung bzw. Anpassung an die realen Gegebenheiten entscheidend, weil sich so allmählich eine effiziente, gut strukturierte Arbeitsweise herausbilden konnte. Insbesondere die Einführung der in der Satzung nicht vorgesehenen Delegiertenkonferenzen neben den weiterhin als „Bayerischer Handelskammertag“ bezeichneten Vollversammlungen gestattete den bayerischen Handelskammern eine ergebnisorientierte Zusammenarbeit. Hierzu trug auch die Entscheidung bei, die Kammer München zum ständigen Vorort zu ernennen, da dies eine engere Fühlungnahme mit den in der Landeshauptstadt ansässigen Ministerien und sonstigen Behörden ermöglichte. Daß München sich dadurch nahezu zwangsläufig zu einem primus inter pares entwickelte, wurde von den anderen Kammern billigend in Kauf genommen.

Im Vordergrund der Tätigkeit des Bayerischen Handelskammertages in seinen ersten Jahren stand allerdings das wirtschaftspolitische Wirken, also das Eintreten für die Belange von Industrie und Handel gegenüber Regierung, Ministerien, Landtag und anderen Behörden. In erster Linie ist hier die Beschäftigung mit der bayerischen Steuerreform zu nennen, in deren Ausgestaltung sich der Handelskammertag anhand zweier Denkschriften zumindest teilweise erfolgreich einschaltete. Weitere wichtige Punkte waren der Versuch, die Vertretung von Handel und Industrie in den Distrikts- und Landräten sowie in der Kammer der Reichsräte zu verbessern, und die Forderung nach einer Verlegung von Feiertagen, um die Arbeitsausfälle für die Unternehmer zu mindern und die bayerischen Verhältnisse an jene in anderen deutschen Ländern anzupassen.

Das Eintreten des Handelskammertages zugunsten einer Beendigung der Regentschaft in Bayern zeigt, daß die bayerischen Handelskammern nicht davor zurückscheuten, das ihnen durch den Zusammenschluß zugewachsene Gewicht auch auf wirtschaftsferneren Gebieten zur Geltung zu bringen, wenn sie sich davon Erfolg versprachen.

Auf dem Gebiet der Ordnungsfunktion in der Wirtschaft, das gegenüber dem wirtschaftspolitischen Wirken ein wenig zurückblieb, einigten sich die Handelskammern auf gemeinsame Richtlinien zur Bestellung von Sachverständigen und schufen damit in dieser Beziehung einheitliche Verhältnisse für ganz Bayern.

---

[194] Vgl. Protokoll des V. BHK v. 21.9.1912. BWA K2/II/1, 2. Akt.

Insgesamt läßt sich festhalten, daß der Bayerische Handelskammertag nach der anfangs nötigen Regelung einiger „technischer Details“ zu einer gut funktionierenden Organisation heranwuchs, in der die bayerischen Handelskammern trotz gelegentlicher Meinungsverschiedenheiten weitgehend reibungslos und vor allem erfolgreich zusammenarbeiteten. Ob dies auch unter veränderten politischen Gegebenheiten möglich war, mußte sich nach Ausbruch des Ersten Weltkrieges erst noch erweisen.

C.III DER BAYERISCHE HANDELSKAMMERTAG IM ERSTEN WELTKRIEG (1914-1918)

III.1 ARBEITSWEISE UND INHALTLICHE SCHWERPUNKTE

Der klar strukturierte und gut funktionierende Rhythmus, der sich in den ersten fünf Jahren seiner Existenz für die Sitzungen des Bayerischen Handelskammertags eingespielt hatte, mußte unter der enormen Kriegsbelastung der einzelnen Kammern, denen in immer größerem Ausmaß offizielle Aufgaben übertragen wurden,[1] naturgemäß leiden. Anfang August 1914, als alle noch an ein rasches Kriegsende glaubten, stimmten die Kammern überein, von einem Zusammentritt des Handelskammertags angesichts der Ereignisse bis auf weiteres abzusehen, der bereits für Ende September geplante VIII. Handelskammertag wurde auf unbestimmte Zeit verschoben. Die *Bayerische Handelszeitung* sollte aus gleichem Grund zunächst nur mehr in beschränktem Umfang und in unregelmäßigen Abständen erscheinen.[2] Die Verständigung zwischen den Kammern – soweit erforderlich – erfolgte daher zunächst vor allem, aber auch in der Folgezeit noch teilweise schriftlich.

Jedoch war es nicht so, daß es überhaupt keine persönlichen Zusammenkünfte mehr gab, wenn auch in anderem Rahmen: Einer der ersten Schritte der bayerischen Regierung in der Phase der Mobilmachung hatte nämlich in der Annäherung an Kammern und Fachverbände bestanden, um die regionalen und branchenspezifischen Kenntnisse der ersteren sowie das unternehmerische Fachwissen und die industriellen Einflußmöglichkeiten der letzteren zur leichteren Durchsetzung notwendiger kriegswirtschaftlicher Maßnahmen nutzen zu können. Deshalb wurde am 10. August 1914 die Zentralstelle für Industrie, Handel

---

[1] Die zunehmende Zwangswirtschaft hatte für die Kammern einerseits erhöhte Verwaltungstätigkeiten, andererseits eine gestiegene Auskunfts- und Beratungstätigkeit gegenüber den Mitgliedsunternehmen zur Folge, für die Beschäftigung mit Gesetzesvorlagen blieb kaum noch Zeit. So präsentierte allein in der Zeit von April bis Oktober 1916 das Reichsgesetzblatt nicht weniger als 423 Verordnungen, dazu kamen „die Erlasse des stellvertretenden Generalkommandos, die Verordnungen der Regierungen der einzelnen Bundesstaaten und der Kommunalbehörden, die Ausführungsvorschriften der von all diesen Instanzen eingesetzten Vollzugsbehörden und, was besonders interessiert, die Ausfuhrverbote", wie die HK Nürnberg kommentierte. (PIECHULLEK: Rathaus, S. 44. Vgl. auch KAMMERER: Interessenvertretungspolitik, S. 260; Tradition und Bewährung, S. 45; ZORN/HILLENBRAND: Sechs Jahrhunderte, S. 245; LOIBL: Wirtschaft, S. 34; WÜLKER: Wandel, S. 65-67.) Daß trotz aller Bereitschaft der Kammern zur Mitarbeit das Verständnis und die Geduld für die sich häufenden offiziellen Anliegen nicht unendlich war, belegt ein Brief der HK Regensburg an das Staatsministerium des Kgl. Hauses und des Äußern, in dem eine Aufforderung des stellvertretenden Generalstabs in Berlin, alle im Bezirk bekanntgewordenen für die Kriegswirtschaft von In- und Ausland relevanten Vorgänge zu melden, mit den Worten zurückgewiesen wurde, daß „zu einer wirklich umfassenden Berichterstattung an den Generalstab offen gestanden auch die nötige Zeit fehlt." (29.4.1916) BHStA MH 15505.

[2] HK München an die anderen bayerischen HKn, 7.8.1914. BWA K2/I/4 u. K2/II/8.

und Gewerbe im Staatsministerium des Kgl. Hauses und des Äußern einberufen, wo der bayerische Ministerratsvorsitzende Hertling einen eindringlichen Appell an die Vertreter der Wirtschaft richtete, Opferwilligkeit „in einem Krieg, dessen erfolgreicher Verlauf für ihn gleichermaßen von Armee und Wirtschaft abhing,"[3] forderte und die Unternehmer bat, unter allen Umständen ihre Betriebe aufrechtzuerhalten. Das Treffen diente vornehmlich dazu, die gewerblichen Kreise über das Vorgehen von Reich und bayerischem Staat in der Frage der Regulierung des Wirtschaftslebens zu informieren und sie zur Mithilfe zu gewinnen. Die anwesenden Mitglieder der Zentralstelle ermächtigten das Ministerium zur Bildung eines Ausschusses aus ihren Reihen, „der dem Ministerium beratend und begutachtend für die in Folge des Kriegszustandes auftauchenden wirtschaftlichen Fragen zur Seite stehen"[4] sollte. Dieser als kleines Gutachter- und Sachverständigengremium gedachte Kriegsausschuß entwickelte anfangs größere Aktivität, unterlag aber sehr bald einer deutlichen Gruppenbildung. Zudem fand die Regierung meist nicht die Zeit, die Entscheidungen des Gremiums abzuwarten, und stützte sich statt dessen auf einzelne Gutachter und Auskünfte von Kammern und Verbänden, um die Flut von Reglementierungen aus Berlin bewältigen zu können.[5]

Nachdem also vorübergehend die ungeliebte Zentralstelle in den Vordergrund gerückt war, sich aber im Grunde bald als untauglich erwiesen hatte[6], wurde für die Handelskammern der Handelskammertag wieder wichtiger, so daß der Sitzungsrhythmus mit 2,59 Tagungen pro Jahr, vor allem aufgrund der häufigen Treffen im Jahr 1917, kaum hinter der Vorkriegsquote zurückblieb. Am 23. Juli 1915 trafen die Kammern erstmals wieder zu einer Delegiertenkonferenz in München zusammen, um sich über die Lebensmittelteuerung und die diesbezüglichen Vorwürfe gegen den Handel auszutauschen.[7] Weitere Delegiertenkonferenzen folgten im September 1916, im März, April und September 1917, im Januar und Februar 1918; daneben fanden der VIII. Bayerische Handelskammertag (14. Juli 1917) sowie zwei Außerordentliche Handelskammertage (25. Januar 1917 und 7. November 1918) statt. Die Tatsache, daß sich die Kammern gerade in den letzten beiden Kriegsjahren trotz der immensen Belastungen relativ häufig trafen (die fünf Versammlungen im Jahr 1917 überstiegen die Sitzungsfrequenz aller Vorkriegsjahre), zeigt, welch große Bedeutung sie den gemeinsamen Beratungen im Handelskammertag inzwischen zuwiesen. Eindeutig im

---

[3] SPERL: Wirtschaft und Staat, S. 32.

[4] Ebd., S. 32f.

[5] SPERL: Wirtschaft und Staat, S. 34, unterstellt deshalb der bayerischen Regierung, direkt von den Verbands- und Kammerstrukturen abhängig gewesen zu sein.

[6] Die Zentralstelle wurde durch eine Verordnung v. 13.11.1914 zum Landesbeirat für Industrie, Gewerbe und Handel umgestaltet, die Änderung blieb wegen der Kriegsumstände aber folgenlos. Vgl. Meinel an Innenministerium, 19.8.1921. BHStA MWi 1572.

[7] Vgl. Protokoll der Delegiertenkonferenz v. 23.7.1915. BWA K2/II/1, 2. Akt.

Vordergrund stand dabei, wie aus Tabelle 10 ersichtlich ist, das wirtschaftspolitische Wirken, also die Vertretung wirtschaftlicher Interessen gegenüber Politik und Gesellschaft. Vorrangig waren hier die Stellung des Handels in der Kriegswirtschaft sowie die Industrieförderung durch den Ausbau der bayerischen Wasserkräfte. Alle anderen Sachbereiche, insbesondere die Ordnungsfunktion in der Wirtschaft, wurden von der Kriegsbelastung der Kammern in den Hintergrund gedrängt.

Tabelle 10: Verteilung der vom Bayerischen Handelskammertag besprochenen Themen 1914-1918

	absolut	*%*
Wirtschaftspolitisches Wirken	30	88,24
Besprechung öffentlicher Aufgaben	-	-
Gutachtliche Tätigkeit	1	2,94
Ordnungsfunktion in der Wirtschaft	-	-
Beschäftigung mit staatspolitischen Themen	1	2,94
Innere Angelegenheiten der HKn und des BHK	1	2,94
Sonstiges	1	2,94
Summe	34	100

Quelle: Eigene Berechnung auf Basis der Akten des Bayerischen Handelskammertages.

Die beiden Außerordentlichen Handelskammertage von 1917 und 1918 erfolgten entgegen den bisherigen Gepflogenheiten unter Ausschluß der Öffentlichkeit. Der Anlaß hierfür war 1917 die Anwesenheit des Staatsrats Wilhelm von Meinel, der vor den versammelten Delegierten der bayerischen Handelskammern vertrauliche Mitteilungen über die Organisation und die Tätigkeit des Reichskommissariats für Übergangswirtschaft machte; über die restlichen Tagesordnungspunkte erließ der Vorort eine kurze Pressenotiz, um den Bayerischen Handelskammertag, von dem seit Kriegsbeginn nichts mehr an die Öffentlichkeit gedrungen war, der Allgemeinheit wieder ins Gedächtnis zu rufen.[8] 1918 war der Fall etwas anders gelagert: Es ging im Außerordentlichen Handelskammertag vom 7. November 1918 nur um ein Thema, nämlich um eine „Kundgebung betr. die Unlösbarkeit Bayerns vom Reich."[9] Obwohl man sich darüber einig war, „durch eine machtvolle Kundgabe der bayerischen Handelskammern" demonstrieren zu wollen, „daß Bayern mit aller Kraft am Reiche festhalte",[10] erachtete man es doch für sinnvoller, die Diskussionen um den Wortlaut dieser Kundgebung im Stillen auszutragen.

---

[8] Vgl. Protokoll des Außerordentlichen BHK vom 25.1.1917. BWA K2/II/1, 2. Akt.
[9] Vgl. Protokoll des Außerordentlichen BHK vom 7.11.1918. BWA K2/II/1, 2. Akt.
[10] Ebd.

III.2 Wirtschaftspolitisches Wirken

2.1 Der Handel in der Kriegswirtschaft

Eines der Themen, die den Ersten Weltkrieg in Deutschland innenpolitisch beherrschten, waren die Preissteigerungen besonders im Lebensmittelhandel. Schon in den ersten Kriegstagen war es im ganzen Reich zu enormen Preissteigerungen gekommen, die durch den massenhaften Ankauf von Lebensmitteln durch Bevölkerung und Kommunen hervorgerufen worden waren.[11] Die auf diese Weise von Anfang an spürbare Knappheit an Nahrungsmitteln, zu der auch die Blockade der deutschen Häfen durch die Alliierten beitrug, wurde noch verstärkt durch die Tatsache, daß sowohl das Reich als auch die bayerische Regierung es vor dem Krieg verabsäumt hatten, rechtzeitig Vorsorgemaßnahmen zur Versorgung der Einwohner zu treffen. Zwar berichtete der bayerische Gesandte in Berlin, Lerchenfeld, am 29. Juli 1914 an Hertling, der zuständige Staatssekretär im Innenministerium in Berlin, Delbrück, habe erste Maßnahmen zur „Verproviantierung der Bevölkerung“[12] ergriffen, schränkte deren Ausmaß aber gleich mit folgendem Satz wieder ein: „Staatsminister Delbrück nimmt übrigens an, daß die Getreideversorgung dank der stehenden Ernte und der Größe der Vorräte keine Schwierigkeiten machen werde.“[13] Den gleichen „blinden Optimismus“[14] zeigte der bayerische Verkehrsminister Lorenz Ritter von Seidlein, der zwei Monate nach Kriegsausbruch in einem Geheimschreiben an das Reichseisenbahnamt erklärte, „daß zur Zeit in Bayern keine Veranlassung besteht, den Bedarf an Nahrungsmitteln für die Zivilbevölkerung durch staatliche Aufkäufe zu sichern.“[15]

Das Höchstpreisgesetz des Reichstags vom 4. August 1914 konnte die Preiserhöhungen kaum verhindern.[16] Die bayerischen Ausführungsbestimmungen delegierten die Befugnisse dieses Gesetzes in kreisunmittelbaren Städten an die Kreisregierungen und in den übrigen Gemeinden an die Bezirksämter. Auf diese Weise entstand in Bayern eine Vielzahl kleiner und kleinster Wirtschaftsräume, was eine Fluktuation der Waren in jeweils die Gebiete mit den höchsten Preisen nach sich zog.[17] Die Kommunen lieferten sich fortan auf dem Lebensmittelmarkt erbitterte Konkurrenzkämpfe. Auch ein gemeinsames Vorgehen durch Preisab-

---

[11] SCHWARZ: Weltkrieg und Revolution, S. 117.

[12] Lerchenfeld an Hertling, 29.7.1914, in: DEUERLEIN: Briefwechsel, S. 317.

[13] Ebd.

[14] AY: Revolution, S. 29.

[15] Ebd. Ebenso bei SCHWARZ: Weltkrieg und Revolution, S. 116.

[16] Der genaue Text des Höchstpreisgesetzes findet sich bei STERN, Ernst: Der Höchstpreis. Eine systematische Untersuchung auf Grund der Erfahrungen der deutschen Kriegswirtschaft, München u.a. 1923, S. 284, im folgenden auch die Texte der weiteren Verordnungen betreffs Preisregelungen während des Krieges.

[17] SCHWARZ: Weltkrieg und Revolution, S. 117; AY: Revolution, S. 27. Lediglich die Getreidepreise wurden bald zentral festgesetzt.

sprachen, wie es die Städte Nürnberg und Fürth versuchten, um sich nicht gegenseitig die Preise hochzutreiben, mußte letztlich erfolglos bleiben, da es immer wieder angrenzende Gemeinden gab, die manche Waren nicht mit Höchstpreisen belegten.[18]

Laut Innenminister von Soden-Fraunhofen sollte das Gesetz auch gar nicht die Preissteigerungen als solche bekämpfen – diese waren vielmehr seiner Meinung nach sogar nötig, um genügend Lebensmittellieferungen in die Städte sicherzustellen –, sondern nur übertriebene Auswüchse, die auf Spekulation zurückzuführen waren.[19] Die Verteuerung der Waren sollte die Bevölkerung von selbst davon abhalten, zu viele Nahrungsmittel zu verbrauchen, ein System, das der verantwortliche Referent im bayerischen Innenministerium, Freiherr von Braun, als „Logik des Geldbeutels" bezeichnete.[20] Dabei wurde jedoch nicht berücksichtigt, daß die einkommensstärkeren Bevölkerungsgruppen die Waren auch zu höheren Preisen kaufen und somit das System durchbrechen konnten.

Schon im ersten Kriegswinter wurden die Lebensmittel knapp. Die Höchstpreise unterbanden und behinderten die Produktion und den legalen Handelsverkehr, weil das allgemeine Preisniveau bereits weit darüber lag. Zudem richtete sich der Staat vielfach selbst nicht nach den vorgegebenen Höchstpreisen, sondern kaufte – notwendigerweise – die für das Heer nötigen Produkte ohne Rücksicht auf die allgemeinen wirtschaftlichen Verhältnisse.[21] Die durch die Einführung der Höchstpreise angestrebte Preisdämpfung schlug daher fehl, die Preisfestsetzungen konnten auch nicht verhindern, daß die Produzenten auf andere, noch nicht preisbegrenzte Produkte auswichen.[22]

Parallel zur Unzufriedenheit der Bevölkerung wuchs der Ruf nach rigoroser Beschneidung des Zwischen- und Einzelhandels, dem man vorwarf, sich durch Wucher persönlich an der Notsituation zu bereichern.[23] So stieg der Preis für ein Pfund Weizenmehl von Ende 1913 bis August 1918 von 21 auf 55 Pf. (+ 162 %), ein Pfund Ochsenfleisch im gleichen Zeitraum von einer auf zwei Mark, ein Pfund Margarine von 80 Pf. auf 2,10 M (+ 162 %); Obst- und Gemüsepreise verdreifachten, der Kartoffelpreis vervierfachte sich.[24] Besser situierte Kreise konnten sich diese Preise noch leisten, doch im großen und ganzen hielt die Lohnentwicklung dem nicht stand. Die einzigen, die nennenswerte Lohnerhöhungen verzeichnen konnten, waren die Arbeiter in den Rüstungsbetrieben, doch

---

[18] SCHWARZ: Weltkrieg und Revolution, S. 117.
[19] AY: Revolution, S. 28.
[20] MÜNCH: Tätigkeit, S. 303.
[21] AY: Revolution, S. 30.
[22] MOMMSEN: Urkatastrophe, S. 93.
[23] SCHWARZ: Weltkrieg und Revolution, S. 118.
[24] Ebd., S. 160. Verstärkt wurde die Krise für die privaten Haushalte durch fehlende Kohlen und fehlende Kleidung.

auch ein Zuwachs von 150 % relativiert sich angesichts der genannten Preissteigerungen schnell.[25]

Lebensmittelknappheit und explodierende Preise ließen in Bayern wie überall in Deutschland eine angespannte Lage entstehen, die hier aber zudem für eine immer negativere Stimmung gegenüber Preußen, dem man die Hauptschuld am Krieg anlastete, sorgte. Die Behörden versuchten daher durch diverse, zunächst noch punktuelle und unkoordinierte Maßnahmen, die Situation zu entschärfen und gegen die Einzelhändler, in denen auch sie die Schuldigen erblickten,[26] vorzugehen. So erließ am 6. Juli 1915 der stellvertretende Kommandierende General des I. Bayerischen Armeekorps in München, von der Tann, eine Verordnung, wonach jeder, der Lebensmittel zu „unangemessen hohen" oder „ungerechtfertigt hohen" Preisen anbot oder kaufte, zu einem Jahr Gefängnis verurteilt werden konnte. Die gleiche Strafe drohte jedem, der Lebensmittel „ohne ausreichenden Grund zurückhielt."[27]

Auch andere Kreise hatten Interesse, den Handel zu beschuldigen. So protestierte Heim im Namen aller Bauern gegen die Schuldzuweisungen an die Landwirtschaft, der vorgeworfen wurde, durch Zurückhaltung von Lebensmitteln zur allgemeinen Nahrungsknappheit und damit zur Teuerung beizutragen. In einem Artikel in den *Münchener Neuesten Nachrichten* vom 15. Juni 1915 machte er als wahren Schuldigen den Zwischenhandel aus, der die Fixpreise des Großhandels ausnütze, um die Produkte im Einzelhandel um so teurer verkaufen zu können.[28]

Als Vertreterinnen des Handels sahen sich auch die bayerischen Handelskammern zunehmend mit diesem Problem konfrontiert und begannen deshalb schon früh, nach den Ursachen zu forschen.[29] Um so erstaunlicher ist es, daß nur auf drei von den insgesamt zehn Sitzungen, die der Bayerische Handelskammertag während der Kriegsjahre abhielt, dieses Thema behandelt wurde. Die erste Delegiertenkonferenz nach Kriegsausbruch war noch aus genau diesem Grund einberufen worden war (s.o.), denn die Handelskammern wollten gemeinsam nachweisen, daß die Vorwürfe aus „gewissen Kreisen", der Handel käme seiner Pflicht nicht nach und würde überteuerte Produkte anbieten, nicht der Wahrheit

---

[25] AY: Revolution, S. 71, 126ff. SCHWARZ: Weltkrieg und Revolution, S. 188.

[26] So sprach der bayerische Kriegsminister Otto Freiherr Kreß von Kressenstein von der Notwendigkeit einer „Bekämpfung einer unberechtigten Ausbeutung der Konsumenten durch Produzenten und Händler", zitiert nach D. ALBRECHT: Reichsgründung, S. 427.

[27] Abschrift der Bekanntmachung in BWA K2/XXIII/4. Vgl. auch FELDMAN: Kriegswirtschaft und Zwangswirtschaft, S. 469.

[28] MÜNCH: Tätigkeit, S. 316.

[29] SPERL: Wirtschaft und Staat, S. 36.

entsprachen.[30] Allerdings war man mit der Strafandrohung von der Tanns durchaus einverstanden, vielfach hielt man sie für gerechtfertigt.[31]

Auf dieser Konferenz referierte am 23. Juli 1915 das Münchner Kammermitglied Eduard M. Bader über die allgemeine Lebensmittelteuerung, von denen in erster Linie tierische Produkte wie Fleisch, Milch, Käse, Butter und Eier betroffen waren, daneben aber auch Kartoffeln, Zucker, Grieß, Teigwaren, Erbsen, Linsen, Bohnen, Reis, Kakao, Tee und Kaffee, also Gegenstände des täglichen Gebrauchs. Bader charakterisierte die Stimmung in der Bevölkerung, die diesbezüglich schon ein Jahr nach Kriegsausbruch herrschte, wohl zutreffend, wenn er in bezug auf die Milchteuerung sagte: „Im übrigen ist es für die Nervosität der Bevölkerung bezeichnend, daß hier eine Mehrausgabe von wenigen Pfennigen, die doch für den gesamten Haushalt des einzelnen nicht die geringste Rolle spielt, eine so große Erregung hervorgerufen hat."[32] Die Ursachen dieser Teuerung erblickte Bader ganz richtig in den riesigen Einkäufen der Heeresverwaltung zu Beginn des Kriegs, dazu in den panikartigen Vorkäufen der Bevölkerung, die zusammen dem Markt große Bestände entzogen und dadurch den Preis steigerten; erschwerend käme die Abschließung Deutschlands von den meisten ausländischen Märkten hinzu. Den Vorwurf des „Lebensmittelwuchers" wies Bader zurück, denn der Kaufmann sei ja denselben Teuerungen ausgesetzt. Die Maßnahmen der Behörden, die nicht mit der Wirtschaft abgesprochen wären, griffen nicht, so Bader, teilweise bewirkten sie sogar das Gegenteil. Er schlug daher vor, die durch die Kommunen aufgespeicherten Vorräte sofort freizugeben, Höchstpreise für die Produktion und fleischlose Tage einzuführen sowie Kartoffeln zu Futterzwecken freizugeben.

Der Ludwigshafener Präsident Wagner räumte dagegen ein, daß einzelne Elemente des Handels mitschuldig an der Teuerung seien, die er als „parasitären Handel" bezeichnete.[33] Unreelle Händler waren jedoch keine Neuerscheinung des Kriegs. Seit der Einführung der Gewerbefreiheit war gerade im Detailhandel die Zahl der Geschäftsgründungen rasant gestiegen, deren Inhaber oftmals weder über das nötige Kapital noch die nötigen Warenkenntnisse verfügten.[34] SOMBART sprach in diesem Zusammenhang von „in ihrer Existenz von Anfang an gefährdeten Eintagsfliegen, den proletarischen Erscheinungen, welche die Vorstädte der großen Städte bevölkern, die von drei zu drei Monaten ihren La-

[30] Vgl. Protokoll der Delegiertenkonferenz v. 23.7.1915. BWA K2/II/1, 2. Akt. Diese Konferenz wurde wie auch die weiteren bis 1917 vom 1. Vizepräsidenten der Münchner HK, Joseph Gautsch, geleitet, da Pschorr im Feld stand.

[31] Vgl. z.B. HK Würzburg an BHK, 10.7.1915. BWA K2/XXIII/4.

[32] Protokoll der Delegiertenkonferenz v. 23.7.1915. BWA K2/II/1, 2. Akt. Vgl. zu Baders Referat auch seine Ausführungen auf der Münchner Vollversammlung v. 12.11.1915 in COHEN/SIMON: Geschichte, S. 393f.

[33] Protokoll der Delegiertenkonferenz v. 23.7.1915. BWA K2/II/1, 2. Akt.

[34] LANDWERS: Kleinhandel, S. 8; NORDEN: Einkaufsgenossenschaften, S. 8f.

den wechseln, deren periodischer Untergang, man darf sagen, nicht nur sicher ist, sondern auch nicht bedauert werden kann."[35] Diese Leute waren oft bereits in anderen Bereichen gescheitert und betrachteten den Handel als ihren letzten Rettungsanker; für die eingesessenen Händler waren sie geradezu „parasitische Existenzen".[36] Angesichts der enormen Preissteigerungen seit Kriegsbeginn war es nicht weiter verwunderlich, daß der Handel auch jetzt viele Menschen aus anderen Berufen anlockte, die sich einen raschen Gewinn versprachen.[37]

Die Kaufmannschaft in ihrer Gesamtheit, betonte Wagner, müsse jedoch vom Handelskammertag gegen die erhobenen Angriffe in Schutz genommen werden. Wagner und der Würzburger Syndikus Kittel plädierten für einheitliche Bestimmungen in diesem Bereich, die der Bundesrat für ganz Deutschland erlassen sollte. In der sich anschließenden umfassenden Diskussion über das Problem wurden neben den genannten Ursachen auch die hohen Preise der Landwirtschaft als Teuerungsgrund ausgemacht.

Die Beschlußfassung lautete schließlich dahingehend, Innen-, Außen- und Kriegsministerium sowie die Kreisregierungen, die Generalkommandos und die Magistrate der Städte mit über 5.000 Einwohnern über diese Beratungsergebnisse, also über die gesamten Ursachen der Teuerung und über die Vorschläge des Referenten, zu informieren. Außerdem wurde der Bundesrat ersucht, eine übereinstimmende Regelung in bezug auf die „Verfolgung von Überschreitungen der angemessenen Preise im Verkehr mit Waren des täglichen Verbrauches" für das ganze Reichsgebiet zu erlassen.[38]

Die Initiative des Handelskammertags bezüglich der reichsweiten Regelung war, ohne daß es die Delegierten zu diesem Zeitpunkt wissen konnten, bei der Verabschiedung bereits überholt. Noch am gleichen Tag sorgte der Bundesrat mit der sogenannten Kriegswucherverordnung für eine reichseinheitliche Handhabe in der Bekämpfung übermäßiger Preissteigerungen bei Gegenständen des täglichen Bedarfs.[39] Wucher wurde dabei definiert als „Erzielung eines übermäßigen Gewinns";[40] Preise galten als überhöht, „wenn bei einem Verkauf höhere

---

[35] SOMBART, Werner: Der moderne Kapitalismus, Leipzig 1902, zitiert nach NORDEN: Einkaufsgenossenschaften, S. 9.

[36] NORDEN: Einkaufs-Vereine, S. 11.

[37] Vgl. dazu FELDMAN: Kriegswirtschaft und Zwangswirtschaft, S. 468f.

[38] Protokoll der Delegiertenkonferenz v. 23.7.1915. BWA K2/II/1, 2. Akt. Briefe an Außen-, Innen-, Kriegsministerium, Kreisregierungen, stellvertretende Generalkommandos der I., II. u. III. Bayerischen Armeekorps sowie an sämtliche Magistrate der Städte mit mehr als 5.000 Einwohnern v. 6.9.1915 mit Abschrift der Ergebnisse der Delegiertenkonferenz in BWA K2/XXIII/4.

[39] Siehe zum Inhalt des Begriffs „Gegenstände des täglichen Bedarfs" und den diesbezüglichen Diskussionen STADTHAGEN, Hans/BRIEFS, Götz: Die Preisprüfungsstellen, Berlin 1917, S. 9-21.

[40] FELDMAN: Kriegswirtschaft und Zwangswirtschaft, S. 465.

Profite als in Friedenszeiten erzielt wurden."[41] Der Bundesrat begründete die Verordnung damit, „daß im Reiche eine übermäßige, sachlich anscheinend nicht begründete Steigerung der Preise herrsche", und drückte so die Überzeugung aus, daß Zurückhaltung von Lebensmitteln zu spekulativen Zwecken durch Erzeuger und Händler die Schuld am Übel trage.[42]

Zur Kontrolle wurde aufgrund eines Erlasses vom 25. September 1915 ein Netz von Preisprüfungsstellen errichtet, die „die den örtlichen Verhältnissen angemessenen Preise ermitteln, die zuständigen Stellen bei der Überwachung des Handels unterstützen, Vorschriften für den Einzelhandel erlassen und die Bevölkerung über die Preisentwicklung aufklären"[43] sollten. In jeder Gemeinde mit mehr als 10.000 Einwohnern wurde eine derartige Preisprüfungsstelle eingerichtet, die zur einen Hälfte aus Erzeugern, Groß- und Kleinhändlern bestand, zur anderen aus unabhängigen Sachverständigen und Verbrauchern. An der Spitze stand eine zentrale Reichsprüfungsstelle für Lebensmittel in Berlin, die im Herbst 1916 als „Volkswirtschaftliche Abteilung" in das Kriegsernährungsamt eingegliedert wurde.[44]

Das größte Kopfzerbrechen bereitete die Definition eines „angemessenen Gewinns", der nicht höher sein sollte als vor dem Krieg. Die herangezogenen Experten waren nicht in der Lage, die Unkosten vor und im Krieg bzw. den vor dem Krieg erzielten Reingewinn mit dem jetzigen zu vergleichen, was besonders für Produkte galt, die vor dem Krieg überhaupt nicht existiert hatten wie zum Beispiel die zahlreichen Surrogate. Die mit diesem Problem befaßten Gerichte neigten zudem dazu, den Reingewinn nicht prozentual, sondern absolut zu berechnen, was bedeutete, daß der Gewinn trotz gestiegener Preise in absoluten Zahlen gleich bleiben sollte. Weiter erschwert wurde die Arbeit der Preisprüfungsstellen durch die „irrige Annahme der Händler",[45] die Verordnung vom Juli 1915 gestatte ihnen, ihre Preise auf Grund des Marktpreises festzulegen; die Gerichte entschieden aber, daß der Marktpreis bei der Preisbildung nur *ein* Faktor sei, durch den allgemeinen Warenmangel herrsche aber oft eine „Notmarktlage", weshalb ein Kaufmann, der in einer solchen Situation den Preis auf herkömmliche Weise festlege, sich des Wuchers schuldig mache und mit Geldbu-

---

[41] MOMMSEN: Urkatastrophe, S. 91. Ähnlich bei STADTHAGEN/BRIEFS: Preisprüfungsstellen, S. 36.

[42] STADTHAGEN/BRIEFS: Preisprüfungsstellen, S. 36.

[43] FELDMAN: Kriegswirtschaft und Zwangswirtschaft, S. 465. Siehe auch ZORN: Bayerns Gewerbe, S. 821. Nach einer Verordnung vom 23.9.1915 konnten außerdem „unzuverlässige Personen" vom Handel ausgeschlossen werden, STADTHAGEN/BRIEFS: Preisprüfungsstellen, S. 2.

[44] Im September 1917 bestanden in Deutschland 1.012 örtliche Preisprüfungsstellen, davon 643 in Preußen, 54 in Bayern, 107 in Sachsen, 21 in Württemberg und 68 in Baden, STADTHAGEN/BRIEFS: Preisprüfungsstellen, S. 2, 49. Zu den Preisprüfungsstellen in Bayern siehe auch SPERL: Wirtschaft und Staat, S. 246ff.

[45] FELDMAN: Kriegswirtschaft und Zwangswirtschaft, S. 472.

ßen, Beschlagnahmung der Waren, Schließung des Geschäfts und sogar Gefängnis bestraft werden könne.[46] Doch auch schon eine Berücksichtigung der Geldentwertung in der Kalkulation galt als Wucher.[47]

Hinzu kam, daß die Reichsverordnungen bezüglich der Höchstpreise alles andere als eindeutig waren. Sollte der Höchstpreis ursprünglich eine oberste Preisgrenze für beste Ware sein, so legte eine Verordnung vom 22. August 1915 fest, daß derjenige, der für eine Ware den Höchstpreis fordere, sich keiner übermäßigen Preissteigerung schuldig mache, d.h. der Höchstpreis konnte in jedem Fall ohne Rücksicht auf die Qualität der Ware genommen werden. Im März 1916 wurde dagegen verfügt, daß auch derjenige, der den Höchstpreis fordere, sich einer übermäßigen Preissteigerung schuldig mache, wenn der Höchstpreis für seine Ware zu hoch sei. Im Mai 1918 sollte in einer völligen Kehrtwendung abermals der Höchstpreis als in jedem Fall angemessener Preis festgestellt werden.[48]

Bedenklicher für den Handel war jedoch der zweite Teil der Verordnung vom 25. September 1915, in dem den Kommunen weitreichende Kompetenzen zur Sicherung der eigenen Versorgung zugewiesen wurden. Mit Zustimmung der Landeszentralbehörden durften sie für Erzeuger und Händler des Bezirks Vorschriften hinsichtlich des Betriebes, des Absatzes, des Erwerbs, der Preise und der Beschaffung erlassen, sie konnten Handel und Gewerbe auch ganz aus der Versorgung ausschließen und diese selbst in die Hand nehmen, sie gemeinnützigen Einrichtungen oder auch einzelnen Handel- und Gewerbetreibenden unter genauer Festlegung der Preise übertragen. Der Grund für diesen Erlaß lag darin, daß man den Städten und Gemeinden aufgrund ihrer größeren Vertrautheit mit den örtlichen Wirtschaftsverhältnissen eine bessere Gewährleistung der Versorgung der Bevölkerung zutraute als es einer eventuellen Zentralinstanz gelingen könnte, die zudem zunächst als schwerfälliger und kostspieliger erschien. Als Hilfsinstrument wurden den Kommunalbehörden die Preisprüfungsstellen zur Seite gestellt.[49]

Da die Kommunen auf diese Weise weitreichende Kompetenzen über den Handel erlangten, bemühten sich die Handelskammern frühzeitig darum, ihre Mitsprache zu sichern. Am 1. Oktober 1915 richtete der Handelskammertag ei-

---

[46] Dabei gingen auch die verschiedenen Preisprüfungsstellen bei der Überprüfung der Preise nicht einheitlich vor. STADTHAGEN/BRIEFS: Preisprüfungsstellen, S. 58-62, unterscheiden drei verschiedene Ansätze: Orientierung an den Entstehungskosten für ein Produkt (besonders die Münchner Preisstelle ist hier hervorzuheben), an den tatsächlich vorgefundenen Preisen bzw. am Marktpreis (dies vor allen in Stellen, in denen sich die Händlerinteressen besser durchsetzen konnten) sowie an der „Angemessenheit" der Preise (Versuch eines Ausgleichs zwischen Händler und Verbraucher).

[47] ZORN/HILLENBRAND: Sechs Jahrhunderte, S. 246.

[48] STERN: Höchstpreis, S. 90. Zum Werdegang der Höchstpreisgesetzgebung mit ihren verschiedenen Verordnungen siehe ebd., S. 185-188.

[49] STADTHAGEN/BRIEFS: Preisprüfungsstellen, S. 38f.

nen entsprechenden Antrag an Innen- und Außenministerium, denen der Erlaß der Ausführungsbestimmungen zur Verordnung überlassen war. Darin trat er dafür ein, in den Bestimmungen festzulegen, daß die Kommunalverbände beim Vollzug der Verordnung sich in weitgehendem Maße der Mitwirkung der Handelskammern zu bedienen hatten. Insbesondere sollte den Handelskammern das Recht eingeräumt werden, Mitglieder für die Preisprüfungsstellen abzuordnen.[50] Dem letzteren Wunsch wurde im Dezember wenigstens zum Teil entsprochen. Meinel forderte jede Kammer auf, zwei Gewerbetreibende zu benennen, welche auf Anfrage bereit seien, in den Beirat der Landespreisprüfungsstelle einzutreten.[51]

Die Verbraucher vermochten im allgemeinen aber ohnehin nicht zwischen „reellem“ und „unreellem“ Handel zu unterscheiden, sonderten forderten letztlich die Abschaffung des gesamten Handels und die Übernahme der Warenverteilung durch ein staatliches System. Da die Lebensmittelversorgung auf „normalem“ Wege kaum noch oder nicht mehr funktionierte, die von den Behörden zugewiesenen Rationen aber zu gering waren, bildete sich schon 1915 ein blühender Schleichhandel heraus. Auf diesen „Nebenmärkten“ konnten – allerdings zu horrenden Preisen – alle Waren erstanden werden, die in den normalen Geschäften schon längst nicht mehr erhältlich waren. Davon profitierte naturgemäß vor allem die Oberschicht, die sich die Artikel leisten konnte, was in weiten Kreisen der übrigen Bevölkerung Empörung hervorrief.[52]

Verglichen mit anderen Regionen Deutschlands war die Lebensmittelversorgung in Bayern aber noch relativ gut, was dazu führte, daß auch verstärkt außerbayerische Zwischenhändler die bayerischen Nahrungsmittel aufkauften. Soden-Fraunhofen forderte deshalb von der Reichsregierung die Festsetzung einheitlicher Höchstpreise für das ganze Reich, um den Abzug der heimischen Erzeugnisse und eine daraus resultierende Unterversorgung der Städte zu verhindern. Sein Bemühen war allerdings zunächst vergebens; es blieb bei reichsweiten Höchstpreisen lediglich für Getreide, Futtermittel und Fett, die aber so niedrig lagen, daß viele Bauern es vorzogen, überhaupt nichts mehr oder nur noch im Schleichhandel zu verkaufen.[53]

---

[50] BHK an Staatsministerium des Kgl. Hauses und des Äußern und an Staatsministerium des Innern, 1.10.1915. BWA K2/XXIII/3.

[51] Meinel an die bayerischen HKn, 22.12.1915. BHStA MInn 72623. Die entsprechenden Vorschläge der HKn finden sich im selben Akt.

[52] MOMMSEN: Urkatastrophe, S. 94f.; AY: Revolution, S. 69-71.

[53] Bis Ende 1916 gab es daneben reichszentrale Höchstpreise für Käse, Fische, Wild, Gemüse und Rüben, Obst, Heu, Wolle und Wollwaren, Metalle und seine Abfälle, Altmetalle, künstliche Düngemittel, Phosphorsäure, Soda, Petroleum und Zündhölzer, vgl. STERN: Höchstpreis, S. 183. Unterlag ein Gut einem „reichszentralen“ Höchstpreis, bedeutete dies nicht, daß dafür in ganz Deutschland der gleiche Preis galt; vielmehr wurde der Preis zwar von einer Reichsinstanz festgesetzt, aber auf das jeweilige Wirtschaftsgebiet abgestimmt.

Im Februar 1916 wurden Kartoffeleinkauf und -verteilung durch die sogenannte Reichskartoffelstelle zentralisiert, bald darauf auch der Handel mit Fleisch, Zucker, Fett und Milch. Andere Nahrungsmittel wie zum Beispiel Eier unterlagen Regelungen der einzelnen Staaten. Daneben gab es seit Januar 1915 Verordnungen zur Lebensmittelrationierung, die sich zunächst in der Einführung einer Brotkarte niederschlugen, bis Herbst 1916 aber nahezu alle Gegenstände des täglichen Bedarfs betrafen. Trotz dieser Maßnahmen und der Preisprüfungsstellen wurde die Nahrung aber immer knapper, nicht zuletzt wegen des Hamsterns, das der staatlichen Versorgung die Lebensmittel entzog. Wiederholt wies das Münchner Kriegsministerium darauf hin, daß das Hamstern zu Lasten aller ging, ohne aber letztlich etwas bewirken zu können.[54]

Im Sommer 1916 war die Volksstimmung aufgrund der schlechten wirtschaftlichen Situation auf einem Tiefpunkt angelangt. In mehreren bayerischen Städten kam es zu Lebensmittelkrawallen.[55] Nachdem das Kriegsministerium mehrmals Initiativen ergriffen hatte, um alle für die Volksernährung in Frage kommenden Interessenverbände an einen Tisch zu bringen und zusammen mit ihnen Lösungen zu erarbeiten, erkannte nun auch die Zivilverwaltung, daß rasches Handeln nötig war. Zunächst war beabsichtigt, ähnlich wie im Reich mit dem Präsidenten des Kriegsernährungsamtes auch in Bayern einen Ernährungsdiktator für die Kriegszeit zu ernennen. Der hierfür vorgesehene Nürnberger Oberbürgermeister Geßler lehnte jedoch ab und schlug statt dessen die Bildung eines Ernährungsbeirats vor, der aus sechs sachverständigen Vertretern der Hauptinteressengruppen bestehen und den Innenminister beraten sollte. Dieser Vorschlag wurde angenommen; am 21. Juni 1916 wurde auf königliche Verordnung ein „Beirat für das Ernährungswesen" gebildet, dem unter anderen Geßler und Heim angehörten und der im ganzen gesehen wertvolle Arbeit leistete,[56] die Ernährungslage der Bevölkerung allerdings nicht entscheidend verbessern konnte.

Insbesondere konnte er nicht den kartoffellosen „Steckrübenwinter" von 1916/17 verhindern, der in der Bevölkerung eine drastische Unterernährung hervorrief. Der vom Kriegsernährungsamt geforderte Mindestverbrauch pro Kopf und Tag (50 g Fett, 80 g Eiweiß) wurde noch deutlich unterschritten: Für Februar 1917 ließ sich im bayerischen Durchschnitt eine Versorgung mit 28,8 g Fett und 45 g Eiweiß feststellen, für Dezember 1917 eine Verteilung von 30 g Fett und 40 g Eiweiß.[57]

Zur Bekämpfung der beständig weitersteigenden Preise wurde am 5. Dezember 1916 bei der Münchner Polizeidirektion durch den Innenminister das Bayerische Kriegswucheramt gegründet, das die Möglichkeit bot, gegen wucherische Preise des Kleinhandels ohne langwierige Einschaltung der Gerichte sofort

---

[54] W. ALBRECHT: Landtag und Regierung, S. 147.
[55] AY: Revolution, S. 184f.; SCHWARZ: Weltkrieg und Revolution, S. 148.
[56] W. ALBRECHT: Landtag und Regierung, S. 149-153.
[57] SCHWARZ: Weltkrieg und Revolution, 139f., 156; AY: Revolution, S. 29-31.

durch Schließung der betreffenden Läden vorzugehen.[58] Die Politik stellte sich damit zunächst ganz eindeutig auf die Seite der städtischen Verbraucher.

Um jedoch Ungerechtigkeiten vorzubeugen, forderte das Kriegswucheramt am 12. Dezember alle bayerischen Handelskammern auf, „zuverlässige Personen und Firmen“ zu benennen, „welche als Handelssachverständige ehrenamtlich oder gegen Bezahlung für dieses Amt in Betracht kommen.“[59] Auf einer Vorbesprechung von Vertretern der bayerischen Kammern bei der Münchner Handelskammer einigte man sich auf Anregung Würzburgs darauf, „die Benennung der Sachverständigen für das Kriegswucheramt möge, *soweit diese am Sitze des Amtes tätig zu sein haben*, ausschliesslich durch [den] Vorort des Bayer. Handelskammertags erfolgen, während die übrigen bayerischen Handelskammern Sachverständige nur für den besonderen örtlichen Bedarf ihrer Bezirke vorschlagen sollten.“[60] Lediglich dann, wenn es um spezielle Industriezweige ging, die es nur in anderen Bezirken als in Oberbayern gab, sollten Sachverständige von dort bestellt werden.

Auf dem Außerordentlichen Handelskammertag vom 25. Januar 1917 wurde die Stellung des Handels in der Kriegswirtschaft noch einmal ausführlich diskutiert.[61] Die Referenten, Fraenkel aus München und Kittel aus Würzburg, setzten sich mit den Entwicklungen der letzten Jahre auseinander und verwiesen darauf, daß der Deutsche Handelstag im Oktober 1916 eine Entschließung zur Preisbeurteilung angenommen habe, die jedoch der Auffassung des Reichsernährungsamts und auch verschiedener Kriegswucherämter nicht entspreche, obgleich sie auf mehreren Entscheidungen des Reichsgerichts über den Begriff der Marktlage und des übermäßigen Gewinns beruhe.[62] Der Handelskammertag erließ deshalb auf Vorschlag der Referenten eigene Richtlinien, die dem Ministerium des Kgl. Hauses und des Äußern sowie dem Ministerium des Innern zugesandt wurden, damit diese dem Bayerischen Kriegswucheramt entsprechend Weisung erteilen sollten.

---

[58] W. ALBRECHT: Landtag und Regierung, S. 185f.

[59] Vgl. Ausführungen des BHK in seinem Rundschreiben an die bayerischen HKn, 23.12.1916. BWA K2/XXIII/11, 1. Akt.

[60] Ebd. Hervorhebung im Original.

[61] Vgl. Protokoll des Außerordentlichen BHK v. 25.1.1917. BWA K2/II/1, 2. Akt.

[62] Zum Text der Leitsätze des DHT sowie zur Auseinandersetzung zwischen dem DHT und insbesondere dem Kriegsernährungsamt vgl. FRENTZEL: Industrie- und Handelskammern, S. 54f. DHT und Kriegsernährungsamt diskutierten eingehend über die Begriffe des Marktpreises, der Zulässigkeit der Preismischung bei Errechnung der Gestehungskosten und den zulässigen Nutzen, insbesondere über die Bindung des im Kriege vertretbaren Nutzens an die Höhe des im Frieden erzielten Reinnutzens, ohne aber sich einigen zu können. Das preußische Abgeordnetenhaus verwarf die diesbezüglichen Entschließungen des DHT schließlich zur Gänze als unrichtig und unzweckmäßig.

In diesen Richtlinien plädierte der Handelskammertag für die Beibehaltung des Handels, und zwar des Groß- wie des Kleinhandels, auch in der Kriegswirtschaft, in der er nicht minder wichtige Funktionen als in der Friedenswirtschaft erfülle. Den zur Bewirtschaftung und Verteilung von Waren berufenen Stellen des Staates und der Kommunen empfahl er deshalb, sich zur Bewältigung dieser Aufgabe möglichst der bewährten Hilfe des Handels zu bedienen. Zentrale Punkte der Richtlinien betrafen die Behandlung der Preise: „Für seine Tätigkeit ist dem Handel auch im Rahmen der Kriegswirtschaft ein Gewinn zuzubilligen, der ihm außer der Vergütung seiner Geschäftsunkosten auch einen den Verhältnissen des einzelnen Falles angemessenen Nutzen gewährt. Preisbildungen, die auf unlautere Vorgänge, wie z.B. absichtliche Zurückhaltung von Waren, Kettenhandel mit Lebens- oder Futtermittel u. dgl. zurückzuführen sind und deshalb eine übermäßige Preissteigerung enthalten, sind nachdrücklich zu verfolgen und mit aller Schärfe zu bestrafen. Preisforderungen hingegen, die nicht auf derartige Machenschaften beruhen und nicht etwa vereinzelten oder beschränkten Markterscheinungen, sondern der tatsächlichen allgemeinen Marktlage entsprechen, sind nicht beanstandbar."[63]

Die schwarzen Schafe des Handels, die den Ruf der gesamten Branche so nachhaltig schädigten, sollten damit unerbittlich verfolgt werden. Gleichzeitig forderte der Handelskammertag damit aber auch, dem ehrlichen Händler seinen Gewinn und damit seinen Lebensunterhalt zu gewähren. In zweifelhaften Fällen sollten die Behörden nach dem Willen des Handelskammertags die Handelskammern oder von ihnen benannte Sachverständige zu Rate ziehen.[64] Daß diese Forderung noch einmal öffentlich wiederholt wurde, obgleich das Kriegswucheramt im Monat zuvor bereits Entgegenkommen signalisiert hatte, zeigt deutlich, daß es die Handelskammern hierbei nicht mit einer bloßen Absichtserklärung von seiten der Behörden bewenden lassen wollten, sondern das ihnen zugestandene Recht auch energisch einforderten.

Zweifelhafte Fälle gab es genug, denn allein schon aufgrund der ungenauen Gesetzeslage fiel es auch dem ehrlichsten Händler schwer, seine Preise so festzusetzen, daß sie nicht beanstandet werden konnten. Die Untersuchung von Stern zeigt zudem, daß mit zunehmender Knappheit der Waren die Bereitschaft und auch die Geschicklichkeit der Verkäufer stiegen, bestehende Höchstpreise zu umgehen bzw. schlicht zu ignorieren.[65] Davon abhängig nahm auch die Zahl der wegen Höchstpreisüberschreitungen bestraften Händler zu.[66]

---

[63] Protokoll des Außerordentlichen BHK v. 25.1.1917. BWA K2/II/1, 2. Akt.

[64] BHK an Staatsministerium des Kgl. Hauses und des Äußern sowie an Innenministerium, 29.1.1917. BWA K2/XXIII/11, 1. Akt.

[65] STERN: Höchstpreis, S. 196-235.

[66] Nach einer – lückenhaften – Statistik der bayerischen Regierung über die Höchstpreisüberschreitungen sind bis August 1916 2.752 Personen, bis Ende 1916 weitere 2.107 Personen

Auch andere Kreise hielten eine Abschaffung des Handels für unsinnig. Der Nürnberger Oberbürgermeister Otto Geßler wies dieses Ansinnen beispielsweise im Februar 1917 mit den Worten zurück, „daß durch Verfügungen [...] allein eine neue Wirtschaftsordnung nicht geschaffen werden kann" und keine wirtschaftliche Existenz ohne Not zugrunde gehen dürfe.[67] Auch der Reichsrat Franz von Buhl verteidigte in seiner Eigenschaft als Referent für Landwirtschaftsfragen in einer Rede zu den ernährungswirtschaftlichen Anträgen der Kammer der Abgeordneten am 27. März 1917 den freien Handel, denn Zentralisierungen wie zum Beispiel durch die Kriegsgesellschaften seien der falsche Weg.[68] Wie schwierig jedoch die Lage der Händler war, zeigt die Reaktion Meinels auf eine Rede des nationalliberalen Abgeordneten Hans Haeberlein, der sich im Februar 1917 in der sechstägigen Ernährungsdebatte der Abgeordnetenkammer des Landtags zugunsten des freien Handels aussprach: Haeberlein, Kaufmann und Mitglied der Handelskammer Nürnberg,[69] führte aus, daß nicht der Handel, sondern die völlige Isolation Deutschlands vom Weltmarkt sowie die Mißwirtschaft der Kriegsgesellschaften an den großen Preissteigerungen schuld seien, und plädierte dafür, daß auch dem Kaufmann während des Krieges die Existenzmöglichkeit erhalten bleiben müsse.[70] Meinel konnte ihn in seiner Antwort nur auf eine baldige bessere Zukunft vertrösten,[71] weil eine direkte Unterstützung der Forderungen Haeberleins durch die Regierung bei den Sozialdemokraten, Zentrum und einem Teil der Liberalen schärfste Opposition hervorgerufen hätte, die Meinel nicht provozieren wollte.[72]

Das Außenministerium signalisierte den Handelskammern dennoch Entgegenkommen, indem es dem Kriegswucheramt im April 1917 einen ehrenamtlichen Beirat zuordnete. Wiederum wurde der Handelskammertag gebeten, vier

und bis Ende August nochmals 1.530 Personen wegen Verletzungen der Höchstpreisvorschriften bestraft worden. Nimmt man eine Zahl von 1,75 Millionen selbständiger Gewerbetreibende in Bayern an, so entspricht dies etwa 35 Bestrafungen pro 10.000 Gewerbetreibende. Nach einem Bericht der bayerischen Landespreisprüfungsstelle handelte es sich in der Mehrzahl der Fälle um „glatte Überschreitung gegebener Höchstpreise". Zitiert nach STERN: Höchstpreis, S. 197f., 210.

[67] Vortrag GEẞLERS: „Die Lebensmittelversorgung im Rahmen der Kriegswirtschaft der Stadt Nürnberg", zitiert nach SCHWARZ: Weltkrieg und Revolution, S. 141f.

[68] Verhandlungen der Kammer der Reichsräte des bayerischen Landtages 1917. Stenographische Berichte Bd. 4, S. 34.

[69] Haeberlein, zudem Direktoriumsmitglied des Hansa-Bundes, gehörte der Abgeordnetenkammer von 1905 bis 1918 an, vgl. JAEGER: Unternehmer, S. 339.

[70] Verhandlungen der Kammer der Abgeordneten 1917, Stenographische Berichte, Bd. 15, S. 244-254.

[71] Ebd., S. 270f.

[72] Vgl. W. ALBRECHT: Landtag und Regierung, S. 215f., Fußnote 36.

bis sechs Kaufleute zu benennen, die für die Mitarbeit geeignet erschienen.[73] Bei einer Rundfrage ergab sich, daß Ludwigshafen und Würzburg kein Gewicht auf einen eigenen Vorschlag legten, wodurch sich mit den Vorschlägen der sechs restlichen Kammern automatisch die geforderte Zahl von sechs Sachverständigen ergab. Der Vorort übersandte die Liste mit den entsprechenden Vorschlägen am 2. Mai an das Kriegswucheramt.[74]

Dieses scheint die Weisung des Außenministeriums jedoch nicht befolgt zu haben, denn der Handelskammertag wiederholte die Forderung nach Zuziehung von Sachverständigen im Jahr darauf nochmals mit Nachdruck. Der auf der Delegiertenkonferenz vom 10. Januar 1918 wieder in diesem Punkt referierende Syndikus Kittel ging in seiner Kritik an den Behörden besonders auf die starren Festlegungen des Gewinns durch amtliche Stellen ein: „Es muß dabei wiederholt betont werden, daß rein *formalistische* Berechnungen über den *ziffernmäßigen* Nutzen [= Gewinn, Anm. d. Verf.] unmöglich für heutige Verhältnisse, namentlich bei der ganz veränderten Geldbewertung als zutreffend anerkannt werden können, zumal die Steigerung der Geschäftsspesen und der Gewinnentgang wegen Verminderung des Umsatzes sich in der Zwischenzeit noch verschärft haben. Hier kann eben nur im Benehmen mit den sachkundigen Sachverständigen das Richtige getroffen werden."[75] Hierin fühlte er sich auch durch eine Zuschrift des Bayerischen Kriegswucheramts vom 10. Dezember 1917 an die bayerischen Handelskammern bestätigt, in der das Amt bekannte, daß das bisherige System der Strafverfolgung versagt habe, und vorschlug, die Regulierung der Preise künftig unter Ausschluß von Strafverfahren, hingegen im Benehmen mit den Beteiligten zu erzielen, was die Handelskammern ausdrücklich begrüßten. Die Stellungnahme des auf der Delegiertenkonferenz anwesenden Vertreters des Kriegswucheramts, Oberamtsrichter Dr. Bretzfeld, zielte ebenfalls in diese Richtung. Bretzfeld bekräftigte, daß viele Anzeigen wegen Wuchers ungerechtfertigt erfolgten, weil die hohen Preise nicht auf Wucher beruhten und auch nicht wesentlich herabgesetzt werden konnten. Das Amt bemühe sich, einen gangbaren Weg zu finden, um Belästigungen des reellen Handels vermeiden zu können, da

---

[73] Staatsministerium des Kgl. Hauses und des Äußern an BHK, 12.4.1917. BWA K2/XXIII/11, 1. Akt. Dies geschah gegen den erklärten Willen des Innenministers v. Brettreich, der für die Zuziehung von Sachverständigen der HKn kein Bedürfnis sah. Vgl. entsprechende Ausführungen Buhls in der Kammer der Reichsräte. Verhandlungen der Kammer der Reichsräte 1917. Stenographische Berichte Bd. 4, S. 54.

[74] BHK an das Staatsministerium des Kgl. Hauses und des Äußern, 2.5.1917. BWA K2/XXIII/11, 1. Akt.

[75] Kittel auf der Delegiertenkonferenz v. 10.1.1918. BWA K2/II/1, 2. Akt. Hervorhebung im Original.

ja doch jeder Anzeige nachgegangen werden müsse. Die Situation solle künftig in Zusammenarbeit mit den Kammern und Verbänden verbessert werden.[76]

Diese Zusicherung Bretzfelds bedeutete aber keineswegs, daß von nun an der Forderung der Kammern nach Zuziehung von Sachverständigen in allen Streitfragen ohne weiteres nachgegeben wurde. Vielmehr waren sich die amtlichen Stellen bewußt, daß ihre Lagebeurteilungen mangels genügendem eigenen wirtschaftlichen Wissens wegen der Mitwirkung Sachverständiger oftmals einseitig ausfielen und dabei die Abhängigkeit von Erzeuger- und Händlerinteressen größer war als die von Verbrauchern und Konsumenten. Da ihnen dies auch öffentlich zum Vorwurf gemacht wurde, versuchten sich die Beamten deutlicher als bisher am Verbraucherinteresse zu orientieren.[77]

2.2 Die Errichtung eines bayerischen Handelsministeriums

Aufgrund der schlechten Lage des Handels und der allgemeinen Klagen der Industrie über ungenügende Berücksichtigung bei der Verteilung von Heeresaufträgen[78] kamen bei den Kammern während des Kriegs erstmals wieder Gedanken an ein eigenes Handelsministerium zur Sprache. Ein solches war bereits 1848 unter Max II. gegründet worden, der durch die damit angestrebte Erschließung neuer Arbeitsmöglichkeiten die große Not der Bevölkerung nach den vorhergehenden Krisen lindern wollte. Dieses „Staatsministerium des Handels und der öffentlichen Arbeit" umfaßte trotz seines auf zwanzig Mitarbeiter begrenzten Personals in seinem Wirkungskreis die Landwirtschaft, das Fabriken-, Manufaktur- und Gewerbe- bzw. Handwerkswesen, die Versicherungs- und Kreditwirtschaft, den Binnen- und Außenhandel einschließlich Zollfragen, die Münz-, Maß- und Gewichtssachen, das gesamte Bauwesen, das landwirtschaftliche, technische und gewerbliche Schulwesen, die oberste Leitung des Post-, Eisenbahn- und Donaudampfschiffahrts-Betriebs und die Zuständigkeit für die Statistik des Königreichs – also mehr, als je ein bayerisches Wirtschaftsministerium nach ihm.[79]

---

[76] Hierzu gehörte auch der Landesausschuß für Übergangswirtschaft, siehe unten Punkt C.III.2.5.

[77] SPERL: Wirtschaft und Staat, S. 249f. Dabei war dem Kriegswirtschaftsamt durchaus bewußt, daß ein Teil der Ursachen für die Preissteigerungen, weil kriegsbedingt, gar nicht beseitigt werden konnte und daß Maßnahmen gegen Industrie und Handel allein keine Preissenkung oder -stabilisierung bewirken konnte, dies um so weniger, wenn nicht im ganzen Reich einheitlich vorgegangen wurde. Ebd., S. 252.

[78] Siehe hierzu Kap. A.II.3.

[79] BORCHARDT: Geschichte, S. 14; ausführliche Darstellung des neuen Ministeriums bei FOX: Integration, S. 281-284; vgl. auch LUEBECK: Entwicklung, S. 107-110.

Im Zuge der deutschen Einigung wurde dieses Ministerium ungeachtet der Proteste der betroffenen Kreise[80] durch eine Verordnung Ludwigs II. vom 1. Dezember 1871 wieder aufgehoben, seine Bestandteile den verbleibenden klassischen Ministerien wieder einverleibt: Das Außenministerium erhielt die Aufsicht über das bayerische Verkehrswesen und die Zuständigkeit für das Zollwesen, die restlichen Gebiete wurden dem Innenministerium angegliedert. Bei dieser Entscheidung spielten jedoch nicht nur die Anpassung an die neue Verfassungslage, nach der dem Reich erhebliche wirtschaftliche Kompetenzen zugewiesen waren, und notwendige Einsparungsmaßnahmen eine Rolle. Vielmehr war der Bestand des Handelsministeriums schon längere Zeit zuvor umstritten gewesen, da es, entgegen der ursprünglichen Absichten Max' II., nach Meinung der Regierung nicht dazu beigetragen hatte, der allgemeinen Verarmung der Bevölkerung entgegenzuwirken.[81] Doch auch persönliche Antipathien König Ludwigs und seiner Berater gegen den letzten Handelsminister, Gustav von Schlör, mögen zur Auflösung des Ministeriums beigetragen haben.[82]

Nach dem Rücktritt des Gesamtstaatsministeriums Crailsheim 1903 wurde unter dem neuen Ministerium von Podewils erneut reorganisiert. Das Verkehrswesen, bisher beim Außenministerium, erhielt 1904 ein eigenes Ministerium, im gleichen Jahr wurde aus der bisherigen Abteilung für Landwirtschaft, Gewerbe und Handel im Innenministerium die Zuständigkeit für den Bereich Gewerbe und Handel auf das Außenministerium übertragen, um dieses für den Verlust des Verkehrswesens zu entschädigen. Erstmals wurde damit in Bayern – wie auch schon in anderen deutschen Ländern – die einheitliche Verwaltung der verschiedenen Wirtschaftsbereiche in einer Zentralbehörde aufgehoben.[83]

Die betroffenen Kreise von Industrie und Handel kritisierten diese Kompetenzverteilung wiederholt. 1909 bemängelte der Industriellenverband, daß zwar die Vertreter der Landwirtschaft direkt mit ihrem Ministerium verhandeln durften, dies aber der Industrie nicht gestattet war und diese deshalb im Vergleich zur Landwirtschaft zurückgesetzt war.[84] Besondere Belebung erfuhr die Frage eines eigenen Handelsministeriums, als 1912 der Fraktionsführer des Zentrums im Reichstag und Münchener Philosophieprofessor Georg Freiherr von Hertling zum leitenden Minister berufen und damit als Minister des Kgl. Hauses und des Äußern auch für Gewerbe und Handel zuständig wurde. Alfred Kuhlo, der Geschäftsführer des Bayerischen Industriellen-Verbandes, bezweifelte zunächst, daß der „Philosophieprofessor" das nötige Verständnis für die Belange der Indu-

---

[80] So reichte die HK München im Dezember 1869 im Namen aller bayerischen HKn eine Protestnote ein, vgl. LUEBECK: Entwicklung, S. 198; insgesamt war der Widerstand der betroffenen Kreise aber weit schwächer als erwartet, vgl. FOX: Integration, S. 294f.

[81] BORCHARDT: Geschichte, S. 16-18; LUEBECK: Entwicklung, S. 110f.

[82] FOX: Integration, S. 294.

[83] BORCHARDT: Geschichte, S. 21; LUEBECK: Entwicklung, S. 111-114.

[84] ECKARDT: Industrie und Politik, S. 122f.

strie aufbringen könnte, und beantragte einen Ausbau der Handelsabteilung des Außenministeriums.[85] Auch der Bayerische Handelskammertag trat für die Wiedererrichtung des Handelsministeriums nach dem Vorbild der preußischen Ministerialorganisation ein, plädierte in Übereinstimmung mit den beiden Kammern des Landtags und dem Bayerischen Industriellen-Verband aber zumindest für den Ausbau der für Gewerbe und Industrie zuständigen Abteilung im Außenministerium.[86] Beide Anträge führten jedoch nicht zum Erfolg.[87]

Doch erst während des Weltkriegs, als die Frage einer adäquaten Vertretung von Industrie und Handel aufgrund der übermächtig werdenden militärischen Organisationen der Kriegswirtschaft erneut akut wurde, wurde die Forderung wieder aufgegriffen.[88] Bayern, so betonte Kahn auf der Vollversammlung am 25. Januar 1917, sei kein reiner Agrarstaat mehr, die Bedeutung von Handel und Industrie sei im Kaiserreich entscheidend gestiegen. Diese Bereiche benötigten jetzt wieder ein eigenes Ministerium, das sie tatkräftig unterstützte, um gegenüber der Wirtschaft anderer Bundesstaaten nicht noch mehr ins Hintertreffen zu geraten. Außerdem sollte es Bayerns Einfluß auf die Wirtschaftspolitik des Reichs wieder stärken.[89]

Kommerzienrat Seiler aus Nürnberg wies auf die mangelnde Vertretung der Interessen der Wirtschaft durch die Zentralstelle für Handel, Industrie und Gewerbe, jetzt Beirat genannt, hin, denn diese sei während des Krieges nicht einmal zusammengetreten. Alle wichtigen Fragen seien von dem aus der Zentralstelle hervorgegangenen Kriegsausschuß behandelt worden, in dem die Kammern nicht den ihnen zustehenden Einfluß besaßen. Um so wichtiger sei die

---

[85] Ebd., S. 126.

[86] Die HK München reichte den entsprechenden Antrag in ihrer Funktion als Vorort im Namen des BHK ein, verständigte die Schwesterkammern aber erst am gleichen Tag über die Vorgehensweise. Diese erklärten sich im Nachhinein damit einverstanden. Vgl. BHK an Staatsministerium des Kgl. Hauses und des Äußern, 16.12.1912, sowie Briefwechsel BHK-bayerische HKn; BWA K2/XVa/3. BORCHARDT: Geschichte, S. 23, spricht hier zu Unrecht von einer selbständigen Aktion der HK München.

[87] Entgegen den ursprünglichen Befürchtungen der HKn und des BIV zeigte sich Hertling, als Sozialexperte des Zentrums seit den 1880er Jahren mit wirtschaftlichen Entwicklungen vertraut, von Anfang an bemerkenswert aufgeschlossen gegenüber den Nöten der bayerischen Industrie, vgl. hierzu seine Ausführungen vom 19.4.1912 in der Kammer der Abgeordneten über die Industrieförderung. Verhandlungen der Kammer der Abgeordneten 1912, Stenographische Berichte, Bd. 1, S. 688f. Als Beleg siehe auch BECKER, Winfried (Hg.): Georg von Hertling 1843-1919, Paderborn 1993, S. 16f., 121-144.

[88] Vgl. BORCHARDT: Geschichte, S. 25. BORCHARDT gibt an, daß auch von der Veränderung der Organisation der Reichsleitung entscheidende Anstöße für die Forderungen in Bayern ausgingen, denn zwischen 1916 und 1918 waren aus dem Reichsamt des Innern nach und nach neue Ämter ausgegliedert worden (Mai 1916 Kriegsernährungsamt, September/Oktober 1917 Reichswirtschaftsamt, daraus im Oktober 1918 wiederum das Reichsarbeitsamt). Vgl. hierzu auch FACIUS: Wirtschaft und Staat, S. 84-93, bes. S. 87f.

[89] Vgl. Protokoll des Außerordentlichen BHK v. 25.1.1917. BWA K2/II/1, 2. Akt.

Vertretung der Interessen von Handel und Industrie durch ein eigenes Ministerium. Die anwesenden Delegierten beauftragten daher den Vorort, eine diesbezügliche Denkschrift auszuarbeiten, die nach Annahme durch alle Handelskammern an die Staatsregierung geschickt werden sollte.[90]

Der Handelskammertag befand sich mit dieser Erörterung in guter Gesellschaft, denn auch führende Abgeordnete der zuvor in dieser Frage abwehrend eingestellten bayerischen Zentrumspartei hatten inzwischen erkannt, daß es längerfristig gerade auch zur Erhaltung der staatlichen Eigenständigkeit Bayerns vonnöten war, die heimische Industrialisierung voranzutreiben.[91] Bei den Haushaltsberatungen im Herbst 1917 kamen deshalb wieder Anträge zur Verselbständigung des Handelsministeriums zur Sprache, die jedoch vom Finanzausschuß der Abgeordnetenkammer abgelehnt wurden.[92] Auch der Bayerische Industriellen-Verband forderte seit Anfang 1917 die Errichtung eines eigenen Handelsministeriums.[93]

Die Denkschrift zur Errichtung eines bayerischen Handelsministeriums, die der Münchener Kammerbeamte Julius Luebeck verfaßt hatte, konnte im Januar 1918 vorgelegt werden,[94] jedoch wurde sie aufgrund der herrschenden politischen Lage zunächst nicht veröffentlicht. Seit Herbst 1917 hatte sich nämlich die Volksstimmung weiter verschlechtert, was zum Teil an der Tatsache lag, daß man in diesem Jahr in Bayern zwar eine gute Ernte eingebracht hatte, jedoch gezwungen war, große Mengen an Lebensmittel ins übrige Reich zu schicken, da die Ernte dort schlechter ausgefallen war; die Lebensmittelpreise stiegen deshalb weiter, während die Rationen kleiner wurden. Hinzu kamen die Enttäuschung über die ergebnislosen Verhandlungen mit Rußland, die die Hoffnungen auf einen baldigen Frieden im Osten zunichte machten, und die sich zögernd

---

[90] Ebd. Interessant ist, daß die HKn zwar die Förderung von Industrie und Handel durch ein Handelsministerium wollten, weitere staatliche Stellen hierzu jedoch ablehnten. So sprach sich der BHK im September 1917 einstimmig gegen eine von Osel und Held im Landtag beantragte staatliche Auskunftsstelle für Industrieansiedlung aus, weil man hierfür kein Bedürfnis erkannte; ein Beamter der Wirtschaftsabteilung des Außenministeriums könne dies ebenso gut erledigen. Protokoll der Delegiertenkonferenz v. 1.9.1917, BWA K2/II/1, 2. Akt. Im gleichen Sinne äußerte sich der BIV, vgl. ECKARDT: Industrie und Politik, S. 170.

[91] 1912 hatte die Landtagsfraktion des bayerischen Zentrums den Antrag zum Ausbau der Handelsabteilung noch rigoros abgelehnt, um die Industrie nicht „künstlich" weiter zu entwickeln. Vgl. Protokoll der Sitzung v. 22.3.1912, in: Die Protokolle der Landtagsfraktion der bayerischen Zentrumspartei, Bd. 5, S. 23f.

[92] BORCHARDT: Geschichte, S. 26. Der Leiter des Bayerischen Statistischen Landesamtes, Prof. Zahn, sprach sich demgegenüber am 28. November 1917 in einem Artikel in der Bayerischen Staatszeitung für die Bildung dieses Ministeriums aus; man dürfe, so meinte er, sich hier auch nicht von den entstehenden Kosten abhalten lassen, da das Ministerium die Volkswohlfahrt fördern und das nationale Vermögen vermehren würde.

[93] KUHLO: Jubiläumsschrift, S. 93f.

[94] Vgl. Protokoll der Delegiertenkonferenz v. 10.1.1918. BWA K2/II/1, 2. Akt.

dahinschleppenden Verfassungsreformen. Wie im ganzen Reich schlug sich auch in Bayern die gespannte Stimmung im Januarstreik von 1918 nieder.[95] Die Handelskammervertreter hielten es wohl nicht für opportun, in dieser Situation mit eigenen Forderungen an die Öffentlichkeit zu treten und neue Diskussionen hervorzurufen.[96]

Zudem hatte der Landtag im Dezember 1917 die nötigen Mittel für den von Meinel seit Oktober 1917 geforderten Ausbau der Abteilung II des Außenministeriums bewilligt. Meinel hatte sich außerstande gesehen, mit seinen insgesamt neun Mitarbeitern den dauernd wachsenden Aufgaben und Anforderungen gerecht zu werden; Öffentlichkeitsarbeit, so bedauerte er, könnte gar nicht betrieben werden. Nachdem der Landtag die Mittel bewilligt hatte, erhielt Meinel im Frühjahr 1918 vier neue Beamte, darunter den späteren bayerischen Handelsminister und Reichswirtschaftsminister Eduard Hamm. Die Handelskammern und der Bayerische Industriellen-Verband gaben sich mit diesen Veränderungen notgedrungen zufrieden, da vorläufig keine Aussicht auf Errichtung eines eigenen Handelsministeriums bestand.[97]

Luebecks Denkschrift wurde daraufhin auf Drängen Pschorrs, der die „schöne und allseits anerkannte Arbeit nicht unter den Tisch fallen" lassen wollte, und in Absprache mit Meinel so umgearbeitet, daß nichts in ihr auf die Schaffung eines Handelsministeriums als Programm der bayerischen Kammern hindeutete. Außerdem wurde ein neutraler Titel gewählt.[98] Dennoch wurde sie erst 1919 veröffentlicht, und zwar nicht als Denkschrift des Bayerischen Handelskammertages, sondern nur der Handelskammer München, da sich mehrere Kammern, darunter

---

95 W. ALBRECHT: Landtag und Regierung, S. 291-299.

96 Vgl. Schreiben der HK Nürnberg an die HK München, 2.8.1918. BWA K2/XVa/3.

97 Nach dem Ausbau der Abteilung II war die Forderung nach einem Handelsministerium unter den HKn bereits umstritten. Augsburg, Passau und Ludwigshafen betrachteten sie als nicht mehr realisierbar und plädierten dafür, die Denkschrift nicht mehr zu veröffentlichen. (HK Augsburg an BHK, 6.5.1918 und 4.6.1918, HK Passau an BHK, 1.6.1918, HK Ludwigshafen an BHK, 8.6.1918. BWA K2/XVa/3) Der Vorort hielt jedoch zunächst an der geplanten Veröffentlichung fest (HK München an HK Augsburg, 16.5.1918. BWA K2/XVa/3). Am 27.7.1918 teilte Dandl der HK München mit, die jüngsten Landtagsverhandlungen hätten eindeutig erwiesen, daß derzeit keine Aussichten auf Verwirklichung der Idee eines Handelsministeriums in Bayern bestünden: „Unter diesen Umständen würde eine neue Aufrollung der Frage rein theoretische Bedeutung haben, vielleicht auch eine zwecklose Polemik hervorrufen." Dandl bat daher darum, die Denkschrift vorerst nicht zu veröffentlichen, obwohl das Pressereferat des Kriegsministeriums als zuständige Zensurstelle keine Einwände erhoben hatte. Dandl an BHK, 27.7.1918. BWA K2/XVa/3. Vgl. auch LUEBECK: Entwicklung, S. 5, sowie SPERL: Wirtschaft und Staat, S. 231-233.

98 Interne Notiz Pschorrs (5.8.1918) und Konstatierung Kahns zum Akt (17.9.1918). BWA K2/XVa/3. Der Titel der Denkschrift lautete: „Die wirtschaftliche Entwicklung Bayerns und die Verwaltung von Handel, Industrie und Gewerbe".

Augsburg, Nürnberg und Ludwigshafen, im Sommer 1918 von der Schrift distanziert hatten.[99]

Am 7. November 1918 regte der Regensburger Laux einen neuen Vorstoß in diese Richtung an. Seiner Meinung nach war nun der richtige Zeitpunkt für eine Veröffentlichung der vom Vorort angefertigten Denkschrift gekommen, da die Staatsregierung eine Erhöhung der bayerischen Ministerien von sieben auf zehn bis zwölf plante.[100] Ohne auf die mit der Erweiterung der Anzahl der Ministerien verbundene Veränderung des politischen Systems Bayerns einzugehen, sprach sich in der anschließenden Diskussion die Mehrzahl der Anwesenden aus den bereits genannten Gründen nach wie vor für ein Handelsministerium aus. Der Syndikus der Handelskammer Augsburg, Böhm, wandte nun aber ein, ein Antrag auf ein eigenes Ministerium wäre eine Diskreditierung der Handelsabteilung im Staatsministerium des Kgl. Hauses und des Äußern sowie ihres Leiters, Staatsrat von Meinel. Der Würzburger Vorsitzende Hilcken schloß sich der Kritik an: Ein Handelsministerium sei nur dann von Vorteil, wenn garantiert sei, daß Meinel Minister werde. Ansonsten hielt er den gegenwärtigen Zustand für besser. Da die Meinungen hier so sehr auseinanderstrebten, wurde letztendlich beschlossen, daß jede Kammer dieses Thema noch einmal für sich beraten sollte, erst dann sollte es im Handelskammertag wieder auf die Tagesordnung gesetzt werden.[101] Dem kam allerdings die Revolution zuvor, die unerwarteterweise die Schaffung des geforderten Handelsministeriums mit sich brachte, so daß sich weitere diesbezügliche Forderungen erübrigten.[102]

---

[99] Vgl. Briefwechsel der HKn vom August 1918 in BWA K2/XVa/3.

[100] Unter dem Eindruck der sich stetig verschlechternden innenpolitischen Lage vereinbarten Regierung und beide Kammern des Landtags im Oktober 1918 Verfassungsreformen, die u.a. eine Parlamentarisierung der bayerischen Staatsregierung zum Ziel hatten. In diesem Zusammenhang sollten Vertreter der drei großen Fraktionen in die Regierung berufen werden. Eine Neuerrichtung war jedoch nur in bezug auf ein Ministerium für Soziale Fürsorge vorgesehen, die anderen Parteienvertreter sollten Minister ohne abgegrenzten Geschäftsbereich werden. Vgl. W. ALBRECHT: Landtag und Regierung, S. 383, 387. Die neue Ministerliste, die Zentrum, Liberale und SPD in die Regierungsverantwortung berief, wurde ebenfalls am 7. November veröffentlicht. D. ALBRECHT: Reichsgründung, S. 434; SPERL: Wirtschaft und Staat, S. 280.

[101] Da die Kammern Bayreuth und Ludwigshafen auf diesem Außerordentlichen BHK nicht vertreten waren, wäre eine Beschlußfassung ohnehin nicht möglich gewesen. Vgl. Protokoll des Außerordentlichen BHK v. 7.11.1918. BWA K2/II/1, 2. Akt.

[102] Die Denkschrift wurde nach einigen Umarbeiten und dem Einbezug der aktuellen Entwicklung, insbesondere der Schaffung des geforderten Handelsministeriums, von Luebeck im September 1919 nichtsdestotrotz veröffentlicht, nun allerdings unter dem Titel „Die wirtschaftliche Entwicklung Bayerns und die Verwaltung von Handel, Industrie und Gewerbe. Denkschrift der Handelskammer München über die zukünftigen Aufgaben des Staatsministeriums für Handel, Industrie und Gewerbe“.

2.3 DIE ENERGIEVERSORGUNG DER BAYERISCHEN WIRTSCHAFT

Ein herausragendes Thema während des Kriegs war die Versorgung der bayerischen Wirtschaft mit dem Energieträger Kohle. Die Kohlenversorgung war schon bald nach Kriegsbeginn in ganz Deutschland äußerst angespannt gewesen, und unter dem Einfluß des Hindenburg-Programms verschlechterte sie sich zusehends. Besonders das selbst an Kohle arme Bayern verspürte diesen Mangel, denn es war seit jeher auf Zufuhren aus dem Reich und dem verbündeten Österreich-Ungarn angewiesen. Den weitaus größten Teil seines Kohlebedarfs deckte Bayern traditionell mit böhmischer Braunkohle, an zweiter Stelle standen die Zufuhren von der Ruhr (vorwiegend Steinkohle), geringere Anteile stammten aus Sachsen und dem preußischen Teil des Saargebiets.[103]

Die bayerische Staatsregierung konnte hier nicht mehr für Abhilfe sorgen, da die Regierungen der Bundesstaaten im Verlauf des Kriegs zu bloßen Ausführungsorganen der Obersten Heeresleitung und der für die Bewirtschaftung zuständigen Reichsstellen in Berlin degradiert wurden. Aufgrund des zunehmenden Kohlenmangels hatte die Kriegsrohstoffabteilung beim preußischen Kriegsministerium Ende 1916 eine besondere „Kohlenausgleichsstelle" geschaffen, aus der wiederum im Februar 1917 eine selbständige Behörde erwuchs, der „Reichskommissar für die Kohlenverteilung", der in engster Fühlung mit den militärischen und zivilen Stellen die Schwierigkeiten in der Kohlenversorgung, allen voran in der Kriegsindustrie, beheben sollte.[104]

Auf dem VIII. Bayerischen Handelskammertag, der am 14. Juli 1917 in München stattfand, forderten die bayerischen Handelskammern dennoch die Staatsregierung dazu auf, mit Österreich-Ungarn über eine bessere Versorgung der bayerischen Industrie mit böhmischer Kohle zu verhandeln. Dafür müßten, so Referent Clarus, in erster Linie genügend Bahnwaggons zur Verfügung gestellt werden, an denen es bisher mangele. Gelinge dies nicht, müßten größere Kontingente deutscher Kohle nach Bayern gebracht werden, um eine weitere Versorgung der heimischen Industrie gewährleisten zu können.[105] Eine entsprechende Stellungnahme wurde am 17. August dem Außenministerium, dem bayerischen Kriegsamt in München sowie den beiden Kriegsamtsstellen in Nürnberg und Würzburg übermittelt.[106]

Hertlings Antwort vom 24. Oktober hierauf klang jedoch wenig ermutigend: Zwar werde sich die bayerische Regierung wie bisher mit allen Mitteln bemühen, eine bessere Kohlenversorgung Bayerns zu erreichen, doch werde ange-

---

[103] BLAICH: Energiepolitik, S. 2f., gibt für das Jahr 1900 folgende Prozentzahlen an: 46 % des Gesamtverbrauchs stammte aus Böhmen, 28 % von der Ruhr, je 6 % aus Sachsen und dem preußischen Saargebiet. Es ist anzunehmen, daß sich diese Verhältnisse bis 1914 nicht wesentlich verändert haben. Zur Kohlenknappheit während des Krieges vgl. Kapitel A.II.3.

[104] BLAICH: Energiepolitik, S. 141.

[105] Vgl. Protokoll des VIII. BHK v. 14.7.1917. BWA K2/II/1, 2. Akt.

[106] Stellungnahme des BHK v. 17.8.1917. BWA K2/XXIII/7, 1. Akt.

sichts des die verfügbare Kohlenmenge beträchtlich übersteigenden Bedarfs ohne empfindliche Einschränkungen nicht durchzukommen sein: „Die K. Staatsregierung hat zu allen Kreisen der Bevölkerung und insbesondere zu den durch den Bayerischen Handelskammertag vertretenen Kreisen das Vertrauen, daß Jeder zu seinem Teil nach Kräften dazu beitrage, auch diese Schwierigkeiten zu überwinden.“[107]

Den Kammern war schon zuvor bewußt, daß eine wirkliche Verbesserung der Energielage durch Kohlen kaum noch möglich war. Sie forderten deshalb – in Übereinstimmung mit weiteren Kreisen der Bevölkerung – von der bayerischen Staatsregierung, sich schnellstmöglich dem weiteren Ausbau der bayerischen Wasserkräfte zuzuwenden.

Bisher gab es in Bayern von staatlicher Seite das 1914 vollendete Saalachwerk bei Bad Reichenhall, das die Bahnstrecke Salzburg-Freilassing-Reichenhall-Berchtesgaden versorgte, sowie das geplante Walchenseekraftwerk, zudem Projekte an vielen Flüssen (Iller, Lech, Isar, Alz, Main, Donau, Inn). Daneben bestanden ein privates Wasserkraftwerk in Höllriegelskreuth, das 1894 in Betrieb genommen worden war, sowie eine Wasserkraftanlage und eine Dampfturbine, die von der privaten „Isarwerke G.m.b.H“ bis 1907 errichtet worden waren. Hinter den Isarwerken stand als führender Geldgeber und Aufsichtsratsvorsitzender Wilhelm von Finck, der Inhaber des Bankhauses Merck, Finck & Co.[108]

Bereits im Oktober 1914 hatte König Ludwig III. die bayerische Staatsregierung gedrängt, den Ausbau der Walchenseeanlage gerade jetzt in der Kriegszeit voranzutreiben, eine Forderung, die sich angesichts der täglich größer werdenden personellen und materiellen Anforderungen des Kriegs nicht verwirklichen ließ.[109] Die Regierung selbst wandte sich dafür dem Ausbau der Flüsse zu. Im August 1915 regte sie bei der Kriegsrohstoffabteilung an, die in Bayern vorhandenen Wasserkräfte zur Errichtung von Fabriken für die Stickstofferzeugung zu nutzen, und zudem im Dezember 1915 einen Reichszuschuß erbeten, um gemeinsam mit der Firma Giulini in Ludwigshafen eine Fabrik für Aluminiumerzeugung aufzubauen. Die Kriegsrohstoffabteilung verhielt sich aber bis zum Frühjahr 1916 diesem Antrag gegenüber sehr zurückhaltend, was sie damit begründete, daß der Ausbau der bayerischen Wasserkräfte zuviel Zeit benötige, so daß die Produktion von Stickstoff und Aluminium während des Kriegs nicht mehr aufgenommen werden könne.

Diese Haltung rief in Bayern Erbitterung hervor, zumal das preußische Kriegsministerium zwischen Dezember 1915 und April 1916 drei neue Alumi-

---

107 Hertling an BHK, 24.10.1917. BWA K2/XXIII/7, 1. Akt.

108 Zu den Anfängen der Elektrifizierung durch Wasserkraft und den entsprechenden Diskussionen in Regierung und Landtag siehe BLAICH: Energiepolitik, S. 62-92; LÖFFLER: Reichsräte, S. 323-335.

109 BLAICH: Energiepolitik, S. 147.

nium-Fabriken in Rummelsburg, Horren und Bitterfeld bauen ließ.[110] Man fühlte sich auf einem weiteren Gebiet zurückgesetzt. Erst als im Frühjahr 1916 ein rasches Kriegsende nicht mehr denkbar war, gewährte die Kriegsrohstoffabteilung die geforderten Zuschüsse, mit denen 1917 die Produktionsanlagen der Bayerischen Stickstoffwerke in Trostberg erweitert und die Bayerische Aluminium AG in Töging gebaut wurden.[111]

Unter dem Eindruck der bayerischen Benachteiligung durch die Reichsstellen änderte auch die bayerische Zentrumspartei ihre bisher skeptische Einstellung zur Industrialisierung des Landes, was zu einer Wiederbelebung der Elektrizitätswirtschaftspolitik führte. Ihr Fraktionsvorsitzender Held und ihr wirtschaftspolitischer Sprecher Osel forderten am 30. Januar 1917 von der Regierung eine energische Förderung von Industrie und Handel, zu der auch der staatliche und private Ausbau der Wasserkräfte gehöre.[112] Besonders Osel engagierte sich in dieser Frage. Mit Hilfe des Bayerischen Industriellen-Verbandes und unter Mitwirkung des Innenministeriums drängte er die größeren bayerischen Banken zur Gründung der „Gesellschaft zur wirtschaftlichen Förderung Bayerns (Bayerische Wasserkraft-Arbeitsgemeinschaft)“, die im Juni 1917 erfolgte. Die Tätigkeit dieses Gremiums, dem später in Form der Disconto-Gesellschaft und der Krupp-Werke auch „außerbayerisches Kapital“ beitrat, bestand zunächst in der Planung verschiedener Anlagen an Isar und Inn zur Gewinnung von Strom aus Wasserkraft.[113]

Osels Initiative führte daneben auch zu einer Wiederaufnahme der staatlichen Elektrizitätswirtschaft, die nach Kriegsausbruch hintangestellt worden war. Oskar von Miller hatte dennoch seinen seit 1911 bestehenden Plan eines Verbundsystems, in dem die Überlandnetze des rechtsrheinischen Bayern verkoppelt werden sollten, weiter verfolgt und detailliert ausgearbeitet. Im Mittelpunkt stand dabei das projektierte Walchenseekraftwerk. Der zuständige Innenminister Soden-Fraunhofen berichtete dem Landtag Ende 1915 erstmals von diesem Plan, der in Gestalt eines Bayernwerks umgesetzt werden sollte, an dem, wie es in

---

110 Vgl. ROTH: Staat und Wirtschaft, S. 194. Bereits seit dem Frühsommer 1915 hatte das preußische Kriegsministerium steigendes Interesse an Aluminium gezeigt, da es ein geeigneter Ersatz für Kupfer war und im Gegensatz zu diesem im Inland hergestellt werden konnte.

111 BLAICH: Energiepolitik, S. 144; ROTH: Staat und Wirtschaft, S. 195.

112 BLAICH: Energiepolitik, S. 145f. Zu Osels Kurswechsel siehe auch ECKARDT: Industrie und Politik, S. 83-85, zu Held siehe KEßLER: Heinrich Held, S. 242-244.

113 OSEL: Entwicklung, S. 47-61; LUEBECK: Entwicklung, S. 67. Daß keineswegs alle bayerischen Industriellen dieses Vorhaben willkommen hießen, zeigt die Haltung Anton v. Rieppels, des Generaldirektors der MAN und ironischerweise Vorsitzenden des BIV, der vor einer überstürzten Industrialisierung des Landes warnte, da dies zu Lasten der Landwirtschaft gehen müßte. BLAICH: Energiepolitik, S. 146, vermutet, daß Rieppel ein Anwachsen der industriellen Arbeiterschaft und damit des Wählerpotentials der SPD verhindern, aber in erster Linie ein Ansteigen des Lohnniveaus vermeiden wollte. Zur Skepsis der Industriellen u. Bankiers siehe auch LÖFFLER: Reichsräte, S. 336.

dieser Branche üblich war, neben dem Staat auch Kommunen und Privatbetriebe beteiligt würden.[114] Aufgrund der Vorbehalte aus den Reihen des Zentrums und der SPD wurde das Projekt aber zunächst nicht weiter verfolgt.[115]

Sodens Nachfolger Brettreich nahm es, beflügelt von der Wende des Zentrums in dieser Frage, wieder auf und führte im Februar 1917 eine Besprechung zwischen Miller und den größeren, Kraftwerke und Leitungsnetze betreibenden Städten herbei. Die Delegierten der Städte befürworteten das Bayernwerk und baten Miller, seine Planungsarbeit fortzusetzen.[116]

Vor dem Hintergrund dieser Planungen, Besprechungen und Initiativen beschäftigte sich auch der Handelskammertag auf seiner achten Vollversammlung am 14. Juli 1917 mit dieser Frage, die ihn als Vertreter von Bayerns Industrie und Handel massiv berührte. Kommerzienrat Christoph Seiler aus Nürnberg, der über den Stand des Ausbaus der bayerischen Wasserkräfte Bericht erstattete,[117] bezog sich hierbei auf Berechnungen Oskar von Millers sowie des Ingenieurs Johann Hallinger, der durch einschlägige Vorträge in der Öffentlichkeit sehr bekannt geworden[118] und auf dieser Vollversammlung als Sachverständiger anwesend war. Beide Ingenieure waren übereinstimmend der Meinung, daß der bei einem Ausbau der bayerischen Flüsse und Seen zu gewinnende Strom ein weit besseres Kosten-Nutzen-Verhältnis liefern würde als die Kohle.

Seiler führte in seinem Referat aus, die Tatsache, daß in Bayern nahezu keine Kriegsbetriebe angesiedelt worden waren, sei auch auf das Versäumnis der Staatsregierung zurückzuführen, in den Jahren vor dem Krieg für einen beschleunigten Ausbau der Wasserkräfte und damit für eine bessere Energiever-

---

[114] Von den 25 Überlandzentralen, die in Deutschland vor dem Ersten Weltkrieg existierten, hatten 24 die Form einer gemischtwirtschaftlichen Unternehmung, vgl. ZIEGLER: Zeitalter, S. 270.

[115] BLAICH: Energiepolitik, S. 147-149. Für den Stillstand der Planungsarbeiten mag zum Teil auch Soden selbst verantwortlich gewesen sein, der als klassischer Liberaler ein Eingreifen des Staates in die Wirtschaft, vor allem aber gemischt-wirtschaftliche Unternehmen ablehnte. Soden mußte jedoch am 7.12.1916 zurücktreten (zu den Hintergründen siehe ALBRECHT: Landtag und Regierung, S. 186f.), so daß dieses personelle Hindernis damit wegfiel.

[116] BLAICH: Energiepolitik, S. 150.

[117] Vgl. Protokoll des VIII. BHK v. 14.7.1917. BWA K2/II/1, 2. Akt.

[118] ECKARDT: Industrie und Politik, S. 86. Hallinger hatte in „bahnbrechenden" Berechnungen nachgewiesen, daß aus den bayerischen Wasserkräften jährlich 10 Milliarden Kilowattstunden statt wie zuvor angenommen 3 ½ Milliarden gewonnen werden konnten, vgl. OSEL: Entwicklung, S. 50. Entsprechende Eingaben Hallingers v. 9.6.1916 und 8.1.1917 an die bayerische Regierung, in welchen dieser für einen beschleunigten Ausbau der Wasserkräfte eintritt, sowie Hallingers Schrift: „Die großen staatlichen Niederdruckwasserkräfte in Südbayern, deren Erschließung und Verwertung nach den Grundsätzen der größten Wirtschaftlichkeit und des kleinsten Massenaufwandes" finden sich in BHStA MWi 2880. Zur Person Hallingers siehe auch LUEBECK: Entwicklung, S. 162.

sorgung einzutreten.[119] Auch für einheimische Betriebe gebe es nicht genug Strom. Die Wasserkräfte müßten daher jetzt verstärkt ausgebaut werden.

Einer der anwesenden Vertreter des Innenministeriums, Ministerialrat Cassimir, Vorstand der Abteilung für Wasserkraftausnützung und Elektrizitätsversorgung im Innenministerium, erhob hier allerdings Widerspruch. Der bayerische Staat sei nur für den Ausbau von Wasserkräften für seine eigenen Bedürfnisse zuständig, so zum Beispiel zur Elektrifizierung von Bahnen, wie es an der Saalach geschehen sei. Auch das Walchenseekraftwerk hätte die Verbindung München-Garmisch-Partenkirchen versorgen sollen, jedoch sei vor einigen Jahren die Wissenschaft zur Meinung gekommen, daß Dampfkraft doch günstiger sei, weshalb das Projekt gestoppt worden war.[120]

Cassimir bezog sich in seiner Antwort auf die Diskussionen, die bezüglich der Landeselektrifizierung 1907/08 innerhalb der bayerischen Regierung sowie zwischen Regierung und Landtag geführt worden und letztendlich zu dem Ergebnis gekommen waren, daß der Staat nur den elektrischen Strom selbst produzieren solle, den er für seinen eigenen Bedarf benötige. Den Strom für die Wirtschaft und die privaten Haushalte sollten dagegen private Unternehmen unter Beteiligung öffentlicher Körperschaften gewinnen.[121]

Beim Eigenbedarf des Staates dachte man, wie Cassimir es auch angedeutet hatte, in erster Linie an die Elektrifizierung der Bahn, die der größte Kohlenverbraucher Bayerns war und um derentwillen man nach der Kohlennot von 1900 ursprünglich überhaupt den Plan der Elektrifizierung aufgenommen hatte. Dieser Beschluß der Regierung hatte jedoch Fortschritte auf dem Gebiet der herkömmlichen Lokomotiven nicht vorhergesehen: Die Konstruktion der Heißdampflokomotive (1910), die die Betriebskosten erheblich senkte, und der 1908 erfolgte Bau der Schnellzuglokomotive S 3/6 durch die Firma Maffei, die eine Spitzengeschwindigkeit von 148 km/h erreichte, entkräfteten zunächst alle Argumente für eine E-Lok (Schnelligkeit und bessere Rentabilität), so daß auch der Ausbau der Wasserkräfte zur Erzeugung von Strom für die Bahn von da an nicht mehr mit aller Macht vorangetrieben wurde.[122]

Cassimirs Einwand konnte sich bei den Handelskammermitgliedern aber nicht durchsetzen. Unter Zuziehung des Ingenieurs Hallinger wurde eine Resolution erarbeitet und einstimmig verabschiedet, worin betont wurde, daß der

---

[119] Zu den Diskussionen um einen Ausbau der Wasserkräfte und damit einer Elektrifizierung des Landes zwischen 1903 und 1914 vgl. BLAICH: Energiepolitik, S. 38-92.

[120] Protokoll des VIII. BHK. BWA K2/II/1, 2. Akt. Neben Cassimir waren für das Innenministerium Oberregierungsrat Schneider und Bezirksamtmann Dr. Schmelzle, für das Außenministerium Ministerialrat Dr. v. Donle, für das Finanzministerium Oberregierungsrat Sterner, für das Kriegsministerium Hauptmann Sperr anwesend. Auch das Statistische Landesamt und das Kriegsamt hatten Vertreter entsandt, was ein Maßstab für die Bedeutung ist, den die offiziellen Stellen den Beratungen des BHK beimaßen.

[121] Vgl. zu den Beschlüssen zur Landeselektrifizierung BLAICH: Energiepolitik, S. 62.

[122] BLAICH: Energiepolitik, S. 75f.

Handelskammertag den Ausbau der Wasserkraft zur Einsparung von Kohle für besonders wichtig hielt. Die Staatsregierung wurde deshalb aufgefordert, Anträge auf Neu- und Umbau sowie auf Erweiterung von Wasserkraftanlagen schnellstmöglich zu erledigen. Daneben wurde eine Prüfung empfohlen, ob entsprechende Konzessionsgesuche von Firmen nicht rascher erledigt werden könnten.[123]

Miller vollendete die Planung des Bayernwerks bis zum Frühjahr 1918 soweit, daß die Bauarbeiten am Walchensee unmittelbar nach Kriegsende begonnen werden konnten. Im Juni bzw. Juli 1918 bewilligten die beiden Kammern des Landtags die hierfür geforderten finanziellen Mittel.[124] Das Projekt wurde nach dem Umsturz im November 1918 von den nachfolgenden Regierungen weitergeführt, nicht zuletzt, um das Heer der arbeitslosen Heimkehrer zu beschäftigen.[125] Im Januar 1924 ging das Walchenseekraftwerk mit dem ersten Hochdruck-Speicher ans Netz, der Mittelstaat Bayern wurde damit zum „Pionier der Elektrizitätswirtschaft."[126]

2.4 Der Ausbau der bayerischen Wasserstraßen

Im Zusammenhang mit dem Ausbau der Wasserkräfte wurde im Bayerischen Handelskammertag auch die Frage des Ausbaus der bayerischen Wasserstraßen besprochen. Diskussionen hierüber gab es in Bayern seit Beginn des Jahrhunderts, als die Kohlennot dazu zwang, für den Import der benötigten Kohle über billigere Transportwege als die Bahn nachzudenken. Diese Pläne wurden tatkräftig unterstützt von dem 1892 gegründeten Verein zur Förderung der Fluß- und Kanalwirtschaft in Bayern (Kanalverein).[127] Daß die Schiffahrt eine geeignete Alternative bot, zeigte das Beispiel des linksrheinischen Bayern, denn auf der Strecke zwischen Essen und Ludwigshafen lagen die Kosten für den Kohlentransport per Schiff rund 30-35 % unter denen der Eisenbahnbeförderung.[128] Gegenüber Chausseefrachten ließen sich gar bis zu 90 % einsparen.[129]

Allerdings war die Ausstattung des rechtsrheinischen Bayern mit schiffbaren Flüssen und gut ausgebauten Kanälen nicht besonders gut. Neben den Flüssen Donau und Main gab es nur einen künstlichen Wasserlauf, den Ludwigskanal. Die Bedeutung der drei Wasserwege war jedoch vergleichsweise gering: Auf dem Main verkehrten beispielsweise im Jahr 1813 zwar zahlenmäßig mehr Schiffe als auf allen anderen deutschen Nebenflüssen zusammen, trotzdem wa-

---

[123] Protokoll des VIII. BHK. BWA K2/II/1, 2. Akt.
[124] Blaich: Energiepolitik, S. 151-153; Löffler: Reichsräte, S. 337f.
[125] Blaich: Energiepolitik, S. 162f.
[126] Ebd., S. 174. Eine Übersicht über den Ausbau der bayerischen Wasserkräfte in PS bietet Eckardt: Industrie und Politik, S. 51.
[127] Vgl. Winkel: Wirtschaft, S. 61.
[128] Wysocki: Wirtschaft, S. 222.
[129] Spilker: Bayerns Gewerbe, S. 299.

ren dies nur halb so viele wie auf dem Rhein. Hinzu kam die durch die schwankenden Pegelstände bedingte geringe Tragfähigkeit der Mainschiffe.[130] Seit 1906 bestand deshalb eine vertragliche Übereinkunft zwischen Bayern und Preußen über die Fortführung der Mainkanalisierung bis Aschaffenburg, für eine spürbare Entlastung der Kohlenfrachten war jedoch ein weiterer Ausbau des Mains bis Bamberg sowie die Schaffung eines leistungsfähigen Kanals durch Mittelfranken bis zur Donau nötig. Der bayerische Staat zögerte aber, diese Projekte in Angriff zu nehmen, da die staatliche Kettenschleppschiffahrt auf dem schwer schiffbaren Main zu unrentabel war. Erst 1912 kam ein diesbezüglicher Landtagsbeschluß zustande.[131]

Die Donauschiffahrt war nur bis Regensburg von Bedeutung, weshalb sich hier ein wichtiger Umschlagplatz für Güter von der Eisenbahn auf die Donau und umgekehrt entwickelte. Daher wurden 1906 in Regensburg ein Winter- und Umschlaghafen sowie ein Petroleumhafen mit staatlichen Mitteln gebaut, von dem man sich eine erhebliche Steigerung der Zufuhr von Erdölprodukten aus Rumänien und aus Südrußland erhoffte.[132]

Während des Kriegs wurde der weitere Donauausbau wieder aufgegriffen. Die Überwältigung Serbiens im Spätherbst des Jahres 1915 schuf die Voraussetzung für eine freie Donauschiffahrt, die nach Ansicht vieler nach dem Krieg noch gesteigert werden würde. Die Handelskammer Regensburg forderte daher bereits im Januar 1916 den Ausbau der Donau zu einer leistungsfähigen Großwasserstraße mit einer Fahrwassertiefe von mindestens zwei Metern und zudem eine Verbindung von der Donau zum Rhein.[133]

Die bayerische Staatsregierung legte am 31. Januar 1917 dem Landtag einen Gesetzentwurf „betreffend die Ausarbeitung eines ausführlichen Entwurfes für die Herstellung einer Großschiffahrtstraße von Aschaffenburg bis zur Reichsgrenze unterhalb Passau“ vor und suchte um die Bewilligung des Betrages von fünf Millionen Mark für die Projektierungskosten nach.[134] Auf dem seit längerem geplanten Wasserweg von Donau und Main sollten nach dem Ausbau Schiffe bis zu 1.200 Tonnen verkehren können. Der Handelskammertag, der dieses Projekt naturgemäß unterstützte, da es der heimischen Wirtschaft nur zum Vorteil gereichen konnte, richtete auf seiner Vollversammlung im Januar 1917 die

130 Ebd., S. 300f.

131 BLAICH: Energiepolitik, S. 36-38; WINKEL: Wirtschaft, S. 62.

132 SPILKER: Bayerns Gewerbe, S. 301; zum Bau des Regensburger Hafens KAMMERER: Interessenvertretungspolitik, S. 221f.

133 KAMMERER: Interessenvertretungspolitik, S. 267.

134 Verhandlungen der Kammer der Abgeordneten 1917, Stenographische Berichte, Bd. 15, S. 9, vgl. auch Ausführungen Helds in der Sitzung der Kammer der Abgeordneten v. 22.2.1917 hierzu. Ebd., S. 87-97. Genauer Wortlaut des Gesetzentwurfs in Verhandlungen der Kammer der Abgeordneten 1917, Beilagen-Bd. 16, Beilage1692, S. 16-24.

Bitte an die Staatsregierung, die Arbeiten daran unverzüglich in Angriff zu nehmen – zumindest die Planungsarbeiten, denn alles andere konnte selbstverständlich erst nach Ende des Kriegs geschehen. In finanzieller Hinsicht wurde die Hoffnung ausgesprochen, daß das Reich und auch andere Bundesstaaten, insbesondere Preußen, sich beteiligten. Außerdem wurde die Bildung eines Zweckverbands der besonders interessierten Städte, Körperschaften und wirtschaftlichen Einzelunternehmen empfohlen.[135]

Die Schaffung eines derartigen Zweckverbands wurde auch von anderer Seite befürwortet. So hielt der Landtagsabgeordnete und spätere bayerische Ministerpräsident Heinrich Held als Sachverständiger[136] am 31. März 1917 einen Vortrag auf der Delegiertenkonferenz des Handelskammertags über ebendieses Thema: „Zur Durchführung der ganzen Sache sei nämlich beabsichtigt, einen Stromverband ins Leben zu rufen, welchem der Staat Bayern, das Reich und der Konzern der freien Interessen und Städte, soweit sie sich zu einer entsprechenden Beitragsleistung verpflichtet hätten, angehören sollten und der seinerseits als Arbeitsausschuß und zur Vertretung nach außen einen Strombeirat aus seiner Mitte bilde. Da der Stromverband über die Projektierung und die endgültige Ausführung zu entscheiden habe, bestehe allseits das lebhafteste Interesse sowohl im Strombeirat wie auch im Stromverband eine Vertretung zu besitzen."[137]

Held konnte auch bereits genauere Angaben zur Deckung der Projektierungskosten machen: Je zwei Fünftel der veranschlagten fünf Millionen Mark übernahmen Bayern und das Reich, ein Fünftel die anderen Interessenten. So hatten die bayerischen Städte bereits beschlossen, annähernd eine Million Mark zur Verfügung zu stellen, daneben planten einige Unternehmen, zum Beispiel die Geschützwerke Krupp, und außerbayerische Städte eine Beteiligung. Das Fünftel der Interessenten war damit weit überschritten und für die bayerische Industrie nur dann eine Vertretung möglich, wenn eine der bayerischen Städte ihren Vertreter aus diesen Kreisen wählte. Held hielt jedoch eine selbständige Vertretung der bayerischen Industrie für äußerst wichtig, denn nur dann könnten ihre Wünsche bei der Planung berücksichtigt werden. Er trat deshalb für eine Erhöhung des Grundkapitals ein, in das dann die heimische Industrie ebenfalls einzahlen sollte. Die Anzahl der Vertreter im Strombeirat sollte entsprechend erhöht werden, was für Held den weiteren Vorteil in sich barg, daß die rheinische

135 Vgl. Protokoll des Außerordentlichen BHK v. 25.1.1917. BWA K2/II/1, 2. Akt. Diese Vollversammlung war eigens so terminiert worden, daß sie noch kurz vor den zu dieser Sache erwarteten Landtagsbeschlüssen stattfand, vgl. Rundschreiben des BHK an die bayerischen HKn, 17.1.1917. BWA K2/II/9.

136 Held war Berichterstatter über die Wasserstraßenfrage im Bayerischen Landtag. Vom Donauausbau erwartete er einen besseren wirtschaftlichen Anschluß Bayerns an Südosteuropa und dadurch eine Stärkung der bayerischen Wirtschaftskraft, vgl. KEẞLER: Heinrich Held, S. 245-248.

137 So Held auf der Delegiertenkonferenz v. 31.3.1917, vgl. entspr. Protokoll. BWA K2/II/1, 2. Akt.

Industrie und die außerbayerischen Städte Bayern im Beirat nicht majorisieren könnten.

Die geplante Rechtsform des Stromverbands war die der Gesellschaft mit beschränkter Haftung, in der nur öffentlich-rechtliche Körperschaften Mitglieder werden konnten. Held stellte am Ende seines Vortrags die Frage, ob jede Kammer für sich oder der Handelskammertag für alle zusammen Mitglied werden sollten, was angesichts der Rechtsform des Handelskammertags allerdings rasch beantwortet war.

Die Handelskammern beschlossen, daß München als Vorort des Handelskammertags einen allgemeinen Aufruf an die bayerische Industrie starten und diese zur Teilnahme am Stromverband bewegen sollte. In Kürze sollte ein Ausschuß aus je zwei Vertretern jeder Handelskammer gebildet werden, der die Münchner Bemühungen unterstützen sollte.[138]

Zwei Wochen später trafen sich Vertreter von fünf bayerischen Handelskammern (die Mitglieder aus Passau, Ludwigshafen und Bayreuth waren wohl aufgrund der Kriegsereignisse verhindert) in München, um sich auf den einheitlichen Wortlaut des Werbeschreibens der Kammern für die Donau-Main-Rhein-Großschiffahrtsstraße zu einigen.[139] Das Projekt fand bei der Industrie großen Anklang; im Bezirk der Handelskammer Augsburg zum Beispiel konnte innerhalb kurzer Zeit das Doppelte des für die schwäbische Industrie veranschlagten Anteils der Projektierungskosten aufgebracht werden.[140]

Am 18. Juni 1917 wurde überdies auf Anregung der Handels- und Gewerbekammer Linz eine bayerisch-österreichische Arbeitsgemeinschaft für die Ausgestaltung der Donauwasserstraße gegründet. Die österreichische Regierung in Wien favorisierte nämlich einen Donau-Oder-Elbe-Anschluß, der den Wirtschaftsstandort Linz nicht berücksichtigen würde; Linz erhoffte sich deshalb durch den Bund mit den bayerischen Kammern eine bessere Vertretung der eigenen Interessen. Die Arbeitsgemeinschaft bestand aus einer bayerischen und einer österreichischen Abteilung. Mit der Bildung der bayerischen Hälfte war der Bayerische Handelskammertag beauftragt, sie umfaßte als Mitglieder die Handelskammervertreter Pschorr (München), Heinrich Martin sen. (Passau), Christlieb (Regensburg), Eitzenberger (Bamberg), Zahn (Nürnberg) und Diesel (Augsburg) sowie Held als Vertreter des Landtags und den Nürnberger Oberbürgermeister Geßler als Vertreter des Bayerischen Kanalvereins. Die österreichische Hälfte wurde durch die Handels- und Gewerbekammer Linz gebildet. Die Bedeutung der Arbeitsgemeinschaft lag für den Handelskammertag darin, daß der geplante Großschiffahrtsweg auch bei einem Ausbau in Bayern notwen-

---

[138] Ebd.

[139] Vgl. Protokoll der Delegiertenkonferenz v. 13.4.1917. BWA K2/II/1, 2. Akt.

[140] ZORN/HILLENBRAND: Sechs Jahrhunderte, S. 247.

digerweise ein Torso bleiben mußte, wenn er nicht in Österreich seine Fortsetzung fand.[141]

Die Arbeitsgemeinschaft tagte erstmals am 1. September 1917 in Nürnberg. Auf ihr waren fünfzehn Teilnehmer aus Österreich, darunter zwei kaiserliche Ministerialräte, und dreißig Teilnehmer aus Bayern vertreten. Unter letzteren befanden sich zwei Vertreter der Staatsregierung (für das Außenministerium Ministerialrat Donle, für das Verkehrsministerium Oberregierungsrat Dasch), sieben Vertreter betroffener Städte (Nürnberg, Regensburg, Ingolstadt, München, Augsburg und Passau), die oben genannten, vom Handelskammertag abgeordneten Mitglieder der Arbeitsgemeinschaft, sowie dreizehn weitere Mitglieder bayerischer Handelskammern. Gemeinsam richtete man an die deutsche Reichsregierung, die bayerische Staatsregierung und die österreichisch-ungarische Staatsregierung die Bitte, den Ausbau der Rhein-Main-Donau-Wasserstraße als dringlich anzuerkennen und dessen alsbaldige Ausführung durch gemeinsame Vereinbarungen sicherzustellen.[142]

Am 22. Dezember 1917 erfolgte die Gründung des Main-Donau-Stromverbands, an der als Untergesellschaft die Interessenten der bayerischen Städte, die bayerischen Handelskammern und die außerbayerischen Interessenten beteiligt waren. Jede der drei Gruppen erhielt zwanzig Stimmen im Stromverband; im Strombeirat, dem geschäftsführenden Ausschuß des Verbands, standen jeder Gruppe sechs Stimmen zu. Weitere Stimmen hatten der Bayerische Kanalverein (1), der Landtagsabgeordnete Held (1), der bayerische Staat (10), das Reich (10) und Baden (1), so daß es insgesamt 41 Stimmen gab.[143] Auf der Delegiertenkonferenz vom 10. Januar 1918 einigten sich die bayerischen Handelskammern untereinander auf ihre Vertreter in Stromverband und -beirat.[144] Danach gliederte sich der jeweilige Stimmenanteil nach der Höhe der von der jeweiligen Handelskammer gezeichneten Beiträge und nach der Bedeutung des Schiffahrtsweges für die einzelnen Kammern. Nürnberg und Regensburg erhielten so je vier, München und Würzburg je drei, Augsburg, Bayreuth und Passau je zwei Stimmen. Die oberbayerische Kammer, die mit 183.000 Mark nicht viel weniger als Regensburg (200.000 M) und sehr viel mehr als Würzburg (63.000 M) einzahlte, fühlte sich von diesem Modus benachteiligt, gab aber letztlich nach. Im Stromverband erhielt jede Kammer eine Stimme, nur Bayreuth konnte als Kammer mit dem geringsten Beitrag (24.000 M) nicht be-

[141] Vgl. Protokoll des VIII. BHK v. 14.7.1917. BWA K2/II/1, 2. Akt.

[142] Vgl. Protokoll über die Tagung der bayerisch-österreichischen Arbeitsgemeinschaft für die Herstellung eines Großschiffahrtsweges Rhein-Main-Donau v. 1.9.1917. BWA K2/II/1, 2. Akt.

[143] Vgl. Protokoll der Delegiertenkonferenz v. 10.1.1918. BWA K2/II/1, 2. Akt.

[144] Ludwigshafen, für das der geplante Schiffahrtsweg keine große Rolle spielte, war hier nicht vertreten.

rücksichtigt werden; die sechste Stimme ging an Passau (27.000 M), Bayreuth wurde jedoch zu Passaus Stellvertreter ernannt.[145]

Das Engagement der bayerischen Handelskammern machte sich bezahlt. 1921 gründeten das Reich und das Land Bayern gemeinsam die Rhein-Main-Donau AG München mit dem Ziel, eine Großschiffahrtstraße vom Main bei Aschaffenburg über Bamberg, Nürnberg und Regensburg bis zur Donau bei Passau verkehrsmäßig auszubauen. Die Rhein-Main-Donau AG sollte zudem Schiffahrtsanschlüsse nach Augsburg und München herstellen.[146]

2.5 Die Vorbereitung der Übergangswirtschaft

Bereits im zweiten Kriegsjahr stand die Frage nach einer raschen und ausreichenden Versorgung der Volkswirtschaft mit den wichtigsten Rohstoffen nach dem Ende des Weltkriegs im Raum. Mit ihr beschäftigten sich die Reichsregierung, die Regierungen und Parlamente der größeren Bundesstaaten, die großen wirtschaftlichen Verbände, die Fachorganisationen und die Presse. Dies zeigt neben der Tatsache, daß alle sich nach einem raschen Ende des Kriegs sehnten und mehr oder weniger auch damit rechneten, vor allem die Dringlichkeit, die der Regelung dieser Problematik zum Wiederaufbau der Friedenswirtschaft beigemessen wurde.

Man war sich bewußt, daß die Rohstoffversorgung nach Friedensschluß von allen wirtschaftlichen Aufgaben die größten Probleme bereiten würde, weil hier die Interessen der Unternehmer, die ihre eigenen Betriebe wieder in Gang bringen wollten, und der Allgemeinheit, die auf Währungsschutz und eine gerechte Rohstoffverteilung an alle angewiesen war, aufeinander prallen mußten. Durch eine Bundesratsverordnung vom 3. August 1916 wurde deshalb ein Reichskommissar für die Übergangswirtschaft bestellt, dem ein amtlicher Beirat von Regierungsvertretern und Sachverständigen mit sehr weitreichenden Vollmachten zur Seite gestellt wurde.[147]

Die bayerischen Handelskammern hatten in diesem Sinne schon im Februar 1916 im Ausschuß des Deutschen Handelstags zusammengearbeitet und trugen dessen Forderung mit, daß, falls nach Kriegsende eine staatliche Beaufsichtigung der Einfuhrregelung notwendig sein sollte, diese Einfuhr von den einzelnen Industriezweigen mit Hilfe ihrer Fachvereinigungen oder durch besondere Zweckverbände in engster Fühlung und unter Beteiligung des Handels, also ohne Eingriffe des Staates, durchgeführt wurde.[148] Als nun der Reichskommissar

---

[145] Protokoll der Delegiertenkonferenz v. 10.1.1918. BWA K2/II/1, 2. Akt.

[146] ZORN: Bayerns Gewerbe, S. 825.

[147] ROTH: Staat und Wirtschaft, S. 391. Allerdings konnte der Reichskommissar keine rechte Wirksamkeit entfalten, da ihm die Kriegsrohstoffabteilung des preußischen Kriegsministeriums die Kompetenzen streitig machte. Siehe auch SPERL: Wirtschaft und Staat, S. 222.

[148] Ausführungen Fraenkels auf der Delegiertenkonferenz v. 27.9.1916, vgl. entsprechendes Protokoll. BWA K2/II/1, 2. Akt.

eingesetzt wurde, forderten die Kammern, unter allen Umständen auch Vertreter der bayerischen Industrie und des bayerischen Handels in den Beirat zu berufen. Vor allem auf dem Gebiet der Textil-, Metall- und chemischen Industrie sowie in bezug auf die Im- und Exportwege über die Donau schien ihnen eine besondere Vertretung der bayerischen Interessen angebracht. Meinel wies die bayerische Gesandtschaft in Berlin an, diese Wünsche bei den maßgebenden Stellen zu vertreten.[149]

Im September 1916 ernannte die bayerische Staatsregierung zur Vorbereitung der Überleitung der Industrie in die Friedenswirtschaft Meinel zum stellvertretenden Bundesratsbevollmächtigten, dem die besondere und unmittelbare Vertretung der einschlägigen bayerischen Interessen beim Bundesrat und den Reichsbehörden übertragen wurde.[150]

Die bayerischen Handelskammern begrüßten diese Initiative ausdrücklich. Auf Vorschlag des Münchener Kammermitglieds Fraenkel gründeten sie, in Anlehnung an den 1909 gebildeten Steuerausschuß, einen Ausschuß mit jeweils zwei Vertretern jeder Kammern, der diesem Bevollmächtigten als beratendes und begutachtendes Organ zur Seite stehen sollte. Er sollte sich nicht mit der Kontingentierung und Verteilung von Rohstoffen befassen, was man gerne den Industrieverbänden überließ, sondern vielmehr gesamtbayerische Interessen vertreten, wie zum Beispiel die traditionellen Einfuhrwege über Adria und Donau, die für die norddeutsche Industrie keine große Rolle spielten und deshalb bei den Beratungen in Berlin übersehen zu werden drohten. Daneben sollte er der Regierung geeignete Sachverständige vorschlagen, um zu verhindern, daß, wie Fraenkel es formulierte, „nicht wiederum nur die Leiter der bisherigen Kriegsorganisationen mit ihren mehr oder minder staatssozialistischen Tendenzen den ausschlaggebenden Einfluß bei der Regelung dieser hochbedeutsamen Frage ausüben."[151] Fraenkel bezog sich damit insbesondere auf Wichard von Moellendorff, den Mitinitiator der Kriegsrohstoffabteilung, Direktor der Kriegschemikalien AG und nun Mitarbeiter im Waffen- und Munitionsbeschaffungsamt, der in seiner wenige Monate zuvor erschienenen Programmschrift „Deutsche Gemeinwirtschaft" für eine Verstaatlichung der

[149] HKn München (28.8.1916), Würzburg (31.8.1916), Ludwigshafen (1.9.1916), Augsburg (1.9.1916), Regensburg (1.9.1916), Nürnberg (1.9.1916), Passau (2.9.1916) an das K. Staatsministerium des K. Hauses und des Äußern. Meinel an die K. Gesandtschaft in Berlin, 22.9.1916. BHStA MH 16305.

[150] Vgl. ECKARDT: Industrie und Politik, S. 171.

[151] Fraenkel auf der Delegiertenkonferenz v. 27.9.1916. BWA K2/II/1, 2. Akt. Entsprechende Eingabe an das Außenministerium am 2.10.1916, in der der BHK die Regierung darum bat, die Dienste des Ausschusses in Anspruch nehmen zu wollen. BWA K2/XXIII/10, 1. Akt. Die HK Passau war aufgrund der zu kurzfristigen Benachrichtigung durch den Vorort auf dieser Konferenz nicht vertreten, ihrer Meinung nach war es auch noch nicht notwendig, die Übergangswirtschaft schon zu planen, da diese „voraussichtlich so schnell noch nicht ins Leben treten wird." HK Passau an HK München, 25.9.1916, BWA K2/IIa/8.

meinwirtschaft" für eine Verstaatlichung der Produktionsmittel und eine Aufhebung des freien Handels eintrat, was Fraenkel aufs äußerste empörte.[152]

Um für eventuelle Anfragen der Regierung jederzeit gerüstet zu sein, legte der Handelskammertag ein Verzeichnis der Mitglieder seines Unterausschusses für Kriegswirtschaft an, in dem die Vertreter der jeweiligen Kammern für allgemeine Fragen aufgeführt waren (siehe Tabelle 11). Bei spezielleren Fragestellungen konnten sie stets durch andere Kammermitglieder ersetzt werden, außerdem stand es jeder Kammer frei, zusätzlich ihren Syndikus abzuordnen.

Tabelle 11: Verzeichnis der Mitglieder des Unterausschusses des Bayerischen Handelskammertages für Kriegswirtschaft

Handelskammer:	*Mitglieder:*
München	Kommerzienrat Joseph Gautsch, Kommerzienrat Sigmund Fraenkel
Augsburg	Dr. Walter G. Clairmont, Großhändler Carl Doderer
Bayreuth	Geheimer Kommerzienrat Carl Schüller, Kommerzienrat Max Rinck (Hof)
Ludwigshafen	Franz Ritter von Wagner, Kommerzienrat Hans Knoll
Nürnberg	Kommerzienrat Christoph Seiler, Großhändler Valentin Scheckenbach
Passau	Kommerzienrat Carl Wagner, Kommerzienrat Dendl (Straubing)
Regensburg	Großhändler August Ludwig, Bergwerkdirektor Kommerzienrat Oskar Kösters (Schwandorf)
Würzburg	Kommerzienrat Wilhelm Hilcken, Dr. Friedrich Finck

Quelle: BWA K2/XXIII/10, 1. Akt.

Allerdings findet sich in den Akten kein Hinweis darauf, daß der Ausschuß jemals einberufen worden wäre.

Im Januar 1917 berichtete Staatsrat von Meinel dem Handelskammertag vertraulich über die Organisation und Tätigkeit des Reichskommissariats für Übergangswirtschaft, an dessen bisher einziger Vorstandssitzung er in Berlin teilgenommen hatte.[153] Demnach hatte Reichskommissar Sthamer selbst einen kleinen Stab von acht Mitarbeitern, darunter aus Bayern den Vorsitzenden des Bayerischen Industriellenverbands und Chef der MAN, Rieppel, aus Nürnberg und für

[152] Vgl. hierzu Fraenkels Ausführungen auf der Sitzung der HK München am 20.10.1916, COHEN/SIMON: Geschichte, S. 404. Zu Moellendorffs Theorien der Gemeinwirtschaft, anhand derer er Deutschland wirtschaftlich auf künftige Kriege besser vorbereiten wollte, siehe ausführlich EHLERT, Hans Gotthard: Die wirtschaftliche Zentralbehörde des Deutschen Reiches 1914 bis 1919. Das Problem der „Gemeinwirtschaft" in Krieg und Frieden, Wiesbaden 1982, S. 149-168.

[153] Vgl. Protokoll des Außerordentlichen BHK v. 25.1.1917. BWA K2/II/1, 2. Akt. Ein Protokoll der Vorstandssitzung findet sich in BHStA MH 16305. Vgl. auch das Schreiben Sthamers an Meinel, 17.1.1917, im selben Akt.

die Textilindustrie Dr. Büttner, den Syndikus der Handelskammer Augsburg.[154] Für die laufenden Arbeiten sollten elf Geschäftsabteilungen gebildet werden, die nach Warengruppen getrennt waren.

Neben dem Mitarbeiterstab sollte ein großer Beirat stehen, der sich wiederum nach Warengruppen in Unterausschüsse gliederte, die mit den Organisationen der Industrie und den Geschäftsabteilungen des Mitarbeiterstabs zusammenarbeiten sollten. Der Beirat war noch nicht offiziell ernannt, doch sollten darin Vertreter aus allen Teilen des Reiches berücksichtigt werden, damit alle berechtigten Interessen zu Wort kommen konnten.

Die Hauptaufgabe des Kommissariats bestand in der Rohstoffeinfuhr und deren Verteilung und in der entsprechenden organisatorischen Vorbereitung von Handel und Industrie, d.h. in der Förderung von Zusammenschlüssen der einzelnen Industriezweige zur Lösung der Frage der Rohstoffverteilung. Außerdem sollte es statistische Erhebungen vornehmen, vor allem in bezug auf den Rohstoffbedarf, und die Dringlichkeit der Einfuhrgüter feststellen.

Meinel bekundete gegenüber den Vertretern der Handelskammern, daß die Übergangswirtschaft seiner Meinung nach durchaus im Sinne von Handel und Industrie geregelt wurde „und daß die weitgehenden Befürchtungen, es könnte hier ein unberechtigter Staatssozialismus einwirken, sich als grundlos erweisen werden. [...] Ich möchte nur noch nachtragen, daß die Regierung alle Einzelwünsche, die ihr die Handelskammern übermittelt haben, zur Kenntnis des Reichskommissars gebracht und befürwortet [...] hat."[155] Die Kammern konnten also versichert sein, in Meinel einen guten Sachwalter ihrer Interessen zu besitzen. Insgesamt und übereinstimmend stellten sie nun fest, daß ohne staatliche Mithilfe und ohne staatliche Reglementierungen eine Überleitung von der Kriegs- in die Friedenswirtschaft nicht gelingen könne.

Trotz Meinels Einsatz war der Handelskammertag aber schließlich von der Besetzung des Beirats enttäuscht. Er war der Ansicht, daß Bayern und vor allem der bayerische Großhandel darin zu wenig berücksichtigt worden waren. Besondere Bedenken erregte jedoch der „Geist" der Übergangswirtschaft in Gestalt von Rathenaus Plänen, in denen wiederholt von einer weitestgehenden Konzentration aller Betriebe und einer staatlichen Überwachung derselben die Rede war. Auf dem VIII. Bayerischen Handelskammertag, der am 14. Juli 1917 in

[154] Meinel erwähnte allerdings nicht, daß Büttner, der damit inoffiziell aus der HK Augsburg ausschied (offiziell 1918), nur stellvertretendes Mitglied war, vgl. ECKARDT: Industrie und Politik, S. 92. Bayern war also im Stab des Reichskommissars nicht so gut vertreten, wie Meinel es die HKn glauben lassen wollte. Daß Meinel hier nicht näher auf die Details einging, ist im Zusammenhang mit seinen Bestrebungen zu sehen, die in ganz Bayern und besonders in den Kreisen der Wirtschaft geführten Diskussionen über eine Zurücksetzung Bayerns zu beschwichtigen.

[155] Meinel auf dem Außerordentlichen BHK v. 25.1.1917. BWA K2/II/1, 2. Akt.

München stattfand, warnte Fraenkel vehement vor solch einer Entwicklung: „Diese Wandlung würde aber nichts anderes als die *Vertrustung aller Materialien, aller Kapitalien und aller Arbeitskräfte bedeuten*, nur mit der Wirkung, daß entgegen der Rathenauschen Auffassung nicht der Staat diese großen Konzerne und Syndikate beaufsichtigt und kontrolliert, sondern daß diese gewaltige Konzentration aller Kapitalien und Rohstoffe im Laufe der Zeit die Finanzen des Reichs und der Bundesstaaten, unsere gesamte Ein- und Ausfuhr, die Zoll- und Steuergesetzgebung, kurz den Lebensnerv des Staates beherrschen und regeln würde. Eine Zusammenballung wirtschaftlicher Macht in den Händen weniger einflußreicher Truste muß auf die Dauer die völlige Abhängigkeit des Staates von diesen Trusten im Gefolge haben."[156]

Fraenkel wandte sich entschieden gegen Staatssozialismus und die von mehreren Seiten, darunter auch Rathenau, befürwortete Zwangsbewirtschaftung der Rohstoffe auch über den Krieg hinaus, da diese nach Kriegsende auf einem offenen Weltmarkt völlig fehlschlagen müßten. Seiner Ansicht nach sollten sich die staatlichen Maßnahmen in der Übergangszeit auf das Fernhalten unerwünschter Einfuhren, auf eine gerechte und gleichmäßige Verteilung der eingeführten Rohstoffe sowie eine Kontingentierung der für den Lebensunterhalt notwendigen Waren des inländischen Marktes beschränken, Forderungen, die auch der Berichterstatter für die Übergangswirtschaft im Reichstag, Stresemann, unterstütze.

An Fraenkels Vortrag schloß sich eine längere Debatte der Handelskammervertreter über seine Thesen an, besonders seine Forderung, die Kriegsgesellschaften nach dem Krieg rasch abzubauen, stieß auf Kritik, da manche, wie zum Beispiel der Nürnberger Gunz, in ihnen eingespielte Organisationen sahen, die ihre wertvolle Erfahrung in die Übergangswirtschaft einbringen sollten. Sie wiederum warnten davor, für die Zeit nach Kriegsende völlig neue Institutionen aufzubauen; lieber sollten die bisherigen Organisationen beibehalten werden. Heftig diskutiert wurde auch ein Vorschlag des anwesenden Landtagsabgeordneten Heinrich Osel, der dafür eintrat, der bayerischen Gesandtschaft in Berlin einen von Handel und Industrie bezahlten Wirtschaftsattaché beizuordnen. Besonders gegen die geplante Besoldung wurden Einwände vorgebracht. Osel betonte jedoch, daß der bayerische Staat sich solche Ausgaben momentan nicht leisten könne, ein Handelsattaché in Berlin die Lage aber zugunsten der bayerischen Wirtschaft beeinflussen könne, da dieser zwischen den einzelnen Stellen vermitteln und die bayerische Industrie über entsprechende Aufträge informieren könne. Dabei ginge es nicht um die großen Firmen, die zumeist bereits eine eigene Vertretung in Berlin hätten, sondern um die kleineren, die sich dies eben

---

[156] Vgl. Protokoll des VIII. BHK v. 14.7.1917. BWA K2/II/1, 2. Akt. Hervorhebung im Original.

nicht leisten könnten: „Es sei besser, die Sache auf eigene Kosten zu machen als überhaupt nicht."[157]

Schließlich einigte man sich auf ein Gesuch an das Ministerium des Äußern, wonach dieses beim Reichskommissar für Übergangswirtschaft vorstellig werden und für eine seiner wirtschaftlichen Bedeutung entsprechenden Vertretung Bayerns im Beirat eintreten sollte. Die bayerische Gesandtschaft in Berlin sollte durch einen Wirtschaftsattaché verstärkt werden.

Außerdem ersuchte der Bayerische Handelskammertag den Reichskanzler, den Reichskommissar und die bayerische Staatsregierung, dahin zu wirken, daß die Übergangszeit auf möglichst kurze Zeit beschränkt würde, daß der Welthandel möglichst rasch wieder aufgebaut würde, daß alle Kriegsorganisationen so schnell wie möglich abgebaut und staatssozialistische Maßnahmen aller Art vermieden würden.[158]

Zur Unterstützung des Außenministeriums im Bestreben, Bayerns Stellung im Beirat des Reichskommissars zu verbessern, reichte der Handelskammertag wenig später eine Liste mit 35 namentlichen Vorschlägen für Kandidaten im Ministerium ein.[159]

Das Reichskommissariat für Übergangswirtschaft und das Reichsamt des Innern, unter dessen Obhut das Kommissariat zunächst stand, hatten die Bemü-

---

157 Osel auf dem BHK. Ebd. Osel hatte in seiner Programmschrift „Zur Entwicklung von Bayerns Industrie und Handel", S. 35 (Hervorhebungen im Original), von vornherein für einen Privatmann als Wirtschaftsattaché plädiert, denn die Aufgabenerfüllung „kann auch der tüchtigste Staatsbeamte nicht leisten, dem zudem noch überall Schranken als Staatsvertreter gezogen sind. Ich fürchte, daß unsere Industrie und unser Handel, ob groß ob klein, schwere Enttäuschungen und wirtschaftliche Schädigung erfahren, *wenn sie für die Überleitungswirtschaft nicht die nötige, private, schneidige, sachkundige Vertretung in Berlin* neben den offiziellen Einrichtungen *haben* – so wie sie Württemberg schon für die Kriegswirtschaft besitzt. Es ist eine *private* Gründung dort. *Will Bayerns Handel und Industrie solche Schritte nicht bald auch tun?*" Die Debatte der Kammervertreter auf der Vollversammlung belegt, daß keineswegs alle HKn widerspruchslos hinter der Forderung nach einem Wirtschaftsattaché standen, wie SPERL: Wirtschaft und Staat, S. 221, dies darstellt.

158 Protokoll des BHK v. 14.7.1917. BWA K2/II/1, 2. Akt. Die entsprechende Eingabe an das K. Staatsministerium des K. Hauses und des Äußern findet sich in BHStA MH 16306. Die bayerischen Forderungen befanden sich in Einklang mit Forderungen von HKn aus dem gesamten Reichsgebiet, die alle einen schnellen Abbau der Bewirtschaftung und die Wiederherstellung der Vorkriegsposition des Handels zum Ziel hatten, vgl. ROTH: Staat und Wirtschaft, S. 393.

159 Vgl. Protokoll der Delegiertenkonferenz v. 1.9.1917. BWA K2/II/1, 2. Akt. Der Beirat, der ständig erweitert wurde, umfaßte im September 1917 25 Vertreter aus Bayern, darunter den neu ernannten Sigmund Fraenkel, dagegen rund 220 Personen aus Preußen. Auch die bayerische Gesandtschaft in Berlin erkannte hier ein eklatantes Mißverhältnis und bemühte sich, dieses zumindest ansatzweise zu beseitigen. Vgl. das Schreiben des bayerischen Gesandten in Berlin, Schoen, an das K. Staatsministerium des K. Hauses und des Äußern, 8.9.1917. BHStA MH 16306.

hungen der Wirtschaft zum raschestmöglichen Abbau der Bewirtschaftung anfangs unterstützt. Ende 1917 bahnte sich in dieser Auffassung jedoch ein Wandel an, der mit der Übernahme der Federführung des Kommissariats durch das Reichswirtschaftsamt Anfang 1918 deutlich sichtbar wurde. Zwar verfolgte auch das Reichswirtschaftsamt prinzipiell die Wiederherstellung der Marktwirtschaft, doch wollte sie zunächst die staatliche Aufsicht fortsetzen, um befürchtete Schwierigkeiten bei der Umstellung der Kriegs- auf Friedenswirtschaft und soziale Spannungen so weit als möglich zu verhindern.[160] Die Befürchtungen des Handelskammertags waren also durchaus gerechtfertigt.

Dafür beschloß der Landtag die Verstärkung der bayerischen Gesandtschaft in Berlin um einen Wirtschaftsattaché,[161] was die geänderte Einstellung insbesondere der Zweiten Kammer zur Industrialisierung in Bayern deutlich zum Ausdruck bringt: Abgeordnete und Reichsräte setzten sich nun verstärkt für Bayerns Industrie und Handel ein. Am 1. Januar 1918 wurde in Berlin eine „Staatliche Bayerische Wirtschaftstelle" eingerichtet, deren Finanzierung mit Zustimmung des Landtags aus einem nicht budgetmäßigen Staatsfonds, dem „Fonds zur Förderung von Bayerns Industrie und Handel", bestritten wurde. Ihre Leitung übernahm der neue stellvertretende Bundesratsbevollmächtigte Dr. Rohmer, dem der bisherige Syndikus der Handelskammer Nürnberg, Dr. Gunz, zur Seite gestellt wurde.[162]

Anfang 1918 wurde auf Meinels Initiative auch in Bayern ein Landesausschuß für Übergangswirtschaft errichtet, der dem Ministerium die Zusammenfassung der verschiedenen Interessenten ermöglichen und diesen wiederum eine Anlaufstelle für Klagen und Wünsche bieten sollte.[163] Das Außenministerium richtete am 26. Januar 1918 eine Entschließung an den Bayerischen Handelskammertag, wonach dieser unter Berücksichtigung von Nordbayern, Südbayern und der Pfalz drei Vertreter von Handel und Industrie und – über die Ausschüsse der Angestellten bei den Kammern – auch drei Vertreter der Angestellten benennten sollte, welche in den Hauptausschuß des Landesausschusses entsandt werden sollten.[164] Trotz mancher Kritik der Handelskammern, die Industrie und

160 ROTH: Staat und Wirtschaft, S. 393; EHLERT: Zentralbehörde, S. 69f.

161 ECKARDT: Industrie und Politik, S. 171. Zuvor hatte sich interessanterweise der BIV gegen die Bestellung eines Wirtschaftsattachés ausgesprochen, da er ihn als nicht notwendig erachtete.

162 Vgl. SPERL: Wirtschaft und Staat, S. 234.

163 Vgl. ebd., S. 232, 235f. Die Zahl der Interessenten, die einen Sitz im Ausschuß beanspruchten, war jedoch so groß, daß man sich schließlich auf die Hinzuziehung der wichtigsten Berufsgruppen und der Arbeitnehmervertreter beschränken mußte. Vgl. Einläufe in BHStA MH 16303.

164 Dandl an BHK, 26.1.1918. BWA K2/XXIII/10, 2. Akt. Vgl. auch Entwurf der Entschließung in BHStA MH 16303.

Handel als im Ausschuß insgesamt unterrepräsentiert empfanden,[165] einigte man sich darauf, für verschiedene Bereiche einen Vertreter abzuordnen, so daß Südbayern den Vertreter des Einfuhrhandels, Nordbayern denjenigen für Außenhandel und die Pfalz den Vertreter der Industrie stellen sollte. Konkret handelte es sich hierbei um Sigmund Fraenkel in Fa. A. Fraenkel, Wollegeschäft, München, 2. stellvertretender Vorsitzender der Handelskammer München, Handelsrichter Valentin Scheckenbach, Nürnberg, 2. stellvertretender Vorsitzender der Handelskammer Nürnberg, und Kommerzienrat Hans Knoll, Teilhaber der Fa. Knoll & Co., Fabrik chemisch-pharmazeutischer Präparate, Ludwigshafen, 2. stellvertretender Vorsitzender der Handelskammer Ludwigshafen, die alle drei auch schon in den Unterausschuß des Handelskammertages für Übergangswirtschaft berufen worden waren. Auch die drei Angestelltenvertreter wurden von den Kammern benannt.[166] Insgesamt wurden für den Hauptausschuß der Kammer der Abgeordneten vier, der Kammer der Reichsräte, der Landwirtschaft, den Handels- und Handwerkskammern, den Angestellten und Arbeitern je drei Repräsentanten, den Banken, dem Bayerischen Industriellen-Verband, dem Groß- und Kleinhandel je ein Vertreter zugestanden. Erwähnenswert ist dabei, daß mindestens zwei der drei Reichsräte (Franz von Buhl, Weingutsbesitzer aus Deidesheim, und Anton von Rieppel), mindestens zwei der vier Abgeordneten (Osel und Haeberlein) sowie selbstverständlich die Vertreter der Banken, des Bayerischen Industriellen-Verbandes, des Groß- und des Kleinhandels der Interessensphäre von Handel und Industrie zugeordnet werden können, so daß, rechnet man die Angestellten hinzu, angesichts eines Kräfteverhältnisses von 14 zu 12 durchaus nicht von einer Unterrepräsentierung von Handel und Industrie gesprochen werden kann.[167] Aufgrund der Kritik einzelner Handelskammern richtete der Bayerische Handelskammertag trotzdem nachträglich noch die Bitte an das Staatsministerium des Äußern, für jede einzelne der acht bayerischen Handelskammern einen Vertreter in den Hauptausschuß berufen zu wollen.[168]

---

165 Die Kritik stammte vor allem von den fränkischen HKn Bayreuth und Nürnberg, vgl. entsprechenden Briefwechsel in BWA K2/XXIII/10, 2. Akt. Doch auch die HKn Regensburg und Augsburg waren über die Verteilung der drei HK-Vertreter nicht glücklich, weil sie fürchteten, dadurch den spezifischen Gegebenheiten ihres jeweiligen Kammerbezirkes nicht angemessen Gehör verschaffen zu können, vgl. entsprechende Eingaben in BHStA MH 16303.

166 BHK an Staatsministerium des Kgl. Hauses und des Äußern, 20.2.1918. BWA K2/XXIII/10, 2. Akt.

167 Vgl. Liste der Mitglieder des Hauptausschusses (Landesausschuß für Übergangswirtschaft) in BWA K2/XXIII/10, 2. Akt. Bei den Angestellten handelte es sich durchwegs um leitende Angestellte, denen wohl unterstellt werden kann, daß sie für die Interessen ihrer Arbeitgeber durchaus offen waren. Vgl. zum Hauptausschuß auch SPERL: Wirtschaft und Staat, S. 236. Später wurde noch Vertreter des Städtetags und der Konsumvereine hinzugezogen.

168 BHK an Staatsministerium des K. Hauses und des Äußern, 23.2.1918. BHStA MH 16303. Die Eingabe des BHK fand zunächst keine Berücksichtigung. Zur dritten und insgesamt vor-

Bereits die erste Sitzung des Landesausschusses am 14. März 1918 offenbarte, wie unterschiedlich und im Grunde unvereinbar die Vorstellungen der Beteiligten waren. Während die Handwerks- und Arbeitnehmervertreter die Bildung von Unterausschüssen und einen zwangsweisen Zusammenschluß der verschiedenen Erwerbsgruppen forderten, beharrten die Handelskammervertreter und der Syndikus des Bayerischen Industriellen-Verbandes, Kuhlo, darauf, den Landesausschuß lediglich als eine Organisation für den Meinungsaustausch zu betrachten. Keinesfalls sollte ein die staatliche Entscheidungsfindung vorwegnehmender Ausgleich der unterschiedlichen Positionen herbeigeführt werden. Handelskammern und Bayerischer Industriellen-Verband blockierten deshalb in der Folge alle von den übrigen Interessengruppen formulierten Regelungsvorschläge, so daß alle Fragen offen blieben und die Übergangswirtschaft in keiner Hinsicht vorbereitet wurde.[169] SPERL kommt dennoch zu dem Ergebnis, daß der Landesausschuß eine wichtige Funktion erfüllte: Obwohl er nichts Brauchbares für die Planung der Übergangswirtschaft zustande brachte, bot er doch allen wichtigen Interessengruppen, vor allem auch den Arbeitnehmervertretern, die Möglichkeit zur Meinungsäußerung, was vor dem Hintergrund der wachsenden Spannungen in der Gesellschaft nicht zu unterschätzen war.[170]

2.6 Zusammenschluß der Beamten zu Wirtschaftsgenossenschaften

Die Teuerung der Lebensmittelpreise während des Kriegs betraf alle Schichten der Bevölkerung, besonders hart aber die Beamten. Der Staat erwartete von ihnen, die der übrigen Bevölkerung als gutes Beispiel vorangehen sollten, die größten Opfer und gewährte deshalb trotz der horrend steigenden Preise nur einen geringen Inflationsausgleich. Das III. Stellvertretende Generalkommando in Nürnberg mußte so im Juli 1918 feststellen: „Die Beamten und Festbesoldeten steuern unrettbar der Verarmung entgegen."[171]

Ende 1917 beschlossen daher einige bayerische Beamten, sich zu Beamtenkonsumvereinen zusammenzuschließen. Dies war an sich kein ungewöhnlicher Vorgang, denn im Zuge der Entstehung der Konsumvereine hatten sich in einigen Orten Deutschlands auch Beamte zusammengetan, um Lebensmittel günstiger als über die Einzelhändler beziehen zu können. LANDWERS nennt zum Beispiel einen Beamtenkonsumverein in Halle, der 1901 gegründet worden war.[172]

---

letzten Sitzung des Hauptausschusses, die am 11.10.1918 in den Räumen der HK München stattfand, wurden allerdings Vertreter sämtlicher bayerischer Handels- und auch Handwerkskammern zugezogen. Vgl. entsprechende Unterlagen in BHStA MH 16303.

[169] Vgl. Niederschrift der Besprechung über Gründung eines Landesausschusses für Übergangswirtschaft am 14.3.1918 in BHStA MH 16303.

[170] SPERL: Wirtschaft und Staat, S. 237-239.

[171] Monatsbericht des III. Stellvertretenden Generalkommandos, zitiert nach SCHWARZ: Weltkrieg und Revolution, S. 178. Zur Lage der Beamten auch AY: Revolution, S. 94-102.

[172] LANDWERS: Kleinhandel, S. 19.

Sowohl die Vereinigung Bayerischer Lebensmittelgroßhändler als auch der Hansa-Bund[173], die ihre eigenen Interessen bedroht sahen, reagierten aber prompt mit Denkschriften gegen diese Entwicklung, die sie auch an den Bayerischen Handelskammertag richteten. Dieser schloß sich der Argumentation der beiden Vereine an: Konsumvereine schädigten sowohl Klein- als auch Großhandel, bewirkten aber im Grunde nicht viel, weil sie auch nicht billiger arbeiten könnten als der leistungsfähige Handel. Auf der Delegiertenkonferenz im Januar 1918 wies man darauf hin, daß die Beamten vom Staat Teuerungszulagen erhielten, und auch darauf, daß der Geldwert nach dem Krieg wieder steige und die Preise wieder sänken. Außerdem verwies man auf die zu erwartenden Steuerausfälle durch die Mindereinnahmen des Handels. Der auf der Konferenz anwesende Vertreter des Außenministeriums, Legationsrat Dr. Schaefer, gab an, daß auch der Staat die Konsumvereine nicht gerne sähe, er aber dagegen nichts machen könne.

Der Bayerische Handelskammertag beschloß daher, die Groß- und Kleinhandelsorganisationen in dieser Frage zu unterstützen. Zu diesem Zweck wurde eine aus zwei Vertretern jeder Kammer bestehende Kommission gewählt, die zusammen mit diesen Organisationen einen Arbeitsplan erarbeiten sollte, wie der Handel gestärkt und die Bildung von Konsumvereinen verhindert werden konnte. Außerdem richtete er an die bayerische Staatsregierung, an die Städteverwaltungen, Banken und Bankinstitute die Bitte, ihren Beamten nahezulegen, sich den Konsumgenossenschaften nicht anzuschließen.[174]

III.3 Ordnungsfunktion in der Wirtschaft

3.1 Das Gesetz über den vaterländischen Hilfsdienst

Der Erlaß des Gesetzes über den vaterländischen Hilfsdienst am 5. Dezember 1916, das die deutsche Wirtschaft in den nächsten Jahren so entscheidend prägen sollte, bedeutete auch für die bayerischen Handelskammern einen entscheidenden Einschnitt, denn es oblag fortan oftmals ihnen, zu beurteilen, ob ein Betrieb kriegswichtig war oder mit anderen zusammengelegt bzw. geschlossen werden konnte.[175] Nach WINKEL wurden sie damit endgültig „zum Ausführungsorgan staatlicher (Kriegs-)Wirtschaftspolitik" degradiert, denn mit dem

[173] Der „Hansa-Bund für Gewerbe, Handel und Industrie" war 1909 von Banken-, Industrie- und Handelsvertretern aus Protest gegen die Reichsfinanzreform des gleichen Jahres gegründet worden und vertrat seither die gemeinsamen Interessen dieser Kreise. Vgl. hierzu MIELKE, Siegfried: Der Hansa-Bund für Gewerbe, Handel und Industrie 1909-1914, Göttingen, S. 1976, bes. S. 29-34. Zu den engen Verbindungen zwischen Hansa-Bund und den HKn ebd., S. 81-83.

[174] Vgl. Protokoll der Delegiertenkonferenz v. 10.1.1918. BWA K2/II/1, 2. Akt.

[175] Siehe z.B. PIECHULLEK: Rathaus, S. 46.

Hilfsdienstgesetz bestand kein Zweifel mehr daran, „daß die Interessen einer privaten Wirtschaft zweitrangig geworden waren.“[176]

Die Kammern bemühten sich daher schon vor Erlaß des Gesetzes darum, auf den Vollzug desselben einzuwirken, um zu retten, was noch zu retten war. Regensburg hatte sich im Vorfeld noch dafür eingesetzt, daß die Mitwirkung der Handelskammern bei der Ausführung ins Gesetz aufgenommen werde, doch dafür war es, wie die anderen Kammern richtig beobachteten, nach dem Stand der Dinge bereits zu spät. Der Handelskammertag konnte in seiner Eingabe an das Außenministerium vom 1. Dezember 1916 nur noch auf eine günstige Formulierung der Ausführungsbestimmungen hoffen: „Unter allen Umständen sollte dann aber wenigstens in den Ausführungsvorschriften den Handelskammern der ihnen als der gesetzlich berufenen Vertretung von Industrie, Gewerbe und Handel zukommende Einfluss auf den Vollzug des in Frage stehenden, so tief in das ganze Wirtschaftsleben einschneidenden Gesetzes gesichert werden.“[177]

Wenige Tage später richtete er auch an das Kriegsministerium eine Eingabe. Das Hilfsdienstgesetz sah nämlich die Bildung von Ausschüssen im Bezirk eines jeden Generalkommandos vor, welche in einem genau definierten Aufgabenbereich an der Umsetzung des Gesetzes mitzuwirken hatten. In diese Ausschüsse waren, auf der Grundlage von Vorschlagslisten, die die wirtschaftlichen Organisationen der Arbeitgeber erstellen sollten, auch Vertreter der Arbeitgeber zu berufen. Der Handelskammertag bat nun eindringlich darum, die Kammern mit der Erstellung dieser Vorschlagslisten zu betrauen, da wegen „der außerordentlichen und in ihren Wirkungen vorerst noch gar nicht zu übersehenden Tragweite des Gesetzes“ die gesetzlich berufene Vertretung der *gesamten* Industrie und des *gesamten* Handels am Vollzug beteiligt sein sollte.[178]

Aufgrund dieser Eingabe fand am 19. Dezember eine Besprechung im bayerischen Kriegsamt in München statt; anwesend waren für das Kriegsamt Hauptmann Brinz, für das Außenministerium Legationssekretär Schenk, für den Bayerischen Handelskammertag der 1. Vizepräsident der Kammer München, Joseph Gautsch, sowie je ein Vertreter des Bayerischen Handwerkskammertags, des Bayerischen Landwirtschaftsrats und des Bayerischen Industriellen-Verbands. Gautsch konnte sich in den Verhandlungen aber nicht mit den Forderungen des Handelskammertags durchsetzen. Er mußte zugestehen, daß die für die Ausschüsse benötigten Arbeitgebervertreter-Listen zwischen dem Handelskammertag, dem Handwerkskammertag und dem Landwirtschaftsrat abgestimmt wur-

---

176 WINKEL: Wirtschaft, S. 82.

177 Eingabe des BHK an das Staatsministerium des Kgl. Hauses und des Äußern, 1.12.1916. BWA K2/XXIII/13.

178 Eingabe des BHK an das Kriegsministerium, in Abschrift an das Staatsministerium des Kgl. Hauses und des Äußern, 9.12.1916. BWA K2/XXIII/13.

den, zudem mußte sich der Handelskammertag zuvor mit dem Bayerischen Industriellen-Verband auf gemeinsame Kandidaten einigen.[179]

Nachdem es somit schon auf bayerischer Ebene nicht gelungen war, die eigene Position zu behaupten, gestanden die Kammervertreter auf der Delegiertenkonferenz am 25. Januar 1917 ein, daß in bezug auf das Hilfsdienstgesetz kein Diskussionsbedarf mehr gegeben war: Über den weiteren Vollzug des Gesetzes wurde in Berlin entschieden, den Kammern standen keine großen Einflußmöglichkeiten offen.[180] Debattiert wurde lediglich darüber, ob die Handelskammern als Behörden oder behördenähnliche Einrichtungen galten, da eine Anerkennung in einer der beiden Kategorien das bei ihnen beschäftigte Personal vor Abzug in andere Betriebe schützen und so das Weiterarbeiten der Kammern überhaupt erst ermöglichen würde.[181] Clarus glaubte, an verschiedenen Kriterien festmachen zu können, daß es sich bei den Kammern um Behörden handelte, alle anderen Anwesenden wollten die Kammern aber lieber als behördenähnliche Einrichtungen bezeichnen, um damit eine größere Unabhängigkeit vom Staat zu demonstrieren. Jedoch sollte der Staat in dieser Frage entscheiden.[182] Auf eine entsprechende Anfrage des Handelskammertags erhielt dieser am 13. April 1917 vom bayerischen Kriegsministerium die Antwort, daß dasselbe die Kammern als behördliche Einrichtungen einstufe.[183] Die Angestellten der Handelskammern waren damit vor der Zwangszuweisung in andere kriegswichtige Betriebe gefeit.

Auf Anfrage der Nürnberger Kammer wurde im Juli 1917 die Frage diskutiert, ob es für die Beurteilung der Kriegswichtigkeit eines Betriebs einheitliche Regelungen geben sollte, was die anderen Kammern aber verneinten. Ihrer Meinung nach war jeder Fall für sich zu prüfen. Insgesamt setzte man sich jedoch dafür ein, daß Betriebszusammenlegungen nur dann erfolgen sollten, wenn sie wirklich unumgänglich waren, um die ohnehin benachteiligte bayerische Industrie nicht noch weiter zu schädigen.[184] Dem pflichtete am 24. Oktober 1917 auch Ministerpräsident Hertling bei: „Die Bayerische Regierung teilt durchaus

---

[179] Rundschreiben BHK an die bayerischen HKn, 22.12.1916. BWA K2/XXIII/13. Demnach war bei jedem der drei Generalkommandos ein Zusammenlegungsausschuß zu bilden, darüber hinaus ein vierter für die Pfalz; Einberufungs- und Schlichtungsausschüsse sollten bei jedem der 34 bayerischen Bezirkskommandos entstehen. Vgl. auch ECKARDT: Industrie und Politik, S. 163; BLAICH: Staat und Verbände, S. 54.

[180] Vgl. Protokoll der Delegiertenkonferenz v. 25.1.1917. BWA K2/II/1, 2. Akt.

[181] Alle Personen, „die bei Behörden, behördlichen Einrichtungen, in der Kriegsindustrie in der Land- und Forstwirtschaft, in der Krankenpflege, in kriegswirtschaftlichen Organisationen jeder Art oder in sonstigen Berufen oder Betrieben, die für Zwecke der Kriegführung oder der Volksversorgung unmittelbar oder mittelbar Bedeutung haben, beschäftigt sind," galten nach § 2 des Gesetzes über den vaterländischen Hilfsdienst als bereits im vaterländischen Hilfsdienst tätig. Vgl. Reichsgesetzblatt 1916, S. 1333-1339.

[182] Protokoll der Delegiertenkonferenz v. 25.1.1917. BWA K2/II/1, 2. Akt.

[183] Bayerisches Kriegsministerium an BHK, 13.4.1917. BWA K2/I/16.

[184] Vgl. Protokoll der Delegiertenkonferenz v. 13.7.1917. BWA K2/II/1, 2. Akt.

die Anschauung der Handelskammer [sic] und wird wie bisher dahin wirken, daß, insoweit sich eine Zusammenlegung von Betrieben nicht vermeiden läßt, die Zusammenlegung mit möglichster Schonung und unter voller Wahrung der berechtigten Eigentümlichkeiten der Bayerischen Industrie durchgeführt wird. Auf tunlichstes Einvernehmen mit den beteiligten Industriezweigen selbst wird dabei besonderes Gewicht gelegt werden."[185]

Als im Januar 1918 erstmals das Problem der personellen Demobilmachung angesprochen wurde, plädierte der Handelskammertag dafür, daß diese unter wirtschaftlichen Gesichtspunkten erfolgen und möglichst wenig Kontrolle ausgeübt werden sollte. Wichtig war für ihn in erster Linie die „Ausschaltung" der Hilfsdienstpflichtigen, also der Arbeiter aus anderen Betrieben, die in Rüstungsbetriebe zwangsversetzt worden waren, sowie der Frauen, um den Heimkehrern ihre alten Arbeitsplätze zurückgeben zu können.[186]

3.2 Lage der kaufmännischen und technischen Angestellten

Von den Teuerungen waren neben den Beamten auch die Angestellten besonders betroffen. Der Nürnberger Syndikus Gunz berichtete auf der Delegiertenkonferenz Anfang Januar 1918 über die schlechte Lage der Angestellten in Nürnberg und Fürth, deren Gehalt für die gestiegenen Lebenshaltungskosten nicht mehr ausreichten.[187] Deshalb hatten am 16. November 1917 unter der Regie der Handelskammer als Vermittlerin Verhandlungen zwischen den Angestellten und den Arbeitgeberverbänden stattgefunden, die jedoch erfolglos geblieben waren. In der Folge fand am 24. November eine öffentliche Versammlung mehrerer tausend Angestellten statt, auf der diese ihre Forderungen präzisierten, unter anderem nach einer Einführung von Mindestgehältern, Gewährung einer Kriegssteuerzulage von 30 % sowie einer Kinderzulage, die Bezahlung von Überstunden und die Gleichstellung von männlichen und weiblichen Angestellten. Gunz war überzeugt, daß sich die Angestellten in einer wirklichen Notlage befanden, und auch davon, daß diese durchaus bereit waren, über bloße Verhandlungen hinauszugehen: „Während von einer Seite Verhandlungen mit

---

[185] Hertling an BHK, 24.10.1917. BWA K2/XXIII/7, 1. Akt.

[186] Vgl. Protokoll der Delegiertenkonferenz v. 10.1.1918. BWA K2/II/1, 2. Akt. Das Außenministerium hatte dem BHK und auch dem Bayerischen Handwerkskammertag am 26.12.1917 Richtlinien für die personelle Demobilmachung übersandt, zu deren Durchführung Arbeitsausschüsse, bestehend aus den Behörden und allen Erwerbskreisen, gebildet werden sollten. Außenministerium an BHK, 26.12.1917. BWA K2/IIa/11.

[187] Daß hier gerade die Nürnberger und Fürther Angestellten in den Vordergrund traten, ist wohl darauf zurückzuführen, daß die Beschäftigtenzahlen in diesen Orten während des Krieges besonders stark gestiegen waren. So beschäftigte die MAN in Nürnberg, die im Frieden eine Belegschaft von rund 4.500 Mann aufgewiesen hatte, im Frühjahr 1918 über 9.000 Angestellte, auch die auf Rüstungsbedarf umgestellte Nürnberger Spielwarenindustrie konnte die Zahl ihrer Arbeiter und Angestellten von 7.000 vor dem Krieg auf 15.000 Ende 1918 mehr als verdoppeln, vgl. SCHWARZ: Weltkrieg und Revolution, S. 188f.

den Arbeitgebern empfohlen wurden, befürworteten die radikalen Elemente [Vertreter der USPD, Anm. der Verf.], in den Kampf einzutreten und nach dem Muster des Vorgehens der Arbeiter eine Erhöhung der Gehälter zu erzwingen.“[188] Die Handelskammer Nürnberg lehnte die meisten dieser Forderungen ab. Sie hielt lediglich die Gewährung einer Kriegssteuerzulage für gerechtfertigt, ohne sich dabei aber auf eine Prozentzahl festlegen zu wollen. Zusammen mit den Arbeitgeberverbänden aus Nürnberg und Fürth hatte sie Richtgehälter erarbeitet, die aber je nach der finanziellen Lage der Firmen über- und unterschritten werden konnten.

Der Handelskammertag schloß sich auf seiner Januarsitzung diesen Ausführungen im wesentlichen an und erließ eine Stellungnahme, wonach den Angestellten in Industrie und Handel angesichts der Verteuerung der Lebenshaltung eine angemessene Erhöhung ihrer Bezüge zu gewähren sei, daß aber die Festsetzung von Mindestgehältern abgelehnt werden müsse.[189]

Erwartungsgemäß waren die Angestelltenverbände mit diesem Beschluß nicht zufrieden. Inwieweit die Tatsache, daß der Bayerische Handelskammertag die Forderungen der Angestellten weitgehend zurückwies, in der gespannten Atmosphäre des Januar 1918 zur wachsenden Unzufriedenheit dieser Bevölkerungsgruppe und zu den folgenden Streiks beitrug, kann nur vermutet werden; es darf jedoch als sicher gelten, daß die Arbeitsniederlegungen, die in der Hauptsache ohnehin die Arbeiter betrafen, auch bei einem Entgegenkommen der Kammern erfolgt wäre.[190] Die Streikenden stellten fast überall die gleichen Forderungen, unter anderem nach Aufhebung des Belagerungszustands, gleichmäßiger Verteilung der Lebensmittel, Einführung des Achtstundentags und sofortiger Einleitung von Friedensverhandlungen an allen Fronten; die Forderung der Angestellten nach Mindestgehältern wurde darin nicht aufgegriffen.

Es handelte sich um örtlich und zeitlich begrenzte Streiks, an denen nur ein Teil der Arbeiterschaft teilnahm und die meist friedlich verliefen. Das größte Ausmaß erreichten die Streiks in Bayern am 28. und 29. Januar in Nürnberg, wo 42.000 Arbeiter aus 120 Betrieben die Arbeit niederlegten. Dies liegt wohl daran, daß – einzigartig in der ganzen deutschen Streikbewegung – hier nicht nur die USPD agitierte, sondern sich neben den Führern der MSPD auch die Freien Gewerkschaften beteiligten. Nur in München, wo der Streik von Kurt Eisner angeführt wurde, kam es zu tumultartigen Szenen, die in der Verhaftung Eisners gipfelten.

---

188 Protokoll der Delegiertenkonferenz v. 10.1.1918. BWA K2/II/1, 2. Akt.

189 Ebd.

190 Vgl. zur Lage in Bayern und den Streiks im Januar 1918 W. ALBRECHT: Landtag und Regierung, S. 293-297.

Spätestens am 4. Februar wurde in ganz Bayern die Arbeit wieder aufgenommen, nachdem die Regierung versprochen hatte, sich mit den Forderungen der Streikenden auseinanderzusetzen. Zu diesem Zweck empfing sie am 16. Februar eine Abordnung der Arbeiterausschüsse unter der Führung von Erhard Auer, der sie nochmals eine wohlwollende Prüfung der Forderungen zusicherte.[191]

Auch die Angestelltenverbände erkannten nun ihre Chance und schalteten das Ministerium des Äußern ein, welches eine gemeinschaftliche Aussprache mit den Handelskammern herbeiführen sollte. Der Termin für die Aussprache wurde für den 23. Februar 1918 festgesetzt. Das Ministerium wollte dadurch erreichen, daß die Verbände der Arbeitgeber und Arbeitnehmer in direkte Verbindung traten, um der schwierigen Lage der Angestellten abzuhelfen. Nach Kahn war, nicht überraschend, dem „Ministerium [...] sehr daran gelegen, daß diese Besprechung in versöhnlichem Ton erfolge und die Wünsche der Angestellten wohlwollend gewürdigt werden."[192]

Deshalb trafen sich die Kammern am Vortag, um ihre Haltung in dieser Frage vorab festzulegen. Nach einer Diskussion verständigten sie sich im wesentlichen auf die Position, die sie bereits im Vormonat eingenommen hatten: Die Gehälter sollten von Fall zu Fall geregelt werden, da einerseits die Angestellten und die Geschäftsinhaber jeweils so verschieden waren, daß sich allgemeine Regelungen für Löhne kaum aufstellen ließen, und andererseits die Arbeitgeber zum gegenwärtigen Zeitpunkt, an dem die weitere Entwicklung der Verhältnisse völlig ungeklärt war, sich nicht zu festen Bindungen überreden lassen würden. Jedoch befürworteten die Kammern nach wie vor ein möglichst weitgehendes Entgegenkommen der Arbeitgeber an die Angestellten. Sollte das Ministerium dennoch auf der Einführung von Mindestgehältern bestehen, so wollte man diese Regelung nur für diejenigen Arbeitskräfte akzeptieren, die eine entsprechende Vorbildung durch Schule oder Lehrzeit nachweisen konnten.[193]

Das Ergebnis der Aussprache im Außenministerium läßt sich heute nicht mehr nachvollziehen, da hierzu keine Unterlagen existieren. Es ist anzunehmen, daß sich die Kammern mit ihrer Position durchsetzten und die von den Angestellten geforderten Mindestgehälter nicht eingeführt wurden. Genauso ist anzunehmen, daß sich die Kammern an die Unternehmer ihres Bezirks wandten und die Empfehlung aussprachen, ihren Angestellten ein einigermaßen angemessenes Auskommen zu gewähren.

---

[191] Ebd., S. 305. Der Empfang durch Dandl übte eine gewisse beruhigende Wirkung auf die Arbeiter aus. Die bayerische Regierung verhielt sich in dieser Situation geschickter als die Reichsleitung und die preußische Regierung, die jedes Entgegenkommen gegenüber den Streikenden ablehnten.

[192] Vgl. Protokoll der Delegiertenkonferenz v. 22.2.1918. BWA K2/II71, 2. Akt.

[193] Ebd.

III. 4 ZUSAMMENFASSUNG

Der Erste Weltkrieg veränderte die Arbeitsweise des Bayerischen Handelskammertages auf drastische Weise. In Anbetracht der Kriegsereignisse und angesichts der den Kammern immer zahlreicher übertragenen offiziellen Aufgaben sah man von Zusammentritten zunächst ganz ab. Auch das Erscheinen der *Bayerischen Handelszeitung* wurde eingeschränkt. Erst ab 1915 traf man sich wieder zu Delegiertenkonferenzen, 1917 und 1918 folgten drei Vollversammlungen, zwei davon außerordentlich. Der eingespielte Sitzungsrhythmus war damit bis auf weiteres empfindlich gestört, doch blieb der Handelskammertag auch unter diesen veränderten Bedingungen eine funktions- und leistungsfähige Organisation.

Eindeutig im Vordergrund der Tätigkeit des Bayerischen Handelskammertages während des Ersten Weltkriegs stand die Vertretung wirtschaftspolitischer Interessen, alle anderen Sachbereiche wie etwa die Ordnungsfunktion in der Wirtschaft wurden in den Hintergrund gedrängt. Insbesondere die Stellung des Handels in der Kriegswirtschaft wurde immer wieder auf den Sitzungen thematisiert, da dieser aufgrund der Preissteigerungen von Kriegsbeginn an in der massiven Kritik der Behörden und der Verbraucher stand. Der Forderung des Handelskammertags nach einer stärkeren Berücksichtigung der wirtschaftlichen Notwendigkeiten bei der Beurteilung der Preissteigerungen durch das Kriegswucheramt und die Preisprüfungsstellen stand jedoch die Volksstimmung entgegen, auf die zu hören die Behörden im eigenen Interesse gezwungen waren, obwohl Meinel und seine Mitarbeiter die Notlage des Einzelhandels durchaus erkannten. Aus demselben Grund scheiterte das Eintreten des Handelskammertags für die Errichtung eines Handelsministeriums in Bayern; immerhin wurde aber die Abteilung II des Außenministeriums ausgebaut, womit sich der Handelskammertag notgedrungen zufrieden geben mußte. Mehr Erfolg konnte er mit dem Ruf nach einem Ausbau der bayerischen Wasserkräfte zur Energiegewinnung und zum Bau einer bayerischen Großschiffahrtstraße verzeichnen, da auch große Teile des Landtags vom Nutzen dieser Entwicklung überzeugt waren.

Bedeutende Energie richtete der Handelskammertag auf die Mitgestaltung der Übergangswirtschaft, die nach Kriegsende die bestehende Kriegs- in die Friedenswirtschaft überleiten sollte, da die Kammern eine Fortführung der Zwangsbewirtschaftung und insbesondere eine Durchsetzung der Thesen Rathenaus befürchteten. Die hierfür angestellten Überlegungen wurden mit dem unvorhergesehenen politischen Umsturz im November 1918 allerdings obsolet. Der Bayerische Handelskammertag sah sich damit zum zweiten Mal in seiner noch jungen Geschichte vor die Notwendigkeit gestellt, sich unter veränderten politischen Bedingungen zurechtzufinden.

C.IV Der Bayerische Handelskammertag in der Übergangszeit bis 1923

IV.1 Arbeitsweise und inhaltliche Schwerpunkte

Hatten die bayerischen Handelskammern während des Weltkrieges etwa gehofft, nach Kriegsende zur strukturierten Arbeitsweise aus der Vorkriegszeit zurückkehren zu können, so erwies sich dies nach dem Umsturz im November 1918 rasch als unmöglich. Die Vollversammlungen und Delegiertenkonferenzen wurden, wie schon in den Jahren seit 1914, ad hoc einberufen, wenn es galt, sich in wichtigen Themen untereinander abzustimmen. Dies war in diesen turbulenten Nachkriegsjahren, bestimmt vom politischen Systemwechsel, von Sozialisierungs- und Rätebestrebungen, von Inflation, sehr häufig der Fall, so daß sich für den Zeitraum zwischen der Revolution Eisners und Ende 1923 eine außerordentlich hohe Sitzungsquote mit 3,5 Treffen pro Jahr ergab. Die Nachkriegs- und Übergangszeit war damit die arbeitsintensivste Phase in der Tätigkeit des Bayerischen Handelskammertages.

Die Termine der Sitzungen waren dabei – und dies war ein Novum – von äußeren Ereignissen nicht unbeeinflußt, sondern mußten mehrmals verschoben werden. So war zum Beispiel der Außerordentliche Bayerische Handelskammertag vom 25. März 1919 eigentlich schon am 5. März geplant, mußte wegen der politischen Ereignisse in München aber später stattfinden[1], ebenso die für den 28. April 1919 geplante Sitzung, die schließlich am 12. Mai abgehalten wurde[2]. Im Frühjahr 1919 machten die politischen Verhältnisse Beratungen im Bayerischen Handelskammertag für mehrere Wochen (zwischen der Erschießung Eisners und dem Ende der Räterepublik) ganz unmöglich.[3] Auch der Ablauf der Versammlungen wurde von der politischen Entwicklung geprägt, denn die beiden Außerordentlichen Bayerischen Handelskammertage, die im Februar und März 1919 abgehalten wurden, fanden mit jeweils einer öffentlichen und einer geheimen Sitzung statt. Die Wahl von Handelskammertagen anstelle von Delegiertenkonferenzen, deren Ergebnisse traditionell nicht veröffentlicht wurden, war hier ein Kompromiß zwischen verschiedenen Bedürfnissen: Einerseits wollte man der Öffentlichkeit keinen Grund für Proteste gegen etwaige Forderungen

---

[1] BHK an die bayerischen HKn, 28.2.1919. Die HK Würzburg bat sogar, von einer Sitzung ganz abzusehen: „Zur Begründung fügen wir bei, daß abgesehen von den Sicherheitszuständen im Lande und insbesondere in der Hauptstadt doch auch die Verhältnisse es fast unmöglich oder doch äußerst schwierig machen, den Handelskammertag in München zu besuchen. Nach unserer Anschauung kommt in diesen unruhigen Zeiten und unter jetzigen Verhältnissen wohl nur eine schriftliche Verständigung in Frage." HK Würzburg an BHK, 14.3.1919. BWA K2/II/12.

[2] Vgl. Protokoll der Delegiertenkonferenz v. 12.5.1919. BWA K2/II/1, 3. Akt.

[3] Cohen/Simon: Geschichte, S. 459.

und Stellungnahmen aus den Kreisen der Wirtschaft geben, andererseits wollte man sich nicht gänzlich aus dem öffentlichen Bewußtsein verdrängen lassen.

Zudem war der Kreis der vertretenen Handelskammern nicht immer vollständig, was die Beschlußfassung erschwerte, denn die Handelskammer Ludwigshafen war wegen der Besetzung der Pfalz auf den Sitzungen oftmals nicht vertreten, da ihre Vertreter von den französischen Besatzern keine Reiseerlaubnis erhielten.[4]

Dagegen waren, spätestens nach der Übernahme des Handelsministeriums durch Eduard Hamm am 21. April 1919, auf den meisten Konferenzen Regierungs- und Behördenvertreter anwesend, die, obgleich wie schon vor und während des Krieges stets vom Handelskammertag zu den Sitzungen eingeladen, nun oftmals auch selbst darum baten, die Versammlungen besuchen zu dürfen.[5]

Die großen Diskussionen und Nöte der Übergangszeit wirkten sich natürlich auf die Arbeit des Bayerischen Handelskammertags aus. Die Zeit, in der man sich großen, zum Teil von vornherein wenig aussichtsreichen Projekten wie dem Bau einer Großschiffahrtsstraße oder der Verbesserung der Vertretung von Industrie und Handel in den Landräten widmen konnte, war unwiderruflich vorüber. Nun galt es, rasch und angemessen auf die drängenden Fragen zu antworten, die der Übergang von der Kriegs- zur Friedenswirtschaft und die durch die Revolution hervorgerufenen politischen Veränderungen mit sich brachten. Im Vordergrund stand dabei eindeutig die Beschäftigung mit der Frage der Neuordnung der bayerischen und deutschen Wirtschaft, d.h. mit den Sozialisierungsplänen der Revolutionsregierungen sowie mit der in diesem Zuge geplanten Neuordnung der Berufsvertretungen in Form der Räte. Beide Fragen werden in der Übersicht der Kategorie des wirtschaftspolitischen Wirkens zugerechnet, da es

---

4 Vgl. z.B. HK Ludwigshafen an BHK, 4.2.1919. BWA K2/II/11; HK Ludwigshafen an BHK, 24.3.1919. BWA K2/II/12; HK Ludwigshafen an BHK, 4.9.1923. BWA K2/II/14.

5 So baten im Februar 1919 die Vertreter Bayerns in Berlin, Ministerialrat Rohmer und Regierungsrat Gunz, darum, zu den Sitzungen des BHK eingeladen zu werden, wenn die beratenen Gegenstände ihr Arbeitsgebiet berührten. Die HKn hörten dies natürlich gern, da eine persönliche Fühlungnahme mit den amtlichen Vertretern Bayerns nur von Vorteil sein konnte. Vgl. HK Nürnberg an BHK, 28.2.1919. BWA K2/II/12. Im Juli d.J. sprach Handelsminister Hamm den Wunsch aus, gemeinsam mit weiteren Vertretern der Staatsregierung an den Verhandlungen teilnehmen zu dürfen, „um mit den Kreisen der Industrie und des Handels über verschiedene wichtige Fragen Rücksprache zu pflegen." BHK an die bayerischen HKn, 2.7.1919. BWA K2/II/13. Dies deckt sich mit SCHÄFERS Beobachtung, wonach die Beziehungen zwischen Staat und Wirtschaft in der Weimarer Republik generell enger waren als im Kaiserreich, weil das Bewußtsein der gegenseitigen Abhängigkeit deutlicher geworden war. Die Anwesenheit von Regierungsvertretern bei den Tagungen der Wirtschaftsverbände war nach Schäfer nun nicht mehr bloße Höflichkeit, „sondern Ausdruck der von der Regierung gesuchten Möglichkeit, ihre Politik einer wichtigen Gruppe zu erläutern und sich für sie ebenso wie für die sie tragenden Personen Unterstützung zu sichern." SCHÄFER: Deutscher Industrie- und Handelstag, S. 35.

sich bei ihnen um grundlegende Entscheidungen in bezug auf die Wirtschaftsordnung handelte. Daneben nahmen sich die Kammervertreter auch für das eigentliche wirtschaftspolitische Wirken, wie sie es aus der Kaiserzeit und auch noch aus dem Weltkrieg kannten, für die Beschäftigung mit Steuerentwürfen oder Verkehrspolitik die nötige Zeit, wenngleich die Beratung dieser Fragen aufgrund der häufig sehr zahlreichen Tagesordnungspunkte oftmals in nur sehr gedrängter Form stattfinden konnte. Dadurch ergibt sich in Tabelle 12 in dieser Kategorie der hohe Wert von über 71 %. Die anderen Bereiche traten demgegenüber weit in den Hintergrund; nennenswert ist einzig noch die Kategorie Innere Angelegenheiten der Handelskammern und des Handelskammertags, da die Kammern in diesen Jahren auch ihre eigene Arbeit zunächst wieder koordinieren mußten.

Tabelle 12: Verteilung der vom Bayerischen Handelskammertag besprochenen Themen 1919-1923

	absolut	%
Wirtschaftspolitisches Wirken	82	71,93
davon: Neuordnung der Wirtschaft	*34*	*29,82*
Besprechung öffentlicher Aufgaben	-	-
Gutachtliche Tätigkeit	1	0,88
Ordnungsfunktion in der Wirtschaft	6	5,26
Beschäftigung mit staatspolitischen Themen	6	5,26
Innere Angelegenheiten der HKn und des BHK	17	14,92
Sonstiges	2	1,75
Summe	114	100

Quelle: Eigene Berechnung auf Basis der Akten des BHK.

IV.2 Die Haltung des Bayerischen Handelskammertages zur neuen Regierung

Eisners Revolution in der Nacht vom 7. auf den 8. November 1918 traf die bayerischen Handelskammern wie die gesamte bayerische Bevölkerung völlig unvorbereitet. Kurt Eisner bildete in der Nacht vom 7. auf den 8. November den provisorischen Arbeiter- und Soldatenrat, proklamierte anschließend in der Abgeordnetenkammer unter dem Jubel der Zuschauer die Errichtung des „Freien Volksstaates Bayern", eröffnete die „vorläufige konstituierende Versammlung der Arbeiter-, Soldaten- und Bauernräte" und erklärte sich zum provisorischen Ministerpräsidenten des neuen revolutionären Regimes. Die bisherige Regierung kapitulierte widerstandslos.[6]

[6] HÜRTEN, Heinz: Revolution und Zeit der Weimarer Republik, in: Handbuch der bayerischen Geschichte, hg. von Max SPINDLER, 2. völlig neu bearbeitete Auflage, München 2003, S. 440-

Die Handelskammern verhielten sich zunächst abwartend, weil über die Rolle der Kammern im neuen Staat völlige Unklarheit herrschte. Zudem wollte man auf keinen Fall schon jetzt, wo noch keinerlei Anhaltspunkte in bezug auf die zukünftige Entwicklung vorlagen, Fühlungnahme mit den neuen Machthabern suchen, da man sich, so Pschorr, sonst diskreditiere. Anlaufpunkt war deshalb einmal mehr Meinel, den Gautsch und Kahn zusammen mit dem Syndikus des Bayerischen Industriellen-Verbandes, Kuhlo, am 11. November in der Hoffnung aufsuchten, etwas Konkretes über die Pläne der neuen Regierung zu erfahren. Meinel konnte zwar auch nichts Genaues mitteilen, ließ allerdings durchblicken, daß auch die jetzige Regierung die Arbeiter-, Soldaten- und Bauernräte nicht für eine dauerhafte Einrichtung halte. Innenminister Auer gab dem Münchner Kammervertreter Luebeck am 13. November auf dessen Anfrage hin zu verstehen, daß er sich im Bedarfsfalle an die Kammern als Interessenvertretung von Industrie und Handel und nicht an den Bayerischen Industriellen-Verband wenden werde.[7]

Trotz Pschorrs genannter Haltung erklärten die bayerischen Handelskammern schon Mitte November ihre grundsätzliche Bereitschaft, in allen Fragen der Übergangswirtschaft, der Demobilmachung sowie der Aufrechterhaltung industrieller Betriebe mit der neuen Regierung zusammenzuarbeiten, die sie in ihren Eingaben ausdrücklich aufforderten, diesbezügliche Gutachten der Kammern anzufordern.[8]

Zwei Wochen nach Eisners Machtübernahme, am 22. November, berieten die Handelskammern auf einer Delegiertenkonferenz in München über ihre Stellung zur neuen Regierung und zu dem am 17. November in der *Bayerischen Staatszeitung* veröffentlichten Regierungsprogramm.[9] Pschorr war der Ansicht, daß die Kammern durch die politische Umwälzung nicht direkt betroffen seien, da sie ja nur für wirtschaftliche Fragen zuständig seien und auch die Staatsregierung die bisherige Arbeitsweise beibehalten habe. Verschiedene Körperschaften, unter ihnen die bayerischen Handwerkskammern, strebten jedoch eine engere Fühlung mit der Regierung an, insbesondere wollten sie die Zubilligung von Sitz und Stimme im Hauptparlament, d.h. im provisorischen Nationalrat erreichen. Der provisorische Nationalrat setzte sich nach Eisners Erklärung bei seiner Eröffnung am 8. November aus Mitgliedern des Arbeiter- und Soldatenrats sowie

---

499, hier S. 443f.; MITCHELL, Allan: Revolution in Bayern 1918/1919. Die Eisner-Regierung und die Räterepublik, München 1967, S. 80-94; KRAUS: Grundzüge, S. 206-211.

[7] SPERL: Wirtschaft und Staat, S. 284f.

[8] Eingaben der HKn München (13.11.1918), Ludwigshafen, Regensburg, Augsburg (jeweils 15.11.1918), Passau (16.11.1918) und Nürnberg (20.11.1918) an das Staatsministerium des Äußern. BHStA MH 16303.

[9] Protokoll der Delegiertenkonferenz v. 22.11.1918. BWA K2/II/1, 2. Akt. Die Kammern Augsburg, Ludwigshafen, Nürnberg und Würzburg hatten sich für ihr Fernbleiben entschuldigt. Zum Regierungsprogramm siehe Bayerische Staatszeitung, Nr. 268, 17.11.1918.

aus Abgeordneten des bisherigen Landtags zusammen. Arbeiter- und Soldatenrat, die jeweils fünfzig Mitglieder in den Nationalrat schicken sollten, wurde wenige Tage später um den Bauernrat erweitert, woraufhin auch andere Berufsgruppen beantragten, Delegierte in den Nationalrat entsenden zu dürfen.[10] Pschorr stellte daher die Frage, ob auch die Handelskammern sich diesbezüglich engagieren sollten. Ein von ihm nicht näher bezeichnetes Mitglied der Regierung riet angeblich hierzu, Pschorr plädierte jedoch dafür, zunächst einmal abzuwarten, da „man sich tunlichst von Politik fernhalten wolle und ein oder sogar drei Vertreter unter den 50 Soldaten-, 50 Arbeiter- und 50 Bauernräten doch zu wenig gewesen wäre."[11] Außerdem müßten die Handelskammern bei einer aktiven Beteiligung an der Regierung auch Mitverantwortung übernehmen, was möglichst zu vermeiden sei. Dies wurde von den anderen Anwesenden genauso gesehen.

Dagegen waren sich die Delegierten einig, nach Möglichkeit einen Vertreter jeder Handelskammer in das im Regierungsprogramm erwähnte „Nebenparlament", das mit Exponenten aller Berufe besetzt werden sollte, zu entsenden.[12] Zu diesem Zweck, d.h. um eine möglichst große Vertretung von Industrie und Handel im Nebenparlament zu erreichen, sollte auch, trotz schriftlich bzw. fernmündlich ausgedrückter Bedenken der Ludwigshafener sowie der Augsburger Kammer, die Tätigkeit mehrerer großer bayerischer Wirtschaftsverbände unterstützt werden, die sich am 18. November zu einer Vereinigung der Verbände für Handel, Industrie und Gewerbe Bayerns zusammengeschlossen hatten.[13]

Die Vereinigung hatte zum Zweck der Mobilisierung der Öffentlichkeit für die Belange von Industrie und Handel noch am Tage ihrer Gründung ein „Komitee zur Wahlbeeinflussung" gegründet, dem im Dezember ein erweiterter Arbeitsausschuß folgte, welcher gemeinsam mit dem Bayerischen Industriellen-

---

[10] KÖGLMEIER, Georg: Die zentralen Rätegremien in Bayern 1918/19. Legitimation – Organisation – Funktion, München 2001, S. 228f. Zum Provisorischen Nationalrat siehe auch HÜRTEN: Revolution, S. 445f.

[11] Pschorr lt. Protokoll der Delegiertenkonferenz v. 22.11.1918. BWA K2/II/1, 2. Akt.

[12] Eisner erklärte seine Vorstellung eines Nebenparlaments nicht allzu genau. Vermutlich sollte es die Kammer der Reichsräte ersetzen. Es sollte eine repräsentative, aus den verschiedenen revolutionären Räten und anderen Berufsorganisationen in Bayern gebildete Körperschaft sein. Eisner mußte den Gedanken an dieses Nebenparlament jedoch mit Einsetzen des Wahlkampfs im Dezember 1918, spätestens aber als das Wahlergebnis vorlag, aufgeben. Vgl. MITCHELL: Revolution, S. 93, 149, 196; HÜRTEN: Revolution, S. 446.

[13] Vgl. zur Vereinigung der Verbände ECKARDT: Industrie und Politik, S. 176. Augsburg hatte telefonisch Bedenken angemeldet, da eine Beeinflussung der Wahlen, wie sie von der Vereinigung angestrebt wurde, nicht Aufgabe der Kammern sei. Telefonat Kahn-Böhm, Feststellung zum Akt, 21.11.1918. BWA K2/XXIII/62. Die Vereinigung der Verbände versuchte im Dezember noch Abgeordnete in den Nationalrat zu entsenden, was von Eisner ohne Begründung abgelehnt wurde, während die bayerischen Handwerkskammern im Nationalrat vertreten waren, vgl. KÖGLMEIER: Rätegremien, S. 233, 239, Anm. 700, S. 240.

Verband Kontakte zu den bürgerlichen Parteien wegen der Kandidatennominierung aufnehmen sollte.[14] Obgleich die Handelskammern, die ja dem Außenministerium unterstanden, nach wie vor der Meinung waren, sich politisch neutral verhalten zu müssen, wurde auf der Sitzung des Arbeitsausschusses der Vereinigung der Verbände am 7. Februar 1919 eine möglichst enge und einvernehmliche Zusammenarbeit zwischen der Vereinigung und dem Bayerischen Handelskammertag vereinbart.[15] Auf diese Weise konnten die Handelskammern, wenn auch indirekt, Einfluß auf die Auswahl der zu nominierenden Landtagskandidaten von Handel, Industrie und Gewerbe nehmen.

Etwas erleichtert wurde den Kammern der politische Wechsel im nachhinein dadurch, daß bereits die Regierung Eisner die Errichtung eines Handelsministeriums, das die Wirtschaftsangelegenheiten aus dem früheren Ministerium des Kgl. Hauses und des Äußern übernehmen sollte, plante.[16] Die Räteregierung unter Martin Segitz sowie die anschließende Regierung von Johannes Hoffmann setzten diese Planungen fort, so daß am 3. April 1919 das „Staatsministerium für Handel, Industrie und Gewerbe" per Verordnung errichtet werden konnte. Allerdings wurde es von den Kammern zunächst mißtrauisch betrachtet, weil die Verselbständigung der bisherigen Abteilung II des Ministeriums des Äußern ihrer Meinung nach nur dazu diente, einem Parteigenossen der Räteleute – in diesem Fall konkret dem bisherigen Gewerkschaftssekretär Josef Simon – einen Ministersessel mit gutem Einkommen zu gewähren.[17]

Die personellen Veränderungen im Mitarbeiterbereich des neuen Ministeriums waren entgegen den Befürchtungen der Kammern jedoch minimal. Der Großteil der bisherigen Beamten blieb auf ihren Posten; Meinel, der kompetenteste Wirtschaftspolitiker der königlichen Bürokratie, wurde schon am 1. April zum Staatsrat im neuen Handelsministerium berufen, so daß in diesem Bereich weitgehend Kontinuität gewahrt werden konnte.[18] Besonders der Kontakt zu

---

[14] Vereinigung der Verbände für Handel, Industrie und Gewerbe Bayerns an seine Mitglieder, 23.12.1918. BWA K1/XXIII/436. SPERL: Wirtschaft und Staat, S. 287, bringt irrtümlich den BHK mit dem erweiterten Arbeitsausschuß in Verbindung, an dem sich wohl einzelne Vertreter der HK München beteiligten, nicht aber der BHK als Organisation.

[15] Niederschrift über die Sitzung des provisorischen Arbeitsausschusses am 7.2.1919. BWA K1/XXIII/436.

[16] BORCHARDT: Geschichte, S. 26. MITCHELL: Revolution, S. 92, erwähnt bei seiner Aufstellung des Kabinetts Eisner allerdings nichts davon.

[17] COHEN/SIMON: Geschichte, S. 437; KUHLO: Jubiläumsschrift, S. 94.

[18] BORCHARDT: Geschichte, S. 26f.; ECKARDT: Industrie und Staat, S. 94. Die HKn hatten sich für die Einsetzung Meinels als Leiter des neuen Handelsministeriums ausgesprochen, vgl. Konstatierungen Kahns zum Akt, 12. und 13.2.1919, Eingabe der HK München an alle Fraktionen des bayer. Landtags, 15.2.1919. BWA K2/XVa/3. Zur genauen Struktur des neuen Handelsministeriums vgl. WAGNER, H.: Die Organisation der bayerischen Industrie, in: Geschichte der bayerischen Industrie, hg. v. Alfred KUHLO, München 1926, S. 201-213, hier S.

Meinel gestaltete sich fortan sehr eng; er bildete die erste Anlaufstelle des Handelskammertages gegenüber der Regierung, besuchte regelmäßig dessen Sitzungen und setzte noch im Dezember 1918 die Ernennung der Münchner Handelskammermitglieder Fraenkel und Gautsch zu Vertrauensmännern von Industrie und Handel durch, die als solche „eine möglichst enge Verbindung" der Regierung „mit den großen Wirtschaftsgruppen des bayerischen Handels und der bayerischen Industrie" sicherstellen sollten. Sie waren „zur Mitarbeit bei allen einschlägigen Fragen" berufen, wodurch der Befürchtung dieser Kreise entgegengewirkt werden sollte, „daß die neue Regierung gewagte Experimente zur Neugestaltung unseres Wirtschaftslebens beabsichtige."[19]

Dennoch bestand bei den Handelskammern das Gefühl, bei wichtigen Fragen übergangen zu werden. Im Januar beschwerte sich die Handelskammer München beim bayerischen Außenministerium darüber, daß sowohl von den Berliner Zentralbehörden als auch von den bayerischen Ministerien eine Reiche von Verordnungen sozialpolitischer Natur erlassen worden seien, ohne daß den Handelskammern zuvor Gelegenheit gegeben worden sei, hierzu Stellung zu nehmen. Da diesen Verordnungen auch für die Unternehmer in Handel, Industrie und Gewerbe eine außerordentlich einschneidende Bedeutung zukam, erhoben Pschorr und Kahn nachdrücklich Einspruch gegen dieses Vorgehen. Sie verkannten keineswegs die Schwierigkeiten, die der Befragung einer jeden Handelskammer entgegenstanden, und plädierten deshalb dafür, wenigstens die Spitzengremien zu hören. Das Ministerium sollte sich dafür einsetzen, daß vor gesetzgeberischen Maßnahmen auf Reichsebene der Deutsche Industrie- und Handelstag und in Bayern der Bayerische Handelskammertag gehört wurden.[20] Die anderen bayerischen Handelskammern schlossen sich dieser Eingabe vollinhaltlich an.[21] Diese Forderung wurde auf dem Außerordentlichen Handelskammertag vom 5. Februar 1919 wiederholt, allerdings im geheimen Sitzungsabschnitt, über den nichts an die Öffentlichkeit drang. Legationsrat Hamm sicherte den Kammern daraufhin zu, sie verstärkt einzubinden, und entschuldigte die Versäumnisse mit den „gegenwärtigen Verhältnissen", ohne aber weiter ins Detail zu gehen.[22]

Eine Besprechung einer Abordnung des Handelskammertages mit dem neuen Handelsminister Josef Simon am 25. März 1919 verlief allerdings wenig erfreu-

203. Das Verbleiben der bisherigen Verwaltung im Amte erleichterte in ganz Bayern die rasche Annahme des Umsturzes durch die Bevölkerung, vgl. MITCHELL: Revolution, S. 100.

[19] Bekanntmachung des Ministeriums des Äußern betr. Vertrauensmänner für Bayerns Handel und Industrie in der Bayerischen Staatszeitung, Nr. 299, 24.12.1918. Zitiert nach SPERL: Wirtschaft und Staat, S. 294.

[20] HK München an Staatsministerium des Äußern, 14.1.1919. BHStA MH 14262.

[21] HK Nürnberg (18.1.1919), HK Regensburg (22.1.1919), HK Ludwigshafen (27.1.1919), HK Passau (30.1.1919) an Staatsministerium des Äußern. BHStA MH 14262.

[22] Protokoll des Außerordentlichen BHK v. 5.2.1919 (geheime Sitzung). BWA K2/II/1, 3. Akt.

lich. Pschorrs Bitte, Handel und Industrie „nicht als suspekt" zu betrachten, beschied Simon lediglich mit den Worten, daß nun alle Kreise zusammenarbeiten müßten, um dem Wohl des Landes zu dienen. Clairmont, der die schwierige Lage der Industrie, insbesondere den Mangel an Kohle und Rohstoffen schilderte, erhielt von Simon zur Antwort, „die Industrie müsse damit rechnen, daß sie Opfer zu bringen habe; er [Simon] habe seinerzeit am eigenen Leibe gespürt, was es heisst, arbeitslos zu sein."[23] In den Augen der Kammern war dies keine Basis für eine vertrauensvolle Zusammenarbeit.

So erlangte das lange herbeigesehnte Handelsministerium erst mit Eduard Hamm, der das Amt am 21. April 1919 von Simon übernahm, für die Kammern Bedeutung. Zu ihrem Bedauern hatte Meinel als Nichtpolitiker eine Übernahme des Handelsministeriums abgelehnt.[24] Doch auch Hamm, der als Legationsrat unter Meinel das Vertrauen der Vertreter von Industrie und Handel gewonnen hatte, enttäuschte ihre Hoffnungen nicht. Bemüht, die bayerischen Wirtschaftsinteressen in Berlin zu stärken, suchte er von Anfang an engen Kontakt zu den bayerischen Wirtschaftskreisen, um sich ein detailliertes, präzises Bild über die Lage der einzelnen Industriezweige, über deren Wünsche und Bedürfnisse zu verschaffen. Hierzu bediente er sich insbesondere der Handelskammern und des Handelskammertages.[25]

[23] Konstatierung Kahns zum Akt, 25.3.1919. BWA K2/XVa/3. Pschorr berichtete auf dem Außerordentlichen BHK am selben Tag über das Treffen, erklärte aber lediglich, die Anhörung der HKn sei für Simon eine Selbstverständlichkeit. Protokoll des Außerordentlichen BHK v. 25.3.1919 (öffentliche Sitzung). BWA K2/II/1, 3. Akt.

[24] Meinel zog es vor, Ministerialdirektor zu bleiben, um als solcher an den Friedensverhandlungen teilnehmen und dort die bayerischen Interessen vertreten zu können. COHEN/SIMON: Geschichte, S. 473; ZORN/HILLENBRAND: Sechs Jahrhunderte, S. 253.

[25] Vgl. SPERL: Wirtschaft und Staat, S. 348ff., 445. Der BHK beglückwünschte Hamm am 2.6.1919 mit einem Telegramm zu seiner Ernennung und drückte den Wunsch aus, „daß Bayerns darniederliegendes Wirtschaftsleben unter Ihrer umsichtigen und tatkräftigen Lenkung zu neuer Blüte gelangen möge." BWA K2/XVa/3. Hamm, Mitglied der Deutschen Demokratischen Partei, blieb bis Juli 1922 bayerischer Handelsminister, schied dann aber wegen der Ablehnung der Republikschutzgesetze zusammen mit den anderen DDP-Politikern aus der Regierungskoalition aus. Von November 1922 bis August 1923 war er Staatssekretär in der Reichskanzlei, ab November 1923 bis Januar 1925 Reichswirtschaftsminister unter Kanzler Marx. Von 1925 an fungierte er als erstes geschäftsführendes Präsidialmitglied des DIHT. 1933 trat er nach der Machtübernahme durch die Nationalsozialisten zurück und wurde kurz darauf ein wichtiges Mitglied des Widerstandskreises um Franz Sperr. Nach seiner Verhaftung im Zuge der „Gewitter-Aktion" nach dem 20. Juli 1944 wählte er als letzten Ausweg den Freitod. Vgl. SCHÄFER: Deutscher Industrie- und Handelstag, S. 45-52, sowie BECKER, Winfried: Franz Sperr (1878-1945), in: Zeitgeschichte in Lebensbildern, Bd. 11: Aus dem deutschen Katholizismus des 19. und 20. Jahrhunderts, hg. von Jürgen ARETZ, Rudolf MORSEY u. Anton RAUSCHER, Münster 2004, S. 93-106, hier S. 100, 104f. Die bayerischen HKn bedauerten Hamms Rücktritt im Juli 1922 sehr, obgleich Meinel sein Nachfolger wurde. In einem Schreiben des BHK bedankten sie sich nochmals ausdrücklich für Hamms „unermüdliche und tatkräftige Fürsorge". BHK an Hamm, 26.7.1922. BHStA MA 99974.

IV.3 DER BAYERISCHE HANDELSKAMMERTAG VOR SEINER GRÖßTEN HERAUSFORDERUNG: RÄTEFRAGE UND NEUORGANISATION DER WIRTSCHAFT

3.1 SOZIALISIERUNG UND UMBAU DER WIRTSCHAFT

Bereits während des Krieges war in den Diskussionen über die zweckmäßigste Gestaltung der Übergangswirtschaft, an denen sich auch der Bayerische Handelskammertag beteiligt hatte, um die wirtschaftspolitische Konzeption für die Zeit nach dem Ende der Kampfhandlungen gerungen worden. Zwar waren die während des Krieges erarbeiteten Pläne mit der deutschen Kapitulation und der Revolution hinfällig, doch setzten diesbezüglich sogleich neue Auseinandersetzungen ein, in denen die Sozialdemokraten nach der Übernahme der politischen Macht die größten Aussichten besaßen, die von ihnen befürwortete Sozialisierungspolitik durchzusetzen. Parallel dazu versuchte allerdings sofort das Reichswirtschaftsamt, den kriegswirtschaftlichen Organisationsapparat für die von dem neu ernannten Unterstaatssekretär von Moellendorff propagierte Gemeinwirtschaftspolitik, die den Produktionsprozeß „durch volkwirtschaftliche Organisation nach betriebswirtschaftlichen Gesichtspunkten" umgestalten sollte, einzusetzen. Die freie Marktwirtschaft war dagegen, so hatte es den Anschein, nach Kriegsende nicht mehr aufrechtzuerhalten.[26]

Als „reif" für die Sozialisierung auf industriellem Gebiet erachteten die bayerischen Sozialdemokraten in ihrem Regierungsprogramm vom 15. November 1918 die Bereiche der großen Bergwerke, der Wasserkraft und der Elektrifizierung, vermutlich weil unter der Kriegswirtschaft weitgehende Regierungsverordnungen über die Brenn- und Kraftstoffversorgung schon durchgesetzt worden waren.[27] Eisner war aber bewußt, daß die kapitalistische Struktur der Wirtschaft nicht auf einen Schlag verändert werden konnte, vielmehr sollte sie nach der völligen Erschöpfung durch die Kriegsanstrengungen zunächst stabilisiert und dann erst sozialisiert werden. In seinem Aufruf vom 15. November verzichtete er deshalb ausdrücklich auf sofortige Vergesellschaftungen in der Industrie.[28]

---

[26] SCHIECK, Hans: Die Behandlung der Sozialisierungsfrage in den Monaten nach dem Staatsumsturz, in: Vom Kaiserreich zur Republik, hg. von Eberhard KOLB, Köln 1972, S. 138-164, hier S. 138-141. Allerdings waren der Sozialisierungspolitik aufgrund der Notwendigkeit der Kreditbeschaffung für Lebensmittel und Rohstoffe und des noch offenen Friedensvertrags von vornherein engste Grenzen gesetzt.

[27] MITCHELL: Revolution, S. 104.

[28] Eisner in seinem Aufruf u.a.:„ Wir sprechen uns aber in vollkommener Offenheit aus, daß es uns unmöglich erscheint, in einer Zeit, da die Produktionskräfte des Landes nahezu erschöpft sind, die Industrie in den Besitz der Gesellschaft zu überführen. Man kann nicht sozialisieren, wenn kaum etwas da ist, was zu sozialisieren ist. […] Ferner scheint es uns unmöglich, in einem einzelnen nationalen Gebiete der Weltwirtschaft die sozialistische Organisation durchzuführen." Zitiert nach SCHIECK: Sozialisierungsfrage, S. 143, Anm. 29, und MITCHELL: Revolution, S. 104.

Dennoch verabschiedete der Bayerische Handelskammertag auf Anregung der Kammer München am 22. November eine Resolution gegen Enteignung und Verstaatlichung jeglicher Art, da schon eine Diskussion hierüber „die Unternehmungslust, die Entschlußkraft und den frohen Wagemut von Handel und Industrie“[29] in der Phase des Wiederaufbaus lähme. Die geplante Verstaatlichung des gesamten Ein- und Ausfuhrhandels gefährde die Wettbewerbsfähigkeit der deutschen Industrie und damit ihre Existenz aufs schwerste, wobei, wie der Handelskammertag in einem Plädoyer an die Interessen der neuen Regierung betonte, bei dieser Warnung nicht das Eigeninteresse im Vordergrund stehe: Eine Aufhebung der jetzigen Rechts- und Gesellschaftsordnung würde die wichtigsten Gebiete des Wirtschaftslebens in ihren Existenzgrundlagen erschüttern und vernichten und dadurch eine systematische Massenverelendung der Arbeiterschaft unweigerlich nach sich ziehen.

Die vom Handelskammertag gefürchtete, auf Reichs- und Bayernebene von der USPD geforderte Sozialisierung machte in den nächsten Wochen keine Fortschritte. Die schlechte Wirtschaftslage nach der Revolution, die sich in fortschreitender Inflation, Kohlenmangel und wachsender Arbeitslosigkeit niederschlug, und die zögernde Sozialisierungspolitik bedingten sich dabei gegenseitig: SPD und USPD wollten keine darniederliegende Industrie verstaatlichen, und die private Industrie wollte nicht in Betriebe investieren, die ihr vielleicht bald nicht mehr gehörten. Auf Druck der USPD beschloß das Kabinett in Berlin im Januar 1919 dennoch die Sozialisierung des Bergbaus und der Bodenschätze.[30] In Bayern trat, obgleich weder die Sozialdemokraten noch die Linkssozialisten Interesse an ihr zeigten, auf Einladung Eisners am 22. Januar 1919 die Bayerische Sozialisierungskommission unter Vorsitz des Professors Lujo Brentano zusammen,[31] was die Befürchtungen der Unternehmer natürlich schüren mußte.

Der Bayreuther Syndikus Dr. Hoffmann betonte in seinem Referat, das er am 5. Februar 1919 auf dem Außerordentlichen Bayerischen Handelskammertag in

[29] Protokoll der Delegiertenkonferenz v. 22.11.1918. BWA K2/II/1, 2. Akt.
[30] SCHIECK: Sozialisierungsfrage, S. 151.
[31] MITCHELL: Revolution, S. 224. Die Bayerische Sozialisierungskommission entwickelte sich schon innerhalb weniger Tage zu einem kleinen Ausschuß, der sich hauptsächlich mit den Problemen der Wasserkraft und der ländlichen Elektrifizierung beschäftigte und letztlich nicht über politische Diskussionen hinauskam. Der Vorsitzende Brentano gewann dabei, wie er später schrieb, bezeichnenderweise den Eindruck einer „absolute[n] Überlegenheit der privaten Wirtschaftsbetriebe über die staatlichen, durch Beamte geleiteten.“ (zitiert nach MITCHELL: Revolution, S. 224f.) Zur Haltung der verschiedenen bayerischen Parteien zur Sozialisierungsfrage vgl. Mitchell: Revolution, S. 159-162. SPD und DDP waren sich darin einig, Entscheidungen über etwaige Sozialisierungen der deutschen Nationalversammlung bzw. dem bayerischen Landtag zu überlassen und vorher nichts zu beschließen. Siehe auch SCHIECK: Sozialisierungsfrage, S. 145, sowie POHL: Wirtschafts- und Finanzpolitik, S. 37f.

München hielt und in dem er auch harsche Kritik an Eisner und Walther Rathenau übte, der Unternehmer sei beherrscht „von dem Gedanken, daß er der Gefahr ausgesetzt ist, daß sein Betrieb, wenn er ihn glücklich wieder hochgebracht hat, ihm genommen, verstaatlicht werden wird."[32] Nur private Unternehmer könnten die Wirtschaftskrise beheben, da Staatsbetriebe hierzu viel zu schwerfällig seien. Die Vertreter der anderen Kammern pflichteten Hoffmann in diesem Punkt bei, doch wurde allgemein die „weitverbreitete Arbeitsunlust", die man insbesondere auf die Existenz der Arbeitslosenunterstützung zurückführte, als das größere Übel betrachtet. In der Tat hatte die Arbeitslosigkeit nach dem 7. Januar, als eine Menge von beschäftigungslosen Arbeitern und Soldaten dem Minister für Soziale Fürsorge, Hans Unterleitner, eine Erhöhung der Unterstützung abgerungen hatte, sprunghaft zugenommen,[33] wobei allerdings nicht übersehen werden darf, daß das vorhandene Arbeitsangebot die Masse der demobilisierten Soldaten tatsächlich nicht aufnehmen konnte. In der verabschiedeten Resolution, die an die Staatsregierung, den Landtag, die Reichsregierung und die Nationalversammlung gerichtet wurde, widmete der Handelskammertag daher zwei Punkte einem Plädoyer zugunsten einer Steigerung der Arbeitsintensität, die durch eine starke Einschränkung der Arbeitslosenunterstützung und die Wiedereinführung der Akkordarbeit erreicht werden sollte. Im dritten Punkt warnte der Handelskammertag vor einer Sozialisierung der Betriebe: „Von den Plänen einer allgemeinen Sozialisierung der deutschen Industrie und des deutschen Handels ist abzusehen. Soweit für einzelne Zweige der Wirtschaft wegen Vorliegens eines vordinglichen und hervorragenden öffentlichen Interesses die Durchführung der Vergesellschaftung in Aussicht genommen ist, darf nur mit größter Vorsicht und nach gründlicher Abwägung aller Gründe und Gegengründe vorgegangen und muß jede auf lediglich agitatorischen Gründen beruhende Überstürzung vermieden werden."[34]

Zugleich forderte der Handelskammertag Friedensverhandlungen nach den Wilsonschen Grundsätzen und verurteilte die Abtrennung rein deutscher Gebiete im Osten und im Westen sowie die Beschlagnahmung der deutschen Handelsflotte und der deutschen Kolonien. Er legte gegen „all diese Bestrebungen unserer Feinde Deutschland zu entrechten und in seiner wirtschaftlichen Selbständigkeit zu vernichten *auf das feierlichste und entschiedenste Verwahrung ein* und *fordert als gutes Recht* des deutschen Volkes, daß die Lösung aller schwebenden Fragen in voller Übereinstimmung mit den Wilsonschen Grundsätzen so geschehen soll, daß nicht eine wirtschaftliche Verkümmerung und Erdrosselung

---

[32] Protokoll des Außerordentlichen BHK v. 5.2.1919 (öffentl. Sitzung). BWA K2/II/1, 3. Akt.
[33] MITCHELL: Revolution, S. 184, 204, 207, 209. Dies läßt sich einfach daran erklären, daß die Arbeitslosenunterstützung den Durchschnittslohn eines ungelernten Arbeiters weit überstieg.
[34] Protokoll des Außerordentlichen BHK v. 5.2.1919 (öffentl. Sitzung). BWA K2/II/1, 3. Akt.

des deutschen Volkes erfolgt und der Keim neuer kriegerischer Verwicklungen durch den Frieden gelegt wird.“[35]

Am 25. März verabschiedete der Handelskammertag erneut eine Resolution zur Sozialisierung, deren Inhalt im wesentlichen der obigen glich[36] – ein deutliches Zeichen, daß die erste Resolution nicht den gewünschten Erfolg gebracht hatte und die Lage für die Unternehmer nicht einfacher geworden war. Während in Berlin Anfang März Reichswirtschaftsminister Wissell und sein Unterstaatssekretär von Moellendorff erste Pläne zur Umsetzung der von ihnen geplanten „Gemeinwirtschaft“ vorlegten,[37] hatte die Erschießung Eisners am 21. Februar die ohnehin schon angespannte Situation in Bayern wesentlich verschärft, denn „nun setzte eine immer größere Anarchie ein, die durch fortgesetzte Generalstreiks, Aufstellung von Arbeiterwehren den Betrieben die letzte Möglichkeit zur Arbeit nahmen.“[38] Nachdem nach Eisners Tod zunächst ein sogenannter „Zentralrat der bayerischen Räte“ die Herrschaft in München übernommen hatte, wurde am 17. März ein neues Kabinett unter dem Mehrheitssozialisten und bisherigen Kultusminister Johannes Hoffmann gebildet, welches aber an dem nach Hoffmanns eigener Aussage „jammervollen“ Zustand der bayerischen Wirtschaft trotz des neuen Ministeriums für Handel, Gewerbe und Industrie nichts ändern konnte.[39] Insbesondere konnte es die Arbeiter nicht dazu bewegen, auf das Erwerbslosengeld zu verzichten und die Arbeit wieder aufzunehmen. Der auf der Vollversammlung des Handelskammertags am 25. März anwesende Vertreter des Ministeriums für Soziale Fürsorge, Dr. Potthoff, machte daher den Vorschlag, die Arbeiter über ihre Führer von den Bilanzen der Unternehmen zu informieren, um Maßnahmen wie geringere Löhne oder Verweigerung einer Lohnerhöhung verständlich zu machen. Viele der Handelskammervertreter hielten dies für nicht durchführbar, weil ihrer Meinung nach den Arbeitern das Verständnis für Bilanzen fehle. Sie erklärten sich jedoch bereit, verstärkt mit den Arbeitnehmern zusammenzuarbeiten. Zugleich richteten sie an das Ministerium

---

[35] Entschließung des BHK v. 5.2.1919. BWA K2/XXIII/66. Hervorhebung im Original.

[36] Protokoll des Außerordentlichen BHK v. 25.3.1919 (öffentl. Sitzung). BWA K2/II/1, 3. Akt. Aufgrund der nur wenige Tage später einsetzenden Räteunruhen konnte die Resolution zusammen mit einem Sonderabdruck von Clairmonts Referat zur „Erhaltung der Leistungsfähigkeit der deutschen Industrie“ erst am 27.5.1919 dem Handelsministerium zugesandt werden. Vgl. BHStA MH 15463.

[37] Vgl. EHLERT: Zentralbehörde, S. 261-263, 266-274; FACIUS: Wirtschaft und Staat, S. 97-100.

[38] COHEN/SIMON: Geschichte, S. 456.

[39] MITCHELL: Revolution, S. 255. Die Kohlenvorräte waren erschöpft, die Arbeitslosenzahlen blieben hoch, die Situation vieler Industriezweige war äußerst ungünstig und dem Handel ging es im allgemeinen noch schlechter als im Februar. Zur Bildung der Regierung Hoffmann siehe auch KÖGLMEIER: Rätegremien, S. 306, sowie HÜRTEN: Revolution, S. 457-459.

für Soziale Fürsorge die Bitte, ebenfalls mäßigend auf die Arbeitnehmer einzuwirken.[40]

Für weitere Unruhe unter den Handelskammern sorgte eine der ersten Maßnahmen des neuen Handelsministers Simon. Der weiterhin amtierende Zentralrat der bayerischen Räte erachtete die Vollsozialisierung Bayerns als unausweichlich und beabsichtigte daher, ein sozialistisches Zentralwirtschaftsamt mit weitreichenden Vollmachten zu installieren. Simon, sowohl Mitglied des Zentralrats als auch der Regierung, berief zu diesem Zweck den österreichischen Sozialphilosophen Dr. Otto Neurath nach München und ernannte ihn zum Staatskommissar für Sozialisierungsfragen.[41] Neurath hielt am 25. März im Sozialisierungsausschuß, einem der elf von der Regierung gebildeten Aktionsausschüsse, einen Vortrag über das Thema „Vollsozialisierung", in dem er auf die sofortige Schaffung des Zentralwirtschaftsamts drängte. Der Ausschuß nahm Neuraths Vorschläge an und übertrug dem neuen Amt die Verantwortung für eine Untersuchung der Wohnverhältnisse, der Bekleidung und der Lebensmittelversorgung der bayerischen Bevölkerung. Hoffmann verhehlte seine Abneigung gegen Neuraths Ernennung jedoch nicht und zwang Simon dazu, der Zuständigkeit Neuraths enge Grenzen zu ziehen.[42] Die Unternehmer sahen damit die Gefahr, die für sie von Neurath ausging, keineswegs gebannt.

In der Tat lud Neurath Vertreter von Handel und Industrie, darunter auch den Präsidenten der Münchner Handelskammer mit seinen Stellvertretern, am 2. April zu einer Sitzung des Handelsministeriums ein, auf der er über seine Pläne zur zukünftigen Sozialisierung der Wirtschaft Bayerns referierte. Nach Pschorr waren diese Mitteilungen „nicht nur im Ton verletzend, sondern auch ihrem Inhalt nach völlig undiskutierbar"[43], so daß einige Teilnehmer der Sitzung erwogen, den Saal unter Protest zu verlassen. Allgemein stellten die Wirtschaftsvertreter fest, „daß Dr. Neurath keine Ahnung davon habe, wie sich die Sozialisierung in der Praxis durchführen lassen werde. In der Aussprache wurde allseits auf den völligen Mangel an Kenntnissen der wirklichen Verhältnisse hingewiesen [...]."[44]

Die Münchner Kammermitglieder waren sich auf der zwei Tage später stattfindenden geheimen Vollversammlung einig, daß die von Neurath geplante Sozialisierung den wirtschaftlichen Ruin Bayerns bedeuten würde. Fraenkel regte deshalb an, eine Protestveranstaltung der bayerischen Handelskammern einzube-

---

[40] Protokoll des Außerordentlichen BHK v. 25.3.1919 (öffentliche Sitzung). BWA K2/II/1, 3. Akt.

[41] MITCHELL: Revolution, S. 256; BORCHARDT: Geschichte, S. 28.

[42] MITCHELL: Revolution, S. 256f., 279.

[43] COHEN/SIMON: Geschichte, S. 459.

[44] Ebd., S. 460. Neurath vertrat z.B. die Meinung, daß die Bauern unter dem Wucher am meisten gelitten hätten, was in der Veranstaltung allgemeines Lachen hervorrief.

rufen, was die Mehrheit der Versammelten jedoch ablehnte, weil sie nur noch größere Widerstände von seiten Neuraths und ein neues „Losschlagen“ der Radikalen gegen die Unternehmer befürchtete.[45] Dem Handelskammertag war so die Möglichkeit genommen, in dieser Situation zugunsten von Bayerns Industrie und Handel seine Stimme zu erheben.

Der Regierung Hoffmann gelang es ebenso wenig wie vor ihr dem Zentralrat, die Lage in Bayern zu beruhigen. Am 7. April rief deshalb eine Gruppe, die mit Sozialisten, Kommunisten, Anarchisten, Mitgliedern des Zentralrats, der Polizei, der Armee und des Bayerischen Bauernbunds die unterschiedlichsten Richtungen umfaßte, die Räterepublik aus, konnte sich aber nicht einmal eine Woche halten. Am 13. April übernahmen die Kommunisten die Führung der Räterepublik.[46] Hoffmann wich mit seinem Kabinett nach Bamberg aus, betonte aber sofort, daß er nicht zurückgetreten sei, und untermauerte seinen Anspruch auf die Regierung. Um die Räteregierung „auszuhungern“, ließ er eine Blockade um München errichten, die die Einfuhr von Lebensmitteln und Kohle verhinderte.[47] Diese Maßnahme allein reichte jedoch nicht aus, um die Aufständischen in die Knie zu zwingen. Am 1. und 2. Mai befreiten Reichstruppen zusammen mit Freikorps, denen sich auch der weltkriegserfahrene Pschorr angeschlossen hatte, die Stadt gewaltsam von der kommunistischen Herrschaft.[48]

Die Industrie Münchens und ganz Oberbayerns hatte unter der Räteherrschaft schwer gelitten. Von der ersten bis zur letzten Aprilwoche hatte die Produktion komplett stillgestanden,[49] was die ohnehin desaströse Wirtschaftslage Bayerns noch weiter verschärfte. Auch die Arbeit des Bayerischen Handelskammertages war von diesem Intermezzo beeinträchtigt worden. Die am 28. April 1919 geplante Delegiertenkonferenz konnte schon aufgrund der bürgerkriegsähnlichen Lage in München nicht stattfinden. Zudem mußte die Handelskammer München am 12. April 1919 auf Weisung des Vollzugsausschusses der Betriebs- und Soldatenräte ihre Tätigkeit bis auf weiteres einstellen.[50]

Nach der Niederschlagung der Räteherrschaft begab sich am 11. Mai 1919 eine neunköpfige Abordnung des Bayerischen Handelskammertags, einer telegraphischen Einladung des Handelsministeriums folgend, nach Bamberg, um sich dort mit dem neuen Innenminister Martin Segitz über die gegenwärtige Lage

---

[45] Protokoll der geheimen Vollversammlung der HK München, 4.4.1919. BWA K1/I/0.

[46] MITCHELL: Revolution, S. 267, 271; HÜRTEN: Revolution, S. 460f. Vgl. zu den Hintergründen KÖGLMEIER: Rätegremien, S. 318-330, 344-353.

[47] MITCHELL: Revolution, S. 274f., 276, 282f.

[48] MITCHELL: Revolution, S. 288f.; KÖGLMEIER: Rätegremien, S. 398f.; HÜRTEN: Revolution, S. 462-464. Zu Pschorr siehe COHEN/SIMON: Geschichte, S. 461.

[49] MITCHELL: Revolution, S. 285.

[50] WINKEL: Wirtschaft, S. 28.

von Industrie und Handel zu besprechen. Dieser, obgleich Mitglied der SPD, hatte sich nach seinem Amtsantritt als Staatskommissar für Demobilmachung im November 1918 für die Nöte der Wirtschaft durchaus aufgeschlossen gezeigt, nicht zuletzt deshalb, um durch eine funktionierende Wirtschaft, soweit als in der Demobilmachungsphase überhaupt möglich, das Problem der Arbeitslosigkeit abzumildern.[51] Mit diesem Treffen griff die Regierung jedoch erstmals seit längerer Zeit das von Industrie und Handel wiederholt gemachte Angebot zur Zusammenarbeit auf, gemeinsam über mögliche Lösungen der anstehenden Schwierigkeiten zu beraten, und setzte damit ein Zeichen der gegenseitigen Verhandlungsbereitschaft.

Insgesamt wurde bei der Besprechung von den Berichterstattern ein trostloses Bild gezeichnet, das bestimmt war von streikenden Arbeitern, welche sich nicht an abgeschlossene Tarifvereinbarungen hielten und einfach arbeitsunwillig seien, wodurch die Produktion, sofern überhaupt vorhanden, zu gering ausfalle und zudem durch zu hohe Löhne überteuert sei.[52] Die heimische Industrie sei daher mit dem Ausland nicht konkurrenzfähig und erhalte somit auch keine Aufträge. Es sei nun die Sache der Regierung, die Preise und Löhne zu senken und die Massen wieder zur Arbeit zu bewegen. Dr. Clairmont aus Augsburg forderte Segitz deshalb auf, die Aufklärungsarbeit der Regierung über den Zusammenhang zwischen der Lage der Unternehmer und der Arbeiter zu intensivieren: „Sie verfügen ja, Herr Minister, über tausend Kanäle, die Sie mit dem werktätigen Volk verbinden, die Sie in vorbildlicher Weise verstanden zu benutzen, um die Stimmung der breiten Massen zu beeinflussen. Benutzen Sie diese Mittel doch jetzt wieder in Ihrem eigenen Interesse und überlassen Sie das Feld der Agitation, die nun einmal heute unentbehrlich ist, nicht kampflos den Radikalen der extremen Linken."[53]

---

[51] Vgl. SPERL: Wirtschaft und Staat, S. 294ff. Besonders gegenüber Berlin versuchte Segitz einen eigenen bayerischen Weg zu gehen.

[52] Einen äußerst ausführlichen Überblick über die Lage von Industrie und Arbeiterschaft in der ersten Hälfte des Jahres 1919 bietet SPERL: Wirtschaft und Staat, S. 309-343. Sie zeigt, daß zwar die Löhne während und auch nach dem Krieg gestiegen, die Lebenshaltungskosten jedoch gleichzeitig noch schneller gewachsen waren, so daß die Löhne derjenigen, die überhaupt Arbeit hatten, real eigentlich sanken, was natürlich nicht dazu angetan war, die Arbeiter zu Höchstleistungen zu motivieren. Hinzu kamen die durch die Demobilisierung hervorgerufene große Arbeitslosigkeit (Anfang Mai 1919 waren 83.375 Menschen in Bayern arbeitslos) sowie die politisch instabile Lage nach der Revolution, die durch die Rätewirren im April 1919 noch verstärkt wurde. All das führte zu einer wirtschaftlich überaus desolaten Lage. SCHIECK: Sozialisierungsfrage, S. 155f., betont demgegenüber, daß die SPD trotz der widrigen Wirtschaftslage ihre politische Macht dazu benutzte, mit sozialpolitischen Maßnahmen wirtschaftliche Vorteile für die Arbeiterschaft zu erreichen. Dies führte zu Bestimmungen (wie etwa die Einführung und die Höhe des Arbeitslosengelds), die der Tragfähigkeit der Wirtschaft in der Nachkriegssituation nicht entsprachen.

[53] Bericht über eine Besprechung bei Minister Segitz in Bamberg am 11.5.1919. BWA K2/II/1, 3. Akt.

Segitz erklärte darauf, daß die Regierung in Beziehung auf Lohneinschränkungen wenig tun könne, da es die Sache der Unternehmer und Arbeiter sei, sich zu einigen auf Tarifverträge, für deren Durchführung die Gewerkschaften sorgen würden. Lediglich im Hinblick auf die Arbeitslosenunterstützung könne die Regierung Maßnahmen ergreifen.

Im weiteren Gespräch wurde deutlich, daß sich die Handelskammervertreter bereits mit einem gewissen Grad an Sozialisierung abgefunden hatten, da dieser in den Augen der meisten nicht mehr abzuwenden war: Die Gewerkschaften wurden als gleichberechtigte Verhandlungspartner anerkannt, man akzeptierte die Wahl von Betriebsräten, den Achtstundentag sowie das Tarifvertrags- und Schlichtungswesen. Die Industriellen wollten aber Sicherheit vor den Sozialisierungsplänen Otto Neuraths, die ihnen entschieden zu weit gingen. Segitz fand sich schließlich zu einer förmlichen Erklärung bereit, in denen er den Delegierten im Rahmen des Möglichen weit entgegenkam:

> 1. „Ich ermächtige die Herren, in jeder Weise und überall zu erklären: Die Sozialisierung, soweit sie notwendig und durchführbar ist, wird erfolgen, jedoch in den Grenzen, in denen sie im Reiche durchgeführt wird, da Bayern sich in wirtschaftlicher Beziehung nicht schlechter stellen darf als andere Bundesstaaten.
>
> Die Regierung hat mit Dr. Neurath nichts zu tun.
>
> 2. Die Arbeitslosenunterstützung wird in Bayern auf die Sätze des Reiches herabgesetzt und zwar schon in den nächsten Tagen. Die Regierung hat ferner die Absicht, zunächst allen unverheirateten Arbeitern die Unterstützung zu entziehen, wenn sie Arbeit, die ihnen angeboten wird, nicht annehmen. Alle Arbeitslosen, welche landwirtschaftliche Arbeiten verrichtet haben, werden auf das Land abgeschoben."[54]

Der ebenfalls anwesende Hamm, nunmehr Handelsminister, betonte, daß das Wissen des Staates über den Aufbau der Industrie gefördert werden müsse, „das läge im allgemeinen Interesse der ganzen Bewegung." Daher trat er gegenüber Segitz nachdrücklich für ein „inniges Zusammenarbeiten mit allen Körperschaften, die industrielle, kaufmännische und gewerbliche Interessen vertreten, also mit allen Handelskammern, Gewerbekammern, mit dem Handelskammertag" ein.[55]

---

[54] Ebd. SPERL: Wirtschaft und Staat, S. 348, führt dieses Entgegenkommen darauf zurück, daß der Staat in seiner Legitimität durch den Krieg geschwächt, durch die Revolution in seinen Machtmitteln erschüttert und somit seinerseits auf die Kooperationsbereitschaft der industriellen Kreise angewiesen war. Deshalb blockte er nun Entscheidungen (wie die Pläne Neuraths) ab, die zu einer weiteren Umgestaltung des wirtschaftlichen und sozialen Systems geführt hätten, und half damit die Weitergeltung der überkommenen Besitz-, Eigentums- und Verfügungsverhältnisse zu garantieren.

[55] Bericht über eine Besprechung bei Minister Segitz. BWA K2/II/1, 3. Akt.

Die neun Vertreter des Handelskammertags berichteten tags darauf ihren Kollegen im Rahmen einer Delegiertenkonferenz in Nürnberg von den Ergebnissen des Treffens mit Segitz.[56] Um die dort angesprochene notwendige Aufklärungsarbeit in der Arbeiterschaft zu unterstützen, beschloß man, eine „Propagandastelle“ beim Bayerischen Handelskammertag zu errichten, die der Regierung Material liefern sollte. Außerdem sprachen sich die Delegierten für eine engere Fühlungnahme mit den politischen Parteien, insbesondere mit der Deutsch-Demokratischen Partei sowie der Bayerischen Volkspartei, aus. Der Landtagsabgeordnete Haeberlein (DDP) teilte mit, daß der Ältestenrat des Landtags, der täglich versammelt sei, bereit sei, Wünsche und Anregungen der Handelskammern jederzeit beim Ministerium zu vertreten; er warb zudem für eine Unterstützung der Regierung Hoffmann durch die Handelskammern. Dies fiel um so leichter, als am 31. Mai 1919 Hoffmann unter Einbeziehung der Bayerischen Volkspartei und der Deutsch-Demokratischen Partei sein zweites Kabinett bildete, in dem Eduard Hamm wieder das Handelsministerium übernahm.

Vom Frühsommer 1919 an begann mit der Ausarbeitung und der Annahme der Weimarer Verfassung die Reichspolitik für die bayerische Wirtschaft eine immer größere Rolle zu spielen. Wissell und Moellendorff hatten nach der Verabschiedung des von ihnen konzipierten Sozialisierungsgesetzes im März begonnen, den Außenhandel unter gemeinwirtschaftlichen Gesichtspunkten zu organisieren. Im Mai 1919 erarbeiteten Wissell und Moellendorff zusammen mit ihrem Mitarbeiter Trendelenburg eine Denkschrift nebst zugehörigem Wirtschaftsprogramm, die die programmatischen Ziele und die Organisation der angestrebten Gemeinwirtschaft umfassend darstellten.[57]

Die Vertreter der bayerischen Handelskammern trafen sich am 11. Juli in Nürnberg, um sich über dieses Papier auszutauschen.[58] Hier war man sich allerdings rasch einig: Die Denkschrift wurde allgemein abgelehnt, ebenso der Gedanke einer Gemeinwirtschaft. Zwar wußte man, daß eine völlige Rückkehr zu den Verhältnissen von 1914 nicht stattfinden könnte, auch stimmte man darin überein, daß wenigstens die Einfuhr zur Zeit noch einer Aufsicht unterstellt werden mußte, und auch darin, den Arbeitnehmern gewisse Konzessionen zu machen. Doch beharrte man darauf, daß die Vorzüge der Gemeinwirtschaft vor der freien Wirtschaft noch nicht bewiesen seien, zudem lasse sich auch die liberale Wirtschaft durch Steuern und Konzessionen in gewisse Bahnen lenken. Die von Moellendorff angestrebten Vereinheitlichungen führten nach Meinung der Anwesenden zu noch mehr Arbeitslosigkeit. Außerdem stehe das Ausland einer

56 Protokoll der Delegiertenkonferenz der bayerischen HKn, 12.5.1919. BWA K2/II/1, 3. Akt.

57 Vgl. EHLERT: Zentralbehörde, S. 298-304, 320-322.

58 Vgl. Protokoll des Außerordentlichen BHK v. 11.7.1919. BWA K2/II/1, 3. Akt. Ebenso ablehnend verhielten die anderen Wirtschaftsverbände im ganzen Reich, vgl. SPERL: Wirtschaft und Staat, S. 353 sowie EHLERT: Zentralbehörde, S. 337-339.

Gemeinwirtschaft ablehnend gegenüber, was den internationalen Handel sehr erschweren würde. Die im Papier vorgesehene Mitbestimmung der Arbeitnehmer sei bereits durch Tarifverträge und Gesetze gesichert, so daß die Denkschrift hier nicht mehr nötig gewesen sei. In diesem Sinne formulierten die Handelskammervertreter eine Entschließung, für die sich auch der auf der Versammlung anwesende Hamm aussprach und die an die bayerische Staatsregierung, den Landtag, die Reichsregierung und die Nationalversammlung gerichtet wurde.

Ein weiteres Thema dieser Vollversammlung bildete das Reichsgesetz über Betriebsräte, das vom Reichsarbeitsministerium ausgearbeitet worden war und in Kürze das entsprechende bayerische Gesetz vom 22. April 1919 ablösen sollte.[59] Auch hier war man sich rasch einig: Der Bayerische Handelskammertag erkannte die Mitwirkungsrechte der Arbeitnehmer an, weil dies dem sozialen und wirtschaftlichen Frieden und damit der gesamten Volkswirtschaft dienlich sein könne. Die Mitbestimmung solle aber auf die eigentlichen Arbeitsverhältnisse beschränkt sein und dürfe nicht auf die Betriebsleitung übergreifen, weil der Unternehmer so in seiner Entschlußfreiheit lahmgelegt würde. Konkrete Kritik übte man an jenen Paragraphen, die nach Meinung der Handelskammern zu sehr in die Bereiche des Arbeitgebers eingriffen. Dies betraf das Recht auf Mitwirkung bei der Einführung neuer Arbeitsmethoden, bei der Einstellung und Entlassung der Arbeitnehmer, das Recht, den Arbeitgeber in der Betriebsleitung zu unterstützen und für einen möglichst hohen Stand der Arbeitsleistungen zu sorgen sowie das Recht, vom Arbeitgeber über alle die Arbeitnehmer-Verhältnisse berührenden Fragen Aufschluß zu verlangen. Einstimmig forderte man, diese Paragraphen zu streichen, weil sie Hemmnisse für die Entscheidungsfreiheit des Arbeitgebers darstellten und dadurch zum Nachteil der Arbeitnehmer selbst sowie der wiederaufzubauenden Wirtschaft geraten konnten. Eine entsprechende Resolution sandte man an die Nationalversammlung, das Bayerische Ministerium für Handel, Industrie und Gewerbe sowie an das Bayerische Ministerium für Soziale Fürsorge.

Die Verabschiedung der sogenannten Weimarer Verfassung beendete die Diskussion um die richtige Gestaltung der Wirtschaftsordnung vorerst. Ausgehend von der staatlich gelenkten Kriegswirtschaft mit ihrem hohen Organisationsgrad, welche die Sozialdemokratie, die nun entscheidende politische Kraft, bereits als Vor- oder Übergangsform zu einer sozialistischen Wirtschaftsform ansah, wurde das Kapitel über das „Wirtschaftsleben" in der neuen Reichsverfassung, die in der ersten Hälfte des Jahres 1919 erarbeitet wurde, gestaltet. Die Sozialdemokraten erwarteten die Verwirklichung der von ihnen angestrebten

---

[59] Protokoll des Außerordentlichen BHK v. 11.7.1919. BWA K2/II/1, 3. Akt. Das bayerische Gesetz sah eine betriebliche Mitbestimmung ab fünf Beschäftigten vor, das Reichsgesetz war dagegen weniger weit gefaßt, vgl. SPERL: Wirtschaft und Staat, S. 352.

Wirtschaftsform nicht mehr vom ökonomischen und politischen Zusammenbruch des kapitalistischen Systems, sondern von seiner ökonomischen und politischen Demokratisierung. Insofern bewegte sich der Abschnitt der Verfassung, der sich auf die Wirtschaft bezog, grundsätzlich in der liberalen Tradition des Kaiserreichs. Das private Eigentum, das Erbrecht und die Rechte aus geistiger Arbeit wurden garantiert, daneben aber zugleich auch die prinzipielle Möglichkeit der Enteignung gegen angemessene Entschädigung und der „Vergesellschaftung" vorgesehen. Die wirtschaftliche Freiheit des einzelnen, Vertragsfreiheit, Vereinigungsfreiheit und Gewerbefreiheit wurden gesichert, gleichzeitig wiederum staatliche Einschränkungen zugelassen. Die Betriebs- bzw. Unternehmensverfassung orientierte sich in erster Linie an liberaler Unternehmerfreiheit, bezog aber in einem Zugeständnis an die revolutionären Arbeitermassen ansatzweise auch eine sozialpartnerschaftliche Mitbestimmung ein. Auf überbetrieblicher Ebene war im Art. 165 ein korporatistischer Aufbau in Form von Wirtschaftsräten vorgesehen. Insgesamt sicherte die Weimarer Reichsverfassung damit die bürgerlich-liberale Wirtschaftsordnung des Kaiserreichs, ergänzte sie allerdings mit sozialrechtlichen Schutzbestimmungen.[60] Im nachhinein erwies sich damit, daß die privatkapitalistische Wirtschaftsordnung bereits durch die „Zentralarbeitsgemeinschaft" der Unternehmer und der Gewerkschaften, die durch das Stinnes-Legien-Abkommen vom 15. November 1918 ins Leben gerufen worden war, entscheidend stabilisiert worden war. In dem Abkommen hatten die Unternehmer den Gewerkschaften eine gleichberechtigte Stellung für das gesamte Wirtschaftsleben eingeräumt und alte sozialpolitische Forderungen der Arbeiter erfüllt. Obgleich dies unbestreitbar einen Erfolg für die Gewerkschaften darstellte, schloß das Abkommen zugleich eine Anerkennung der bestehenden Wirtschaftsordnung und einen Verzicht auf grundlegende Änderungen ein.[61]

3.2 Reichswirtschaftsrat und Neugestaltung des Kammerwesens

3.2.1 Bemühungen des Handelskammertages um den Erhalt des Status quo im Kammerwesen

Der politische Umsturz im November 1918 brachte nicht nur die Gefahr einer Sozialisierung der Wirtschaft mit sich, sondern betraf ganz massiv auch die Handelskammern selbst. Hatte bereits der Weltkrieg mit seinen staatlich delegierten Verwaltungsaufgaben sie verstärkt in die Richtung ausführender Organe gedrängt und ihnen für ihre originäre Aufgabe der wirtschaftlichen Interessenvertretung kaum noch Zeit gelassen, so mußten die Kammern jetzt, unter den neuen wirtschaftspolitischen Bedingungen, ihre Rolle im Staat neu definieren.

---

[60] AMBROSIUS: Kriegswirtschaft, S. 301-303; RÜRUP, Reinhard: Entstehung und Grundlagen der Weimarer Verfassung, in: Vom Kaiserreich zur Republik, hg. von Eberhard KOLB, Köln 1972, S. 218-243, hier S. 237.

[61] RÜRUP: Entstehung, S. 225; BLAICH: Staat und Verbände, S. 61f.

Bedrängt wurden sie dabei von zwei Seiten: Einerseits mußten sie mit den nun entstandenen Arbeiter- und Soldatenräten um das Gehör von Regierung und Verwaltung konkurrieren, andererseits drohten die Fachverbände, d.h. die Interessenverbände der einzelnen Industrie- und Handelszweige, die im Verlauf des Krieges bedeutenden Einfluß auf die Politik gewonnen hatten, ihnen ihren Rang als Vertretung der Unternehmerinteressen abzulaufen.[62]

Während die meisten der Kammern die entstandenen Arbeiter- und Soldatenräte anfangs noch als „Spuk" betrachteten, der schnellstmöglich beseitigt werden sollte, um der Wirtschaft und den Kammern ein geordnetes und stetiges Arbeiten zu ermöglichen,[63] ging man in der Oberpfalz mit der Gründung eines Industrie- und Handelsrats im Dezember 1918 bereits frühzeitig eigene Wege. Der Industrie- und Handelsrat umfaßte die freien Verbände der Wirtschaft und sollte zusammen mit der Handelskammer ein Gegengewicht zu den Arbeiter- und Soldatenräten bilden, die Arbeitgeberinteressen vertreten und insbesondere dafür sorgen, daß Handel und Industrie beim Wiederaufbau der Wirtschaftsordnung entscheidend mitreden konnten. Hierfür sollte auf die politischen Parteien eingewirkt werden, damit diese in ihre Wahlvorschlagslisten für die Wahlen zur Nationalversammlung im Deutschen Reich bzw. zum Nationalrat in Bayern eine der Bedeutung von Industrie und Handel entsprechende Anzahl von Vertretern dieser Berufsklassen aufstellten.[64] Syndikus Clarus berichtete auf dem Außerordentlichen Handelskammertag im Februar 1919 über diese Entwicklung, stieß damit jedoch bei seinen Kollegen auf wenig Verständnis. Diese warnten vielmehr vor einer eigenen Organisation der freien Verbände, Kommerzienrat Seiler aus Nürnberg war gar der Ansicht, „die Handelskammern schaufelten sich damit ihr eigenes Grab", denn sie würden der Bedeutungslosigkeit anheimfallen. Eine enge Zusammenarbeit mit den im Krieg erstarkten Fachverbänden wurde zwar allgemein gewünscht, sollte aber keinesfalls institutionalisiert werden.[65]

Auch ein Monat später beharrten die Kammern auf ihrem jeweiligen Standpunkt, obgleich sich die Lage bereits zu ihren Ungunsten zu ändern begann. Die bayerische Regierung hatte ihnen den Entwurf einer neuen Handelskammer-Verordnung zur Beratung vorgelegt, was von den Kammern begrüßt wurde, da seit 1910 keine Kammerwahlen mehr abgehalten worden waren und man insgesamt das Bedürfnis nach Erneuerung verspürte. Der Entwurf der Regierung

---

[62] Einen Überblick über die Vielzahl der bayerischen Verbände bietet WAGNER: Organisation, S. 210-213.

[63] So Hoffmann auf dem Außerordentlichen BHK (öffentliche Sitzung) v. 5.2.1919. BWA K2/II/1, 3. Akt. Die Annahme, daß es sich bei den Räten um kurzlebige Gebilde handelte, war nicht einmal abwegig, lehnten doch sogar die Mehrheitssozialisten die Räte weitgehend ab. Innenminister Erhard Auer versuchte sogar, ihnen den Zugang zur Machtausübung auf allen Stufen der öffentlichen Dienste zu sperren, vgl. MITCHELL: Revolution, S. 137f., 197.

[64] KAMMERER: Interessenvertretungspolitik, S. 274f.; LEONHARDY: Gliederung, S. 57.

[65] Protokoll des Außerordentlichen BHK (geheime Sitzung) v. 5.2.1919. BWA K2/II/1, 3. Akt.

lehnte sich an den entsprechenden preußischen Entwurf an. Mit seinem ersten Teil zeigten sich die Kammervertreter im wesentlichen einverstanden, da er im Grunde keine großen Veränderungen gegenüber der bisherigen Verordnung beinhaltete.[66]

Der zweite Teil rief dagegen größeren Widerstand hervor: An die Stelle des Bayerischen Handelskammertages als loser Vereinigung der Kammern sollte „eine feste in sich abgeschlossene Korporation mit besonderer eigener Geschäftsstelle und stehenden Ausschüssen" namens Industrie- und Handelstag treten, die die Handelskammern sowie die fachlichen Landesverbände umfassen und die Form einer Körperschaft öffentlichen Rechts erhalten sollte. Der Referent, Syndikus Heyn aus Nürnberg, warnte eindringlich vor dieser Entwicklung: „Es liegt nur zu nahe, daß ein solcher Industrie- und Handelstag eine so *überragende* Stellung gewinnt, daß die einzelnen Handelskammern zu mehr oder weniger bedeutungslosen *lokalen* Organisationen herabsinken. Das gilt um so mehr, wenn nun auch noch ständige Ausschüsse gebildet werden, die einzelne Industriezweige umfassen und am Zentralpunkt dieser Industrien ihren Sitz haben sollen. [...] Es ist möglich, daß die neue Zeit eine solche Zentralisierung verlangt und daß das insbesondere mit Rücksicht darauf notwendig ist, daß die Industrien durch das ganze Reich fachlich gegliedert werden sollen. Vielleicht würden auch die Handelskammern dadurch vor dem Schicksal bewahrt werden, von den Verbänden, die in letzter Zeit immer mehr hervorgetreten sind und einen immer größeren Einfluß gewonnen haben – in Norddeutschland noch mehr als in Bayern –, an die Wand gedrückt zu werden. Unter allen Umständen wird aber die Bedeutung der einzelnen Kammer im Vergleich zu jetzt wesentlich herabsinken."[67] Eine Neuorganisation, so Heyn, sollte deshalb nur dann erfolgen, wenn sie wirklich unbedingt notwendig war; das Handelsministerium sollte diese Frage nochmals überprüfen.

Daß für die Regierung der Weg jedoch schon entschieden war, machten spätestens Kahns Ausführungen zum Schicksal des nunmehrigen Landesbeirats (vormals Zentralstelle) für Industrie, Gewerbe und Handel deutlich: Aus dem Beirat sollten nun zwei neue Gremien gebildet werden, und zwar zum einen ein Landesgewerberat, der aus einem Industrie-, einem Handels-, einem Handwerks- sowie einem Kunst- und Gewerberat bestehen und die Staatsregierung beraten sollte, und zum anderen ein Landesgewerbetag, ebenfalls aus vier Abteilungen bestehend und als Vertretung der Gewerbe fungierend. Kahn bemängelte, daß das Verhältnis zu den Handelskammern, „die doch die amtlichen Vertretungen der Industrie, des Handels und der Gewerbe sind", nicht klar sei. Aller-

---

[66] Vgl. Protokoll des Außerordentlichen BHK v. 25.3.1919 (geheime Sitzung). BWA K2/II/1, 3. Akt.

[67] Protokoll des Außerordentlichen BHK v. 25.3.1919 (geheime Sitzung). BWA K2/II/1, 3. Akt. Hervorhebungen im Original. Exemplar des Verordnungsentwurfs in Archiv IHK Ludwigshafen, 26 Aa 2 p.

dings stammte dieser Entwurf vom Dezember 1918, war also älter als der Entwurf bezüglich der Kammerverordnung. Hier war also noch eine Abstimmung im Ministerium selbst nötig. Daß dieses jedoch den Weg zu den Räten einschlagen wollte, war damit eigentlich unstrittig.

Auch Clarus war fest davon überzeugt, daß die Räte sich schon etabliert hatten und nur ihre endgültige Form noch nicht feststand. Die Handelskammern müßten dieser Entwicklung rechtzeitig Rechnung tragen, um nicht bedeutungslos zu werden. Vor diesem Hintergrund verteidigte er im März 1919 nochmals den in der Oberpfalz eingerichteten Industrie- und Handelsrat, der seiner Meinung nach genau in die Pläne der Regierung paßte und mit dem die Handelskammer Regensburg innerhalb Bayerns eine Vorreiterrolle einnahm. Clarus zeigte sich auch dem im Regierungsentwurf vorgeschlagenen Industrie- und Handelstag gegenüber aufgeschlossen, da seiner Meinung nach ohne eine Zusammenarbeit mit den Verbänden keine effektive Interessenvertretung mehr möglich sein würde.[68]

Vor allem die Vertreter der Kammer Nürnberg widersprachen dieser Einschätzung heftig, sie waren davon überzeugt, daß die Räte nur eine vorübergehende Erscheinung seien. Andere Kammern, so München, Augsburg und Passau, glaubten, daß man sich mit den neuen Entwicklungen arrangieren müsse. Alle – mit Ausnahme der Kammer Regensburg – waren sich jedoch darin einig, daß deshalb keine neuen Organisationen nötig waren; die bestehenden Handelskammern sowie der Bayerische Handelskammertag genügten vollauf, lediglich eine engere Zusammenarbeit mit den Fachverbänden sei nötig. Legationsrat Hamm erklärte in einer Stellungnahme, daß es sich bei den Entwürfen der Regierung eigentlich nur um Vorentwürfe handelte, die Lösungsmöglichkeiten aufzeigen und zu denen die Kammern Stellung nehmen sollten. Er riet den Kammern jedoch, ihre Organisation trotz ihrer abwehrenden Haltung zum Rätesystem so zu gestalten, „daß sie behaupten können bereits Räte zu sein und ein Recht auf Einfügung in einen größeren Wirtschaftsrat zu haben."[69]

Um die Diskussion hierüber auf der Vollversammlung nicht noch weiter in die Länge zu ziehen, beschloß man, die Fragen im Rahmen einer Kommission weiterzuberaten, zu der jede Kammer zwei Vertreter sowie den Syndikus abordnen sollte. Als Datum für den Zusammentritt wurde der 28. April vorgesehen; aufgrund der Räteunruhen in München mußte das Treffen jedoch bis auf weiteres verschoben werden.

---

68 Protokoll des Außerordentlichen BHK v. 25.3.1919 (geheime Sitzung). BWA K2/II/1, 3. Akt. Clarus verfolgte mit dem Industrie- und Handelsrat der Oberpfalz – unabhängig von der bayerischen Staatsregierung – bereits die Gründung eines Bayerischen Industrie- und Handelsrats, der von den anderen bayerischen HKn aber immer wieder vehement abgelehnt wurde. KAMMERER: Interessenvertretungspolitik, S. 276.

69 Protokoll des Außerordentlichen BHK v. 25.3.1919 (geheime Sitzung). BWA K2/II/1, 3. Akt.

Erst am 12. Mai, nach dem Treffen mit Segitz in Bamberg, konnten sich die Kammervertreter auf einer Delegiertenkonferenz wieder über diese Frage austauschen. Haeberlein gab dabei streng vertrauliche Mitteilungen über einen vom Ministerium Hoffmann ausgearbeiteten Entwurf eines Rätegesetzes bekannt, wonach den Arbeiter- und Soldatenräten Vollzugsgewalt zugebilligt werden und das Selbstbestimmungsrecht der Gemeinden so fast vollkommen beseitigt werden sollte, obwohl Hoffmann selbst ein Gegner der „Rätewirtschaft" sei und die Frage bis zu einem entsprechenden Reichsgesetz hinauszögern wolle. Haeberlein riet den Kammern dennoch, sich der Rätefrage nicht völlig zu verschließen, da diese „marschiere" und die Kammern sonst ins Hintertreffen gerieten. Die anwesenden Delegierten diskutierten über diese Anregung lebhaft, konnten sich jedoch einmal mehr auf keine gemeinsame Position in dieser Frage verständigen.[70]

Im Juli erhielt der Handelskammertag von seiten der Regierung einen neuen Verordnungsentwurf zur Gestaltung des Kammerwesens. Bereits im Mai 1918 hatte sich der Deutsche Handelstag in Berlin in „Deutscher Industrie- und Handelstag" umbenannt, um dadurch einerseits das gestiegene Gewicht der Industrie zu berücksichtigen, andererseits den Fachverbänden in der Konkurrenz um die Vertretung der Industrie besser Paroli bieten zu können.[71] In Preußen wurde die Einführung der Bezeichnung „Handels- und Industriekammern" bzw. „Industrie- und Handelskammern" seit Oktober 1917 diskutiert.[72] Der neue Entwurf der bayerischen Verordnung wollte diese Entwicklung berücksichtigen und schlug eine Umbenennung der Kammern in „Handels- und Industriekammer" vor. Der Bayerische Handelskammertag sprach sich dafür aus, die „Industrie" an den Anfang des Namens zu setzen, da die Industrie sehr bedeutsam sei und es überdies schon Loslösungstendenzen der Industrie von den Handelskammern gebe.[73]

Auf verständlichen Widerstand stieß der im Entwurf erneut vorgesehene „Industrie- und Handelstag", der nun jedoch eine eigenständige feste Organisation neben dem Bayerischen Handelskammertag bilden sollte, statt diesen zu ersetzen. Als Mitglieder des Handelstages waren die Landesverbände der Industrie, des Großhandels, des Kleinhandels und des Bergbaus vorgesehen; die Handels-

---

[70] Protokoll der Delegiertenkonferenz der bayerischen HKn, 12.5.1919. BWA K2/II/1, 3. Akt.

[71] SCHÄFER: Deutscher Industrie- und Handelstag, S. 24. Zugleich wurden die noch bestehenden Mitgliedschaften von Verbänden und Vereinen zum DIHT gelöst, um ihn von Rücksichten zu befreien, „die seinem Charakter als Spitzenvertretung der gesetzlich berufenen Vertretungskörperschaften von Handel und Industrie wesensfremd waren." FRENTZEL/JÄKEL: Industrie- und Handelskammern, S. 75.

[72] FRENTZEL: Industrie- und Handelskammern, S. 70. Die Bezeichnung „Industrie- und Handelskammern" wurde in Preußen 1924 per Gesetz eingeführt.

[73] Vgl. Protokoll der Delegiertenkonferenz v. 11./12.7.1919. BWA K2/II/1, 3. Akt. Die Delegiertenkonferenz fand unmittelbar im Anschluß an den Außerordentlichen BHK v. 11.7.1919 statt.

kammern sollten also außen vor bleiben. Heyn sah hier deutlich die Gefahr eines Bedeutungsverlusts der Kammern, denen dann nur noch regionales Gewicht zukäme, da der erste Ansprechpartner für Regierung und Ministerien fortan der Industrie- und Handelstag wäre. Heyn schlug deshalb vor, daß die Handelskammern künftig den „Bayerischen Industrie- und Handelstag" bilden sollten und im übrigen alles bei der bisherigen Organisation bleiben sollte. Hieran knüpfte sich eine Diskussion über eine eventuelle Beteiligung der Verbände, in der sich die Kammern München und Bayreuth dafür, Nürnberg und Augsburg aber dagegen aussprachen, während Regensburg, das doch in dieser Frage vorangegangen war, merkwürdigerweise eine unentschlossene Haltung einnahm. Aufgrund dieses uneinheitlichen Meinungsbildes wurde die Entschlußfassung in dieser Frage bis auf weiteres vertagt. In der Zwischenzeit sollte allerdings Fühlung mit den Verbänden aufgenommen und diese nach ihrer Meinung befragt werden.[74] Da bis September keine der Kammern ihre Meinung geändert hatte, setzte der Bayerische Handelskammertag das zuständige Ministerium hierüber in Kenntnis und plädierte zugleich dafür, lediglich die Kann-Bestimmung des § 2 Abs. 8 der Verordnung von 1908 durch eine definitive Formulierung („Die Industrie- und Handelskammern bilden den Bayerischen Industrie- und Handelskammertag.") zu ersetzen, ansonsten die Organisation aber unverändert zu belassen.[75]

Die ganze Frage der Stellung der Handelskammern erfuhr eine Wendung, als erste Pläne über die Bezirkswirtschaftsräte laut wurden. Wie schon erwähnt, waren die Räte als Zugeständnis an die Arbeitermassen in die neue Reichsverfassung eingefügt worden. Art. 165 Abs. 2 und 3 der Verfassung erhoben das Rätesystem zum bestimmenden wirtschaftsverfassungsrechtlichen Organisations- und Funktionsprinzip. Zur Ausgestaltung sollten auf unterster Ebene, also auf Ebene der einzelnen Unternehmen, Betriebsräte eingeführt werden, die in Bezirksarbeiterräten, Bezirkswirtschaftsräten, Reichsarbeiterrat und Reichswirtschaftsrat ihren Überbau erhalten sollten. Die weiteren Einzelheiten blieben einer späteren reichsgesetzlichen Regelung überlassen. Obwohl sich die in der Nationalversammlung vertretenen Parteien in dem Gedanken der Einführung eines Reichswirtschaftsrates weitgehend einig waren, da sie in ihm den Ausdruck eines der gegenwärtigen Wirklichkeit gemäßen Verfassungsdenkens erblickten, legten sie seiner praktischen Ausgestaltung und ebenso jener der untergeordne-

[74] Protokoll der Delegiertenkonferenz v. 11./12.7.1919. BWA K2/II/1, 3. Akt. Besonders Nürnberg entwickelte in der Folge eine rege Aktivität in dieser Frage und warb bei den Schwesterkammern für eine Ablehnung eines ständigen Industrie- und Handelstages. Vgl. Korrespondenz in Archiv IHK Ludwigshafen, 26 Aa 2 p.

[75] BHK an Staatsministerium f. Handel, Industrie u. Gewerbe. Abschrift in Archiv IHK Ludwigshafen, 26 Aa 2 p.

ten Räte verschiedene ideologische Konzepte zugrunde, so daß es hierüber zu heftigen Debatten kam.[76]

Die Handelskammern mußten in dieser Situation davon ausgehen, daß diese völlige Neugestaltung der wirtschaftlichen Interessenvertretungen auf allen Ebenen auch sie nicht unberührt lassen, sondern sie miteinbeziehen und umgestalten würde. Unterstützung für ihre diesbezüglichen Sorgen fanden sie dabei im Handelsministerium. Ende Dezember 1919 berichtete Hamm dem Bayerischen Handelskammertag darüber, daß er sich an den Reichswirtschaftsminister und den preußischen Handelsminister gewandt habe, um zu erfahren, welche Absichten auf Reichsebene und in Preußen über die Erhaltung und Neugestaltung der Handelskammern bestünden. Zudem hatte Hamm eine diesbezügliche Fühlungnahme der Länder angeregt.[77] Ein eigenständiges Vorgehen Bayerns in der Gestaltung des Kammerwesens kam für Hamm also nicht in Frage, war wohl nach der Reichsverfassung auch kaum mehr möglich.[78]

Auf Einladung des preußischen Handelsministers fand am 7. Februar 1920 die von Hamm angeregte Besprechung der größeren Länder statt, an der für Bayern der Bayerische Stellvertretende Bevollmächtigte zum Reichsrat, Ministerialdirektor Dr. Rohmer, teilnahm. Unter den Anwesenden herrschte Einverständnis darüber, die Reorganisation des Handelskammerwesens der Länder so lange aufzuschieben, bis die Absichten der Reichsregierung hinsichtlich der Ausgestaltung der Bezirkswirtschaftsräte feststünden. Man versicherte sich gegenseitig, von einem einseitigen Vorgehen abzusehen.[79]

---

[76] HUBER, Ernst Rudolf: Deutsche Verfassungsgeschichte seit 1789, Bd. 6: Die Weimarer Reichsverfassung, Stuttgart u.a. 1981, S. 390-394. Schulz beschreibt die Bezirkswirtschaftsräte als eine breitere Verankerung und Ausweitung des Einflusses bisheriger Berufsvertretungen und kommt zu dem Schluß, es handle sich hierbei um eine Erweiterung des herkömmlichen gewerblichen Kammerwesens, die von staatlichen Stellen mit Argwohn verfolgt worden sei. Vgl. SCHULZ, Gerhard: Räte, Wirtschaftsstände und die Transformation des industriellen Verbandswesens am Anfang der Weimarer Republik, in: Gesellschaft, Parlament und Regierung. Zur Geschichte des Parlamentarismus in Deutschland, hg. v. Gerhard A. RITTER, Düsseldorf 1974, S. 355-366, hier S. 361. Diese (für die Kammern positive) Einschätzung wurde von den Kammern selbst jedoch keineswegs geteilt, wie aus den Beratungen des BHK deutlich wird.

[77] Hamm an BHK, 29.12.1919. BWA K2/I/25, 1. Akt.

[78] Nach der Weimarer Verfassung besaß das Reich für die Errichtung der Wirtschaftsräte die ausschließliche Gesetzgebung, für die Errichtung beruflicher Vertretungen im allgemeinen hatte die Verfassung jedoch die konkurrierende Gesetzgebung vorgesehen. Bayern konnte in dieser Frage also nur dann selbständig vorgehen, wenn das Reich von seinem Gesetzgebungsrecht keinen Gebrauch machte, wonach es Ende 1919 allerdings nicht aussah.

[79] Rohmer an das Bayerische Ministerium f. Handel, Industrie u. Gewerbe, 9.2.1920. In Abschrift an den BHK. BWA K2/I/25, 1. Akt. Der Bericht über diese für den Bestand der HKn so wichtigen Sitzung ging dem BHK allerdings erst am 25.2.1920 zu, worüber sich Pschorr und Kahn beim Ministerium beschwerten. HK München an das Bayerische Ministerium für Handel, Industrie und Gewerbe, 27.2.1920. BWA K2/I/25, 1. Akt.

Der preußische Unterstaatssekretär Dönhof, der bei der Besprechung den Vorsitz innehatte, teilte mit, daß im Reichswirtschaftsministerium mit dem Zusammentritt des vorläufigen Reichswirtschaftsrates, der den Aufbau der Räteordnung vorwegnehmen sollte, in der zweiten Aprilhälfte gerechnet werde, und daß man diesem bis 1. Juli eine Vorlage über die Bezirkswirtschaftsräte zugehen lassen wolle, die bis 1. Oktober 1920 in Kraft treten solle. Dabei war von vornherein ein Einbau der Handelskammern in die Bezirkswirtschaftsräte vorgesehen, die Anwesenden stimmten jedoch darin überein, daß der von den Arbeitnehmern nach dem Wegfall der Arbeiter- und Soldatenräte geforderte paritätische Ausbau der Kammern „zu verwerfen sei, und zwar ebenso vom Standpunkt der Arbeitgeber wie der Arbeitnehmer aus.“[80] Rohmer verwies dabei nachdrücklich auf die Gefahr einer Überorganisation sowie darauf, daß die Reichsverfassung nicht zu einem Ausgleich der Arbeitgeber- und Arbeitnehmerinteressen schon in der ersten Instanz zwinge. Deshalb sei zu überlegen, ob nicht die Bezirkswirtschaftsräte erst als erste paritätische Instanz zu schaffen seien.

Übereinstimmend wurde abschließend ausgedrückt, daß es für Länderregierungen und Reich von Vorteil wäre, wenn Arbeitgeber und -nehmer in wichtigen wirtschaftlichen Fragen getrennte Äußerungen abgäben, „damit die Interessengegensätze zu scharfer Darstellung kommen, ehe sie in den Bezirkswirtschaftsräten durch ein mehr oder weniger zweckmäßiges [sic] Kompromiss verschleiert werden.“[81] Auch war man sich einig, daß mit Rücksicht auf die Eingliederung der Handelskammern in die Bezirkswirtschaftsräte ein Reichsrahmengesetz für die Kammern nötig sei, bei dem jedoch darauf geachtet werden sollte, daß innerhalb dieses Rahmens die Handelskammern der Landesgesetzgebung und auch der Aufsicht der jeweiligen Zentralbehörden unterstellt blieben.

Die bayerischen Kammern berieten am 26. März 1920 über diese neue Entwicklung, Referent war wiederum der Nürnberger Syndikus Heyn.[82] Er betrachtete in seinem Vortrag die Angliederung und Unterstellung der Handelskammern unter die Bezirkswirtschaftsräte als beschlossene Sache. Zudem, so führte er aus, sollten die Arbeitnehmer bei der Behandlung von Wirtschaftsfragen herangezogen und der Aufgabenkreis der Handelskammern möglicherweise beschränkt werden, was in jedem Fall eine außerordentliche Schwächung der Kammern bedeute.

Die Heranziehung der Arbeitnehmer sollte durch die Bildung paritätisch zusammengesetzter Organe erfolgen, welche entweder die Handelskammern selbst wären oder neu gebildete Wirtschaftskammern, die aus den Handelskammern einerseits und Arbeiterräten andererseits bestünden. Heyn war der Meinung, daß

---

[80] Rohmer an das Bayerische Ministerium f. Handel, Industrie u. Gewerbe. BWA K2/1/25, 1. Akt.

[81] Ebd.

[82] Vgl. Protokoll der Delegiertenkonferenz v. 26.3.1920. BWA K2/II/1, 3. Akt.

der Gedanke an paritätische Handelskammern schon auf Grund der Erfahrungen der Kammern mit den Ausschüssen der Handlungsgehilfen und technischen Angestellten zu verwerfen sei. Die Unternehmer müßten in den Handelskammern Organe finden, die ihre Interessen verträten. Bezüglich der Wirtschaftskammern äußerte er Bedenken, ob diese den Vorschriften des Art. 165 Abs. 3 der Reichsverfassung entsprächen, der dahingehend lautete, daß „Bezirksarbeiterräte [...] mit den Vertretungen der Unternehmer und sonst beteiligter Volkskreise zu Bezirkswirtschaftsräten [...] zusammentreten sollen."[83] Eine paritätische Zusammensetzung, folgerte Heyn wie zuvor Rohmer, solle also erst bei den Bezirkswirtschaftsräten erfolgen, womit die Wirtschaftskammern überflüssig seien.

In der Ablehnung der paritätisch besetzten Handelskammern waren sich alle Anwesenden einig. Bayreuths wissenschaftlicher Hilfsarbeiter Dr. Werle traf mit seiner folgenden Bemerkung wohl die Meinung aller: „Der paritätische Ausbau der Handelskammern sei nichts weiter als eine Überspannung des sozialen Gedankens und eine Verquickung von Sozial- und Wirtschaftspolitik."[84] Die Kammern lehnten einstimmig auch die Wirtschaftsräte als Überorganisation ab und wiesen jede Beschränkung ihres eigenen Aufgabenkreises zurück.

Der auf der Tagung anwesende Minister Hamm war dagegen der Ansicht, daß die Bezirkswirtschaftsräte unausweichlich seien. Er versprach aber, sich dafür einzusetzen, die Handelskammern möglichst zu stärken, damit diese innerhalb der Bezirkswirtschaftsräte ihre Position behaupten könnten.

Der Münchner Syndikus Kahn schlug sodann eine Zuziehung der freien Verbände zum Bayerischen Handelskammertag, den er hier bereits als Industrie- und Handelskammertag bezeichnete, vor.[85] Er dachte dabei an den Bayerischen Industriellenverband, den Zentralverband des Deutschen Großhandels, Gruppe Bayern, sowie die Arbeitsgemeinschaft des Bayerischen Einzelhandels, mit welchen die Kammer München schon gesprochen hatte und die mit einer Zusammenarbeit auch einverstanden waren. Die Kammern Bayreuth, Ludwigshafen, Passau, Regensburg und Würzburg hatten intern bereits über diese Frage beraten und befürworteten die Zuziehung der Verbände; Augsburg und Nürnberg hatten dagegen noch nicht Stellung genommen, so daß auch die Delegierten der beiden Kammern auf dieser Konferenz keine Entscheidung treffen konnten. Heyn stand im allgemeinen auf dem Münchner Standpunkt, wollte aber warten, bis das Reichsrahmengesetz hierzu vorlag. Augsburgs Syndikus Meier hielt eine Stellungnahme insgesamt für verfrüht, da zuerst die Ausgestaltung der Bezirkswirtschaftsräte geklärt sein sollte. Er hatte aber gegen eine praktische Zusammenarbeit der Verbände mit dem Bayerischen Handelskammertag nichts einzuwenden.[86]

[83] Zitiert nach Heyns Referat im Protokoll der Delegiertenkonferenz. Ebd.
[84] Protokoll der Delegiertenkonferenz v. 26.3.1920. BWA K2/II/1, 3. Akt.
[85] Ebd.
[86] Ebd.

Nach nahezu anderthalb Jahren des Lavierens in dem Bemühen, den Status quo unverändert aufrechtzuerhalten, bezogen die bayerischen Handelskammern damit erstmals eindeutig Position. Die unmittelbar nach Kriegsende als vorübergehender „Spuk" betrachteten Räte und damit ein Ausgleich mit den Arbeitnehmern schienen durch Art. 165 der Reichsverfassung unvermeidbar geworden zu sein. Um das Schlimmste abzuwenden und die Arbeitgeberposition soweit als möglich zu stärken, nahmen die Kammern deshalb die noch im Jahr zuvor abgelehnte Zusammenarbeit mit den Fachverbänden in Kauf, die aber einen geschickten Kompromiß darstellte: Indem diese auf die Ebene des Handelskammertags beschränkt blieb, würde einerseits das Gewicht dieses Gremiums gegenüber den Arbeitnehmern entscheidend gesteigert, da in ihm nun alle wichtigen Unternehmervereinigungen zusammengefaßt wären, andererseits konnten so aber zugleich die Handelskammern in ihrer bisherigen Struktur erhalten bleiben. Ob sich dies allerdings halten ließ, kam auf die weitere Umsetzung des Art. 165 an.

3.2.2 Mit den Fachverbänden gegen die Bezirkswirtschaftsräte

In der kurzen Zeit, die der Nationalversammlung in Weimar für die Diskussion der Fragen blieb, welche Organisationen als legitimierte Vertretungen organisierter Interessen heranzuziehen, welche Organe der legitimierten Gruppen zur Entsendung von Vertretern berechtigt und welche Stärkeverhältnisse für die den einzelnen Gruppen zuzuerkennenden Sitze festzusetzen seien, war eine allseits gerechte, alle Beteiligte überzeugende und befriedigende Lösung nicht zu finden. Um das wirtschaftspolitische Programm des Art. 165 dennoch nicht unausgeführt zu lassen, verankerte das Reichskabinett Hermann Müller am 4. Mai 1920 auf dem Wege einer Notverordnung den vorläufigen Reichswirtschaftsrat als verfassungsrechtliches Interim. Dieser vorläufige Reichswirtschaftsrat bestand aus insgesamt 326 Mitgliedern, davon 74 Vertreter der Landwirtschaft, 182 der gewerblichen Wirtschaft, 30 der Verbraucherschaft, 16 der Beamtenschaft und der freien Berufe; je zwölf wurden von Reichsrat und Reichsregierung ernannt. Für die Delegierten aus Landwirtschaft und gewerblicher Wirtschaft galt grundsätzlich die Regel der strengen Parität bezüglich Arbeitgeber- und Arbeitnehmervertreter. Der Reichswirtschaftsrat, der sowohl im Plenum als in seinen insgesamt 53 Ausschüssen, Unterausschüssen und Arbeitsausschüssen von Anfang an eine rege Aktivität entwickelte, hatte im Grunde jedoch nur geringe Kompetenzen. Die Reichsregierung (nicht aber Reichstag oder Reichsrat!) sollte ihm sozial- und wirtschaftspolitische Gesetzentwürfe zur Begutachtung vorlegen, das Recht der Mitentscheidung oder auch nur des aufschiebenden Einspruchs stand ihm aber nicht zu. Nur für den Bereich des Aufbaus der Räteorganisation nach Art. 165 Abs. 2 und 3 war diese Soll-Vorschrift in eine Muß-Vorschrift umgewandelt.[87]

Die deutschen Handelskammern begrüßten den vorläufigen Reichswirtschaftsrat damals allgemein, was bei ihrer generellen Ablehnung des Rätegedankens vielleicht nur schwer verständlich ist. Dabei ist jedoch zu beachten, daß der Umsturz von 1918 mehr bewirkt hatte als nur die Monarchien zu beseitigen. In ganz Deutschland waren die in ihrer Zusammensetzung konservativen und damit parteipolitische Ausuferungen begrenzenden Ersten Kammern weggefallen, was gerade die Wirtschaft als nachteilig empfand (daß zum Beispiel in Bayern die Kammer der Reichsräte mehr Verständnis für die Anliegen von Industrie und Handel aufgewiesen hatte als die Kammer der Abgeordneten, wurde oben am Beispiel der bayerischen Steuerreform deutlich). Zudem strömte nun die Parteipolitik in einer für deutsche Verhältnisse bisher ungeahnten Intensität auf die Gesetzgebungsarbeit der verbliebenen Kammern ein, was wiederum der gewerblichen Wirtschaft zum Nachteil gereichte, da sie unter den herrschenden linken Kräften kaum eine Lobby hatte. Der Reichswirtschaftsrat wurde darum nicht nur von den Kammern als eine Art „Sicherheitsventil" für die wirtschafts- und sozialpolitische Gesetzgebung betrachtet.[88]

Weniger positiv standen die Kammern allerdings der Ausgestaltung des vorgesehenen Unterbaus gegenüber, da diese sie einbinden und damit schlimmstenfalls in ihrem innersten Wesen berühren mußte, wie bald zu erkennen war, denn im August 1920 legte das Reichswirtschaftsministerium eine Denkschrift über den Aufbau der Arbeiter- und Wirtschaftsräte gemäß Art. 165 der Reichsverfassung vor.[89] Darin versuchte man, das von Art. 165 geforderte System von wirtschaftlichen Räten, die zur Mitwirkung auf allen Gebieten der Wirtschafts- und Sozialpolitik berufen sein sollten, auf allen Ebenen in die Praxis umzusetzen. Im wesentlichen standen hierfür zwei verschiedene Pläne zur Verfügung:

Plan A sah auf der Unterstufe einerseits Unternehmervertretungen (Handels-, Handwerks- und Landwirtschaftskammern), andererseits Arbeitnehmervertretungen vor. Als Arbeitnehmervertretungen sollten Bezirksarbeiterräte bzw. Arbeiterkammern eingerichtet werden; die Verbindung zwischen der Unternehmer- und der Arbeitnehmerseite sollte durch paritätische Ausschüsse für Landwirtschaft, Handel, Industrie und Handwerk gewährleistet werden. Auf der Mittel-

---

[87] Zur Zusammensetzung des vorläufigen Reichswirtschaftsrats siehe ausführlich E. R. HUBER: Verfassungsgeschichte, S. 396-398, zur Zuständigkeit desselben ebd., S. 400f.

[88] Vgl. hierzu FRENTZEL: Industrie- und Handelskammern, S. 85. So sprachen sich die bayerischen HKn noch auf der Delegiertenkonferenz vom 27. November 1925 für einen endgültigen Reichswirtschaftsrat aus, obgleich die Reformen der wirtschaftlichen Berufsvertretungen unter dem Eindruck der galoppierenden Inflation und der politischen Entwicklung nach 1923 in den Hintergrund gedrängt worden und damit ins Stocken geraten waren. Vgl. Münchner Neueste Nachrichten Nr. 332, 1.12.1925, ebenso Bayerische Staatszeitung Nr. 278, 1.12.1925.

[89] Denkschrift des Reichswirtschaftsministeriums: Der Aufbau der Arbeiter- und Wirtschaftsräte gemäss Art. 165 der Reichsverfassung. Exemplar in BWA K2/I/25, 1. Akt.

stufe standen – unter Beteiligung von Verbrauchern und freien Berufen – die paritätischen Bezirkswirtschaftsräte, deren Vertreter von den Körperschaften der Unterstufe zu benennen waren. Die Oberstufe sah wiederum Unternehmervertretungen (Deutscher Industrie- und Handelstag, Handwerks- und Gewerbekammertag, Landwirtschaftsrat), den Reichsarbeiterrat als Arbeitnehmervertretung sowie als paritätische Verbindung zwischen den einzelnen Seiten den Reichswirtschaftsrat vor (vgl. Abbildung 1).

Abbildung 1: Plan A des Reichswirtschaftsministeriums zum Aufbau der Arbeiter- und Wirtschaftsräte

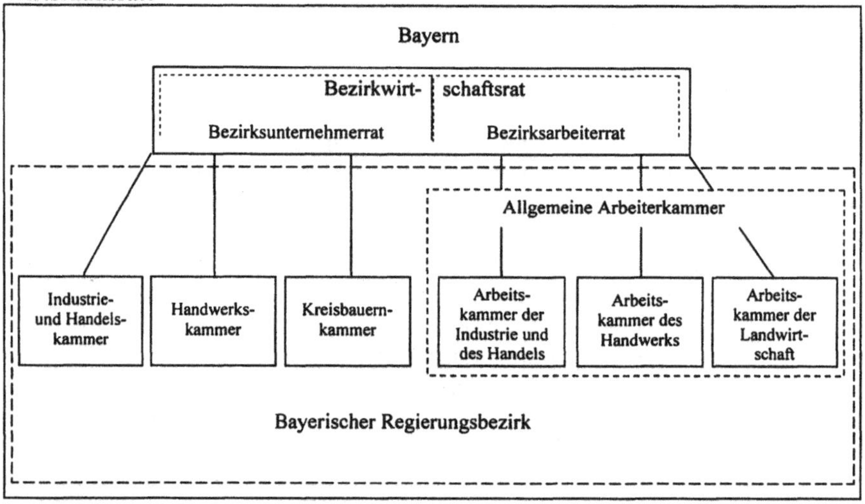

Quelle: Protokoll der Delegiertenkonferenz v. 10.9.1920. BWA K2/II/1, 4. Akt.

Plan B verfolgte dagegen eine stärkere Betonung des paritätischen Elements bereits auf der Unterstufe.[90] Zwar sollten auch hier die Handels- und Handwerkskammern als reine Unternehmerorganisationen bestehen bleiben und für die Arbeitnehmer jeweils Arbeiterkammern eingerichtet werden.[91] Auch sollten wie in Plan A beide Seiten Vertretungen in einen gemeinsamen paritätischen Ausschuß entsenden, der jedoch nun unter dem Namen „Wirtschaftskammer" als die amtliche Berufsvertretung von Handel und Industrie bzw. des Handwerks gelten sollte. Den Vorsitz in der Wirtschaftskammer sollten die beiden Vorsit-

[90] Denkschrift des Reichswirtschaftsministeriums.

[91] Die Landwirtschaftskammern sollten durch unmittelbare Hereinnahme der Arbeitnehmer zu einer gemeinsamen Organisation umgestaltet werden, die Bildung einer besonderen Arbeitnehmerorganisation war hier also nicht vorgesehen.

zenden der Sonderkammern gemeinschaftlich führen und alle gemeinsamen Aufgaben im gemeinsamen Ausschuß besprochen werden. Auf der Mittelstufe war neben dem Bezirkswirtschaftsrat als paritätischer, aus der Wirtschaftskammer hervorgegangener Vertretung noch ein Bezirksarbeiterrat vorgesehen, der sich aus der Arbeitnehmerfraktion des Bezirkswirtschaftsrats zusammensetzte und als besondere Arbeitnehmervertretung selbständig umfangreiche Aufgaben, insbesondere auf sozialpolitischem Gebiet, wahrnehmen sollte. Auch in der Oberstufe sollte neben den Reichswirtschaftsrat als paritätischer Einrichtung noch ein selbständiger Reichsarbeiterrat mit eigenen Befugnissen treten (vgl. Abbildung 2).

Abbildung 2: Plan B des Reichswirtschaftsministeriums zum Aufbau der Arbeiter- und Wirtschaftsräte

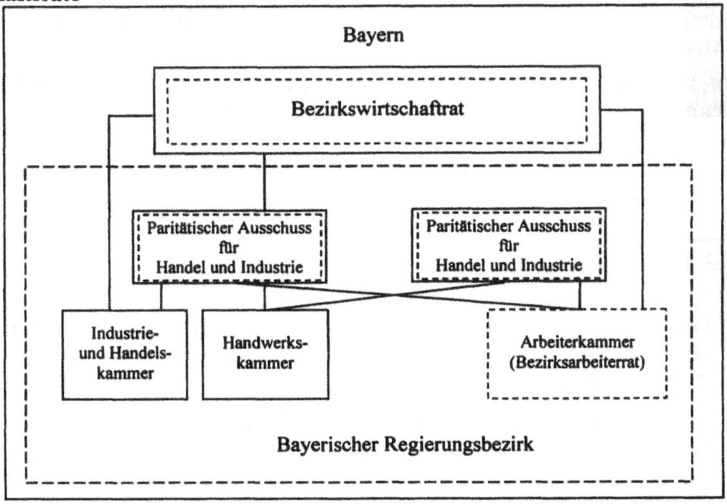

Quelle: Protokoll der Delegiertenkonferenz v. 10.9.1920. BWA K2/II/1, 4. Akt.

Während also Plan A die tradierten Unternehmervertretungen noch weitgehend bestehen ließ und Arbeitgeber und -nehmer lediglich im Bezirkswirtschaftsrat wirklich verschmolz, begann Plan B damit schon auf der Unterstufe; die bisherigen Kammern wurden hier deutlich abgewertet, die Arbeitnehmerseite dagegen bis zur Oberstufe eindeutig aufgewertet.

Die Pläne des Reichswirtschaftsministeriums riefen bei den Handelskammern in ganz Deutschland größte Bedenken hervor.[92] Die Kammer Regensburg zum Beispiel sah in ihnen jedoch auch eine Chance, denn wurden die Handelskammern für den Unterbau der Bezirkswirtschaftsräte verwendet, so konnten sie ihre Bedeutung entscheidend heben, während der Einfluß der Fachverbände gleichzeitig geschwächt würde. Die Verbände, deren Macht im Krieg enorm gewachsen war, versuchten eine solche Entwicklung nach Ansicht der Oberpfälzer mit allen Mitteln zu verhindern, um den Kammern diese Stärkung streitig zu machen. Die Gefahr, so schrieb die Kammer Regensburg an den Handelskammertag, dürfe daher nicht unterschätzt werden: „Vielmehr sind wir der Ansicht, dass mit der Bildung der Bezirkswirtschaftsräte die zukünftige Existenz der Handelskammern entschieden wird. Gelingt es den Fachverbänden, die Handelskammern auszuschalten, so dürften die letzteren zur völligen Bedeutungslosigkeit herabsinken."[93] Deshalb, so empfahl Regensburg, solle eine enge Fühlungnahme zu den Verbänden gesucht werden, wie dies in der Oberpfalz zum Beispiel im Industrie- und Handelsrat geschehe; nach Möglichkeit sollten die Verbände auch in der Kammer selbst mitarbeiten, was am besten durch eine Zuwahl aus den Kreisen der Fachverbände in die Kammer geschehe.

Die Schwesterkammern zeigten sich mit diesen Ausführungen im großen und ganzen einverstanden, hielten in der Mehrzahl eine Zuwahl nach der geltenden Handelskammer-Verordnung aber nicht für zulässig. Man beschloß daher, die Frage auf der nächsten Delegiertenkonferenz zu besprechen.[94]

Kahn hielt auf Drängen einiger bayerischer Kammern am 4. September bezüglich einer Reform der Handelskammer-Verordnung sowie der Frage der Wirtschaftsräte Rücksprache bei Ministerialrat Decker und Regierungsrat Frank im Handelsministerium, um die Haltung der Staatsregierung hierzu zu ermitteln.[95] Decker wies dabei darauf hin, daß gemäß § 24 der Verfassungsurkunde des Freistaats Bayern vom 14. August 1919 die Ordnung der berufsständischen Vertretungen Sache der Gesetzgebung sei, weshalb eine Abänderung der Ver-

---

[92] Vgl. FRENTZEL: Industrie- und Handelskammern, S. 91-93. Gerade in Preußen ließ die beabsichtigte Einführung von Bezirkswirtschaftsräten eine bereits während des Krieges geführte Diskussion um eine Neuordnung der Kammerbezirke wieder aufleben, vgl. KÖNIG: Handelskammern, S. 94-97. Demgegenüber galt die Gliederung der bayerischen Kammern mit ihrem Gremialsystem als beispielhaft, vgl. LEONHARDY: Gliederung, S. 53.

[93] HK Regensburg an BHK, in Abschrift an die anderen bayerischen HKn, 4.8.1920. BWA K2/I/25, 1. Akt.

[94] Vgl. Schreiben der HKn an den BHK, 6.-12.8.1920. BWA K2/I/25, 1. Akt.

[95] Konstatierung zum Akt, 4.9.1920, auch für das Folgende. BWA K2/I/25, 1. Akt. Augsburg und Regensburg hatten den Vorort gedrängt, sich bei der Staatsregierung über den gegenwärtigen Stand der Verhandlungen über die Bildung der künftigen Bezirkswirtschaftsräte und deren Aufbau zu erkundigen. Vgl. HK Augsburg an den BHK, 12.8.1920, in Abschrift an das Handelsministerium. BHStA MWi 5607.

ordnung unter Umständen nicht einfach sei, weil der Landtag zustimmen müsse.[96] Was die Räte betraf, so war das Ministerium der Ansicht, daß die Handelskammern in der bisherigen Form erhalten werden sollten; darüber hinaus stand jedoch noch nicht fest, welchen Plan des Reichswirtschaftsministeriums es für den Aufbau der Räte bevorzuge. Die Zahl der Bezirkswirtschaftsräte für Bayern war übrigens noch nicht entschieden, die verschiedenen Planungen schwankten hier zwischen einem und drei für das rechtsrheinische Bayern.

Decker erklärte auch, daß die Regierung eine Verständigung zwischen den Kammern und den Verbänden sehr begrüßen würde, verwies aber zugleich auf einen Antrag im Landtag bezüglich eines eigenen Landeswirtschaftsrats in Bayern, der die Lage weiter kompliziere. Ehe hier eine Entscheidung getroffen werde, solle aber die Bildung der Bezirkswirtschaftsräte abgewartet werden.

Dr. Meier, Syndikus der Kammer Augsburg, referierte auf der Delegiertenkonferenz vom 10. September 1920 über die neuen Pläne der Reichsregierung zu den Bezirkswirtschaftsräten.[97] Bei beiden Plänen des Reichswirtschaftsministeriums wandte er sich gegen paritätisch besetzte Kammern und forderte vielmehr

- „in der Unterstufe reine Unternehmer-Sondervertretungen neben reinen Arbeitnehmervertretungen. Bei den letzteren sind auch die Angestellten in ausreichendem Maße zu berücksichtigen.
- Bildung von Bezirkswirtschaftsräten nur für größere Bezirke, für das rechtsrheinische Bayern nur einen einzigen Bezirkswirtschaftsrat.
- Errichtung eines Bezirksunternehmerrats aus den Unternehmermitgliedern des Bezirkswirtschaftsrats als amtlich anerkannte Einrichtung.
- Zwischen der Unterstufe und dem Bezirkswirtschaftsrat keine weitere paritätische Zwischeninstanz als dauernde Einrichtung mit bestimmten Aufgaben, vielmehr nur veranlaßtenfalls Bildung paritätischer Ausschüsse ad hoc.“[98]

Meier legte seinen Kollegen auch eine Skizze vor, die den von ihm gewünschten Aufbau veranschaulichte (vgl. Abbildung 3).

---

[96] Der Text des § 24 Abs. 1 lautete: „Die Bildung von berufsständischen Vertretungen zur Wahrnehmung der wirtschaftlichen und sozialen Aufgaben aller schaffenden Kreise des Volkes erfolgt durch Gesetz.“ Verfassungsurkunde des Freistaates Bayern vom 14. August 1919, in: Bayerische Verfassungsurkunden, S. 61.

[97] Protokoll der Delegiertenkonferenz v. 10.9.1920. BWA K2/II/1, 4. Akt.

[98] Ebd.

Abbildung 3: Aufbau der Bezirkswirtschaftsräte nach dem Bayerischen Handelskammertag

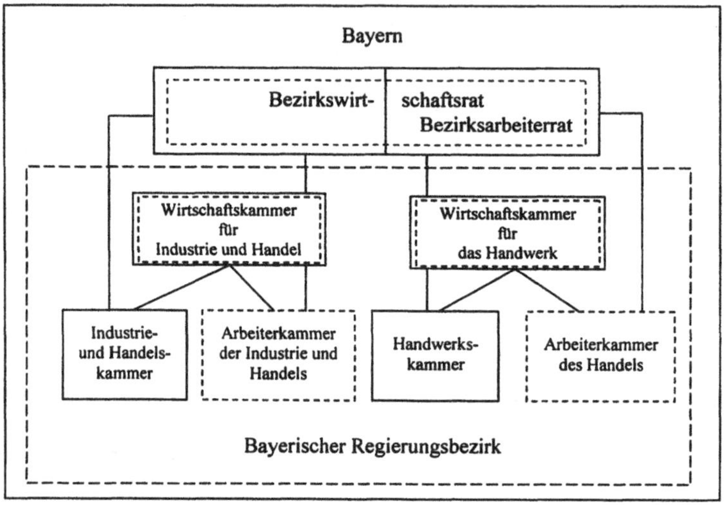

Quelle: Protokoll der Delegiertenkonferenz v. 10.9.1920. BWA K2/II/1, 4. Akt.

Die anderen Kammervertreter zeigten sich mit Meiers Vorschlag weitgehend einverstanden, sie nahmen es bereits als gegeben hin, daß die Kammern Kompetenzen verlieren würden. Zur völligen Bedeutungslosigkeit wollten sie jedoch nicht herabsinken. Deshalb entspann sich eine längere Diskussion über den richtigen Unterbau: Sollte dieser auf den Handelskammern oder den Fachverbänden beruhen? Man kam zu dem Schluß, daß die Kammern für den Unterbau eigentlich geradezu prädestiniert waren, da sie jeweils schon eine ganze Region repräsentierten und durch ihren halbamtlichen Charakter bereits an Objektivität gewöhnt waren. Beruhte der Unterbau auf den Kammern, wurde zudem deren Wichtigkeit betont. Was den Mittelbau betraf, so war Kahn der Meinung, daß im Handelskammertag bereits eine Unternehmerorganisation existierte, die nur noch um die Fachverbände zu erweitern war. Man beschloß deshalb, einen Ausschuß, bestehend aus je einem Abgeordneten der Kammern Augsburg, München, Nürnberg und Regensburg, zu bilden, der gemeinsam mit Vertretern der größeren Fachverbände die zum Aufbau der Bezirkswirtschaftsräte einschlägigen Fragen durchberaten sollte.[99]

[99] Ebd. Daß der BHK mit seiner Kritik an den Plänen des Reichswirtschaftsministeriums keineswegs allein stand, zeigt ein Treffen von Vertretern mehrerer HK-Vereinigungen am 2.

Die Bildung dieses Ausschusses kam den Wünschen der bayerischen Staatsregierung entgegen, der sehr an einem einvernehmlichen Ausgleich zwischen Kammern und Verbänden in dieser Sache gelegen war. Unter Hinzuziehung von Vertretern des Bayerischen Industriellen-Verbandes, des Zentralverbands des deutschen Großhandels, der Arbeitsgemeinschaft des bayerischen Einzelhandels, der Handwerkskammer München sowie des Bayerischen Arbeitgeberverbands und in Anwesenheit der Ministerialbeamten Decker und Frank trat er am 27. September in München zusammen.[100] Nach einer lebhaften Debatte darüber, ob die Handelskammern als Wahlkörper für die Bezirkswirtschaftsräte überhaupt in Frage kämen – einig war man sich anfangs lediglich darin, für das rechtsrheinische Bayern nur einen Wirtschaftsrat zu bilden –, gestand man den Fachverbänden schließlich eine stärkere Stellung in den Kammern zu. Auf Vorschlag Deckers wurden drei Grundsätze beschlossen, wonach zum einen die Verbände ein Vorschlagsrecht zu den Kammerwahlen erhalten sollten. Zum zweiten sollte eine gewisse Anzahl von Sitzen im Bezirkswirtschaftsrat freigehalten werden, welche dann durch die Regierung in Fühlungnahme mit den Verbänden zu besetzen sein würde. Zum dritten sollte das allgemeine direkte Wahlrecht zu den Kammern unter Berücksichtigung einer Zwei- oder Dreiteilung in der Gruppe Industrie umgestaltet werden. Ebenfalls auf Anregung Deckers wurde das Handelsministerium ersucht, einen eigenen Entwurf über den Aufbau der Arbeiter- und Wirtschaftsräte auszuarbeiten, den dann eine neue Kommission, bestehend aus Kahn als Vertreter des Handelskammertages, des Zentralverbands des Deutschen Großhandels, Gruppe Bayern, und der Arbeitsgemeinschaft des Bayerischen Einzelhandels, Dr. Knoblauch als Vertreter der Handwerkskammern, Bergmüller und Sehmer als Vertreter der Arbeitgeberverbände und Dr. Kuhlo als Syndikus des Bayerischen Industriellen-Verbands, beraten sollte.

Oktober 1920 in Essen, zu dem die HK Essen als geschäftsführende Stelle der Vereinigung von HKn des niederrheinisch-westfälischen Industriegebiets eingeladen hatte. Für den BHK waren Münchens 1. Vizepräsident Gautsch sowie Kahn vertreten, daneben waren Gäste aus Bonn, Bremen, Hamburg, Lübeck, Mainz, Wiesbaden, Karlsruhe, Wetzlar, Dillenburg und Hannover angereist. Auch Vertreter von Fachverbänden und Ministerien (u.a. dem bayerischen Verkehrsministerium) waren anwesend. In der gemeinsamen Entschließung sprachen sich die Wirtschaftsvertretungen gegen die Pläne der Denkschrift aus, insbesondere wurde die Einrichtung von Wirtschaftskammern abgelehnt, die den Unternehmer- und Arbeiterkammern übergeordnet waren und diese so abwerteten. Vgl. Briefwechsel HK Essen – BHK und Notizen Kahns in BWA K2/I/25a. Das Treffen in Essen wird auch bei THALMANN: Industrie- und Handelskammern, S. 69-71, sowie bei KÖNIG: Handelskammern, S. 98, erwähnt.

[100] Vgl. Protokoll über die Besprechung betreff Aufbau der Arbeiter- und Wirtschaftsräte gemäß Art. 165 der Reichsverfassung, München, 27.9.1920. Die bayerische Staatsregierung hatte die Kommission zuvor zu einem baldigen Zusammentritt gedrängt. Vgl. Konstatierung Kahns zum Akt, 14.9.1920. BWA K2/I/25, 1. Akt.

Diese neue, engere Kommission versammelte sich am 25. Oktober, um sich mit dem Entwurf der Regierung zu beschäftigen.[101] In neun Punkten hielt sie fest, wie sich die bayerischen Unternehmer- und Arbeitgeberverbände den Aufbau der Bezirkswirtschaftsräte, so sie denn eingeführt werden mußten, wünschten. Mit an oberster Stelle stand neben der Forderung eines einzigen Bezirkswirtschaftsrates für das rechtsrheinische Bayern das Eintreten für den Erhalt der Handels- und Handwerkskammern als reine Unternehmervertretungen. Um zu verhindern, daß innerhalb der Handelskammern der zahlenmäßig überlegene Handel die leistungskräftigere Industrie dominierte, sollten diese für die Wahlen zwei Abteilungen (Handel und Industrie) bilden, die gesondert gewählt werden und die gleiche Anzahl von Vertreter in die Kammer entsenden sollten. Zudem wurde den freien Verbänden eine ihrer Bedeutung entsprechende Anzahl von Sitzen in den Handelskammern eingeräumt, deren Inhaber von den Verbänden nicht zu wählen, sondern unmittelbar zu delegieren waren. Was den Aufbau der Bezirkswirtschaftsräte selbst betraf, deren genaue Kompetenzen im übrigen noch längst nicht feststanden, so sprach man sich im wesentlich für Meiers Vorschläge aus, wie dieser sie auf der Sitzung des Handelskammertages vom 10. September formuliert hatte.

Der Handelskammertag beriet am 15. November 1920 im Rahmen einer Delegiertenkonferenz über die von der Kommission erarbeiteten Leitsätze, die noch von ihm genehmigt werden mußten, ehe sie an die Regierung gerichtet werden konnten.[102] Im großen und ganzen wurden die Leitsätze von den Delegierten akzeptiert. Umstritten war lediglich die Berechtigung der Verbände, Vertreter direkt in die Kammern zu entsenden. Während Nürnberg dieses Delegationsrecht gänzlich ablehnte, da das oberste Prinzip die Kammerwahl bleiben sollte, kritisierten Augsburg und Ludwigshafen die Regelung, wonach nur die führenden Spitzenverbände als abordnungsberechtigt in Frage kamen. Die beiden Kammern verlangten, daß einzelne Verbände, die eine in manchen Bezirken vorherrschende Branche – hier konkret die Textilbranche in Schwaben und den Weinhandel in der Pfalz – repräsentierten, ebenfalls Mitglieder in die Kammern abordnen konnten.[103] Kahn und Clairmont (der sich damit gegen seinen Syndikus

[101] Protokoll der Delegiertenkonferenz v. 15.11.1920. BWA K2/II/1, 5. Akt. Die Leitsätze finden sich auch in BHStA MWi 5607.
[102] Protokoll der Delegiertenkonferenz v. 15.11.1920. BWA K2/II/1, 5. Akt.
[103] Die HK Ludwigshafen hatte diesen Standpunkt bereits vorab ausführlich in einem Brief dargelegt, wonach auch Branchen-Fachverbände unter gewissen Voraussetzungen ein Delegationsrecht zur Kammer erhalten sollten: „Als solche Voraussetzungen wären zu fordern, dass die betreffende Branche in dem betreffenden Handelskammerbezirk eine so starke Verbreitung besitzt, dass sie auf eine besondere Vertretung in der Kammer Anspruch erheben kann; ferner dass die in Frage kommende Verbandsorganisation die massgebende Interessenvertretung der betreffenden Branche darstellt; endlich dass die Branche nicht schon ohnehin durch

Meier stellte) forderten in der anschließenden Diskussion immer wieder zur Zustimmung auf, um die Beziehung zu den Verbänden, die nun eine größere Macht als noch vor dem Krieg hatten, nicht zu gefährden. Kahn zufolge hatten die Vertreter der Verbände bei den Beratungen der Subkommission die Handelskammern nur unter der Voraussetzung als Unterbau anerkannt, daß den Verbänden nicht bloß Sitz und Stimme in den Kammern, sondern eben auch das Delegationsrecht zugestanden werde. Der auf der Konferenz anwesende Ministerialrat Decker, der vorab von Hamm exakte Instruktionen dahingehend erhalten hatte, für eine Vertretung der Verbände in den Kammern zu sorgen,[104] schloß sich Kahns und Clairmonts Argumentation an, so daß schließlich die meisten von ihrer Kritik abließen. Nürnberg hielt an seinem Standpunkt fest, doch beeinträchtigte diese abweichende Haltung nicht die Annahme der Leitsätze als ganzes.[105]

Abschließend ersuchte Staatsrat von Meinel den Handelskammertag schon zum jetzigen Zeitpunkt, der Regierung geeignete Namen für die Besetzung des Bezirkswirtschaftsrats zu nennen, die bis zu dessen Entstehung der Regierung als Sachverständige dienen könnten – auf diese Weise konnten, auch ohne daß Meinel es explizit aussprach, die Handelskammern entscheidenden Einfluß auf die künftige Gestaltung und Arbeit der Räte gewinnen, woran dem Handelsministerium wohl ebenso gelegen war die den Kammern selbst.

Für Aufregung unter den Kammern sorgte nach dem Verlauf dieser Sitzung im Dezember 1920 ein Artikel der *Augsburger Postzeitung* mit dem Titel „Der Aufbau der Wirtschaftsräte“, in dem darüber berichtet wurde, daß man in bayerischen Regierungskreisen dem Plan B zuneige, der auf allen Stufen paritätisch zusammengesetzte Körperschaften ins Auge faßte.[106] Um Aufklärung bemüht, suchte Pschorr am 29. Dezember Ministerialrat Decker auf, der sich jedoch sehr erstaunt zeigte, da in dieser Frage noch kein Beschluß des Gesamtstaatsministeriums ergangen war. Streng vertraulich teilte er Pschorr mit, daß zwar das Sozialministerium für eine paritätische Ausgestaltung des Unterbaus eintrat, das Handelsministerium deshalb aber schon eine Note an das Sozialministerium gerichtet habe. Eine Stellungnahme der Regierung werde aber erst dann erfolgen, wenn ein Beschluß des Gesamtministeriums vorliege.[107] Schützenhilfe erhielten

die Wahlen eine im Vergleich mit den übrigen Branchen genügende Vertretung in der Kammer erhalten hat.“ HK Ludwigshafen an BHK, 13.11.1920. BWA K2/I/25, 2. Akt.

[104] Vgl. Weisung Hamms an Decker, 12.11.1920. BHStA MWi 5607.

[105] Der BHK übersandte die Leitsätze am 9.5.1921 an das Staatsministerium für Handel, Industrie und Gewerbe, nachdem die Landesstelle Bayern der Vereinigung der deutschen Arbeitgeberverbände noch einige Änderungswünsche angemerkt hatte. Vgl. Briefwechsel in BWA K2/I/25, 2. Akt.

[106] Augsburger Postzeitung Nr. 579 v. 21.12.1920, S. 2. Exemplar in BWA K2/I/25, 2. Akt.

[107] Konstatierung Pschorrs zum Akt, 29.12.1920. BWA K2/I/25, 2. Akt.

die Kammern auch von den Verbänden, die sich nun für das uneingeschränkte Weiterbestehen der Handelskammerorganisation einsetzten. So forderten im Januar 1921 neben dem Deutschen Industrie- und Handelstag auch der Reichsverband der Deutschen Industrie und die Vereinigung der deutschen Arbeitgeberverbände, in der Unterstufe des Rätesystems die Handelskammern als öffentlichrechtliche Vertretungskörperschaften der Unternehmer bestehen zu lassen.[108]

Der von bayerischer Seite ausgearbeitete Gesetzentwurf zu den Bezirkswirtschaftsräten blieb ohne konkrete Folge. Wieder einmal hatte die bayerische Regierung beschlossen, den eigenen Entwurf zurückzustellen, um ein diesbezügliches Reichsrahmengesetz abzuwarten, das nach Ansicht des Handelskammertages in absehbarer Zeit aber nicht zu erwarten war. Zwar hatte das Reichswirtschaftsministerium eine weitere Denkschrift zu den Bezirkswirtschaftsräten vorgelegt, die erstmals die Aufgaben der Räte ansprach, doch legte auch sie deren endgültigen Aufbau nicht fest. Augsburgs Syndikus Meier nahm dies auf der Delegiertenkonferenz Anfang März 1921 zum Anlaß, erneut auf die Verfassungswidrigkeit der von verschiedenen Seiten geforderten paritätischen Besetzung der Kammern hinzuweisen, da Art. 165 der Reichsverfassung seiner Meinung nach erst auf Ebene des Mittelbaus Arbeitnehmer und Arbeitgeber zusammenfassen wolle: „Ich sehe nicht ein, warum die Unternehmer nicht auch einmal auf eine Verfassungsbestimmung sich berufen sollen, wenn sie ausnahmsweise einmal ihnen von Nutzen ist."[109]

Auf derselben Sitzung berieten die bayerischen Kammern über ihr weiteres Vorgehen in dieser Sache, besonders in Hinblick darauf, daß seit elf Jahren keine Neuwahlen mehr abgehalten worden waren. Neuwahlen wurden nun als sehr dringend empfunden, um die seit langem, zum großen Teil seit der Vorkriegszeit amtierenden Mitglieder ablösen zu können. Kahn fürchtete jedoch, daß Neuwahlen aufgrund der Forderungen der Arbeitnehmer nach paritätischer Besetzung der Kammern „zur Zeit mit gewissen Schwierigkeiten verknüpft sein [dürften], da zweifellos dabei politische Strömungen einen grossen Einfluss ausüben würden; auf die mit Neuwahlen erwachsenen sehr erheblichen Kosten solle gar nicht weiter eingegangen werden."[110] Trotzdem sollte auf Basis des § 32 der Verordnung von 1908[111] durch eine Abänderung der Wahlordnung eine Vermehrung der Sitze in den Kammern ermöglicht werden.

---

[108] KÖNIG: Handelskammern, S. 97.

[109] Protokoll der Delegiertenkonferenz v. 7.3.1921. BWA K2/II/1, 5. Akt.

[110] Ebd. Zur finanziellen Lage der Kammern in der Übergangszeit nach dem Ersten Weltkrieg vgl. Pkt. C.IV.6.3: Die bayerischen HKn in der Inflationszeit.

[111] § 32 der Verordnung von 1908 regelte die Dauer der Mitgliedschaft in den HKn, ohne aber eine konkrete Zahl von Mitgliedern vorzuschreiben. Dies war den Wahlordnungen der einzelnen HKn überlassen, so daß die Verordnung einer Abänderung der Wahlordnungen in diesem Punkt in nichts entgegenstand.

Das Nürnberger Kammermitglied Kohn wies an dieser Stelle darauf hin, daß es der Kammer Nürnberg auf diesem Wege bereits während des Krieges erlaubt worden sei, die Zahl ihrer Mitglieder um zwei zu vermehren. Durch die Möglichkeit der Zuwahl dieser Mitglieder erachtete Nürnberg Neuwahlen als vorerst nicht mehr unbedingt nötig. Die übrigen Kammervertreter schlossen sich dieser Meinung an und wollten sich bis auf weiteres mit Zuwahlen zufrieden geben, ehe ein neues Kammergesetz geregelte Neuwahlen ermöglichen würde. Auch Minister Hamm sprach sich für diese Haltung aus, sofern die großen Fachverbände von Industrie, Groß- und Kleinhandel die Kammern auch ohne Neuwahlen weiterhin als ihre Vertretung betrachteten.[112] Hier wird wieder einmal deutlich, welch großen Wert das bayerische Handelsministerium auf das einvernehmliche Zusammenarbeiten zwischen Kammern und Verbänden legte. Nachdem das in den Leitsätzen vereinbarte Delegationsrecht der Verbände ohne eine Reform der geltenden Verordnung nicht wirksam werden konnte, mußte nun ein anderer Weg für eine stärkere Beteiligung der Fachverbände gefunden werden. Genau dies wurde auch in der Entschließung des Handelsministeriums vom 18. April 1921 ausgedrückt, die den Kammern die gewünschte Zuwahl erlaubte und dabei explizit die Aufnahme der freien Verbände als wünschenswert bezeichnete. Durch die in der Folge stattfindenden Zuwahlen konnten nicht nur jüngere Unternehmer für die Arbeit in den Kammern gewonnen, sondern auch eine Vertretung aller großen Landeszentralverbände von Industrie, Groß- und Einzelhandel entsprechend der Bedeutung dieser Gewerbegruppen für die einzelnen Kammerbezirke in allen bayerischen Handelskammern sichergestellt werden.[113]

Im Januar 1922 beschloß der vorläufige Reichswirtschaftsrat, auf die Schaffung der Bezirkswirtschaftsräte vorläufig zu verzichten, dafür aber die amtlichen Berufsvertretungen paritätisch mit Vertretern der Unternehmer, Arbeiter und Angestellten zu besetzen und diese damit zu Wirtschaftskammern auszubauen. Die Kosten der Wirtschaftskammern sollten dabei auf die kammerpflichtigen Unternehmen des Bezirks umgewälzt werden.[114] Die im Reichswirtschaftsrat vertretenen Handelskammermitglieder lehnten diesen Vorstoß naturgemäß ab, waren jedoch zu einem Kompromiß bereit. Statt paritätischer Kammern schlugen sie die Bildung paritätischer Berufsausschüsse vor, wofür eine Vertretung

---

[112] Protokoll der Delegiertenkonferenz v. 7.3.1921. BWA K2/II/1, 5. Akt. Das Recht auf Zuwahl wurde den HKn problemlos zugestanden, ebenso auf Initiative des BHK ein Jahr später den Handelsgremien, vgl. Protokoll der Delegiertenkonferenz v. 20.3.1922. BWA K2/II/1, 6. Akt.

[113] Vgl. LEONHARDY: Gliederung, S. 59-62, mit Beispielen für die Zuwahlen bei einzelnen HKn. Siehe auch SCHÄFER: 125 Jahre, S. 139.

[114] Mitteilungen des Deutschen Industrie- und Handelstags, A 78/22, 9.1.1922. Exemplar in BWA K2/I/25, 3. Akt. Ähnlich im Artikel „Der Unterbau der Bezirkswirtschaftsräte“ in der Frankfurter Zeitung, 25.1.1922. Vgl. auch Schreiben Meinels an den BHK, 15.5.1924. BHStA MH 13494.

der Arbeitnehmer in sogenannten Arbeiter- und Angestelltenkammern – wie sie der Bayerische Handelskammertag bereits im Herbst 1920 angeregt hatte – notwendig war. Um auszuschließen, daß hier quasi durch die Hintertür doch noch eine Art Bezirkswirtschaftsrat eingeführt wurde, wollten die Kammern aber ausdrücklich festhalten, „dass die paritätischen Ausschüsse nicht eine übergeordnete Wirtschaftskammer über die anderen Kammern werden dürfen. Ebenso müsste, damit sie dies auch praktisch nicht werden, festgelegt werden, dass eine unmittelbare Anhörung der Ausschüsse durch die Behörden nicht erfolgen kann."[115] Dieser Kompromißvorschlag stieß jedoch auf schärfsten Widerstand seitens der Arbeitnehmerorganisationen, welche ausdrücklich eine Umgestaltung der bisherigen Berufsvertretungen forderten.

Der Handelskammertag blieb in dieser Situation nicht untätig. Gegenüber dem Deutschen Industrie- und Handelstag bekräftigte er mit einem Verweis auf die von den bayerischen Spitzenverbänden erarbeiteten Leitsätze seine Ablehnung einer paritätischen Besetzung der Handelskammern und hob insbesondere noch einmal die in seinen Augen bestehende Verfassungswidrigkeit eines solchen Vorhabens hervor.[116] Meier hatte zu diesem Zweck eigens einen Artikel in der Berliner *Industrie- und Handelszeitung* veröffentlicht, in dem er nachwies, daß die paritätische Besetzung der Handelskammern gegen die Reichsverfassung verstieß und überdies auch gar nicht in der Absicht des Art. 165 der Reichsverfassung lag, da dieser paritätische Organe erst auf der zweiten und dritten Stufe vorsah.[117] Der Handelskammertag forderte daher den Deutschen Industrie- und Handelstag auf, sich dieser Verteidigungsstrategie anzuschließen: „Der Hinweis auf die Verfassung ist u.E. eines der wichtigsten Argumente, die für den von den deutschen Handelskammern vertretenen Standpunkt ins Feld geführt werden können."[118]

Dieser Standpunkt wurde auf der Delegiertenkonferenz vom 20. März 1922 noch einmal energisch bestätigt. Angesichts der Forderung der Arbeitnehmer erließ der Handelskammertag folgende unmißverständliche Resolution: „Der Bayerische Handelskammertag stimmt dem Kompromiß des Reichswirtschaftsrates zu, drückt aber seinen festen Willen aus, hierüber nicht hinauszugehen, und ist keinesfalls für eine paritätische Umgestaltung der Handelskammern zu haben."[119]

---

[115] Aus Meiers Bericht auf der Delegiertenkonferenz v. 20.3.1922. BWA K2/II/1, 6. Akt.
[116] BHK an DIHT, 25.1.1922. BWA K2/I/25, 3. Akt.
[117] „Paritätische Handelskammern?" von J. Meier, Syndikus der HK Augsburg, in der Industrie- und Handelszeitung (Berlin), Nr. 12, 14.1.1922. Exemplar in BWA K2/I/25, 3. Akt.
[118] BHK an DIHT, 25.1.1922. BWA K2/I/25, 3. Akt.
[119] Vgl. Protokoll der Delegiertenkonferenz v. 20.3.1922. BWA K2/II/1, 6. Akt. Trotz der Kritik aus Bayern wurde der Entwurf am 14.9.1922 von der Vollversammlung des DIHT verabschiedet, siehe FRENTZEL: Industrie- und Handelskammern, S. 96.

Auf derselben Delegiertenkonferenz beschäftigte man sich auch mit dem nun erstmals vorliegenden Entwurf eines Reichsrahmengesetzes für die Handelskammern, der allerdings nicht vom Reichswirtschaftsministerium, sondern vom Deutschen Industrie- und Handelstag stammte.[120] Meier, in dieser Frage inzwischen sehr beschlagen, hielt den Entwurf für nicht sehr geglückt, da seiner Ansicht nach ein „roter Faden" darin fehle und zudem die Frage der Wählbarkeit, d.h. des passiven Wahlrechts völlig vergessen worden sei. Der Münchner Syndikus Simon schloß sich als Koreferent dieser Kritik an. Wie in Bayern sollte reichsweit über eine Miteinbeziehung der freien Verbände nachgedacht werden, außerdem sollten künftig auch Frauen wahlberechtigt und wählbar sein. Diese Vorschläge wurden nach einer längeren Diskussion von den anwesenden Kammermitgliedern angenommen.

Hatte sich die Gefahr der Bildung von Bezirkswirtschaftsräten nun zwar verringert, so drohte jedoch von neuer Seite die Schaffung einer paritätischen Instanz. Die Abgeordneten Freiherr von Freyberg und Rothmeier hatten bereits 1921 im bayerischen Landtag die Schaffung eines besonderen bayerischen Landeswirtschaftsrats beantragt und wiederholten diesen Antrag 1922, obgleich schon 1921 in einer Besprechung mit Ministerpräsident von Kahr sich weite Kreise der Wirtschaft wie auch der Arbeitnehmer gegen die Schaffung eines solchen Landeswirtschaftsrates ausgesprochen hatten.[121] Die Antragsteller bestritten zwar, mit dieser Institution die Errichtung eines Bezirkswirtschaftsrates in Bayern vorbereiten und erleichtern zu wollen, waren aber von der Notwendigkeit einer solchen Wirtschaftsorganisation überzeugt, die das Parlament und die Parteien bezüglich rein wirtschaftlicher Fragen entlasten sollte, indem sie die Gewähr für die Versammlung der „wirklich [...] sachverständigen Vertreter der einzelnen Berufskreise" bot.[122]

Nicht überraschend lehnte der Bayerische Handelskammertag diesen Landeswirtschaftsrat auch jetzt energisch ab. Der auf der Delegiertenkonferenz vom 20. März 1922 hierüber referierende Nürnberger Syndikus Dr. Hofmann warf den Abgeordneten vor, mit diesem Antrag der Schaffung von Bezirkswirtschaftsräten vorzuarbeiten, obgleich dies eine Frage sei, über deren Lösung auch bei den maßgebenden Reichsstellen noch völlige Unklarheit bestehe.[123] Zudem seien sachkundige Vertreter von Handel und Industrie gegenwärtig kaum mehr in der Lage, neue öffentliche Ämter zu übernehmen, so daß gerade jene Vertreter der Wirtschaft fehlen müßten, auf deren Anwesenheit in einem bayerischen Landeswirtschaftsrat besonderes Gewicht zu legen wäre. Außerdem bedeute die

120 Vgl. Protokoll der Delegiertenkonferenz v. 20.3.1922. BWA K2/II/1, 6. Akt. Zum Gesetzentwurf siehe auch KÖNIG: Handelskammern, S. 100.
121 Vgl. KUHLO: Jubiläumsdenkschrift, S. 80f.
122 LEONHARDY: Gliederung, S. 67f.
123 Protokoll der Delegiertenkonferenz v. 20.3.1922. BWA K2/II/1, 6. Akt.

Errichtung des Landeswirtschaftsrats eine neue finanzielle Belastung für den bayerischen Staatshaushalt, „da kaum anzunehmen sei, dass die Arbeitnehmer-Vertreter [Hofmann erwähnte die Vertreter der Arbeitgeber hier nicht, Anm. d. Verf.] ohne Entschädigung durch Tagegelder die Sitzungen wahrnehmen würden."[124] Überdies hegte Hofmann schwerste Bedenken gegen die von Freyberg und Rothmeier vorgesehene Zusammensetzung, welche von vornherein die Gefahr einer Überstimmung der Vertreter der Arbeitgeberseite in sich berge. Im ganzen gesehen bestehe zudem überhaupt keine Notwendigkeit für weitere Instanzen, da die Handelskammern den an sie gestellten Aufgaben durchaus gerecht würden, zumal sie nun die Meinung der führenden Spitzenverbände von Handel und Industrie einholen könnten.

Nachdem Hofmann solcherart sämtliche Register gegen einen Landeswirtschaftsrat gezogen hatte, forderte er die auf der Konferenz anwesenden Vertreter des Handelsministeriums auf, den Antrag Freyberg-Rothmeier nicht zu verwirklichen. Hamm, ansonsten eigentlich stets auf Seite der Kammern, zeigte sich hier jedoch ungewöhnlich wenig entgegenkommend. Zwar räumte er ein, daß die Einwände nicht von der Hand zu weisen seien, doch stehe die Schaffung eines Landeswirtschaftsrats im Koalitionsprogramm und sei daher nicht diskutabel. Eine sachgemäße bayerische Regelung böte auch die Möglichkeit, die Bildung der Bezirkswirtschaftsräte in „zweckmäßige Bahnen" zu lenken sowie das Zugehörigkeitsgefühl, insbesondere der Pfalz zu Bayern, im ganzen Land zu stärken. Nach Hamm sollte die bayerische Regierung durch die im Landeswirtschaftsrat vertretenen Gruppen eine ausgeglichene Beratung erhalten, unausgesprochen also der Landeswirtschaftsrat der Nachfolger des wenig erfolgreichen Beirats für Industrie, Gewerbe und Handel sein. Vorgesehen war hierfür ein kleiner Kreis von etwa zwanzig Personen, die nichtöffentlich wirtschaftliche Fragen besprechen sollten, wobei die Regierung ihre Entscheidungen letztlich nach den im Rat vorgebrachten Gesichtspunkten und nicht auf der Basis von Majoritätsbeschlüssen treffen wollte, so daß die Frage der Zusammensetzung ganz von selbst an Wichtigkeit verlor. Hamm hielt diese Form eines Landeswirtschaftsrats für „am wenigsten schädlich", zumal eine Mehrheit im Landtag diesen Wirtschaftsrat haben wolle und seine Schaffung daher kaum umgangen werden könne.

Dennoch baten die Handelskammern um eine Aufschiebung des Antrags, wenigstens bis die Frage der Bezirkswirtschaftsräte im Reich entschieden sei, da ihrer Meinung nach eine „ersprießliche Zusammenarbeit" von Arbeitgebern und Arbeitnehmern nicht möglich war, weil sich die Arbeitnehmer nur von politischen Gesichtspunkten leiten ließen.

Hamm beharrte jedoch auf seinem Standpunkt. Hofmann brachte daher schließlich einen Kompromißvorschlag, wonach die sachverständigen Vertreter

---

[124] Ebd.

von Industrie und Handel von Fall zu Fall auf Ersuchen der Regierung zusammentreten sollten. Damit wäre einer Überlastung einzelner Personen vorgebeugt, außerdem hätte die Regierung die Gewähr, „jeweils nur mit wirklich sachverständigen Personen zu verhandeln“. Dieser Vorschlag wurde von den anderen Kammern akzeptiert.[125] Er fand zudem auch die Billigung der Abgeordneten Freyberg und Rothmeier, die daraufhin ihren Antrag entsprechend abänderten. Nach längerer Debatte nahm der Landtag ihn am 10. Mai 1922 an. Die bayerische Regierung behielt sich jedoch vor, hierzu erst Stellung zu nehmen, wenn der vorläufige Reichswirtschaftsrat sich über die Ausgestaltung der Bezirkswirtschaftsräte geeinigt hatte.[126]

Im Mai 1922 beriet die Delegiertenkonferenz den Entwurf des Deutschen Industrie- und Handelstags für das Industrie- und Handelskammer-Gesetz erneut. Dr. Simon aus München führte aus, daß der Entwurf schon in der Hauptausschußsitzung des Deutschen Industrie- und Handelstags besprochen worden sei, woran eigentlich auch ein Vertreter der Handelskammer München hätte teilnehmen sollen, dieser jedoch keine Einladung dafür erhalten habe. Die Vorschläge des Bayerischen Handelskammertags zum Gesetzentwurf seien daher im wesentlichen unberücksichtigt geblieben und müßten nun erneut mit allem Nachdruck vertreten werden.[127]

Angesichts des von den Hauptausschußmitgliedern erarbeiteten Texts beharrte der Bayerische Handelskammertag vor allem auf drei Punkten: Ein Kammergesetz mußte die Möglichkeit zur Errichtung von Gremien erwähnen, da sich diese Einrichtungen in Bayern sehr bewährt hatten. Eine geteilte Zugehörigkeit zu Handels- und Handwerkskammern wurde abgelehnt, ins Handelsregister eingetragene Unternehmen sollten auch weiterhin die Handelskammerbeiträge in voller Höhe bezahlen. Der dritte Punkt betraf die Wahlen zu den Handelskammern, für die der Deutsche Industrie- und Handelstag drei Wahlgruppen (Industrie, Groß- und Kleinhandel) vorgesehen hatte. Referent Simon schlug hier, entsprechend der im Jahr zuvor ausgearbeiteten Leitsätze, das Festhalten an zwei Wahlgruppen (Industrie und Handel) vor, was allerdings auch innerhalb des Bayerischen Handelskammertags umstritten war, da man einen Protest des Großhandels befürchtete, der so Gefahr lief, vom Kleinhandel numerisch überstimmt zu werden. Bei Dreiteilung bestand wiederum die Wahrscheinlichkeit, daß auch die Industrie nach einer Aufteilung zwischen Groß- und Kleinindustrie verlangte. Letztendlich beließ man es jedoch bei der Forderung nach zwei Wahlgruppen, nachdem Meier darauf hingewiesen hatte, daß es sich ja lediglich

---

125 Ebd.

126 LEONHARDY: Gliederung, S. 69-71. Da eine Einigung über die Bezirkswirtschaftsräte nicht zustande kam, wurde auch das Projekt des Landeswirtschaftsrates bzw. Wirtschaftsberatungskörper, wie er bei der Verabschiedung des Antrags genannt wurde, nicht umgesetzt.

127 Protokoll der Delegiertenkonferenz v. 26.5.1922. BWA K2/II/1, 6. Akt.

um ein Rahmengesetz handele, das durch spezielle Landesgesetze noch im einzelnen genauer bestimmt werden könne.

Besonderen Wert legte man abschließend noch auf die Formulierung, wonach die Handelskammern von den zuständigen Ministerien nicht gehört werden *sollten*, wie es der Entwurf vorsah, sondern vielmehr zu hören *waren.*[128]

Erst im folgenden Jahr beschäftigte sich auch das Reichswirtschaftsministerium mit einem Reichsrahmengesetz über die Industrie- und Handelskammern. Die Landesregierungen wurden aufgefordert, ihre Anträge und Vorschläge hierzu schriftlich einzureichen, woraufhin ein neuer Entwurf ausgearbeitet werden sollte. Das Reichswirtschaftsministerium wies zugleich darauf hin, daß es beim gegenwärtigen Stand der Dinge fraglich sei, ob die Bezirkswirtschafträte, die die bestehende allgemeine Überorganisation noch zu vermehren geeignet seien, kommen würden; falls nicht, so werde die Schaffung eines Gemeinschaftsorgans in der Unterstufe nicht vermieden werden können. Dieses Gemeinschaftsorgan sei deshalb nun entsprechend zu gestalten.[129]

Den dann vorliegenden Entwurf für das Reichsrahmengesetz lehnten die bayerischen Kammern – in Übereinstimmung mit allen Kammern Deutschlands und auch mit den Arbeitnehmern – auf ihrer Sitzung am 9. Juni 1923 in Nürnberg allerdings einstimmig ab, weil sie fürchteten, daß dadurch der Bestand der Handelskammern als unparitätische Körperschaften des öffentlichen Rechts tatsächlich aufgehoben und an ihre Stelle paritätische Kammern treten würden. Auf die Erarbeitung von Abänderungsvorschlägen wurde ausdrücklich verzichtet, „da der gesamte Entwurf in Tendenz und Aufbau für unannehmbar gehalten wurde."[130]

Vor dem Hintergrund der zunehmenden Inflation und den damit verbundenen Sparmaßnahmen sowie der Ruhrbesetzung, die den Handelskammern des bedeutendsten deutschen Wirtschaftsgebiets die Teilnahme an der Diskussion nicht nur erschwerte, sondern zum Teil sogar unmöglich machte, blieb der ausgearbeitete Entwurf unerledigt im Reichswirtschaftsministerium liegen. Kurz darauf wurde reichsweit von allen weiteren Plänen zur Neugestaltung der wirtschaftlichen Berufsvertretungen Abstand genommen.[131] Daß diese später nicht mehr im großen Rahmen wieder aufgenommen wurden, lag sicherlich auch an den Ein-

---

[128] Ebd.

[129] Rundschreiben BHK an die bayerischen HKn, 25.5.1923. BWA K2/IIa/27.

[130] Bericht über die Delegiertenkonferenz v. 9.6.1923 in der Bayerischen Industrie- und Handelszeitung, Jg. 1923, S. 141. Derselben Ansicht waren nahezu alle deutschen HKn, vgl. KÖNIG: Handelskammern, S. 101.

[131] Vgl. MOST: Selbstverwaltung, S. 18; KEUCHER: Entwicklung, S. 58; KÖNIG: Handelskammern, S. 101f. Siehe auch Schreiben Meinels an den BHK, 15.5.1924. Entwurf in BHStA MH 13494.

schränkungen des vorläufigen Reichswirtschaftsrats durch die Sparmaßnahmen der Inflationszeit. Reichsregierung und Vorstand des Reichswirtschaftsrats hatten sich darauf geeinigt, das Plenum nur noch nach gegenseitiger Fühlungnahme einzuberufen und die Zahl der Ausschüsse erheblich zu vermindern. In der Praxis bedeutete dies, daß keine Sitzung der Vollversammlung mehr stattfand und sich die Arbeit auf elf Ausschüsse konzentrierte. Damit verschwand der Reichswirtschaftsrat „aus dem Bewußtsein der Nation; indem er gleichsam nichtexistent wurde, verlor er seine Aktionskraft."[132] Nach der Machtübernahme durch die Nationalsozialisten 1933 wurde er endgültig aufgelöst.[133]

IV.4 Der Anschluß der Handelskammer Coburg an den Bayerischen Handelskammertag

4.1 Die Haltung der Handelskammer Coburg in der Anschlußfrage

Schon in den ersten Wochen nach dem Kriegsende und dem politischen Umsturz war für die Coburger zu erkennen, daß ein Freistaat Coburg, der ohne Gotha lediglich 562 Quadratkilometer und ca. 74.000 Einwohner umfaßte,[134] politisch und wirtschaftlich nicht stark genug sein würde, um sich neben den stärkeren und größeren Nachbarn und darüber hinaus im Verband des Reiches zu behaupten. Durch Coburgs Mittellage boten sich hier verschiedene Alternativen für einen Anschluß: Im Norden war dies einerseits das sich aus den thüringischen Klein- und Kleinststaaten bildende Land Thüringen, dem auch Gotha beitrat und zu dem besonders die Sozialdemokraten tendierten. Coburg war trotz überwiegend fränkischer Bevölkerung seit langem als das südlichste thüringische Land begriffen worden, was sich in politischen, wirtschaftlichen und kulturellen Beziehungen ausgeprägt hatte, es bildete seit über einem Jahrhundert die „mitteldeutsche Südgrenze der klassischen deutschen Kleinstaaterei" zum „großen bayerischen Bruder".[135] Trotz dieser althergebrachten Beziehungen war Coburgs Verhältnis zu „Thüringen" am Ende des Krieges äußerst reserviert. Neben dem von beiden Seiten gewünschten Auseinanderstreben Coburgs und Gothas

---

[132] E.R. HUBER: Verfassungsgeschichte, S. 402. Auch den Arbeitnehmern war nicht daran gelegen, den Reichswirtschaftsrat wiederzubeleben, da sie erkannt hatten, daß sie in den Gewerkschaften weitaus wirksamere Organe zur Vertretung ihrer Interessen besaßen. Vgl. KEUCHER: Entwicklung, S. 46.

[133] Vgl. KUHLO: Jubiläumsdenkschrift, S. 68-70; FRENTZEL: Industrie- und Handelskammern, S. 89.

[134] Daten bei HAMBRECHT, Rainer: Zwischen Bayern und Thüringen – Coburg von 1900 bis 1945, in: Ein Herzogtum und viele Kronen – Coburg in Bayern und Europa. Aufsätze zur Landesausstellung 1997 des Hauses der Bayerischen Geschichte und der Kunstsammlungen der Veste Coburg, hg. v. Michael HENKER u. Evamaria BROCKHOFF, Augsburg/Regensburg 1997, S. 186-196, hier S. 186.

[135] ERDMANN, Jürgen: Coburg, Bayern und das Reich 1918-1923, Coburg 1969, S. 29.

hatte sich in weiten Kreisen der Bevölkerung während des Krieges eine antithüringische Einstellung herausgebildet, die auf der vermeintlichen oder tatsächlichen Benachteiligung Coburgs im Rahmen der thüringischen Ernährungswirtschaft beruhte.[136] Andererseits war auch ein Anschluß an Preußen denkbar, wofür die seit längerem bestehenden verwaltungsmäßigen Verbindungen unter anderem in Militärwesen, Landwirtschaft, Schulwesen, Vermessungswesen und Bahnbau sprachen, mit denen Coburg in der Vergangenheit gute Erfahrungen gemacht hatte.[137]

Im Süden lag dagegen Bayern, dessen Vorzüge neben der engeren geographischen Verbindung und der „Stammesverwandtschaft" mit den angrenzenden fränkischen Gebieten vor allem in den traditionellen wirtschaftlichen Verbindungen lag. Bereits seit 1826, als das Herzogtum Coburg sein Hinterland mit Sonneberg und Saalfeld verloren hatte,[138] orientierte sich das Coburger Gewerbe zunehmend nach dem fränkisch-bayerischen Wirtschaftsraum, was durch die mit Oberfranken sehr ähnliche Wirtschaftsstruktur (in beiden Gebieten standen die Steingut- und Porzellanfabrikation sowie die Korbflechterei im Vordergrund) wesentlich erleichtert wurde. Nach Unterfranken gab es eine Verbindung durch die Spielwarenindustrie. Verstärkt wurde diese sich anbahnende Verflechtung durch den Bau der Werra-Bahn Mitte des 19. Jahrhunderts. Gerade in Eisenbahnangelegenheiten arbeitete dann die Handelskammer Coburg nach ihrer Gründung 1896 erstmals mit den fränkischen Handelskammern Bayreuth und Würzburg zusammen.[139]

---

[136] HAMBRECHT: Bayern, S. 188. Die Coburger mußten sich auf Hamsterfahrten ins angrenzende Bayern die nötigen Nahrungsmittel verschaffen. Sachsen-Coburg und Sachsen-Gotha waren seit ihrer Vereinigung 1826 „in Volkstum und Volkscharakter, Wirtschaft und Sozialstruktur, Verwaltungswesen und Verfassung" (ERDMANN: Coburg, S. 1), so unterschiedlich geblieben, daß sich zu keiner Zeit ein Zusammengehörigkeitsgefühl entwickelt hatte. Coburg und Gotha hatten weiterhin jeweils einen eigenen Landtag besessen, gemeinsame Angelegenheiten wurden im Gemeinschaftlichen Landtag besprochen. Vgl. auch SANDERN, Detlef: Coburg im Deutschen Bund und Deutschen Reich, in: Ein Herzogtum und viele Kronen, hg. von Michael HENKER und Evamaria BROCKHOFF, Augsburg/Regensburg 1997, S. 81-84, hier S. 81f.

[137] DRESSEL, Carl-Christian H.: Vom Sturz des Herzogs bis zur Vereinigung Coburgs mit Bayern, in: 75 Jahre Coburg bei Bayern, hg. von Detlef BEIL und Stefan KLEIN, Coburg 1995, S. 23. Preußen zeigte sich den Coburger Bestrebungen gegenüber zunächst recht aufgeschlossen, zog sich aber rasch zurück, als es die Annäherung Coburgs an Bayern bemerkte, auch um „die ohnehin bestehenden Spannungen zwischen dem Reiche und Bayern" (ERDMANN: Coburg, S. 28) nicht noch zu verschärfen.

[138] Coburg hatte im Vertrag von Hildburghausen, durch den es Gotha gewonnen hatte, besagtes Hinterland an Sachsen-Meiningen abgetreten, vgl. SANDERN: Coburg, S. 81f.

[139] Zur Gründung der HK Coburg vgl. MAHNKE, Fritz: 75 Jahre Industrie- und Handelskammer zu Coburg, Coburg 1971, S. 31-36; BACHMANN, Harald: 100 Jahre Industrie- und Handelskammer zu Coburg, in: Coburger Geschichtsblätter 4/1996, S. 121-131, hier S. 121-125; 25 Jahre Handelskammer Coburg 1896-1921. Ein Rückblick mit besonderer Berücksichtigung

Deshalb kam es im November 1918 wohl nicht überraschend, „daß gerade die Tradition der Wirtschaftsbeziehungen Coburgs zu Bayern, daß überhaupt Industrie, Gewerbe und Handel den ersten und tragfähigsten Brückenschlag nach Bayern durchführten.“[140] An erster Stelle ist hier der Neustadter Industrielle Kommerzienrat Max Oskar Arnold zu nennen, der neben den Coburger Staatsräten Klingler und Dr. Schack der einflußreichste Befürworter für einen Anschluß Coburgs an Bayern war und nach dem Umsturz erste Fäden nach München knüpfte.[141] Arnold, seit 1914 Reichstagsabgeordneter und ab 1919 wieder in der Coburger Landesversammlung vertreten, war 1896 für die Gründung der Handelskammer eingetreten, der er seitdem ununterbrochen angehörte.[142] Wenngleich nicht ihr Vorsitzender, so war er doch ein herausragender Vertreter dieser Institution, eine der geachtetsten und bedeutendsten Persönlichkeiten des Coburger Landes neben Staatsrat Quarck,[143] und genoß höchste Achtung in allen, auch in sozialistischen Bevölkerungskreisen. Es kann durchaus angenommen werden, daß Arnolds Kontaktaufnahme mit dem bayerischen Justizminister Müller-Meiningen noch Ende 1918, auch wenn sie zunächst ohne Erfolg blieb, nicht ohne das Wissen und wahrscheinlich auch nicht gegen den Willen des seinerzeitigen Handelskammervorsitzenden, Kommerzienrat Georg Gagel, stattfand.

Staatsrat Quarck regte schon im November 1918 Untersuchungen darüber an, wie die Stimmung bei Landwirtschaft, Industrie, Handel und Handwerk bezüglich eines Anschlusses an Thüringen bzw. Bayern war, und berief zu diesem Zweck am 2. Dezember zusammen mit dem Arbeiter- und Soldatenrat eine Besprechung der führenden Körperschaften des Coburger Landes ein.[144] Auf dieser Sitzung, die im wesentlichen mit dem Entschluß endete, die letzte Entscheidung in dieser Frage dem Volke zu überlassen, skizzierte Kommerzienrat Gagel eine günstige Stimmung der Hauptindustriezweige im Coburger Land für Bayern,

---

der Kriegszeit und des Jahres 1920, Coburg 1921, S. 1-4; FALKENBERG, Jörg: Die Industrie- und Handelskammer zu Coburg, in: 75 Jahre Coburg bei Bayern, hg. von Detlef BEIL und Stefan KLEIN, Coburg 1995, S. 79.

140 ERDMANN: Coburg, S. 33.

141 HAMBRECHT: Bayern, S. 190.

142 Vgl. zur Person Arnolds ERDMANN: Coburg, S. 34f, zu seiner Handelskammerangehörigkeit: 25 Jahre Handelskammer Coburg, S. 8.

143 Quarck hatte unter Herzog Carl Eduard die Coburger Abteilung des Staatsministeriums geleitet und war von den neuen Machthabern im November 1918 angewiesen worden, die administrative Leitung auch weiterhin auszuüben. Nach den Wahlen im Februar 1919 wurde er auch in die neue Regierung übernommen, so daß er in seiner Person die Kontinuität der Staatsverwaltung in Coburg sicherte und maßgeblich dazu beitrug, eine Radikalisierung der Ereignisse wie in Gotha zu verhindern. Vgl. ERDMANN: Coburg, S. 18f.; HAMBRECHT: Bayern, S. 189.

144 ERDMANN: Coburg, S. 26, 33f.

ohne damit aber einer diesbezüglichen Umfrage bei den der Handelskammer angeschlossenen Betrieben vorgreifen zu wollen.

Das Ergebnis dieser Umfrage wurde im „Bericht der Handelskammer Coburg" an das Coburger Staatsministerium vom 20. Februar 1919 festgehalten. Ein eindeutiger Entschluß der Industriekreise war demnach nicht möglich, die Mehrzahl der Befragten, darunter die für Coburg so wichtigen Zweige Korbwaren, Porzellan, Spielwaren und Holzbearbeitung, äußerten sich aber zugunsten Bayerns. Eine herausragende Rolle spielte hier wie im ganzen Volk das Versorgungsproblem, wie es zum Beispiel folgende im Bericht enthaltene Stellungnahme des Coburger Brauereigewerbes eindrucksvoll belegt: „Im Gegenteil haben wir bezüglich der Nahrungsmittelversorgung mit Norddeutschland die schlechteste Erfahrung gemacht, niemals wurde auf unsere berechtigten Interessen Rücksicht genommen. Die Vorstellungen unserer Behörden waren stets erfolglos. Großthüringen wird niemals unsere Eigenart verstehen."[145] Ein – im Bericht nicht näher bezeichneter – Industrieverband wies zudem auf „die in Bayern geplante grosszügige Nutzbarmachung der Wasserkräfte" und „die bereits teilweise in Angriff genommenen Kanalprojekte" hin, die der Coburger Industrie bei einem Anschluß an Bayern zugute kommen würden. Einige wenige – ebenfalls nicht näher genannte – Stimmen erklärten sich dagegen „für einen unbedingten Anschluss an Thüringen"; man verwies auf den größeren Absatz nach Norden, „während man mit Bayern so gut wie gar nichts zu tun gehabt habe." Andere Vertreter der Industrie und insbesondere der Handel erhofften sich von keinem der beiden Anschlußpartner besondere Vor- oder Nachteile, sie empfahlen vielmehr, „zunächst einmal Verhandlungen von Staat zu Staat zu führen, um Klarheit darüber zu erlangen, mit welchen Garantien man uns da oder dort aufnehmen wird, welche Aussichten sich uns in bezug auf die Verkehrsverhältnisse eröffnen, was man zu tun verspricht, um unsere einst so blühende Industrie sowie unsern hochentwickelten Handel wieder zu neuem Leben zu entfachen." Diesem Standpunkt schlossen sich die Unterzeichneten, der Vorsitzende Georg Gagel und der Sekretär Kuno Hirsch, im Namen der Handelskammer uneingeschränkt an: Erst sollten die jeweiligen „Angebote" eingeholt werden, ehe man sich für eine der beiden Seiten festlegte.[146]

Die thüringische Sache wurde jedoch entscheidend dadurch geschwächt, daß es noch kein Organ gab, das im Namen Thüringens verhandeln und Coburg feste Zusagen hätte machen können. So stimmte Coburg schließlich als einziger thüringischer Staat neben Sachsen-Meiningen dem in der ersten Jahreshälfte 1919 ausgehandelten Gemeinschaftsvertrag zur Bildung eines Landes Thüringen nicht zu, sondern lehnte ihn laut Beschluß der Coburger Landesversammlung vom 1.

---

[145] Bericht der Handelskammer Coburg vom 20.2.1919. BStA Coburg, Min Z, 24.

[146] Ebd. Ähnliche Ergebnisse verzeichneten auch die Berichte der Handwerkskammer Gotha, Abteilung Coburg, vom 24. Februar sowie des Landwirtschaftsrates vom 4. März. ERDMANN: Coburg, S. 34.

Juli 1919 lediglich nicht ab und verwies auf die beabsichtigte Volksbefragung.[147]

Für die Handelskammer Coburg, die im Februar noch zu Verhandlungen mit beiden Seiten bereit gewesen war, war die Frage des Anschlusses bald entschieden. Im Zusammenhang mit dem Gemeinschaftsvertrag wurde bekannt, daß die zwölf auf dem Gebiet des künftigen Großthüringen bestehenden Handelskammern zu einer einzigen, vermutlich am zukünftigen Regierungssitz Weimar, zusammengefaßt werden sollten. Auf der Sitzung der Handelskammer im Juni 1919 war man sich einig, „[...] daß einer Zentralisation der Handelskammern nicht das Wort geredet werden könne, man sich vielmehr zu bemühen hätte, die hiesige Handelskammer zu erhalten und weiter auszubauen."[148] Hinzu kam, daß ab August 1919 feststand, daß der wichtige Erfurter Industriebezirk entgegen den Thüringer Erwartungen nicht an Thüringen angeschlossen, sondern bei Preußen verbleiben würde, wodurch der neu entstehende Staat wirtschaftlich eigentlich kaum lebensfähig war.[149] Für die Handelskammer galt es nun also, nicht nur aus wirtschaftlichen Überlegungen heraus den Zusammenschluß Coburgs mit einem ökonomisch schwachen Thüringen zu verhindern, sondern damit vor allem auch die eigene Existenz zu bewahren.

Der Bayerische Handelskammertag hatte sich schon auf seiner außerordentlichen Vollversammlung am 5. Februar zugunsten einer Angliederung Coburgs an Bayern ausgesprochen und zugleich entschieden gegen eine ganze oder teilweise Abtrennung Frankens und dessen Anschluß an ein Großthüringen protestiert.[150] Auch der bayerische Staat befürwortete nach anfänglicher Verblüffung, „daß in den Tagen radikaler Linksherrschaft in München und weiten Teilen Bayerns ein deutsches Landesteil den Gedanken erwog, sich aus eigenem Entschluß diesem Bayern anzuschließen,"[151] die Coburger Bestrebungen sehr stark, schon um ein Signal für die Stärke der nach Bamberg ausgewichenen Regierung zu setzen. Im Juni 1919 ging eine Einladung an das Coburger Staatsministerium und die Landesversammlung zu einem Informationsgespräch am 12. Juni mit bayerischen Regierungsvertretern in Bamberg. Dabei zeigten die Bayern weitgehendes Entgegenkommen gegenüber den Coburger Forderungen, die von der Aufhebung der kriegswirtschaftlichen Schranken zwischen Coburg und Bayern, der Übernahme des bestehenden Schulwesens, der Sicherung der vom Herzog zu über-

[147] ERDMANN: Coburg, S. 30f. Ebenso bei DRESSEL: Sturz, S. 23f.
[148] Zitiert nach BACHMANN: 100 Jahre, S. 128.
[149] ERDMANN: Coburg, S. 46.
[150] Kundgabe des BHK v. 5.2.1919. BWA K2/XXIII/66. Vgl. auch Protokoll des Außerordentlichen BHK v. 5.2.1919 in BWA K2/II/1, 3. Akt.
[151] So der damalige bayerische Justizminister Müller-Meiningen, zitiert nach ERDMANN: Coburg, S. 35.

nehmenden Kulturinstitute und der Errichtung eines Landgerichts als Ersatz für das aufzulösende Staatsministerium bis zum Fortbestand der coburgischen Handels- und Handwerkskammern reichte. Diese bald als „Bamberger Stipulationen“ bezeichneten Wünsche waren fortan Grundlage aller Verhandlungen zwischen den beiden Freistaaten, auch für die endgültige Verständigung am 28. Juli in Bamberg, bei der die bayerische Regierung sie mit einigen Zusätzen und Änderungen endgültig zu bayerischen Zusicherungen an Coburg für den Fall eines Anschlusses an Bayern erklärte. Am 31. Juli erteilten sämtliche Fraktionen des bayerischen Landtags ihre Zustimmung.[152]

In dieser Situation lag die Entscheidung Coburgs beim Volk. Als Termin für die geplante Volksabstimmung legte die Coburger Landesversammlung schließlich den 30. November 1919 fest. Obgleich sich die Angebote Thüringens an Coburg nach der weitgehenden Konstitution eines Gesamtthüringen im Herbst 1919 noch steigerten, glaubte in Coburg kaum noch jemand an ein ernsthaftes Interesse der Thüringer gegenüber den Coburger Anliegen.

Die Entscheidung der Wähler am 30. November war daher in ihrer Tendenz wohl kaum überraschend, übertraf in ihrer Höhe aber selbst die kühnsten Erwartungen der Bayernanhänger: 88,28 % der Wähler hatten für einen Anschluß an Bayern gestimmt, nur 11,72 % für Thüringen. Vor allem alle größeren industrialisierten Landgemeinden wie Frohnlach, Ebersdorf, Mönchröden und Oeslau sprachen sich mit über 90 % der abgegebenen Stimmen für Bayern aus.[153]

Bayern zeigte sich sehr zufrieden mit dem Ergebnis. Am 5. Dezember 1919 sandte der bayerische Landtag das folgende Telegramm an die Coburger Landesversammlung: „Hocherfreut über die beschlossene Angliederung der Koburger Lande an Bayern begrüßt die bayerische Volksvertretung die fränkischen Stammesgenossen aufs herzlichste!“[154]

4.2 Die Aufnahme der Kammer Coburg in den Bayerischen Handelskammertag

Auch mit einer Entscheidung für Bayern war das weitere Fortbestehen der Handelskammer Coburg aber keineswegs von vornherein gesichert. Obwohl § 1 der bayerischen Handelskammer-Verordnung von 1908 die Existenz von „mindestens einer Handelskammer“ je Regierungsbezirk vorschrieb, damit also keineswegs ausschloß, daß es in einem Regierungsbezirk auch zwei Kammern geben könnte, war es in Bayern trotz der diesbezüglichen Vorstöße vor allem aus Aschaffenburg doch seit jeher bei einer Kammer pro Bezirk geblieben – und in den mit Bayern geführten Anschlußverhandlungen, die kurz nach der Volksab-

[152] HAMBRECHT: Bayern, S. 191; ERDMANN: Coburg, S. 36-39; DRESSEL: Sturz, S. 24.

[153] ERDMANN: Coburg, S. 48. Nur in drei von 151 Gemeinden ergab sich eine Mehrheit für Thüringen, vgl. DRESSEL: Sturz, S. 25.

[154] Verhandlungen des Bayerischen Landtags 1919/1920, Stenographische Berichte, Bd. 2, S. 37.

stimmung begannen, war allem Anschein nach keine Rede davon, aus dem bisherigen Freistaat Coburg einen neunten Regierungsbezirk Bayerns zu bilden.[155]

Aus diesem Grund übten die Vertreter der Handelskammer all ihren Einfluß aus, um den Erhalt ihrer Kammer ebenfalls zur Bedingung für den Anschluß zu machen.[156] Die Coburger Verhandlungsführer hatten sich demzufolge bereits beim ersten Treffen mit der bayerischen Regierung am 12. Juni 1919 für einen Fortbestand der Handelskammer eingesetzt und auch erreicht, daß dies in die „Bamberger Stipulationen" und schließlich in den am 14. Februar 1920 geschlossenen „Staatsvertrag zwischen den Freistaaten Bayern und Coburg über die Vereinigung Coburgs mit Bayern" aufgenommen wurde.[157] Allerdings war die Zusage von vornherein dadurch eingeschränkt, daß die bayerische Seite sich für den Fall einer allgemeinen Neuregelung des Kammerwesens die Umwandlung der Kammer Coburg in ein Handelsgremium vorbehielt, eine Einschränkung, die auch in § 18 des Staatsvertrags festgehalten wurde.[158]

Die bayerische Seite war also bereit, erstmals das Prinzip „eine Handelskammer je Regierungsbezirk" zugunsten der Kammer Coburg zu durchbrechen, reservierte sich jedoch das Recht, diese in eine eventuelle Neuregelung des Handelskammerwesens in ganz Bayern im Zuge der Einführung von Bezirkswirtschaftsräten mit einzubeziehen. Da die Neugestaltung des Kammerwesens nach Art. 165 der Reichsverfassung Reichs- und nicht Ländersache war, konnte die bayerische Regierung darüber zu diesem Zeitpunkt noch keine endgültigen Aussagen treffen.[159]

Der Vorsitzende Gagel berichtete entsprechend auf der Sitzung seiner Kammer im April 1920, in den Anschlußverhandlungen mit Bayern sei ihm das Weiterbestehen der Handelskammer Coburg zugesichert worden; nun aber habe er anläßlich eines erneuten Aufenthalts in München von Handelsminister Eduard

---

[155] Vgl. hierzu die Darstellung der Anschlußverhandlungen bei ERDMANN: Coburg, S. 36-39, 51-58, sowie die den Coburger Anschluß betreffenden Unterlagen im BHStA (MJu 13541-13543).

[156] 25 Jahre Handelskammer Coburg, S. 73.

[157] Staatsvertrag und Schlußprotokoll in Gesetz- und Verordnungsblatt für den Freistaat Bayern 1920, S. 335-344. Am 23. April 1920 verabschiedete die deutsche Nationalversammlung einstimmig das nach Art. 18 Abs. 2 der Reichsverfassung notwendige Reichsgesetz als „Gesetz, betreffend die Vereinigung Coburgs mit Bayern", das am 30. April von Reichspräsident Ebert verkündet wurde und am 1. Juli 1920 in Kraft trat. Vgl. DRESSEL: Sturz, S. 27.

[158] Vgl. Punkt 8 des Ergebnisses der Verhandlungen zwischen den Vertretern Coburgs und Bayerns vom 28.7.1919 sowie Niederschrift über die Verhandlungen der Coburger Regierungsvertreter mit den Vertretern der bayerischen Ministerien v. 30.1.1920. BHStA MJu 13541. Zum Staatsvertrag siehe Gesetz- und Verordnungsblatt für den Freistaat Bayern 1920, S. 335-344. Vorbehalte bezüglich einer späteren Neuordnung betrafen übrigens auch die staatlichen Bildungsanstalten (§ 10) und die Amtsgerichte (§ 12), waren also keineswegs nur für das Kammerwesen reserviert.

[159] Vgl. hierzu Pkt. C.IV.2.2 zur Rätefrage.

Hamm erfahren, daß die endgültige Entscheidung darüber „erst nach Einführung des in Bearbeitung befindlichen Reichshandelskammergesetzes erfolgen" könne.[160]

Das Handelsministerium sprach sich intern trotz Hamms Aussage für eine Weiterführung der Institution als Kammer aus.[161] Auf der ersten Sitzung nach dem Anschluß, am 20. Juli 1920, konnte Gagel daher vermelden, daß die Existenz der Kammer Coburg nunmehr gesichert war. Ziffer 8 der Verordnung über die Behördeneinrichtung des Gebiets von Coburg, welche am 28. Juni 1920 erlassen worden war, legte das Bestehen der Handelskammer Coburg fest.[162] Die in Coburg geltende Handelskammer-Verordnung stimmte im wesentlichen mit der bayerischen vom 25. Februar 1908 überein, lediglich die besonderen Ausschüsse für Kleinhandelstreibende sowie für Handlungsgehilfen und technische Angestellte mußten noch gegründet werden. Außerdem wurden der Kammer die Amtsgerichtsbezirke Lichtenfels und Kronach angegliedert, dafür verlor sie die bisherige Coburger Exklave Königsberg an die Kammer Unterfranken.[163]

Auf derselben Sitzung beschlossen die Mitglieder, dem Bayerischen Handelskammertag beizutreten,[164] nachdem einige Wochen zuvor bereits erste zaghafte, allerdings wenig erfolgreiche Kontakte geknüpft worden waren: Als Willkommensgruß hatte der Handelskammertag die Coburger Kammer bereits zur Delegiertenkonferenz am 14. Juni 1920 in Lindau eingeladen, die „Neubayern" hatten jedoch aufgrund der großen Verkehrsferne abgesagt.[165] Der förmliche Antrag für die Aufnahme wurde nun am 26. Juli bei der Handelskammer München als Vorort des Handelskammertags gestellt, doch in München war man trotz des ursprünglichen Entgegenkommens noch keineswegs davon überzeugt, daß die Frage der Weiterexistenz der Coburger Kammer bereits entschieden sei, denn auf dem Brief aus Coburg findet sich der handschriftliche Vermerk Kahns: „Es soll zunächst festgestellt werden, ob Koburg HK bleibt oder Gremium wird."[166] Obwohl sich dafür keine Hinweise in den Akten finden, ist anzunehmen, daß Kahn daraufhin mit dem Handelsministerium Rücksprache hielt und mit einem Hinweis auf die Verordnung über die Behördeneinrichtung in Coburg die Auskunft erhielt, die Handelskammer bleibe bestehen.

Am 10. September 1920 erfolgte schließlich ihre Aufnahme in den Handelskammertag aufgrund eines Beschlusses der an diesem Tag stattfindenden Dele-

---

160 MAHNKE: 75 Jahre, S. 63.

161 Meinel an das Staatsministerium der Justiz, 22.6.1920. BHStA MJu 13543.

162 Verordnung über die Behördeneinrichtung des Gebietes von Coburg v. 28.6.1920. Sonderabdruck aus dem Bayerischen Staatsanzeiger v. 29.6.1920 in BHStA MJu 13543. Vgl. auch Feststellung in BWA K1/II/8, 4. Akt.

163 MAHNKE: 75 Jahre, S. 63f; 25 Jahre Handelskammer Coburg, S. 73f.

164 MAHNKE: 75 Jahre, S. 64.

165 BHK an alle bayerischen HKn unter ausdrücklicher Erwähnung der HK „Koburg", 19.5.1920; HK Coburg an BHK, 5.6.1920. BWA K2/IIa/17.

166 HK Coburg an den BHK, 26.7.1920. BWA K2/I/2.

giertenkonferenz.[167] Pschorr hieß die Herren aus Coburg „in unserer Mitte herzlich willkommen und vertraue, dass durch eine rege Arbeit unseren gemeinschaftlichen wirtschaftlichen Interessen reiche Förderung zuteil werden wird."[168] Damit war die Handelskammer Coburg vollwertiges Mitglied im Kreis der bayerischen Handelskammern.

Gewisse Probleme gab es allerdings zu Anfang noch bei der Berechnung des Beitrags zu den Kosten des Handelskammertags. Die Kammer Coburg hatte bisher vom Staatseinkommen bzw. der Klassensteuer 5 % erhoben, während die bayerischen Kammern ihre Umlagen nach der Gewerbesteuer bemaßen. Der Vorort griff daher bei der ersten Feststellung des Kostenbeitrags der Coburger auf die im aktuellen Jahrbuch der deutschen Handelskammern angegebene Steuersumme zurück und leitete hieraus irrtümlich für Coburg einen Betrag von 1.608,40 M für das Jahr 1921 ab, was bei den Neumitgliedern entsetzte Reaktionen hervorrief, denn die Summe lag noch über dem Beitrag der Augsburger, der 12 % der Gesamtkosten des Bayerischen Handelskammertages ausmachte.

Der aufgrund der verschiedenen Steuern entstandene Irrtum konnte daraufhin rasch geklärt werden; weil die nun auch in Coburg eingeführte Gewerbesteuer, durch die Umstellung von einer Landes- auf eine Reichssteuer bedingt, in den kommenden Jahren jedoch nur schleppend eingezogen wurde, fehlte aber eine neue Bemessungsgrundlage. Am Rande der Delegiertenkonferenz vom 26. Mai 1922 einigte man sich daher zunächst auf den gleichen Prozentsatz, wie ihn die Kammer Bayreuth entrichtete, nämlich 5,5 %.[169] Nach der Währungsumstellung und gesicherten Angaben über die in Coburg eingezogene Gewerbesteuer wurde dieser Satz 1924 auf 1,5 % abgesenkt, womit Coburg Passau (4 %) als bisher kleinste Kammer ablöste.[170]

IV.5 Wirtschaftspolitisches Wirken: Der Handel in der Nachkriegs- und Inflationszeit

Die bereits während des Krieges desolate Ernährungslage hielt auch nach dem Ende der Kampfhandlungen unvermindert an; damit einhergehend stiegen die Preise für Lebensmittel unaufhörlich weiter. Die Bekämpfung von Preistreiberei

---

[167] Ebd. Handschriftliche Notiz Kahns auf der Rückseite des Briefs.

[168] Pschorr in seiner Begrüßungsansprache v. 10.9.1020. BWA K2/IIa/18.

[169] Schriftwechsel HK Coburg-BHK, 1.5.-15.5.1922. Die Einigung anläßlich der Delegiertenkonferenz wurde von einem Mitarbeiter der HK München, Limpert, unter Angabe des Datums (26.5.1922) handschriftlich auf dem letzten Brief vermerkt. BWA K2/I/5. Zu den Folgen des schleppenden Gewerbesteuereinzugs für die bayerischen HKn vgl. ausführlicher Pkt. C.IV.6.3 „Die bayerischen HKn in der Inflationszeit".

[170] Abrechnung für Zeit vom 1.4.1924-21.3.1925, 20.4.1925. BWA K2/I/5.

und Wucher wurde deshalb Anfang 1919 noch weiter verschärft.[171] Für den Bayerischen Handelskammertag war dies ein deutliches Zeichen, daß alle seine diesbezüglichen Aufklärungsversuche während des Krieges fruchtlos verhallt waren und daß weder die neue Regierung noch die alte Verwaltung gewillt waren, den Interessen des Handels entgegenzukommen. Dennoch beteiligte sich der Handelskammertag in den nächsten Jahren immer wieder an der Teuerungsdebatte, die immer erbitterter geführt wurde, je weiter die Inflation fortschritt.

Eine kurzlebige wirtschaftliche Aufschwungtendenz, die im September 1919 eingesetzt hatte und mit einem rapiden Verfall des Kurses der Mark sowie mit neu aufblühendem Schiebertum und Schleichhandel einherging, riß im ganzen Reich rapide ab, als im März 1920 eine merkliche Aufwärtsbewegung des Mark-Kurses einsetzte und dieser bis zur Annahme des Londoner Zahlungsplanes im Mai 1921 bzw. bis zur Überweisung der ersten im August 1921 fällig werdenden Reparations-Goldmilliarde relativ stabil blieb.[172] Der Groß- und Einzelhandel befand sich dadurch im Frühjahr 1920 in einer äußerst gespannten Situation, denn er saß auf vollen Lagern, während die Verbraucher sich in Erwartung wieder sinkender Preise in Zurückhaltung übten. Diese Erwartungshaltung wurde durch fallende Tendenzen der Kohle-, Stahl- und Eisenpreise gestützt und fand ihren öffentlichen Ausdruck in einer auf breitester Ebene geführten Preisabbaudiskussion.[173]

In dieser hitzig geführten Debatte warf der bayerische Justizminister Müller-Meiningen in einer Äußerung im Landtag den Handelskammern vor, Wucherer und Schieber zu decken.[174] Der bayerische Handelskammertag reagierte prompt gegen diese Anschuldigung. Auf einer Delegiertenkonferenz am 26. März 1920 verwahrte er sich gegen diese Beschuldigung; die Handelskammern täten vielmehr alles, um Wucher aufzudecken. Der Handelskammertag rügte an dieser

---

[171] SPERL: Wirtschaft und Staat, S. 370. Die bayerischen Preise hatten allerdings während des Kriegs beträchtlich (ca. 17 %) unter dem Reichsdurchschnitt gelegen, und auch 1920 machte die Teuerung in Bayern noch ca. 15 % weniger aus. Vgl. ebd., S. 331, 334.

[172] SPERL: Wirtschaft und Staat, S. 380f., 437-439. Vgl. auch BHStA MInn 72611. Der kurzfristig stabile Kurs der Mark war wohl auf die Schließung des „Lochs im Westen" (durch die besetzten Gebiete hatten bisher ungehindert und zollfrei Waren ausgeführt werden können) sowie auf die Tatsache, daß das Ausland, das eine Besserung der wirtschaftlichen Verhältnisse in Deutschland antizipierte, in Mark spekulierte und größere Summen in Deutschland investierte, zurückzuführen.

[173] SPERL: Wirtschaft und Staat, S. 440. Industrie- und Handelskreise teilten diese Erwartung nicht. Sie rechneten damit, daß die Mark erneut fallen werde, was dann auch tatsächlich eintrat, und deshalb mit einer Fortsetzung der Preissteigerung.

[174] Vgl. die in den Münchner Neuesten Nachrichten, Nr. 106, 11.3.1920, abgedruckte Interpellationsdebatte des Bayerischen Landtags vom 10.3.1920, in der Müller-Meiningen in bezug auf die Wucherbekämpfung sagte: „Auch die Mitwirkung der Berufs- und Standesorganisationen hat bisher nur sehr mäßige Erfolge gezeigt. Die Handelskammern haben bisher keine einzige Anzeige erstattet. [...]"

Stelle das Vorgehen der Landeswucherabwehrstelle als rücksichtslos, unwissend und unangebracht. Da vielfach ehrliche Kaufleute in Mißkredit gebracht wurden, plädierte er wie schon während des Kriegs für die Zuziehung von Sachverständigen.[175]

Gleichzeitig forderte er eine Änderung der Preistreibereiverordnung. Nach dieser durfte der Handel seine Waren nur zu dem beim Einkauf festgesetzten Preis verkaufen, ohne daß dabei die Konjunktur berücksichtigt wurde. Aufgrund der steigenden Preise und der Geldentwertung mußten die Händler einen Teil ihres Betriebskapitals aufwenden, um Nachschub besorgen zu können, und sahen sich daher nun kurz vor dem Ruin. Abhilfe konnte nur eine Beseitigung der bestehenden Preisbeschränkungsverordnungen und eine Kalkulation auf Tagespreis auch beim Einzelhändler bringen. Ministerialrat Dr. Lindner vom Handelsministerium versicherte, daß auch dem Ministerium die Notlage der Kaufleute bekannt war und daß der kaufmännische Mittelstand in der Tat gefährdet war, wenn nichts geschehe. Das Ministerium setzte sich deshalb für eine Abänderung der Preistreibereiverordnung ein, außerdem müsse der Begriff des Preiswuchers neu formuliert und die Öffentlichkeit entsprechend aufgeklärt werden. Der Handelskammertag vernahm diese Stellungnahme mit großer Genugtuung.[176]

Bereits auf der nächsten Delegiertenkonferenz drei Monate später hatte man erneut Anlaß, sich mit der Frage der Wucherbekämpfung in Bayern zu beschäftigen.[177] Der Vorstand der bayerischen Landeswucherabwehrstelle, Oberlandes-

---

[175] Protokoll der Delegiertenkonferenz v. 26.3.1920. BWA K2/II/1, 4. Akt. Müller-Meiningen äußerte sich zu dieser Rüge in dem Sinne, daß die HKn seine Worte mißverstanden hätten: „Er habe lediglich sein Bedauern ausgesprochen, daß die Behörden bei ihrem schweren Kampfe gegen das Wucher- und Schiebertum von der ganzen Bevölkerung und auch von den Berufs- und Standesorganisationen ganz unzureichend unterstützt würden. Nicht im entferntesten habe er den Vorwurf erhoben, daß die bayerischen Handelskammern mit den Schiebern und Kettenhändlern unter einer Decke spielten." Zitiert nach COHEN/SIMON: Geschichte, S. 492.

[176] Protokoll der Delegiertenkonferenz v. 26.3.1920. BWA K2/II/1, 4. Akt. Tatsächlich sandte Meinel Anfang Juni 1920 ein Schreiben an Rohmer nach Berlin, in dem er diesen anwies, sich im Reichswirtschaftsministerium und im Reichsrat für eine Änderung der Preistreibereiverordnung vom 8.5.1918 einzusetzen, da er die Klagen des Handels für berechtigt erachtete. Zugleich sollten die Wucherabwehrstellen im ganzen Reich verstärkt ausgebaut werden, um Schieber- und Wuchertum effektiver bekämpfen zu können. Meinel an Rohmer, 4.6.1920. Abschrift in BWA K2/XXIII/11, 2. Akt. Meinel brachte dies den Vorwurf des Vorstands der Landeswucherabwehrstelle, Aull, ein, er und das Ministerium hätten sich völlig auf die Seite des Handels gestellt, vgl. LANGE, Thomas: Bayern im Ausnahmezustand 1919-1923. Zur politischen Funktion des bayerischen Ausnahmerechts in den ersten Jahren der Weimarer Republik, Diss. München 1989, S. 106.

[177] Der BHK stand dabei in dieser Frage stets in enger Verbindung mit dem Zentralverband des Deutschen Großhandels Gruppe Bayern. Vgl. entsprechenden Schriftverkehr in BWA K2/XXIII/11, 2. Akt.

gerichtsrat Aull, hatte in einem Vortrag im demokratischen Verein „Frei München“ am 6. Mai 1920 davon gesprochen, daß noch immer eine Notmarktlage bestehe, nach der die Angemessenheit der Preise zu beurteilen war. Aulls Meinung nach hatte die Landeswucherabwehrstelle nur polizeiliche, keine wirtschaftlichen Aufgaben, außerdem betonte er in seinem Vortrag, daß Bayern in der Frage der Wucherbekämpfung seine eigenen Wege ging.[178]

All diese Punkte waren geeignet, bei den Handelskammern Widerspruch hervorzurufen. Meier wies sie daher im Namen des Handelskammertags streng zurück: Die Landeswucherabwehrstelle habe durchaus wirtschaftliche Aufgaben, alles andere sei eine „ganz bürokratische“ Auffassung. Meier hielt deshalb die Schaffung eines kaufmännisch-industriellen Beirats für dringend nötig. Sein Koreferent Fraenkel betonte daneben die großen Nachteile, die die bayerische Wirtschaft erleide, wenn Bayern in der Frage der Wucherbekämpfung eigene Wege gehe, da der Freistaat dazu neige, die Wuchergesetze strenger anzuwenden als zum Beispiel Preußen. Regierungs-Assessor Hellmann gestand als Vertreter des Handelsministeriums erneut ein, daß die bisherige Praxis nicht zum gewünschten Erfolg geführt hatte: „Der Handelsminister sehe eine besondere Aufgabe darin, zwischen den Bedürfnissen des Handels und jenen der Konsumenten den ehrlichen Makler zu machen. Er bitte, dass die Handelskreise mit den Behörden, besonders mit dem Handelsministerium zusammen arbeiten mögen, um eine entsprechende Grundlage für die Wucherbekämpfung zu finden.“[179]

Der Handelskammertag erließ als Ergebnis eine Resolution, in der die Schaffung eines kaufmännisch-industriellen Beirats gefordert wurde, um etwaige Wucherfälle nach kaufmännischen Maßstäben beurteilen zu können. Außerdem verlangte man reichsweit einheitliche Regeln und auch eine reichsweit einheitliche Anwendung dieser Regeln, da Bayern Teil eines einheitlichen deutschen Wirtschaftsgebiets war und die bayerischen Wirtschaftskreise ansonsten benachteiligt wurden.[180] Eine entsprechende, von der Kammer Nürnberg ausgearbeitete Denkschrift wurde am 31. August 1920 dem bayerischen Handelsministerium übersandt.[181]

Die Teuerung ließ sich jedoch nicht aufhalten. Der Handelskammertag beschäftigte sich deshalb auf der Delegiertenkonferenz am 10. September 1920 mit den objektiv vorhandenen Möglichkeiten des Preisabbaus.[182] Nürnbergs Syndikus Heyn trug sämtliche denkbaren Varianten vor: Einen Preisabbau ohne Änderung der gegenwärtigen Produktionsverhältnisse hielt er für äußerst unwahr-

[178] Nach dem Protokoll der Delegiertenkonferenz v. 14.6.1920. BWA K2/II/1, 4. Akt.
[179] Ebd.
[180] Ebd.
[181] Denkschrift des BHK bezüglich Wucherbekämpfung in Bayern, 31.8.1920. BWA K2/XXIII/11, 2. Akt, ebenso in BHStA MJu 15511.
[182] Vgl. Protokoll der Delegiertenkonferenz v. 10.9.1920. BWA K2/II/1, 4. Akt.

scheinlich, da in den meisten Fällen die Preise bereits den realen Kosten entsprachen. Ein Preisabbau mit Änderungen der Produktionsverhältnisse war seiner Ansicht nach ebenfalls nicht sehr wahrscheinlich, da der Währungskurs aus verschiedenen Gründen weiter fiel; zu den Gründen für den Währungsverfall zählte Heyn die schlechte Finanzlage, welche die Reichsbank dazu veranlaßte, Geld zu drucken, die „Bolschewistengefahr" sowie die immer noch schwebende Frage der Kriegsreparationen. Einsparungen waren nur möglich, wenn der freie Handel statt der Kriegsgesellschaften die Einfuhr wieder übernahm, weil er über größere Erfahrung verfügte, und wenn die Zwangswirtschaft im Inland endlich aufgehoben wurde. Den Hauptpunkt bezüglich einer Veränderung der Produktionsverhältnisse bildete jedoch die Senkung der Herstellkosten im Inland, was aber nahezu unmöglich war, da die Arbeitnehmer einer Senkung ihrer Löhne und der Ausdehnung der Arbeitszeit entgegenstanden. Als dritte Variante nannte Heyn den Preisabbau durch eine Verminderung der Nachfrage, hielt die diesbezüglichen Aussichten aber für noch weniger günstig als bei einer Senkung der Herstellkosten, da die Nachfrage zumeist schon so eingeschränkt war, daß eine weitere Einschränkung der Verbraucher kaum mehr möglich sei. Die größten Chancen räumte er daher der vierten Möglichkeit ein: Die Landwirtschaft, deren Verhältnisse sich in den letzten Jahren stetig verbessert hatten, mußte mit einem Preisabbau vorangehen, um so die Lebenshaltungskosten zu senken, was sich wiederum auf Löhne und Gehälter auswirken würde. Da die Reichsregierung die Preise für landwirtschaftliche Erzeugnisse aber auf hohem Niveau festgesetzt hatte und die norddeutschen Großbetriebe sich weigerten, die Preise zu senken, war auch hier kurzfristig nichts zu machen.

Der Handelskammertag erließ als Ergebnis der Diskussion eine nicht sonderlich hoffnungsvolle Resolution, in der die Reichsregierung dazu aufgefordert wurde, dahin zu wirken, daß die Zwangswirtschaft, die noch bestehenden Kriegsgesellschaften sowie die Aus- und Einfuhrverbote soweit als möglich aufgehoben wurden. Daneben solle diese die Produktion der Landwirtschaft durch Lieferung von Düngemitteln intensiv fördern und die Löhne herabsetzen bzw. sie an die tatsächliche Leistung der Arbeitnehmer anpassen.[183]

Nur zwei Monate darauf mußte der Handelskammertag eingestehen, daß alle seine bisherigen Bemühungen in dieser Frage vergeblich waren.[184] Die Wucherbekämpfung in Bayern erfolgte immer noch in der bisherigen Form. Trotz des guten Einvernehmens zwischen dem Handelsministerium und den Kammern hatte die bayerische Regierung am 25. Oktober 1920 ohne Rücksprache mit den Handelskammern eine neue Verordnung erlassen, die nach Ansicht des Kammertages den Handel mehr belastete als den Wucher bekämpfte. Angesichts der Lebensmittelunruhen, die zwischen Juni und September 1920 infolge der Teue-

---

183 Ebd.

184 Vgl. Protokoll der Delegiertenkonferenz v. 15.11.1920. BWA K2/II/1, 5. Akt.

rung alle Teile des Reichs und damit auch Bayern heimgesucht hatten, war es nicht verwunderlich, daß die Regierung lieber den Kaufmann belastete als die Volksmassen durch ein Entgegenkommen an den Handel weiter zu empören.[185] Nach der Verordnung, gegen die innerhalb der Regierung nur Hamm gestimmt hatte, konnten Schleichhandel und Preistreiberei, wenn sie aus „schnöder Gewinnsucht" oder gewerblich betrieben wurden, mit Zuchthausstrafen von einem bis zu fünfzehn Jahren und zugleich mit Geldstrafen von 100.000 bis zu einer Million Mark bestraft werden. Daneben konnten der Übererlös und das gesamte Vermögen eingezogen, der Betrieb des Handelsgewerbes untersagt, die bürgerlichen Ehrenrechte aberkannt und der Verurteilte unter Polizeiaufsicht gestellt werden.[186]

Beinahe ohnmächtig forderte der Handelskammertag erneut die Errichtung eines kaufmännisch-industriellen Beirats bei der Landeswucherabwehrstelle und die vermehrte Zuziehung von Sachverständigen bei Wucherprozessen. Regierungsrat Gilch berichtete, daß auch das Handelsministerium bereits des längeren von der Notwendigkeit einer Kursänderung überzeugt und deshalb wiederholt beim Justizministerium vorstellig geworden war. Der Justizminister, so Gilch, sei nun nicht mehr gänzlich ablehnend und habe sich bereit erklärt, der Sache noch einmal näher zu treten.[187] Langfristig stand das Handelsministerium in dieser Frage innerhalb der Regierung aber auf verlorenem Posten; Hamm konnte seine Positionen den Ministerkollegen nicht vermitteln.

Im Sommer 1921 schwanden mit der Annahme des Londoner Zahlungsplanes alle Hoffnungen auf eine baldige Stabilisierung der Mark, eine neuerliche Phase des Währungsverfalls setzte ein. Der nominale Außenwert der Mark sank deutlich, der Geldumlauf im Innern Deutschlands stieg an. Damit einhergehend schnellten auch die Preise in die Höhe, wodurch die bisher noch beträchtlichen Teuerungsunterschiede zwischen dem Reich und Bayern signifikant kleiner wurden. Die Differenz im Teuerungsgefälle schrumpfte von 15 % im Jahr 1920 auf durchschnittlich 5,5 % im ersten Halbjahr 1921 zusammen, nahm zwar bis zum Jahresende 1921 wieder auf 7 % zu, doch schon im ersten Halbjahr 1922 stiegen die Preise in Bayern so rasant an, daß das gesamtbayerische Teuerungsniveau den Reichsdurchschnitt erreichte. Dies bedeutete, daß die Preissteigerungen in Bayern in den Monaten April bis Juli 1922 in rascherem Tempo als im Reichsdurchschnitt verliefen, was verheerende stimmungspolitische Wirkungen innerhalb Bayerns nach sich zog. Zwar flaute die Teuerungsbewegung gegen

---

[185] Vgl. LANGE: Bayern, S. 102. Allerorten waren Geschäftsleute von einer durch die Straßen ziehenden Menge unter Androhung von Gewalt gezwungen worden, ihre Waren zu herabgesetzten, von den „Käufern" bestimmten Preisen zu verkaufen.
[186] Ebd., S. 107.
[187] Protokoll der Delegiertenkonferenz v. 15.11.1920. BWA K2/II/1, 5. Akt.

Jahresende 1922 nochmals leicht ab, doch hatte dies auf die Volksstimmung keinen Einfluß mehr.[188]

Für den Mann auf der Straße sichtbarer als der Unterschied der bayerischen Teuerung zum Reich war selbstverständlich die Preisbildung bei alltäglichen Gegenständen, die geradezu exponentiell anstieg. So kostete ein Kilo Kartoffeln Mitte September 1921 1,40 M, zur gleichen Zeit ein Jahr später schon 10,60 M; ein Kilo Schweinefleisch stieg im gleichen Zeitraum von 32,00 M auf 339,60 M, ein Kilo Butter von 52,00 M auf 568,00 M, ein Liter Milch von 3,05 M auf 26,00 M.[189] Da die allgemeine Lohnentwicklung dem nicht folgen konnte, darf es nicht Wunder nehmen, daß die Händler in der Öffentlichkeit als Wucherer und Schieber beschimpft wurden. Ohnehin warf man ihnen und der Industrie seit Jahren vor, alle vom Landtag und der Regierung unternommenen Bemühungen um Preisabbau zu torpedieren und sich an der Notlage der Bevölkerung zu bereichern. Besondere Erbitterung rief hervor, daß immer mehr Einzelhändler, dem Beispiel der Industriellen, der Exporteure und Importeure folgend, dazu übergingen, ihre Waren in Auslandswährung, meist Dollar, zu fakturieren, d.h. die Waren wurden in einer ausländischen Währung ausgezeichnet und waren dann in Papiermark zum Tageskurs dieser Währung zu bezahlen; teilweise verlangten die Kleinhändler sogar Bezahlung in Devisen.

Im Mai 1921, als die Preise erstmals fast auf Reichsniveau stiegen, arbeiteten der Handelskammertag, der Handwerkskammertag, der Bayerische Industriellen-Verband, die Arbeitsgemeinschaft des Bayerischen Einzelhandels, der Zentralverband des Deutschen Großhandels, Gruppe Bayern, die Münchener Bankenvereinigung und die Bayerische Landesbauernkammer auf einer Sitzung in München zusammen „Leitsätze zur Reform der Wuchergesetzgebung" aus. Darin forderten sie die sofortige Aufhebung der Preistreibereiverordnung, da die Zwangswirtschaft auf fast allen Gebieten aufgehoben war und starke Konjunkturschwankungen eingetreten waren, auf die die Kaufleute und Industrielle flexibel reagieren können mußten. Wurde die Verordnung nicht aufgehoben, so sollten wenigstens die Wuchergerichte abgeschafft werden, da diese Sondergerichte gegen Handel und Industrie gerichtet und gegen ihre Entscheidungen keine Rechtsmittel möglich waren. Sollten die Gerichte nicht per Gesetz aufgehoben werden können, so waren alle Maßnahmen zu ergreifen, um zu verhindern, daß Vertreter von Landwirtschaft, Industrie und Handel vor die Wuchergerichte gestellt wurden, insbesondere sollten Sachverständige der jeweiligen Branche

[188] SPERL: Wirtschaft und Staat, S. 485-488.

[189] Ebd., S. 491. Vgl. auch die Übersicht des Innenministeriums zum Umfang der Teuerung, ihren Ursachen sowie zu Abhilfemaßnahmen in BHStA MInn 72611.

neben den normal hinzugezogenen „Sachverständigen" der Landeswucherabwehrstelle konsultiert werden.[190]

In dem Maße, in dem die Preise weiterstiegen, mußten die Kammern jedoch feststellen, daß sie das Gehör der Regierung verloren. Am 8. November 1921 veröffentlichte das bayerische Gesamtstaatsministerium, abermals ohne die Handelskammern vorher zu hören, einen Erlaß zum Schutz der Verbraucher, „der die seit Jahren erhobenen Forderungen der Handelskammer völlig außer acht läßt und in demagogischer Weise Schieber- und Wuchertum mit dem reellen Handel zusammenwirft."[191] Der Handelskammertag betrachtete dieses Vorgehen, dem sich durch Unterzeichnung auch der Handelsminister persönlich angeschlossen hatte, als „Ungeheuerlichkeit",[192] hielt aber ein Vorgehen der Gemeinschaftsinstitution für wenig sinnvoll. Er erachtete es für zweckmäßiger, wenn sich jede Kammer in öffentlicher Sitzung mit dem Erlaß beschäftigte, „damit das Gesamtministerium nicht darüber im Unklaren gelassen wird, daß auch außerhalb Münchens dieses Vorgehen in Kreisen von Industrie und Handel die schärfste Verurteilung erfährt." Streng vertraulich teilte er in seinem Rundschreiben an die bayerischen Kammern noch mit, daß die Spitzenverbände Bayerischer Industriellen-Verband, Arbeitsgemeinschaft des bayerischen Einzelhandels und Zentralverband des Deutschen Großhandels, Gruppe Bayern, bei Ministerpräsident und Handelsminister persönlich vorstellig werden wollten, um „gegen das die Existenz von Industrie und Handel bedrohende bayerische Sondervorgehen" zu protestieren.[193] Dieses Sondervorgehen bestand nach dem Erlaß unter anderem darin, daß die Staatsanwälte angewiesen wurden, ihre Ermittlungen in Wucherfragen „auf das Wesentliche zu beschränken" und geeignete Fälle möglichst bald vor die Wuchergerichte zu bringen, und daß Namen verurteilter

---

[190] BWA K2/XXIII/11, 2. Akt. Die „Sachverständigen" der Landeswucherabwehrstelle stehen auch im Originaltext in Anführungszeichen; die Kreise von Handel, Industrie und Landwirtschaft Bayerns scheinen von ihnen nicht viel gehalten zu haben.

[191] BHK an die bayerischen HKn, 10.11.1921. BWA K2/XXIII/11, 2. Akt. Zum Text des Erlasses vgl. Münchner Neueste Nachrichten, Nr. 472, 9.11.1921. In der Tat hatte das Gesamtstaatsministerium in dem Erlaß in bezug auf die Feststellung eines übermäßigen Gewinns die Beteiligung von Sachverständigen, „insbesondere die Sachverständigen der Landeswucherabwehrstelle, der Landespreisstelle und der örtlichen Preisstellen und zwar auch aus Kreisen der Verbraucher" verfügt und damit die Forderung der HKn nach Beteiligung eigener Sachverständiger wieder übergangen. Dennoch kann keine Rede davon sein, daß der Erlaß nicht zwischen reellem Handel und Wucher- und Schiebertum differenziert hätte, vielmehr konstatierte er deutlich: „Die Säuberung des Handels von allen unlauteren und ungeeigneten Elementen liegt nicht nur im Interesse der Verbraucher, sondern auch in dem des ehrbaren Handels. Von ihm, der diese Säuberung selbst verlangt, darf erwartet werden, daß er und seine Organe, die Handelskammern und Handelsfachverbände ohne Scheu vor dem etwaigen unzutreffenden Vorwurf der Denunziation die Behörden in ihrer Tätigkeit unterstützen."

[192] BHK an die bayerischen HKn, 10.11.1921. BWA K2/XXIII/11, 2. Akt.

[193] Ebd.

Wucherer und Schieber veröffentlicht werden sollten.[194] Die meisten Kammern befolgten den Rat des Vororts: Würzburg drückte in seiner Gesamtsitzung am 24. November seine Mißbilligung über den Erlaß aus, Bayreuth, Regensburg und Nürnberg richteten jeweils entsprechende Eingaben an das Handelsministerium.[195]

Aufgrund dieser Unzufriedenheit war die Verbindung zwischen den Handelskammern und dem Handelskammertag einerseits und der Regierung andererseits in den folgenden Monaten eher sporadisch. Erst im Frühjahr des Jahres 1922 wurde der Kontakt wieder intensiver. Angesichts der steigenden Teuerung, die immer weitere Not brachte, richtete Ministerpräsident Graf Lerchenfeld am 12. April eine Einladung an den Handelskammertag, in der er um die Abordnung von Vertretern bat, um die ernste Lage zusammen mit den beteiligten Ministerien und wirtschaftlichen Sachverständigen im Außenministerium beraten zu können.[196] Der Handelskammertag entsandte zu dem Treffen, das am 26. April stattfand, als Vertreter der Industrie Riester (Nürnberg) und Clairmont (Augsburg), als Vertreter für das Bankwesen Direktor Leber von der Münchner Bankenvereinigung sowie als Vertreter des Groß- und Kleinhandels Christlieb aus Regensburg.[197] Allerdings kamen Politik und Wirtschaft sich bei diesem Treffen nicht unbedingt näher, da Staatsanwalt Schmidt, der Vorsitzende der Bayerischen Landespreisstelle, ausdrücklich erklärte, die Aufgabe der Landeswucherabwehrstelle sei die polizeiliche Bekämpfung des Wuchers und der groben Preistreiberei. Sie sei dabei aber an die Vorschriften der Preistreibereiverordnung gebunden und würde ihren Aufgaben untreu werden, wenn sie die Forderungen von Handel und Industrie berücksichtigen wolle und von den aus dem Wortlaut der Preistreibereiverordnung sich ergebenden Rechtsgrundsätzen abweichen würde. Die Forderungen von Handel und Industrie, auch wenn sie wirtschaftlich berechtigt seien, könnten von der Landespreisstelle bei der Bekämpfung des Wuchers nicht berücksichtigt werden, weil sonst das Rüstzeug versage.[198] Auf dieser Basis war den Vertretern der Handelskammern nicht einmal eine Diskussion möglich.

Im Mai 1922 und dann nochmals im November des gleichen Jahres forderte der Handelskammertag deshalb eine Reform der nach wie vor bestehenden Preistreibereiverordnung dahingehend, daß der Wiederbeschaffungspreis als Verkaufspreis anerkannt würde, um zu verhindern, daß die Unternehmen für die

[194] Münchner Neueste Nachrichten, Nr. 472, 9.11.1921.
[195] Vgl. Briefwechsel HKn-BHK in BWA K2/XXIII/11, 2. Akt.
[196] Lerchenfeld an BHK, 12.4.1922. BWA K2/XXIII/11, 2. Akt.
[197] Handschriftliche Notiz Simons. BWA K2/XXIII/11, 2. Akt.
[198] Ein Protokoll dieser Sitzung ist nicht auffindbar. Vgl. daher Schreiben des BHK an das Staatsministerium für Handel, Industrie und Gewerbe, 30.5.1922. BHStA MH 11429.

Wiederbeschaffung von Waren ihr Betriebskapital aufzehren mußten.[199] Nachdem der Handelskammertag auf seine Eingabe vom 30. Mai, in der er um Abänderung der Preistreibereiverordnung und um Berücksichtigung der Forderungen von Industrie und Handel in dieser gebeten hatte, lediglich zur Antwort erhalten hatte, es kämen „weitere Schritte der Bayerischen Regierung zur Zeit nicht in Betracht,“[200] sahen sich die Behörden nach mehreren Monaten rasanter Teuerung gezwungen, neue Maßnahmen einzuleiten. Ministerpräsident Graf Lerchenfeld lud daher im September Vertreter der Verbraucher, der Gewerbekreise und der Landwirtschaft zu einer zweiten Besprechung über die wirtschaftliche Lage aus Anlaß des neuerlichen Marksturzes ein.[201] Die Kammern einigten sich darauf, daß München, Augsburg, Nürnberg, Bayreuth, Ludwighafen und Regensburg Vertreter zu der Beratung schickten, während sich Coburg, Passau und Würzburg von München vertreten ließen.[202] In der Besprechung am 9. September ging es angesichts des nahenden Winters in erster Linie um die Sicherstellung der Versorgung der Bevölkerung mit Lebensmittel und Kohle.[203] Inwieweit sich die die Handelskammern in dieser Beratung engagierten, kann nicht mehr nachvollzogen werden; aufschlußreich ist indes, daß die Vertreter der Arbeitsgemeinschaft des bayerischen Einzelhandels die Sitzung vorzeitig verließen, weil ihrer Meinung nach auf staatlicher Seite gegenüber den Belangen des Handels völliges Unverständnis herrschte.[204] Mit ihrer Forderung nach Anerkennung des Wiederbeschaffungspreises hatten sich die Handelskammern jedenfalls nicht durchsetzen können, denn die „Bayerische Bekanntmachung“ der Staatsregierung vom 15. September 1922, die als das Ergebnis der Besprechung gelten kann, lehnte die Verwendung des Wiederbeschaffungspreises ausdrücklich ab,

---

[199] Vgl. Protokolle der Delegiertenkonferenz v. 26.5.1922 u. 7.11.1922. Beide in BWA K2/II/1, 6. Akt.

[200] Staatsministerium für Handel, Industrie und Gewerbe an BHK, 9.6.1922. BWA K2/XXIII/11, 2. Akt.

[201] Lerchenfeld an BHK, 5.9.1922. BWA K2/XXIII/11, 2. Akt.

[202] Vgl. Briefwechsel BHK-bayerische HKn; für die Teilnehmer an der Beratung BHK an Außenministerium, 8.9.1922. BWA K2/XXIII/11, 2. Akt.

[203] Von der Besprechung selbst ist kein Protokoll erhalten, doch läßt sich der Inhalt zumindest zum Teil anhand der (unvollständigen) Niederschrift einer Referentenbesprechung der bayerischen Ministerien rekonstruieren, die sich an der genannten Besprechung v. 9.9.1922 orientierte. BHStA MInn 72611.

[204] Arbeitsgemeinschaft des bayerischen Einzelhandels an das Staatsministerium des Innern, 9.9.1922. Das Schreiben schloß mit den Worten: „Der Einzelhandel ist an einem Punkt, wo man seine auch im weitesten volkswirtschaftlichen Sinne begründeten Forderungen entweder anerkennen oder erklären muss, dass man ihn mit Wissen und Willen zugrunde richtet. Wir werden deshalb der Gesamtheit unserer Mitgliederverbände das zu tun empfehlen, was wir zu tun für notwendig halten unter dem Gesichtswinkel: Umbringen kann man uns, zum Selbstmord kann man uns nicht zwingen.“ BHStA MInn 72611.

weil dadurch die ganze Geldentwertung auf die Verbraucher abgewälzt und der Handel so bevorzugt würde.[205]

Im November, als die Geldentwertung in die hyperinflationäre Phase eintrat,[206] setzte sich der Handelskammertag daher ein weiteres Mal intensiv mit der Teuerungsfrage auseinander. Einwände gegen den Wiederbeschaffungspreis, wie sie etwa in der Bayerischen Bekanntmachung formuliert worden waren, wurden als nicht stichhaltig zurückgewiesen. Meier nannte das Vorgehen der Regierung eine „falsche, missverstandene Sorge für die Verbraucher";[207] diese hätten von künstlich niedrigen Preisen auch keinen Vorteil, da das Betriebskapital der Unternehmer bald aufgezehrt sei und die Preise so schließlich außerordentlich steigen müßten.

Dennoch bot die Bayerische Bekanntmachung zumindest insofern einen Fortschritt, als nunmehr die Geldentwertung zumindest teilweise berücksichtigt würde. Zu verwerfen sei jedoch, so Meier, daß sie die „Verhandlungen mit dem Reichswirtschaftsministerium auf Anerkennung des Wiederbeschaffungspreises in ungünstiger Weise beeinflusst hat. Es muss unangenehme Wirkungen haben, wenn für einen Teil des deutschen Wirtschaftsgebietes Anordnungen getroffen werden, die anderwärts nicht gelten und es muss dies für die bayerische Wirtschaft, welche infolge ihrer ungünstigen Wirtschaftslage der Förderung besonders bedürftig ist, Hemmungen bringen."[208]

Landgerichtsrat Bretzfeld von der Landespreisstelle erkannte ausdrücklich an, daß Handel und Industrie sich in einer mißlichen Lage befanden, war aber der Meinung, daß diese auch vom Wiederbeschaffungspreis nicht aufgehalten werden könnte, da dessen Einführung den Verbrauch völlig zum Erliegen bringen würde. Überdies sei die Preistreibereiverordnung nur noch dort in Kraft, wo noch keine Marktlage bestehe. Oberregierungsrat Gilch vom Handelsministerium betonte, daß insbesondere das Handelsministerium durch vielfältige Eingaben an die Reichsregierung sein möglichstes tat, um die Interessen von Industrie und Handel zu fördern. Dennoch verabschiedete der Handelskammertag einstimmig eine Resolution, in welcher sich die Handelskammern für ein einheitliches deutsches Wirtschaftsgebiet, für eine Änderung der Preistreibereiverordnung und für die Anerkennung des Wiederbeschaffungspreises als Verkaufspreis aussprachen.

Im Anschluß nahm der Handelskammertag Stellung zu einer Denkschrift der bayerischen Regierung mit Vorschlägen zum Kampf gegen die Teuerungskata-

---

205 Text der Bayerischen Bekanntmachung in Münchner Neueste Nachrichten, Nr. 392, 18.9.1922.

206 Vgl. AMBROSIUS: Kriegswirtschaft, S. 308.

207 Protokoll der Delegiertenkonferenz v. 7.11.1922. BWA K2/II/1, 6. Akt.

208 Ebd.

strophe, die diese Mitte Oktober an die Reichsregierung gerichtet hatte.[209] Zwar erkannte er das Bemühen der Staatsregierung durchaus dankbar an, kritisierte die darin enthaltenen Vorschläge aber als zu einseitig und wenig praktikabel, was er mit einem kleinen Seitenhieb darauf zurückführte, daß diese ohne Besprechung mit Vertretern von Industrie und Handel, dafür mit Verbrauchervertretern erarbeitet worden waren. Vielmehr war der Handelskammertag der Meinung, daß „nur durch langfristige Stundung [der Auslandsschulden] und durch eine den Leistungsmöglichkeiten entsprechende Festsetzung der Reparationslasten unter gleichzeitiger Gewährung einer Anleihe eine durchgreifende Besserung erzielt werden kann. Die einseitige Stabilisierung im Innern scheitert allein an der Tatsache, dass durch den Versailler Vertrag die Nahrungs- und Rohstoff-Basis für Ernährung und Produktion viel zu knapp geworden ist, sodass zur Bezahlung der Einfuhr auch nur des notwendigsten Bedarfes nicht nur Devisen, sondern bei dem Rückgang der Ausfuhrerträgnisse auch Mark gegeben werden müssen, die bei zwangsläufiger Festsetzung eines innerdeutschen Kurses überhaupt nicht mehr im Ausland angenommen würden. [...] In einer bei der Urproduktion einsetzenden wesentlichen Steigerung der Arbeitsleistung sieht der Bayerische Handelskammertag das einzige das Fortschreiten der Geldentwertung verzögernde Mittel, da es allein geeignet ist, die Einfuhr von Kohle und Nahrungsmittel[n] zu vermindern und dadurch einen Teil der Devisen für die Einfuhr von Rohstoffen freizumachen."[210]

Meinel, dessen Ministerium die Politik der Regierung nur widerwillig mittrug und die öffentliche Ereiferung gegen die Geldsucht von Industrie und Handel mit Besorgnis beobachtete,[211] hielt es für notwendig, daß die Kreise von Industrie und Handel ihre Ansichten der neuen Regierung, besonders dem designierten Ministerpräsidenten von Knilling, der das Amt von dem am 2. November zurückgetretenen Lerchenfeld übernahm, selbst zur Kenntnis brachten. Nach kurzer lebhafter Debatte beschlossen die Delegierten daher ein Telegramm an Knilling, in dem kurz die Grundsätze des Handelskammertags in dieser Frage dargelegt wurden.[212]

Bei ihrem erneuten Zusammentritt im Juni 1923 berieten die Handelskammern den Entwurf einer Verordnung des Reichs, welche das Ziel verfolgte, alle das Preistreibereistrafrecht betreffenden Bestimmungen zusammenzufassen. Diese Bestrebung wurde allgemein begrüßt, gleichzeitig aber betont, daß bei

---

[209] Ebd.

[210] Ebd.

[211] SPERL: Wirtschaft und Staat, S. 520.

[212] Protokoll der Delegiertenkonferenz v. 7.11.1922. BWA K2/II/1, 6. Akt. Das neue Kabinett unter Knilling, dem letzten königlichen Kultusminister, kam am 8.11.1922 ins Amt. Meinel übernahm darin schon wenige Tage später das seit dem Rücktritt Hamms am 31.7.1922 vakante Handelsministerium. E.R. HUBER: Verfassungsgeschichte, S. 784; HÜRTEN: Revolution, S. 479.

dieser Gelegenheit eine zeitgemäße Neubearbeitung einschlägiger Gesetze oder Verordnungen erfolgen müsse. Die wahllose Übernahme veralteter, aus der Kriegswirtschaft stammender Bestimmungen in die nun vollkommen anderen wirtschaftlichen Verhältnisse enthielt nach Ansicht der Kammervertreter schwere Gefahren. Zudem erinnerten sie zum wiederholten Male daran, daß die entsprechenden Bedingungen nicht das Betriebskapital des Kaufmannes schmälern dürften. Die „zerrüttete Papiermark" sei kein geeigneter Maßstab für die Preisfestsetzung mehr, weshalb allgemein Inlandsgeschäfte auf Basis ausländischer Währungen abgerechnet werden sollten, was bisher nach der Verordnung betreffend Notmaßnahmen gegen die Valutaspekulation vom 8. Mai 1923 nur bei einem Teil der Geschäfte erlaubt war.[213] Da sich die Geschäftsbeziehungen zwischen Produzenten und Abnehmern, zwischen Industrie-, Groß- und Kleinhandel aufgrund der Zahlungsschwierigkeiten immer problematischer gestalteten, drang der Bayerische Handelskammertag in einer Eingabe an den Deutschen Industrie- und Handelstag darauf, dieser möge in Abstimmung mit den Spitzenverbänden von Handel und Industrie gegenüber der Reichsregierung für eine einvernehmliche Lösung dieser Frage eintreten.[214]

Auf der Delegiertenkonferenz am 10. September 1923 betonte der Referent Meier aus Augsburg nach einem „längeren wissenschaftlich durchgearbeiteten Vortrag" nochmals die Notwendigkeit, die Inflation schnellstmöglich zu beseitigen, um so die Produktion wieder heben und das Vertrauen ausländischer Investoren in die deutsche Wirtschaft zurückgewinnen zu können: „Devisen könnten nicht durch polizeiliche Gewalt, sondern nur durch organische Maßnahmen, durch Gesundung des Staates und die Wiedergewinnung des Vertrauens zum Staat herbeigeschafft werden." Der anwesende Handelsminister Meinel stimmte ihm hier lebhaft zu.[215]

Auch in Berlin wußte man um die Notwendigkeit, die Inflation so rasch wie möglich zu beseitigen. Doch erst durch die Gründung der Rentenbank im Oktober 1923 und die darauf folgende Ausgabe der Rentenmark konnte die Währung im November vorläufig stabilisiert werden. Das Bankgesetz vom 30. August 1924 führte schließlich als neues Zahlungsmittel die Reichsmark ein, die im Ge-

---

[213] Bericht über die Delegiertenkonferenz v. 9.6.1923 in der Bayerischen Industrie- und Handelszeitung, Jg. 1923, S. 141. Vgl. HENNING: Industrialisiertes Deutschland, S. 77. Spätestens im Sommer 1923 funktionierte die deutsche Währung nicht mehr, das Geld wurde nicht mehr als Tauschmittel akzeptiert.

[214] Eingabe des BHK an den DIHT v. 27.7.1923, abgedruckt in der Bayerischen Industrie- und Handelszeitung, Jg. 1923, S. 191.

[215] Bericht über die Delegiertenkonferenz v. 10.9.1923 in der Bayerischen Industrie- und Handelszeitung, Jg. 1923, S. 210.

gensatz zur früheren Mark durch Gold gedeckt und deren Volumen auf ein den wirtschaftlichen Verhältnissen entsprechendes Maß reduziert war.[216]

IV.6 Innere Angelegenheiten des Bayerischen Handelskammertags und der Handelskammern

6.1 Bestellung eines Vertreters des Handelskammertages nach Berlin

Der politische Umbruch und die damit einhergehende zunehmende Konzentration der politischen und wirtschaftlichen Entscheidungen in Berlin, die sich schon während des Weltkrieges abgezeichnet hatte, nötigte auch die Handelskammern zu einem Überdenken ihrer Arbeitsweise. Wollte man in wichtigen Fragen gehört werden und Einfluß ausüben, so war es unerläßlich, rechtzeitig an die relevanten Informationen zu gelangen. Kahn regte deshalb schon im Februar 1919 an, neben der Wirtschaftsstelle der Bayerischen Gesandtschaft, die seiner Meinung nach die nötigen Details oft erst sehr spät weitergab, eine eigene Vertretung des Bayerischen Handelskammertags in Berlin zu errichten.[217] Er orientierte sich dabei ausdrücklich am Beispiel der sächsischen Handelskammern, die zum 1. Januar 1919 eine „Gemeinsame Geschäftsstelle" in Berlin eingerichtet hatten, erwähnte aber nicht, daß der Badische Industrie- und Handelstag schon seit Mai 1916, die Hamburger Handelskammer seit Februar 1918 eine Verbindungsstelle in Berlin unterhielten.[218] Die meisten der anderen bayerischen Kammern sprachen sich jedoch gegen dieses Vorhaben aus; um Kosten zu sparen, wollte man lieber die bereits bestehende Wirtschaftsstelle ausbauen. Dennoch beschloß man eine Beratung der Frage innerhalb der einzelnen Kammern, um sie auf einer späteren Sitzung wieder aufgreifen zu können.

Dies geschah auf der Delegiertenkonferenz am 11. Juli gleichen Jahres. In der Zwischenzeit waren weitere Geschäftsstellen in Berlin eröffnet worden, so von den hessischen Handelskammern am 1. März und von der Handelskammer Frankfurt a.M./Hanau zum 1. April.[219] Kahn erneuerte seinen Antrag auf Bestellung eines besonderen Vertreters des Handelskammertags in Berlin, doch wieder lehnte die Mehrheit der bayerischen Kammern dieses Ansinnen ab, da man einen eigenen Gesandten in Berlin nach wie vor als zu teuer erachtete. Die Münchner Handelskammer behielt sich darauf vor, auf eigene Kosten und eigene Verantwortung einen Vertreter in Berlin zu bestellen.[220]

---

[216] HENNING: Industrialisiertes Deutschland, S. 77-81.

[217] Vgl. Protokoll des Außerordentlichen BHK (geheime Sitzung) v. 5.2.1919, BWA K2/II/1, 3. Akt.

[218] Vgl. Jahrbuch der deutschen Handelskammern, 8. Ausgabe 1922, S. 460f.

[219] Ebd.

[220] Vgl. Protokoll der Delegiertenkonferenz v. 11./12.7.1919. BWA K2/II/1, 3. Akt. Zur Bestellung eines Vertreters der HK München nach Berlin kam es nicht. Erst im Juli 1939 wurde

6.2 Beziehungen des Bayerischen Handelskammertages zu außerbayerischen Handelskammern

In der politisch und wirtschaftlich instabilen Zeit nach dem Ende des Ersten Weltkriegs wurden an den Bayerischen Handelskammertag auffallend oft die Wünsche außerbayerischer Handelskammern herangetragen, mehr oder minder formelle Beziehungen einzugehen. Sah er die Möglichkeit zu einer erfolgversprechenden Zusammenarbeit und zu einer Verbesserung der Handelsbeziehungen, ging er darauf ein bzw. wurde selbst aktiv. Der Handelskammertag hat so im Rahmen seiner Möglichkeit zu einer Normalisierung der Beziehungen insbesondere zur Schweiz beigetragen. Standen einer Zusammenarbeit jedoch politische Bedenken entgegen, wurde das Angebot zurückgewiesen.

So übermittelte die Kammer Ludwigshafen den Antrag der Handelskammer Mannheim, wonach der bayerische Kammertag mit der Vereinigung süddeutscher Handelskammern zu einem süddeutschen Handelskammertag verschmelzen sollte.[221] Die bayerischen Kammern wiesen diesen Antrag zurück, betonten aber, in gemeinsam interessierenden Wirtschafts- und Verkehrsfragen, Notstandsarbeiten und Erhebungen stets zur Zusammenarbeit bereit zu sein. Separatistische Tendenzen gegenüber Norddeutschland sollten dadurch allerdings keinesfalls hervorgerufen werden.[222]

Engere Beziehungen zu den deutsch-böhmischen Handelskammern wurden hingegen abgelehnt. Die Handels- und Gewerbekammer Eger hatte angeregt, im Hinblick auf eine engere Zusammenarbeit die böhmischen Kammern an den Sitzungen des Handelskammertags teilnehmen zu lassen, was die Bayern unmißverständlich zurückwiesen.[223] Regensburg hatte bei mehreren Kontakten mit den Nachbarn die Erfahrung gemacht, daß die „Tschechoslowaken zu einseitig auf ihren Vorteil bedacht“[224] waren und zudem der Weisung des tschechoslowakischen Handelsministeriums unterstanden, also keine freien Entscheidungen treffen konnten. Die bayerischen Handelskammervertreter befürchteten aufgrund des französischen Einflusses in der Tschechoslowakei außerdem Wirtschafts-

---

ein Beauftragter der bayerischen Handelskammern nach Berlin entsandt. Es handelte sich dabei um Dr. jur. Ernst Hoch, den bisherigen Leiter der Vertretung der Wirtschaftskammer Sachsen. Der korrekte Name der Vertretung lautete „Verbindungsstelle Berlin der Wirtschaftskammer Bayern (Industrie- und Handelskammerabteilung)“. Vgl. Angaben in BWA K2/I/22.

221 Vgl. Protokoll des Außerordentlichen BHK (geheime Sitzung) v. 5.2.1919, BWA K2/II/1, 3. Akt.

222 Der BHK setzte sich seit Kriegsende vehement gegen separatistische Bewegungen ein, die eine Lostrennung Bayerns vom Reich verfolgten, da ein selbständiges Bayern wirtschaftlich isoliert und damit nicht lebensfähig sei. Vgl. die Protokolle der Außerordentlichen BHK v. 7.11.1918 (BWA K2/II/1, 2. Akt), v. 5.2.1919 und v. 25.3.1919 sowie der Delegiertenkonferenz v. 13.12.1919 (BWA K2/II/1, 3. Akt).

223 Vgl. Protokoll der Delegiertenkonferenz v. 5.9.1921. BWA K2/II/1, 6. Akt.

224 Ebd.

spionage durch die böhmischen Kammern. Man war lediglich bereit, einen Gedankenaustausch in wichtigen Fragen, so zum Beispiel bei Zollabkommen, zu prüfen, betonte aber, daß die Zeit für eine gemeinsame Zentralstelle, wie sie die Handels- und Gewerbekammer Prag vorschlug, bei weitem noch nicht reif war.

Die Nähe zu den österreichischen Kammern wurde dagegen gesucht. Obwohl man sich in der Frage eines politischen Anschlusses Österreichs letztlich ablehnend verhalten hatte,[225] stand einer wirtschaftlichen Zusammenarbeit mit den österreichischen Kammern nichts im Wege. Kahn war dabei sogar der Meinung, die Verbindung im Rahmen einer Arbeitsgemeinschaft institutionalisieren zu können, die sich an der bayerisch-österreichischen Arbeitsgemeinschaft für Wasserstraßen orientieren bzw. diese auch zu einer deutsch-österreichischen Arbeitsgemeinschaft ausbauen könne.[226] Als mögliches Programm wurden die Frage des Ausbaus der Wasserkräfte und der Wasserstraßen sowie Grenz- und Verkehrsfragen ins Auge gefaßt. Pschorr wollte sich auch auf der nächsten Sitzung des Deutschen Industrie- und Handelstages für diese deutsch-österreichische Arbeitsgemeinschaft einsetzen.

Diese Initiative zeigte Erfolg: Im Mai 1922 berichtete der Deutsche Industrie- und Handelstag von der Gründung der deutsch-österreichischen Arbeitsgemeinschaft der Handelskammern, deren Vollversammlung aus je fünfzehn Mitgliedern des Deutsche Industrie- und Handelstag und des Österreichischen Kammertags bestehen sollte. Nach dem Willen des Deutschen Industrie- und Handelstags sollten die deutschen Vertreter dabei wie folgt aufgeteilt werden: Preußen 4 Sitze, Bayern 3, Sachsen 2, Württemberg/Baden/Hessen/Thüringen/ Hanse-Städte/Deutscher Industrie- und Handelstag je 1 Sitz. Dazu kamen nochmals fünfzehn Stellvertreter, die der gleichen Verteilung unterlagen. Die bayerischen Kammern zeigten sich von dieser Aufteilung enttäuscht, da im ersten Entwurf noch von 5 Sitzen für Bayern die Rede gewesen war. Dennoch akzeptierten sie den Vorschlag des Handelstags, wenn auch nur unter der Bedingung, daß auch die Stellvertreter (wenngleich ohne Stimmrecht) auf den Sitzungen anwesend sein durften. Das Vertretermandat ging an die Kammern Augsburg, München und Regensburg; Passau, Nürnberg und Bayreuth wurden zu Stellvertretern ernannt.[227]

---

[225] Im Dezember 1919 hatte sich der BHK gegen einen Anschluß Deutsch-Österreichs an Deutschland ausgesprochen, obgleich man einen solchen noch im Februar 1919 begrüßt hatte. Als Begründung wurde nun angeführt, daß die Entente einen Anschluß sowieso nicht gestatten würde und die wirtschaftliche Lage Österreichs noch schlechter sei als in Deutschland, ein Beitritt Österreichs also Deutschland noch weiter schädigen würde. Österreich müsse erst aus eigener Kraft eine Wiederbelebung schaffen, ehe darüber wieder gesprochen werden könne. Siehe Protokolle des Außerordentlichen BHK v. 5.2.1919 sowie der Delegiertenkonferenz v. 13.12.1919. BWA K2/II/1, 3. Akt.

[226] Vgl. Protokoll der Delegiertenkonferenz v. 7.3.1921. BWA K2/II/1, 5. Akt.

[227] Vgl. Protokoll der Delegiertenkonferenz v. 26.5.1922. BWA K2/1, 6. Akt.

Daneben bemühte sich der Handelskammertag um engere Kontakte in die Schweiz, da der bayerisch-schweizerische Handel noch sehr unter den strengen Im- und Exportauflagen der Übergangswirtschaft litt. Anfang März 1920 wurde bei einer Besprechung zwischen Kahn und Luebeck als Vertreter der Handelskammer München und Gustav Wirth, dem Syndikus der Deutschen Handelskammer in der Schweiz, Geschäftsstelle Zürich, die Möglichkeit einer gemeinsamen Sitzung des Bayerischen Handelskammertags und Vertretern der Deutschen Handelskammer in der Schweiz aufgeworfen.[228] Da sich die anderen bayerischen Kammern zu diesem Gedanken positiv äußerten, fand das erste dieser Treffen bereits am 15. Juni 1920 in Lindau statt. Neben den Delegierten der Kammern München, Augsburg, Ludwigshafen, Nürnberg, Passau, Regensburg und Würzburg[229], den Mitgliedern des Hauptvorstandes und der Ortsgruppenvorstände der Deutschen Handelskammer in der Schweiz sowie den drei bayerischen Mitgliedern der Deutschen Handelskammer in der Schweiz waren unter anderem auch Vertreter des bayerischen Staatsministeriums für Handel, Industrie und Gewerbe und des Reichsverkehrsministeriums, Zweigstelle Bayern, anwesend, was die Bedeutung zeigt, die die offiziellen Stellen dieser Besprechung beimaßen. Auf der Tagesordnung standen die Handelsbeziehungen zwischen der Schweiz und Bayern, der Einfluß des Währungsverhältnisses auf den deutsch-schweizerischen Warenaustausch sowie die derzeitige Einreise- und Niederlassungspolitik Bayerns, die Schweizer Handelsreisende behinderte. Man kam zu dem Ergebnis, sich gemeinsam für vermehrte Handelsbeziehungen zwischen Bayern und der Schweiz einsetzen zu wollen. Hierzu wurde ein Abbau der „schweren Hemmnisse, denen der Verkehr zwischen Deutschland und der Schweiz wie der gesamte internationale Verkehr Deutschlands noch immer unterliegt,“[230] gefordert. Vor allem für das Ende der Ausfuhrabgabe sprachen sich

---

[228] Deutsche HK in der Schweiz/Geschäftsstelle Zürich an HK München, 7.4.1920. BWA K2/IIa/17. Die deutsche HK in der Schweiz war 1912 – nach HKn in Brüssel (1894) und Bukarest (1902), welchen aber kein langes Leben beschieden war – auf Initiative privater Kaufleute als dritte deutsche Auslandshandelskammer gegründet worden. Ihr Sitz war zunächst in Genf, ab 1921 in Zürich; Ortsgruppen bestanden darüber hinaus in Basel und Lausanne. Die HK engagierte sich nach dem Krieg in besonderem Maße dafür, die Geschäftsbeziehungen zwischen der Schweiz und Deutschland zu normalisieren, da Deutschland traditionell der wichtigste Handelspartner der Schweiz war. Durch die Treffen mit den bayerischen, sodann süddeutschen HKn konnte die deutsche HK in der Schweiz ihr Ansehen sowohl in Deutschland als auch in der Schweiz maßgeblich stärken. Vgl. MEYER-MARSILIUS, Hans Joachim: 75 Jahre Handelskammer Deutschland-Schweiz, Zürich 1987, bes. S. 35f. Zur Entwicklung der deutschen Auslandshandelskammern allgemein siehe auch BREMER, Heinz: Kammerrecht der Wirtschaft, Berlin 1960, S. 347-350.

[229] Bayreuth hatte sich wie die erstmals eingeladene HK Coburg mit der zu großen Verkehrsferne entschuldigt. HK Bayreuth an HK München, 4.6.1920; HK Coburg an HK München, 5.6.1920. BWA K2/IIa/17.

[230] Protokoll der Beratung der Delegierten des BHK mit Vertretern der Deutschen HK in der Schweiz, 15.6.1920. BWA K2/II/1, 4. Akt.

die Anwesenden aus, da sie die Voraussetzungen hierfür als nicht mehr gegeben betrachteten, doch auch die Einfuhr sollte, soweit möglich, wieder freigegeben werden. Der Warenverkehr zwischen der Schweiz und Deutschland sollte damit, anderthalb Jahre nach Kriegsende, soweit als möglich zur Normalität zurückkehren.

Ein zweites Treffen wurde für den 7. November 1921 in Konstanz anberaumt. Die Besprechung des Vorjahres war bei den Behörden und in der Öffentlichkeit auf solch positive Resonanz gestoßen, daß diesmal sich neben den bayerischen Kammern und den Vertretern der Deutschen Handelskammer in der Schweiz auch Gesandte von sieben württembergischen und neun badischen Handelskammern einfanden; zudem hatten das Reichswirtschaftsministerium, das bayerische Handelsministerium, das württembergische Arbeitsministerium und das badische Innenministerium Mitarbeiter abgeordnet. Daneben war ein Beauftragter des Reichskommissars für Aus- und Einfuhrbewilligungen aus Stuttgart angereist.[231] Wiederum standen Aus- und Einfuhrfragen auf der Sitzung im Vordergrund. Die Handelskammern traten dabei für einen möglichst weitgehenden Abbau von Paß- und Zollkontrollen ein, um wenigstens im kleinen Grenzverkehr möglichste Bewegungsfreiheit zu erreichen; besonders die strengen bayerischen Vorschriften wurden hier kritisiert. Einig war man sich in der Analyse der schlechten wirtschaftlichen Situation sowohl in Deutschland als auch in der Schweiz: Die Anwesenden erließen eine Resolution, wonach eine Revision des Versailler Vertrags dringend nötig war, um die deutsche Wirtschaft und mit ihr die Wirtschaft Mitteleuropas zu beleben.[232]

Ein drittes Treffen, das mit demselben Teilnehmerkreis wie in Konstanz für Mai 1923 in Lindau vorgesehen war und auf dem man vor allem den Abbau der Ein- und Ausfuhrkontrolle auf deutscher und Schweizer Seite besprechen wollte, um einen ungehinderten Personen- und Güterverkehr zu ermöglichen, wurde wegen der Besetzung des Ruhrgebiets und der damit verbundenen unsicheren politischen und wirtschaftlichen Lage auf unbestimmte Zeit verschoben[233], später aber nicht mehr nachgeholt.

6.3 Die bayerischen Handelskammern in der Inflationszeit

Die zunehmende Inflation brachte den Handelskammern nicht nur neue Aufgaben, deren sie sich im Interesse ihrer Angehörigen annehmen mußten, sondern zunehmend auch sie selbst als Organisation in Bedrängnis, da die Einnahmen

---

[231] Protokoll der Zusammenkunft süddeutscher HKn mit der Deutschen HK in der Schweiz, 7.11.1921. BWA K2/II/1, 6. Akt. Zur Einladung des BHKs an die außerbayerischen Kammern siehe BWA K2/IIa/25.

[232] Protokoll der Zusammenkunft süddeutscher HKn mit der Deutschen HK in der Schweiz, 7.11.1921. BWA K2/II/1, 6. Akt.

[233] Vgl. Notiz der HK München in BWA K2/IIa/26. Das geplante Treffen wird bei MEYER-MARSILIUS: 75 Jahre, S. 35f., nicht erwähnt.

mit den Ausgaben nicht mehr Schritt halten konnten. Aufgrund der während des Kriegs enorm angestiegenen Verwaltungsaufgaben und dem damit zusammenhängenden erweiterten Aufgabenkreis der Kammern im Auftrag des Reichs und des bayerischen Staates hatten die Kosten der bayerischen Handelskammern bereits bis 1920 rasant zugenommen, wie Tabelle 13 zeigt.

Tabelle 13: Kriegsbedingt erhöhte Ausgaben der bayerischen Handelskammern

	1913	*1920*	*Steigerung in %*
Augsburg	44.590,00	226.078,12	507,02
Bayreuth	20.715,95	114.008,30	550,34
Coburg	7.447,32	31.240,56	419,49
Ludwigshafen	31.392,07	73.518,00	234,19
München	216.456,47	1.005.295,36	464,43
Nürnberg	69.434,45	337.747,48	486,43
Passau	10.887,76	30.000,00	275,54
Regensburg	29.066,64	147.487,92	507,41
Würzburg	22.583,50	119.850,61	530,70

Quelle: Aufstellung der Meldungen aller bayerischen Kammern über ihre Ausgaben an das Bayerische Staatsministerium für Handel, Industrie und Gewerbe, BHStA MWi 5683.

Am 9. Dezember 1919 erging eine Mitteilung des Ministeriums für Handel, Industrie und Gewerbe an die Handelskammern, daß nach den derzeit vorliegenden Steuergesetzentwürfen die Gewerbesteuer, nun eine Reichssteuer, vom 1. April 1920 an voraussichtlich nicht mehr in der bisherigen Form zur Erhebung gelangen würde; die künftige Erhebungsart sei noch ungeklärt. Die Kammern sollten sich daher zur Festsetzung ihrer Umlagen an den Beiträgen für 1919 orientieren.[234] Angesichts der fortschreitenden Geldentwertung stand für die Kammern aber fest, daß eine neue Festlegung der Beiträge eine Erhöhung der Umlagensätze beinhalten mußte: Nürnberg und Augsburg beabsichtigten eine Erhöhung des Umlagensatzes von 10 % auf 20 %, Würzburg und Bayreuth von 12 % auf 15 %, München von 18 % auf 36 %, Regensburg gar von 20 % auf 40 %.[235]

Die Kammer Passau stellte deshalb auf der Delegiertenkonferenz vom 14. Juni 1920 den Antrag, der Bayerische Handelskammertag möge im Namen der bayerischen Handelskammern aufgrund der gegenwärtigen Geldentwertung und Teuerung eine entsprechende Erhöhung der Zuschüsse aus Staats- und Kreisfonds bei den zuständigen Stellen beantragen. Zur Begründung hieß es, der Zu-

234 Ausführungen Kommerzienrat Wimmers auf der Delegiertenkonferenz v. 26.3.1920. BWA K2/II/1, 4. Akt.
235 Protokoll der Delegiertenkonferenz v. 26.3.1920. BWA K2/II/1, 4. Akt.

schuß werde zum größten Teil durch die einhundert an das Handelsministerium obligatorisch abzuliefernden Jahresberichte aufgezehrt, „sodass für die Deckung anderer Bedürfnisse der Kammern von den Zuschüssen überhaupt wenig oder gar nichts übrig bleibe."[236] Das Passauer Kammermitglied F. X. Rehaber erklärte, der Zuschuß für die eigene Kammer betrage 1.000 M, ein Betrag, der auch von Vertretern anderer Kammern, so Hilcken und Diesel, als „unwürdig" bezeichnet wurde.[237] Hilcken forderte vielmehr 10.000 M für jede Kammer, um die den Kammern übertragenen Aufgaben adäquat erfüllen zu können. Man bat deshalb den auf der Sitzung anwesenden Vertreter des bayerischen Handelsministeriums, Regierungs-Assessor Dr. Hellmann, die Interessen der bayerischen Handelskammern in der Frage der finanziellen Unterstützung möglichst zu wahren.

Die Lage der Kammern verschärfte sich noch im Lauf des Jahres zunehmend, da die Handelskammerbeiträge auf der Gewerbesteuer beruhten, diese jedoch durch die neue Reichssteuergesetzgebung vom 1. April 1920 seit Ende März außer Kraft gesetzt und ein neues Gesetz noch nicht verabschiedet war. Für die Zeit vom 1. April bis zum 31. Dezember 1920 entstand so ein „Vakuum, für das Mittel zur Deckung der Handelskammerkosten nicht zur Verfügung stehen."[238] Die Handelskammer für Oberfranken, die aufgrund dieser Lage schon länger auf einen Bankkredit angewiesen war, plädierte daher eindringlich für eine rasche Lösung, die sie sich aber offensichtlich nicht von der Politik erwartete: „Wollte man etwa solange zuwarten, bis die Bezirkswirtschaftsräte gebildet sind, so wären die Handelskammern zur Deckung ihrer Ausgaben vielleicht noch im Jahre 1922 auf Bankkredit angewiesen."[239] Die Regensburger Kammer wandte sich mit einer diesbezüglichen Eingabe an das Handelsministerium, in der dieses darum gebeten wurde, das Finanzministerium dazu zu bewegen, zugleich mit der Gewerbesteuer für das erste Vierteljahr 1920 die Handelskammerbeiträge für das gesamte Jahr einzuheben.[240]

Daher stellte sich die Frage, auf welcher Grundlage nun die Beiträge erhoben werden sollten, wobei stets zu beachten war, daß die Grundlage nicht nur formalen, sondern auch rechtlichen Ansprüchen genügen mußte, da die Gewerbesteuer

---

236 Protokoll der Delegiertenkonferenz v. 14.6.1920. BWA K2/II/1, 4. Akt.

237 Der Staatszuschuß an die HKn war 1909 von bisher 1.500 auf 1.000 M herabgesetzt worden, ein Betrag, der bereits damals von einigen Kammern als unzureichend erachtet wurde. Vgl. Protokoll der Delegiertenkonferenz v. 25.6.1910. BWA K2/I/2. Bei Berücksichtigung der oben angeführten Steigerung der Lebenshaltungskosten der HKn während des Kriegs und in der Nachkriegszeit ist ersichtlich, daß die Summe 1920 lediglich als „Tropfen auf dem heißen Stein" betrachtet werden konnte.

238 HK Bayreuth an BHK, 1.10.1920. BWA K2/I/6, 1. Akt.

239 Ebd.

240 HK Regensburg an den BHK und die anderen bayerischen HKn, 15.10.1920. Regensburg bat die Schwesterkammern darin um nachdrücklichste Unterstützung der Eingabe. BWA K2/I/6, 1. Akt.

gegenwärtig ja außer Kraft gesetzt war. Nach einer entsprechenden Diskussion auf der Delegiertenkonferenz vom 15. November 1920 ergaben sich hier prinzipiell zwei Möglichkeiten: entweder das Jahr 1919 als Grundlage zu nehmen oder das erste Quartal von 1920, welches dann vervierfacht werden mußte. Doch blieb dies, ebenso wie die von Regensburg angeregte Einführung von Mindestbeiträgen nach dem Vorbild der Handwerkskammern, der Entscheidung der einzelnen Kammer überlassen, auf einen einheitlichen Weg konnten sich die bayerischen Handelskammern hier nicht einigen, obgleich die meisten Kammern diesem Vorschlag sehr offen gegenüberstanden.[241] Dies änderte sich auch im März 1921 nicht, als die gleiche Frage noch einmal aufgeworfen wurde, da sich die Lage der Kammern keineswegs gebessert hatte; lediglich die Erhebung eines Mindestbeitrags von 10 M von jedem beitragspflichtigen Unternehmen wurde nun empfohlen, jedoch wieder nicht einheitlich geregelt.[242]

Das Handelsministerium zeigte sich für die Nöte der Kammern durchaus aufgeschlossen. Meinel erklärte bei einem Treffen mit Kahn und dem Schatzmeister der Münchner Kammer, Wimmer, im Oktober 1920, daß keine rechtlichen Bedenken bestünden, „wenn behufs Deckung der Bedürfnisse der Handelskammern für das ganze Jahr 1920 Zuschläge zur Gewerbesteuer nach dem Steuersoll des Jahres 1919 erhoben würden.“[243] Auch an einer Erhöhung des bisherigen Umlagensatzes wegen der außerordentlich großen Steigerung der Ausgaben der Kammern durch die zuständigen Kreisregierungen sei wohl nicht zu zweifeln.[244] Wie von der Handelskammer Regensburg angeregt, setzte sich das Handelsministerium in dieser Frage auch mit dem Finanzministerium in Verbindung, das entsprechende Schritte in die Wege leitete. So wies am 10. Dezember 1920 der Präsident des Landesfinanzamts München sämtliche Finanzämter seines Finanzamtsbezirks an, die Handelskammerbeiträge für 1920 in Form eines 17-prozentigen Zuschlags zur Gewerbesteuer für 1919 zu erheben: „Da ein neues bayerisches Gewerbesteuergesetz noch nicht erlassen und noch weniger eine Steuer nach diesem Gesetze veranlagt ist, die Bemessung nach anderen Steuerveranlagungen untunlich oder zumindest unverhältnismäßig schwierig ist, die Handelskammer zudem dringenden Bedarf nach Einkünften hat, erscheint die Anknüpfung an die alte Gewerbesteuer und die Bemessung nach den Veranlagungsergebnissen des Veranlagungsjahrs 1919 als das naheliegendste und zu-

---

[241] Vgl. Protokoll der Delegiertenkonferenz v. 15.11.1920. BWA K2/II/1, 5. Akt. Die Handwerkskammern erhoben von den kleinsten Betrieben einen Mindestbeitrag von 7,50 M.

[242] Protokoll der Delegiertenkonferenz v. 7.3.1921. BWA K2/II/1, 5. Akt. In der Folge beschlossen die HKn Passau, Regensburg und München einen Mindestbeitrag von 10 M, die HKn Ludwigshafen, Würzburg und Nürnberg einen Mindestbeitrag von 20 M. Die HKn Augsburg und Coburg verzichteten dagegen auf diese Maßnahme. Vgl. entsprechenden Briefwechsel (22.10.1921-14.1.1922) in BWA K2/I/6, 1. Akt.

[243] BHK an HK Bayreuth, 20.10.1920. BWA K2/I/6, 1. Akt.

[244] Ebd. Die HK München hatte zuvor bei der Regierung für Oberbayern die Erhebung eines HK-Beitrags für 1920 in Höhe von 50 % beantragt.

gleich zweckmäßigste.“[245] Er betonte zugleich, daß die Einhebung der Beiträge noch im laufenden Jahr erfolgen sollte, da der Etat der Handelskammern durch die Inanspruchnahme größerer Kredite nicht unbedeutend belastet würde. Das Verfahren der Finanzämter in den anderen Bezirken dürfte sich hiervon nicht wesentlich unterschieden haben.

Mit dieser Anweisung allein besserte sich die finanzielle Lage der Kammern allerdings nicht, da der Einzug der Beiträge durch die Finanzämter nur äußerst langsam verlief, während gleichzeitig die Ausgaben der Handelskammern stetig stiegen. Die Kammer Passau beantragte daher im März 1922 erneut eine Erhöhung des Staatszuschusses an die Handelskammern und fand dafür bei den Schwesterkammern rege Unterstützung. Heberle betonte, daß der seit Jahren bei 1.000 M liegende Zuschuß den „heutigen teueren Verhältnissen“[246] in keiner Weise angepaßt sei. Der Würzburger Syndikus Weichsel unterstützte diese Anregung, denn auch er befand, daß die finanzielle Lage der Kammern durch den schleppenden Einzug der Kammerbeiträge durch die Finanzämter äußerst angespannt war. So waren nun, im März 1922, die Beiträge für 1920 noch nicht vollständig, jene für 1921 noch gar nicht eingehoben, weshalb die Würzburger Kammer einen Bankkredit habe in Anspruch nehmen müssen. Diesel führte aus, daß Augsburg deshalb zur Selbsthilfe gegriffen und größere Firmen um einen Vorschuß gebeten hatte, der nach der Einhebung der Umlagen zurückerstattet werden sollte. Seiner Meinung nach war beim heutigen Geldwert ein Staatszuschuß von 20-25.000 M nötig.

Meinel verwahrte sich jedoch gegen die an den bayerischen Staat gerichteten Vorwürfe, da die schleppende Einhebung der Umlagen am langsamen Geschäftsgang der Reichssteuerbehörden lag, worunter zum Beispiel auch die Gemeinden litten. Der bayerische Staat, ohne Weisungsrecht gegenüber Reichsbehörden, sei hier aber machtlos. Im übrigen sei der Staatszuschuß nur als „Anerkennungsgebühr“ zu betrachten, denn das Budget des Handelsministeriums sei so angespannt, daß maximal ein Zuschuß von 5.000 M je Kammer gewährt werden könne, „mehr zu leisten sei unmöglich und er bitte diese Summe als guten

[245] Präsident des Landesfinanzamts München an sämtliche Finanzämter des Landesfinanzamtsbezirks München, 10.12.1920. Abschrift in BWA K2/I/6, 1. Akt.

[246] Vgl. Protokoll der Delegiertenkonferenz v. 20.3.1922. BWA K2/II/1, 6. Akt. Siehe auch Briefwechsel im Vorfeld der Delegiertenkonferenz in BWA K2/I/6, 1. Akt. Nur die HKn Ludwigshafen und Coburg hatten zunächst geringere Probleme. Die HK Coburg zog auf Grundlage des Staatsvertrags zwischen Coburg und Bayern ihre Beiträge nach wie vor selbst ein. Die Beiträge in der Pfalz wurden nicht durch die Finanzämter, sondern durch die Steuereinnehmereien erhoben, was zunächst rascher ging (HK Ludwigshafen an BHK, 11.3.1922. BWA K2/I/6, 1. Akt). Dies änderte sich allerdings 1923, als manche der Einnehmereien aufgrund personeller Probleme die Beiträge nicht mehr einhoben, vgl. HK Ludwigshafen an das Landesfinanzamt Würzburg, Zweigstelle Pfalz in Speyer, in Abdruck an das Staatsministerium für Handel, Industrie und Gewerbe, 28.9.1923. BHStA MWi 5683.

Willen hinzunehmen".[247] Die Kammern erkannten Meinels Bemühungen durchaus an und freuten sich über diese Zusage, hofften aber dennoch auf einen höheren Zuschuß für das kommende Jahr und, trotz der „Verreichlichung",[248] auch auf eine Intervention der bayerischen Regierung bei den Finanzämtern.

Da allerdings auch dieser höhere Zuschuß angesichts des rapiden Wertverlusts der Mark keine dauerhafte Lösung des Problems bot und die Einziehung der Beiträge durch die Finanzämter offensichtlich nicht beschleunigt werden konnte, bat der Handelskammertag das Handelsministerium im Oktober 1922 unter Verweis auf die durch den neuerlichen Sturz der Mark verursachte Verschärfung der mißlichen Lage der Kammern um einen Vorschuß des Staates auf die noch ausstehenden Beiträge von 1921 und 1922. Etlichen Kammern war von ihren Banken bereits eine Aufkündigung ihrer Kredite angedroht worden, was die Tätigkeit der Kammern insgesamt gefährdete. Mit dem staatlichen Vorschuß sollten diese Bankkredite teilweise abgetragen und die finanzielle Grundlage der Kammern bis zum Eingang der Beiträge gesichert werden.[249] Das Handelsministerium wandte sich entsprechend an das Finanzministerium, wobei Meinel ausdrücklich um Unterstützung der Kammern bat;[250] das Finanzministerium wies das Gesuch jedoch zurück, da den bayerischen Staat an der verspäteten Einhebung der Beiträge keine Schuld traf, auch wollte man keine Beispielsfälle schaffen: „Die bayerische Staatskasse ist bereits jetzt in einer Weise in Anspruch genommen, daß sie zu Leistungen, zu denen sie nicht verpflichtet ist, nicht mehr herangezogen werden kann."[251]

Der Schatzmeister der Handelskammer München, Wimmer, schlug deshalb auf der Delegiertenkonferenz im November 1922 vor, für den Zeitraum Oktober 1922 bis April 1923 einen Nachtragsetat aufzustellen sowie an die Staatsregierung die Bitte zu richten, für 1922/23 den Umlagensatz zu erhöhen.[252] Viele der Anwesenden stimmten Wimmers Ausführen zu, eine allgemeine beschlußmäßige Verpflichtung der Kammern zur Erstellung eines Nachtragshaushalts wurde aber nicht für möglich gehalten, so daß das weitere Vorgehen wieder jeder Kammer selbst überlassen wurde.

---

[247] Protokoll der Delegiertenkonferenz v. 20.3.1922. BWA K2/II/1, 6. Akt. Der Zuschuß wurde im Juli 1922 an die HKn ausbezahlt. Staatsministerium für Handel, Industrie und Gewerbe, gez. Schmidt, an die Staatshauptkasse, 1.7.1922. BHStA MWi 5683.

[248] Vgl. Protokoll der Delegiertenkonferenz v. 20.3.1922. BWA K2/II/1, 6. Akt.

[249] BHK an Staatsministerium für Handel, Industrie und Gewerbe, 5.10.1922. BWA K2/I/6, 1. Akt. Der Vorschuß sollte nach der Vorstellung des BHK entweder unverzinst oder mit maximal 5 %, d.h. mit dem Zinssatz für Kredite des Staates bei der Staatsbank, verzinst gewährt werden.

[250] Handelsministerium an Finanzministerium, 21.10.1922 – Abschrift an BHK. BWA K2/I/6, 1. Akt.

[251] Finanzministerium an Handelsministerium, 15.11.1922 – Abschrift an BHK. BWA K2/I/6, 1. Akt.

[252] Vgl. Protokoll der Delegiertenkonferenz v. 7.11.1922. BWA K2/II/1, 6. Akt.

Dennoch wollte man eine mögliche Hilfe des Staats nicht einfach aufgeben. Auf Drängen der Mitgliedskammern wandte sich der Vorort im Januar 1923 erneut an das Finanzministerium und drückte sein Befremden darüber aus, daß nach einer Pressenotiz dem Verband der bayerischen Konsumvereine ein Darlehen in Höhe von 20 Millionen M zu einem mäßigen Zinsfuß überlassen wurde, während man ebendies den Handelskammern, die immerhin zum Teil staatliche Aufgaben erfüllten, verweigerte. Der Vorort verwies zum wiederholten Male auf die durch staatliche Stellen verursachte Verzögerung der Beitragseinhebung für 1920 und 1921 und auf die Situation der Privatbanken, die angesichts der sich von Tag zu Tag verschärfenden Kreditnot keine weiteren Kredite einräumen konnten, und stellte ein neues Gesuch um Gewährung billiger Kredite, um wenigstens Löhne und Gehälter weiterbezahlen zu können.[253] Dieser Vorstoß, von Meinel sowie vom Neffen des Finanzministers Krausneck unterstützt, war bedingt erfolgreich: Zwar war der Finanzminister der Meinung, die Handelskammern müßten sich, um Vorschüsse zu erhalten, ans Reich wenden, da die Finanzbehörden Reichsbehörden waren, doch da bis dahin wiederum Zeit verloren gehen würde und bis zur Verbescheidung eines derartigen Gesuchs durch die Reichsbehörden voraussichtlich die Beiträge durch die Finanzämter eingehoben sein würden, war er bereit, den Kammern „Vorschüsse zu den jetzigen Geldverhältnissen angemessenen Zins- und Provisionssätzen zu gewähren."[254] Zudem sei die Gewerbesteuerveranlagung für 1920 und 1921 bei den meisten bayerischen Finanzämtern abgeschlossen und die Einhebung der Gewerbesteuer angelaufen. Die Kammern sollten die Beiträge also in nicht zu ferner Zukunft erhalten, zumal die Landesfinanzämter per Entschließung des Ministeriums zur tunlichsten Beschleunigung aufgefordert seien.[255]

Die Handelskammern zeigten sich erfreut und zufrieden darüber, daß die Eingabe des Handelskammertags „nun wenigstens etwas genützt"[256] hatte, benötigten die Kredite aber nicht zu den auf dem Markt üblichen Bedingungen, sondern wesentlich billiger, und wandten sich deshalb wieder an Meinel. Dieser erinnerte das Finanzministerium an einen Beschluß des Staatshaushaltsausschusses des

---

[253] BHK an Finanzministerium – Abschrift an Handelsministerium, 19.1.1923. BWA K2/I/6, 1. Akt.

[254] Finanzministerium an Handelsministerium, 28.2.1923, vom Handelsministerium an BHK weitergeleitet. Meinel hatte sich zuvor gegenüber dem Finanzministerium für die Kammern eingesetzt (Brief an Finanzministerium v. 5.2.1923 – Abschrift an BHK), ebenso der Neffe Krausnecks, Albert Schlegel, ein Mitglied der HK Regensburg (Schlegel an BHK, 2.2.1923). BWA K2/I/6, 1. Akt.

[255] Finanzministerium an Handelsministerium, 28.2.1923. Interessanterweise stammt die Entschließung, mit welcher die Finanzämter zur Beschleunigung aufgefordert wurden, wie die Mitteilung an das Handelsministerium vom 28.2.1923 – von einer vordringlichen Behandlung der Angelegenheit im Finanzministerium kann also nicht gesprochen werden. Abschriften in BWA K2/I/6, 1. Akt.

[256] So die HK Augsburg in einem Brief an den BHK, 15.3.1923. BWA K2/I/6, 1. Akt.

Landtags, demzufolge den Bauern- und Handwerkskammern, welche sich in derselben Situation wie die Handelskammern befanden, bis zum geordneten Eingang ihrer Beiträge mit 7 % verzinsliche Vorschüsse durch die Staatshauptkasse oder Staatsbank zu gewähren waren. Gleiches sollte unter Berücksichtigung der Note des Finanzministers vom 28. Februar auch ohne besonderen Beschluß des Ausschusses den Handelskammern gewährt werden.[257]

Das Finanzministerium reagierte hierauf jedoch nicht; es war lediglich zu einer vorschußweisen Einziehung der Kammerbeiträge durch die Finanzämter anläßlich der nächsten Einhebung der vorläufigen Gewerbesteuerschuld bereit, um die Lage der Kammern zu verbessern.[258]

Diese wurde durch die rasende Geldentwertung derweil immer verzweifelter; die benötigten Beiträge nahmen geradezu aberwitzige Dimensionen an. Ludwigshafen hatte die Beiträge für 1923 bisher in Raten zu 180 %, 400 % und 200 % der Gewerbesteuer von 1921 eingehoben, und, da dies nicht zur Aufrechterhaltung des Kammerbetriebs ausreichte, nun bei der Regierung die Genehmigung einer vierten Rate in Höhe von 2.200 % beantragt, konnte aber auch dadurch nicht verhindern, daß Ende August 1923 eine Bankschuld von 110 Millionen M zu Buche stand und die Gehälter nicht mehr bezahlt werden konnten.[259] In einer ähnlichen Situation befand sich die Kammer Würzburg, die trotz stetiger Erhöhung der Umlagensätze am 25. August 1923 eine Bankschuld von 225 Millionen M verzeichnete und der die Bank alle weiteren Mittel verweigerte.[260] Bayreuth ging nach einem Beitrag für 1922 in der 20fachen Höhe von 1921 im August 1923 dazu über, für das laufende Jahr allmonatlich den 1.000fachen Beitrag von 1921 zu erheben.[261] München hob 1923 zweimal den Beitrag an, konnte

---

[257] Meinel an Finanzministerium, 26.3.1923 – in Abdruck an BHK. BWA K2/I/6, 1. Akt.

[258] Finanzministerium an Präsident des Landesfinanzamts München, 6.4.1923 – in Abdruck an BHK. BWA K2/I/6, 1. Akt.

[259] HK Ludwigshafen an BHK, 26.7.1923 und 29.8.1923. BWA K2/I/6, 1. Akt. Vgl. auch HK Ludwigshafen an das Staatsministerium für Handel, Industrie und Gewerbe, 28.9.1923. BHStA MWi 5683. Infolge der halbamtlichen Stellung der HKn als Personen des öffentlichen Rechts erfolgte die Besoldung des hauptamtlichen Büropersonals nach dem Beamtenrecht, vgl. KAMMERER: Interessenvertretungspolitik, S. 241. Gerade die Beamten litten unter der Inflation: Ende Juli 1923 erreichten die Lebenshaltungskosten in München das 60.646fache der Friedenszeit, während die höchste staatliche Beamtenbesoldungsgruppe im gleichen Zeitraum das 19.045fache des Friedensgehalts, ein lediger unterer Beamter das 30.019fache bezog. Ein ungelernter städtischer Arbeiter in München mit einem Kind unter sechs Jahren erhielt zum gleichen Zeitpunkt immerhin das 38.007fache seines Friedenslohns. Die Gehälter der Beamten wurden zwar durch Teuerungszuschläge rückwirkend der Geldentwertung angepaßt, doch hinkten die Gehaltserhöhungen der Steigerung der Lebenshaltungskosten stets hinterher, siehe SPERL: Wirtschaft und Staat, S. 496f.

[260] HK Würzburg an BHK, 25.8.1923. BWA K2/I/6, 1. Akt.

[261] HK Bayreuth an BHK, 25.7.1923 und 31.8.1923. BWA K2/I/6, 1. Akt.

damit aber die Bankschuld, die Anfang September eine Höhe von 5,773 Milliarden M erreichte, nicht wesentlich verringern.[262]

Die Vorortkammer kam angesichts der Lage in einem internen Papier zu dem Schluß, daß die Note Krausnecks vom 28. Februar nichts gebracht hatte. Die Kammern verzeichneten auch weiterhin nur minimale Einnahmen, da die Finanzämter völlig überlastet waren und daher für die Einhebung der Gewerbesteuer kaum Zeit hatten; die in der Note angesprochene Abhilfe durch Vorschüsse vom Reich war „ungangbar", weil die Handelskammern Einrichtungen der Länder und nicht des Reichs waren. Wieder betonte man, daß die Kammern grundsätzlich zwar Selbstverwaltungskörper, zur Beitragserhebung jedoch auf staatliche Stellen angewiesen seien, weshalb der Staat in dieser mißlichen Lage die Pflicht habe, ihnen zu helfen, zumal sie staatliche Aufgaben erfüllten. Erneut wurde deshalb an die Staatsregierung die Bitte nach billigen Krediten und einer Beschleunigung der Beitragseinhebung herangetragen.[263]

Um auf ihre Situation aufmerksam zu machen, hielten die bayerischen Handelskammern am 10. September 1923 eine Vollversammlung in München ab, auf der wohl genau diese Punkte vorgetragen wurden.[264] Meinel berichtete in einer Stellungnahme an das Finanzministerium, alle Kammern seien sich darin einig gewesen, daß zur Sanierung ihrer Finanzen eine Änderung der Art der Einhebung der Kammerbeiträge nötig sei; diese solle künftig von der Gewerbesteuer auf die monatlich erhobene Umsatzsteuer der Betriebe umgestellt werden. Weil bis dahin jedoch finanzielle Mittel nötig waren, um das Funktionieren der Kammern zu gewährleisten, unterstützte Meinel abermals die Bitte der Kammern um einen billigen Kredit.[265]

Zur eingehenden Prüfung und technischen Beratung der vorgesehenen Umstellung setzte der Handelskammertag eine Kommission aus Vertretern der Kammern München, Nürnberg und Augsburg ein, die am 27. September in Augsburg zusammentrat. Sie beschloß erneut die Umstellung von der Gewerbe- auf die Umsatzsteuer, die Umlage in Höhe eines gewissen Prozentsatzes vom Umsatzsteuerbetrag war demnach von den Firmen ohne besondere Aufforderung bis spätestens 10. jeden Monats als Kammerbeitrag beim zuständigen Finanzamt einzuzahlen. Der Prozentsatz sollte dabei von jeder Kammer selbst festgelegt werden, um der jeweiligen Situation jeder Kammer gerecht zu werden. Aufgrund der katastrophalen Lage der meisten Handelskammern sollte das neue

---

262 Internes Papier der HK München, 10.9.1923. BWA K2/I/6, 1. Akt.

263 Ebd.

264 Auf der Tagesordnung der Vollversammlung standen neben einer Stellungnahme zu den neuen Steuergesetzen die Themen „Maßnahmen gegen die Währungszerrüttung" und „Finanzielle Notlage der Handelskammern", vgl. Notiz in BWA K2/II/14. Allerdings ist von dieser Versammlung kein Protokoll erhalten.

265 Meinel an Finanzministerium, 18.9.1923 – in Abdruck an BHK. K2/I/6, 1. Akt.

Verfahren bereits am 1. Oktober 1923 in Kraft treten.[266] Unterstützt wurde der Handelskammertag hier abermals vom Handelsministerium, das um eine beschleunigte Erledigung der Kammeranliegen bat, da seines Erachtens einer Änderung der Verteilungsgrundsätze laut Handelskammerverordnung von 1908 nichts im Wege stand.[267] Krausneck erklärte sich am 11. Oktober dazu bereit, die Beiträge bis auf weiteres in Form von Zuschlägen zur Umsatzsteuer zu erheben, was vorerst jedoch von den Kammern selbst durchzuführen war, da bei den Finanzämtern erst ein Modus gefunden werden mußte, wie dieser Zuschlag am zweckmäßigsten einzuziehen war. Der Zuschlag sollte nach dem Willen Krausnecks 10 % der Umsatzsteuer nicht überschreiten.[268]

Als weiteren möglichen Ausweg aus der finanziellen Misere betrachteten die Kammern eine Erhöhung der Gebühren, welche sie seit dem Krieg für gewisse Dienstleistungen wie der Ausstellung von Beglaubigungen oder Bestätigungen für Firmen erheben konnten. Der Bayerische Handelskammertag richtete eine entsprechende Eingabe an das Handelsministerium, welche vom zuständigen Referenten Schenk auch wohlwollend beurteilt wurde. Schenk plädierte in seiner Stellungnahme dafür, anläßlich einer Änderung der noch geltenden Verordnung von 1908 eine Gebührenordnung in die Handelskammerverordnung aufzunehmen.[269] Unmittelbare Folgen für die Einnahmen der Kammern hatte diese positive Beurteilung jedoch nicht, da, wie Schenk es ausgedrückt hatte, die Änderung der Verordnung abgewartet werden sollte, welche aber schließlich erst 1927 erfolgte.

Trotz des Entgegenkommens Krausnecks und der Tatsache, daß die Kammern sich im September 1923 gemeinschaftlich auf die Umsatzsteuer als Erhebungsmaßstab geeinigt hatten, hielten Nürnberg, Regensburg und Ludwigshafen an der Erhebung der Beiträge auf Grundlage der Gewerbesteuer von 1921 fest, wodurch der Beschluß der Vollversammlung vom 10. September bereits wieder nichtig war und eine Wiederübernahme des Einzugs durch die Finanzämter in weite Ferne gerückt wurde.[270] Darauf wies das Handelsministerium den Han-

---

[266] BHK an Handelsministerium und Finanzministerium, 27.9.1923. BWA K2/I/6, 1. Akt.

[267] Handelsministerium an Finanzministerium, 4.10.1923 – in Abdruck an BHK. BWA K2/I/6, 1. Akt.

[268] Krausneck an HK München, 11.10.1923. BWA K2/I/6, 1. Akt.

[269] BHK an das Staatsministerium für Handel, Industrie und Gewerbe, 11.12.1923; vgl. auch die von Schenk unterzeichnete Notiz auf der Rückseite des Briefes. BHStA MWi 5683.

[270] HK Regensburg an BHK, 3.11.1923; HK Bayreuth an BHK, 6.11.1923. Die HK Ludwigshafen, die auf der Vollversammlung nicht vertreten war, weil keines ihrer Mitglieder über einen gültigen Reisepaß verfügte (HK Ludwigshafen an BHK, 4.9.1923. BWA K2/II/14), teilte der HK Regensburg mit, ein Übergang zur Umsatzsteuer käme für sie nicht in Frage, da kein entsprechender Apparat zur Einhebung durch die HK selbst vorhanden sei: „Eine Bindung an Beschlüsse des Handelskammertages kann für uns nur eine Hemmung sein." HK Ludwigshafen an HK Regensburg, 6.11.1923 – in Abschrift an BHK. BWA K2/I/6, 1. Akt.

delskammertag auch ausdrücklich und wiederholt hin: Für eine erneute Übernahme der Einziehung durch die Finanzämter, die von allen Kammern gewünscht wurde, war es nötig, einen einheitlichen Erhebungsmaßstab einzuführen und auch an ihm festzuhalten. Unproblematisch war dies im Grunde aber nur dann, wenn die Beiträge wie früher auf Basis der Gewerbesteuer erhoben wurden, da damit die Finanzämter keine neuen Aufgaben übernahmen, sondern nur eine bereits früher übernommene Vertragsverpflichtung ausführten, so daß eine Genehmigung des Reichsfinanzministeriums nicht erforderlich war.[271] Wahrscheinlich mit aus diesem Grund kehrten fast alle bayerischen Kammern noch in der ersten Jahreshälfte 1924 wieder zur Gewerbesteuer als Basis zurück, eine Ausnahme bildete nur die Kammer Coburg, welche ihre Beiträge stets selbst auf Grundlage der Einkommensteuer erhoben hatte und dies auch 1924 immer noch tat.[272] Trotz dieser nunmehr einheitlichen Basis zogen die Kammern auch 1926 noch ihre Beiträge selbst ein.[273]

Vor dem Hintergrund der zunächst nur als Teuerung wahrgenommenen Inflation wurden nicht nur die Ausgaben jeder einzelnen Kammer, sondern auch des Kammertages in Frage gestellt, denn viele der Mitglieder empfanden schon die Steigerung der Gesamtausgaben von 4.585,44 M im Jahr 1919 auf 11.298,75 M im folgenden Jahr als drückend.[274] Die Handelskammer Ludwigshafen regte daher im Februar 1920 an, zu Einsparungszwecken bei Papier und Druckkosten die Protokolle von Sitzungen und Versammlungen statt der bisher üblichen, ziemlich eingehenden Wiedergabe der Ausführungen sämtlicher Redner auf die hauptsächlichsten Ausführungen der Referenten und die wichtigsten Gesichtspunkte der Diskussion zu beschränken. Zu Vergleichszwecken gab sie an, daß sich die Kosten der „Vereinigung südwestdeutscher Handelskammern“, in welcher sie ebenfalls Mitglied war, 1919 lediglich auf 2.500 M beliefen, da hier die Protokolle nur ausnahmsweise gedruckt, in der Regel aber mit einem Vervielfältigungsapparat hergestellt wurden.[275] Der Vorort zeigte sich mit dem Vorschlag einverstanden, ließ aber dennoch die Protokolle der Sitzungen von 1920 mit der Begründung drucken, daß die bayerische Staatsregierung Abdrucke davon zu erhalten wünsche.[276] Ludwigshafen forderte deshalb im März 1921 erneut eine

---

[271] Handelsministerium an BHK, 11.1.1924 und 26.2.1924. BWA K2/I/6, 2. Akt.

[272] Briefwechsel BHK-HKn 24.5.-5.6.1924. Im Herzogtum Coburg hatte es keine Gewerbesteuer gegeben, so daß die HK-Beiträge, welche die HK stets selbst eingezogen hatte, durch Zuschläge zur Staatseinkommen- oder Klassensteuer erhoben worden waren. HK Coburg an BHK, 1.11.1920. BWA K2/I/6, 2. Akt.

[273] HK Augsburg an HK Nürnberg, 5.3.1926; HK München an HK Nürnberg, 26.3.1926. BWA K2/I/6, 2. Akt.

[274] Zu den Summen vgl. Rundschreiben des BHK an die bayerischen HKn v. 24.1.1919 u. Briefwechsel HKn-BHK im Februar 1920. BWA K2/I/5.

[275] HK Ludwigshafen an BHK, 13.2.1920 u. 21.2.1920. BWA K2/I/5.

[276] BHK an die bayerischen HKn, 26.2.1920 u. 27.3.1920. BWA K2/I/5.

kürzere Fassung der Sitzungsprotokolle als bisher üblich: „Hierdurch würde vor allem erreicht werden, daß die Niederschriften wesentlich früher erscheinen könnten (nicht erst zum Teil nach Monaten, wenn die Verhandlungen schon mehr oder weniger überholt sind), ferner daß sie auch Aussicht hätten, von dem einen oder anderen Interessenten wirklich gelesen zu werden und endlich daß die Kosten sich ganz erheblich reduzieren würden."[277] Die Schwesterkammern unterstützten diese Anregung, Augsburg verlangte zudem, um weitere Kosten einzusparen, die Verwendung eines kleineren Zeilenabstands in den Protokollen.[278] Auch jetzt zeigte sich der Vorort einsichtig, behielt sich aber in Ausnahmefällen eine längere Fassung vor: „Dabei gehen wir wohl mit Ihnen auch darin einig, dass diese knappe Fassung nur die Regel zu bilden hat, während in Ausnahmefällen eine eingehende Wiedergabe der Verhandlungen sich als notwendig erweisen kann."[279]

Die Protokolle der Sitzungen von 1921 wurden nicht mehr gedruckt, sondern nur noch mechanisch vervielfältigt; allerdings behielten sie ihren bisherigen Umfang bei, da München die Inhalte anscheinend für zu wichtig hielt, als sie verkürzt darzustellen. Augsburg und Ludwigshafen beschwerten sich im Oktober 1922 zum wiederholten Male über diese Tatsache und erhielten dabei Unterstützung von der Kammer Nürnberg.[280] Dieses Mal reagierte der Vorort auf drastischere Weise: Von den beiden im Rechnungsjahr April 1923 bis März 1924 anberaumten Delegiertenkonferenzen gab es überhaupt keine Niederschriften. Die Kostenaufstellung für diesen Zeitraum sprengte allerdings auch so alle Dimensionen (vgl. Tabelle 14).

Tabelle 14: Kostenaufstellung der Handelskammer München als Vorort des Bayerischen Handelskammertages für die Ausgaben von 1.4.1923-31.3.1924	
Reisekosten stellv. Syndikus Dr. Grünewald nach Freudenstadt zur Tagung des Badischen Handelskammertages und der Württembergischen Handelskammern	277.200.-
Reisekosten stellv. Syndikus Dr. Grünewald zur Steuerausschußsitzung des Deutschen Industrie- und Handelstags in Berlin am 7. Sept. 1923	117.055.000.-
Rechnung der Fa. Wilh. Müller für Ein- und Auslaufbücher	50.800.000.000.000.-
Rechnung d. Fa. Bayerlein Nürnberg für Kranz KR Hetzel	25.000.000.000.000.-
Portoauslagen	201.210.361.439.620.-
Summe in Papiermark	277.010.478.771.820.-

Quelle: BWA K2/I/5.

[277] HK Ludwigshafen an BHK, 20.3.1921. BWA K2/I/5.
[278] HK Regensburg an BHK, 1.4.1921; HK Augsburg an BHK, 5.4.1921; HK Nürnberg an BHK, 7.4.1921. BWA K2/I/5.
[279] BHK an die bayerischen HKn, 28.4.1921. BWA K2/I/5.
[280] HK Augsburg an BHK, 11.10.1922; HK Ludwigshafen an BHK, 16.10.1922; HK Nürnberg an BHK, 19.10.1922. BWA K2/I/5.

Diese Summe, die der Vorort aufgrund der Währungsumstellung Ende 1923 auf 600 Goldmark aufrundete, wurde auf Basis der neuen Gewerbesteuer und den nach dem Beitritt der Kammer Coburg veränderten und nach einigen Anlaufschwierigkeiten (s.o.) angepaßten Umlagen verteilt (vgl. Tabelle 15).

Tabelle 15: Umlage der Ausgaben der Handelskammer München auf die einzelnen Handelskammern 1924

Handelskammer:	*Umlage:*	*bisher:*	*Betrag in Goldmark:*
Augsburg	9 %	12 %	54.-
Bayreuth	5,5 %	9 %	33.-
Coburg	5,5 %	--	33.-
Ludwigshafen	19,5 %	16 %	117.-
München	28,5 %	28,5 %	171.-
Nürnberg	19 %	21 %	114.-
Passau	2 %	2,5 %	12.-
Regensburg	4 %	4,5 %	24.-
Würzburg	7 %	6,5 %	42.-

Quelle: BWA K2/I/5.

Aus Tabelle 15 ist ersichtlich, daß die meisten Kammern von der Neuverteilung zumindest leicht profitierten; wirklich hoch belastet wurde – von der geringfügigen Erhöhung der Würzburger Beiträge einmal abgesehen – nur Ludwigshafen. Da sich die Bemessung nach den Umlagen richtete, die jede Kammer von den kammerpflichtigen Unternehmen ihres Bezirks erhob, mußte der Vorort davon ausgehen, daß der neue Beitrag dem Leistungsvermögen Ludwighafens entsprach und daher angemessen war. Die pfälzische Kammer sah dies jedoch völlig anders: Sie bemängelte, daß der vom Handelskammertag angewandte Verteilungsmaßstab ein anderer war als derjenige, der für die Verteilung der Kosten der bayerischen Kammern zum Deutschen Industrie- und Handelstag maßgebend war und bei dem der Pfälzer Anteil nur bei 15,5 % lag. Sie bedauerte, „einen höheren Anteil, als er für den Beitrag zum Deutschen Industrie- und Handelstag massgebend ist, nicht anerkennen zu können, zumal schon dieser Anteil im Hinblick auf unsere durch den Ruhrkampf in besonderem Masse geschwächte Leistungsfähigkeit übersetzt erscheint."[281] Als Konsequenz überwies sie daher statt 117.- M nur 93.- M, also 15,5 %. Die Vorortkammer, der ständigen Querelen überdrüssig, wich, um im Handelskammertag wieder Ruhe einkehren lassen und ihre Kräfte wieder der täglichen Arbeit widmen zu können, einem weiteren Streit aus, allerdings nicht ohne noch darauf hinzuweisen, um welch geringen Betrag es sich eigentlich handelte. Lapidar teilte sie den Kollegen in Ludwigshafen mit, daß sie selbst den Differenzbetrag übernehmen werde,

[281] HK Ludwigshafen an BHK, 18.6.1924. BWA K2/I/5.

„da eine Neuverteilung des Gesamtbetrages, weitere Korrespondenzen und Umbuchen mehr Kosten, als der in Frage kommende Differenzbetrag ausmacht, bedingen."[282]

Im folgenden Jahr legte München „auf Anregung der Handelskammer Ludwigshafen a. Rh."[283] der Kostenverteilung die von den bayerischen Kammern an den Deutschen Industrie- und Handelstag zu entrichtenden Beiträge zugrunde, woraufhin sich folgende Relationen ergaben:

Tabelle 16: Abrechnung der Handelskammer München als Vorort des Bayerischen Handelskammertages für die Zeit von 1.4.1924-31.3.1925

Handelskammer:	*Beiträge 1924/25:*	*Beiträge 1923/24:*
Augsburg	12 %	9 %
Bayreuth	10 %	5,5 %
Coburg	1,5 %	5,5 %
Ludwigshafen	15,5 %	19,5 %
München	25,5 %	28,5 %
Nürnberg	19,5 %	19 %
Passau	4 %	2 %
Regensburg	5 %	4 %
Würzburg	7 %	7 %

Quelle: BWA K2/I/5.

Obgleich die neue Kostenverteilung mehrere Kammern stärker belastete, wurde kein Protest gegen sie geäußert. Sie blieb daher bis 1932 unverändert.

6.4 Die Bayerische Handelszeitung

Unter den vielen Dingen, die es nach Kriegsende zu ordnen galt, war auch die Herausgabe der *Bayerischen Handelszeitung*, des offiziellen Organs des Handelskammertages. Zu Beginn des Ersten Weltkrieges hatte man sich darauf verständigt, sie nur noch unregelmäßig erscheinen zu lassen. Dies hatte dazu geführt, daß sie nach den Worten des Münchner Schatzmeisters Wimmer fortan ein „Dasein im Verborgenen geführt"[284] hatte. Zwar erschien sie seit dem 1. Januar 1919 wieder wöchentlich, doch bei einer Auflage von 700-900 Exemplaren im ersten Friedensjahr und einer ständigen Verteuerung von Papier und Druckkosten war die Diskrepanz zwischen Ausgaben und Einnahmen so groß geworden, daß die laufenden Kosten nicht mehr gedeckt werden konnten, für 1920

[282] BHK an HK Ludwigshafen, 21.6.1924. BWA K2/I/5.

[283] Abrechnung für Zeit vom 1.4.1924-31.3.1925, 20.4.1925. BWA K2/I/5. Die neue Umlage hatte bis zum Geschäftsjahr 1932/33 Bestand.

[284] Protokoll der Delegiertenkonferenz v. 13.12.1919. BWA K2/II/1, 3. Akt.

erwartete man gar ein Defizit in Höhe von 60.000 M.[285] Sowohl die Kammer München als Herausgeberin als auch die anderen Mitglieder des Handelskammertags waren sich jedoch einig, daß gerade in diesen für Handel und Industrie so schwierigen Zeiten ihr Sprachrohr erhalten bleiben und im Gegenteil noch ausgebaut werden sollte, um den eigenen Einfluß zu vergrößern. Für die Ludwigshafener Kammer, die durch die französische Besetzung der Pfalz vom rechtsrheinischen Bayern weitgehend abgeschnitten war, stellte die *Handelszeitung* zudem eine der wenigen Verbindungen zu den Schwesterkammern dar.[286] Nach Erörterung der verschiedenen denkbaren Wege zur Behebung des Defizits (Aufgabe der Mitteilungsorgane der anderen Kammern und deren verpflichtendes Abonnement der *Bayerischen Handelszeitung*, Verbindung mit dem Bayerischen Industriellen-Verband und Verschmelzung mit dessen Organ, der *Bayerischen Industrie*, vermehrte Inserate) überwies man die Angelegenheit in bewährter Weise zur Beratung an eine Kommission, in die jede Kammer einen Vertreter entsandte.

Diese Kommission tagte am 11. März 1920 und beschloß eine Umstrukturierung, die Dr. Luebeck, der Redakteur der *Bayerischen Handelszeitung*, am 26. März 1920 den versammelten Mitgliedern des Handelskammertags vorstellte.[287] Sämtliche periodische Mitteilungsblätter der bayerischen Handelskammern sollten demnach in der *Bayerischen Handelszeitung* aufgehen. Die Sicherung der nötigen Mittel sollte über einen Garantiefond erfolgen, in den neben den von der Zeitung selbst erwirtschafteten Beträgen die Anteile der an der Zeitung beteiligten Vereine fließen sollten. Zudem sollten die Kammern Beiträge in Höhe von 1 M je Firma im Kammerbezirk leisten.

Durch eine Beteiligung der Verbände an der Zeitung konnte diese das wirtschaftliche Gesamtinteresse vertreten. So hatte der Bayerische Industriellen-Verband laut Luebeck bereits die Zusage gegeben, sein eigenes Blatt mit der *Bayerischen Handelszeitung* zu verschmelzen. Die Vertreter des Zentralverbands des Deutschen Großhandels, des Schutzvereins für Industrie und Handel und des Münchner Handelsvereins, alle auf der Sitzung anwesend, erklärten auf diese Ausführungen hin ebenfalls ihre Teilnahme an der Zeitung.

Im Gegensatz zu den Vereinen und Verbänden verhielten sich die Kammervertreter deutlich zurückhaltender. Die Kammern Würzburg und Augsburg begrüßten zwar das Zustandekommen eines Zentralorgans, erachteten sich aber nicht in der Lage, die erforderlichen Mittel aufzubringen. Bayreuth wollte sich erst ab 1921 beteiligen, da man das eigene Blatt für 1920 bereits geplant hatte, und Nürnberg erkannte überhaupt keine Notwendigkeit für die gemeinsame Zei-

---

285 Niederschrift über die Sitzung der erweiterten Handelszeitungs-Kommission v. 25.11.1919. HK München an die anderen bayerischen HKn, 17.12.1919. Beides in BWA K2/I/4.

286 HK Ludwigshafen an HK München. BWA K2/I/4.

287 Vgl. Protokoll der Delegiertenkonferenz v. 26.3.1920. BWA K2/II/1, 4. Akt.

tung. Nachdem der ebenfalls anwesende und von allen Kammern höchst geschätzte Staatsrat von Meinel noch einmal vehement zugunsten eines gemeinsamen Organs von Kammern und Verbänden eingetreten war, wurde beschlossen, die Zeitung in der vorgesehenen Form zu konzipieren. Die Kammern, die sich nicht sofort entscheiden wollten, sollten die Frage im Kreis ihrer Mitglieder erneut beraten und ihren Entschluß dann dem Vorort mitteilen. Auf diesem Wege wurde man sich schließlich einig, doch wurde zugleich einer klarere und übersichtlichere Gliederung der Zeitung angemahnt.[288]

Ab 1. Januar 1921 wurde damit die neue *Bayerische Industrie- und Handelszeitung* das amtliche Nachrichtenblatt des Bayerischen Handelskammertags.[289] Allerdings zog sich der Bayerische Industriellen-Verband entgegen seiner früheren Zusage aus finanziellen Gründen noch vor dem ersten Erscheinen wieder von der Zeitung zurück.[290] 1923 waren schließlich die Kosten der Zeitung für die Kammern nicht mehr tragbar, so daß sie vertragsrechtlich an den F.C. Mayer Verlag in München übertragen wurde. Sie blieb damit zwar das amtliche Nachrichtenblatt des Bayerischen Handelskammertages, wurde aber nicht mehr in eigener Regie herausgegeben.[291]

IV.7 ZUSAMMENFASSUNG

Die Nach- und Übergangszeit stellte in all den Jahren der Existenz des Bayerischen Handelskammertages bis 1936 die aktivste Periode seiner Tätigkeit dar. Zwar erwies sich eine Rückkehr zur strukturierten Arbeitsweise der Vorkriegszeit als unmöglich, doch war der Handelskammertag flexibel genug, durch häufige und kurzfristig einberufene Sitzungen auf die Erfordernisse der Nachkriegsjahre zu reagieren. Hiervon gab es genug: Zunächst einmal mußte die Organisation des Handelskammertages selbst wieder koordiniert, die Herausgabe der *Bayerischen Handelszeitung* als Organ des Kammertages neu gestaltet werden. Nach dem politischen Umsturz galt es, eine Basis zur Zusammenarbeit mit den neuen Machthabern zu finden, sodann die Sozialisierung der Wirtschaft zu verhindern und zugleich im „Kampf" mit den Bezirkswirtschaftsräten nicht selbst unterzugehen. Diese Auseinandersetzung mit der geplanten Neugestaltung der beruflichen Vertretung war wohl die größte Herausforderung des Handelskammertages in seiner Geschichte, eine Herausforderung, der er sich energisch stellte.

---

288 Vgl. Stellungnahme der HK Ludwigshafen auf der Delegiertenkonferenz v. 10.9.1920. BWA K2/II/1, 4. Akt.

289 HK München an die anderen bayerischen HKn, 15.12.1920. BWA K2/I/4.

290 Erklärung des Münchner Kammermitglieds Wimmer auf der Delegiertenkonferenz v. 15.11.1920. BWA K2/II/1, 5. Akt.

291 IHK München an Bayer. Staatsministerium des Äußern, 21.4.1933. BHStA MWi 5688.

Gleiches gilt auch für seinen Einsatz zugunsten der Einzelhändler während der Inflation, deren Benachteiligung durch die Gesetzgebung er in Eingaben und Resolutionen an die Regierung immer wieder anprangerte, obwohl die Erfahrungen aus der Kriegszeit eine Wende der bayerischen Politik in diesem Bereich nicht als wahrscheinlich erscheinen ließen.

Zur Verstärkung seiner Positionen in den wichtigsten Fragen, vor allen bei den Bezirkswirtschaftsräten und der Wuchergesetzgebung, ging der Bayerische Handelskammertag wechselnde Allianzen mit den maßgebenden Fachverbänden ein, um die Forderung nach Berücksichtigung der Interessen von Industrie und Handel gegenüber der Regierung auf eine breite Basis stellen zu können.

Letztlich zeigte sich aber, daß eine Durchsetzung dieser Positionen ohne die Unterstützung des Handelsministeriums kaum gelingen konnte. Der Handelskammertag versicherte sich daher immer wieder dieser Unterstützung und pflegte beste Kontakte zu den Ministern Hamm und Meinel. Doch auch wenn das Handelsministerium auf der Seite des Handelskammertages stand, gelang es nicht immer, die eigene Haltung durchzusetzen, weil dieses Ministerium innerhalb der bayerischen Regierung nur wenig Gewicht besaß. Insgesamt konnte der Bayerische Handelskammertag am Ende des betrachteten Zeitraums aber eine positive Bilanz seiner Tätigkeit ziehen, wenngleich es im Grunde natürlich einem äußeren Umstand, und zwar der Inflation, zu verdanken war, daß die Bedrohung durch die Bezirkswirtschaftsräte gebannt war.

C.V Die Tätigkeit des Bayerischen Industrie- und Handelskammertags in der Weimarer Republik ab 1924

V.1 Arbeitsweise und inhaltliche Schwerpunkte

Das Ende der Inflation, das gewissermaßen einherging mit dem Ende der Reformbestrebungen bezüglich der wirtschaftlichen Berufsvertretungen, stellte auch für die Arbeit des Bayerischen Handelskammertages eine Zäsur dar. Die bis 1923 so hohe Sitzungsdichte endete abrupt; „durch tunlichste Einschränkung der Tagungen",[1] wie Pschorr es ausdrückte, sollten die finanziell angeschlagenen Kammern bei den Gesamtunkosten einsparen, doch auch die vor allem gegen Ende der Weimarer Zeit allgemein feststellbare „Verbandsmüdigkeit"[2] mochte ein Grund für die geringere Zahl der Treffen gewesen sein. Zwischen 1924 und Januar 1933 lassen sich daher nur 17 Sitzungen feststellen, was einer durchschnittlichen Quote von 1,9 Sitzungen pro Jahr entspricht. Die Arbeit wurde in der Hauptsache schriftlich, teils auch mündlich und fernmündlich erledigt und, soweit die Ergebnisse für die Öffentlichkeit bestimmt waren, über die Presse verbreitet.

Als einziges Novum lassen sich in dieser Zeit, so im September 1928, im März und im November 1929, erstmals Geschäftsführerkonferenzen feststellen, auf der die Syndici der Kammern verschiedene Punkte unter sich berieten.[3] Dies belegt das Gewicht, das den Geschäftsführern im Lauf der Zeit zugewachsen war: Die ständige Zunahme der Aufgaben der Industrie- und Handelskammern sowie die steigende Inanspruchnahme derselben durch die Wirtschaft machten es den ehrenamtlichen Präsidenten geradezu unmöglich, über alle Vorgänge Bescheid zu wissen und jede Entscheidung selbst zu treffen. Den festangestellten Syndici kam daher besonderes Gewicht zur Führung der Kammern zu, was sich nun darin manifestierte, daß sich die Syndici der bayerischen Kammern erstmals ohne ihre Präsidenten trafen, um sich in Wirtschaftsfragen abzustimmen. Man mag darin eine Zurückdrängung des Ehrenamts erblicken, doch ist in jedem Fall zu betonen, daß einerseits die grundlegenden Entscheidungen nach wie vor die gewählten Präsidenten der Kammern trafen, andererseits eine effektive Kammerarbeit anders nicht mehr möglich war.

---

[1] Pschorr auf dem IX. BIHK v. 23.11.1928. BWA K2/II/1, 7. Akt.

[2] Vgl. James: Weltwirtschaftskrise, S. 180.

[3] Protokoll über Geschäftsführerkonferenz am 7.9.1928; BWA K2/II/15. Niederschrift über die zweite Sitzung am 23.3.1929 in Archiv IHK Ludwigshafen, XXIV B.5. Die dritte Geschäftsführerkonferenz fand am 23.11.1929 im kleinen Sitzungssaal der IHK München statt. Vgl. Schreiben Simons an die Geschäftsführer der bayerischen IHKn, 15.11.1929. BWA K2/I/40. Eine derartige Professionalisierung der Kammerarbeit in der Zeit der Weimarer Republik läßt sich auch für andere deutsche Kammern feststellen, so z.B. für die IHKn des Ruhrgebiets feststellen, vgl. Thalmann: Industrie- und Handelskammern, S. 15-21.

Nur einmal, im November 1928 traten die Handelskammern mittels einer Vollversammlung an die Öffentlichkeit, um ihren Forderungen nach stärkerer Berücksichtigung der Interessen der gewerblichen Wirtschaft in der Politik der bayerischen Staatsregierung so besonderen Nachdruck zu verleihen, nachdem Klagen aus der Wirtschaft das Auftreten des Handelskammertages als zu zurückhaltend kritisiert hatten: „Die Not der gewerblichen Wirtschaft in Bayern erfordert nach übereinstimmender Anschauung der amtlichen Berufsvertretung von Industrie und Handel, die großen Sorgen und Nöte einmal in aller Öffentlichkeit darzulegen und ihre Wünsche und Forderungen an die Staatsregierung in gleicher Weise bekanntzugeben wie dies Landwirtschaft und Handwerk in gewissen Zeitabschnitten zu tun pflegen."[4] Dieser IX. Bayerische Industrie- und Handelskammertag war die erste ordentliche Vollversammlung seit 1917 und sollte, an den Vorkriegsturnus anknüpfend, eigentlich in Bayreuth stattfinden. Um den hochrangigen Behördenvertretern die Teilnahme zu erleichtern, wurde der Kammertag jedoch in München abgehalten. Welche Bedeutung dieser Veranstaltung in Bayern und darüber hinaus beigemessen wurde, läßt sich aus dem Teilnehmerverzeichnis erschließen: Die Kammern hatten insgesamt 75 Delegierte entsandt, auch die wichtigsten bayerischen Fachverbände hatten Mitglieder abgeordnet. Daneben waren 28 hochrangige Vertreter der Politik anwesend, darunter Ministerpräsident Held, Ministerialdirektor Schenk als Leiter der Wirtschaftlichen Abteilung des Außenministeriums, Vertreter aller Fraktionen des Landtags, Reichsbankdirektor Gartenschläger sowie der Präsident des Reichsfinanzhofs, Jahn.[5] Allein aus diesem immensen Teilnehmerfeld ist ersichtlich, daß es sich bei diesem IX. Handelskammertag nicht um eine Arbeitstagung, sondern um eine öffentliche Demonstration des Gewichts der im Bayerischen Industrie- und Handelskammertag vereinigten Wirtschaftskreise handelte.

Ansonsten beschränkte man sich auf Delegiertenkonferenzen, weil man den mit einer Vollversammlung verbundenen Aufwand scheute und zumeist auch die zu besprechenden Themen nicht als öffentlichkeitswirksam erachtete.[6] Die ohne festen Turnus als wirkliche Arbeitssitzungen einberufenen Delegiertenkonferenzen umfaßten lediglich zwischen zehn und zwanzig Teilnehmern, darunter zumeist die Syndici der einzelnen Kammern. Vertreter der Behörden waren nach Helds Regierungsantritt 1924 nur noch selten, nach Meinels Rücktritt und mit

---

[4] Pschorr auf dem IX. BIHK v. 23.11.1928. BWA K2/II/1, 7. Akt. Vgl. auch die Briefe der IHKn Nürnberg (1.6.1928) und Regensburg (25.6.1928) an den BIHK (BWA K2/II/15), in denen diese eine größere öffentliche Präsenz des BIHK als dringend notwendig beschreiben und über Klagen aus der Wirtschaft berichten.

[5] Protokoll des IX. BIHK v. 23.11.1928. BWA K2/II/1, 7. Akt.

[6] So schrieb die Kammer Ludwigshafen an den BIHK (5.12.1930): „Eine Vollversammlung des Bayerischen Industrie- und Handelskammertags sollte u.E. nur dann abgehalten werden, wenn einige bedeutsame Themen zur öffentlichen Erörterung gestellt werden können." Ähnlich äußerte sich die Kammer Augsburg in einem Schreiben an den BIHK (3.12.1930). BWA K2/IIa/37.

Ausnahme der Vollversammlung überhaupt nicht mehr anwesend, es wurden diesbezüglich auch keine Einladungen mehr ausgesprochen. Einerseits mochte das an den behandelten Themen liegen, die sich ohne Beteiligung amtlicher Stellen lösen ließen, doch andererseits nahmen es die Kammervertreter Held übel, daß er aus ihrer Sicht kaum einen Zweifel daran ließ, daß er die Landwirtschaft und, in geringerem Maße, den handwerklichen Mittelstand als Grundlage der bayerischen Wirtschaft verstand.[7] Der Bayerische Handelskammertag beschränkte daher fortan seine Kontakte zu Regierung und Ministerien auf ein nötiges Mindestmaß.

Ein Vorstoß des Augsburger Vorsitzenden Kommerzienrat Christian Diesel zur besseren Ausgestaltung des Bayerischen Industrie- und Handelskammertags im Januar 1931 blieb trotz breiter Unterstützung aus den anderen Kammern folgenlos. Diesel regte an, jährlich einmal eine Vollversammlung einzuberufen, Delegiertenkonferenzen sollten regelmäßig alle zwei Monate stattfinden. Dr. Streit aus Bayreuth forderte bei dieser Gelegenheit, Konferenzen nicht immer nach München einzuberufen, sondern auch andere Kammern aufzusuchen.[8] Diese Forderung war umso berechtigter, als ohnehin seit geraumer Zeit keine Behördenvertreter mehr auf den Delegiertenkonferenzen vertreten waren, auf die man hätte Rücksicht nehmen müssen. Obgleich die Schwesterkammern, darunter auch München, diesem Änderungswunsch ebenso beipflichteten wie demjenigen Diesels, wurde die Organisation des Industrie- und Handelskammertages unverändert fortgeführt.

Auch die sich schon im Juni 1932 abzeichnende Gefahr einer Machtübernahme durch die Nationalsozialisten, die auf der damaligen Delegiertenkonferenz heftig diskutiert wurde, änderte an der Arbeitsweise des Kammertages nichts mehr.[9] Insbesondere führte sie nicht, wie es der Augsburger Syndikus Dr. Meier angeregt hatte, zu einer Vollversammlung des Bayerischen Industrie- und Handelskammertags, auf der man vor einer solchen Entwicklung öffentlich hätte

---

[7] Als Ende der 1920er Jahre der wirtschaftliche Niedergang in Bayern einsetzte, förderte Held in erster Linie die Landwirtschaft, was ihm viel Kritik einbrachte. Vgl. PÖHLMANN, Barbara: Heinrich Held als Bayerischer Ministerpräsident (1924-1933). Eine Studie zu 9 Jahren bayerischer Staatspolitik, Diss. München 1995, S. 107, 173f., sowie SPERL: Wirtschaft und Staat, S. 532-534. Hierbei wird jedoch außer Acht gelassen, daß Held, um den Partner Bauernbund in der Regierungskoalition zu halten und diese nicht zu gefährden, kaum anders handeln konnte. Vgl. SCHÖNHOVEN, Klaus: Die Bayerische Volkspartei 1924-1932, Düsseldorf 1972, S. 201-215. Der BIHK kritisierte diese Haltung dennoch, da sie den eigenen Interessen massiv zuwiderlief; siehe hierzu insbesondere Pkt. C.V.3.1: Die Auflösung des Handelsministeriums.

[8] Protokoll der Delegiertenkonferenz v. 29.1.1931. BWA K2/II/1, 7. Akt.

[9] Bei den Reichstagswahlen im Juli 1932 wurde die NSDAP mit 37,4 % aller Stimmen stärkste Partei, ein Ergebnis, das sich schon zuvor in der Stimmung der Bevölkerung abgezeichnet haben dürfte. Vgl. JAMES: Weltwirtschaftskrise, S. 51.

warnen können. Viele der anwesenden Handelskammermitglieder legten vielmehr eine ausgesprochen pessimistische Sichtweise an den Tag und waren überzeugt, am Lauf der Dinge nichts mehr ändern zu können. Vorstellungen über eine Änderung der Wirtschaftsordnung unter dem aktuellen Schlagwort „Zustreben auf einen berufsständischen Aufbau des Staates“ seien bereits in die Wirtschaftskreise eingedrungen und hätten diese zermürbt.[10] Nürnbergs Syndikus Hofmann, der sich bereits mit dem nationalsozialistischen Wirtschaftsprogramm befaßt hatte, betonte nachdrücklich, daß die Partei Adolf Hitlers auch die Kammern nicht unangetastet lassen würde: „Über die Stellung der Kammern gehe daraus hervor, dass die Wirtschaft unter Einbeziehung der bestehenden Kammern berufsständisch gegliedert werden sollte und dass die Wirtschaft einem Staatskommissar unterstehen werde. Von einem Kollegen habe er gehört, dass man sich im nationalsozialistischen Lager schon darüber einig sei, dass in die Kammern gewisse Funktionäre hineingebracht werden sollten, die die Tätigkeit der Kammern überwachen sollten.“[11] Doch auch dieser Hinweis bewegte seine Kollegen nicht dazu, Schritte zu unternehmen; wie Dr. Dietrich von der Münchner Handelskammer es formulierte, war es hierfür bereits zu spät. Die politischen Parteien, die Vernunft gepredigt hätten, hätten ebenfalls Schiffbruch erlitten. Bereits unter Brüning sei die Politik mit ihren Notverordnungen zu radikal gewesen; kämen nun die Radikalen an die Macht, würden die Methoden grundsätzlich nur fortgesetzt. Für die Kammer aber galt nach Ansicht Dietrichs: „Die Kammer müsse, wenn die Nationalsozialisten die Herrschaft antreten, genau so funktionieren, wie sie es zu Eisners Zeiten getan habe.“[12] Auch Kommerzienrat Kohn aus Nürnberg und Passaus Syndikus Bauer vertraten die Meinung, daß es für Gegenmittel viel zu spät war, diese würden lediglich einen Kampf auf verlorenem Posten darstellen. Nach Kohn wäre eine Gegenbewegung vor Jahren nötig gewesen, da aber habe man die Nationalsozialisten halb unterstützt und halb

---

[10] Meier führte als Beispiel den Reichsverband der Deutschen Industrie an, der selbst bereits in drei Schriften den Faschismus propagiert hatte. Vgl. Protokoll der Delegiertenkonferenz v. 28.6.1932. BWA K2/II/1, 7. Akt. Zum Ursprung der Idee eines Ständestaates siehe WERNER, Stefan: Wirtschaftsordnung und Wirtschaftsstrafrecht im Nationalsozialismus, Frankfurt/M. 1991, S. 61-63. Nach dieser Idee sollten die einzelnen Bürger in Berufsständen organisiert sein, welche eine eigene Verwaltung mit eigener „Regierung“ aufbauen sollten. An die Stelle der Zentralverwaltung sollte so die dezentralisierte ständische Selbstverwaltung treten. Offensichtlich widersprachen diese Grundsätze dem von Hitler verfolgten Führerstaat mit starker Zentralgewalt, weshalb der Ständestaat, obgleich im NSDAP-Programm von 1920 verankert, keine Chance auf Umsetzung besaß. Der dann später in Ansätzen verwirklichte „Ständeaufbau“ hatte mit der ursprünglichen Idee nichts mehr zu tun.

[11] Protokoll der Delegiertenkonferenz v. 28.6.1932. BWA K2/II/1, 7. Akt.

[12] Ebd. Eine ähnlich pessimistische Einstellung, wonach eigenes Tun den Lauf der Zeit nicht mehr aufhalten könne und man sich mit den Gegebenheiten zu arrangieren hätte, hatte Dietrich schon angesichts der Sozialisierungsgefahr durch Neurath an den Tag gelegt. Vgl. Protokoll der geheimen Vollversammlung der HK München, 4.4.1919. BWA K1/I/0.

bekämpft: „Die Grossindustrie habe geglaubt, sie könne die rechtsradikale Bewegung benützen, um die Gewerkschaften zu vernichten.“[13]

Nur Dr. Simon schloß sich Meier an: Wenigstens die Kammern müßten etwas tun, sonst sei die Wirtschaft erledigt. Eine Entschließung sei allerdings wirkungslos, vielmehr müsse man zu einer wirksamen Öffentlichkeitsarbeit im Stile der Propaganda der Nationalsozialisten mit Hinweisen auf die Arbeit der Kammern übergehen. Dr. Bingold aus Regensburg vertrat dagegen die Meinung, die Wirtschaft müsse sich an ein starkes Bollwerk anschließen, ohne politisch zu sein. Das beste Bollwerk hierfür sei die bayerische Staatsregierung.[14] Aufgrund dieser mutlosen und passiven Haltung vieler Kammervertreter endete die Aussprache ohne konkreten Beschluß. Lediglich eine Denkschrift sollte baldmöglichst festgestellt werden, in der die Bedeutung der Ausfuhr für die bayerische Wirtschaft herausgestellt werden sollte. Auf subtile Weise wollte man damit dem nationalsozialistischen Wirtschaftsprogramm, das eine autarke Wirtschaft propagierte, entgegentreten.[15]

Angesichts dieser Haltung der Handelskammern gegenüber der Gefahr des Nationalsozialismus, gepaart mit der Unwilligkeit zu einer effektiveren Ausgestaltung des Handelskammertags, ergibt sich unweigerlich der Eindruck einer gewissen Lethargie unter den Kammervertretern. Die Wirtschaftskrise am Ende der Weimarer Republik beflügelte sie nicht zu verstärktem Engagement in ihrer gemeinschaftlichen Institution, um durch deren Gewicht fordernd, lenkend oder unterstützend in den politischen Prozeß einzugreifen und dadurch die wirtschaftliche wie die politische Lage stabilisieren zu helfen, sondern ließ sie im Gegenteil in einer passiven, abwartenden Haltung verharren. Allerdings ist diese Beobachtung zu den bayerischen Kammermitgliedern und dem Bayerischen Industrie- und Handelskammertag keineswegs ein Einzelfall. Vielmehr deckt sie sich mit der allgemeinen Stimmung am Ende der Weimarer Republik, die aus einem „Prozess der Erosion der überkommenen Grundlagen und Funktionsprinzipien

---

[13] Protokoll der Delegiertenkonferenz v. 28.6.1932. BWA K2/II/1, 7. Akt. Vgl. zu den Zielen der Großindustrie, die u.a. einen autoritären Staat und die Vernichtung der Gewerkschaften beinhalteten, KIM, Hak-Ie: Industrie, Staat und Wirtschaftspolitik. Die konjunkturpolitische Diskussion in der Endphase der Weimarer Republik 1930-1932/33, Berlin 1997, bes. S. 133. Zur Haltung der Industrieverbände gegenüber der Weimarer Republik und der NSDAP am Vorabend der Machtübernahme siehe PROLLIUS: Wirtschaftssystem, S. 62-64, 74, Anm. 144. Die bayerische Industrie bildete hier keine Ausnahme, vgl. BLAICH: Bayerische Industrie, S. 237f.

[14] Der bayerische Ministerpräsident Held hatte über Ministerialdirektor Schenk anfragen lassen, auf welchem Standpunkt die Kammern in bezug auf den Nationalsozialismus stünden und ob dieser mit der bayerischen Politik übereinstimme. Protokoll der Delegiertenkonferenz v. 28.6.1932. BWA K2/II/1, 7. Akt.

[15] Ebd. In den Akten finden sich keine Hinweise darauf, daß die Denkschrift tatsächlich fertiggestellt wurde.

von Wirtschaft und Gesellschaft und der unvollkommenen, bruchstückhaften Neuausrichtung auf eine ‚moderne' Epoche"[16] resultierte und schließlich in der Machtübernahme durch Hitler endete.

Die vom Handelskammertag auf seinen Sitzungen behandelten Themen waren, einhergehend mit der geringeren Sitzungshäufigkeit, weniger zahlreich als in der Vorgängerperiode. Nachdem die Rätegefahr nach 1923 weitgehend gebannt war, konnte man sich nun wieder verstärkt Sachfragen zuwenden. Der Schwerpunkt verblieb dabei, wie aus Tabelle 17 ersichtlich, mit 62,71 % aller Tagesordnungspunkte auf der Kategorie „Wirtschaftspolitisches Wirken", innerhalb derer die Auseinandersetzung mit dem Fortbestand des Handelsministeriums sowie die Beratungen von Steuergesetzen besonders hervortraten. Einen verhältnismäßig größeren Anteil nahm aber nun mit 23,73 % wieder die „Ordnungsfunktion in der Wirtschaft" ein; zu nennen ist hier vor allem das Schuldnerverzeichnis als neue Funktion der Handelskammern. Im Gegensatz zu den zuvor betrachteten Perioden wurden nun aufgrund der Sparzwänge bei den bayerischen Kammern nicht mehr von allen Sitzungen Protokolle angefertigt, so daß die Beschäftigung des Handelskammertages mit einzelnen Themen nur noch bruchstückhaft nachvollzogen werden können.

Tabelle 17: Verteilung der vom Bayerischen Industrie- und Handelskammertag besprochenen Themen 1924-1932

	absolut	%
Wirtschaftspolitisches Wirken	37	62,71
Besprechung öffentlicher Aufgaben	-	-
Gutachtliche Tätigkeit	1	1,69
Ordnungsfunktion in der Wirtschaft	14	23,73
Beschäftigung mit staatspolitischen Themen	-	-
Innere Angelegenheiten der HKn und des BHK	7	11,87
Sonstiges	-	-
Summe	59	100

Quelle: Eigene Berechnung auf Basis der Akten des Bayerischen Industrie- und Handelskammertages.

V.2 Innere Angelegenheiten des Bayerischen Handelskammertags und der Handelskammern

2.1 Reform der Handelskammer-Verordnung 1926/27

Unter dem Eindruck der Sparmaßnahmen des Reichs war eine reichsweite Regelung der Berufsvertretungen unwahrscheinlich geworden oder schien doch

[16] Prollius: Wirtschaftssystem, S. 75.

zumindest in weite Ferne gerückt.[17] In Bayern empfand man aber nach wie vor die Notwendigkeit einer Neuordnung des Handelskammerwesens. Die Vorarbeiten hierzu gingen bis 1914 zurück, waren dann durch den Krieg unterbrochen und nach Kriegsende wieder aufgenommen worden. Nach dem Inkrafttreten der Reichsverfassung hatten die bayerischen Behörden ihre Bemühungen erneut eingestellt, da, wie oben geschildert, das Reich zunächst von seiner Kompetenz zur Ordnung der Berufsvertretungen Gebrauch zu machen schien.[18]

In dieser Situation nahm das bayerische Handelsministerium nunmehr die Arbeit an einer neuen Handelskammerverordnung wieder auf. Unmittelbar angeregt wurde es dabei vom Beispiel der Länder Preußen und Württemberg, die im März bzw. April 1924 ihre Handelskammern per Verordnung neugestaltet hatten. Das Ministerium erachtete für die bayerischen Kammern in erster Linie eine Neuordnung des Wahlrechts als vordringlich, um das Provisorium der 1921 gestatteten Zuwahlen zu beenden und den freien Verbänden einen dauerhaften Verbleib in den Kammern zu ermöglichen. Im Mai 1924 holte Meinel hierzu die Anschauung des Bayerischen Handelskammertages ein.[19]

Die bayerischen Handelskammern waren zu einer derartigen Neuregelung, die ja im Grunde nur den schon bestehenden Zustand fixieren würde, gerne bereit. Allerdings scheuten sie vor dem Erlaß einer Verordnung zurück, weil eine öffentliche Regelung die Kammern nur wieder den Wünschen der Arbeitnehmer nach einer Beteiligung ausgesetzt hätte.[20] Auf der Delegiertenkonferenz vom 27. November 1925 sprachen sich die Kammern deshalb grundsätzlich dafür aus, sich in Anlehnung an das Beispiel des Deutschen Handelstags, der sich seit 1918 als Deutscher Industrie- und Handelstag bezeichnete, sowie an die seit 1924 per Verordnung umbenannten preußischen Industrie- und Handelskammern künftig ebenfalls Industrie- und Handelskammern zu nennen, wollten eine diesbezügliche Verordnung aber vermeiden. Vielmehr empfahl man, die gewünschte Benennung stillschweigend einzuführen, zumal man davon ausgehen konnte, daß Meinel keine Einwände erheben würde.[21] Die Frage nach Neuwahlen, die die Kammern seit Jahren beschäftigte, da die letzten Wahlen vor dem Weltkrieg stattgefunden hatten, wurde dagegen auf der Delegiertenkonferenz tunlichst

---

[17] Siehe Pkt. C.IV.3.2.

[18] Vgl. Schreiben Meinels an BHK, 15.5.1924. Abschrift in BHStA MH 13494. Am 21.8.1925 teilte Meinel dem BHK schließlich mit, daß die „reichsrechtliche Regelung des Handelskammerwesens in immer weitere Ferne gerückt" und damit unwahrscheinlich geworden war. Der Weg für eine landesrechtliche Lösung war somit eröffnet. Zitiert nach WINKEL: Wirtschaft, S. 29.

[19] Schreiben Meinels an BHK, 15.5.1924. Abschrift in BHStA MH 13494.

[20] HK Nürnberg an HK Ludwigshafen, 30.10.1925. Archiv IHK Ludwigshafen, XXIV D.100.

[21] BHK an die bayerischen HKn, 12.11.1925. Auf eigenen Wunsch war auf dieser Delegiertenkonferenz Eduard Hamm, nunmehr geschäftsführendes Präsidialmitglied des DIHT, anwesend, wodurch er seine Verbundenheit mit dem BHK bekundete. Vgl. BHK an Meinel, 23.11.1925. BWA K2/IIa/28.

vermieden, um etwaige Forderungen nach paritätischer Besetzung der Kammern gar nicht erst wieder aufkommen zu lassen.[22]

Das Handelsministerium teilte grundsätzlich die Bedenken der Handelskammern,[23] arbeitete aber dennoch eine neue Verordnung aus, die 1926 auf den Weg gebracht wurde. Zu ihrer größten Überraschung wurden die Handelskammern im Vorfeld der Verabschiedung dieser Verordnung in die seit 1919 schwelende Diskussion um die Vereinfachung der Staatsverwaltung in Bayern einbezogen.[24] Die Deutschnationale Volkspartei und der Bayerische Bauernbund hatten im Frühjahr 1926 Anträge zur Vereinfachung der Staatsverwaltung in den Landtag eingebracht, welche nicht nur die bestehenden Ministerien betrafen, sondern auch die Kreisregierungen auf insgesamt vier verringern sowie die Zahl der Handelskammern auf drei beschränken wollten. Die Zusammenlegung von Regierungsbezirken mit dem Ziel der Verbilligung des Staatshaushalts war dabei keineswegs ein neuer Gedanke, sondern bereits 1917 und nochmals 1919/1920 geprüft worden;[25] erstmals wurde nun aber explizit über eine Reduzierung der Kammern nachgedacht. Nach Informationen der Augsburger und der Nürnberger Kammern hatte sich der Ministerrat im März 1926 bereits mit diesen Anträgen beschäftigt, ein Regierungsprogramm hierzu sollte in den nächsten Tagen folgen. Augsburg hatte sich umgehend telegrafisch mit Ministerpräsident Held in Verbindung gesetzt, um raschestmöglich bei ihm vorsprechen zu können, bat aber wie Nürnberg den Handelskammertag darum, geeignete Schritte zu unternehmen.[26] Auch Passau, Regensburg und Bayreuth hielten eine öffentliche Kundgebung im Rahmen einer Vollversammlung für unabdingbar, da nur durch ein gemeinsames und geschlossenes Auftreten ein Abwenden der Landtagspläne erreicht werden konnte: „Es genügt u.E. nicht, wenn die Handelskammern der bedrohten Bezirke gegen einen derartigen Plan Front machen, sondern es kommt darauf an, der Staatsregierung und dem Landtag zu zeigen, daß keine von den

---

[22] Vgl. Schreiben Meiers an Simon, 30.10.1925. Abschriftlich in Archiv IHK Ludwigshafen, XXIV B.2.

[23] BRANDT: Organ, S. 133f.

[24] Vgl. hierzu Pkt. C.V.3.1: Die Auflösung des Handelsministeriums. Auch in Preußen sahen sich die Kammern wiederholt Vorwürfen ausgesetzt, ihre Arbeit sei ineffizient und zu teuer. Aufgrund der zu Bayern unterschiedlichen Entstehungsgeschichte (die preußischen Kammern waren aus örtlichen Initiativen entstanden und hatten ihre Gebietsabgrenzungen zunächst selbst vorgenommen) waren manche der Kammerbezirke dort in der Tat zu klein. Der Staat drängte daher zu Kammerfusionen oder zumindest zur Gründung von Zweckverbänden. Siehe zum Beispiel zu den IHKn des Ruhrgebiets THALMANN: Industrie- und Handelskammern, S. 147-154, 174-182.

[25] Vgl. Artikel „Vereinfachung der Staatsverwaltung – Eine Erklärung des Ministers des Innern", in: München-Augsburger Abendzeitung, Nr. 488, 3.12.1919.

[26] HK Augsburg an BHK, 25.3.1926; HK Nürnberg an BHK, 27.3.1926. BWA K2/I/24, 1. Akt.

bayerischen Handelskammern etwas von dem Gedanken der Zusammenlegung von Handelskammerbezirken wissen will. Die Solidarität ist das einzige und beste Kampfmittel, das im vorliegenden Fall der bayerischen Wirtschaft zur Verfügung steht."[27] Die Passauer Kammer betonte zudem, daß durch eine Aufhebung einzelner Handelskammer in bezug auf die Verbilligung der Staatsverwaltung nichts erreicht werde, da von ihnen „weder Staatsbeamte noch Staatsmittel in Anspruch genommen werden."[28]

Auf der Delegiertenkonferenz am 9. April 1926 wurde daher vom Bayerischen Handelskammertag eine Entschließung verabschiedet, die zunächst die Überraschung der Handelskammern ausdrückte, mit in die Pläne zur Vereinfachung und Verbilligung der Staatsverwaltung einbezogen zu werden, insbesondere ohne vorheriger Fühlungnahme mit den Kammern. Die Handelskammern betonten, mit ihrer Stellungnahme keine Sonderinteressen wahren zu wollen, sondern „hier werden die Lebensinteressen der bayerischen Wirtschaft überhaupt und in ihrer Gesamtheit berührt, hier droht eine für die gesamte bayerische Wirtschaft gleich starke Gefahr."[29] Sie wiesen darauf hin, daß der Staat keinerlei Zuschüsse[30] zur Finanzierung der Kammern mehr gewährte, wohingegen die Kammern ihrerseits kostenlos eine Reihe von Arbeiten leisteten, die dem Staat zugute kamen. Durch die Zusammenlegung der Kammern werde auch keine finanzielle Entlastung der Wirtschaft, keine Verringerung der Handelskammerumlage erreicht, da die vorhandenen Interessen auch weiterhin in der bisherigen Weise wahrgenommen werden müßten. Eine Verschiebung der geographischen Grenzen „würde mit sich bringen, daß der für eine ersprießliche Arbeit erforderliche Überblick und die lebendige Fühlungnahme verloren ginge."[31] Deutlich selbstbewußter als noch in der Kontroverse um die Bezirkswirtschaftsräte schloß man: „Schließlich würde es auch nicht im Interesse des Staates selbst liegen, der Wirtschaft gegen ihren Willen eine Organisationsform ihrer öffentlichrechtlichen Vertretungen aufzwingen zu wollen, die ihren Belangen zuwiderläuft. Dies könnte letzten Endes zu einer Entfremdung der betroffenen Kreise

---

[27] HK Bayreuth an BHK, 29.3.1926. Ähnlich HK Regensburg an BHK, 31.3.1926. BWA K2/I/24, 1. Akt.

[28] HK Passau an BHK, 30,3,1926. BWA K2/I/24, 1. Akt.

[29] Entschließung des BHK zur Frage der Zusammenlegung der HKn, 9.4.1926. BWA K2/I/24, 1. Akt. Vgl. auch Abdruck in der Bayerischen Industrie- und Handelszeitung v. 20.4.1926.

[30] Im Kaiserreich war es üblich gewesen, den Kammern Zuschüsse aus Kreis- und Staatsfonds zu gewähren. Der Freistaat Bayern hatte diese Verpflichtung zunächst übernommen. Die Kreiszuschüsse wurden jedoch aufgrund der schwierigen Haushaltslage ab 1920 sukzessive eingestellt, bis zuletzt auch die HK Ludwigshafen 1925 nichts mehr erhielt. Vgl. Korrespondenz der bayerischen HKn 10.-14.2.1925. Archiv IHK Ludwigshafen, 26 Ib 1. Vgl. auch MOST: Selbstverwaltung, S. 100, Anm. 3.c.

[31] Entschließung des BHK zur Frage der Zusammenlegung der HKn, 9.4.1926. BWA K2/I/24, 1. Akt.

gegen den bayerischen Staat führen [...].“[32] Die Kammern warnten daher dringend davor, den Gedanken weiter zu verfolgen. Die Entschließung ging an die Vorsitzenden der Parteien des Landtags, die Landtagsfraktionen, alle bayerischen Staatsministerien sowie an die Staatsminister persönlich mit der Bitte, die darin niedergelegten Standpunkte vertreten zu wollen.[33]

Der Vorort wollte es dabei aber nicht bewenden lassen. Am 12. Mai schlug er den Schwesterkammern vor, sich auf der nächsten Delegiertenkonferenz mit der Frage zu beschäftigen, ob und inwieweit im Geschäftsbereich der bayerischen Handelskammern Vereinfachungen möglich wären und welche Erleichterungen dadurch der Wirtschaft geboten werden könnten. Dies war nach Meinung Münchens ein Beweis für Regierung und Landtag, daß sich die Kammern um praktische Mitarbeit bemühten.[34] Obgleich die Handelskammern sich damit im Prinzip einverstanden zeigten, sah eine jede bei sich keine Einsparungsmöglichkeiten, wie es beispielhaft Passau ausdrückte: „[...] es läßt sich bei uns mit dem besten Willen nichts mehr vereinfachen oder einsparen; wenn die Staatsstellen mit so geringen Mitteln so viel zu leisten vermöchten, wie die Handelskammern, bräuchte eine Vereinfachung der Staatsverwaltung überhaupt nicht durchgeführt werden.“[35]

Doch auch Landtag und Regierung sahen schließlich ein, nachdem Meinel sich energisch für den Standpunkt der Kammern eingesetzt hatte, daß die Handelskammern kein Sparpotential aufwiesen.[36] Die Frage einer Zusammenlegung der Kammern wurde daher nicht mehr verfolgt und auch von der Verwaltungsreform 1932, die die Zahl der Regierungsbezirke durch die Zusammenlegung von Niederbayern und der Oberpfalz bzw. Mittel- und Oberfranken zu jeweils einem Bezirk von acht auf sechs reduzierte, nicht weiter berührt.[37]

Für Aufregung sorgte einige Monate später noch ein Artikel „Für paritätische Besetzung der Berufskammern“ in der *Fränkischen Tagespost* vom 30. August 1926, in dem auf den noch immer nicht umgesetzten Art. 165 der Reichsverfassung Bezug genommen wurde und in dem der Bezirksausschuß des Allgemeinen Deutschen Gewerkschaftsbundes (ADGB), Bezirk Bayern, die Forderung nach paritätischer Mitwirkung der Arbeitnehmer in den Kammern bekräftigte.[38] Die diesbezüglichen Befürchtungen der Handelskammern schienen damit Gestalt

---

[32] Ebd.

[33] Vgl. entsprechenden Briefwechsel des BHK, 10.4.1926. BWA K2/I/24, 1. Akt .

[34] BHK an die bayerischen HKn, 12.5.1926. BWA K2/I/24, 1. Akt .

[35] HK Passau an BHK, 17.5.1926. Ähnlich HK Bayreuth an BHK, 3.6.1926, und HK Augsburg an BHK, 7.6.1926. BWA K2/I/24, 1. Akt .

[36] Vgl. Meinels Schreiben an Held und an die HK München, beide v. 2.9.1926. BHStA MWi 5682.

[37] Zur Verwaltungsreform siehe ZIEGLER: Bayern, S. 533. Hauptstadt von Niederbayern/Oberpfalz war fortan Regensburg, von Mittel- und Oberfranken Ansbach.

[38] HK Nürnberg an BHK, 31.8.1926. BWA K2/I/25, 2. Akt.

anzunehmen. Der Handelskammertag setzte sich deswegen mit dem zuständigen Referenten im Handelsministerium, Ministerialrat Schenk, in Verbindung, der den Kammern und auch den Verbänden riet, die Sache auf sich beruhen zu lassen. Schenk teilte mit, daß der Entwurf zur Änderung der Handelskammer-Verordnung vom Handelsministerium bereits den anderen Ministerien zur Prüfung übergeben worden war. Das Justizministerium hatte zunächst mit Rücksicht auf die Staatsvereinfachungsmaßnahmen Bedenken dagegen angemeldet, welche durch „eine energische Note des Handelsministerium[s]“[39] aber beseitigt worden waren. Die Verordnung sollte noch Ende der Woche durch das Gesamtstaatsministerium sanktioniert und sofort publiziert werden; gleichzeitig sollten Neuwahlen zu den Handelskammern angesetzt werden. Ein Aufbauschen der genannten Angelegenheit würde laut Schenk den Bestrebungen des Gewerkschaftsbundes nur mehr Gewicht verleihen, könnte überdies zu neuerlichem Einspruch des Sozialministeriums führen und würde so die Reform der Verordnung von 1908 weiter verschleppen. Dem Artikel sollte daher keine weitere Beachtung geschenkt werden.[40]

Die Verordnung des Gesamtstaatsministeriums über die Änderung der Handelskammer-Verordnung vom 12. September 1926 wurde am 15. September in der *Bayerischen Staatszeitung* publiziert und trat damit in Kraft. Die Neuerung bestand im wesentlichen in der Umbenennung der Kammern in „Industrie- und Handelskammern“ bzw. der Gremien in „Industrie- und Handelsgremien“. Zugleich wurden, wie Schenk es dem Handelskammertag bereits mitgeteilt hatte, mit einer Entschließung des Staatsministeriums für Handel, Industrie und Gewerbe Neuwahlen zu den Industrie- und Handelskammern und den Industrie- und Handelsgremien angeordnet. Die gegenwärtigen Kammern und Gremien wurden in ihrer jetzigen Zusammensetzung mit Wirkung vom 1. Januar 1927 aufgelöst, die Neuwahlen sollten bis spätestens 1. Dezember 1926 stattfinden.[41]

Eine grundlegende Neufassung der geltenden Verordnung wurde erst mit der Industrie- und Handelskammerverordnung vom 5. Februar 1927 vorgelegt.[42] Wie die vorausgegangene Verordnung gestattete auch die neue in § 2 Ziff. 8 den Kammern, sich zu einem Bayerischen Industrie- und Handelskammertag zusammenzuschließen. An der rechtlichen Stellung des Handelskammertags änderte sich also nichts. Auch sonst gab es nicht viele Neuigkeiten gegenüber der Verordnung von 1908: Den Kammern wurde nun offiziell gestattet, Mitglieder zuzuwählen, auf deren fachliches Wissen man bei Entscheidungen nicht verzichten wollte; daneben wurde, der neuen Zeit entsprechend, das bisher mehrfach in

---

[39] Zitiert nach einem Schreiben des BHK an HK Nürnberg, 7.9.1926. BWA K2/I/25, 2. Akt.
[40] Ebd.
[41] Bayerische Staatszeitung, Nr. 213, 15.9.1926. Vgl. auch Gesetz- und Verordnungs-Blatt für den Freistaat Bayern 1926, S. 523f.
[42] Gesetz- und Verordnungs-Blatt für den Freistaat Bayern 1927, S. 89-96.

der Verordnung verwendete Wort „männlich“ gestrichen, womit nun auch Frauen die Möglichkeit hatten, sich in die Kammer wählen zu lassen.

2.2 Bayerisch-Österreichische Arbeitsgemeinschaft

Im Gegensatz zur unmittelbaren Nachkriegszeit, in der die bayerischen Handelskammern den Kontakt zu ihren außerbayerischen Kollegen geradezu gesucht hatten, zeigten sie nun, da sich die politische und wirtschaftliche Lage in Bayern und Deutschland weitgehend beruhigt und normalisiert hatte, kein Interesse mehr daran. Als daher die Industrie- und Handelskammer Linz im Herbst 1927 den Versuch unternahm, die 1917 gegründete bayerisch-österreichische Arbeitsgemeinschaft wiederzubeleben, erhielt sie eine Abfuhr. Der Münchner Syndikus Simon, der auf der Delegiertenkonferenz vom 2. September 1927 über diese Frage referierte, kam zu dem Ergebnis, „daß, nachdem die Kammern im Freistaat Bayern deutsche Handelskammern seien, sie unter den gegenwärtigen Umständen der Erneuerung einer *bayerisch*-österreichischen Arbeitsgemeinschaft kaum das Wort reden könnten.“[43] Der von der Linzer Kammer angesprochene weitere Donauausbau müsse in der hierfür gegründeten deutsch-österreichischen Arbeitsgemeinschaft besprochen werden, für eine Sonderbehandlung der Frage durch die bayerischen Kammern sah der Bayerische Industrie- und Handelskammertag keinen Anlaß.[44]

2.3 Stellung zu den Handwerkskammern

Zunehmenden Raum nahm auf den Sitzungen des Handelskammertags in der Weimarer Republik die Frage der Stellung der Handelskammern zu den Handwerkskammern ein. Im Mittelpunkt stand hierbei die Diskussion darüber, ab wann ein Handwerksbetrieb auch zu den Handelskammern beitragspflichtig war – eine Diskussion, die für die Handelskammern freilich keine war: Ihrer Meinung nach waren Firmen, welche ins Handelsregister eingetragen waren, zu den Handelskammern beitragspflichtig. Eine prozentuale Teilung der Umlage bei sogenannten gemischten Betrieben zwischen Handels- und Handwerkskammern lehnten sie kategorisch ab.[45]

---

[43] Protokoll der Delegiertenkonferenz v. 2.9.1927. BWA K2/II/1, 7. Akt. Hervorhebung im Original.

[44] Wie gering das Interesse der bayerischen IHKn an Kontakten zu den österreichischen Kollegen tatsächlich war, läßt sich daraus ersehen, daß auf der gleichen Delegiertenkonferenz eine Anfrage Hamms danach, ob eine gemeinsame Tagung des Österreichischen Handelskammertags und des DIHT nicht in München abgehalten werden könne, abgelehnt wurde. Simon verwies darauf, daß die meisten der österreichischen Herren in diesem Jahr bereits aus Anlaß der Handwerksausstellung in München gewesen seien und Stuttgart als Tagungsort daher zweckmäßiger sei. Auch keine der anderen bayerischen HKn hatte Interesse daran, die gemeinsame Tagung, die im Oktober stattfinden sollte, zu beherbergen. Ebd.

[45] Vgl. für frühere Besprechungen dieser Frage z.B. Protokoll der Delegiertenkonferenz v. 5.9.1921. BWA K2/II/1, 6. Akt.

Aus diesem Grund sprach sich der Industrie- und Handelskammertag im September 1927 auch gegen die von der Reichsregierung geplante sogenannte „Handwerkernovelle", aus, eine Gesetzesnovelle zum Handelsgesetzbuch, welche das Handwerk gegenüber Industrie und Handel seiner Ansicht nach einseitig stärkte. Insbesondere war er gegen einen Passus des Gesetzes, nach dem „Großhandwerksbetriebe" fortan ins Handelsregister eingetragen werden, dabei aber weiterhin der Handwerkskammer angehören sollten. Viele dieser Betriebe waren bereits eingetragen und daher Mitglied der Handelskammern. Der Industrie- und Handelskammertag bemängelte, daß der Begriff „Großhandwerk" nirgends definiert sei; nach Meinung vieler Handelskammervertreter gehörten Betriebe dieser Größenordnung ohnehin schon eher zur Industrie. Der Handelskammertag warf der Reichsregierung vor, die Stellungnahmen von Industrie und Handel bei der Beschließung des Gesetzentwurfs nicht berücksichtigt zu haben. Um dies zu ändern, sollten die Fachverbände mobilisiert sowie der Deutsche Industrie- und Handelstag zu energischerem Vorgehen bewegt werden.[46]

Trotz dieser Initiative wurde am 11. Februar 1929 die Handwerksnovelle erlassen, die die Handwerkskammern auf Grund von Wahlen neu ordnete und eine dem Handelsregister entsprechende Handwerksrolle einführte. Die Begriffe Industrie und Großhandwerk wurden nirgends voneinander abgegrenzt, so daß aus der Handwerksnovelle eine Fülle von Streitverfahren entstand,[47] weil weder die Handels- noch die Handwerkskammern auf die großen und daher besonders zahlungskräftigen Betriebe gerne verzichteten.

Auch den Industrie- und Handelskammertag beschäftigte diese Frage im Jahr 1929 mehrmals. Wiederholt richtete er diesbezüglich Eingaben an die zuständige Abteilung des Außenministeriums und bat um Klärung. Schenk, der Leiter der Abteilung, antwortete schließlich am 10. November 1930 mit einer Entschließung, in der er den Begriff „Handelsgewerbe", wie er in § 21 Ziff. 1 und 2 der Industrie- und Handelskammerverordnung von 1927 in bezug auf die Wahlberechtigung zur Kammer verwendet wurde, auf § 1 des Handelsgesetzbuches (HGB) zurückführte; die Abgrenzung der zugehörigen Betriebe konnte nach Schenks Ansicht also nach den Vorschriften des HGB erfolgen.[48] Schenk entsprach damit voll und ganz den Erwartungen der Handelskammern; mit seinem anschließenden ausdrücklichen Hinweis, Handwerksbetriebe seien nicht beitragspflichtig, sorgte er jedoch für erneute Verwirrung bei den Handelskammern, da es ja gerade die Mischbetriebe (Handwerksbetriebe mit eigenem Geschäft) waren, derentwegen man die Diskussion führte. Insofern trug die Entschließung Schenks zur Klärung der Lage nichts bei. Die Frage der Abgrenzung

[46] Vgl. Protokoll der Delegiertenkonferenz v. 2.9.1927. BWA K2/II/1, 7. Akt.
[47] ZORN/HILLENBRAND: Sechs Jahrhunderte, S. 262.
[48] Schenk an BIHK, 10.11.1930. BWA K2/I/39. Der BIHK hatte am 12. und 30.11.1929 und nochmals am 6.3.1930 Eingaben an das Außenministerium gerichtet, auf welche Schenk in seiner (späten) Antwort Bezug nahm.

der Betriebe beschäftigte Handels- und Handwerkskammern noch auf Jahre hinaus.

V.3 WIRTSCHAFTSPOLITISCHES WIRKEN

3.1 DIE AUFLÖSUNG DES HANDELSMINISTERIUMS

3.1.1 DAS RINGEN UM DEN ERHALT DES HANDELSMINISTERIUMS

Nach dem Ende der Inflation war eines der ersten wirtschaftspolitischen Themen, dessen sich der Handelskammertag annahm, die seit Ende des Krieges betriebene Diskussion um die Vereinfachung der Staatsverwaltung, welche als vermeintlich effektivste Sparmaßnahme für den durch die Inflation stark angeschlagenen Staatshaushalt in den Mittelpunkt des öffentlichen Interesses gerückt war. Die Handelskammern waren hiervon in erster Linie wegen der im Raum stehenden Auflösung des Handelsministeriums betroffen, mit der sie natürlich nicht einverstanden sein konnten, nachdem sie jahrelang für dessen Neugründung eingetreten waren.

Bereits im März 1920 hatte der Bayerische Handelskammertag verlangt, vor einer eventuellen Zusammenlegung von Ministerien gehört zu werden, falls auch das Handelsministerium betroffen sein sollte, was Meinel, damals noch in seiner Eigenschaft als Staatsrat, zugesichert hatte.[49] Im November 1920 lud daher das Innenministerium den Handelskammertag ein, zur ersten Sitzung der Kommission zur Vereinfachung und Verbilligung der Staatsverwaltung am 4. Dezember einen Vertreter abzuordnen.[50] Dabei ging es in erster Linie nicht um eine Behördenneuorganisation, die nur nach reiflicher „Durchberatung" beschlossen werden sollte, um die ohnehin vorhandene Unruhe in der Bevölkerung nicht noch zu verstärken; vielmehr sollten, um einen Abbau des Beamtenapparats erreichen zu können, Gesetze auf das Nötigste beschränkt, die Arbeitsmethoden und Geschäftsgänge bei den Behörden verbessert und allgemeine Sparsamkeit auf allen Gebieten eingeführt werden.[51] Dennoch wurde bereits auf der Sitzung deutlich, daß sich die drei „neuen Ministerien" Landwirtschaft, Soziale Fürsorge und Handel nur schwerlich würden halten lassen, da eine Mehrheit für

[49] Vgl. Protokoll der Delegiertenkonferenz v. 26.3.1920. BWA K2/II/1, 4. Akt.
[50] Staatsministerium des Innern an BHK, 11.11.1920. BWA K2/I/24, 1. Akt. Die Kommission war auf Beschluß des Landtags v. 26.2.1920 zu bilden.
[51] Nach den „Allgemeinen Richtlinien über die Vereinfachung und Verbilligung der Staatsverwaltung", dem BHK vom Staatsministerium des Innern am 30.11.1920 übersandt. BWA K2/I/24, 1. Akt.

die Zusammenlegung derselben zu einem großen Wirtschaftsministerium plädierte.[52]

Wegen des Regierungswechsels zu Kahr im März 1920 und der anschließenden politischen Auseinandersetzungen zwischen Bayern und dem Reich wurden die Verhandlungen über die Vereinfachung der Staatsverwaltung ausgesetzt und erst Anfang 1922 wieder aufgenommen, als sich unter Lerchenfeld die politische Lage kurzzeitig beruhigte.[53] Obgleich die Kommission – unter Beteiligung des Handelskammertagsvertreters Oldenbourg aus München – im Lauf des Jahres zweimal zusammentrat und mehrere Vorschläge und Entwürfe zur Staatsvereinfachung diskutierte,[54] erreichten ihre Beschlüsse doch nie mehr als das Planungsstadium.

Nach dem Ende der Inflation und der damit einhergehenden Notwendigkeit, Sparmaßnahmen überall dort zu ergreifen, wo es nur ging, flammte die Diskussion um eine Vereinfachung der Staatsverwaltung erneut auf. In einem Schreiben an den bayerischen Ministerpräsidenten Knilling betonte der Handelskammertag im Januar 1924, die Notwendigkeit von Einsparungen im Staatshaushalt anzuerkennen und sich einer Reduzierung der Ministerien nicht zu verschließen. Auch zu einer Zusammenlegung des Handelsministeriums mit anderen Ministerien war man bereit, plädierte aber für die Vereinigung verwandter Bereiche und die Berücksichtigung der bei früheren ähnlichen Reorganisationen, insbesondere jener von 1871, gesammelten Erfahrungen. Der Handelskammertag empfahl, „auf die schon einmal bewährte Regelung zurückzugreifen und die innig miteinander zusammenhängenden Gebiete von Handel, sozialer Fürsorge und öffentlichen Arbeiten wiederum in einem Wirtschaftsministerium zu vereinen."[55] Auf diese Weise wäre organisatorisch wie sachlich zersplitterte Doppelarbeit zu vermeiden. Die in der Öffentlichkeit erörterte Zusammenlegung mit dem Landwirtschaftsressort wurde dagegen entschieden abgelehnt, zum einen wegen der „vielfach widerstreitenden Interessen"[56], zum anderen weil man aufgrund der

---

[52] Protokoll Oldenbourgs über die Sitzung der Kommission v. 4.12.1920. BWA K2/I/24, 1. Akt. Wilhelm Oldenbourg war als Vertreter des BHK von der HK München benannt worden, nachdem trotz Aufforderung des Vororts die HKn Augsburg und Nürnberg niemanden abgeordnet hatten. Vgl. Briefwechsel HKn München-Augsburg-Nürnberg 17.11.1920-29.11.1920. BWA K2/I/24, 1. Akt. Siehe auch BORCHARDT: Geschichte, S. 30f.

[53] Zum Konflikt Bayerns mit dem Reich um die Einwohnerwehren und den Erlaß der Notverordnung nach der Ermordung Rathenaus siehe HÜRTEN: Revolution, S. 472-477.

[54] Vgl. Schreiben des Innenministeriums an BHK, 23.2.1922 u 2.6.1922. BWA K2/I/24, 1. Akt.

[55] BHK an Knilling, 17.1.1924. BWA K2/XVa/3. Kopien gingen an den Wirtschaftsbeirat der Bayerischen Volkspartei, an die Demokratische Partei des Bayerischen Landtags, an die Vereinigung der deutsch-nationalen Arbeitgeber, an Staatsminister v. Meinel und an Staatssekretär Schmidt vom Handelsministerium.

[56] Ebd.

Größe des sich ergebenden Apparats Schwerfälligkeit und Unübersichtlichkeit befürchtete. Nach dem Willen des Handelskammertags sollte die Landwirtschaft dem Innenministerium zugeschlagen werden.

Zunächst geschah in dieser Frage jedoch sehr wenig, obgleich die Regierung Held, welche nach dem Rücktritt Knillings am 28. Juni 1924 ins Amt gelangt war, den Abbau der öffentlichen Verwaltung als Ziel im Koalitionsprogramm vereinbart hatte.[57] Als die krisenhafte Wirtschaftsentwicklung und die finanzielle Notlage des Staates die Regierung Held im Frühjahr 1926 schließlich dazu brachte, einen ersten Gesetzentwurf zur Staatsvereinfachung vorzulegen, wandte sich der Bayerische Handelskammertag mit einer „Entschließung zur Frage der Aufrechterhaltung des Handelsministeriums"[58] am 9. April an die Öffentlichkeit. Darin verwies er auf die Bedeutung des Handelsministeriums für Bayerns Handel, Industrie und Gewerbe und betonte, das Ministerium sei in dieser schwierigen Wirtschaftslage unverzichtbar. Einer Auflösung zur Vereinfachung der Staatsverwaltung könne nur dann zugestimmt werden, wenn auch die anderen „zur Wahrung der besonderen Interessen anderer Erwerbsstände errichteten selbständigen Ministerien"[59], also das Landwirtschafts- und das Sozialministerium, aufgehoben würden. Daß dies jedoch geschah, war äußerst unwahrscheinlich, da der an der Regierung beteiligte Bauernbund die Beibehaltung des Landwirtschaftsministeriums mehr oder weniger deutlich zur Kabinettsfrage erhoben hatte.[60]

Als Meinel zum großen Bedauern des Handelskammertages im Februar 1927 krankheitsbedingt zurücktrat[61] und Held, die Gelegenheit nutzend, das Handelsministerium „bis zur Klärung der Staatsvereinfachung und damit dem Ministerienabbau"[62] in Personalunion mit dem Außenministerium verband, nahm der

---

[57] PÖHLMANN: Heinrich Held, S. 122.

[58] Entschließung des BHK zur Frage der Aufrechterhaltung des Handelsministeriums, 9.4.1926. BWA K2/XVa/3. Abdruck in der Bayerischen Industrie- und Handelszeitung v. 20.4.1926.

[59] Ebd.

[60] PÖHLMANN: Heinrich Held, S. 123.

[61] Der BIHK verabschiedete sich mit einem offenen Brief von Meinel, worin er ihm mit warmen Worten für das „unbegrenzte Wohlwollen und tiefschürfende Verständnis," welches Meinel den IHKn entgegengebracht hatte: „Wenn die bayerischen Kammern in der Lage gewesen sind, erfolgreich die ihnen anvertrauten Interessen von Industrie und Handel zu vertreten, so verdanken sie dies mit in erster Linie der dauernd von Ihnen [Meinel, Anm. d. Verf.] gepflegten engsten Fühlungnahme." Vgl. Münchner Neueste Nachrichten, Nr. 46, 16.2.1927.

[62] Zitiert nach PÖHLMANN: Heinrich Held, S. 114. Nach einer internen Übergangsregelung der Koalitionsregierung sollte Held die provisorische Leitung des Handelsministeriums bis zum 15.11.1927 behalten. Sollten die Verhandlungen über die Zusammenlegung der Ministerien bis dahin nicht dazu geführt haben, daß wenigstens auch das Sozialministerium in ein anderes eingegliedert werden würde, so hatte Held die provisorische Führung des Ministeriums wieder niederzulegen und das Ministerium erneut mit einer neutralen, d.h. einer den Regierungspar-

Handelskammertag dies zum Anlaß, um nochmals an seine Entschließung vom 9. April 1926 zu erinnern. Den darin veröffentlichten Beschluß hielt er nach wie vor aufrecht in der Erwägung, daß Handel und Industrie auf eine wirksame Vertretung ihrer Interessen sowohl innerhalb der bayerischen Regierung als auch gegenüber dem Reich nicht verzichten könnten und in der alleinigen Aufhebung des Handelsministeriums eine schwere und untragbare Zurücksetzung gegenüber den anderen Erwerbsständen erblicken müßten.[63]

Das von einigen Kammern, insbesondere Würzburg und Bayreuth, geforderte stärkere Engagement und energischere Vorgehen des Handelskammertags in dieser Frage scheiterte am Widerstand des Vororts, der sich nicht in die Parteipolitik ziehen lassen wollte.[64] München vertraute zudem auf die Zusage Helds, das Handelsministerium nicht einseitig abzuschaffen.[65]

Dieses Vertrauen war nicht gerechtfertigt. Als nach den Landtagswahlen im Mai 1928 und den anschließenden Koalitionsverhandlungen zwischen den bisherigen und auch neuen Regierungsparteien im Juli schließlich die Regierungsumbildung bevorstand, zeichnete sich das Ende des Handelsministeriums bereits ab. Daß gerade dieses Ministerium so gefährdet war, hatte mehrere Gründe: Die „Industrialisierungseuphorie" der Kriegszeit, die auch das bayerische Zentrum erfaßt hatte, war nach dem Krieg verflogen; eine grundsätzliche Neuorientierung der bayerischen Regierungspolitik war trotz der Neugründung des Handelsministeriums nicht erfolgt.[66] Held, der selbst noch während des Krieges energisch den Ausbau der bayerischen Wasserkräfte zur Förderung der einheimischen Industrie betrieben hatte, stand, wie bereits erwähnt, einem weiteren Ausbau der Industrie in Bayern nun eher skeptisch gegenüber, wie er im Oktober 1927 äußerte: „Auf die Frage, ob es eine bayerische Wirtschaft gebe, antwortete er, Bayern sei weder Industriestaat noch wolle es dies werden, es besitze jedoch einige traditionelle Wirtschaftszweige, die der besonderen Pflege bedürften."[67] Bei dieser Haltung Helds dürfte jedoch auch die Konstellation der Koalitionspartner eine große Rolle gespielt haben, denn der Bauernbund, auf den die BVP zum Erhalt der Regierungskoalition dringend angewiesen war, forderte unver-

---

teien nicht angehörenden Person zu besetzen. Aufgrund der bevorstehenden Landtagswahlen wurde im November von weiteren Veränderungen jedoch abgesehen.

[63] Pressenotiz des BHK v. 15.2.1927. BWA K2/XVa/3. Die Pressenotiz wurde in den Münchner Neuesten Nachrichten jedoch erst am 16.3.1927 (Nr. 76) erwähnt.

[64] HK München an die bayerischen HKn, 16.2.1927. BWA K2/XVa/3.

[65] HK München an HK Würzburg, 15.1.1927. BWA K2/XVa/3.

[66] Weder Hamm noch Meinel hatten in Kabinett und Landtag den nötigen Rückhalt für die Belange von Industrie und Handel gefunden. Meinel mußte 1924 die Entwicklung der Industrie als eine Art notwendiges Übel darstellen, die nur dazu diente, der überschüssigen Bevölkerung Brot und Arbeit zu verschaffen. BORCHARDT: Geschichte, S 30; SPERL: Wirtschaft und Staat, S. 433f.

[67] Zitiert nach SPERL: Wirtschaft und Staat, S. 533f.

blümt und zum Teil auf eine recht aggressive Weise die Förderung der eigenen Klientel.[68] Auch jetzt, bei den neuen Koalitionsverhandlungen, war Held gezwungen, auf die Bedingungen des Bauernbunds einzugehen.

In einer Pressemitteilung wiederholte daher der Handelskammertag am 23. Juli 1928 seine Position in dieser Frage: Man erkannte die Notwendigkeit der Auflassung des Handelsministeriums durchaus an, aber nur, wenn gleichzeitig auch die übrigen beiden neuen Ministerien aufgehoben würden. Die Handelskammern würden es zutiefst bedauern, „wenn aus parteipolitischen Erwägungen die Wiedereingliederung des Arbeitsbereichs der Ministerien für Landwirtschaft und für soziale Fürsorge in die früheren Staatsministerien unterbleiben würde", denn das Ziel der Staatsvereinfachung werde damit versäumt. Falls allseits an der Aufstellung von politischen Staatssekretären festgehalten werden, müsse auch ein Staatssekretär für Handel und Industrie bestellt werden, um die Interessen dieser Kreise zu vertreten.[69]

Der Schritt an die Öffentlichkeit kam jedoch zu spät. Held hatte dem Bauernbund, um ihn in der Koalition zu halten, in den Verhandlungen das aus den Geschäftsbereichen des Landwirtschafts- und des Sozialministeriums neu zu schaffende Ministerium für Landwirtschaft und Arbeit angeboten. Die Auswahl des Ministers sollte dabei dem Bauernbund überlassen bleiben, während der BVP in dem neuen Ministerium ein politischer Staatssekretär für Sozialfragen zustehen sollte. Zugleich wurde das Staatsministerium für Handel, Industrie und Gewerbe definitiv mit dem Außenministerium zusammengeschlossen.[70]

Diese neuen Entwicklungen wurden am 25. Juli in der Öffentlichkeit bekannt. In einer zweiten Presseerklärung äußerte Pschorr noch am selben Tag im Namen des Bayerischen Industrie- und Handelskammertages großes Bedauern und Befremden, „dass bei der Neubildung der Regierung sich weder Arbeitnehmer noch Landwirtschaft zu den erforderlichen Opfern bereitgefunden und auf der Erhaltung eines Ministeriums und der Bestellung eines politischen Staatssekretärs bestanden haben. Industrie und Handel Bayerns wollen und können nicht stets allein zum Ausgleich Opfer bringen und fordern deshalb, dass die durch die Vereinheitlichungsbestrebungen im Reich, wie durch die Bayerische Finanznot immer dringlicher werdende Frage der Staatsvereinfachung endlich unter Ausschaltung aller egoistischen und parteipolitischen Gesichtspunkte in Angriff ge-

---

[68] Vgl. zu den Auseinandersetzungen zwischen BVP und Bauernbund SCHÖNHOVEN: Bayerische Volkspartei, S. 201-208.

[69] Pressemitteilung des BHK v. 23.7.1928. BWA K2/I/24, 1. Akt.

[70] PÖHLMANN: Heinrich Held, S. 128f., 186; SCHÖNHOVEN: Bayerische Volkspartei, S. 211-215. Die „Verordnung über die Staatsministerien" wurde am 30.7.1928 im Landtag verabschiedet. Sie kam insofern überraschend, als diese Lösung in all den Plänen in den Jahren zuvor niemals erwogen worden war und daher wohl eher in „tagespolitischen Zufällen im Zusammenhang mit der Bildung einer neuen Koalition" ihren Ursprung hatte. BORCHARDT: Geschichte, S. 32.

nommen und erledigt wird."[71] Pschorr kündigte in dieser Pressenotiz eine Vollversammlung an, auf der der Fragenkomplex erörtert werden sollte.

3.1.2 DER IX. BAYERISCHE INDUSTRIE- UND HANDELSKAMMERTAG: KRITIK AM VORGEHEN DER STAATSREGIERUNG

Auf dem bereits erwähnten IX. Industrie- und Handelskammertag im November 1928 wurde das Mißverhältnis in der politischen Vertretung der einzelnen Erwerbsgruppen von den Kammern stark kritisiert. Ausgehend von einem Satz Helds, den dieser auf der Großhandelstagung am 21. September 1928 in München geäußert hatte: „Bayerns Grundlage sei und bleibe die Landwirtschaft", monierte Kommerzienrat Clairmont aus Augsburg die nach Meinung der Kammern ungerechtfertigte Zurücksetzung der gewerblichen Wirtschaft durch die Staatsregierung, wie sie sich in der einseitigen Abschaffung des Handelsministeriums manifestierte. Helds Annahme, die Landwirtschaft sei immer noch die wichtigste Grundlage der bayerischen Wirtschaft, entspreche nicht den Tatsachen. Clairmont zitierte hierzu eine Statistik des Bayerischen Statistischen Landesamts, welche die Entwicklung der Reineinkünfte der verschiedenen Wirtschaftszweige seit 1911 aufzeigte:

Tabelle 18: Verschiebung der bayerischen Reineinkünfte 1911-1925 in Mio. M/RM

	Einkommen				*Zu- oder Abnahme in %*
	1925		*1911*		
	absolut	*%*	*absolut*	*%*	
Landwirtschaft	360,1	11,9	689,7	18,0	-47,8
Hausbesitz	47,5	1,6	260,2	6,8	-81,7
Gewerbe u. Handel	911,7	30,6	746,7	19,5	+22,1
Kapitalbesitz	47,4	1,6	350,0	9,1	-86,5
Lohn u. Gehalt	1.647,0	54,6	1.789,7	46,6	-8
Summe	3.013,7	100	3.836,3	100	-21,4

Quelle: Beiträge zur Statistik Bayerns, Heft 116. Zitiert nach dem Protokoll des IX. BIHK v. 23.11.1928. BWA K2/II/1, 7. Akt.

Aus dieser Statistik war deutlich zu erkennen, daß sich das bayerische Volkseinkommen seit 1911 insgesamt um ein Fünftel vermindert hatte und nur die gewerbliche Wirtschaft in der Lage war, die Aufwärtsentwicklung stetig fortzusetzen. Clairmont warf daher gegenüber Held die Frage auf, „inwieweit angesichts des Ihnen gegebenen Tatsachenmaterials der bayerische Staat heute noch Agrarstaat und die Landwirtschaft seine Grundlage ist."[72] Dennoch werde die gewerbliche Wirtschaft benachteiligt und würden die ihr aufgebürdeten La-

---

[71] BIHK an die bayerischen IHKn, 27.7.1928. BWA K2/I//24, 1. Akt.
[72] Protokoll des IX. BIHK v. 23.11.1928. BWA K2/II/1, 7. Akt.

sten immer größer, obwohl die „Symptome der Wirtschaftsstörung in den letzten Monaten wieder bedenklich anschwellen.“[73] Steuersenkungen seien jedoch nicht in Sicht, vielmehr stiegen die Ausgaben von Reich, Länder und Kommunen beständig. Clairmont bemängelte hierbei vor allem, daß die Steuern für bayerische Firmen höher wären als für preußische, weshalb er dringend eine weitere Vereinfachung der bayerischen Verwaltung über die Abschaffung des Handelsministeriums hinaus anmahnte.

In das gleiche Horn stieß Generaldirektor Arendts, ein Mitglied der Kammer München: Um eine Verminderung der Staatsausgaben, eine Ermäßigung und gerechte Verteilung der Steuern zu ermöglichen, sei eine Vereinfachung der Staatsaufgaben und der Verwaltung unabdingbar. Obgleich die Notwendigkeit von allen wechselnden Regierungen und Parlamenten anerkannt werde, so der Referent, werde sie nicht umgesetzt, weil aus Gründen des Machterhalts zuviel Rücksicht auf Behörden und amtliche Einrichtungen genommen werde. Der Beamtenapparat sei nach dem Krieg aufgebläht worden, weil alles bis ins Detail geregelt werden sollte, und sei nun nur mehr schwer abzubauen. Als große Belastung bestünden daneben die zu leistenden Reparationen. Dennoch müßten die Staatsausgaben nun auf ein Mindestmaß heruntergefahren werden und mit ihnen die Steuern, um der Wirtschaft wieder die Möglichkeit zur Kapitalbildung und damit zum Aufschwung zu geben.[74]

Als Ergebnis der Vollversammlung erließ der Bayerische Industrie- und Handelskammertag eine Resolution, in der er die Anerkennung der Bedeutung der gewerblichen Wirtschaft Bayerns und eine niedrigere Gewerbebesteuerung forderte, um die Konkurrenzfähigkeit zu Norddeutschland zu erhalten. Die Vereinfachung der Staatsverwaltung sollte fortgesetzt werden, die einseitige Abschaffung des Handelsministeriums verurteilte der Handelskammertag jedoch ausdrücklich. Außerdem mahnte er eine Einschränkung der Ausgaben der öffentlichen Körperschaften auf das äußerst tragbare Maß, ein Ende der steuerlichen Bevorzugung einzelner wirtschaftlicher Korporationen und eine Herabsetzung der „Daweslasten“ an.[75]

Hier meldete sich allerdings Ministerpräsident Held zu Wort: Energisch wies er zunächst eine Bevorzugung der Landwirtschaft durch seine Regierung zurück, um sodann auf das Handelsministerium zu sprechen zu kommen. Die Staatsvereinfachung sei eine Forderung der bayerischen Wirtschaft, deshalb sollte sich diese jetzt nicht über die Abschaffung dieses Ministeriums beschweren.

Pschorr, Meier und Clairmont erwiderten hierauf übereinstimmend, daß sich die bayerische Wirtschaft lediglich gegen die einseitige Benachteiligung zugunsten anderer Wirtschaftszweige wehre, denn das Landwirtschaftsministerium sei ja bestehen geblieben, während das Sozialministerium zwar ebenfalls beseitigt,

---

[73] Ebd.
[74] Ebd.
[75] Ebd.

zur Wahrnehmung dieser Interessen aber ein Staatssekretär bestellt worden sei. Handel und Industrie hätten dagegen nur eine Abteilung im Außenministerium und seien zudem nicht wie alle anderen Kreise im Ministerrat vertreten. Trotz der Einwände Helds wurde an der ursprünglichen Formulierung der Resolution festgehalten.[76]

Der IX. Bayerische Industrie- und Handelskammertag fand, nicht zuletzt deshalb, weil es sich um den ersten ordentlichen Zusammentritt in dieser Form seit 1917 handelte, in der Presse inner- und außerhalb Bayerns ein lebhaftes Echo. Der mehr oder minder offene Schlagabtausch zwischen den Vertretern von Industrie und Handel und der bayerischen Regierung wurde ausführlich geschildert. So titelte die *Frankfurter Zeitung*: „Klagen und Forderungen der bayerischen Wirtschaft. Scharfe Angriffe gegen die Politik der Regierung Held" und schrieb: „Es ist begreiflich, daß diese scharfen Reden, besonders der Angriff Clairmonts auf die föderalistische Politik der Regierung den Ministerpräsidenten Held, der erst gegen Ende der Tagung erschien, lebhaft verstimmten."[77] Das *Berliner Tageblatt* führte unter der Überschrift „Brisante Auseinandersetzungen auf dem bayerischen Industrie- und Handelskammertag – Bayerische Industrie gegen Held" aus, daß Held entgegen seiner ursprünglichen Absicht, der Vollversammlung fernzubleiben, vom Vertreter des Handelsministeriums noch „eiligst herbeigeholt" wurde und sich „mit steigender Heftigkeit" gegen die vorgeschlagene Resolution wandte.[78] Der *Bayerische Kurier* wertete die Resolution des Handelskammertags als „Fanal der Unzufriedenheit".[79] Der *Fränkische Kurier* druckte neben einen detaillierten Bericht über den Handelskammertag die Meinung eines Redakteurs der Zeitung: Die jetzige scharfe Form der Entschließung des Bayerischen Industrie- und Handelskammertags, der sich „im rühmlichen Gegensatz" zu anderen Organisationen in den letzten Jahren mit öffentlichen Kundgebungen sehr zurückgehalten habe, deute auf einen längeren Konflikt zwischen dem Ministerium und den Wirtschaftskreisen hin, käme für die Öffentlichkeit aber überraschend. Der Redakteur gab dem Handelskammertag insofern recht, als bei der Staatsvereinfachung in Bayern fortgeschritten werden müsse und auch andere Wirtschaftszweige Opfer bringen müßten: „[…] und zwar hat man unseres Erachtens mit Recht in der bayerischen Industrie kein Verständnis für gewisse politische Gesichtspunkte, die an der Halbheit der getroffenen Regelung sehr maßgeblich die Schuld tragen." Er forderte deshalb eine gründliche Aussprache beider Parteien.[80] Die den Sozialdemokraten nahestehende *Münch-*

---

[76] Ebd.

[77] Frankfurter Zeitung, Nr. 880, 24.11.1928.

[78] Berliner Tageblatt, Nr. 556, 24.11.1928. Daß Held von seinen Mitarbeitern nach Beginn der Tagung noch herbeigeholt wurde, wird auch in der Vossischen Zeitung, Nr. 282, 25.11.1928, betont, im offiziellen Protokoll des BIHK aber nicht erwähnt.

[79] Bayerischer Kurier, Nr. 329, 24.11.1928.

[80] Fränkischer Kurier, Nr. 326, 24.11.1928.

ner Post brachte wenig Details der Tagung, schilderte dafür aber ausführlich die Verstimmung zwischen der Wirtschaft und Held. Zugleich übte sie heftige Kritik an der „privatkapitalistischen Auffassung" des Handelskammertags in Steuer- und Sozialfragen, zeigte sich aber auch mit Helds Äußerungen nicht einverstanden.[81]

Obgleich sich der Bayerische Industriellen-Verband hinter die Resolution des Handelskammertags stellte und ebenfalls die Auffassung vertrat, die gewerbliche Wirtschaft in Bayern werde vernachlässigt,[82] war dem Handelskammertag keineswegs daran gelegen, die Auseinandersetzung mit Held auf die Spitze zu treiben. Bei der Abfassung des eigenen Berichts über die Vollversammlung, der zur Veröffentlichung in der *Bayerischen Industrie- und Handelszeitung* sowie in der *Deutschen Wirtschaftszeitung* bestimmt war, wurde die zunächst vorgesehene kurze Beschreibung der Diskussion zwischen Held und Clairmont gestrichen; Helds Einwände gegen die Haltung des Handelskammertags und die erlassene Resolution wurden nur noch in einem Satz erwähnt.[83]

Die Auseinandersetzung zwischen dem Handelskammertag und Held sowie die erlassene Resolution hatten noch ein parlamentarisches Nachspiel. In der Sitzung im Staatshaushaltsausschuß des Landtags am 27. November 1928 ging Held auf die Resolution des Handelskammertages ein und erklärte, es gebe keine Bevorzugung der Landwirtschaft durch seine Regierung: „Die Mischung der Wirtschaft in Bayern verbietet es ganz von selbst, irgendeinem Wirtschaftszweig eine besondere Vorzugsstellung einzuräumen."[84] Im gleichen Atemzug betonte er aber nochmals, daß eine gesunde Landwirtschaft in Bayern und in ganz Deutschland die Grundlage für eine gesunde Volkswirtschaft sei.[85] Sebastian Schlittenbauer, ebenfalls BVP, kritisierte in derselben Sitzung die Ausführungen Clairmonts als „landwirtschaftsfeindlich", was der DVP-Abgeordnete Burger mit der Begründung zurückwies, daß die verschiedenen Wirtschaftszweige eine Gleichbehandlung durch den Staat fordern müßten.[86]

Der Geschäftsführer des Wirtschaftsbeirates der BVP, Franz August Schmitt, widersprach in seiner Stellungnahme der Resolution des Industrie- und Handelskammertages ebenfalls, allerdings deutlich zurückhaltender als seine Parteifreunde: Er wies die Behauptung Clairmonts, der Landwirtschaft käme keine große Rolle mehr zu, entschieden zurück – das Zahlenmaterial des Statistischen

---

[81] Münchner Post, Nr. 273, 24./25.11.1928.

[82] Bericht über Tagung v. Präsidium und Vorstandschaft des BIV in den Münchner Neueste Nachrichten, Nr. 325, 28.11.1928. Dies war allerdings nicht weiter erstaunlich, da Clairmont der Vorstandschaft des BIV angehörte.

[83] Vgl. das Manuskript des Berichts des BIHK über die Vollversammlung in BWA K2/II/15. Der Verfasser des Manuskripts ist nicht angegeben.

[84] Zitiert nach der Bayerischen Staatszeitung, Nr. 275, 27.11.1928. Ebenso in der Frankfurter Zeitung, Nr. 891, 28.11.1928.

[85] Ebd.

[86] AZ am Abend, Nr. 276, 27.11.1928.

Landesamts interpretierte er anders –, setzte aber hinzu, daß die Landwirtschaft auch auf Reichsebene nur noch zu einem geringen Teil am Steueraufkommen beteiligt war. Es sei daher kein bayerisches Phänomen, daß Industrie und Handel den Großteil der Steuern erbrachten.[87] Indirekt gab er damit durchaus zu, daß Industrie und Handel für den Etat des bayerischen Staates wichtiger waren als die Landwirtschaft, auch wenn er dies offen einfach nicht zu sagen vermochte. Nur in einem Punkt gab Schmitt Clairmont recht: Die Auflösung des Handelsministeriums stelle eine Benachteiligung der betroffenen Kreise dar, die übrigen Erwerbsstände müßten deshalb weitere Opfer bringen: „Man darf eben die Staatsministerien nicht als Standesministerien auffassen."[88] Schmitt sah aber insgesamt die BVP als stärkste Regierungspartei dem Vorwurf einer einseitigen Bauernpartei und der Industriefeindlichkeit ausgesetzt, was er als falsch zurückwies. Vielmehr bestehe die Notwendigkeit, in der Wirtschaftspolitik von den Gegebenheiten des Landes auszugehen, „und gerade in Bayern täte Zusammenarbeiten, nicht Gegeneinanderarbeiten der Stände heute besonders not."[89]

3.2 Stellungnahmen zu Steuerfragen

In stärkerem Maße als in den turbulenten Nachkriegsjahren fand der Bayerische Industrie- und Handelskammertag nun Zeit zur Beratung von Steuerfragen. Anlaß hierzu boten insbesondere die vielen Novellierungen im Reichssteuersystem, das seit seiner Einführung unter Erzberger heftig umstritten war, weil es den Ländern den Großteil ihrer bisherigen Einnahmen genommen hatte. Erzberger hatte dem Reich erstmals eine eigene Finanzverwaltung zugeschrieben und die bestehenden Steuern so verteilt, daß das Reich, zuvor „Kostgänger der Länder", jetzt diejenige staatliche Ebene war, welche am günstigsten mit Mitteln ausgestattet war; die Länder verloren ihre Finanzhoheit weitgehend und gerieten durch den Finanzausgleich in finanzielle und damit auch politische Abhängigkeit vom Reich. Zu diesen laufenden Steuern kamen noch außerordentliche Abgaben in Form von Kriegsabgaben und eines Reichsnotopfers, die dem Reich helfen sollten, die überschuldeten Staatsfinanzen zu sanieren.[90]

Der Bayerische Handelskammertag hatte bereits im März 1919 die Notwendigkeit des Reichs auf finanzielle Eigenständigkeit anerkannt und war zu diesem Zweck auch gerne bereit, auf die bayerischen Reservatrechte zu verzichten, die man zumeist ohnehin nur als „Dekoration" betrachtete, welche man ruhig ohne

---

[87] Bayerischer Kurier, Nr. 332, 27.11.1928.
[88] Ebd.
[89] Ebd.
[90] HENNING: Industrialisiertes Deutschland, S. 62f. Hier auch Übersicht über die genaue Neuverteilung der einzelnen Steuern auf Reich, Länder und Gemeinden. Vgl. auch HÜRTEN: Revolution, S. 467f.

finanzielle Nachteile aufgeben könne.[91] Durch eine Vereinheitlichung der Eisenbahnen erwartete man sich sogar wirtschaftliche Vorteile, da man mit einem rascheren Transport von Personen und Gütern, geringeren Kosten und einer besseren Ausnützung vorhandener Kapazitäten rechnete. Bayern sollte sich nach dem Willen des Handelskammertags nur einen Einfluß auf Personalfragen, die Zulieferung von Rohstoffen und auf die Tarife bewahren, um zu verhindern, daß die Reichseisenbahn wie so vieles während des Kriegs vom Norden dominiert wurde. Das einzige Reservatrecht, daß die Handelskammern unbedingt erhalten wollten, war dasjenige der Biersteuer, denn das „bayerische Biersteuerreservat mit seiner künftigen ungefähr 110 Millionen Reineinnahme bildet den Eck- und Grundpfeiler von Bayerns Finanzwirtschaft."[92]

Die Steuerreform stieß nach ihrer Einführung auf vielfache Kritik. Vor allem mit der Regelung des Finanzausgleichs, in dessen Rahmen ein bestimmter Prozentsatz vom Steueraufkommen des Reiches an die Länder und Gemeinden überwiesen wurde, waren Länder und Kommunen nicht einverstanden. 1925 wurde hier schließlich ein Kompromiß gefunden: Das Reich stellte 75 % seiner Einnahmen aus der Einkommen- und Körperschaftsteuer und 35 % der Umsatzsteuer zur Verfügung. Zugleich wurden, in Reaktion auf Forderungen aus der Industrie, Einkommen- und Vermögensteuer gesenkt.[93] Der Industrie- und Handelskammertag beteiligte sich im Vorfeld an der Diskussion, im März 1925 debattierten die Delegierten der einzelnen Kammern über die neue Entwicklung im Reichssteuersystem.[94] Von dieser Delegiertenkonferenz ist allerdings kein Protokoll erhalten, so daß die Beschlüsse des Industrie- und Handelskammertages nicht mehr nachvollzogen werden können. Dennoch kann wohl getrost angenommen werden, daß die Vertreter von Bayerns Handel und Industrie diese Entwicklung durchaus begrüßten.

Im Zuge des Steuerumbaus, mit dem die Reichsregierung auf die anhaltenden Klagen aus der Industrie über zu hohe Steuern reagierte, wurde auch eine Revision der bisherigen Ländersteuer Ertragssteuer in Angriff genommen. Auf der Delegiertenkonferenz vom 2. September 1927 beriet der Handelskammertag über den von der Reichsregierung vorgelegten zweiten Entwurf der Ertragssteuern, in dem man zwar gegenüber dem ersten Entwurf eine Verschlechterung sah, den man aber dennoch nicht grundsätzlich ablehnen wollte, weil mit ihm ein Schritt zur Vereinheitlichung der Ertragssteuern im Reich getan wurde. Nötig waren jedoch in den Augen der Wirtschaftskreise eine Ermäßigung der Umla-

---

[91] Vgl. Protokoll des Außerordentlichen BHK v. 25.3.1919 (öffentliche Sitzung). BWA K2/II/1, 3. Akt.

[92] Ebd.

[93] JAMES: Weltwirtschaftskrise, S. 55, 57.

[94] Neben Einkommen-, Körperschafts-, Vermögens- und Erbschaftssteuer stand die geplante Änderung der Verkehrssteuern auf der Tagesordnung der Delegiertenkonferenz, die am 3.3.1925 stattgefunden hat. BHK an die bayerischen HKn, 26.2.1925. BWA K2/IIa/28a.

gensätze, welche im zweiten Entwurf noch höher waren als im ersten, eine Beseitigung der Begünstigung landwirtschaftlicher Grundstücke gegenüber gewerblichen Liegenschaften sowie der Abbau der Begünstigungen und Befreiungen der Konsumvereine, der Genossenschaften und der öffentlichen Hand. Für eine endgültige Stellungnahme des Handelskammertags an das Handelsministerium wurde aber eine Begründung der Reichsregierung zu den Entwürfen abgewartet; das Handelsministerium wurde hiervon in Kenntnis gesetzt.[95]

Seit der Stabilisierung der Mark 1923/24 hatten Erhöhungen der Steuerlast einen wesentlichen Bestandteil der Einnahmen des Reichs gebildet. Dennoch verzeichnete das Reich ab 1927 Finanzierungsprobleme, schon ein Jahr später wies der Reichshaushalt Defizite auf. 1929 begann die Schuldenkrise des Staates vor dem Hintergrund steigender Arbeitslosenzahlen und sinkender Steuereinnahmen alle anderen Themen zu überschatten und eindringliche Forderungen nach Sparmaßnahmen hervorzurufen.[96]

Industrie und Handel schlossen sich in ganz Deutschland diesen Forderungen an und ergänzten sie, was auf den ersten Blick vielleicht paradox klingen mag, mit dem Ruf nach weiteren Steuersenkungen. Nur durch das Absenken jener Steuern, die die Kapitalbildung behinderten, also Kapitalverkehr- und Körperschaftssteuern, Gewerbe- und Grundvermögenssteuer, könne die Wirtschaft der Rezession wirkungsvoll begegnen, argumentierte insbesondere der Reichsverband der Deutschen Industrie. Unterstützung erhielt diese These aus Kreisen der Wissenschaft und vor allem von der Reichsbank unter Präsident Hjalmar Schacht.[97]

Die Reichsregierung unter Reichskanzler Hermann Müller beschloß daher im Dezember 1929 ein Steuerpaket, das durch Senkungen vor allem der Umsatzsteuer und der kommunalen Grund- und Gewerbesteuer die deutschen Unternehmen mit insgesamt 910 Millionen RM entlasten sollte.[98] In Übereinstim-

---

[95] Protokoll der Delegiertenkonferenz v. 2.9.1927. BWA K2/II/1, 7. Akt.

[96] Vgl. ausführlicher JAMES: Weltwirtschaftskrise, S. 65-67.

[97] Ebd., S. 67f.

[98] Ebd., S. 70. Die Reichsregierung hatte diese Steuerentlastung seit September 1929 geplant, vgl. die Ministerbesprechung v. 28.9.1929, in: Akten der Reichskanzlei – Weimarer Republik. Das Kabinett Müller II: 28. Juni 1928 bis 27. März 1930. Bd. 2: August 1929 bis März 1930, bearb. v. Martin VOGT, Boppard am Rhein 1970, S. 970-978, zur Notwendigkeit der neuen Kapitalbildung bes. S. 975. Zur Notwendigkeit der Steuersenkungen zugunsten der Wirtschaft siehe auch das Schreiben des Reichsfinanzministers Hilferding an den Reichswehrminister Groener v. 12.11.1929: „Es ist eine Aufgabe […] der gesamten Reichsregierung, […] eine Reichsfinanzreform durchzusetzen, die der Wirtschaft durch wesentliche Steuersenkungen eine fühlbare Erleichterung bringt. Diese Erleichterung ist nicht nur erforderlich, um allen deutschen Erwerbsstätten in tatsächlicher und psychologischer Beziehung einen Auftrieb zu geben, sondern es wird auch lediglich auf diesem Wege möglich sein, die steuerliche Ergiebigkeit der deutschen Wirtschaft in dem Maße zu erhalten und weiter zu fördern, was erfor-

mung mit der Haltung des Deutschen Industrie- und Handelstages in dieser Frage begrüßte der Bayerische Industrie- und Handelskammertag auf seiner Delegiertenkonferenz vom 18. Dezember 1929 diese Steuersenkungen und bekräftigte nochmals deren Notwendigkeit.[99]

Die Reichsregierung kam jedoch nicht umhin, im Gegenzug neue Steuern zu erheben, um die Finanzierungslücke im Haushalt wenigstens teilweise zu schließen. Bereits bei der Verabschiedung des Steuerpakets im Dezember 1929 war geplant, die Ausfälle durch eine drastische Anhebung der Biersteuer auf 50 % und die Einführung einer weiteren Getränkesteuer zumindest ansatzweise zu kompensieren. Im Februar 1930 wußte man, daß dies bei weitem nicht genügen würde. Reichsfinanzminister Moldenhauer schlug deshalb die Erhöhung der Biersteuer auf 75 %, die Einführung einer Mineralwasser- und Mineralölsteuer sowie die Erhöhung der Kaffee- und Teesteuer vor; außerdem dachte er an ein „Notopfer“ für Beamte und Angestellte. Diesem Plan begegnete schärfster Widerspruch nicht nur im Reichstag,[100] sondern auch aus der Wirtschaft. Der Bayerische Industrie- und Handelskammertag verwahrte sich in einer Entschließung vom 21. Februar 1930 in scharfer Form gegen dieses Vorhaben: „Im schroffsten Gegensatz zu dem Finanzplan der Reichsregierung vom Dezember 1929, der die von öffentlichen Abgaben fast erdrückte Wirtschaft steuerlich entlasten sollte, bringt das Finanzprogramm, wie es sich zur Zeit darstellt, für Handel und Industrie nicht nur keine irgendwie fühlbare Erleichterung, sondern in der Hauptsache weitere steuerliche Lasten. Der Bayerische Industrie- und Handelskammertag muß jedes Finanzprogramm ablehnen, das nicht in erster Linie eine durchgreifende Ausgabensenkung vorsieht und gleichzeitig eine ausreichende steuerliche Entlastung sicherstellt. [...] Der Bayerische Industrie- und Handelskammertag fordert daher erneut mit allem Nachdruck eine Finanzpolitik, welche unter Verzicht auf Wegsteuerung von Ertrag und Substanz im Interesse der Allgemeinheit eine genügende Eigenkapitalbildung in der gewerblichen Wirtschaft ermöglicht.“[101] Die Möglichkeit zur Eigenkapitalbildung und, in einem zweiten Schritt, die „Sanierung der Arbeitslosenversicherung“, d.h. die Herabsetzung des Arbeitslosengeldes, waren nach Meinung der bayerischen Industrie- und Handelskammern die Prioritäten im Kampf gegen die Depression. Der Industrie- und Handelskammertag rügte insbesondere die Neigung der Politik, nur an „Tei-

---

derlich ist, um der öffentlichen Wirtschaft für zukünftige Aufgaben wieder die nötige Grundlage zu geben.“ Ebd., S. 1140.

99 Dies geht aus einem Rundschreiben des BIHK an die bayerischen IHKn v. 13.12.1929 hervor. BWA K2/IIa/33. Siehe auch Bayerische Industrie- und Handelszeitung, Dezember 1929. Ein Protokoll der Sitzung fehlt.

100 Vgl. JAMES: Weltwirtschaftskrise, S. 70-72.

101 Bayerische Industrie- und Handelszeitung, 25.2.1930.

lerscheinungen" des Problems zu laborieren[102] – eine Patentlösung zur Behebung der Wirtschaftskrise konnte allerdings auch er nicht bieten.

Moldenhauers Finanzvorlage scheiterte letztlich aber nicht am Widerstand der Wirtschaft, sondern an der Mehrheit der im Reichstag vertretenen Parteien. Unter Brüning wurden daraufhin alle Neuerungen im Bereich der Reichsfinanzen per Notverordnung durchgesetzt, mit denen der Bayerische Industrie- und Handelskammertag sich nur einmal befaßte. Es handelte sich dabei um die Notverordnung vom 5. Juni 1931, welche Krisensteuern einführte und die Zahlungen an die Arbeitslosen verringerte.[103] Interessanterweise war der Anlaß für die Besprechung auf der Delegiertenkonferenz am 15. Juni nicht so sehr der Inhalt der Notverordnung selbst, sondern vielmehr das Vorgehen des Deutschen Industrie- und Handelstages in dieser Frage. Der Industrie- und Handelstag hatte noch Ende Mai 1931 erklärt, daß eine Ordnung des Reichshaushalts nur auf dem Wege der Ausgabensenkung erfolgen dürfe, war nun aber, wie auch der Reichsverband der Deutschen Industrie, besonders aufgrund der in der Notverordnung implizierten Ablehnung weiterer Reparationszahlungen auf die Linie der Regierung eingeschwenkt, ohne jedoch zuvor seine Mitglieder zu befragen. Die Industrie- und Handelskammer Coburg war über dieses Vorgehen äußerst befremdet und hatte deshalb die Behandlung des Themas auf der Delegiertenkonferenz angeregt. Die anderen Kammern hatten gegen die Handlungsweise des Handelstags weniger einzuwenden, stimmten aber dennoch einem Beschluß zu, wonach es die bayerischen Industrie- und Handelskammern bedauerten, daß vor der Stellungnahme des Deutschen Industrie- und Handelstages nicht wenigstens die Mitglieder des Hauptausschusses, in dem auch bayerische Kammern vertreten waren, hierzu befragt worden waren. Die Notverordnung selbst wurde dagegen kaum thematisiert, denn obgleich sie neue Belastungen für die Wirtschaft mit sich brachte, erkannten die Kammern das dringende Bedürfnis des Reichs nach neuen Einnahmequellen an. Zwar verkannten sie nicht die Gefahr, die die Ausschaltung der normalen Gesetzgebung mit sich brachte, bezogen dies aber lediglich auf die Tatsache, daß auf diese Weise auch eine Anhörung von Sachverständigen, insbesondere aus der Wirtschaft, nicht mehr notwendig war. Von einer Beschlußfassung zur Notverordnung sah der Handelskammertag ab, um die politische Stimmung nicht weiter „aufzuheizen".[104]

Vermutlich aus demselben Grund verzichtete der Handelskammertag auf die Besprechung der weiteren Notverordnungen, obwohl sie massive Eingriffe in die Wirtschaft mit sich brachten und die Kammern als Vertreterinnen der Unternehmen eigentlich dazu aufgerufen waren, hierzu Stellung zu beziehen. Hierin ein Versagen des Bayerischen Industrie- und Handelskammertages zu erblicken,

---

[102] Ebd.

[103] JAMES: Weltwirtschaftskrise, S. 50, 78, 88, 295f.

[104] Protokoll der Delegiertenkonferenz v. 15.6.1931. BWA K2/II/1, 7. Akt. Vgl. auch WINKEL: Wirtschaft, S. 99f.

wäre allerdings wenig gerecht, denn auch andere wirtschaftliche Verbände und Organisationen, allen voran der Reichsverband der Deutschen Industrie, übten gegenüber der Politik Brünings äußerste Zurückhaltung. Verständnis für die extreme Krisensituation, wie sie in der Diskussion des Handelskammertages zumindest angedeutet wird, spielte dabei generell nur eine untergeordnete Rolle: „Nur die Furcht vor dem, was nach Brüning kommen mochte, hielt die Industrie von offenem Aufruhr ab."[105]

Für den Bayerischen Industrie- und Handelskammertag bedeutete dieser Verzicht mehr als nur schweigende Zustimmung zu Brünings Maßnahmen. Er war, ohne daß es die Kammervertreter zu diesem Zeitpunkt wissen konnten, das Ende der steuerpolitischen Diskussionen im Handelskammertag und damit eines wichtigen Bestandteils seiner Tätigkeit, denn der Handelskammertag schwieg auch zu den Aktionen Papens und Schleichers. Im Dritten Reich war ihm dann jede Möglichkeit genommen, zur Steuerpolitik Stellung zu nehmen.

V.4 ORDNUNGSFUNKTION IN DER WIRTSCHAFT

4.1 VERGLEICHSORDNUNG UND KONKURSVERFAHREN

Im Kapitel A wurde bereits geschildert, daß nach dem Ende der Inflation 1923 in ganz Deutschland und besonders auch in Bayern ein Wirtschaftsaufschwung einsetzte, der 1928, also noch vor dem Einsetzen der Weltwirtschaftskrise, wieder abbrach. Allerdings blieb auch diese Zeit des wirtschaftlichen Aufschwungs von Rückschlägen nicht ungetrübt. Insbesondere im völlig überbesetzten Handel kam es immer wieder zu Geschäftszusammenbrüchen, die Gläubigerkapital vernichteten und dadurch in einer Kettenreaktion immer weitere Unternehmen beeinträchtigten. Das Reich erließ deshalb am 5. Juli 1927 eine Vergleichsordnung, die an die Stelle der bisher geltenden Geschäftsaufsicht trat und von den Ländern in einem gewissen Rahmen ausgestaltet werden konnte. Ziel dieser Vergleichsordnung war es, „sowohl dem Gläubigerschutz als auch dem Schutz des Schuldners zu dienen und andererseits erhaltungswürdige Unternehmungen im Interesse der Volkswirtschaft selbst vor dem Verfall und dem Konkurs zu schützen"[106], indem Gläubiger und Schuldner sich bei Überschuldung des letzteren auf einen Ausfall eines Teils der Forderungen einigen sollten, zugleich dem Schuldner aber genügend Kapital erhalten bleiben sollte, um das Geschäft nach Abschluß des Vergleichsverfahrens weiterführen zu können.

In dem Maße, in dem die Verfahren zunahmen, wurde jedoch die Reformbedürftigkeit der Verordnung erkannt. Hierbei spielten zwei Gesichtspunkte eine Rolle: Zum einen beinhaltete die Verordnung noch immer Vorschriften aus der

---

[105] JAMES: Weltwirtschaftskrise, S. 185.

[106] So der Fabrikbesitzer Karl Pensel (Nordhalben) auf der Vollversammlung der IHK Bayreuth am 19.11.1929. Protokoll der Vollversammlung in BWA K2/IX B/34.

Kriegs- und Nachkriegszeit, welche einzelne Aspekte des Handelsgesetzbuches aufhoben, dadurch den Schuldner einseitig begünstigten und als nun nicht mehr zeitgemäß erachtet wurden.[107] Zum anderen boten auch die neueren Elemente der Vergleichsordnung den Schuldnern genügend „Schlupflöcher", um sich zum Schaden der Gläubiger aus der Affäre ziehen zu können, ohne aber selbst Konsequenzen tragen zu müssen. Der Nordhalbener Fabrikbesitzer Karl Pensel brachte dies auf einer Vollversammlung der Bayreuther Kammer folgendermaßen zum Ausdruck: „Die derzeitig bestehende Vergleichsordnung verhindert die Selbstreinigung der Wirtschaft [von unseriösen Geschäftemachern, Anm. d. Verf.] und schädigt im höchsten Maße die Wirtschaft selbst, den Gläubiger und die Schuldnermoral", und verwies eindringlich auf die Folgen: „Das Urteil des Auslandes über die Schuldnermoral bei uns in Deutschland ist infolge der massenhaft vorgekommenen sehr zweifelhaften Zahlungseinstellungen nicht günstig. Es muß vermieden werden, daß man uns eines Tages in dieser Beziehung mit den Balkanländern vergleicht."[108] Als daher das bayerische Außenministerium am 30. September 1929 die Kammern München, Augsburg und Nürnberg darüber in Kenntnis setzte, daß dem Reichsrat in Berlin der Entwurf eines Gesetztes über die Pflicht zum Antrag auf Eröffnung des Konkurses oder des gerichtlichen Vergleichsverfahrens zur Beratung vorlag,[109] stieß dies bei den bayerischen Kammern auf offene Türen, wie die umfangreichen Stellungnahmen hierzu beweisen.[110] Nur wenig später bat auch das bayerische Außenministerium selbst um ein Gutachten des Industrie- und Handelskammertages in dieser Angelegenheit.[111]

Auf der Delegiertenkonferenz vom 10. Mai 1930 verständigten sich die Kammern nach längerer Diskussion auf folgende Reformvorschläge, anhand derer der Gläubigerschutz verbessert werden sollte: Die Aufstellung der Vertrauenspersonen, die zwischen Schuldner und Gläubiger vermittelten, sollte nach Anhörung „der amtlichen Berufsvertretungen",[112] das heißt im allgemeinen wohl der Kammern, ausschließlich Sache des Gerichtes sein, und nicht wie bisher durch den Schuldner selbst erfolgen, da dies dem Mißbrauch Tür und Tor öffne-

---

107 Vgl. Ausführungen des Kommerzienrats Einstein auf der Vollversammlung der IHK München am 19.11.1929. Protokoll der Vollversammlung in BWA K2/IX B/34.

108 Vgl. Protokoll der Vollversammlung der IHK Bayreuth am 19.11.1929. BWA K2/IX B/34.

109 BIHK an die bayerischen IHKn, 4.10.1929. BWA K2/IX B/34. Die IHK München setzte in diesem Schreiben die übrigen sechs Kammern über den Sachverhalt in Kenntnis und regte ein gemeinsames Vorgehen im Rahmen des BIHK an.

110 Alle in BWA K2/IX B/34.

111 Bayerisches Staatsministerium des Äußern (gez. Schenk) an BIHK, 6.12.1929. BWA K2/IX B/34.

112 BIHK an Außenministerium, 13.5.1930. BWA K2/IX B/34. Vgl. auch Bericht in der Nürnberger Zeitung, Nr. 112, 14.5.1930. Den Reformvorschlägen folgte am 16.7.1930 eine ausführliche Begründung, in der der BIHK dem Außenministerium seine Motive für die Vorschläge darlegte. BWA K2/IX B/34.

te. Das Gericht sollte die Erfüllung des Vergleiches auch genauestens überwachen und sicherstellen. Der Schuldner sollte zudem den Offenbarungseid auf Antrag des Gläubigers bereits im laufenden Verfahren und nicht erst bei dessen Abschluß leisten müssen. Sicherheiten waren bei der Antragstellung genau zu bezeichnen und nachzuweisen; von einer Sicherstellung sollte nur in begründeten Ausnahmefällen abgesehen werden können, wenn die Durchführung des Vergleiches ohne Sicherheitsleistung als möglich erachtet wurde. Die Schuldner sollten bei Antragstellung auch die Geschäftsbilanzen der letzten drei Jahre vorlegen. Das Gericht sollte dem Schuldner auch schon vor Eröffnung des Vergleichsverfahrens Verfügungsbeschränkungen auferlegen können. Zudem sollte die Mindestquote, d.h. die Quote, bis zu welcher die Gläubigerforderungen mindestens zu erfüllen waren, von 30 % auf 40 % erhöht und auch für Liquidationsverfahren vorgeschrieben werden.[113] Dabei waren sich die Kammern weitgehend einig, daß auch Einzelkaufleuten, offenen Handelsgesellschaften und Kommanditgesellschaften, welche bisher davon ausgenommen waren, die gesetzliche Verpflichtung zur Stellung des Antrags auf Eröffnung des Konkurses oder Vergleichsverfahrens grundsätzlich auferlegt werden sollte.[114] Der letzte Punkt der Reformvorschläge betraf weniger die Vergleichsordnung an sich als vielmehr die gegenwärtige Wirtschaftslage allgemein: „Im Interesse der Gesundung unseres Kreditwesens ist eine Vorschrift im neuen Strafgesetzbuch aufzunehmen, die den Tatbestand des Kreditbetruges und betrügerischer Krediterschleichung in zweifelsfreier Weise erfaßt."[115]

Aufgrund einer Anregung des Bayerischen Industriellen-Verbands[116] erweiterte der Handelskammertag seine Reformvorschläge noch um einen Punkt. Nach einer Bestimmung der Vergleichsordnung konnte das Gericht die Eröffnung des Vergleichsverfahrens ablehnen, wenn innerhalb der letzten fünf Jahre die Geschäftsaufsicht, das Konkursverfahren oder das Vergleichsverfahren zur Abwendung des Konkurses über das Vermögen des Schuldners rechtskräftig eröffnet oder mangels Masse rechtskräftig abgelehnt worden war. Dem Schuldner blieb in diesem Fall nur noch das Konkursverfahren. Diese Vorschrift galt allerdings nicht, wenn der Schuldner innerhalb der letzten fünf Jahre einen außergerichtlichen Vergleich mit seinen Gläubigern geschlossen hatte. Der Handelskammertag bemängelte nun in Übereinstimmung mit dem Bayerischen Industriellen-Verband, daß dies eine Schlechterstellung derjenigen bedeutete, die das ordentliche Verfahren wählten, und plädierte auf eine Erweiterung der relevanten Bestimmung in diesem Punkt.[117]

---

[113] BIHK an Außenministerium, 13.5.1930. BWA K2/IX B/34.
[114] IHK München an Kommerzienrat Adolf Einstein, 3.5.1930. BWA K2/IIa/36.
[115] BIHK an Außenministerium, 13.5.1930. BWA K2/IX B/34.
[116] BIV an BIHK, 23.7.1930. BWA K2/IX B/34.
[117] BIHK an Außenministerium, 17.10.1930. BWA K2/IX B/34.

4.2 DAS SCHULDNERVERZEICHNIS

Hatten die Schuldner den Offenbarungseid geleistet, bedeutete dies keineswegs automatisch, daß die Gläubiger nun zu ihrem Geld kamen: Die Leistung des Eides wurde oft solange wie möglich hinausgezögert, Vermögenswerte vielfach verschwiegen. Die Handelskammern und der Handelskammertag forderten daher seit Mitte der zwanziger Jahre vehement eine Reform des Offenbarungseidverfahrens, um die Interessen der Gläubiger besser schützen zu können. Insbesondere verlangten sie nach dem Vorbild Württembergs einen erleichterten Zugang zu den Schuldnerverzeichnissen, also jenen Listen, in denen bei Gericht jene eingetragen wurden, die einen Offenbarungseid leisten mußten, um Banken und Unternehmen Rückschlüsse auf die Kreditwürdigkeit eines eventuellen Kunden und Schuldners zu gewähren.[118]

In Reaktion hierauf genehmigte die Bekanntmachung des Staatsministeriums der Justiz Nr. 55.974 vom 24.12.1927 über die Erteilung von Abschriften aus den Schuldnerverzeichnissen die Abgabe von Auszügen an amtliche Vertretungen des Handels, des Handwerks oder der Landwirtschaft bzw. an Personen, die von diesen Vertretungen als vertrauenswürdig bezeichnet wurden. In allen Fällen mußte jedoch ein Gericht zuvor die Erlaubnis erteilen. Einzige Ausnahme hiervon war der Bayerische Industrie- und Handelskammertag, dem die Abschriften jeweils am 1. und 15. jeden Monats, beginnend mit dem 15. Januar 1928, zuzustellen waren, „ohne daß es eines weiteren Antrags und einer Genehmigung bedarf."[119] Er mußte sich hierfür, wie alle anderen Empfänger auch, verpflichten, die Abschriften lediglich zur vertraulichen Auskunftserteilung im Einzelfalle zu benützen, sie nicht zu veröffentlichen und sie nach Ablauf von fünf Jahren zu vernichten. Der Handelskammertag wurde zugleich berechtigt, die ihm mitgeteilten Abschriften der Einträge an amtliche Vertretungen und andere vertrauenswürdige Empfänger weiterzugeben.[120]

Die Bekanntmachung des Justizministeriums entsprach einer seit längerer Zeit gestellten Forderung des Bayerischen Industrie- und Handelskammertages. Als daher im Januar 1928 von seiten der Kammern Augsburg und Nürnberg Einwände über die Zweckmäßigkeit der Durchführung der Bekanntmachung in der vorliegenden Form, insbesondere aufgrund der zu erwartenden hohen Kosten (die Empfänger der Abschriften hatten nach der Bekanntmachung Schreib- und Portogebühren zu übernehmen), vorgebracht wurden, wies Münchens Syndikus Dr. Simon diese zurück: „Bedauerlich sei, dass sich das Justizministerium vor Erlass der Bekanntmachung nicht mit dem Bay. Industrie- und Handelskammertag ins Benehmen gesetzt habe. Das sei aber in Bayern immer so. Die Durchführung der Bekanntmachung abzulehnen, würde er für sehr blamabel hal-

[118] Vgl. BIHK an die Staatsministerien für Handel, Industrie und Gewerbe sowie der Justiz, 23.5.1927; Protokoll der IHK München v. 23.9.1927. BHStA MJu 12917.
[119] Bayerische Staatszeitung und Bayerischer Staatsanzeiger Nr. 298, 27.12.1927.
[120] Ebd.

ten, zumal die Angelegenheit für die Kammern gewissermassen doch auch eine Prestigfrage [sic] sei."[121]

Nach eingehenden Detailberatungen einigten sich die Kammern auf folgende Vorgehensweise: Die Handelskammer München als Vorort des Handelskammertages sandte die von den Amtsgerichten eingegangenen Abschriften, geordnet nach Regierungs- und Amtsgerichtsbezirken, vierzehntägig an amtliche Berufsvertretungen und andere vertrauenswürdige Empfänger, welche die Bedingungen der Bekanntmachung (vertrauliche Auskunftserteilung im Einzelfall, keine Veröffentlichung etc.) einzuhalten hatten. Bei Nichteinhaltung hatte der Handelskammertag ein Widerrufsrecht inne. Jegliche Haftung durch den Handelskammertag wurde zugleich abgelehnt. Als Empfänger der Schuldnerverzeichnisse kamen nach der Bekanntmachung die Handelskammern selbst, sodann die Handwerkskammern, eventuell die Kreisbauernkammern, Fachverbände, Auskunfteien, Banken und sonstige Kreditinstitute sowie auch sonstige Firmen in Frage. Insgesamt rechnete man mit 200-300 Abnehmern; vor Aufnahme in den Empfängerkreis hatte jedoch die zuständige Industrie- und Handelskammer die Vertrauenswürdigkeit des Kandidaten zu prüfen.[122]

Um die Kosten für die Handelskammern in einem erträglichen Rahmen zu halten, sollten diese Empfänger Gebühren bezahlen. Bei der Erstellung der Gebührenordnung orientierten sich die bayerischen Kammern zunächst an derjenigen des Württembergischen Industrie- und Handelstages für dessen eigenen Mitteilungsdienst, kamen aber schnell zu dem Schluß, daß diese zu umständlich und daher nicht als Muster geeignet war. Nach längerer Diskussion einigte man sich der Einfachheit halber auf eine einheitliche Gebühr je Abnehmer in Höhe von ca. 50.- RM.[123]

Insgesamt nahmen die Firmen diesen Service der Handelskammern sehr gern an. Allerdings stießen sie sich an den oben genannten Bedingungen, die zum Bezug des Schuldnerverzeichnisses zu beobachten waren, dies umso mehr, als sowohl die badischen als auch die preußischen Handelskammern die Namen der Schuldner uneingeschränkt veröffentlichen konnten. Der Bayerische Industrie- und Handelskammertag plädierte deshalb, unterstützt von der Handelsabteilung des Außenministeriums, in zwei Eingaben an das Justizministerium dafür, die einschränkenden Bedingungen auch für Bayern aufzuheben.[124] In einer Entschließung des Justizministeriums vom 20. Januar 1930 wurde daher die uneingeschränkte Veröffentlichung des Schuldnerverzeichnisses durch die amtlichen Berufsvertretungen gestattet.[125]

[121] Protokoll der Delegiertenkonferenz v. 18.1.1928. BWA K2/II/1, 7. Akt.
[122] Ebd.
[123] Ebd.
[124] BIHK an Staatsministerium der Justiz, 3.12.1929 und 13.1.1930; Staatsministerium des Äußern an Staatsministerium der Justiz, 4.12.1929 und 14.1.1930. BHStA MJu 12918.
[125] Entschließung des Justizministeriums v. 20.1.1930. BHStA MJu 12918.

Diese von den Handelskammern angebotene Dienstleistung wurde von der Wirtschaft besser genutzt als ursprünglich erwartet, was sicherlich auf die Weltwirtschaftskrise und die zahlreichen damit einhergehenden Firmenpleiten zurückzuführen ist. So erhielt allein die Kammer Regensburg schon zwei Jahre nach Einführung des Services 1.000 Auszüge aus der Schuldnerliste.[126] Verschiedene Handelskammern traten deshalb für eine Erweiterung der Schuldnerliste, etwa um eine genaue Wiedergabe der Schuldneradressen, ein, was aber an der Kostenfrage scheiterte.[127] Auf der Delegiertenkonferenz am 10. Mai 1930 bat der stellvertretende Syndikus des Vororts, Dr. Bunk, die Kammern darum, sich um Werbung neuer Bezieher zu bemühen, um durch die damit eingehenden Beiträge den Dienst noch weiter verbessern zu können.[128]

Zwei Jahre später geriet der bescheidene Erfolg der bayerischen Industrie- und Handelskammern auf diesem Gebiet in Bedrängnis. Im Verfolg der Notverordnung vom 9. März 1932 führte eine Verordnung des Reichspräsidenten vom 14. Juni 1932 verschiedene Maßnahmen auf dem Gebiet der bürgerlichen Rechtspflege ein und legte unter anderem die Höhe der Gebührenpflicht für Auskünfte aus den Schuldnerverzeichnissen fest. Die bayerischen Kammern fürchteten, hierdurch finanziell in Bedrängnis zu geraten, da das in der Verordnung festgeschriebene Entgelt zusätzlich zu demjenigen der Kammern trat und daher damit gerechnet werden mußte, daß viele Firmen angesichts der Mehrausgaben ihr Abonnement kündigen würden. Auf der Delegiertenkonferenz vom 28. Juni 1932 wurde daher die Industrie- und Handelskammer Nürnberg von ihren Schwesterkammern gebeten, den Entwurf einer Eingabe auszuarbeiten, in welcher gegen die in der Notverordnung geregelten Gebührenpflicht Einspruch erhoben und eine Abschaffung derselben verlangt werden sollte.[129] Dem kam allerdings das Justizministerium mit einer Weisung zuvor, wonach für die Erteilung von Abschriften aus dem Schuldnerverzeichnis keine weiteren Gebühren zu entrichten waren, es also bei der bisherigen Regelung blieb.[130]

4.3 Einheitliche Festlegung der Ausverkäufe

Auf Anfrage der bayerischen Staatsregierung bemühten sich die Industrie- und Handelskammern im Mai 1930, einheitliche Fristen für die Saison- und Inventurausverkäufe für ganz Bayern festzulegen. Bis 1928 hatten die Ausverkäufe im Einzelhandel zwischen 2. Januar und 15. Februar bzw. 1. Juli und 15. August stattgefunden, in den folgenden Jahren verkürzt zwischen 10. Januar und 10.

[126] Angabe aus dem Protokoll der Delegiertenkonferenz v. 10.5.1930. BWA K2/II/1, 7. Akt.
[127] Exakte Wiedergaben der Schuldneradressen wurden zusätzlich dadurch erschwert, daß Gläubiger die Zahlungsbefehle häufig mit ungenügenden Angaben versahen. Ebd.
[128] Ebd.
[129] Protokoll der Delegiertenkonferenz v. 28.6.1932. BWA K2/II/1, 7. Akt.
[130] Staatsrat Spangenberg (Justizministerium) an das Staatsministerium des Äußern, für Wirtschaft und Arbeit, 24.6.1932. BHStA MJu 12918.

Februar bzw. 10. Juli und 10. August. In verschiedenen bayerischen Orten wurden jedoch Vorverkäufe veranstaltet, was die Staatsregierung gern unterbunden hätte. Die Geschäftsführer der bayerischen Industrie- und Handelskammern hatten sich in einer Vorbesprechung bereits auf die letztgenannten Termine geeinigt, doch ein Veto der Münchner Kammer machte diese Einigung zunächst hinfällig.[131]

Aus diesem Grund beschäftigte man sich auf der Delegiertenkonferenz am 10. Mai 1930 erneut mit dieser Angelegenheit. Die Vertreter Münchens sahen sich jedoch nicht in der Lage, von ihrer Haltung abzuweichen. Wie der stellvertretende Syndikus Dr. Bunk erläuterte, hatte sich die Geschäftsleitung der oberbayerischen Handelskammer selbst bereits wiederholt darum bemüht, eine Einigung zwischen den verschiedenen Berufskreisen herbeizuführen. Dies hatte sich aber als unmöglich erwiesen, da insbesondere der Textilhandel und die Kaufhäuser auf der früheren, vor 1928 bestehenden Frist bestanden, um frühzeitig mit ihren Ausverkäufen beginnen zu können. Die Kammer München sah sich daher außerstande, sich ihren Schwesterkammern anzuschließen. Angesichts dieser Situation befaßte sich der Handelskammertag nicht länger mit diesem Thema, da objektiv keine Übereinstimmung erzielt werden konnte. In diesem Sinne wurde auch die Staatsregierung unterrichtet.[132]

4.4 Sachverständige

Wie auch in den vorangegangenen Perioden beschäftigte sich der Bayerische Industrie- und Handelskammertag in der Weimarer Republik mit der Bestellung von Sachverständigen für die Wirtschaft. Im Vordergrund stand dabei die Sorge um die Sicherung der Qualität der öffentlich zu bestellenden und zu vereidigenden Bücherrevisoren, denn bisher wurde die Auswahl der Bewerber auf der Grundlage von Nachweisen getroffen, die der Kandidat selbst bei der Handelskammer einreichte. Dieses Verfahren erwies sich nach Meinung des Handelskammertages aber nicht als befriedigend, da Zeugnisse von bisherigen Auftraggebern allein kein richtiges Bild von der Befähigung und Leistungsfähigkeit eines Bücherrevisors geben konnten: „Bei aller Sorgfalt können so Fehlgriffe hinsichtlich der fachlichen Eignung nicht vermieden werden."[133]

Eine Kommission des Handelskammertages beschloß deshalb bereits im Oktober 1921, daß für Bücherrevisoren, die von den bayerischen Handelskammern angestellt zu werden wünschten, eine obligatorische Prüfung eingerichtet werden sollte. Die Kommission erarbeitete zugleich den Entwurf einer Prüfungs-

---

[131] Vgl. Aktennotiz Kehms zur Geschäftsführerkonferenz am 23.11.1929, Archiv IHK Ludwigshafen, XXIV B.5, und Angaben aus dem Protokoll der Delegiertenkonferenz v. 10.5.1930. BWA K2/II/1, 7. Akt.

[132] Protokoll der Delegiertenkonferenz v. 10.5.1930. BWA K2/II/1, 7. Akt.

[133] BHK an das Staatsministerium für Handel, Industrie und Gewerbe, 30.5.1923. BHStA MWi 763.

ordnung, der auf der Delegiertenkonferenz vom 26. Mai 1922 beraten wurde. Danach sollte für Nord- und Südbayern je ein gesonderter Prüfungsausschuß errichtet werden, der aus einem Vertreter des Handelskammertages als Vorsitzendem, einem beeidigten Bücherrevisor, einem Mitglied jener Kammer, in deren Bezirk der Prüfling angestellt zu werden wünschte, sowie einem Dozenten der Handelshochschule Nürnberg bzw. München bestehen sollte. Der Entwurf legte fest, welche Eigenschaften der Kandidat mitzubringen hatte, und regelte im weiteren die Gebührenordnung der Prüfung. Die Mehrheit der anwesenden Kammervertreter sprach sich auf der Delegiertenkonferenz für die Annahme dieser Prüfungsordnung aus, nur Würzburg und Ludwigshafen blieben außen vor. Würzburg kritisierte, die Prüfungsordnung sei insgesamt zu kompliziert, protestierte aber vor allem gegen jenen Passus der Ordnung, wonach der Bewerber seinen Beruf frei und selbständig ausüben mußte, er also nicht gleichzeitig eine andere Berufstätigkeit in abhängiger Stellung innehaben durfte. Nach Meinung der Würzburger Delegierten war dies deshalb nicht praktikabel, weil der Bedarf an Bücherrevisoren im unterfränkischen Kammerbezirk nicht groß genug war, um einer nur in diesem Beruf tätigen Person den Lebensunterhalt garantieren zu können. Ludwigshafen behielt sich eigene Prüfungsvorschriften vor, da der Anschluß der Pfalz an einen der beiden rechtsrheinischen Prüfungsbezirke aufgrund der weiten Entfernungen als wenig sinnvoll erschien.[134]

Einen Pfälzer Sonderweg konnte der Bayerische Handelskammertag ertragen, nicht aber auch noch eine Aufsplitterung des rechtsrheinischen Bayerns. Der Entwurf der Prüfungsordnung wurde daher zunächst zurückgestellt. Als sich die Haltung der Würzburger Kammer innerhalb des nächsten Jahres aber nicht änderte, beantragte der Handelskammertag am 30. Mai 1923 beim bayerischen Handelsministerium die Genehmigung der bereits erarbeiteten Prüfungsordnung, um wenigstens für die verbliebenen sieben Kammerbezirke einheitliche Verhältnisse zu schaffen. Die Eingabe blieb im Ministerium unbearbeitet liegen, da auch die Behörden eine einheitliche Stellungnahme der rechtsrheinischen Kammern abwarten wollten.[135]

Nachdem Würzburg trotz mehrmaliger Anfragen der anderen Handelskammern auch zwei Jahre später noch auf demselben Standpunkt verharrte, genehmigte das Handelsministerium die Prüfungsordnung schließlich am 6. März 1925. Eine entsprechende Ergänzung der 1909 beschlossenen Vorschriften zur Vereidigung von Bücherrevisoren sollte aber dennoch erst dann vorgenommen

---

[134] Ebd. Vgl. auch Mitteilungen der Handelskammer zu Würzburg, 4. Jg., Nr. 11, 1925, in BHStA MWi 763.

[135] BHK an das Staatsministerium für Handel, Industrie und Gewerbe, 30.5.1923. Vgl. auch Notiz auf der Rückseite des angehefteten Entwurfs einer Antwort. BHStA MWi 763.

werden, wenn auch die unterfränkische Kammer sich dem Vorgehen des Handelskammertages angeschlossen hatte.[136]

1926 wurden die ersten schriftlichen und mündlichen Prüfungen der Bücherrevisoren vor den Prüfungskommissionen des Bayerischen Handelskammertages abgelegt.[137]

1931 erhielten die Kammern mit der Anstellung und Beeidigung von Wirtschaftsprüfern eine zusätzliche Aufgabe. Wiederum errichteten sie im Namen des Bayerischen Industrie- und Handelskammertages Zulassungs- und Prüfungsausschüsse für Nord- und Südbayern.[138] Im Juni 1932 war sich die Mehrzahl der Kammern einig, daß die durch die Wirtschaftskrise vielbeschäftigten Konkursverwalter zu hohe Gebührenforderungen erhoben, welche von der Wirtschaft lebhaft beklagt wurden. Da man sich von einer Beschwerde beim zuständigen Ministerium nicht viel versprach (1928 war dies bereits erfolglos versucht worden), beschloß man, sich an die Gerichte zu wenden und ihnen anheimzustellen, „den Zeitverhältnissen entsprechend niedere Gebühren festzusetzen."[139] Die Kammer Bayreuth wurde dazu bestimmt, eine entsprechende Eingabe vorzubereiten; ob diese fertiggestellt wurde, läßt sich aus den Akten nicht mehr erschließen.

4.5 Errichtung von Einigungsämtern bei den Handelskammern

Ausgehend von der am 9. März 1932 erlassenen Notverordnung, diskutierten die bayerischen Handelskammern im Januar 1933, auf ihrer letzten Delegiertenkonferenz vor der Machtübernahme durch die Nationalsozialisten, die Errichtung von Einigungsämtern in Wettbewerbssachen.[140] Die Notverordnung gestattete es den obersten Landesbehörden, bei den amtlichen Berufsvertretungen von Handwerk, Handel und Industrie sowie deren öffentlich-rechtlichen Verbänden oder bei einzelnen von ihnen Einigungsämter in Wettbewerbssachen zu errichten. Weite Kreise der Wirtschaft, insbesondere der völlig überbesetzte Einzelhandel, begrüßten diese Bestimmung lebhaft und drängten die Kammern nun, solche Ämter einzurichten. Nach Auskunft Dr. Zapfs, des Syndikus der Würzburger Kammer, erklärten die Einzelhändler sogar, sie würden sich im Falle einer Weigerung der Handelskammern selbst an das Staatsministerium des Äußern, für Wirtschaft und Arbeit wenden, um Einigungsämter ins Leben zu rufen:

---

[136] Mitteilungen der Handelskammer zu Würzburg, 4. Jg., Nr. 11, 1925; Entwurf eines Schreibens des Staatsministeriums für Handel, Industrie und Gewerbe an den BHK, 6.3.1925. BHStA MWi 763.

[137] Vgl. Unterlagen in BHStA MWi 763. Siehe auch ZORN/HILLENBRAND: Sechs Jahrhunderte, S. 260.

[138] ZORN/HILLENBRAND: Sechs Jahrhunderte, S. 262.

[139] Protokoll der Delegiertenkonferenz v. 28.6.1932. BWA K2/II/1, 7. Akt.

[140] Vgl. Protokoll der Delegiertenkonferenz v. 11.1.1933. BWA K2/II/1, 7. Akt.

„Dabei sei den Kammern auch vorgeworfen worden, daß es ihnen an Interesse und auch an Initiative fehle, ferner, daß sie nur die Interessen von Großhandel und Industrie vertreten usw. Seine [Zapfs] Kammer würde es deshalb als Prestigeverlust bezeichnen, wenn die Kammern nicht beim Ministerium vorstellig würden.“[141]

Im Würzburger Kammerbezirk hatten sich die Einzelhändler, in deren Kreisen die meisten Verstöße gegen das Gesetz gegen unlauteren Wettbewerb (UWG) vorkamen, zum Teil schon an die Bürgermeister gewandt, um in Wettbewerbsfragen eine Einigung herbeizuführen; die Kammern liefen daher Gefahr, diese Aufgaben zu verlieren. Zapf plädierte daher für die Errichtung von Einigungsämtern unter Verwendung der Satzungen verschiedener preußischer Kammern, die solche bereits errichtet hatten, als Richtlinien, „damit im Wege der Selbstverwaltung die Verstösse gegen das UWG vermindert würden.“[142] Für Zapf stellte sich nur die Frage, ob der Bayerische Industrie- und Handelskammertag deshalb beim Staatsministerium vorstellig werden oder ob dies jeder Kammer selbst überlassen bleiben sollte.

In der anschließenden Debatte stellte sich heraus, daß bei einigen Kammern (Coburg, Nürnberg, Ludwigshafen, Passau) bereits seit längerem solche Einigungsämter bestanden, welche zumeist aber nur selten in Anspruch genommen wurden. Die Ergebnisse der Arbeit wurden dennoch als durchaus positiv gewertet, weshalb diese Kammern alle für die Errichtung eines obligatorischen Einigungsamts eintraten, da allein dessen Existenz die Einzelhändler zu vorsichtigerem Vorgehen veranlassen würde. Die anderen Handelskammern hatten Wettbewerbsfragen bisher innerhalb der Kammer geklärt, wehrten sich aber nicht völlig gegen die geplanten Einigungsämter, weil man, wie der Regensburger Syndikus Bingold es ausdrückte, diese nicht werde vermeiden können und die Geste nach außen hin wichtig war, obgleich sie nicht unbedingt im Kammerinteresse lag: „Sache der Kammer sei es dann, dafür Sorge zu tragen, daß diese Ämter nicht zu viel in Anspruch genommen würden.“[143]

Die einzige Ausnahme bildete die oberbayerische Kammer, die den Sinn der Einigungsämter überhaupt nicht einzusehen vermochte. Ihrer Ansicht nach konnte dem Einzelhandel wirkungsvoller durch eine „Änderung der Gewerbeordnung in geeigneter Form“ geholfen werden, obgleich die bisherige Vorgehensweise völlig ausreichend sei. Durch die Einigungsämter würde für die Kammern zudem eine starke Mehrbelastung entstehen, die die Einstellung eines eigenen Beamten notwendig machen und damit den Kammerapparat aufblähen würde. Simon bat die Schwesterkammern daher, sich der „Münchner, Augsburger und Passauer Position“ anschließen zu wollen. Hier irrte sich Simon allerdings, denn Augsburg und Passau nahmen diese Position wie oben beschrieben

---

[141] Zapf auf der Delegiertenkonferenz v. 11.1.1933. BWA K2/II/1, 7. Akt.
[142] Ebd.
[143] Bingold auf der Delegiertenkonferenz v. 11.1.1932. BWA K2/II/1, 7. Akt.

gar nicht ein. Meier zeigte daher zwar Verständnis für die Münchner Bedenken, doch „sei er als Praktiker der Meinung, dass den Spannungen, die nun einmal im Einzelhandel vorhanden seien, ein Ventil geöffnet werden müsse.“[144]

Übereinstimmend lehnte man jedoch eine Beteiligung der Handwerkskammern an den Ämtern sowie eine Übertragung entsprechender Befugnisse auf die Gremien ab. Die Münchner beugten sich schließlich der Mehrheit, welche beschloß, daß der Industrie- und Handelskammertag Richtlinien für die Errichtung von Einigungsämtern ausarbeiten und der Regierung vorlegen sollte. Nachdem „die Wärme für die Errichtung der Einigungsämter nicht von München ausgegangen“[145] war, übernahmen dies Würzburg und Augsburg. Unterlagen hierzu sind allerdings heute nicht mehr auffindbar.

V.5 Zusammenfassung

Die engagierte Arbeit des Bayerischen Handelskammertages in den Nachkriegsjahren war mit dem Ende der Inflation 1923 und dem damit einhergehenden Einfrieren der Rätediskussion zum Erliegen gekommen. Die bayerischen Handelskammern widmeten sich nun verstärkt den Sorgen und Nöten der Wirtschaft ihrer jeweiligen Kammerbezirke, gemeinsame Besprechungen im Rahmen des Handelskammertages wurden, auch aus finanziellen Gründen, seltener. Erst die Vorboten der Weltwirtschaftskrise brachten die Kammern im November 1928 dazu, eine Vollversammlung abzuhalten, auf der sie die schlechte Wirtschaftslage und die ihrer Meinung nach fehlende Unterstützung durch die bayerische Staatsregierung anprangerten. Die weiteren Probleme, die die Wirtschaft bis 1933 beschäftigten, konnten die Kammern aber nicht dazu bewegen, die Organisation des Industrie- und Handelskammertages wieder so auszugestalten, daß dieser als schlagkräftiges Instrument für die Interessen der Wirtschaft eingesetzt werden konnte. Daran änderte auch die drohende – und von den Kammern durchaus erkannte – Gefahr der Machtübernahme durch die Nationalsozialisten nichts.

Im Vordergrund stand in dieser Periode einmal mehr das wirtschaftspolitische Wirken, hier wiederum das Engagement für den Erhalt des Handelsministeriums. Das Scheitern in dieser Sache trug wesentlich zur Verstimmung der Kammervertreter gegenüber der Regierung Held bei. Ein weiteres wichtiges Thema war die Beschäftigung mit den Reichssteuergesetzen, doch auch hier konnte sich der Industrie- und Handelskammertag, bedingt durch die desolate Finanzlage des Reichs, mit seiner Forderung nach Steuersenkungen nicht durchsetzen. Aus den Diskussionen um die in den Notverordnungen enthaltenen Steuererhöhun-

---

[144] Meier auf der Delegiertenkonferenz v. 11.1.1932. BWA K2/II/1, 7. Akt.

[145] Bunk auf der Delegiertenkonferenz v. 11.1.1932. BWA K2/II/1, 7. Akt.

gen schaltete der Handelskammertag sich selbst aus, um die politische Lage nicht weiter zu destabilisieren.

Mehr Erfolg verzeichnete der Industrie- und Handelskammertag auf dem Gebiet der Ordnungsfunktion in der Wirtschaft. Er schaltete sich in die Gestaltung des Vergleichs- und Konkursverfahrens ein und erreichte die Veröffentlichung des Schuldnerverzeichnisses. In manchen Fragen, so die Festlegung einheitlicher Fristen für die Ausverkäufe, gelang es den Industrie- und Handelskammern allerdings nicht, sich auf eine gemeinsame Position zu verständigen.

Insgesamt vermittelte der Bayerische Industrie- und Handelskammertag in den Jahren zwischen 1924 und 1933 den Eindruck einer funktionierenden, aber nicht mit großem Enthusiasmus in Anspruch genommenen Organisation. Versuche zu seiner Stärkung am Ende der Weimarer Republik fanden zwar breite Zustimmung, wurden aber nicht umgesetzt. Widerstand gegen die Gefahr des Nationalsozialismus war angesichts dieser lethargischen Haltung von ihm nicht zu erwarten.

C.VI Der Bayerische Industrie- und Handelskammertag im Nationalsozialismus

VI.1 Arbeitsweise und inhaltliche Schwerpunkte

An der Arbeitsweise des Bayerischen Industrie- und Handelskammertags änderte die Machtübernahme durch die Nationalsozialisten einiges, denn diese nahmen grundlegenden Einfluß auf die Struktur der Kammern, wie im folgenden zu zeigen sein wird. Durch den Austausch des Führungspersonals, der Einführung des Führerprinzips und die Ausrichtung auf das „Gemeinwohl" konnte von einer unabhängigen Selbstverwaltung der Wirtschaft nicht mehr die Rede sein. Ziel der Nationalsozialisten war es vielmehr, über die jeweiligen fachlichen und regionalen Organisationen Zugriff auf jedes einzelne Unternehmen zu haben.

Dabei war es nicht so, daß die traditionelle Selbstverwaltung abgeschafft wurde. Sie wurde vielmehr umgedeutet zu einer „nationalsozialistischen Selbstverwaltung" und bedeutete nach einer Definition von Theodor Adrian von Renteln, dem Leiter des NS-Kampfbundes des gewerblichen Mittelstandes und neu ernannten Präsidenten des Deutschen Industrie- und Handelstags, „die grundsätzlich selbstverantwortliche, aber in selbstverständlicher Unterordnung unter die Erfordernisse des Staatsganzen sich vollziehende Erfüllung örtlich gebundener öffentlicher Aufgaben, deren Natur eine besonders enge Verquickung mit der ortseingesessenen Bevölkerung erfordert, für eine enge und unmittelbare Eingliederung in den staatlichen Apparat aber nicht geeignet ist."[1] Die bisherige Unterscheidung zwischen Staatsauftrags- und Selbstverwaltungsangelegenheiten der Kammern verschwamm zusehends, da der Rahmen für die Selbstverwaltung immer weiter eingeengt wurde und der Reichswirtschaftsminister, dem die Kammern 1934 unterstellt wurden, in jedem Falle darüber zu wachen hatte, „daß die Kammern die allgemeinen politischen Richtlinien des Staates innehalten und ihre Tätigkeit der Gesamtwirtschaft zugute kommt."[2] Verstieß eine Kammer gegen diesen Grundsatz, oblag es dem Reichswirtschaftsminister, sie unter Einsatz aller gesetzlichen Mittel wieder auf Kurs zu bringen. ABEL spricht daher statt von Staatsauftrags- und Selbstverwaltungsangelegenheiten von „Volksauftragsangelegenheiten".[3]

Die Sitzungen des Bayerischen Industrie- und Handelskammertages wurden wie bisher bei Bedarf einberufen und waren mit im Schnitt 2,0 Sitzungen pro Jahr nicht wesentlich häufiger als im zuvor betrachteten Zeitabschnitt zwischen 1924 und 1932.[4] Die Grenzen zwischen Vollversammlungen und Delegierten-

---

[1] Zitiert nach ABEL: Industrie- und Handelskammern, S. 42f.

[2] ABEL: Industrie- und Handelskammern, S. 94.

[3] Ebd. S. 46f., 93f.

[4] Dies liegt möglicherweise auch daran, daß Pietzsch, der neue Präsident der IHK München, sich öfter in Höllriegelskreuth, seinem Wohn- und Arbeitsort, aufhielt als in der Landeshaupt-

konferenzen verschwammen dabei zusehends: Die meisten Sitzungen wurden zwar als Delegiertenkonferenz bezeichnet, bei mindestens zweien schwankte aber selbst der Vorort zwischen „Delegiertenkonferenz" und „Handelskammertag".[5] Dies ist allein schon ein Indiz dafür, daß die ehemals so ordentlich geführte Organisation sich in Verfall befand. 1936, im Jahr der Auflösung des Handelskammertags, fand nur noch eine Geschäftsführerkonferenz, aber keine reguläre Sitzung mehr statt.[6]

Ebenso wie im zweiten Zeitabschnitt der Weimarer Republik sind von den Sitzungen keine Mitschriften erhalten, es ist daher kaum mehr möglich, den genauen Verlauf nachzuzeichnen. Insbesondere Diskussionen und (etwaige) Meinungsverschiedenheiten lassen sich nicht mehr nachvollziehen. Entschließungen und Anträge des Bayerischen Industrie- und Handelskammertages wurden ebenfalls nur zum Teil dokumentiert.

Existenz und Tätigkeit eines Handelskammertages ohne Kooperation mit den Behörden, wie es die Vertreter des Bayerischen Industrie- und Handelskammertages gegen Ende der Weimarer Republik praktiziert hatten, wäre im nationalsozialistischen Staat nicht denkbar gewesen. Auf jeder Sitzung waren Vertreter des bayerischen Wirtschaftsministeriums anwesend; zumeist handelte es sich dabei um Staatssekretär Ludwig Stocker und Ministerialdirektor Wilhelm Schenk, der später zur Vertretung Bayerns in Berlin wechselte. Es handelte sich dabei aber weniger um Kontrolle der „Selbstverwaltungs"-Körperschaften als vielmehr einen Ausdruck der „Beharrungstendenzen" der bayerischen Ministerialbürokratie, die die Industrie- und Handelskammern nicht nur in ihrem Bestand erhalten, sondern auch ihre hergebrachte Zuordnung zur Landesregierung nicht aufgeben wollte[7] und im Bayerischen Industrie- und Handelskammertag eine wirkungsvolle Unterstützung dieses Bemühens fand.

---

stadt. Buchner, der neue Syndikus, mußte ihn mehrmals auffordern, zu Besprechungen nach München zu kommen (vgl. Buchner an Pietzsch, 2.12.1933. BWA K2/I/44), und ging schließlich dazu über, sich hierzu von den Präsidenten der anderen bayerischen IHKn Unterstützung zu erbitten: „Es wäre zu begrüßen, wenn Sie und einige Herren des Präsidialrats der bayerischen Kammern Gelegenheit nehmen würden, Herrn Präsidenten Pietzsch offiziell zur Einberufung einer Sitzung des Führer- und Präsidialrats der bayerischen Kammern zu bestimmen, da die hier augenblicklich vorliegenden Fragen mit größtmöglicher Beschleunigung besprochen werden müssen und ein geschlossenes Vorgehen der bayerischen Kammern dringlichst erwünscht scheint." (Buchner an Corves, 24.2.1934. BWA K2/I/44.)

[5] Es handelte sich dabei um die Sitzungen vom 3.2.1934 und vom 19.11.1935.

[6] Zur Geschäftsführerkonferenz am 19.6.1936 siehe BIHK an die bayerischen IHKn, 6.6.1936. Archiv IHK Ludwigshafen, XXIV B.5. Neben den Treffen verständigten sich die Kammern in einzelnen Fragen schriftlich oder fernmündlich auf gemeinsame Positionen, so im März 1936 in einer Frage des Einzelhandelsschutzgesetzes. Vgl. Bayerische Wirtschaftszeitung, Nr. 5, 11.3.1936.

[7] Vgl. BRANDT: Organ, S. 164.

Sichtbarere Änderungen lagen in der Installierung neuer, in der Satzung natürlich nicht vorgesehener Organisationen, dem Führerrat und dem Präsidialrat der bayerischen Industrie- und Handelskammern sowie dem Führerrat der bayerischen Wirtschaft, die den Handelskammertag an die nationalsozialistischen Strukturen anpassen sollten.[8]

Die innerhalb des Bayerischen Industrie- und Handelskammertages besprochenen Themen wurden eindeutig von der Sorge um die Zukunft der Kammern dominiert, denn die meisten Sitzungen drehten sich um die Frage der künftigen Stellung der Handelskammern im neuen System. So bedauerte die Kammer Augsburg im September 1934, „dass die Delegiertenkonferenzen immer noch mit organisatorischen Fragen sich befassen müssen, während vordringliche Fragen sachlicher Art unbesprochen bleiben müssen. Leider lässt sich das aber nicht ändern."[9] Da es sich dabei um die Auseinandersetzung mit der Gestaltung des Wirtschaftssystems als ganzem handelte, wird dieses Gebiet wie schon in der Übergangszeit nach dem Ersten Weltkrieg dem Wirtschaftspolitischem Wirken zugerechnet, wodurch sich in dieser Kategorie insgesamt der hohe Wert von 56 % ergibt (vgl. Tabelle 19).

Tabelle 19: Verteilung der vom Bayerischen Industrie- und Handelskammertag besprochenen Themen 1932-1936

	absolut	*%*
Wirtschaftspolitisches Wirken	14	56
davon: Neuordnung des Wirtschaftssystems	*12*	*48*
Besprechung öffentlicher Aufgaben	2	8
Gutachtliche Tätigkeit	-	-
Ordnungsfunktion in der Wirtschaft	2	8
Beschäftigung mit staatspolitischen Themen	-	-
Innere Angelegenheiten der HKn und des BIHK	7	28
Sonstiges	-	-
Summe	25	100

Quelle: Eigene Berechnung auf Basis der Akten des Bayerischen Industrie- und Handelskammertages.

Für andere wichtige Fragen des wirtschaftspolitischen Wirkens wie etwa die Haltung der Kammern zur Diskriminierung jüdischer Industrieller, Kaufleute und Händler blieb daneben kaum Zeit,[10] soweit sie nicht, wie zum Beispiel die

[8] Siehe zur Umsetzung dieser neuen Gremien unten Pkt. VI.2.

[9] IHK Augsburg an BIHK, 25.9.1934. BWA K2/IIa/46.

[10] Der BIHK besprach auf seiner Sitzung vom 24.3.1934 die „Betätigung von Nichtariern im Wirtschaftsleben". Allerdings ist von dieser Sitzung kein Protokoll erhalten, so daß Verlauf und Inhalt der Besprechung nicht mehr zu rekonstruieren sind. HESSE: Auswirkungen, S.

Besprechung von Steuerfragen oder die Beschäftigung mit staatspolitischen Themen, als nicht systemkonform zur Gänze wegfielen.

VI.2 Wirtschaftspolitisches Wirken: Die Suche nach der Stellung im neuen System

Die Nationalsozialisten waren schon in den Jahren vor der Machtübernahme mit Plänen für eine Neuordnung der Wirtschaft Deutschlands an die Öffentlichkeit getreten. Nach der Machtübernahme erwies sich schnell, daß keiner dieser Pläne ausgereift oder durchdacht gewesen war. Bei den maßgebenden politischen Persönlichkeiten herrschte daher nun durchwegs Uneinigkeit darüber, wie die nationalsozialistische Wirtschaftsverfassung auszusehen hatte: Den Anhängern eines straff und zentralistisch geleiteten autoritären Staates mit konservativem, zum Teil auf altpreußische Traditionen zurückgreifendem Einschlag standen Kreise gegenüber, die eine ständisch-körperschaftliche Gliederung der Wirtschaft verfolgten.[11] Einig war man sich innerhalb der Führungsriege in Berlin nur darüber, daß der Führungsanspruch des Staates über die Wirtschaft durchgesetzt werden mußte. Zu diesem Zweck war eine Reorganisation des Verbandswesens unabdingbar, denn die liberalen, vor allem als Interessenvertretungen zusammengeschlossenen Selbstverwaltungsorgane und Verbände waren als Instrumente einer dirigistischen Wirtschaftsordnung nicht brauchbar.[12]

Als amtliche Interessenvertretungen der gewerblichen Wirtschaft waren die Industrie- und Handelskammern dabei dem Zugriff des nationalsozialistischen Staates von Anfang an, besonders aber nach ihrer Gleichschaltung, weit stärker ausgesetzt als die privaten Vereinigungen der Industrie. Sukzessive wurden sie ihrer Struktur als Organe der wirtschaftlichen Selbstverwaltung allmählich entkleidet und in steigendem Maße zu Instrumenten der staatlichen Wirtschaftspolitik umgeformt,[13] doch geschah dies keineswegs zielgerichtet und geplant, sondern vielmehr willkürlich und im Widerstreit der an den Spitzen der zuständigen Reichsbehörden sich ablösenden Männer.

469f., 472, weist nach, daß die bayerischen IHKn zunächst immer wieder, wenn auch zurückhaltend, für ihre jüdischen Angehörigen eintraten, sich aber spätestens ab 1938/39 zumindest teilweise aktiv an der Verdrängung der Juden aus dem Geschäftsleben beteiligten. Vgl. hierzu auch ZIEGLER: Bayern, S. 576; WINKEL: Wirtschaft, S. 120-125.

[11] FRENTZEL: Industrie- und Handelskammern, S. 127f., 132. Siehe hierzu auch FACIUS: Wirtschaft und Staat, S. 124-130; FISCHER: Wirtschaftspolitik, S. 36.

[12] PROLLIUS: Wirtschaftssystem, S. 176; FISCHER: Wirtschaftspolitik, S. 17-20.

[13] BLAICH: Staat und Verbände, S. 101.

2.1 DIE GLEICHSCHALTUNG DER BAYERISCHEN INDUSTRIE- UND HANDELSKAMMERN

Unmittelbar nach der Machtübernahme, die als neuen Reichswirtschaftsminister Alfred Hugenberg vom Koalitionspartner DNVP ins Amt gebracht hatte, wurde die Wirtschaftspolitik der neuen Regierung von der Mittelstandsbewegung der NSDAP bestimmt. Die NSDAP hatte dem Mittelstand, der Gruppe der Bauern, Handwerker und kleinen Kaufleute, von Anfang an besondere Aufmerksamkeit gewidmet, hatte aber erst im Zuge der Weltwirtschaftskrise eine breitere Wählerbasis in dieser Schicht gefunden. Dies führte zum Aufbau eines Mittelstandsapparates innerhalb der Partei, mittels dessen die Anliegen des Mittelstands zu Bestandteilen eines allgemeinen politischen Programms geformt werden sollten. Im Januar 1931 nahm im Braunen Haus in München eine Wirtschaftspolitische Abteilung unter Otto Wagener, einem Wirtschaftsfachmann der NSDAP, ihre Tätigkeit auf und entwickelte in der Folge konservativ-ständestaatliche Vorstellungen, die sich an den Wünschen des Mittelstands orientierten.

Die Mittelstandsideologen der NSDAP hielten im Frühjahr 1933 ihre Chance für gekommen, die gewünschten Veränderungen in den Wirtschaftsstrukturen in Angriff zu nehmen. Am 1. April wurden nicht nur die jüdischen Geschäfte durch die SA boykottiert, sondern – durch Auswechslung unerwünschten Führungspersonals – auch die Interessenverbände der Großindustrie „gleichgeschaltet", um ihren Einfluß einzudämmen.[14]

In diesem Zusammenhang ist auch die sogenannte „Gleichschaltung" der Industrie- und Handelskammern in ganz Deutschland zu sehen: Unbequeme Präsidenten und Kammermitglieder sollten ausgeschlossen und durch „ideologisch zuverlässige" Kandidaten der Partei ersetzt werden, um fortan gezielt die Interessen des Mittelstandes, bzw. was Wagener dafür hielt, zu vertreten. Zum neuen Präsidenten des Deutschen Industrie- und Handelstages wurde auf Weisung Wageners der bereits erwähnte Renteln ernannt, der wie Renteln einen ständischen Wirtschaftsaufbau verfolgte. Die Ernennung erfolgte gegen den Willen Hugenbergs, dessen Protest an den Tatsachen nichts mehr ändern konnte.[15]

In Bayern begann die Gleichschaltung der Kammern schon kurze Zeit nach der Machtübernahme am 9. März 1933,[16] also noch vor dem Angriff der

[14] JAMES: Weltwirtschaftskrise, S. 342-344. Der Angriff auf die Interessenverbände der Großindustrie, besonders auf den Reichsverband der Deutschen Industrie, war wenig erfolgreich. Der RDI schloß sich am 16.6.1933 mit der Vereinigung der deutschen Arbeitgeberverbände zum Reichsstand der Deutschen Industrie zusammen und konnte als solcher weitgehend Unabhängigkeit gegenüber den NS-Ideologen bewahren.

[15] FRENTZEL: Industrie- und Handelskammern, S. 133. Siehe auch ESENWEIN-ROTHE, Ingeborg: Die Wirtschaftsverbände von 1933 bis 1945, Berlin 1965, S. 37f., und SCHÄFER: Deutscher Industrie- und Handelstag, S. 69. Hugenbergs fruchtloses Protestschreiben an Wagener (15.5.1933) befindet sich in Abschrift in BHStA MWi 5679. Biographische Angaben zu Renteln und Wagener finden sich bei FACIUS: Wirtschaft und Staat, S. 127, Anm. 282.

[16] Zur Machtübernahme der NSDAP in Bayern siehe ZIEGLER: Bayern, S. 514-521; PÖHLMANN: Heinrich Held, S. 237ff.

NSDAP auf die Verbände der Großindustrie. Am 29. März ordnete das Bayerische Staatsministerium des Äußern, für Wirtschaft und Arbeit Neuwahlen für die Industrie- und Handelskammern an, als Wahltag wurde der 3. Mai bestimmt. Schon zuvor wurden, ähnlich wie bei den Regierungspräsidenten, SA-Sonderkommissare zur Überprüfung der Geschäftsführung eingesetzt, deren Tätigkeit mit einer Verordnung vom 24. April 1933 legalisiert wurde.[17] Die jüdischen Kammermitglieder blieben daraufhin den Versammlungen fern; soweit sie nicht ausgeschlossen wurden, legten sie ihre Ämter „freiwillig" nieder.[18] Insgesamt begegnete diesem Lenkungsanspruch des Staates bei den bayerischen Kammern – wie auch bei den übrigen deutschen Kammern und Verbänden – nur geringer Widerstand, nicht zuletzt deshalb, weil den Unternehmern wohl bewußt war, daß jegliches oppositionelles Verhalten verschärften Druck von seiten der SA, Anfeindungen in der Presse und das Ausbleiben öffentlicher Aufträge zur Folge haben konnte.[19] Seine Durchsetzung verlief dennoch nicht immer friedlich: In Würzburg besetzte ein bewaffneter SA-Trupp unter dem Kommando eines Sturmbannführers das Gebäude der Industrie- und Handelskammer und erklärte das Präsidium für abgesetzt, weil man es für politisch unzuverlässig hielt.[20] Wie die meisten anderen Kammern erhielt Würzburg daraufhin einen bewährten Parteigenossen als Vizepräsidenten, der bald danach in das Präsidentenamt wechselte.[21]

Die Regierung in Berlin war sich in dieser Vorgehensweise, die auch bei mehreren außerbayerischen Kammern angewandt worden war, aber durchaus nicht einig. Hugenberg beklagte sich am 4. April 1933 auf einer Sitzung des Reichskabinetts über die SA, die Vorsitzende und Angehörige von Handelskammern verhaftet hätte, nur weil diese eingetragene Mitglieder der DNVP seien. Diese Persönlichkeiten würden in rechtswidriger Weise aus ihren Stellungen entfernt. Er könne diesen Zustand nicht länger hinnehmen und bitte dringend um Abhilfe. Er mußte sich von seinem Ministerkollegen Göring entgegenhalten lassen, daß Verhaftungen „vielfach" lediglich auf Veranlassung des zuständigen Staatsanwalts erfolgt seien. Zudem entspreche die Zusammensetzung der Kammern in keiner Weise mehr den heutigen politischen Verhältnissen. Deshalb sei es ihm, Reichsminister Göring, auch nicht möglich, die SA-Leute zurückzuhal-

---

[17] Zur Einsetzung der Sonderkommissare und ihrer Legalisierung vgl. Sonderabdrücke aus dem Bayerischen Staatsanzeiger vom 30.3.1933 in BHStA MWi 5679. Siehe auch ZIEGLER: Bayern, S. 523 sowie ZORN/HILLENBRAND: Sechs Jahrhunderte, S. 267.

[18] WINKEL: Wirtschaft, S. 112; SCHMIDT, Eva: Die Industrie- und Handelskammer Regensburg zur Zeit des Nationalsozialismus, Magisterarbeit an der Universität Regensburg 2003 (masch.), S. 72.

[19] ESENWEIN-ROTHE: Wirtschaftsverbände, S. 5; SCHMIDT: Industrie- und Handelskammer, S. 28. Vgl. auch WINKEL: Wirtschaft, S. 111-113; KÖNIG: Handelskammern, S. 199.

[20] Dies geschah am 24.3.1933. Vgl. die Schilderung der Vorgänge, verfaßt am 27.3.1933 von Syndikus Zapf, in BHStA MWi 5679.

[21] BLAICH: Bayerische Industrie, S. 241.

ten. Hugenberg konnte nur kleinlaut erwidern, er habe die Neuorganisation des vorläufigen Reichswirtschaftsrats bereits vorbereitet und werde demnächst die Auflösung und Neuwahlen für die Kammern anordnen. „Man müsse ihm jedoch eine gewisse Zeit lassen, um alle diese Dinge vorzubereiten."[22] Trotz Görings demonstrativ passiver Haltung erließ die Reichsregierung bald darauf Anordnungen, welche lokale Ausschreitungen dieser Art unterbanden.[23]

Mit den Kammerneuwahlen am 3. Mai in Bayern war die Tätigkeit der Sonderkommissare beendet und die Gleichschaltung abgeschlossen.[24] Im Vorfeld der Wahlen hatten mehrere Kammern im bayerischen Wirtschaftsministerium angefragt, ob bei der Aufstellung der Kandidatenliste die Grundsätze der Gleichschaltung anzuwenden waren, wonach 51 % der Mitglieder Nationalsozialisten sein mußten, oder ob die Parteizugehörigkeit bei den Wahlen überhaupt keine Rolle spiele. Das Ministerium antwortete etwas unklar, daß irgendwelche Vorschriften oder Richtlinien über die Zusammensetzung der Kammern nicht erlassen worden seien. Jedoch sei „dringend erwünscht, daß vor der Wahl unter den beteiligten Kreisen in den gewerblichen Verbänden eine Liste vereinbart wird, um eine glatte Wahl ohne Wahlkampf zu gewährleisten. Dabei entscheidet nicht die Parteizugehörigkeit an sich, jedoch ist auf eine Zusammensetzung der Liste Bedacht zu nehmen, die eine unbedingt zuverlässige Zusammenarbeit der neugewählten Kammer mit der nationalen Regierung sicherstellt. Marxistische Kreise und jüdische Persönlichkeiten kommen selbstverständlich überhaupt nicht in Betracht." Außerdem sei streng darauf zu sehen, daß die vorgeschlagenen Persönlichkeiten „vollstes Ansehen genießen und über ausreichende Erfahrung verfügen". Präsidialmitglieder sollten darüber hinaus die Gewähr für die nötige Gewandtheit des Auftretens und eine würdige Vertretung der Kammer

[22] Akten der Reichskanzlei. Die Regierung Hitler 1933-1938. Teil 1: 1933/34, Bd. 1: 30. Januar bis 31. August 1933, bearb. v. Karl-Heinz MINUTH, Boppard am Rhein 1983, S. 293f. Siehe auch Dokument Nr. 14 in GAERTRINGEN, Friedrich Hiller v.: „Die Deutschnationale Volkspartei", in: Das Ende der Parteien 1933, hg. von Erich MATTHIAS und Rudolf MORSEY, Düsseldorf 1979, S. 543-652, hier S. 643. Vgl. auch JAMES: Weltwirtschaftskrise, S. 344. Hugenberg hatte mit Hitlers Machtantritt die Leitung von gleich vier Ministerien (Reichswirtschafts- und Reichsernährungsministerium sowie die entsprechenden preußischen Ressorts) übernommen, war von dieser Ämterhäufung aber völlig überfordert und trat schließlich als Sündenbock für die nach der Machtübernahme von Hitlers Wählern erwarteten, aber unerfüllt gebliebenen wirtschaftlichen Hoffnungen zurück. Vgl. PROLLIUS: Wirtschaftssystem, S. 175. Daß Hugenberg überfordert war, belegt auch das obige Beispiel der IHKn: Während er „demnächst" Neuwahlen für die IHKn ansetzen wollte, war dies in Bayern längst geschehen, was er anscheinend nicht wußte.

[23] BLAICH: Bayerische Industrie, S. 241.

[24] Vgl. Pressenotiz Stockers v. 9.5.1933 in BHStA MWi 5679.

nach außen hin bieten.[25] BRANDT versteht dies als Hinweis an die Kammern, für Seriosität zu sorgen, sich tunlichst unter den führenden Vertretern der Wirtschaft umzusehen und nicht die uniformierten Kämpfer aus dem kleinen Mittelstand an die Spitze zu stellen.[26]

In den meisten bayerischen Kammern setzten sich erwartungsgemäß die neuen Kandidaten, Anhänger der NSDAP, durch. Auffallend viele von ihnen, nämlich sechs von sieben, waren „alte Kämpfer", die bereits vor 1933 den Weg zur NSDAP gefunden hatten und die überdies zum Teil gewichtige Ämter in den Organisationen und Dienststellen der Partei ausübten. Offensichtlich war das Regime bestrebt, soweit wie möglich verdiente und überzeugte Nationalsozialsten in die Führungspositionen der Industrie- und Handelskammern zu bringen, mit „Märzgefallenen" wollte man sich nicht begnügen.[27] In München wurde der „als politisch unzuverlässig geltende" langjährige Präsident Pschorr trotz Loyalitätsbekundungen gegenüber der neuen Regierung und Eintritts in die NSDAP am 27. April 1933 schon vor den Wahlen von Albert Pietzsch abgelöst. Pietzsch unterstützte die Partei seit 1925 finanziell und galt als Vertrauensmann für Wirtschaftsfragen im Stabe des Stellvertreters des Führers.[28] Pietzsch übernahm damit bewußt nicht nur die größte bayerische Industrie- und Handelskammer, die zudem in der Landeshauptstadt und damit in unmittelbarer Nähe zu den maßgeblichen Behörden angesiedelt war, sondern auch den Vorsitz im Bayerischen Industrie- und Handelskammertag, womit er sich entscheidenden Einfluß auf alle bayerischen Kammern sicherte. Nur in Augsburg und Ludwigshafen blieb es nach den Wahlen vorläufig bei den bisherigen Vorsitzenden Diesel und Troeltsch.[29]

---

[25] Vgl. Runderlaß des Wirtschaftsministeriums an die bayerischen IHKn, 11.5.1933. BHStA MWi 5679.

[26] BRANDT: Organ, S. 159. Aus diesem Grund wurden nach den Wahlen im Wirtschaftsministerium Überlegungen dahingehend angestellt, ob der neue Passauer Kammerpräsident Otto Erbersdobler, Geschäftsführer der Arbeitsgemeinschaft der Bayerischen Pflastersteinindustrie, durch jemanden mit einem prestigeträchtigeren Hintergrund zu ersetzen sei. Schließlich beließ man es jedoch bei Erbersdobler. Vgl. entsprechende Unterlagen in BHStA MWi 5679.

[27] Siehe hierzu auch BLAICH: Staat und Verbände, S. 101.

[28] PROLLIUS: Wirtschaftssystem, S. 295; BLAICH: Bayerische Industrie, S. 241; WINKEL: Wirtschaft, S. 111-113.

[29] Diesel trat schon 1934 aus „Altersgründen" zurück. Sein Nachfolger wurde Clairmont, der dem Nationalsozialismus anfangs durchaus Sympathien entgegenbrachte, bis er 1937 ernüchtert sein Amt aufgab. Vgl. ZORN/HILLENBRAND: Sechs Jahrhunderte, S. 267, 269. Daß Troeltsch 1933 nicht abgelöst wurde, ist umso erstaunlicher, als der machtbewußte und ehrgeizige pfälzische Gauleiter Josef Bürckel die „Gleich- und Ausschaltung der politischen Parteien, der Gewerkschaften, Interessenverbänden und des Pressewesens" als seine erste Aufgabe nach der Machtübernahme verstand und „seine Zugriffs- und Partizipationsmöglichkeiten auf weite Bereiche des politischen, wirtschaftlichen und gesellschaftlichen Lebens" ausdehnte. HEINZ, Hans-Joachim: NSDAP und Verwaltung in der Pfalz. Allgemeine innere Verwaltung und kommunale Selbstverwaltung im Spannungsfeld nationalsozialistischer Herrschaft

Auf die Angestellten der Kammern hatte der Ausgang der Wahlen zunächst wenig Einfluß. Nur in München mußte der bisherige Chefsyndikus Dr. Edmund Simon zurücktreten, weil er mit einer jüdischen Frau verheiratet und damit im nationalsozialistischen Sinne untragbar war. Simons Nachfolger wurde Dr. Hans Buchner, seit Entstehung der Partei Mitglied der NSDAP und seit über zehn Jahren Wirtschaftsredakteur des *Völkischen Beobachters*.[30]

Obgleich die Mehrheit der Kammerpräsidenten damit dem neuen Regime sehr nahe stand und die Kammern kaum überraschend ihren Willen zur Eingliederung in das Gefüge des neuen Staatswesens betonten, zeigten sie allesamt in der Folge doch große Loyalität gegenüber der alten Kammertradition. Inwieweit es ihnen dabei allerdings um den Erhalt der traditionsreichen Industrie- und Handelskammern an sich oder um die Sicherung der eigenen Posten und des damit verbundenen Einflusses ging, kann nicht genau abgegrenzt werden.[31] Obwohl sich zahlreiche Beispiele dafür anführen lassen, daß die Kammern auch nach der Machtergreifung objektiv zugunsten der Wirtschaft ihres Bezirks eintraten,[32] und Hesse auch der späteren Wirtschaftskammer bescheinigt, sie habe „so weit als möglich die fachlichen Interessen der gewerblichen Wirtschaft vertreten",[33] erscheint es doch zweifelhaft, ob gerade nach diesen von oben angeordneten Neuwahlen lediglich von einem „gewisse[n] Nachgeben gegenüber den propagandistischen Bedürfnissen des Regimes"[34] durch die neuen Kammerpräsidien gesprochen werden kann, wenn Pietzsch am 26. April 1933, zwei Tage nach seiner Ernennung zum Präsident der Münchner Kammer, ein Glückwunschtelegramm an Hitler richtet.

1933-1939. Ein Beitrag zur zeitgeschichtlichen Landeskunde, Mainz 1994, S. 106. Die Ablösung des bisherigen IHK-Präsidenten nach dem Vorbild anderer bayerischer Regierungsbezirke wäre unter diesen Umständen für Bürckel ein Gebot der Stunde gewesen.

[30] WINKEL: Wirtschaft, S. 113.

[31] Vgl. hierzu die Ausführungen bei BLAICH: Bayerische Industrie, S. 244.

[32] Vgl. HESSE: Auswirkungen, S. 404, 430. Besonders die Jubiläumsschriften der IHKn weisen darauf hin, daß die Kammern sich parteipolitischen Übergriffen soweit als möglich widersetzt hätten, vgl. z.B. SCHÄFER: 125 Jahre, S. 150; Am 7. April 1843, S. 37; Tradition und Bewährung, S. 57. Auch WINKEL: Wirtschaft, S. 114, betont diesen Umstand in bezug auf die neue Münchner Kammerführung; seine anschließende Dokumentation der Arbeit der Münchner IHK in den Anfangsjahren des „Dritten Reichs" läßt hieran aber doch Zweifel aufkommen (ebd., S. 115-126). Für die IHK Passau unter dem neuen Präsidenten Erbersdobler lassen sich ebenfalls Hinweise darauf finden, daß sie bereit war, sich der offiziellen Parteidoktrin zu beugen, vgl. BECKER, Winfried: Die Organisation der NS-Volksgemeinschaft in Passau. Gleichschaltung – Konflikt – Widerstand, in: Passau in der Zeit des Nationalsozialismus. Ausgewählte Fallstudien, hg. von Winfried BECKER, Passau 1999, S. 137-166, hier S. 150.

[33] HESSE: Auswirkungen, S. 459.

[34] Ebd., S. 460.

2.2 Der Bayerische Industrie- und Handelskammertag im „organischen Aufbau der deutschen Wirtschaft"

Auf eifriges Betreiben Wageners, aber entgegen den Wünschen Hugenbergs zeichnete sich schon kurz nach der Machtübernahme die berufsständische Neuorganisation von Landwirtschaft und Handwerk ab.[35] Der neu ernannte Präsident des Deutschen Industrie- und Handelstags, Theodor Adrian von Renteln, im Mai 1933 erklärte in diesem Zusammenhang, daß auch die bisherige Zusammenfassung der Berufszweige in Industrie- und Handelskammern sowie Einzelhandels- und Industrieverbänden einer festgefügten ständischen Gliederung weichen würde.[36] Rentelns Pläne waren wahrscheinlich davon beflügelt, daß neben dem Reichsstand der Deutschen Industrie, der in Reaktion der Großindustrie auf die Gleichschaltung ihrer Verbände entstanden war, auch schon ein Reichsstand des Deutschen Handels existierte.[37] Trotz bereits erfolgter Auswechslung ihrer Präsidien zeigten sich die Industrie- und Handelskammern in dieser Angelegenheit überraschend stur. So sprachen sich anläßlich einer Tagung von Vertretern von über 25 Handelskammern aus allen Gebieten des Reichs, die auf Einladung der Kammer München am 1. Juni 1933 in deren Räumen stattfand, die bayerischen Industrie- und Handelskammern in einer Entschließung dafür aus, die bisherige Zusammenfassung von Industrie und Handel grundsätzlich zu bestätigen und die Kammern auf der Unterstufe als Fundament des regionalen Wirtschaftsaufbaus anzuerkennen.[38] Auch die neuen Kammerpräsidenten wollten also nicht auf die gewohnte Wirtschaftsvertretung verzichten.

Die Haltung der Parteiführung gegenüber einer berufsständischen Ordnung wandelte sich jedoch noch im Sommer 1933. Die Stabilisierung der Wirtschaft bekam Vorrang vor einem wie auch immer gearteten Umbau. Mit Rücksicht hierauf sollten Parteifunktionäre keinerlei Einfluß mehr auf wirtschaftspolitische Entscheidungen haben; diese zu treffen oblag fortan allein dem Reichswirtschaftsministerium. Der neue Reichswirtschaftsminister Kurt Schmitt, der Hugenberg am 27. Juni 1933 ablöste, verkündete daher öffentlich, daß die Vorbereitung des ständischen Aufbaus der Wirtschaft zugunsten der Arbeitsbeschaffung zurückgestellt werden müsse. Schmitt, zuvor Generaldirektor der Münchner Allianz-Versicherung, schuf in seinem Ministerium bald wieder eine deutlich nicht-nationalsozialistische Atmosphäre. Von den Plänen für einen ständischen Umbau hielt er nicht sonderlich viel. Folgerichtig begann er daher sein

---

[35] AMBROSIUS: Kriegswirtschaft, S. 328. Die Neuorganisation des Handwerks blieb in ihren Anfängen stecken.

[36] BLAICH: Staat und Verbände, S. 106. Zu Rentelns Plänen siehe ESENWEIN-ROTHE: Wirtschaftsverbände, S. 38, und FISCHER: Wirtschaftspolitik, S. 37.

[37] JAMES: Weltwirtschaftskrise, S. 347.

[38] IHK München an das Bayerische Staatsministerium der Justiz, 13.6.1933. BHStA MJu 15523. Vgl. auch Ausführungen in der Entschließung des BIHK v. 30.10.1933. BWA K2/IIa/42.

Amt mit der Absetzung Wageners, wodurch der eifrigste Verfechter eines ständischen Aufbaus ausgeschaltet war. Der Stellvertreter des Führers, Rudolf Heß, verbot schließlich unter Androhung disziplinarischer Strafen die weitere Diskussion berufsständischer Entwürfe.[39]

Der Bayerische Industrie- und Handelskammertag blieb als Institution von Einwirkungen von außen vorerst verschont. Andere regionale Kammerzusammenschlüsse waren dagegen schon jetzt zum Teil massiven Veränderungen ausgesetzt: Während die badischen Industrie- und Handelskammern am 1. Juli 1933 zur einheitlichen „Badischen IHK Karlsruhe" zusammengefaßt wurden, erließ die württembergische Landesregierung am 8. Juni 1934 ein Gesetz über die Änderung des Handelskammergesetzes, das die württembergischen Industrie- und Handelskammern sowie den Württembergischen Industrie- und Handelstag praktisch zu Organen des Wirtschaftsministeriums machte.[40]

Auch der Deutsche Industrie- und Handelstag erfuhr eine Umstrukturierung: Er wurde im Sommer 1933 dem Führerprinzip unterworfen. Auf Weisung Schmitts mußte ein Beirat gebildet werden, dessen Mitwirkung an den Maßnahmen des Handelstags Voraussetzung war für die Anerkennung derselben durch den Minister. Zusätzlich wurde als engerer Führungskreis ein Präsidium einberufen.[41] Auf den ersten Blick wirkt diese Maßnahme wie die völlige Vereinnahmung des Spitzengremiums der deutschen Industrie- und Handelskammern durch den Nationalsozialismus. Dabei bewirkte sie, was auch Schmitts Intention war, das genaue Gegenteil. Der eng mit Wagener verbundene Renteln mußte Schmitt, schon allein wegen seines Vorstoßes vom Mai, suspekt sein. Durch die neuen Strukturen wurde Renteln nun zur Abstimmung mit den Beirats- und Präsidiumsmitgliedern gezwungen, welche wiederum zweifellos Schmitts Vertrauen besaßen. Renteln war auf diese Weise wirkungsvoll daran gehindert, weitere Alleingänge zu unternehmen, die nicht dem Willen des Reichswirtschaftsministeriums entsprachen; zugleich wurde die Einflußnahme der Partei auf den Deutschen Industrie- und Handelstag deutlich eingedämmt. Hierin aber einen Vertrauensbeweis Schmitts gegenüber den Industrie- und Handelskammern und ihrem Spitzengremium zu sehen, wäre voreilig, wie im Folgenden zu erkennen sein wird.

Pietzsch, der neue Präsident des Bayerischen Industrie- und Handelskammertages, scheint von der Wichtigkeit und Nützlichkeit des Gemeinschaftsgremiums

---

[39] BLAICH: Staat und Verbände, S. 106; ESENWEIN-ROTHE: Wirtschaftsverbände, S. 40. FRENTZEL: Industrie- und Handelskammern, S. 134. Hierzu hatten auch die Besorgnisse der Industrie gegenüber Wageners Plänen zur Stärkung des Mittelstands beigetragen, vgl. JAMES: Weltwirtschaftskrise, S. 343, 346.
[40] PROLLIUS: Wirtschaftssystem, S. 298, 305.
[41] FRENTZEL: Industrie- und Handelskammern, S. 134.

der bayerischen Kammern zunächst nicht sehr überzeugt gewesen zu sein, denn die erste Sitzung nach der Machtübernahme fand erst am 30. Oktober 1933 statt und hatte zudem einer Anregung der Kammer Nürnberg bedurft.[42] Vielleicht hätte Pietzsch auch jetzt noch gezögert, eine Delegiertenkonferenz anzuberaumen, wenn nicht das am 13. September 1933 erlassene Reichsnährstandsgesetz den Fortbestand der Industrie- und Handelskammern in Frage gestellt hätte. Der „Reichsnährstand", eine vom Reichswirtschaftsministerium formell unabhängige Körperschaft, vereinigte zwangsweise alle Erzeuger, Verarbeiter und Händler landwirtschaftlicher Produkte und war damit sowohl Berufsorganisation als auch Marktlenkungsorgan, das Produktionsmengen, Preis- und Handelsspannen für jede Verarbeitungsstufe regelte.[43] Der Reichsnährstand griff damit massiv in den freien Handel und damit wiederum in die traditionellen Vertretungsbefugnisse der Industrie- und Handelskammern ein.

Wie von der Kammer Bayreuth gewünscht, begann die Delegiertenkonferenz mit einem ausdrücklichen „Treuebekenntnis zum Führer des deutschen Volkes und zu der von ihm vertretenen Politik".[44] In diesem „Treuebekenntnis", das anschließend telegrafisch an Hitler nach Berlin gesandt wurde, begrüßte man gemeinsam den wirtschaftlichen Wiederaufschwung, mißverstand dabei aber völlig Hitlers Absichten, welche diesen möglich machten.[45]

In einer Entschließung an das Reichswirtschaftsministerium bekannten sich die Kammern anschließend einmütig „zu dem wiederholt von oberster Stelle ausgesprochenen Grundsatz, daß der Staat die Wirtschaft überwachen, daß er

---

[42] IHK Nürnberg an BIHK, 1.8.1933. Abschriftlich in Archiv IHK Ludwigshafen, XXIV B.100: „Wir erachten es für wünschenswert, die ehedem zwischen den bayerischen Industrie- und Handelskammern übliche rege Zusammenarbeit sobald als möglich in vollem Umfange wieder aufzunehmen."

[43] AMBROSIUS: Kriegswirtschaft, S. 328; ausführlicher PROLLIUS: Wirtschaftssystem, S. 191-199.

[44] BIHK an die bayerischen IHKn, 25.10.1933. Archiv IHK Ludwigshafen, XXIV B.100. Die IHK Bayreuth hatte in einem Brief v. 16.10.1933 an den BIHK eine „Kundgebung zur politischen Lage" gefordert: „Es ist u.E. notwendig, dass der Bayerische Industrie- und Handelskammertag in der gegenwärtigen ernsten Zeit, in der die Nation wie ein Mann zusammenstehen muss, um dem Ansturm von aussen standzuhalten, ein offenes lautes Bekenntnis zur Politik der Reichsregierung ablegt und damit auf die Kreise von Industrie und Handel in gleichem Sinne einwirkt. Es darf, wenn die mannhafte Haltung der Reichsregierung durchgehalten werden soll, im Geschäftsleben kein Miesmachertum aufkommen. Es ist gerade Aufgabe der Kammern, hier mit aller Energie dafür zu sorgen, dass die Politik der Reichsregierung in der Wirtschaft untermauert wird. Nachdem die Arbeitsschlacht im Innern schon halb gewonnen und dadurch für die Produktion eine Grundlage geschaffen ist, die viel fester und widerstandsfähiger ist als diejenige vor einem halben Jahr, muss es möglich sein, dass fühlbare Rückschläge vermieden werden, sofern nur jeder auf seinem Platz ein ganzer Mann und ein treuer Statthalter der Regierung ist." Archiv IHK Ludwigshafen, XXIV B.100.

[45] Niederschrift des Verlaufs der Delegiertenkonferenz v. 30.10.1933. BWA K2/IIa/42.

aber nicht selbst wirtschaften soll."[46] Sie betonten ihren bereits im Juni geäußerten Wunsch, daß auch der weitere berufsständische Aufbau der Wirtschaft unter diesem Leitsatz stehen möge und daß er auch für Industrie und Handel in Angriff genommen werde, nachdem er in Landwirtschaft und Handwerk schon erfolgt sei. Durch die Vorgänge um den Erlaß des Gesetzes über den vorläufigen Aufbau des Reichsnährstandes sahen sich die Kammern veranlaßt, nochmals darauf hinzuweisen, daß die Kreise von Industrie und Handel auch weiterhin einer gemeinsamen Betreuung bedürften und nicht auf jeweils eigene Kammern aufgeteilt werden dürften; Übergriffe anderer Berufsgruppen auf diesen Aufgaben- und Zuständigkeitsbereich seien geeignet, die Arbeit der beteiligten amtlichen Berufsvertretungen zu stören und sie „in ihrer organischen Verbundenheit" auseinanderzureißen. Dadurch würden sowohl die Wahrnehmung der Interessen als auch der Interessenausgleich im Sinne des Gemeinwohls stark gefährdet, wenn nicht unmöglich gemacht. Die gesamte Wirtschaft, so die Handelskammern, begrüßte dankbar das Arbeitsbeschaffungsprogramm der Reichsregierung; jede weitere Beunruhigung durch Eingriffe auf organisatorischem Gebiet müßten aber vermieden werden, um die Voraussetzungen für eine Wirtschaftsbelebung zu schaffen. Die Kammern baten daher das Reichswirtschaftsministerium dringend, bei der Fortsetzung des berufsständischen Aufbaus „an das organisch Gewordene", also an die traditionsreichen Industrie- und Handelskammern, im Sinne der Entschließung des Handelskammertages vom 1. Juni 1933 anzuknüpfen.[47] Die Delegierten der Industrie- und Handelskammern versuchten damit, ihre eigene Organisation unter möglichster Wahrung ihres Charakters in die veränderte politische und wirtschaftliche Realität einzufügen.

Wohl mit demselben Ziel wurde noch auf dieser Delegiertenkonferenz ein sogenannter „Führerrat der bayerischen Industrie- und Handelskammern" gegründet, welcher Pietzsch zufolge „den engen Zusammenschluß der bayerischen Industrie- und Handelskammern bei der Behandlung und Erledigung aller schwebenden Fragen des großen Aufgabenbereichs der Industrie- und Handelskammern und deren einheitliche Erledigung im Sinne des nationalen Aufbaues unserer Volkswirtschaft gewährleisten"[48] sollte. Es erscheint nicht ausgeschlossen, daß Pietzsch sich dabei von der wenige Monate zuvor erfolgten Umorganisation des Deutschen Industrie- und Handelskammertages hatte leiten lassen. Der Führerrat setzte sich aus den Präsidenten der Kammern München, Augsburg, Bayreuth, Ludwigshafen, Nürnberg und Würzburg zusammen und sollte eine „denkbar schnelle Beschlussfassung und Entscheidung"[49] in allen wichtigen Fragen, die die bayerischen Kammern gleichermaßen berührten, ermöglichen.

[46] Entschließung des BIHK v. 30.10.1933. BWA K2/IIa/42.
[47] Ebd.
[48] Vgl. Niederschrift der Delegiertenkonferenz v. 30.10.1933. BWA K2/IIa/42.
[49] Ebd.

Inwiefern allerdings der Ausschluß der drei kleinsten Kammern – Regensburg, Passau und Coburg –, die sich ohnehin bei den meisten Aussprachen eher zurückhaltend verhielten, die Beschlußfassung der übrigen sechs Kammern beschleunigen konnte, ist nicht ersichtlich.

Ohnehin ist diese Frage recht bedeutungslos, denn schon anläßlich seiner ersten Sitzung am 25. November 1933 wurde der Führerrat wieder umgewandelt. Bei der „außerordentlichen Bedeutung der zurzeit behandelten Wirtschaftsfragen“[50] war nun doch eine allgemeine Beteiligung der bayerischen Kammern gewünscht, weshalb das nunmehr als vorläufiger Führerrat bezeichnete Gremium zu einem „Präsidialrat der bayerischen Industrie- und Handelskammern“ erweitert wurde, welchem alle Vorsitzenden der bayerischen Kammern angehörten. Um jedoch zugleich eine „schnelle und wirksame Vertretung der von den bayerischen Industrie- und Handelskammern repräsentierten Wirtschaftskreise zu gewährleisten“,[51] wurde aus diesem Präsidialrat wiederum ein „Führerrat der bayerischen Wirtschaft“ ausgegliedert, der sich aus den Präsidenten der Kammern München, Ludwigshafen und Würzburg zusammensetzte. Der Führerrat sollte fortan das Bindeglied zwischen dem Bayerischen Industrie- und Handelskammertag und den zuständigen Staatsbehörden bilden.[52]

Der bisher von den Kammern hochgehaltene Grundsatz demokratischer Wahlen, wie er sich vor 1933 in jeder Delegiertenkonferenz bei der Bestimmung des Vorsitzenden feststellen läßt, war mit der Gleichschaltung verlorengegangen. Der verkleinerte Führerrat ging nämlich keineswegs aus einer Wahl hervor; vielmehr hatte Pietzsch als Präsident des Industrie- und Handelskammertages sich wie selbstverständlich zum Vorsitzenden dieses Führerrats ernannt und sich die beiden anderen Präsidenten, Geheimrat Dr. Troeltsch (Ludwigshafen) und Dr. Corves (Würzburg), als weitere Mitglieder beigeordnet.[53] Zum geschäftsführenden Mitglied des Führerrats wurde der I. geschäftsführende Syndikus des Vororts, Dr. Buchner, berufen.

Während Diesel, der Augsburger Vorsitzende, diese Entscheidung einfach hinnahm, waren die Präsidenten Nürnbergs und Bayreuths, Schaub und Köhler, alles andere als mit ihr einverstanden. Besonders Schaub, der sich als der geistige Vater des ursprünglichen Führerrats betrachtete, fühlte sich „durch seine

---

[50] Pressemitteilung über Sitzung des Führerrats am 25.11.1933. BWA K2/I/44.

[51] Ebd.

[52] Buchner an Olschinka (Syndikus der IHK f. Ost- und Westpreußen, Königsberg), 16.4.1934. BWA K2/I/44.

[53] Pietzsch an Corves (Würzburg) und Troeltsch (Ludwigshafen), 25.11.1933. BWA K2/I/44: „Unter Bezugnahme auf die heute vormittag gepflogenen Verhandlungen über die Neubildung des Führerrats der bayerischen Wirtschaft bitte ich als dessen Vorsitzenden Sie, davon Kenntnis zu nehmen, daß ich Sie und Herrn Geheimrat Dr. Troeltsch/Herrn Dr. Ernst Corves mir als weitere Mitglieder des neuen Führerrates beigeordnet habe. Gleichzeitig habe ich den I. geschäftsleitenden Syndikus meiner Kammer, Herrn Dr. Hans Buchner, zum geschäftsführenden Mitglied des Führerrates berufen.“

Ausschaltung persönlich gekränkt und zurückgesetzt."[54] Aber auch Köhler betrachtete seine Entfernung mit großem Mißmut, denn dadurch besaß „die wirtschaftlich so stark bedrängte und gefährdete Ostmark im Führerrat der bayerischen Wirtschaft keine Vertretung mehr."[55] Beide forderten daher vehement eine Überprüfung der Besetzung des Rats. Nach längerem Zögern von seiten Pietzschs einigte man sich schließlich darauf, Köhler als „Vertreter des Grenzlandes" zusätzlich in den Führerrat zu berufen; Schaub wurde zur Entschädigung zum Vorsitzenden des Präsidialrats ernannt.[56]

All das Organisieren von seiten Pietzschs war aber letztlich wenig erfolgreich; die beiden Räte scheinen nicht in der Lage gewesen zu sein, die in sie gesetzten Hoffnungen zu erfüllen. Abgesehen von einer einzigen Sitzung im November 1933 wird der Führerrat in den Akten nicht mehr erwähnt, auch der Präsidialrat findet darin nach seiner Bildung keine Erwähnung mehr. Es ist daher nicht davon auszugehen, daß die beiden Gremien größere Aktivitäten entwickelten. Zudem tagte ab Februar 1934 der Bayerische Industrie- und Handelskammertag wieder in seiner herkömmlichen Form; die Arbeitsweise, die sich in den letzten 24 Jahren herausgebildet hatte, hatte sich also als überlegen erwiesen. Pietzsch hatte damit eine Erfahrung gemacht, die den Wirtschaftsplanern in Berlin noch bevorstand: Die deutsche Wirtschaftsverwaltung ließ sich nicht einfach dadurch verbessern oder effizienter gestalten, daß man ihr von oben neue Organisationsformen aufpfropfte.

Auf seiner einzigen Sitzung im November 1933 befaßte sich der vorläufige Führerrat nochmals mit den durch das Vorgehen des Reichsnährstandes veranlaßten berufsstandspolitischen Problemen.[57] Hierauf und besonders auf die schon im Oktober verabschiedete, gegen die Ausdehnung des Reichsnährstandes gerichtete Entschließung des Industrie- und Handelskammertags reagierte die Landwirtschaftsabteilung des Wirtschaftsministeriums gereizt: Sie bat die Abteilung für Handel, Industrie und Gewerbe, die Industrie- und Handelskammern darauf hinzuweisen, „daß Kritik an reichsgesetzlichen Maßnahmen zu unterbleiben habe und es nicht angehe, Unzufriedenheit zu verbreiten."[58] Aus den Akten geht allerdings nicht hervor, ob die Handelsabteilung des Wirtschaftsministeriums diese Rüge an den Handelskammertag weitergereicht hat.

[54] Notiz Buchners über Anruf v. Weiß, 27.11.1933. BWA K2/I/44.
[55] Notiz Buchners über Anruf v. Streit, 27.11.1933. BWA K2/I/44.
[56] Buchner an Olschinka, 16.4.1934; Pietzsch an Buchner, 30.4.1934. BWA K2/I/44.
[57] BIHK an die Mitglieder des Führerrats der bayerischen Wirtschaft, 22.11.1933. BWA K2/I/44. Der Führerrat wird danach in den Akten nicht mehr erwähnt, es erscheint daher wahrscheinlich, daß er keine größeren Aktivitäten entwickelte.
[58] Zitiert nach HESSE: Auswirkungen, S. 453.

Auf den folgenden Sitzungen des Handelskammertages in den Jahren 1934 und 1935 beschäftigten sich die bayerischen Industrie- und Handelskammern intensiv mit ihrer Rolle im neuen Staat.[59] So kennzeichnete Dr. Hans Buchner, der neue Syndikus der Vorortkammer, auf der Delegiertenkonferenz vom 3. Februar 1934 das Kammersystem als eine tragende Säule des ständischen Aufbaus und grenzte es ab gegenüber den Formen einer starren Planwirtschaft und Wirtschaftsbürokratie auf der einen und einer einseitigen Blickrichtung auf Betriebe und Branchen auf der anderen Seite. Er betonte die Notwendigkeit einer ständischen Gliederung nicht nach der Art der Produkte, sondern nach der „Gleichrichtung der Verrichtungsformen innerhalb der Wirtschaft“[60], sowie die Notwendigkeit, die Kammern noch mehr zu Mittlern zwischen Staat und Wirtschaft und zu Trägern des objektiven Rechtsgedankens in der Wirtschaft auszubauen dadurch, daß auf Unter- und Mittelstufe unmittelbare Verbindungslinien zwischen den verschiedenen Ständen im Rahmen der Kammerorganisation geschaffen würden.[61] Zu diesem Zweck wurde auch eine Änderung bzw. Ergänzung der geltenden Handelskammer-Verordnung vom 5. Februar 1927, insbesondere der §§ 11, 14 und 36, welche den Ausschuß der Kleingewerbetreibenden regelten, ins Auge gefaßt, um die Kleingewerbetreibenden durch eine Aufwertung zu gleichrangigen Kammermitgliedern stärker in die Kammerarbeit einzubinden, wie es die Kammern in Preußen bereits vorgemacht hatten.[62]

Pietzsch brachte abschließend einen einstimmig angenommenen Antrag vor, wonach die bayerische Regierung gebeten wurde, den Bayerischen Industrie- und Handelskammertag mit öffentlich-rechtlichem Charakter, den die Kammern

[59] Wie dies die IHKn in ganz Deutschland taten, vgl. FRENTZEL: Industrie- und Handelskammern, S. 134f. Überall betonten die Kammerpräsidenten, daß die IHKn berufen seien, im kommenden berufsständischen Aufbau eine besondere Rolle zu spielen. Man berief sich auf das alte Gedankengut der Kammerarbeit und des Kammerrechts, um zu beweisen, daß die Kammern in besonderem Maße und besser als andere Organisationen in den nationalsozialistischen Staatsaufbau paßten.

[60] „Ständische Wirtschaftsprobleme in Bayern“ – Entschließungen und Anträge des BIHK. Delegiertenkonferenz v. 3.2.1934. BWA K2/IIa/43.

[61] Ebd.

[62] BIHK an die geschäftsleitenden Syndici der bayerischen IHKn, 29.1.1934. BWA K2/IIa/43. Vgl. auch IHK München an das Bayerische Staatsministerium für Wirtschaft, Abteilung f. Handel, Industrie und Gewerbe, 9.4.1935. BHStA MWi 5676. Zu den preußischen IHKn siehe Frentzel: Industrie- und Handelskammern, S. 135. Ein entsprechender Antrag des BIHK zur Änderung der Verordnung von 1927 wurde jedoch erst am 18.4.1935 an das Bayerische Staatsministerium für Wirtschaft, Abteilung für Handel, Industrie und Gewerbe gerichtet. Schenk leitete die Anfrage an das Reichswirtschaftsministerium weiter, welches einer Änderung am 18.5.1935 zustimmte. BHStA MWi 5676. Zu einer formalen Änderung der Verordnung kam es jedoch nicht. Am 29.8.1936 richtete der BIHK daher eine neue Eingabe an die Handelsabteilung des Wirtschaftsministeriums. BHStA MWi 5677.

selbst ja bereits seit 1908 besaßen, auszustatten.[63] Hierzu sollte § 2 Ziff. 8 der Handelskammer-Verordnung von 1927, welcher es den Kammer gestattete, sich zu einem Handelskammertag zusammenzuschließen, folgende Fassung gegeben werden: „Die bayerischen Industrie- und Handelskammern werden zu einem Bayerischen Industrie- und Handelskammertag zusammengeschlossen, der wie die Industrie- und Handelskammern selbst eine Körperschaft des öffentlichen Rechts ist." § 12 sollte einen zweiten Absatz erhalten: „Desgleichen ist [wie für die Kammern] für den Bayerischen Industrie- und Handelskammertag eine Geschäftsordnung zu erlassen, welche dem Staatsministerium für Wirtschaft, Abteilung für Handel, Industrie und Gewerbe vorzulegen ist."

Begründet wurden diese Anträge damit, daß die Handelskammern in den meisten Teilen Deutschlands innerhalb der Ländergrenzen schon zu Kammertagen bzw. innerhalb Preußens zu Kammerzweckverbänden zusammengeschlossen waren, die teilweise, wie der Württembergische Industrie- und Handelstag und der Kammerzweckverband Niedersachsen-Kassel bereits öffentlich-rechtlichen Charakter mit einem satzungsmäßig festgelegten Aufgabenbereich innehatten. Den Industrie- und Handelskammern kamen bei der gegenwärtigen Entwicklung bedeutsame Aufgaben in der regionalen Wirtschaftspflege zu, weshalb der Industrie- und Handelskammertag einen stärkeren gesetzlichen Rückhalt brauchte: „Hand in Hand mit der Verstärkung der Zentralgewalt an der Reichsspitze muss der Ausbau der regionalen Wirtschaftsgliederungen erfolgen, wenn das Prinzip der Lebensnähe in der organisatorischen Wirtschaftsbetreuung nicht Schaden leiden und im Sinne der organischen Wirtschaftsbetrachtung des Nationalsozialismus die rechte Ausgewogenheit zwischen den Notwendigkeiten einer einheitlichen Führung und Verwaltung und den Lebensbedingungen besonders des peripher gelegenen Einzelbetriebs gewahrt werden soll."[64] Mit anderen Worten: Nur durch die Erhaltung und Stärkung des Status quo ließ sich die Wirtschaft richtig betreuen und fördern; vor weiteren Experimenten nach Art des Reichsnährstandes wurde gewarnt.

Auch der Staatsregierung, so fuhr der Antrag fort, könnte es unter den augenblicklichen Bedingungen nur erwünscht sein, „wenn das von ihr betreute einheitliche Wirtschaftsgebiet seine Einheitlichkeit und Besonderheit auch in der Organisation seiner öffentlichrechtlichen Berufsvertretung stärker abzuzeichnen und so einen nicht zu übersehenden Baustein für die spätere ständische Durchgliederung der Gesamtwirtschaft zu liefern versucht."[65] Durch die Festigung der Stellung des Handelskammertags und die dadurch geförderte Inangriffnahme gewisser, sich für eine einheitliche Behandlung eignender Aufgabengebiete wie

[63] BIHK an das Bayerische Staatsministerium f. Wirtschaft – Abteilung f. Handel, Industrie u. Gewerbe, 13.2.1934. BWA K2/I/45.
[64] Ebd.
[65] Ebd.

zum Beispiel Berufsausbildung und Verkehrswesen werde zudem eine Erleichterung der Arbeit des Bayerischen Wirtschaftsministeriums erwartet.[66]

In diesem Antrag wurde also alles verwertet, was sich zugunsten einer Stärkung der Rechtsstellung des Handelskammertages anbringen ließ: das Plädoyer an die Festigung der Eigenständigkeit Bayerns, an der die bayerischen Machthaber durchaus interessiert waren,[67] zugleich das Bekenntnis zur Reichsregierung, der Hinweis, daß die Arbeit des Handelskammertags den Behörden das Leben leichter machen würde, indem er in seiner neuen Eigenschaft als halbstaatliche Stelle ebenso wie schon die Kammern offizielle Aufgaben wahrnehmen könnte.

Die Mühe der Kammervertreter machte sich nicht bezahlt: Das Ministerium würdigte die Eingabe nicht einmal einer Antwort, der Handelskammertag behielt seinen privatrechtlichen Status. Letztendlich, muß an dieser Stelle aber betont werden, hätte auch eine Aufwertung zur öffentlich-rechtlichen Körperschaft die Auflösung des Handelskammertags nicht verhindert.

Der Hintergrund hierfür war, daß weder die Kammern in ihrer traditionellen, demokratisch geprägten Form noch die aus ihnen hervorgehenden Kammertage in das hierarchisch-autoritär gegliederte System des Dritten Reichs paßten. Schon am 27. Februar 1934 wurde durch das „Gesetz zur Vorbereitung des organischen Aufbaues der deutschen Wirtschaft" dem Reichswirtschaftsminister die Ermächtigung zu umfassenden Maßnahmen im Bereich der Wirtschaftsverbände erteilt.[68] Er konnte Verbände anerkennen, errichten, auflösen und zu Fusionen zwingen; er durfte ihre Satzungen kontrollieren sowie ihre Verbandsführer bestellen und abberufen.

Mit einer auf dem „Gesetz zur Vorbereitung des organischen Aufbaus der Wirtschaft" sowie dem „Gesetz über wirtschaftliche Maßnahmen" vom 3. Juli 1934[69] aufbauenden „Verordnung über die Industrie- und Handelskammern" vom 20. August 1934 wurden diese wie zuvor die Fachverbände der Aufsicht des Reichswirtschaftsministers unterstellt und das – tatsächlich überall schon geltende – Führerprinzip offiziell eingeführt, das sich auch auf die öffentlich-rechtlichen Kammerzusammenschlüsse bezog. Der Bayerische Industrie- und Handelskammertag war angesichts seiner nach wie vor privatrechtlichen Struktur von der Verordnung nominell also nicht betroffen.

Die Vorsitzenden der Industrie- und Handelskammern und deren Stellvertreter wurden seitdem vom Reichswirtschaftsminister ernannt. Sie bildeten nunmehr den Vorstand der Kammer, dem anstelle der Vollversammlung ein Beirat zur Seite trat, welcher aber lediglich eine beratende Funktion ausübte. Soweit die Landesgesetze diesen Grundsätzen nicht entsprachen, traten sie außer

---

[66] Ebd.
[67] Vgl. ZIEGLER: Bayern, S. 536f. und BRANDT: Organ, S. 164.
[68] Reichsgesetzblatt 1934, Teil I, S. 185f.
[69] Reichsgesetzblatt 1934, Teil I, S. 565.

Kraft.[70] Die Kammern hatten mit dieser Verordnung aufgehört, als Selbstverwaltungsorgane zu fungieren, da nun ihr Aufgabenkreis und die Art der Auftragserledigung durch diejenigen Organe festgelegt wurden, die durch Partei und Staat eingesetzt oder doch zumindest bestätigt waren.[71]

Auf die Struktur der bayerischen Industrie- und Handelskammern hatte die Verordnung zunächst nur geringe praktische Auswirkungen, da die größten Veränderungen bereits zuvor vollzogen worden waren, doch rief sie bei den Kammern große Besorgnis über ihre Zukunft hervor, weil man in ihr eine Schwächung der Kammern und damit implizit eine Stärkung der konkurrierenden Fachverbände, d.h. der Interessenvereinigungen der verschiedenen Industrie- und Handelszweige, sah. Um die Existenz der Kammern vor dem Reichswirtschaftsminister zu rechtfertigen, betonte Buchner in seinem Referat auf der Delegiertenkonferenz vom 24. März 1934, daß die ständischen Körperschaften sich auch als bodenständige Gebilde zu erweisen hätten und daß der ständische Aufbau wesentlich von dem Gedanken einer regionalen Ausrichtung der Wirtschaftsgliederung getragen sein müsse.[72] Buchner strich damit die Vorzüge der Kammern gegenüber den fachlich gegliederten Verbänden heraus: Die Kammern kannten die von ihnen betreuten Regionen seit nahezu hundert Jahren und konnten dadurch einen Gesamtüberblick über die regionale Wirtschaft bieten, wie es den Fachverbänden gar nicht möglich war. Aus diesem Gegensatz leitete Buchner in seinem Referat die Richtlinien einer „Aufgabenverteilung zwischen den Kammern als den Organisationen der objektiven Wirtschaftspflege und den Fachverbänden als Körperschaften der subjektiven Wirtschaftspflege“ ab, wie sie auf Grundlage des Gesetzes vom 27. Februar 1934 vorzunehmen sei.[73] Um die allgemeine Gesetzgebung in diesem Sinne zu beeinflussen, wurde das Referat Buchners am 5. April unter anderem an Reichsminister Rudolf Heß, Reichswirtschaftsminister Schmitt und Reichsjustizkommissar Frank übersandt.[74]

Zur Steigerung der „Schlagkraft“ nicht nur der Kammern, sondern auch des Handelskammertags als übergeordnetem Gremium gegenüber den Fachverbänden wurden nun, korrespondierend zu den einzelnen Kammern, auch bei diesem

---

[70] Reichsgesetzblatt 1934, Teil I, S. 790. Die IHKn waren damit zwar nominell dem Reichswirtschaftsminister unterstellt, sollten sich aber nur in grundsätzlichen Fragen und dann auch über die Landesregierungen an ihn wenden, vgl. Rundschreiben des Reichswirtschaftsministers v. 17.9.1934, von Stocker am 1.10.1934 dem BIHK übermittelt. BWA K2/I/47.

[71] BREMER: Kammerrecht, S. 18; ESENWEIN-ROTHE: Wirtschaftsverbände, S. 49f.; WERNER: Wirtschaftsordnung, S. 69, 71-73.

[72] Völkischer Beobachter Nr. 85, 26.3.1934. Exemplar auch in BWA K2/IIa/44.

[73] Ebd.

[74] Vgl. entsprechende Schreiben in BWA K2/I/46.

Arbeitsausschüsse eingerichtet;[75] über Arbeitsausschüsse für Beraufsausbildung und für das Verkehrswesen kam die Organisation bis 1936 jedoch nicht hinaus.

Auch der Deutsche Industrie- und Handelstag, dessen Präsident Renteln nur zu deutlich seine organisatorischen Schwierigkeiten erkannte, versuchte sein Gewicht gegenüber den Fachverbänden zu stärken. Noch Ende 1933 reichte er einen Gesetzentwurf ein, wonach eine Gesamtorganisation für die gewerbliche Wirtschaft geschaffen werden und im Handelstag ihre Spitze finden sollte. Alle regionalen Verbände sollten den Kammern, die fachlichen den Reichsständen untergeordnet werden. Reichswirtschaftsminister Schmitt dachte jedoch nicht daran, den Entwurf zu berücksichtigen, und überraschte Renteln mit dem Gesetz vom 27. Februar 1934, das alles andere tat, als das organisatorische Schwergewicht auf den Deutschen Industrie- und Handelstag zu verschieben. Renteln mußte sich deshalb von den Kammerpräsidenten bittere Vorwürfe wegen seiner Lässigkeit und Einflußlosigkeit machen lassen; der allenthalben erhobenen Forderung nach seinem Rücktritt konnte er nur die Berufung auf das Führerprinzip entgegenhalten.[76]

Paul Hilland, geschäftsführendes Präsidialmitglied und Hauptgeschäftsführer des Deutschen Industrie- und Handelstages und damit Nachfolger des 1933 ausgeschiedenen Hamm, mußte sich auf der Delegiertenkonferenz am 14. April 1934 die Vorwürfe des Bayerischen Industrie- und Handelskammertages anhören, der Deutsche Industrie- und Handelstag sei nicht genügend für die Belange der Kammern eingetreten.[77] Corves, der den an der Teilnahme verhinderten Pietzsch vertrat, kritisierte insbesondere den vom Handelstag vorgelegten Gesetzentwurf für die Handelskammern, der diese in den Augen Corves' deutlich zugunsten der Fachverbände schwächte, denn der behördliche Charakter der Kammern hätte gestärkt werden und der Selbstverwaltungsaspekt in den Hintergrund rücken sollen. Die Kammern hätte auch keine Gutachten mehr erstatten dürfen. Der gesamte in den bayerischen Handelskammerkreisen schwelende Unmut bündelte sich schließlich in Corves' Aussage, alle Kammervertreter seien jederzeit bereit zurückzutreten: „Wir tun unsere Arbeit nur im Interesse unseres Volkes. Wir laden diese Arbeit auf uns ohne Gegenleistung und ohne eine Gegenleistung haben zu wollen. Wenn die Entwicklung einen Lauf nimmt, den wir

[75] IHK München an DIHT, 21.6.1934. BWA K2/I/47. Dies geschah gegen den Willen der IHKn Ludwigshafen und Würzburg, die beide der Meinung waren, daß eine Zergliederung der Arbeit des BIHK durch die Bildung von Ausschüssen die Einheitlichkeit der Stellungnahmen bedrohen könnte. Vielmehr sollten häufiger Delegiertenversammlungen abgehalten werden. IHK Ludwigshafen an die bayerischen IHKn, 12.3.1934; IHK Würzburg an BIHK, 15.3.1934 (Abschrift). Archiv IHK Ludwigshafen, XXIV B.100.

[76] FRENTZEL: Industrie- und Handelskammern, S. 137.

[77] Vgl. Niederschrift über die Delegiertenkonferenz v. 14.4.1934. Archiv IHK Ludwigshafen, XXIV B.2.

nicht verantworten zu können glauben, werden wir die Konsequenzen ziehen, nicht aus Opposition, sondern um den Leuten die Bahn freizumachen, die diese Entwicklung herbeiführen wollen."[78] Hilland verwahrte sich daraufhin gegen alle Vorwürfe und gab an, die Entwürfe des Gesetzes gingen auf einen Wunsch des Reichsbankpräsidenten, Hjalmar Schacht, zurück, der damit verhindern wollte, daß der Reichsnährstand die ihm zugeordneten Firmen aus den Kammern zog.[79] Daher hätte sich an dem Entwurf nicht viel ändern lassen. Daß das Gesetz zur Organisation der Wirtschaft den Belangen der Industrie- und Handelskammern in keiner Weise gerecht geworden sei, sei allgemein akzeptiert, doch würden die Geschäfte des Reichswirtschaftsministers Schmitt entscheidend beeinflußt durch seinen Staatssekretär Posse, der den Verbänden sehr nahe stehe und diese in jeder Hinsicht bevorzuge und fördere. Aber auch Schacht sei kein Freund der Kammern. Die bayerischen Delegierten akzeptierten diese Ausführungen notgedrungen und beschlossen, sich wieder verstärkt hinter den Deutschen Industrie- und Handelstag zu stellen, um die gemeinsame Sache nicht noch weiter zu schwächen.

Ein weiterer Versuch des Handelskammertags, am Status quo festzuhalten und weiteren Veränderungen vorzubeugen, war die Ausarbeitung des Entwurfs einer bayerischen Industrie- und Handelskammerverordnung, mit der die Kammern an den nationalsozialistischen Staat angepaßt werden sollten. Maßgeblich daran beteiligt war Ministerialdirektor Schenk vom bayerischen Wirtschaftsministerium, einem Kenner der Berliner Wirtschaftspolitik. Schenk wußte genau, daß der Bestand der Industrie- und Handelskammern gefährdet war,[80] und wollte der weiteren Entwicklung durch Fakten vorbeugen. Der Entwurf, der im April 1934 entstand, enthielt im wesentlichen die in Bayern geltenden Bestimmungen unter Berücksichtigung der Entwicklungen seit 1933.[81] Das Reichswirtschaftsministerium lehnte jedoch eine Neufassung des Kammerwesens auf Landesebene ab, da eine reichsrechtliche Neuordnung bereits in Aussicht stand, welche die bestehenden Länderverordnungen ablösen und vereinheitlichen sollte mit dem Ziel, die Kammern „in dem neuen Gesamtaufbau der Wirtschaftsorganisation als Verbindungsorgan zwischen den neuerdings geschaffenen großen Wirtschaftsgruppen auf der Unterstufe fest und mit bestimmten Aufgaben" einzugliedern.[82]

---

[78] Niederschrift über die Delegiertenkonferenz v. 14.4.1934. Archiv IHK Ludwigshafen, XXIV B.2.

[79] Zu Schachts Abwehrkampf gegen Übergriffe der Partei-Organisationen, besonders gegen Reichsnährstand und Deutsche Arbeitsfront, auf die Wirtschaft siehe PROLLIUS: Wirtschaftssystem, S. 175.

[80] Vgl. BRANDT: Organ, S. 162.

[81] BIHK an die bayerischen HKn, 28.4.1934. BWA K2/I/47.

[82] Stocker an BIHK, 23.6.1934. BWA K2/I/47. Pietzsch hatte in Absprache mit Buchner noch am 23.6.1934 Ergänzungsvorschläge zum ursprünglichen Entwurf bei Esser eingereicht, die

Hier zeichnete sich das Ende der Länderhoheit im Kammerwesen bereits ab; auf Landesebene ließ sich daher kaum noch etwas erreichen.

Dies änderte sich auch nicht mehr, als Hjalmar Schacht im Juni 1934 den erkrankten Schmitt als Reichswirtschaftsminister ablöste,[83] denn auch Schacht war kein ausgesprochener Freund der Industrie- und Handelskammern, wie Hilland es bereits prophezeit hatte.

Am 1. Oktober 1934 erhielt der Bayerische Industrie- und Handelskammertag das Exemplar einer vom Reichswirtschaftsministerium in der Folge der Verordnung vom 20. August erarbeiteten Mustersatzung für die Kammern, die, wie schon der bayerische Entwurf, eigentlich nichts mehr war als eine Zusammenfassung der bisherigen Neuerungen. Die bayerischen Kammern zeigten sich daher im großen und ganzen damit einverstanden, insbesondere weil an der Kammerzugehörigkeit und der Beitragspflicht festgehalten wurde und weil – im Gegensatz zu früheren Entwürfen, die den Beirat in einer „dem Kammergedanken abträglichen Überspitzung des Führerprinzips" nicht berücksichtigten – der Vorsitzende auf Vorschlag des Beirats vom Reichswirtschaftsminister ernannt wurde. Insgesamt bot die Mustersatzung mehr Raum für regionale Sonderregelungen als dies ein Reichsgesetz getan hätte.[84]

Der Bayerische Industrie- und Handelskammertag nahm die Vorlage der Mustersatzung zum Anlaß, die Änderungswünsche der bayerischen Kammern gebündelt an das Wirtschaftsministerium in München weiterzuleiten. Dabei standen drei Aspekte im Vordergrund: Zum einen sollte die bayerische Gremialverfassung, d.h. die Untergliederung der bayerischen Kammerbezirke in Bezirksgremien, die es in keinem anderen deutschen Land gab, erhalten bleiben. Sodann sollte die Ernennung des Präsidenten, seiner Stellvertreter und des Beirat für drei Jahre statt, wie im Entwurf vorgesehen, für ein Jahr erfolgen. Drittens setzte man sich dafür ein, als Maßstab der Kammerumlage nicht nur die Gewerbesteuer, sondern auch die Kopfzahl der bei den beitragspflichtigen Betrieben beschäftigten Arbeitnehmer bzw. ein kombiniertes Verfahren hieraus zuzulassen, wie es

---

mit Stockers Schreiben hinfällig waren. Vgl. Pietzsch an Esser, 23.6.1934. BHStA MWi 5637.

[83] Schacht leitete das Ministerium zunächst nur interimistisch, blieb dann aber bis November 1937 im Amt. Er war selbst kein überzeugter Nationalsozialist und beschäftigte in seinem Ministerium auch nur wenige Parteiangehörige. Das volle Vertrauen der nationalsozialistischen Führung besaß er nie; Hitler ließ ihn nur gewähren, weil er in der Öffentlichkeit als wichtigster Garant für die Stabilität der deutschen Währung galt. Dennoch hatte Schacht bis 1936 eine bemerkenswert starke und eigenständige Position. Vgl. JAMES: Weltwirtschaftskrise, S. 348f.

[84] IHK München an DIHT, 5.10.1934. BWA K2/I/47. Nur die IHK für Oberfranken, die auch in anderen Fällen eine deutlich nationalsozialistischere Linie vertrat als die anderen Kammern, wehrte sich gegen den Vorschlag des Präsidenten durch die Kammer, weil dies eine Wahl des Präsidenten durch die Vollversammlung bedeute, was dem Führerprinzip widerspreche. IHK f. Oberfranken an BIHK, 6.10.1934. BWA K2/I/47.

bei den bayerischen Kammern seit der Weltwirtschaftskrise üblich war.[85] Das Reichswirtschaftsministerium zeigte sich mit den vorgeschlagenen Änderungen der Mustersatzung einverstanden. Die Dauer der Amtszeit des Präsidenten, der Vizepräsidenten und des Beirats war zwar vorläufig auf ein Jahr beschränkt, sollte aber später auf mehrere Jahre ausgedehnt werden. § 4, der die Kammerumlage regelte, wurde für jede Kammer nach ihrem Vorschlag erlassen, d.h. daß jede Kammer die Art und Weise ihrer Umlage selbst gestalten konnte.[86] In einem gewissen Rahmen war es den Kammern und ihrem Kammertag also immer noch möglich, Einfluß auf ihr Schicksal auszuüben und ihre Stellung gegenüber den Verbänden zu stärken.

Dabei hatten sich die Handelskammern nicht nur gegen die Fachverbände zu behaupten, sondern auch gegen die bereits eingerichteten Standesorganisationen, namentlich den Reichsnährstand und die Reichskulturkammer, welche den Kammern die beitragspflichtigen Mitglieder entzogen. Auf Veranlassung des Handelskammertags verwies Stocker deshalb gegenüber dem Reichswirtschaftsministerium auf die Unsicherheit der Handelskammern bei ihrer Etatsaufstellung wegen des Bestandes der ihnen zugehörigen beitragspflichtigen Personen und Betriebe, welche durch die Einbeziehung „wesentlicher Teile" der nach der bayerischen Industrie- und Handelskammerverordnung zu den Kammern beitragspflichtigen Personen in die verschiedenen neu aufgebauten Standesorganisationen entstand. Für eine Aufhebung der Beitragspflicht waren noch keine rechtlichen Grundlagen gegeben, dennoch seien bereits Bestrebungen der Betroffenen zu bemerken, sich der Zahlung der Kammerbeiträge zu entziehen.[87] Dies war eine durchaus verständliche Reaktion, wenn man sich vor Augen hält, daß es sich sowohl bei den Industrie- und Handelskammern als auch bei Reichsnährstand bzw. Reichskulturkammer um Einrichtungen handelte, denen die Unternehmer per Gesetz automatisch angehörten und zu denen sie ebenso automatisch, ohne zuvor gefragt zu werden, Mitgliedsbeiträge zu entrichten hatten. Wurde nun ein Unternehmen einer der neu gegründeten Einrichtungen zugeschlagen, übernahm diese die Funktion der gesetzlichen Berufsvertretung, womit die Mitgliedschaft in der Handelskammer und insbesondere die Beitragszahlung an diese in den Augen der Betroffenen überflüssig wurden.

Für die Kammern entstand damit die Gefahr, den notwendigen Budgetbedarf nicht mehr aufbringen zu können. Als Beispiel nannte Stocker Zahlen aus Oberbayern: Der Reichsnährstand, dem bereits der Landhandel sowie die Be- und

[85] BIHK an das Bayerische Staatsministerium für Wirtschaft, Abteilung f. Handel, Industrie u. Gewerbe, 24.10.1934. BWA K2/I/47. Siehe auch BHStA MWi 5676.
[86] Frielinghaus an das Bayerische Staatsministerium für Wirtschaft, 9.11.1934. BHStA MWi 5676. Stocker an BIHK, 16.11.1934. BWA K2/I/47. Die neuen IHK-Satzung trat am 21.1.1935 in Kraft, vgl. SCHÄFER: 125 Jahre, S. 150.
[87] Stocker an Reichswirtschaftsministerium, in Abdruck an BIHK, 23.6.1934. BWA K2/I/39.

Verarbeiter landwirtschaftlicher Erzeugnisse angegliedert waren, welche damit gegenüber anderen Berufsvertretungen nicht mehr beitragspflichtig waren, forderte darüber hinaus die Zuständigkeit für die Mühlen, Fleischwarenindustrie, Schlächtereien, Brauereien, Zuckerfabriken, Säge- und Furnierwerke. Könnte er sich mit dieser Forderung durchsetzen, so würden der Industrie- und Handelskammer München 2.400 beitragspflichtige Personen und Betriebe entfallen. Die Reichskulturkammer, die „die bei der Erzeugung, der Wiedergabe, der geistigen und technischen Verarbeitung, der Verbreitung, der Erhaltung, dem Absatz oder der Vermittlung des Absatzes von Kulturgut mitwirkenden Personen oder Betriebe“[88] umfaßte, entzog der Kammer München ca. 630 Betriebe. Neben diesen bereits bestehenden Standesorganisationen gab es Bestrebungen zur Organisation des Baugewerbes und zur Schaffung eines Reichsverkehrsrates bzw. einer Reichsverkehrskammer.

Stocker betonte, daß die Betriebe aber trotz dieser Bestrebungen Wirtschaftsbetriebe seien, die der Betreuung durch die Industrie- und Handelskammern bedürften. Er nahm deshalb für das bayerische Wirtschaftsgebiet in Anspruch, alle Betriebe, die noch nicht ausdrücklich ausgegliedert waren, auf ihre Beitragspflicht hinzuweisen, um „ein völliges Ausbluten“ der Kammern zu verhindern.[89]

Die Verhandlungen des Reichswirtschaftsministeriums mit dem Reichsministerium für Volksaufklärung und Propaganda, welches für die Reichskulturkammer zuständig war, sowie mit dem Reichsministerium für Ernährung und Landwirtschaft, für den Reichsnährstand zuständig, wegen der künftigen Betreuung der Mitglieder aus der gewerblichen Wirtschaft durch die Industrie- und Handelskammern waren zu diesem Zeitpunkt jedoch noch in der Schwebe; das Reichswirtschaftsministerium konnte daher diesbezüglich keine definitive Aussage treffen.[90] Im allgemeinen stand es dem Problem der Kammern wohl auch ziemlich indifferent gegenüber. Eine Aufforderung des bayerischen Wirtschaftsministeriums als einer dem Reichswirtschaftsministerium untergeordneten Behörde an die Betriebe zur Beitragszahlung war damit ebenfalls unwahrscheinlich.[91]

In dieser Situation referierte Buchner am 19. Oktober 1934 erneut über die „künftige Kammergesetzgebung und sonstige Organisationsfragen“.[92] Obgleich die Kammern „durch die Gesetzgebung der letzten Wochen [d.h. durch die Mustersatzung, Anm. d. Verf.] mit erneuter Autorität und Rechtskraft *seitens des*

---

[88] Ebd.

[89] Ebd.

[90] Bayerisches Staatsministerium für Wirtschaft, Abt. f. Handel, Industrie u. Gewerbe an BIHK, 9.8.1934. BWA K2/I/39.

[91] BIHK an die bayerischen IHKn, 16.8.1934. BWA K2/I/39.

[92] Pressemitteilung des BIHK, BWA K2/IIa/46. Vgl. auch den Artikel „Süddeutsche Wirtschaftstagungen“ in der Bayerischen Wirtschaftszeitung, Nr. 21, 24.10.1934.

Reiches ausgestattet"[93] worden waren, ihre Position sich also etwas stabilisiert hatte, sah Buchner die Notwendigkeit, erneut ihre Existenzberechtigung im nationalsozialistischen Staat zu untermauern, indem er sie, denen der Interessenausgleich zwischen den einzelnen Wirtschaftsbranchen sozusagen schon in die Wiege gelegt war, als „vorweggenommenen Nationalsozialismus" bezeichnete, da sie die von Hitler propagierten „Ganzheits- oder Gemeinschaftsauffassung" am besten verkörperten und ihnen – im Gegensatz zu den Fachverbänden – jede Einseitigkeit fernläge.[94] Die Industrie- und Handelskammern sähen in der objektiven Wirtschaftspflege ihre Hauptaufgabe und unterschieden sich damit von den Fachverbänden, deren Aufgabe es sei, die besonderen Berufsfragen der Gewerbezweige zu bearbeiten: „Die Kammern erscheinen also als Pflegestätten des Gesamt- und Gemeinnutzes, während die Verbände besonders in der Lage sind, sich der Pflege des Teilnutzes zu widmen. [...] Die Kammern haben sich, wenn sie sich ihrer Verantwortung voll und ganz bewußt waren, auch früher schon dem Drängen der einen oder anderen Gewerbegruppe entgegengestellt, weil ihnen das Wohl der Gesamtwirtschaft höher stehen mußte als das Wohl einzelner."[95] Wie schon im März betonte Buchner die vielfältigen Aufgaben der Kammern, deren Erfüllung mittelbar oder unmittelbar dem Staate zugute kam und die es angezeigt erscheinen ließen, die Kammern in ihrer jetzigen Form als „gesetzlich berufene Vertretungen der Industrie und des Handels und als Verfechter des Allgemeinwohls der Wirtschaft im Rahmen der Volksgesamtheit" zu erhalten, damit diese wie bisher imstande seien, „die wirtschaftlichen Notwendigkeiten ihrer Bezirke bis ins einzelne zu überschauen, richtig und sachlich zu vertreten und so auszurichten, wie es dem Gesamtwohl im Sinne des Nationalsozialismus entspricht."[96] Unterstützung fand der Bayerische Industrie- und Handelskammertag im bayerischen Wirtschaftsministerium. Wirtschaftsminister Esser richtete immer wieder besorgte Briefe nach Berlin, in denen er vor dem Branchenegoismus der straff zentralisierten Spitzenverbände warnte und die traditionelle regionale Ausgleichsfunktion der Kammern betonte. Zugleich plädierte er dafür, die Zuordnung der Kammern zur Landesverwaltung zu wahren.[97]

---

[93] So Buchner in seinem Artikel „Nationalsozialismus und Industrie- und Handelskammern" in der Bayerischen Wirtschaftszeitung, Nr. 21, 24.10.1934. Hervorhebung im Original. In Ermangelung eines Protokolls der Delegiertenkonferenz v. 19.10.1934 wird im folgenden auf diesen Artikel zurückgegriffen, was durch die große zeitliche Nähe wohl zu rechtfertigen ist.

[94] Ebd. Diese Ansicht war damals in weiten Kreisen vertreten, vgl. die Darstellung von ABEL: Industrie- und Handelskammern, S. 1, 6-12, der sich darin ebenfalls auf Buchner berief.

[95] Buchner: „Nationalsozialismus und Industrie- und Handelskammern". Bayerische Wirtschaftszeitung, Nr. 21, 24.10.1934.

[96] Ebd.

[97] Vgl. Schreiben Essers an das Reichswirtschaftsministerium v. September 1934 und März 1935. BHStA MWi 5676.

Vom Widerstand aus Bayern unbeeindruckt, setzte die „Erste Verordnung zur Durchführung des Gesetzes zur Vorbereitung des organischen Aufbaues der deutschen Wirtschaft" vom 27. November 1934 den nationalsozialistischen Neuaufbau der Wirtschaft fort.[98] In der Folge entstanden sieben „Reichsgruppen" – Industrie, Handwerk, Handel, Banken, Versicherungen, Energiewirtschaft, Fremdenverkehr – mit hierarchisch gegliedertem fachlichem und regionalem Unterbau, der wiederum verschiedenste Wirtschafts-, Fach- und Fachuntergruppen umfaßte und in welchen die schon bestehenden Verbände, soweit tunlich, überführt wurden. Die Zugehörigkeit der Unternehmer hierzu war nicht länger freiwillig, sondern obligatorisch, und erfolgte wie bei den Kammern automatisch, d.h. mit der Aufnahme eines entsprechenden Betriebes. Diese Reichsgruppen waren allerdings weniger Organisationen einer ständisch verstandenen Selbstverwaltung von Arbeitnehmern und Arbeitgebern, sondern „hauptsächlich Vollzugs- und Kontrollorgane staatlicher Lenkung der klein- und mittelständischen Wirtschaft unter der Ägide der Großindustrie, die ihre Selbständigkeit noch am ehesten wahren konnte."[99]

Für die Industrie- und Handelskammern bedeutete die Entstehung der Reichsgruppen eine wesentliche Schmälerung ihrer Bedeutung, da den Gruppen die rein fachliche Betreuung der Unternehmen vorbehalten war und Reichswirtschaftsminister Schacht den „Führer der Wirtschaft", Philipp Keßler, zudem angewiesen hatte, die in den Kammern bestehende Repräsentation wirtschaftlicher Interessen verkümmern zu lassen.[100]

Ein Hauptziel der Verordnung war die organische Verbindung der Industrie- und Handelskammern mit den Fachgruppen. Sie brachte daher einige Monate später die Begründung einer völlig neuen Körperschaft mit sich: der „Reichswirtschaftskammer". Sie war die Dachorganisation oberhalb der fachlichen und bezirklichen Gliederungen und umfaßte Vertreter der Reichsgruppen, der Industrie- und Handelskammern und der Handwerkskammern. Der Deutsche Industrie- und Handelstag, dem die Geschäftsführung der Reichswirtschaftskammer zusammen mit der neugeschaffenen Dienststelle des „Führers der Wirtschaft" übertragen wurde, blieb zunächst als Rechtsperson erhalten, hatte sich aber fortan „Reichswirtschaftskammer, Abteilung Industrie- und Handelskammern" zu nennen. Die Funktion des Präsidenten der Reichswirtschaftskammer wurde mit der des Präsidenten des Deutschen Industrie- und Handelstags vereinigt, der bisherige Präsident Renteln abberufen und durch den Präsidenten der Industrie- und Handelskammer Hannover, Ewald Hecker, ersetzt. Insgesamt bedeutete dies eine drastische Abwertung der Stellung der Industrie- und Handelskammern innerhalb der Wirtschaftsvertretungen.

---

[98] Reichsgesetzblatt 1934, Teil I, S. 1194-1199.
[99] AMBROSIUS: Kriegswirtschaft, S. 328; FUCHS: Industrie- und Handelskammern, S. 28f.
[100] BREMER: Kammerrecht, S. 18; ESENWEIN-ROTHE: Wirtschaftsverbände, S. 45.

Zudem wurde für die Mittelstufe der nationalsozialistischen Wirtschaftsordnung die Einführung von Bezirkswirtschaftskammern avisiert, die als gemeinsame Vertretung aller gewerblichen Wirtschaftsorganisationen, also der Industrie- und Handelskammern, der Handwerkskammern und der entsprechenden Untergliederungen der fachlichen Interessenverbände, für großräumlichen Bezirke fungieren sollte; für das ganze rechtsrheinische Bayern war dabei eine Wirtschaftskammer mit Sitz in München geplant. Auch die Wirtschaftskammer sollte Vertreter in die Reichswirtschaftskammer entsenden.[101]

Die freiwilligen Zusammenschlüsse der Kammern auf Landesebene sowie die Zweckverbände wurden von der Verordnung nicht berührt und konnten also unverändert fortbestehen. Allerdings galt dies nur so lange, bis die Wirtschaftskammern auf bezirklicher Ebene installiert wurden. Wie die Reichswirtschaftskammer sollte die Wirtschaftskammer die gesamte gewerbliche Wirtschaft ihres Bezirks und damit auch Handel und Industrie umfassen. Für einen auf gleicher Ebene bestehenden freiwilligen Zusammenschluß wie den Bayerische Industrie- und Handelskammertag, der nur bestimmte Berufszweige umfaßte, gab es im nationalsozialistischen Wirtschaftsaufbau keinen Platz, wie es die Eingliederung des Deutschen Industrie- und Handelstages in die Reichswirtschaftskammer bereits gezeigt hatte. Angesichts dieser Entwicklung mußte es den bayerischen Kammern klar sein, daß den Bayerischen Industrie- und Handelskammertag früher oder später das gleiche Schicksal ereilen würde; sein Aufgehen in der Wirtschaftskammer war nur eine Frage der Zeit.

Der nunmehr festgelegte Neuaufbau der deutschen Wirtschaft war jedoch keineswegs so klar, wie es die Formulierung der Verordnungen vermuten ließ. Wie sich auf der ersten Sitzung der Reichswirtschaftskammer am 1. April herausstellte, wußte niemand so recht, wie die beabsichtigte Zusammenarbeit von Kammern und Verbänden einerseits und das Verhältnis von Reichswirtschaftskammer und Bezirkswirtschaftskammer andererseits aussehen sollten.[102] Schwierigkeiten, so berichtete Buchner dem Industrie- und Handelskammertag am 13. April, ergäben sich vor allem daraus, daß die Reichswirtschaftskammer bisher nur ein Arbeitsgremium von wirtschaftlichen Organisationen ohne einen fest umrissenen Aufgabenkreis sei, sie befände sich gewissermaßen in einem „Stadium des Abtastens“[103]. Daher sei auch die Zusammenarbeit der künftigen Bezirkswirtschaftskammern mit ihr noch nicht abzusehen. Auch die Gewichtung

---

[101] FRENTZEL: Industrie- und Handelskammern, S. 137f.; FUCHS: Wiederaufbau, S. 31f.; ESENWEIN-ROTHE: Wirtschaftsverbände, S. 66f.

[102] Buchner nahm als Vertreter des Münchner Präsidenten Pietzsch an dieser Sitzung teil. Vgl. Niederschrift über die Delegiertenkonferenz v. 13.4.1935. Archiv IHK Ludwigshafen, XXIV B.2.

[103] Ebd.

von Kammern und Verbänden in den einzelnen Bezirkswirtschaftskammern, die sich durchaus nach regionalen Gegebenheiten richten sollten, stand noch nicht fest. Allerdings begann man nun auch in Berlin allmählich einzusehen, daß die Fachverbände gegenüber den Kammern, die seit dem Aufgehen des Deutschen Industrie- und Handelstags in der Reichswirtschaftskammer keine eigene gemeinsame Spitze mehr hatten, die Oberhand gewannen und daß diese Entwicklung nicht uneingeschränkt vorteilhaft war: „Es habe sich doch in der praktischen Arbeit der letzten Monate gezeigt, dass der Industrie- und Handeltag ein ‚notwendiges Übel' wäre."[104] Aus diesem Grund sollte nun eine Arbeitsgemeinschaft der Industrie- und Handelskammern gebildet werden, die als Teil der Reichswirtschaftskammer dieses Vakuum ausfüllen sollte.[105]

Bezüglich der Bezirkswirtschaftskammern führte Buchner aus, man sei in Berlin der Meinung, daß namentlich in Bayern die Verhältnisse aufgrund der großen Anzahl der regionalen Fachverbände sehr schwierig seien.[106] Bisher stehe nur fest, daß die Industrie- und Handelskammer München die Führung und Präsident Pietzsch den Vorsitz der Bezirkswirtschaftskammer erhalten sollten, ihre Mitglieder wären die Kammern, die bezirklichen Gruppen der Verbände, die Leiter von Reichsgruppen und Hauptgruppen, Abgeordnete der nicht vertretenen Gewerbe sowie Vertreter des Reichsnährstandes, der Gemeinden, des Staats usw. Die Aufgaben der Bezirkswirtschaftskammern stünden jedoch ebensowenig fest wie diejenigen der Reichswirtschaftskammer, dennoch seien Bedenken angebracht: „Hier entstehen sehr weitreichende Fragen, die fast Veranlassung geben könnten zu einem geschichtlichen Rückblick auf die Jahre 1920-1922." Er, Buchner, könne sich aber kaum denken, „dass man unter dem Zeichen des Nationalsozialismus eine Neuauflage des wirtschaftlichen Rätetums erleben werde."[107]

Die anschließende Diskussion zeigte deutlich die Unzufriedenheit aller Anwesenden mit den gegenwärtig bestehenden Verhältnissen, die ein in der Niederschrift nicht näher bezeichneter Redner offen als „Chaos" betitelte. Meier kritisierte, daß Organisationen geschaffen worden seien ohne Rücksicht auf den Aufgabenkreis: „Daran kranke die ganze Sache."[108] Die Delegierten beschlossen deshalb, sich mit dem Präsidenten der Reichswirtschaftskammer, Hecker, in

---

[104] Ebd.

[105] Dies geschah mit der Schaffung der „Arbeitsgemeinschaft der Industrie- und Handelskammern in der Reichswirtschaftskammer" per Verordnung vom 24.7.1935, FRENTZEL, S. 138.

[106] WAGNER: Organisation, S. 210-213, listet für das Jahr 1926 104 wirtschaftliche Verbände in Bayern auf, eine Zahl, die bis 1935 nicht wesentlich abgenommen haben dürfte.

[107] Niederschrift über die Delegiertenkonferenz v. 13.4.1935. Archiv IHK Ludwigshafen, XXIV B.2.

[108] Ebd.

Verbindung zu setzen und um eine Unterredung zu bitten, in der man nach Lösungen für die gegenwärtige Lage suchen wollte.

Ob eine derartige Unterredung zustande kam, läßt sich heute aus den Akten nicht mehr erschließen. Die Situation wurde jedenfalls weder für die gewerblichen Betriebe noch für die Kammern einfacher oder übersichtlicher; die Kammern wurden von den in die Reichsgruppen integrierten Fachverbänden bedrängt, während die Unternehmer Doppel-, Drei-, teils sogar Vierfachmitgliedschaften in den verschiedenen Fach- und Fachuntergruppen hinnehmen mußten.

Im November 1935 entschloß sich der Vorort daher zur Veranstaltung einer Vollversammlung, um wie schon 1928 die Öffentlichkeit auf die Lage der Kammern aufmerksam zu machen. Interessant ist dabei, daß man hier bewußt eine Sitzungsart wählte, die es auf der Ebene der Kammern selbst schon seit über einem Jahr nicht mehr gab und die dadurch umso mehr Aufmerksamkeit erregen mußte. Pietzsch und Buchner achteten im Vorfeld der Vollversammlung aber sehr darauf, nicht allzu rebellisch zu wirken, wie die Einladung an Hecker belegt: „Insbesondere soll darüber gesprochen werden, wie die Erhaltung arbeits- und leistungsfähiger Kammern sichergestellt und gewährleistet werden kann; [...]. Dabei wird sich auch Gelegenheit ergeben, über die da und dort auftretenden Bestrebungen, welche auf starke Bürokratisierung der Kammern und übermäßige Zentralisierung der Kammeraufsicht abzielen, zu sprechen."[109] Im Entwurf hatte der letzte Satz gelautet: „Im besonderen sollen die sehr nachteiligen Folgen, die sich aus der Verschärfung und Zentralisierung der Kammeraufsicht ergeben, und darüber hinaus die Fragen der Erhaltung und des Wiederausbaues einer betriebsnahen regionalen Wirtschaftspflege behandelt werden."[110] Anscheinend waren die Unterzeichneten Pietzsch und Buchner der Meinung, daß damit bereits zuviel Kritik ausgedrückt wurde, und zogen es vor, die Einladung neutraler zu formulieren.

Das Reichswirtschaftsministerium war dennoch nicht gewillt, die Äußerungen der bayerischen Kammervertreter zur weiteren Organisation der Wirtschaft unbeeinflußt hinzunehmen. Staatssekretär Posse, den der Handelskammertag als Vertreter des Reichswirtschaftsministeriums zu der Sitzung eingeladen hatte, bedauerte, daß er durch eine Reise an der Teilnahme verhindert sei: „Dankbar wäre ich Ihnen indessen, wenn wir vor der Sitzung Gelegenheit hätten, über das Problem der Organisation der Wirtschaft im Zusammenhang mit der Frage der Industrie- und Handelskammern zu sprechen, *damit nach Möglichkeit die Stellungnahme des Bayerischen Industrie- und Handelskammertages und des Ministeriums aneinander angeglichen wird.*"[111] Dieser unverhohlene Versuch aus Berlin, auf die Haltung des Handelskammertags einzuwirken und diesen auf die

[109] BIHK an Hecker, 4.11.1935. BWA K2/II/17.
[110] Ebd.
[111] Posse an Pietzsch, 11.11.1935. BWA K2/II/17. Hervorhebung durch d. Verf.

Linie des Ministeriums zu bringen, kam in Bayern schlecht an. Die Geschäftsführer der Kammern waren sich darin einig, daß diese Einmischung nicht hingenommen werden konnte.[112]

Die bayerischen Behörden erachteten die Veranstaltung des Handelskammertags als gute Gelegenheit, mit Nachdruck auf ihre eigenen, von den Reichsbehörden abweichenden Positionen hinzuweisen. Bereits im Januar 1935 hatte das bayerische Wirtschaftsministerium in einer „Aufzeichnung über die Organisation der staatlichen Wirtschaftsverwaltung des Reiches“ die vorgenommenen Umorganisationen heftig kritisiert: „An die Stelle einer einheitlichen Wirtschaftsverwaltung mit einem auf reiche Erfahrungen gestützten eingearbeiteten und streng objektiv denkenden Apparat und einem umfassenden Überblick über das gesamte Wirtschaftsgetriebe sind eine Reihe von fachlich bestimmten Organisationen getreten, die unter sich keinerlei Zusammenhang besitzen und daher schon zwangsläufig ihre eigenen fachlichen Sonderinteressen in den Vordergrund stellen.“[113] Im Vorfeld der Vollversammlung schrieb Ministerialdirektor Schenk, der inzwischen die Abteilung für Wirtschaft der Vertretung Bayerns beim Reich in Berlin leitete, daher an den Handelskammertag: „Ich erachte die Abhaltung dieser Besprechung im Beisein von Vertretern des Reichswirtschaftsministeriums für eine angesichts des gegenwärtigen Standes der Entwicklung der deutschen Wirtschaftsorganisation sehr angebrachte und bedeutsame Veranstaltung und habe mich gefreut, hier durch telephonische Rückfrage feststellen zu können, dass jedenfalls der zuständige Abteilungsleiter des Reichswirtschaftsministeriums, Herr Ministerialdirektor Pohl, der Einladung Folge leisten wird. Er wird auf diese Weise einmal Gelegenheit erhalten, aus erster Hand über die in der wichtigen Frage der künftigen Stellung der deutschen Handelskammern in einem von der Zentrale ferner gelegenen Lande bestehenden Auffassungen unterrichtet zu werden. Ich selbst habe über diese Fragen schon mehrfach mit Vertretern des Reichswirtschaftsministeriums, darunter auch mit Herrn Ministerialdirektor Pohl, eingehend gesprochen.“[114]

Die Stellung der bayerischen Industrie- und Handelskammern zur gegenwärtigen Organisation der Wirtschaft wurde in drei Referaten kundgetan:[115] Bay-

---

[112] Buchner sprach in einem Brief an Pietzsch u.a. Posses Schreiben an, in dem dieser um Fühlungnahme bat, „um die Stellungnahme des Bayerischen Industrie- und Handelskammertages der des Reichswirtschaftsministeriums möglichst ‚anzugleichen'. Ich [Buchner] erlaube mir die Bitte, Ihnen über diesen Punkt noch die Meinung der Geschäftsführerkonferenz vortragen zu dürfen, bevor Sie mit Herrn Staatssekretär Posse eingehender Fühlung nehmen.“ Buchner an Pietzsch, 13.11.1935. BWA, K2/II/17.

[113] Aufzeichnung über die Organisation der staatlichen Wirtschaftsverwaltung des Reiches, Bayerisches Wirtschaftsministerium, München, 28.1.1935, gez. Hermann Esser. BHStA, MWi 5614.

[114] Schenk an BIHK, 16.11.1935. BWA, K2/II/17.

[115] Abschriften von Köhlers („Feststellungen und Betrachtungen zur Organisation der gewerblichen Wirtschaft“) und Clairmonts („Entwicklungstendenzen im Kammerwesen und der

reuths Präsident Köhler sprach über den Stand und die Entwicklung der Wirtschaftsorganisation unter besonderer Berücksichtigung der Industrie- und Handelskammern und hatte damit das Hauptreferat inne. Er stellte – in deutlicher Anlehnung an Buchners bisherige Ausführungen – fest, daß die Kammern durch ihre vermittelnde Stellung zwischen Staat und Wirtschaft, durch ihre „dem Gemeinschaftssinn und der Gemeinschaftstätigkeit dienenden Tätigkeit" eigentlich „Vorläufer der nationalsozialistischen [Welt- und Wirtschaftsanschauung]"[116] seien. Die Kammern verkörperten laut Köhler den „Generalnenner der nationalsozialistischen Revolution", nämlich den Grundsatz: „Gemeinnutz geht vor Eigennutz", während die Wirtschafts- und Fachgruppen Einzelinteressen verträten, obwohl auch sie ihre Existenzberechtigung hätten. Wegen ihres Eigeninteresses müßten sie jedoch unbedingt in die regionalen Gemeinschaftsorganisationen schon in der untersten Stufe eingegliedert werden. Für die Kammern ergebe sich dagegen ein „natürliches Führerrecht" in der Wirtschaft. Ihnen könne auch eine weitgehende Selbstverwaltung zugestanden werden, weil bei ihnen nicht die Gefahr einer „egoistischen Interessenverfolgung" bestehe. Der Staat müsse daher dem Treiben gegen die Kammern Einhalt gebieten und sie vor innerer Aushöhlung, etwa durch die Ansprüche einzelner Industriegruppen, schützen, nicht zuletzt auch deshalb, weil die Kammern bisher ihre Pflicht getan und keine Forderungen gestellt hätten, weil „die Gesamtheit der Handelskammerpräsidenten des Deutschen Reiches eine von der neuen Staatsidee erfüllte Gesinnungsgemeinschaft ist. Deshalb ist sie aber auch für den Staat das wertvollste wirtschaftliche Führerinstrument."

Insgesamt müsse bei einer Neuordnung der Organisation der gewerblichen Wirtschaft auf eine einfache, klare und billige Struktur abgezielt werden. Aufgrund der zahlreichen Bezirks-, Fach- und Untergruppen beklage das Unternehmertum nämlich eine Überorganisation, denn jedes Unternehmen gehöre mehreren dieser Gruppen an, so daß es keine eindeutigen Zuständigkeiten gebe. Um die Autorität des Staates vor Schaden zu bewahren, folgerte der Referent: „Wir brauchen *eine einzige* bezirkliche Organisation und für jede Branche in der Hauptsache *eine* fachliche Organisation, die bereits in der Unterstufe mit einer *Gemeinschaftsorganisation* gekoppelt werden muss. *Als solche kommt einzig die Institution der Industrie- und Handelskammern in Frage.*"[117]

Zu diesem Zwecke sollten die Kammern als verkleinertes Spiegelbild der Reichswirtschaftskammer als Unterstufe der gewerblichen Wirtschaft dienen, indem sie Branchenvertreter aufnahmen, die wiederum Ausschüsse innerhalb

besondere Einfluß der haushaltsrechtlichen Vorschriften hierauf") Referaten im Akt BWA K2/II/17. Zu Buchners Referat („Aufgabenbereich und Tätigkeitsfeld einer Industrie- und Handelskammer") siehe BHStA MWi 5677.

[116] Referat Köhlers, ebd.

[117] Ebd. Hervorhebungen im Original.

der Kammern bilden sollten. Auf diese Weise wäre der Aufbau von der Unterstufe bis zur Oberstufe in Form der Reichswirtschaftskammer vereinheitlicht.

Nach Köhler erläuterte Buchner allgemein Tätigkeit und Aufgabenbereich einer Kammer. Den Abschluß bildete Augsburgs Präsident Clairmont mit einem Bericht über die finanzielle Selbstverwaltung der Kammern, in dem er insbesondere die Übertragung öffentlich-rechtlicher Vorschriften wie etwa der Reichshaushaltsordnung auf die Kammern als verfehlt und unzweckmäßig, weil viel zu beengend, anprangerte.

Die anschließend von den Kammervertretern einstimmig gebilligte Entschließung nahm wesentliche Elemente aus den drei Vorträgen, insbesondere aus dem Hauptreferat, nochmals auf und übte scharfe Kritik an der gegenwärtigen organisatorischen Entwicklung, welche die Wirtschaftsorganisation verteuere und die Vorzüge der „Amtsnähe" über diejenigen der „Sachnähe" setze.[118] Die freie Unternehmerinitiative drohe immer mehr „im Leerlauf und in der Bevormundung des übermässig zentralisierten Organisationswesens zu ersticken".[119] Kurz und bündig beschrieb der Handelskammertag die Crux der nationalsozialistischen Organisation: „Im Organisieren um seiner selbst willen und im Wettlauf um die Aufgabengebiete wird, von der Kostenfrage ganz abgesehen, viel wertvolle Kraft vergeudet."[120]

Die Kammern wiesen in der Entschließung zum wiederholten Male darauf hin, daß sie zur Pflege der gesamtwirtschaftlichen Belange und zur Förderung des Gemeinnutzes in der Wirtschaft arbeiteten, während die Fachverbände die Sonderinteressen einzelner Gewerbezweige verträten. Die Kammern seien daher zur Beratung der Regierung in wirtschaftlichen Fragen geradezu prädestiniert, doch werde ihre gegenwärtige Stellung im Rahmen des organisatorischen Aufbaus der gewerblichen Wirtschaft dieser Bestimmung und Bedeutung nicht in ausreichendem Maße gerecht: „So ist z.B. entgegen dem praktischen Bedürfnis durch die Gesetzgebung für den Bereich des Reichsnährstandes und der Reichskulturkammer die lebendige Fühlung mit den einschlägigen Firmen des Kammerbezirks erheblich gestört, der natürliche Wirtschaftszusammenhang zerrissen."[121]

Bei aller Anerkennung des Wertes fachlicher Arbeit und der hierzu notwendigen Organisationen, so der Handelskammertag, dürfe die Sachkenntnis und Erfahrung der Kammern nicht übergangen werden, ihre Mitarbeit in allen einschlägigen Fragen sei vielmehr sicherzustellen. Insbesondere sei es unerläßlich, sie und ihre Spitzenvertretung bei der Behandlung wirtschaftlicher Einzelfragen

[118] Entschließung des BIHK v. 19.11.1935. BWA K2/II/17.
[119] Ebd.
[120] Ebd.
[121] Ebd.

sowie bei der Vorbereitung gesetzgeberischer Maßnahmen zur Mitarbeit heranzuziehen „und damit einer ursprünglichen Hauptaufgabe wieder“[122] zuzuführen.

Die Kammern müßten ihrem Grundcharakter nach Selbstverwaltungskörper der Wirtschaft bleiben. Nur ihre großen Anpassungsmöglichkeiten an die verschiedenen Bedürfnisse der Bezirke und Wirtschaftszweige, hohe Beweglichkeit und weitgehende Freiheit „für die nach dem Führergrundsatz bestellten Leiter der Kammern in der Berufung der für die Kammern tätigen Kräfte nach dem Leistungsprinzip“[123] vermochten die Gewähr für höchste Leistung zu bieten. Ansätze zur Bürokratisierung und Verbeamtung der Kammern müßten daher beseitigt, die Wahrnehmung wirtschaftlicher „Lebensbedingnisse“ in der Betreuung der Firmen und Beratung der Behörden müßte im Gegenteil möglichst vereinfacht, versachlicht und verbilligt werden, wie es die Durchführungsverordnung zum organischen Aufbau der Wirtschaft vom 27. November 1934 erlaube: „Wird man die Industrie- und Handelskammern nach den in dieser Entschliessung entwickelten Grundsätzen gestalten, dann werden sie, was sie ihrem inneren Wesen nach zu sein bestimmt sind, auch in ihrem tatsächlichen Wirken zur stärksten Stütze der staatlichen Wirtschaftspolitik.“[124]

Die Veranstaltung des Bayerischen Industrie- und Handelskammertags stieß sowohl innerhalb als auch außerhalb Bayerns auf gewaltige Resonanz. Nachdem die Gauleitung der Bayerischen Ostmark in Bayreuth[125] und die Industrie- und Handelskammer Braunschweig, welche aus dem *Völkischen Beobachter* von der Tagung erfahren hatte und ein „außerordentliches Interesse an den besprochenen Themen“[126] bekundete, um eine Abschrift der Vorträge gebeten hatten, versandte der Vorort von sich aus Kopien derselben an sämtliche einhundertzwanzig deutschen Handelskammern.[127] Dennoch gingen – unter Beifallsbekundungen für den Inhalt der Vorträge – aus allen Teilen des Reiches immer wieder Anfragen danach ein, zum Teil von außerbayerischen Kammern, welche weitere Exemplare zur Verteilung wünschten, aber auch von anderen Stellen, zum Beispiel

---

[122] Ebd.
[123] Ebd.
[124] Ebd.
[125] Interne Notiz über Anruf Streits in München, 21.11.1935. BWA K2/II/17. Hitler hatte bereits im Januar 1933, einige Tage vor der Machtergreifung, die Gaugebiete Niederbayern, Oberpfalz und Oberfranken zum neuen Gau „Bayerische Ostmark“ zusammengefaßt. Der neue Gau hatte die Aufgabe, das „Deutschtum“ gegen das aus Tschechien „vordringende Slawentum“ zu verteidigen. Vgl. SCHMIDT: Industrie- und Handelskammer, S. 42.
[126] IHK Braunschweig an IHK München, 23.11.1935. BWA K2/II/17.
[127] BIHK an die deutschen IHKn, 2.12.1935. BWA K2/II/17. Aus „naheliegenden Gründen“ bat der BIHK darin darum, das Referat Köhlers streng vertraulich zu behandeln.

dem Gauwirtschaftsberater der Kurmark oder der Fachgruppe „Seifen-, Waschmittel- und Stearinindustrie" der Wirtschaftsgruppe „Chemische Industrie".[128]

Der Handelskammertag, der die Vorträge samt der Entschließung auch dem Reichswirtschaftsministerium hatte zukommen lassen,[129] zeigte sich aufgrund dieser Reaktionen zunächst vorsichtig optimistisch: „Es bestehen Aussichten, daß die darin verwerteten Erfahrungen und Erkenntnisse und die daraus abgeleiteten Organisationsrichtlinien bei der Entscheidung der Organisation der gewerblichen Wirtschaft im ganzen Reich eine maßgebliche Rolle spielen werden."[130] Nur wenig später, als auch die ersten Reaktionen aus dem Reichswirtschaftsministerium vorlagen, konnte auf dauerhaften Erfolg gehofft werden: „Die Tagung der bayerischen Industrie- und Handelskammern vom 19. November scheint nicht ohne Erfolg gewesen zu sein. Die Stellungnahme des Reichswirtschaftsministeriums zu den dort behandelten Fragen ist erfreulich bejahend und hat in letzter Zeit wiederholt zu begrüßenswerten Feststellungen seitens der zuständigen Vertreter des Ministeriums geführt."[131]

Letztlich erwiesen sich diese Hoffnungen jedoch als unbegründet, die Nationalsozialisten ließen sich in ihren Organisierungsbestrebungen nicht mehr aufhalten. Insbesondere dachten sie nicht daran, die Strukturen der Industrie- und Handelskammern zu stärken. Im Juni 1936 machte der Industrie- und Handelskammertag auf einer Geschäftsführerkonferenz den letzten Versuch, die Kammern in die sich abzeichnende weitere Neuorganisation der Wirtschaft einzupassen.[132]

VI.3 Besprechung öffentlicher Aufgaben: Berufsausbildungsfragen

Wie es die Kammer Augsburg bedauernd ausgedrückt hatte, blieb den bayerischen Handelskammern neben der Suche nach ihrer Rolle im neuen Staat nicht mehr viel Zeit, um sich auf den Delegiertenkonferenzen des Handelskammertags Sachthemen anzunehmen. Das von einzelnen Kammern bisher nicht gerade be-

---

128 BIHK an IHKn Bayreuth u. Augsburg, 16.12.1935; BIHK an IHK Bayreuth, 19.12.1935. BWA K2/II/17.

129 BIHK an Reichswirtschaftsministerium, 2.12.1935. BWA K2/II/17.

130 Buchner an Ruckdeschel (stellvertretender Gauleiter der Bayerischen Ostmark), 5.12.1935. BWA K2/II/17.

131 Buchner an Schenk, 11.12.1935. BWA K2/II/17. Auch Posse zeigte sich im nachhinein versöhnlich und betonte, daß die Berliner Regierung die Wirtschaftsorganisationen keineswegs zu einem Vollzugsorgan des Staates umbauen wolle, „ein Gesichtspunkt, dem zugegebenermaßen Berliner Zentralstellen nicht immer Rechnung getragen hätten." (Posse auf der ersten konstituierenden Sitzung der Wirtschaftskammer Bayern am 10.12.1935) Bayerische Wirtschaftszeitung, Nr. 25, 18.12.1935.

132 BIHK an die bayerischen IHKn, 6.6.1936. Archiv IHK Ludwigshafen, XXIV B.5. Ein Protokoll der Geschäftsführerbesprechung ist nicht erhalten.

vorzugte Gebiet der betrieblichen Berufsausbildung[133] erlangte dabei in den ersten Jahren der NS-Herrschaft besondere Bedeutung für die Kammern, war es doch ein Feld, auf dem sie sich dank der Unterstützung Schachts gegen die Deutsche Arbeitsfront behaupten konnten. Die Deutsche Arbeitsfront „ersetzte" ab Mai 1933 die Freien Gewerkschaften, umfaßte unter ihrem machtbesessenen Führer Robert Ley bald aber sowohl Arbeitnehmer als auch Arbeitgeber: „Für die beständige Ausbreitung der DAF nutzte Ley geschickt Freiräume, gewann handstreichartig oder durch gezielt initiierte Konflikte Terrain und überlagerte und usurpierte Kompetenzbereiche rivalisierender Partei- oder Staatsapparate"[134], so auch der Kammern. Die DAF besaß daher zahlreiche prominente Gegner aus dem Reichswirtschaftsministerium (Schacht), dem Reichsarbeitsministerium und der NSDAP (Bormann, Heß),[135] die gegen Ley und seine Organisation arbeiteten. So sorgte Schacht zusammen mit dem bayerischen Wirtschaftsminister Hermann Esser dafür, daß bei den Handelskammern wie schon bei den Handwerkskammern Lehrlingsrollen eingerichtet und eigene Prüfungsämter für die Abschlußprüfungen aufgebaut wurden. Den Industrie- und Handelskammern oblag außerdem die Durchführung der innerbetrieblichen und schulischen Lehre.[136]

Die bayerischen Kammern vereinbarten mit den Arbeitsämtern über den Bayerischen Industrie- und Handelskammertag Richtlinien über die Zusammenarbeit, die vor allem die Berufsberatung betraf.[137]

VI.4 Ordnungsfunktion in der Wirtschaft: Die Ehrengerichtsbarkeit

Der Stand der gewerblichen Wirtschaft erhielt im Nationalsozialismus durch Erlaß des Reichswirtschaftsministers vom 7. Juli 1936 eine umfassende eigene

---

133 So hatte die IHK Augsburg im November 1928 noch den Standpunkt vertreten, „die Eigenschaften eines Kaufmannes könnten sich nicht mit einer Prüfung feststellen lassen. Mit einer solchen Prüfung werde der Kaufmannschaft etwas zugemutet, das ihrem Wesen widerspreche." Die IHK Augsburg hatte zugleich auch den im Entwurf eines Berufsausbildungsgesetzes vorgesehenen Befähigungsausweis, wie er für das Handwerk schon galt und nun im Handelsbetrieb eingeführt werden sollte, entschieden zurückgewiesen, weil man darin eine „Zwangswirtschaft übelster Art" sah. ZORN/HILLENBRAND: Sechs Jahrhunderte, S. 265. Die IHK München hatte 1927 freiwillige Kaufmannsgehilfenprüfungen eingeführt, dabei aber auch mit Widerständen aus den eigenen Reihen zu kämpfen gehabt, vgl. WINKEL: Wirtschaft, S. 75.

134 PROLLIUS: Wirtschaftssystem, S. 201. Zur DAF allgemein vgl. ebd., S. 199-209.

135 PROLLIUS: Wirtschaftssystem, S. 208, Anm. 164.

136 ZORN/HILLENBRAND: Sechs Jahrhunderte, S. 273; BLAICH: Bayerische Industrie, S. 244; ESENWEIN-ROTHE: Wirtschaftsverbände, S. 88.

137 Bayerische Wirtschaftszeitung, Nr. 4, 26.2.1936. Vgl. auch ZORN/HILLENBRAND: Sechs Jahrhunderte, S. 273. ZORN/HILLENBRAND sprechen fälschlicherweise vom „Bayerischen Industrie- und Handelstag".

Gerichtsbarkeit, die sogenannte „Ehrengerichtsbarkeit".[138] Diese sollte privatrechtliche Streitigkeiten schlichten, vor allem aber Verstöße gegen die „Standesdisziplin" ahnden. Gemäß § 1 der Ehrengerichtsordnung für die gewerbliche Wirtschaft hatte der grobe Verstoß gegen eine im Rahmen der wirtschaftlichen Tätigkeit auferlegten Pflicht zur Folge, daß dieser durch ein Ehrengericht geahndet werden konnte (soweit das Verhalten des Betroffenen nicht gleichzeitig ein Kriminalstrafverfahren auslöste, welches zu seinen Ungunsten endete). Ziel dieser eigenen Gerichtsbarkeit war es, die besondere Pflichtenstellung der am Wirtschaftsleben Beteiligten hervorzuheben. Da die Ehrengerichtsbarkeit ausdrücklich dem Sühnegedanken verpflichtet war, gab es einen abgestuften Sanktionskatalog: Er enthielt die Warnung, den Verweis, die Ordnungsstrafe in Geld oder die Aberkennung der Befugnis, innerhalb der Organisation der gewerblichen Wirtschaft oder des gewerblichen Verkehrs ein Amt zu bekleiden.[139]

Dabei sollte die Ehrengerichtsordnung in besonderer Weise die „Selbstverwaltungsbefugnis" der Kammern wie der gewerblichen Wirtschaft im allgemeinen hervorheben. Zu diesem Zweck übermittelte der Reichswirtschaftsminister einen entsprechenden Entwurf an die Reichswirtschaftskammer mit dem Ersuchen, die Wirtschaftskammern zu veranlassen, diesen Entwurf zu übernehmen. Durch die Einführung auf indirektem Wege sollte der Anschein, es handele sich um autonomes, d.h. vom Staat unabhängiges, von der Kaufmannschaft für die Kaufmannschaft selbständig geschaffenes Recht, gewahrt werden.[140]

Obgleich diese Ehrengerichtsbarkeit erst mit der Verordnung von 1936 allgemein eingeführt wurde, waren in Bayern schon einige Jahre zuvor solche Ehrengerichte auf freiwilliger Grundlage geschaffen worden. Der Bayerische Industrie- und Handelskammertag beschäftigte sich bereits auf seiner ersten Sitzung im nationalsozialistischen Staat mit diesem Thema und hieß, wie kaum anders zu erwarten, die Bildung von Ehrengerichten bei den Industrie- und Handelskammern grundsätzlich gut. Eine Kommission, bestehend aus dem Würzburger Vorsitzenden Dr. Corves, dem 2. stellvertretenden Vorsitzenden der Kammer Ludwigshafen und den Syndici Dr. Streit (Bayreuth) und Rechtsanwalt Weiß (Nürnberg) sollte die weiteren Einzelheiten klären.[141] Diese Kommission erstellte den Entwurf einer „Ehrengerichtsordnung der bayerischen Industrie- und Handelskammern", der auf der nächsten Delegiertenkonferenz am 3. Februar 1934 den Kollegen präsentiert wurde. Diese nahmen den Entwurf einstimmig

---

[138] Der Gedanke an eine Ehrengerichtsbarkeit war dabei keineswegs neu, sondern bereits in den 1920er Jahren diskutiert worden, wo er sich aber nicht durchgesetzt hatte. Vgl. MOST: Selbstverwaltung, S. 84f.

[139] WERNER: Wirtschaftsordnung, S. 68, 72, 203.

[140] Ebd., S. 237.

[141] Niederschrift über den Verlauf der Delegiertenkonferenz v. 30.10.1933. BWA K2/IIa/42. Über die Beratungen dieser Kommission ist in den Akten nichts mehr auffindbar.

an.[142] Mit der Verordnung von 1936 wurden die freiwilligen Ehrengerichte durch die auf gesetzlicher Basis arbeitenden Gerichte ersetzt.[143]

VI.5 Die Auflösung des Bayerischen Industrie- und Handelskammertages und die Überleitung in die Abteilung Industrie- und Handelskammern der Wirtschaftskammer

5.1 Die Einrichtung der Wirtschaftskammer Bayern

Nach dem Aufgehen des Deutschen Industrie- und Handelstages in der Reichswirtschaftskammer zeichnete sich ein ähnliches Schicksal der entsprechenden Landesverbände bereits ab. Das erste Opfer war dabei der Landesausschuß der Preußischen Industrie- und Handelskammern, der mit Wirkung vom 1. April 1936 aufgelöst wurde. Seine Aufgaben gingen auf die Arbeitsgemeinschaft der Industrie- und Handelskammern, also den früheren Deutschen Industrie- und Handelstag, über.[144]

Die restlichen Kammerverbände blieben nur wenige Monate verschont. Der Erlaß über die Reform der Organisation der gewerblichen Wirtschaft vom 7. Juli 1936 hatte schließlich die seit über einem Jahr diskutierten Bezirkswirtschaftskammern als regionalen Unterbau der Reichswirtschaftskammer in ganz Deutschland eingeführt,[145] nachdem in Bayern bereits am 10. Dezember 1935 die erste konstituierende Sitzung der Wirtschaftskammer für den Wirtschaftsbezirk Bayern stattgefunden hatte.[146] Sie fungierten fortan als Vertretung der Bezirksgruppen der Wirtschaft, der Industrie- und Handelskammern und der Handwerkskammern und wurden an schon bestehende Industrie- und Handelskammern angegliedert.[147] Für den weiteren Erhalt der überkommenen Kammerverbände gab es aus Sicht des NS-Staats damit keinen plausiblen Grund mehr, da deren Aufgaben von den künftigen Industrie- und Handelskammerabteilungen der Bezirkswirtschaftskammern übernommen werden sollten.[148] Offiziell

---

142 „Ständische Wirtschaftsprobleme in Bayern" – Entschließungen und Anträge des BIHK. BWA K2/IIa/43. Die Ehrengerichtsordnung des BIHK ist in den Akten nicht erhalten.
143 Vgl. ABEL: Industrie- und Handelskammern, S. 60.
144 FRENTZEL: Industrie- und Handelskammern, S. 140.
145 Deutscher Reichsanzeiger, Nr. 157, 9.7.1936. Siehe auch PROLLIUS: Wirtschaftssystem, S. 177f. und ESENWEIN-ROTHE: Wirtschaftsverbände, S. 67f.
146 Bayerische Wirtschaftszeitung, Nr. 25, 18.12.1935.
147 HESSE: Auswirkungen, S. 454f. In Bayern verlief die Umorganisation de facto so, daß die Wirtschaftskammer der IHK München angegliedert wurde. Zur Satzung der Wirtschaftskammer Bayern siehe BHStA MWi 5616.
148 Vgl. hierzu Buchners Ausführungen in seinem Artikel „Wirtschaftsverwaltung und Wirtschaftskammern. Zum Erlaß des Reichswirtschaftsministers vom 7. Juli 1936" in der Bayerischen Wirtschaftszeitung, Nr. 14, 15.7.1936. Anders als im Bereich der fachlichen Verbände galt für die Kammervereinigungen nicht das Prinzip der Ausschließlichkeit, welches die Exi-

begründet wurden die Änderungen damit, daß einer Überorganisation auf dem Gebiet der gewerblichen Wirtschaft entgegengesteuert und durch eine Vereinheitlichung und Zusammenfassung die Organisation in die Lage versetzt werden sollte, „mehr denn je ein brauchbares Instrument für die Reichsregierung zur Durchsetzung ihrer Wirtschaftspolitik zu sein."[149] Die neue Gesamtorganisation der gewerblichen Wirtschaft war auf Weisung Schachts von den Behörden in stärkerem Umfang als die bisherigen Organisationen in die Tagespolitik der Wirtschaftspolitik einzuschalten, um so zugleich eine wesentliche Entlastung des Reichswirtschaftsministeriums und der Länderministerien zu erreichen.[150]

Im Hintergrund spielten dabei Überlegungen zur Machtverteilung eine Rolle: Die Bezirksgruppen der Reichsgruppen Industrie und Handel wurden als Abteilungen Industrie und Handel in die Bezirkswirtschaftskammern überführt, zusätzlich waren Unterabteilungen für Einzel-, Groß- sowie Ein- und Ausfuhrhandel vorgesehen. In Bayern wurde zum Beispiel der 1935 zur Bezirksgruppe Bayern der Reichsgruppe Industrie umgewandelte Bayerische Industriellen-Verband nun als Industrie-Abteilung in die Wirtschaftskammer eingegliedert.[151] Damit entwickelte sich die Bezirkswirtschaftskammer zu einer Plattform der bezirklichen Fachorganisationen, die „Gefahr der Verkümmerung der Kammerarbeit, gerade in der bezirklichen Spitzengliederung, lag auf der Hand."[152] Das Reichswirtschaftsministerium sah daher in jeder Bezirkswirtschaftskammer eine Abteilung für Industrie- und Handelskammern vor, der die Bearbeitung der gemeinsamen Aufgaben der Kammern des Bezirks übertragen wurde. Ziel dieses Vorgehens war es, die Gruppen und die Kammern im organisatorischen Gleichgewicht halten zu können, doch war dies von vornherein zum Scheitern verurteilt, denn die Fachabteilungen der Wirtschaftskammern unterstanden weiterhin den Weisungen ihrer fachlichen Reichsgruppen und waren damit weitgehend unabhängig von den Anordnungen der Wirtschaftskammer.[153] Zumindest der geschäftsführend herangezogenen Industrie- und Handelskammer München brachte die Einrichtung der Wirtschaftskammer jedoch sogar einen Einflußzuwachs.[154]

Zugleich mit der Abteilung Industrie- und Handelskammern in der Wirtschaftskammer Bayern wurde auf Veranlassung des Gauleiters der Bayerischen

---

stenz der Kammervereinigungen neben den Kammerabteilungen der Bezirkswirtschaftskammern automatisch beendet hätte, vgl. ESENWEIN-ROTHE: Wirtschaftsverbände, S. 69f.

[149] ABEL: Industrie- und Handelskammern, S. 38.

[150] Schacht an die Abteilungsleiter des Reichs- und Preußischen Wirtschaftsministeriums, in Abschrift an die Länderregierungen, 29.7.1936. BHStA MWi 5616.

[151] W. ZIEGLER: Bayern, S. 548.

[152] FRENTZEL: Industrie- und Handelskammern, S. 140.

[153] Ebd.

[154] HESSE: Auswirkungen, S. 477.

Ostmark, Fritz Wächtler, eine „Arbeitsgemeinschaft der ostmärkischen Industrie- und Handelskammern" Bayreuth, Coburg, Regensburg und Passau unter dem Vorsitz der Kammer Bayreuth eingerichtet, die sich jener Fragen, die die Bayerische Ostmark in ihrer Gesamtheit betrafen, erörtern sollte. Diese Entwicklung nahm – mit Absicht – den späteren Zusammenschluß zur Gauwirtschaftskammer Bayreuth vorweg, obgleich Pietzsch als Vorsitzender der Wirtschaftskammer im Sommer 1936 betonte, daß die Arbeitsgemeinschaft das Eigenleben und die Selbständigkeit der einzelnen Kammern in keiner Weise berühren werde.[155]

Der beabsichtigten Vereinheitlichung und Straffung des Organisationswesens der Wirtschaft[156] war mit diesen Neuerungen nur wenig gedient. Nach wie vor gingen die einzelnen Abteilungen der Wirtschaftskammern in ihrer Arbeit getrennt vor, Abstimmungen waren eher Ausnahme als die Regel.[157] Das bereits zuvor vom Bayerischen Industrie- und Handelskammertag bemängelte „Chaos" nahm dadurch nicht ab, obgleich sich gerade die bayerischen Industrie- und Handelskammern von der Neuordnung eine straffere, übersichtlichere Organisation der gewerblichen Wirtschaft und insbesondere eine verbesserte Zusammenarbeit mit den Fachverbänden erhofft hatten.[158]

Daß die Wirtschaftskammern insgesamt keine große Wirksamkeit entfalten konnten,[159] mochte aber auch daran liegen, daß sich in der Partei stets ein gewisses Mißtrauen gegenüber ihrer Stellung als Selbstverwaltungseinrichtungen der Wirtschaft erhalten hatte, obgleich von Selbstverwaltung ohnehin nur noch eingeschränkt gesprochen werden konnte. Die Partei sprach den Kammern die Neutralität im gewerblichen Bereich ab und versuchte zugleich, über die Deutsche

---

[155] Vgl. Schreiben der IHK Regensburg an ihre Beiratsmitglieder, 24.2.1937. Hintergrund dieser Entwicklung waren Bestrebungen des Gauleiters Wächtler, die vier IHKn der Ostmark enger zusammenzuschließen und am liebsten in einer IHK mit Sitz in Bayreuth zu vereinigen. Wächtler versuchte deshalb auch, 1936 eine eigene Wirtschaftskammer für die Ostmark in Bayreuth durchzusetzen. Da dies nicht gelang, stellte die Arbeitsgemeinschaft eine Art Notlösung dar. Allen Beteiligten war jedoch bewußt, welche weiteren Möglichkeiten diese Entwicklung bot. Vgl. Stellungnahme des Ministerialrats Karl Schaefer, 26.2.1937, zum Akt. BHStA MWi 5682. Zur Arbeitsgemeinschaft der Bayerischen Ostmark siehe auch LOIBL: Wirtschaft, S. 45f.

[156] Vgl. ABEL: Industrie- und Handelskammern, S. 106.

[157] Dies zog sich bis zur Reichswirtschaftskammer durch. Die Reichsgruppen und die Arbeitsgemeinschaft der IHKn existierten neben-, aber nicht miteinander. Selbstverständlich klingende Maßnahmen wie die gegenseitige Unterrichtung über vollzogene Maßnahmen mußten vom Reichswirtschaftsminister angeordnet werden. Vgl. FRENTZEL: Industrie- und Handelskammern, S. 140.

[158] Vgl. Buchners Artikel „Wirtschaftsverwaltung und Wirtschaftskammern" in der Bayerischen Wirtschaftszeitung, Nr. 14, 15.7.1936.

[159] ZORN/HILLENBRAND: Sechs Jahrhunderte, S. 269, betonen z.B., daß die IHK Augsburg von der Wirtschaftskammer, von der finanziellen Belastung einmal abgesehen, in ihrer Selbständigkeit und Arbeit nicht beeinträchtigt wurde.

Arbeitsfront in die gewerbliche Wirtschaft hineinzuwirken,[160] was natürlich die Frage der Zuständigkeit nicht vereinfachte.

5.2 Die Auflösung des Bayerischen Industrie- und Handelskammertages

Am 3. August 1936 sandte Reichswirtschaftsminister Schacht eine Entschließung an die Reichswirtschaftskammer, in welcher er lapidar mitteilte: „Gemäss Anordnung B4 meines Erlasses vom 7. Juli d.Js. – IV 18631/36 – müssen die landschaftlichen Kammertage und Zweckverbände von Industrie- und Handelskammern aufgelöst werden. Ich ersuche, bis zum 15. September d.Js. zu berichten, inwieweit dieser Anordnung durch Selbstauflösung entsprochen worden ist."[161] Die Reichswirtschaftskammer leitete diesen Brief in Abschrift an die Ländervereinigungen der Industrie- und Handelskammern weiter und forderte diese auf, ihr bis zum 10. September Mitteilung über den Sachstand zu erteilen.[162]

Der Vorort des Bayerischen Industrie- und Handelskammertages unterrichtete die übrigen bayerischen Kammern am 5. September von der Entschließung des Reichswirtschaftsministers, wonach entsprechend auch der Bayerische Industrie- und Handelskammertag aufzulösen war: „Nach Auffassung der unterzeichneten Vorortkammer bedarf es zur Auflösung des Bayerischen Industrie- und Handelskammertages, dessen Rechtsgrundlage lediglich die Kannvorschrift von § 2 Ziff. 8 der Bayerischen Industrie- und Handelskammerverordnung bildete und der nicht als öffentlichrechtliche Körperschaft anzusehen war, ausser der ausdrücklichen Zustimmungserklärung der Herren Präsidenten der bayerischen Kammern keiner besonderen Förmlichkeiten."[163] Da die Präsidenten sich sämtlich ohne Einwände, die ohnehin zwecklos gewesen wären, mit der formlosen Regelung der Auflösung des Handelskammertags einverstanden erklärten,[164] konnte der Vorort der Reichswirtschaftskammer in Berlin sowie dem Bayerischen Staatsministerium für Wirtschaft berichten, daß der Bayerische Industrie- und Handelskammertag sich am 10. September 1936 selbst aufgelöst hatte.[165] Die Auflösung wurde zum 1. Oktober 1936 rechtlich verbindlich.[166]

---

[160] HESSE: Auswirkungen, S. 456.

[161] Reichswirtschaftskammer an die Ländervereinigungen der IHKn, 12.8.1936; in der Anlage Abschrift eines Briefs des Reichs- und Preußischen Wirtschaftsministers an die Reichswirtschaftskammer. BWA K1/II/15, 1. Akt.

[162] Ebd.

[163] IHK München an die bayerischen IHKn, 5.9.1936. BWA K2/I/1.

[164] IHK Coburg an BIHK, 7.9.1936; IHK Nürnberg an BIHK, 7.9.1936; IHK Würzburg an BIHK, 8.9.1936; IHK Passau an BIHK, 8.9.1936; IHK Augsburg an BIHK, 14.9.1936. BWA K2/I/1.

[165] IHK München an Reichswirtschaftskammer, 10.9.1936; IHK München an Bayer. Staatsministerium für Wirtschaft, Abt. f. Handel, Industrie u. Gewerbe, 16.9.1936. BWA K2/I/1.

[166] Vgl. Rundschreiben des Bayerischen Wirtschaftsministeriums in BHStA MWi 5616.

Die Mehrheit der bayerischen Kammern betrachtete die Auflösung ihres Kammertags lediglich als „formale Änderung“, nicht als Eingriff in ihre Selbständigkeit.[167] Tatsächlich gab es mehrere Anzeichen für eine Kontinuität der Institution: Äußerlich handelte es sich bei der Umorganisation um eine „Umfirmierung unter gleicher Adresse“,[168] denn die Industrie- und Handelskammerabteilung der Wirtschaftskammer Bayern residierte nach wie vor in den Räumen des bisherigen Vororts.[169] Die bisherige Umlage zur Bestreitung der Kosten des Handelskammertages blieb bestehen, da in Zukunft die Abteilung Industrie- und Handelskammern der Wirtschaftskammer für ihn auftrat.[170] Die Abteilung Industrie- und Handelskammern beharrte innerhalb der Wirtschaftskammer und gegenüber den Fachabteilungen soweit als möglich auf Eigenständigkeit, auch um die Bearbeitung von Fragen, die früher durch den Handelskammertag erfolgt wäre, zu beschleunigen. So wies sie Ende März 1938 ihre Mitglieder darauf hin, „dass Fragen, welche in erster Linie oder nur die Industrie- und Handelskammern angehen und die, falls der bayerische Industrie- und Handelskammertag noch bestünde, bei diesem behandelt worden wären, nach wie vor zunächst im Kreise der Mitglieder der Industrie- und Handelskammerabteilung erörtert bezw. an die Industrie- und Handelskammerabteilung gerichtet werden möchten, so wie sie früher dem Bayerischen Industrie- und Handelskammertag gestellt wurden. Wenn von Anfang an die Wirtschaftskammer eingeschaltet wird, so ist dies in vielen Fällen geeignet, die Bearbeitung der betreffenden Angelegenheit im Hinblick auf die notwendige Einschaltung der übrigen Abteilungen der Wirtschaftskammer zu verzögern.“[171]

Die These einer Kontinuität wird jedoch durch folgende Fakten widerlegt: In Übereinstimmung mit dem Führerprinzip wurden nun Hierarchien eingeführt, die es bislang im Bayerischen Industrie- und Handelskammertag nicht gegeben hatte. Seit seiner Gründung 1909 hatte sich jede Kammer frei äußern können, bei Abstimmungen hatte jede Stimme gleich gezählt, unabhängig davon, welche Kammer sie abgegeben hatte; auch dem Vorort war kein größeres Gewicht zugekommen. Die Kammerabteilung besaß dagegen – analog zu den Kammern –

---

[167] IHK München an IHK Ludwigshafen, 5.9.1936. BWA K2/I/1.

[168] HESSE: Auswirkungen, S. 456, ähnlich S. 390.

[169] Die offizielle Adresse lautete zunächst „Wirtschaftskammer für den Wirtschaftsbezirk Bayern, Abteilung Industrie- und Handelskammern. Industrie- und Handelskammer zu München als Geschäftsstelle“ (internes Rundschreiben der IHK München an die Herren Syndici, Abteilungsleiter und Referenten, 20.10.1936. BWA K2/I/1), ab 1938 dagegen „Industrie- und Handelskammerabteilung der Wirtschaftskammer Bayern“ (Wirtschaftskammer für den Wirtschaftsbezirk Bayern, Abteilung Industrie- und Handelskammern, an ihre Mitglieder, 31.3.1938. BWA K1/II/15, 1. Akt). Es ist äußerst bezeichnend für den Nationalsozialismus, daß man sich um unwesentliche Kleinigkeiten dieser Art Gedanken machte.

[170] IHK München an die bayerischen IHKn, 5.9.1936. BWA K2/I/1.

[171] Wirtschaftskammer für den Wirtschaftsbezirk Bayern, Abteilung Industrie- und Handelskammern, an ihre Mitglieder, 31.3.1938. BWA K1/II/15, 1. Akt.

als Organe einen Leiter, einen Beirat und einen Geschäftsführer.[172] Der Leiter war gleichzeitig der Leiter der Wirtschaftskammer, in Bayern also Albert Pietzsch. Der Beirat setzte sich aus den Vorsitzenden der Industrie- und Handelskammern des Wirtschaftsbezirks zusammen, was bedeutete, daß diese – ebenso wie die ehemaligen Vollversammlungen innerhalb ihrer eigenen Kammern – zu bloßen Statisten degradiert wurden, denn Pietzsch war keineswegs verpflichtet, ihren Rat einzuholen oder diesen zu befolgen. Zudem wurden die Kammern durch ihren Anschluß an die Wirtschaftskammer „mediatisiert", denn sie verloren ihr Recht auf unmittelbaren Verkehr mit den Zentralbehörden; die Wirtschaftskammer stand nun zwischen ihnen auf der einen sowie den Reichs- und Landesbehörden und dem in der Reichswirtschaftskammer aufgegangenen Handelstag auf der anderen Seite,[173] während der Bayerische Industrie- und Handelskammertag die einzelnen Kammern niemals dominiert hatte.

Zumindest die Industrie- und Handelskammer Bayreuth war sich eines Neuanfangs auch bewußt, denn nach Köhlers Meinung war es nicht unzweckmäßig, „wenn die Konstituierung der Abteilung Industrie- und Handelskammern bei der Bezirkswirtschaftskammer Bayern in einer feierlichen Form erfolgen würde."[174]

Eine Sonderstellung nahm dabei die Industrie- und Handelskammer Ludwigshafen ein. Der pfälzische Gauleiter Josef Bürckel hatte seit 1933 unverhohlen versucht, die Pfalz gänzlich von Bayern zu trennen und – zusammen mit dem 1935 rückgegliederten Saargebiet, über das er als Reichskommissar die Verwaltungshoheit ausübte – als neues Land innerhalb des Deutschen Reichs zu konstituieren. Diesbezügliche Pläne, nicht nur von Bürckel selbst, sondern trotz heftiger Bedenken auch vom bayerischen Ministerpräsidenten Siebert sowie von dem Reichsinnenministerium entworfen, hatten bis 1936 an Substanz gewonnen, ehe ein Machtwort Hitlers sie zunächst unterband.[175] Dennoch war die Pfalz bereits im Frühjahr 1935 wirtschaftlich von Bayern ausgegliedert und mit dem Saargebiet zu einem eigenen Wirtschaftsraum zusammengelegt worden, an dem sich nicht nur die berufsständische Gliederung orientierte, sondern der auch eine eigene Wirtschaftskammer mit Sitz in Saarbrücken erhielt.[176]

---

[172] ABEL: Industrie- und Handelskammern, S. 38.

[173] FRENTZEL: Industrie- und Handelskammern, S. 138.

[174] IHK Bayreuth an Bezirkswirtschaftskammer Bayern, 21.8.1936. BWA K2/I/1. Köhler lud im gleichen Schreiben die Schwesterkammern zu dieser feierlichen Konstituierung nach Bayreuth ein und knüpfte damit ironischerweise explizit an eine Tradition des BIHK an.

[175] HEINZ: NSDAP und Verwaltung, S. 106-188. Hitler war nach seinen eigenen Worten nicht an einer Zwischenlösung des Status der Pfalz und der Saar interessiert, wie die Pläne sie in verschiedener Ausprägung vorsahen. Vielmehr wollte er für Saarland und Pfalz eine endgültige Lösung, die jedoch keine Eile habe. Ebd., S. 188.

[176] HEINZ: NSDAP und Verwaltung, S. 192; HEINZ: Gaupartikularismus, S. 221f.; HESSE: Auswirkungen, S. 454.

Mit dem Ende des Bayerischen Industrie- und Handelskammertags und der Konstituierung der Abteilungen Industrie- und Handelskammern in der Wirtschaftskammer Bayern sowie in der Wirtschaftskammer Saarpfalz wurde Ludwigshafen formal vom Kammerverband abgetrennt, obgleich die Verbindung zunächst, solange die Pfalz verwaltungspolitisch zu Bayern gehörte, nicht völlig gekappt war.[177] In der Tat wurde die Industrie- und Handelskammer Ludwigshafen mindestens noch bis 1938 zu Geschäftsführerkonferenzen der bayerischen Industrie- und Handelskammern eingeladen.[178]

VI.6 ZUSAMMENFASSUNG

Mit der personellen Gleichschaltung nahmen die Nationalsozialisten bereits im Frühjahr 1933 entscheidenden Einfluß auf die bayerischen Industrie- und Handelskammern und damit auch auf die Tätigkeit des Bayerischen Industrie- und Handelskammertages. Dieser unterlag noch im selben Jahr einer Reihe von Versuchen zur Neuorganisation, die sich jedoch rasch allesamt als untauglich erwiesen, so daß man Anfang 1934 wieder zur alten Arbeitsweise zurückkehrte.

Im Vordergrund seiner Tätigkeit stand die Suche der Handelskammern nach ihrer Stellung im Wirtschaftssystem des neuen Staates; alle anderen Themenbereiche traten demgegenüber so stark in den Hintergrund, daß sie fast gänzlich von der Tagesordnung verschwanden. Die Entwicklung dieses neuen Wirtschaftssystems verlief für die Handelskammern, die mit der Übernahme des Deutschen Industrie- und Handelstages durch den Vorsitzenden des Kampfbundes des gewerblichen Mittelstandes, Renteln, ihren stärksten Lobbyisten in Berlin verloren hatten, äußerst nachteilig. Sowohl die Fachverbände als auch die neuen NS-Organisationen, allen voran Reichsnährstand und Reichskulturkammer, versuchten, ihre Stellung auf Kosten der Handelskammern auszubauen. Bis zu seiner Auflösung bot der Bayerische Industrie- und Handelskammertag den bayerischen Industrie- und Handelskammern eine ideale Plattform, sich zu ihrer Eingliederung in den „organischen Aufbau der deutschen Wirtschaft" zu äußern und sich gegen ihre drohende Entmündigung insbesondere zugunsten der Fachverbände zu wehren. Welche Motive die Kammerpräsidenten damit verfolgten, ob es ihnen tatsächlich um den Erhalt der Kammertradition oder eher um die Sicherung der eigenen Posten und des damit verbundenen Einflusses ging, läßt sich nicht genau abgrenzen; vermutlich handelte es sich um eine Mischung aus beidem.

Einen Verbündeten in diesem Bemühen besaß der Handelskammertag in dem bayerischen Wirtschaftsministerium, das auf diese Weise versuchte, wenigstens

---

[177] IHK München an IHK Ludwigshafen, 5.9.1936; IHK Ludwigshafen an IHK München, 15.9.1936; IHK München an das Bayerische Staatsministerium für Wirtschaft, Abteilung für Handel, Industrie und Gewerbe. BWA K2/I/1.

[178] Vgl. Unterlagen in Archiv IHK Ludwigshafen, XXIV B.5.

einen Rest eigenständiger Wirtschaftspolitik vor dem Berliner Zentralismus zu bewahren.

Von den Anstrengungen der beiden unbeeindruckt, schritt der nationalsozialistische Wirtschaftsaufbau jedoch fort. Die Einführung der Wirtschaftskammer in Bayern und die in ihr errichtete Abteilung Industrie- und Handelskammern bedeutete das Ende für den auf freiwilligem Zusammenschluß beruhenden Bayerischen Industrie- und Handelskammertag. Mit Zustimmung aller bayerischen Kammerpräsidenten wurde er im September 1936 aufgelöst und beendete damit nach 27 Jahren seine Tätigkeit.

Exkurs: Die bayerischen Industrie- und Handelskammern im Zweiten Weltkrieg

Je mehr die Wirtschaft zum Instrument der Rüstung wurde, desto stärker trat der Charakter der Kammern als sachverständige Begutachtungsorgane zurück. Mehr und mehr erledigten sie staatliche Auftragsangelegenheiten, die Selbstverwaltungsaufgaben unterschieden sich von der übrigen Tätigkeit nur noch dadurch, daß sie nicht der unmittelbaren Durchführung einer staatlichen Anordnung galten. Der unmittelbar bevorstehende Krieg beschleunigte diese Entwicklung der Kammern zu Befehlsstellen des Staates naturgemäß.[179] Mit der „Verordnung über die Wirtschaftsverwaltung" vom 27. August 1939[180] und ihren Folgevorschriften wurden die Selbstverwaltungsorganisationen der gewerblichen Wirtschaft in die Kriegswirtschaft überführt – bezeichnenderweise ehe der Krieg überhaupt begann. Die Präsidenten der Industrie- und Handelskammern erhielten auf Grundlage dieser Verordnung die Funktion von Reichskommissaren. Die kriegswirtschaftlichen Abteilungen der Kammern wurden neu geschaffenen Landeswirtschaftsämtern unterstellt und schieden damit aus der unmittelbaren Unterordnung unter den Reichswirtschaftsminister aus.[181]

Den Anforderungen der Kriegswirtschaft und den immer größer werdenden Schwierigkeiten der Verwaltung genügten diese Maßnahmen nicht. Deshalb erging am 20. April 1942 die sogenannte „Gauwirtschaftskammer-Verordnung" („Erste Verordnung zur Durchführung der Verordnung über die Vereinfachung und Vereinheitlichung der Organisation der gewerblichen Wirtschaft"), in deren Präambel es hieß, die gesteigerten Anforderungen der Rüstungswirtschaft machten eine durchgreifende Vereinfachung und eine straffe Zusammenfassung notwendig.[182] Dahinter stand die Absicht, alle Aufgaben und Zuständigkeiten, die bisher von den nebeneinander bestehenden Organisationen wahrgenommen wurden, möglichst auf eine Befehlsstelle zu übertragen. Die gewerbliche Wirtschaft sollte regional in Gauwirtschaftskammern zusammengefaßt werden, deren Grenzen sich grundsätzlich mit den Grenzen der Partei-Gaue decken sollten. Innerhalb der Gauwirtschaftskammern konnten Wirtschaftskammern und Zweigstellen errichtet werden. Industrie- und Handelskammern, Handwerks- und bisherige Wirtschaftskammern wurden in die Gauwirtschaftskammern überführt

---

[179] Frentzel: Industrie- und Handelskammern, S. 141f. Ähnlich Thalmann: Industrie- und Handelskammern, S. 158.

[180] Reichsgesetzblatt 1939, Teil I, S. 1495-1498.

[181] Fuchs: Wiederaufbau, S. 31; Frentzel: Industrie- und Handelskammern, S. 142. Die Arbeitsgemeinschaft der IHKn in der Reichswirtschaftskammer erreichte im August 1941, daß die Bestellung der IHK-Präsidenten zu Reichskommissaren außer Kraft gesetzt wurde. Die teilweise Unterstellung der Kammern unter die Landeswirtschaftsämter, die die Kammerarbeit stark behindert hatte, wurde damit gegenstandslos, sie traten wieder unmittelbar unter die Aufsicht des Reichswirtschaftsministers. Vgl. hierzu auch Schmidt: Industrie- und Handelskammer, S. 110f.

[182] Reichsgesetzblatt 1942, Teil I, S. 189.

und verloren ihren Rechte und Aufgaben, ebenso die fachlichen Organisationen der gewerblichen Wirtschaft, gegenüber denen die Spitzengliederungen der fachlichen Organisation aber das Weisungsrecht behielten. Die bisherige Spitze der Industrie- und Handelskammern, die „Arbeitsgemeinschaft der Industrie- und Handelskammern“ in der Reichswirtschaftskammer, wurde ersatzlos beseitigt; das gleiche Schicksal dürfte auch die Abteilung Industrie- und Handelskammern in der Wirtschaftskammer Bayern ereilt haben. Eine Zweite Verordnung zur Durchführung der Vereinfachungsverordnung bestimmte kategorisch die Auflösung von 41, d.h. knapp der Hälfte aller bestehenden Industrie- und Handelskammern, darunter die bayerischen Kammern Coburg und Passau.[183] Mit diesen beiden Verordnungen erlosch die rechtliche Existenz der deutschen Industrie- und Handelskammern, Name und Teile der inneren Struktur blieben jedoch bis Kriegsende erhalten.[184]

Die bayerische Regierung unter Ministerpräsident Ludwig Siebert protestierte nach Bekanntwerden der Pläne im Mai 1942 gegen die Einführung der Gauwirtschaftskammern, auch der inzwischen zum Gauwirtschaftsberater aufgerückte Buchner, der an der Spitze der Wirtschaftskammer Bayern stand, äußerte erhebliche Bedenken gegen die Gauwirtschaftskammer-Verordnung, da eigentlich keine Vereinfachung gewährleistet war. Berlin versicherte auf diesen Protest hin, die Gauwirtschaftskammern in Bayern nicht einzuführen, obgleich offizielle Stimmen schon jetzt Gegenteiliges verlautbaren ließen. Dennoch wurde Bayern zunächst von der Planung ausgenommen. Erst nach dem Tod Sieberts am 1. November 1942 wurde dem bayerischen Gauleiter und Wirtschaftsminister Giesler angekündigt, daß ab dem 1. Januar 1943 die Gauwirtschaftskammern auch in Bayern eingeführt wurden.[185]

Im rechtsrheinischen Bayern (die Pfalz ging unter ihrem Gauleiter Bürckel längst eigene Wege und sollte nach Kriegsende auch nicht mehr zu Bayern zurückkehren[186]) wurden daraufhin fünf Gauwirtschaftskammern eingerichtet, die sich an den Grenzen der Parteigaue orientierten (vgl. Tabelle 20).

---

[183] Reichsgesetzblatt 1942, Teil I, S. 190.

[184] WÜLKER: Wandel, S. 76f.; ZORN/HILLENBRAND: Sechs Jahrhunderte, S. 275; FUCHS: Wiederaufbau, S. 33; FRENTZEL: Industrie- und Handelskammern, S. 143; FRENTZEL/JÄKEL: Industrie- und Handelskammern, S. 78. Die Bildung der Gauwirtschaftskammern zog noch weitere Verordnungen zur Regelung derselben nach sich, die in diesem Zusammenhang nicht von Bedeutung sind. Vgl. BREMER: Kammerrecht, S. 19f.

[185] FUCHS: Wiederaufbau, S. 34-36.

[186] Vgl. hierzu GELBERG, Karl-Ulrich: Die bayerische Pfalzpolitik 1945-1956, in: Die Pfalz und Bayern 1816-1956, hg. von Hans FENSKE, Speyer 1998, S. 237-264, hier bes. S. 242f.

Tabelle 20: Die Gauwirtschaftskammern im rechtsrheinischen Bayern 1943-1945	
Name der Kammer	*Kammerbezirk*
Bayreuth	Oberfranken, Oberpfalz, Niederbayern (frühere IHKn Bayreuth, Coburg, Regensburg und Passau)
Franken	Mittelfranken (Nachfolgerin der IHK Nürnberg)
Mainfranken[187]	Unterfranken (Nachfolgerin der IHK Würzburg)
München-Oberbayern	Oberbayern (Nachfolgerin der IHK München)
Schwaben	Schwaben (Nachfolgerin der IHK Augsburg)

Quelle: FUCHS: Wiederaufbau, S. 34.

Diese große Veränderung im Kammerwesen, die letzte bis Kriegsende, war nicht überall tatsächlich eine. So erging am 16. Dezember 1942 eine Anordnung, nach der die Industrie- und Handelskammer Augsburg in die Gauwirtschaftskammer Schwaben überführt werden sollte. Sie wurde allerdings nicht in die Praxis umgesetzt, lediglich der Briefbogen änderte sich. Die Industrie- und Handelskammer und die ebenfalls in die Gauwirtschaftskammer zu überführende Handwerkskammer blieben in Wirklichkeit selbständige Organisationen mit eigener Geschäftsführung, gesondertem Vermögen und eigener Finanzgebarung im eigenen Gebäude. Auch die Verbindung zu den verschiedenen Bezirksgruppen der sogenannten Wirtschaftsgruppen war sehr lose.[188]

Bedeutender waren die Veränderungen im Bezirk der Gauwirtschaftskammer Bayreuth, in welche die Industrie- und Handelskammern Coburg, Passau und Regensburg mitsamt ihrem Vermögen am 1. April 1943 überführt wurden. In Passau und Regensburg verblieben offiziell nur Zweigstellen der Gauwirtschaftkammer, doch wurden die Kammern praktisch unverändert gelassen, da der neue Kammerbezirk in verwaltungsmäßiger Hinsicht ein überdimensioniertes „Unding“ und sinnvolle Kammerarbeit von Bayreuth aus nicht mehr möglich war. Coburg wurde dagegen zum Industrie- und Handelsgremium abgewertet.[189]

---

[187] Der Regierungsbezirk Unterfranken und Aschaffenburg war 1938 in „Mainfranken“ umbenannt worden. ZIEGLER: Bayern, S. 533.

[188] ZORN/HILLENBRAND: Sechs Jahrhunderte, S. 275f.

[189] Oberfränkische Wirtschaft, S. 20; BECKER: Organisation, S. 155; SCHMIDT: Industrie- und Handelskammer, S. 121-124; MAHNKE: 75 Jahre, S. 78.

D. Die Wiedergründung des Bayerischen Industrie- und Handelskammertages als „Arbeitsgemeinschaft der Bayerischen Industrie- und Handelskammern" 1946

Die Wiedergründung der deutschen Industrie- und Handelskammern nach dem Ende des Zweiten Weltkrieges ist ein sowohl überaus spannender als auch äußerst komplexer Aspekt der deutschen Kammergeschichte, denn gerade in dieser Zeit wurden ihre traditionelle Rechtsform, ihre Funktionen und Arbeitsweise massiv in Frage gestellt. Die Militärregierungen (auf dem Gebiet der späteren Bundesrepublik Deutschland vor allem die amerikanische und die britische), die Gewerkschaften, die entschiedensten Verfechter einer reinen Marktwirtschaft sowie die linken Flügel der sich gerade im Aufbau befindenden Parteien waren sich in der Absicht einig, öffentlich-rechtliche Unternehmerkammern mit Beitragspflicht, Zwangsmitgliedschaft und staatlichen Hoheitsaufgaben in dieser Form nicht wieder erstehen zu lassen bzw. von Grund auf zu reformieren. Durch die Einflüsse und Bestrebungen dieser unterschiedlichen Gruppierungen ergaben sich Diskussionen über und Veränderungen in der Kammerstruktur, die im wesentlichen erst im Gesetz zur vorläufigen Regelung des Rechts der Industrie- und Handelskammern vom 18. Dezember 1956 ihr Ende fanden. Diese Entwicklung zwischen 1945 und 1956 wird ausführlich beleuchtet in den bereits zitierten Darstellungen von Gerhard FRENTZEL und Rainer FUCHS sowie in einem Diskussionsbeitrag von Diethelm PROWE.[1] Die vorliegende Arbeit kann sich daher zur Wiedergründung der bayerischen Industrie- und Handelskammern auf einen knappen Überblick beschränken. Im zweiten Teil des Kapitels wird sodann auf die Entstehung der Arbeitsgemeinschaft der bayerischen Industrie- und Handelskammern eingegangen.

I. Die Wiedererrichtung der bayerischen Industrie- und Handelskammern

Das Kriegsende zog sich in Bayern über mehr als einen Monat hin. Sukzessive wurde es zwischen Ende März und Anfang Mai 1945 von Nord nach Süd von den Amerikanern und, im Westen, zum kleinen Teil auch Franzosen besetzt, bis am 5. Mai die in Bayern stehenden Heeresgruppen kapitulierten. Die Besatzer übernahmen damit de facto die staatliche Gewalt in Bayern, wenngleich dies

[1] FRENTZEL: Industrie- und Handelskammern; FUCHS: Wiederaufbau; PROWE, Diethelm: Im Sturmzentrum: die Industrie- und Handelskammern in den Nachkriegsjahren 1945 bis 1949, in: Zur Politik und Wirksamkeit des Deutschen Industrie- und Handelstages und der Industrie- und Handelskammern 1861 bis 1949. Referate und Diskussionsbeiträge eines Symposiums aus Anlaß des 125jährigen Bestehens des Deutschen Industrie- und Handelstages am 1. Oktober 1986 in Ludwigshafen am Rhein, hg. von Hans POHL, Stuttgart 1987, S. 91-122.

offiziell erst mit der Berliner Erklärung der vier Siegermächte vom 5. Juni 1945 geschah. Durch Entmilitarisierung und Entnazifizierung wurde sogleich begonnen, das System des Nationalsozialismus zu beseitigen.[2]

Die amerikanische Militärregierung hatte mit der Direktive JCS 1067 die klare Vorgabe, die Deutschen als besiegte Feinde zu behandeln. Innerhalb kurzer Zeit wandelte sich diese Haltung sowohl auf lokaler als auch auf Landesebene aber zu einer von Pragmatismus gekennzeichneten Kooperation mit vom Nationalsozialismus unbelasteten und verwaltungserfahrenen Männern, ohne die der dringend notwendige Wiederaufbau funktionsfähiger und kompetenter deutscher Verwaltungsstellen nicht möglich gewesen wäre.[3] Dies traf auch auf jene Mitarbeiter der bayerischen Kammern zu, welche sich nach dem Ende der nationalsozialistischen Diktatur daranmachten, wieder funktionierende Kammerstrukturen herzustellen, denn das deutsche Kammerwesen lag nach dem Zusammenbruch des Dritten Reichs weitgehend in Trümmern. Die Industrie- und Handelskammern waren 1942 von den Nationalsozialisten beseitigt worden, die bestehenden Kammern (Reichswirtschaftskammer und Gauwirtschaftskammern) wurden von den Besatzern als Bestandteile der nationalsozialistischen Wirtschaftsorganisation betrachtet und daher sofort verboten, ihre Vorsitzenden verhaftet. Dennoch waren Organe, die als Mittler zwischen Behörden und Betrieben auftreten konnten, unabdingbar, denn unternehmerisches Handeln ohne behördliche Weisung und Ermächtigung war undenkbar. Dies wiederum sprach für die Verwendung der Kammern, denn sie brachten nicht nur ihre frühere Erfahrung und Bewährung mit, sondern waren als regionale Körperschaften auch alles andere als die von den Besatzungsmächten gefürchteten Zentralgewalten. Zudem betrachteten die Amerikaner die Kammern, anders als die Gewerkschaften, nicht als politische, sondern als wirtschaftliche Vereinigungen, welche man noch vor der Zulassung von Parteien und Verbänden relativ gefahrlos wieder einsetzen konnte.[4]

Innerhalb der Gauwirtschaftskammern hatten Name und Teile der inneren Strukturen der rechtlich beseitigten Industrie- und Handelskammern überdauert, an die jetzt überall in Bayern angeknüpft werden konnte. So gab es in München bereits am 8. Mai 1945, also nur wenige Tage nach der Besetzung der Stadt, erste Initiativen zur Wiedergründung der dortigen Kammer, die von der amerikanischen Militärregierung selbst ausgingen und von dem von den Amerikanern

---

[2] Zu Kriegsende, Kapitulation und Besatzung in Bayern siehe GELBERG, Karl-Ulrich: Vom Kriegsende bis zum Ausgang der Ära Goppel (1945-1978), in: Handbuch der bayerischen Geschichte, hg. v. Max SPINDLER, Teilbd. 4/1, 2. völlig neu bearbeitete Auflage, München 2003, S. 635-957, hier S. 635-802.

[3] Ebd., S. 643; FUCHS: Wiederaufbau, S. 97.

[4] FRENTZEL: Industrie- und Handelskammern, S. 144; PROWE: Im Sturmzentrum, S. 105; FUCHS: Wiederaufbau, S. 94-97; LANZINNER: Sternenbanner, S. 201.

eingesetzten Oberbürgermeister Scharnagl vermittelt wurden.[5] Rechtliche Fragen, etwa nach der künftigen Stellung der Kammern, erachtete man als nebensächlich, wichtiger war nun ein arbeitsfähiges, d.h. unbelastetes Präsidium, das sich künftig aus dem Präsidenten Reinhart Kloepfer und den Vizepräsidenten Dr. Weissbecker und Albert Müller zusammensetzte. Hauptgeschäftsführer wurde erneut Dr. Edmund Simon, der 1933 auf Druck der Nationalsozialisten die Kammer hatte verlassen müssen. Die erste Sitzung mit den Kammermitarbeitern fand bereits am 15. Mai statt.[6]

Von ähnlichen Gedanken ließ man sich auch außerhalb Münchens leiten. In Oberfranken erreichte der frühere Hauptgeschäftsführer Dr. Streit nach Verhandlungen mit der Militärregierung ebenfalls die Erlaubnis zur Fortführung der Kammerarbeit, woraufhin im Kellergeschoß des zerstörten Kammergebäudes ein notdürftiger Geschäftsbetrieb aufgenommen werden konnte. Streit selbst wurde am 26. Mai zum kommissarischen Leiter der Industrie- und Handelskammer bestellt.[7] Auch in Passau wurde nach dem Zusammenbruch des Dritten Reichs die eigenständige Arbeit der Kammer wieder aufgenommen, als vorläufiger Präsident fungierte mit Erlaubnis der Amerikaner der Kaufmann Alois Hartl.[8]

Unterstützung erhielten die Kammern bald durch die im Aufbau befindliche bayerische „Regierung". Am 28. Mai 1945 wurde Fritz Schäffer, der letzte Vorsitzende der BVP vor 1933, auf Vorschlag von Kardinal Faulhaber zum „Temporary Minister-Präsident for Bavaria" ernannt. Er war damit kein Regierungschef im eigentlichen Sinne, sondern lediglich der gegenüber den Amerikanern weisungsgebundene Chef der „Zivilverwaltung in Bayern". Alle Aufgaben wurden im Auftrag und in voller Abhängigkeit von der Besatzungsmacht erfüllt, was selbstverständlich auch für die von ihm vorgeschlagenen Minister betraf. Als Wirtschaftsminister präsentierte Schäffer den parteilosen Karl Arthur Lange, Direktor der Münchner Löwenbräu AG.[9] Mit Scharnagl und Lange besaßen die bayerischen Industrie- und Handelskammern zwei wertvolle Fürsprecher gegen-

---

[5] FUCHS: Wiederaufbau, S. 84; vgl. allgemein auch PROWE: Im Sturmzentrum, S. 95; zu Scharnagl siehe GELBERG: Kriegsende, S. 667.

[6] WINKEL: Wirtschaft, S. 147f.; FUCHS: Wiederaufbau, S. 87. Welch geringer Wert auf Formalia gelegt wurde, zeigt ein Ausspruch Kloepfers gegenüber den Kammermitarbeitern: „Wir müssen in so bedrängten Zeiten, die einen Umbruch gegenüber der Vergangenheit bringen, nicht zu formal arbeiten. Dies gilt für die Wirtschaft, für jeden Betrieb und auch für die Kammer. [...] Was nicht ausdrücklich verboten ist, können wir tun und in Angriff nehmen. [...] Bis wir neue Richtlinien haben, werden wir so weiterarbeiten. [...] Einstweilen gehe jeder an seine Arbeit, alles andere sind spätere Sorgen." Zitiert nach WINKEL: Wirtschaft, S. 148.

[7] Oberfränkische Wirtschaft, S. 21.

[8] Tradition und Bewährung, S. 63.

[9] GELBERG: Kriegsende, S. 669f.; FUCHS: Wiederaufbau, S.66f.

über den Besatzern.[10] Ludwig Erhard, der Lange nach Schäffers Entlassung am 28. September 1945 im Amt des Wirtschaftsministers nachfolgte, setzte sich als Mann aus der Wirtschaft ebenfalls sehr für die Kammern und ihre Belange ein. Erleichtert wurde ihm dies dadurch, daß der jetzige Ministerpräsident, Wilhelm Hoegner (SPD), anders als sein Vorgänger eine genau umschriebene rechtliche Grundlage für seine Regierung und dadurch eine weit stärkere Position besaß.[11]

Bald schon offenbarten sich nämlich die differierenden Vorstellungen von Militärregierung und Deutschen über die zukünftige Gestaltung des Kammerwesens. Die Amerikaner strebten ein staatlich-bürokratisches Kontrollsystem an, weil sie die traditionelle Selbstverwaltung als von der nationalsozialistischen Ideologie korrumpiert erachteten und die Bestimmung der Pflichtmitgliedschaft für sie generell mit Diktatur und Freiheitsverlust gleichzusetzen war. Wirtschaftsminister Lange zielte dagegen von vornherein darauf ab, die Wirtschaftssteuerung nicht nur auf sein Ministerium, sondern auch stark auf ebendiese Selbstverwaltung in Form von Fachverbänden, Industrie- und Handels- sowie Handwerkskammern zu stützen, um die „Bewirtschaftungsbürokratie" möglichst klein zu halten.[12]

Die amerikanische Direktive vom 1. August 1945, die „Weisung über bayerische Wirtschaftskontrollstellen", ließ alle diesbezüglichen Pläne Langes vorerst hinfällig werden. Sie ließ lediglich „örtliche" Industrie- und Handels- sowie Handwerkskammern zu, die nur beratende Aufgaben hatten. Die bisherige Pflichtzugehörigkeit wurde kategorisch verboten. Die Direktive stellte die Kammern wegen ihrer Veränderungen der Organisation und des Rechtsstatus vor große Probleme und erfuhr daher von den Kammern, aber auch von Wirtschaftsminister Lange hartnäckigen Widerstand.[13]

Die gleiche Linie vertrat Langes Nachfolger Erhard. Mit seiner Anordnung über die Errichtung von Industrie- und Handelskammern vom 25. Oktober 1945

---

[10] Vgl. FUCHS: Wiederaufbau, S. 89. Lange war vor seiner Ernennung zum Wirtschaftsminister als Vizepräsident der Kammer München vorgesehen gewesen, was das rege Interesse des Wirtschaftsministeriums an funktionsfähigen Kammern erklären mochte. Vgl. WINKEL: Wirtschaft, S. 149. Zu seinem Einsatz für die Kammern siehe auch seine Ausführungen am 22.8.1945 im Bayerischen Ministerrat, in: Die Protokolle des Bayerischen Ministerrats 1945-1954. Das Kabinett Schäffer (28. Mai bis 28. September 1945), bearbeitet von Karl-Ulrich GELBERG, München 1995, S. 191.

[11] Im Akt BHStA MWi 13052 finden sich wiederholt Hinweise auf Besprechungen der Kammerpräsidenten mit Erhard, so z.B. am 18.12.1945. Siehe auch FUCHS: Wiederaufbau, S. 71; GELBERG: Kriegsende, S. 673-678, hier auch die Gründe für Schäffers Entlassung.

[12] FUCHS: Wiederaufbau, S. 68, 96; FRENTZEL: Industrie- und Handelskammern, S. 146f.; BREMER: Kammerrecht, S. 22. Vgl. zur bedeutenden Rolle der IHKn in der Verwaltung der Nachkriegszeit auch PROWE: Im Sturmzentrum, S. 106f.

[13] FUCHS: Wiederaufbau, S. 120f. Ein Abdruck der Direktive befindet sich in BWA K1/II/53, 1. Akt.

wurden die Kammern München, Augsburg, Regensburg, Nürnberg, Bayreuth und Würzburg, obwohl längst wieder arbeitend, offiziell wieder zugelassen, die Gauwirtschaftskammern damit endgültig aufgelöst. Rechtsgrundlage war die Verordnung vom 5. Februar 1927, jedoch mit der Einschränkung der ausschließlich freiwilligen Mitgliedschaft. Erhard hatte versucht, diese Einschränkung durch eine etwas unklare Formulierung zu umgehen, woraufhin die Anordnung im April 1946 noch einmal in einer überarbeiteten Fassung erscheinen mußte, die die Freiwilligkeit der Mitgliedschaft betonte.[14]

Im April 1946 erhielten auch die Industrie- und Handelskammern Passau und Coburg die offizielle Erlaubnis, ihre Tätigkeit wieder aufzunehmen,[15] wodurch der Status quo der Vorkriegszeit wieder erreicht war. In beiden Fällen hatten sich die Kammern trotz der grundsätzlichen Zulassung durch die Militärregierung in einem weitgehend rechtsfreien Raum befunden, denn die früheren Industrie- und Handelskammern waren ja 1943 mit der Bildung der Gauwirtschaftskammer Bayreuth offiziell aufgelöst worden. Das bayerische Wirtschaftsministerium wollte zudem an dem traditionellen Grundsatz einer Industrie- und Handelskammer je Regierungsbezirk festhalten. Nur für den besonders großen und gewerbereichen Regierungsbezirk Mittel- und Oberfranken wurden in Absprache mit dem zuständigen Vertreter der Militärregierung, Colonel Ellis, zwei Kammern, Nürnberg und Bayreuth zugelassen.[16] Mündliche und schriftliche Vorstellungen aus Passau stießen bei den Münchner Regierungsstellen zunächst rundweg auf Ablehnung. Erst im November 1945 zeigte sich Erhard aufgrund einer ausführlichen Denkschrift von der Notwendigkeit einer Industrie- und Handelskammer für Niederbayern überzeugt.[17] Coburg erhielt mit Rücksicht auf den Staatsvertrag von 1920 wieder eine eigene Kammer.[18]

Eine Veränderung der bayerischen Handelskammerlandschaft trat mit der umstrittenen Gründung der Industrie- und Handelskammer Aschaffenburg durch einen Ministerratsbeschluß vom 27. November 1946 ein. Die Kammer Würzburg, die die Entstehung der neuen Kammer heftig bekämpft hatte, verlor damit

---

[14] Anordnung des Staatsministers für Wirtschaft über die Errichtung von Industrie- und Handelskammern vom 25.10.1945. Anordnung vom 25.101945 über die Auflösung von Wirtschaftsverbänden. BHStA MWi 13701. Zu den Hintergründen dieser Anordnung vgl. FUCHS: Wiederaufbau, S. 129, 137; BRANDT: Organ, S. 177f. Siehe auch BREMER: Kammerrecht, S. 22.

[15] Anordnung v. 29.4.1946 über die Berichtigung und Ergänzung der Anordnung Nr. 6 über die Errichtung von Industrie- und Handelskammern v. 25.10.1945. BHStA MWi 13701.

[16] Lange an das Hauptquartier der Regionalen Militärregierung in Bayern, z.H. Lieutenant Lavery, 31.7.1945. BHStA MWi 13701.

[17] Tradition und Bewährung, S. 64.

[18] BRANDT: Organ, S. 176.

nicht nur Stadt und Landkreis Aschaffenburg, sondern auch die Landkreise Obernburg, Alzenau und Miltenberg.[19]

II. Die Entstehung der „Arbeitsgemeinschaft der Bayerischen Industrie- und Handelskammern"

Kaum waren die bayerischen Industrie- und Handelskammern wieder arbeitsfähig, dauerte es nicht lange, ehe auch der Gedanke an einen Kammerverband, wie ihn bis 1936 der Bayerische Industrie- und Handelskammertag dargestellt hatte, wieder lebendig wurde. Eine Fühlungnahme unter den Kammern war gegenwärtig zwar schwierig,[20] aber dringend notwendig, um sich über Grundsatzfragen austauschen zu können. Paul Helfrich, der Stellvertreter des Münchner Hauptgeschäftsführers Simon, hatte schon im Mai 1945 ein sogenanntes „Grundgesetz über die Organisation der gewerblichen Wirtschaft [in Bayern, Anm. d. Verf.] im allgemeinen" ausgearbeitet, in dem er sich Gedanken über den künftigen Wirtschaftsaufbau machte. Darin sah er ausdrücklich einen landesweiten Zusammenschluß der bayerischen Industrie- und Handelskammern vor: „Die Kammern können sich zu einer Arbeitsgemeinschaft für das ganze Land zusammenschließen und für die turnusmäßige oder dauernde Führung dieser Arbeitsgemeinschaft eine Vorortkammer bestimmen."[21]

Beflügelt wurden diese Bestrebungen vom Vorbild der Kammern in der damaligen Provinz Hannover, denen die zuständigen britischen Stellen schon im Juli 1945 eine Zusammenkunft über Landes- und Zonengrenzen hinaus gestattete.[22]

---

[19] Vgl. Abriß über die Entwicklung der Industrie- und Handelskammern in Bayern nach dem 8. Mai 1945. BHStA MWi 13701. Siehe auch BRANDT: Organ, S. 183-202 sowie POLLINGER: Initiative und Engagement, S. 7.

[20] So war im Juli 1945 die einzige auswärtige Kammer, die Kontakt nach München hatte, die Kammer Augsburg. Vgl. Schreiben der Wirtschaftskammer München an Wirtschaftsminister Lange, 14.7.1945. BWA K1/II/53, 1. Akt.

[21] „Grundgesetz" in BWA K1/II/ 53, 1. Akt. Vgl. auch FUCHS: Wiederaufbau, S. 102, 190. Das „Grundgesetz" orientierte sich insgesamt noch in erstaunlich hohem Maße an den Gauwirtschaftskammern.

[22] FRENTZEL: Industrie- und Handelskammern, S. 147. Diese Zusammenarbeit wurde aber zum Jahresende wieder untersagt. Erst Monate später erlaubten die Briten den IHKn Hannover, Braunschweig, Osnabrück, Lüneburg, Bremerhaven, Oldenburg und Stade, sich auf Grundlage der Technical Instruction Nr. 9 vom 28.3.1946 zu einem niedersächsischen Kammerverband zusammenzuschließen. Auch in den Provinzen Nordrhein und Westfalen schlossen sich die IHKn nun zu Verbänden zusammen, aus der im Oktober 1946 die Vereinigung der Industrie- und Handelskammern von Nordrhein-Westfalen entstand. Vgl. auch PROWE: Im Sturmzentrum, S. 106, Anm. 41.

Allerdings waren die amerikanischen Militärbehörden neuen Zusammenschlüssen gegenüber zu Beginn sehr vorsichtig. So hieß es in Punkt 10 des ersten Entwurfs einer Industrie- und Handelskammer-Verordnung, den das bayerische Staatsministerium für Wirtschaft auf Weisung der Militärregierung ausarbeitete und am 2. Juli 1945 den Kammern zukommen ließ, lediglich: „Die I.u.H.K. können zu gemeinsamen Tagungen zusammentreten."[23] Der Kommentar der Kammern hierzu war eindeutig: Regensburg forderte explizit die Rückkehr zum Wortlaut des § 2 Ziff. 8 der Verordnung von 1927 und damit zu einem Bayerischen Industrie- und Handelskammertag,[24] während München vernichtend urteilte: „Kümmerliches Zugeständnis an die ‚Koalitions-Freiheit' der Kammern. Wenn das Ministerium schon nicht wagt, wieder einen Bayerischen Kammertag auferstehen zu lassen, sollte es wenigstens eine Arbeitsgemeinschaft der bayer. Industrie- und Handelskammern mit einer auch noch so knappen Rechtsgrundlage versehen. Nur ‚gemeinsame Tagungen' müssen sich die Kammern vom Ministerium nicht erst noch genehmigen lassen."[25]

Die Schuld traf allerdings nicht das Ministerium, wie es die Stellungnahme der Kammer München andeutet, sondern die amerikanischen Besatzer. Für die Wirtschaftskreise war aber erst ab Mitte Juli 1945 erkennbar, welche Restriktionen die Amerikaner der wirtschaftlichen Selbstverwaltung auferlegten. In den „Richtlinien betreffend Handelskammern" vom 17. Juli 1945 hieß es bezüglich eines Zusammenschlusses: „Der Wirtschaftsminister ist angewiesen worden, eine allgemeine Oberaufsicht über alle Kammern in Bayern zu führen, jedoch haben wir angeordnet, daß keine straffe zentrale Organisation dieser Kammern erlaubt sein wird. Später, wenn es so etwas wie eine Bayer. Handelskammer [!] geben wird, wird der einzige Zweck dieser Organisation der sein, daß sie einmal im Jahr zusammenkommt und ein Jahresessen abhält."[26] Allein die Wortwahl, die explizite, ironische Erwähnung des „Jahresessens" machte deutlich, wie ablehnend die Amerikaner jeder Zentralisierung gegenüberstanden und wie geringe Kompetenzen sie einer solchen, sollte sie jemals genehmigt werden, zubilligen wollten. In den Vorarbeiten zu einer bayerischen Industrie- und Handelskammerverordnung, die ebenfalls im Juli 1945 einsetzten, war entsprechend eine gemeinsame Institution der bayerischen Kammern auch nicht vorgesehen.[27] Zugleich zeigte die Formulierung „Bayerische Handelskammer", die es so weder vor noch während des Nationalsozialismus gegeben hatte, wie wenig die Amerikaner von der bayerischen Handelskammertradition wußten.

---

[23] Entwurf in Archiv IHK Passau, 100.000.
[24] IHK Regensburg an IHK München, 25.7.1945, in Abschrift an die anderen bayerischen IHKn. Archiv IHK Passau, 100.000.
[25] Stellungnahme der IHK München, 3.7.1945, in Abschrift in Archiv IHK Passau, 100.000.
[26] Richtlinien betreffend Handelskammern v. 17.7.1945. BHStA MWi 13059.
[27] Vgl. Entwürfe in BHStA MWi 13059.

Gemeinsame Sitzungen der Kammern, wie sie der Verordnungsentwurf des Wirtschaftsministeriums vorsah, wurden trotz der an der Formulierung geübten Kritik bald wieder anberaumt, um sich über die drängenden Probleme der Nachkriegszeit auszutauschen. Ein großes Hindernis stellte dabei anfangs noch die durch die Besatzungsmacht radikal eingeschränkte Bewegungsfreiheit dar, welche erst im Laufe des Jahres 1945 gelockert wurde.[28] Am 19. September 1945 trafen sich daher zunächst nur die Präsidenten und Hauptgeschäftsführer der Kammern Augsburg und Nürnberg sowie der Hauptgeschäftsführer und weitere Vertreter der Kammer München in der bayerischen Landeshauptstadt.[29] Neben Fragen der Denazifizierung und Betriebseröffnungen ging es dabei im wesentlichen um die nunmehrige Organisation der Handelskammern unter der amerikanischen Besatzung. Nach einer Mitteilung des Ministerialrats Schaefer beabsichtigten die militärischen Machthaber, das Recht von 1927 wiederherzustellen, die Frage der sogenannten freiwilligen Mitgliedschaft war aber „noch nicht ausgestanden."[30] Eine eventuelle Wiedergründung des 1936 aufgelösten Bayerischen Industrie- und Handelskammertags wurde bei diesem Treffen nicht angeschnitten, obgleich die im August 1945 erlassenen zweiten Richtlinien der Militärregierung nun doch eine lose Zusammenfassung der bayerischen Kammern gestatteten.[31] Offenbar erachtete man diesen Aspekt der Kammerorganisation, da noch nicht einmal der Fortbestand der Kammern in der traditionellen Form gewährleistet war, in der gegenwärtigen Situation als minder wichtig; die notwendigen Treffen, in denen sich die bayerischen Kammervertreter gegenseitig Informationen zukommen ließen und sich gegebenenfalls auf gemeinsame Positionen verständigten, konnten zunächst auch informell stattfinden.

Dies bewies auch das zweite Treffen bayerischer Kammervertreter nach Kriegsende. Anläßlich einer Besprechung der bayerischen Regierungspräsidenten unter Vorsitz des Ministers Dr. Lange am 2. Oktober 1945 in München, zu der auch die Präsidenten der Handelskammern eingeladen waren, kamen diese letzteren am selben Tage noch zu einer gesonderten Sitzung zusammen.[32] Anwesend waren die Präsidenten der Kammern München, Augsburg, Nürnberg, Regensburg und Bayreuth, d.h. die Herren Kloepfer, Dr. Vogel, Dr. Kreutzer, Günther und Pöhner. Auch jetzt stand neben der Entnazifizierung die weitere

---

[28] GELBERG: Kriegsende, S. 644.

[29] Notizen über Besprechung am 19.9.1945. BWA K2/II/1, 7. Akt. Die Notizen haben nur stichpunktartige Form und sind daher nicht sehr aussagekräftig. Die beteiligten Personen wurden nicht namentlich aufgeführt.

[30] Ebd.

[31] IHK München an die bayerischen IHKn, 7.6.1946. Archiv IHK Passau, 100.000. Die hessischen IHKn, ebenfalls im amerikanischen Sektor gelegen, traten ab Sommer 1945 wie die bayerischen IHKn zu gemeinsamen Beratungen zusammen, ohne sich aber zu einer Arbeitsgemeinschaft zusammenzuschließen. In Baden-Württemberg kam es erst im Mai 1946 zu gemeinsamen Besprechungen, vgl. FRENTZEL: Industrie- und Handelskammern, S. 148.

[32] Vermerk über Besprechung am 2.10.1945. BWA K2/II/1, 7. Akt.

Organisation der Kammern im Vordergrund, doch die Frage nach einer Wiederbelebung des Bayerischen Industrie- und Handelskammertags oder der Gründung einer eventuellen Nachfolgeorganisation wurde wiederum nicht aufgeworfen.

In der Folgezeit wurden in unregelmäßigen Abständen noch weitere gemeinsame Treffen einberufen, an denen allmählich wieder alle bayerischen Kammern teilnahmen,[33] auch wenn die Zusammenarbeit aufgrund der schlechten Verkehrsverbindungen und der Überlastung der Kammern noch nicht wirklich reibungslos lief.[34] Dabei fungierte München, insbesondere gegenüber dem Wirtschaftsministerium, bereits ganz selbstverständlich wieder als Vorortkammer, die die Termine und Tagesordnungspunkte der gemeinsamen Sitzungen von Kammerpräsidenten und Wirtschaftsminister zwischen den Beteiligten vermittelte.[35]

In dem Maße, in dem die Anzahl der gemeinsamen Sitzungen zunahm, stellten die Kammern verstärkt das Bedürfnis nach einem geordneten Rahmen für ihre Zusammenarbeit fest. Anläßlich einer Besprechung am 9. November 1945 zwischen der Militärregierung für Oberbayern (Oberstleutnant Quarles, Major Sims), Vertretern des Regierungspräsidenten für Oberbayern (Dr. Fischer, Dr. Hintze), der Industrie- und Handelskammer München-Oberbayern (Präsident Kloepfer, Dr. Wolferstätter, von Raffler) und der Industrieabteilung München-Oberbayern (Dr. Wagner, Hamburger) teilte Oberst Quarles mit, daß seitens der Militärregierung die Bildung einer als Spitzenorganisation der Industrie- und Handelskammern fungierenden „Landes-Industrie- und Handelskammer" gestattet sei.[36]

Dies brachte wieder etwas Bewegung in die Bestrebungen, den gemeinsamen Sitzungen einen formellen Rahmen zu verleihen, da nun auch peripherer gelegene Kammern wie Würzburg auf eine engere Fühlungnahme und zur Abhaltung regelmäßiger Tagungen aller bayerischen Kammern drängten.[37]

Die umstrittene Frage der Pflichtzugehörigkeit der Firmen zu den Kammern führte von sich aus zu engeren Kontakten, denn hier engagierten sich die bayeri-

---

[33] Dies geht aus einem Brief der IHK Augsburg an die IHK München (24.7.1946) hervor. BWA K2/I/2.

[34] Vgl. Schreiben der Kammer München an die Kammer Bayreuth, 7.8.1946. BWA K1/II/53, 2. Akt.

[35] Vgl. z.B. das Schreiben der IHK München an Erhard, 15.1.1946. BHStA MWi 13052.

[36] Aktenvermerk (ohne Unterschrift) v. 12.11.1945 in BHStA MWi 13701. Zum regen Kontakt zwischen den Kammern und dem Wirtschaftsministerium vgl. auch die Ausführungen Erhards am 10.4.1946, in: Protokolle des Bayerischen Ministerrats 1945-1954. Das Kabinett Hoegner I (28. September 1945 bis 21. Dezember 1946), bearbeitet von Karl-Ulrich GELBERG, Bd. 1, München 1997, S. 444.

[37] Kammer Würzburg an die Kammer München, 20.11.1945. BWA K1/II/53, 2. Akt.

schen Industrie- und Handelskammern bald gemeinsam. Anläßlich einer Geschäftsführerbesprechung vom 27. März 1946, auf der dieses Thema ausführlich erörtert wurde, wurde beschlossen, daß eine Abordnung der Kammern München und Augsburg in dieser Angelegenheit bei Wirtschaftsminister Erhard vorsprechen sollte. Das Wirtschaftsministerium, das den Standpunkt der Kammern kannte und ebenfalls vertrat, lud die Präsidenten und Hauptgeschäftsführer der genannten beiden Kammern in der Folge zu einer Sitzung des Hauptausschusses gewerbliche Wirtschaft des Länderrates in Stuttgart ein, auf welcher die Kammerfrage auf Antrag der bayerischen Regierung nochmals erörtert wurde. Dort erhielten die Kammerdelegierten Gelegenheit, ihre Haltung vor Vertretern der zuständigen amerikanischen Behörden noch einmal darzulegen. In der anschließenden Diskussion beharrte die Militärregierung zwar auf ihrer ursprünglichen Verfügung der freiwilligen Mitgliedschaft, zeigte aber zugleich weitgehendes Entgegenkommen, indem sie versicherte, eine „Revision dieses Standpunktes [sei] zu gegebener Zeit möglich."[38]

Zudem teilte Assessor Henze vom Wirtschaftsministerium Ende Mai 1946 mit, daß das Ministerium nun eine Arbeitsgemeinschaft der bayerischen Industrie- und Handelskammern genehmigen würde, wenn diese von den Kammern angeregt würde;[39] dabei wurde deutlich, daß das Ministerium selbst großen Wert darauf legte, daß eine derartige Arbeitsgemeinschaft ins Leben gerufen würde.[40] Henze selbst hegte wohl keinerlei Zweifel daran, daß seine Nachricht auf fruchtbaren Boden fallen würde, denn noch ehe eine Reaktion von seiten der Kammern kam, sprach er Mitte Juni 1946 Dritten gegenüber bereits von einer Arbeitsgemeinschaft der bayerischen Industrie- und Handelskammern mit einer Geschäftsstelle bei der Kammer München.[41]

Das Wirtschaftsministerium kam damit aber nicht nur einem Bedürfnis der Industrie- und Handelskammern nach, sondern verfolgte eigene, ganz handfeste Ziele. Nach dem Willen des Ministeriums sollte die Arbeitsgemeinschaft den Kammern eine offizielle und rechtliche Basis zur gegenseitigen Abstimmung ihrer Ansichten in den sie betreffenden Angelegenheiten geben und damit auch den Landeszentralbehörden die Gelegenheit bieten, sich zu den einschlägigen Angelegenheiten eine umfassende Stellungnahme zu verschaffen. Da gleichartige Arbeitsgemeinschaften auch in Großhessen und Württemberg-Baden gebildet

---

[38] Darstellung der IHK Augsburg, 9.4.1946. BHStA MWi 13052.

[39] IHK Bayreuth an die bayerischen IHKn, 29.5.1946. Archiv IHK Passau, 103.000. In der britischen Zone waren Kammervereinigungen schon seit März 1946 erlaubt, die britische Militärregierung war von der Notwendigkeit und der Nützlichkeit der Kammerarbeit überzeugt. FRENTZEL: Industrie- und Handelskammern, S. 148.

[40] IHK München an die bayerischen IHKn, 7.6.1946. Archiv IHK Passau, 100.000.

[41] Vgl. Schreiben Henzes an Max Wittenberger, Frankfurt/M., 13.6.1946. BHStA MWi 13052.

worden waren, war nach Ansicht des Ministeriums durch die Zusammenarbeit der drei Arbeitsgemeinschaften „eine weitere Gewähr für die Angleichung der Wirtschaftsgrundsätze in den Ländern der US-Zone gegeben“, darüber hinaus aber auch der wirkungsvolle Kontakt zu den in der britischen Zone bestehenden Arbeitsgemeinschaften überhaupt erst möglich.[42]

Nürnberg, Passau und Würzburg (das noch unter der Bezeichnung „Industrie- und Handelskammer Mainfranken“ firmierte) plädierten auf Henzes Mitteilung hin sofort für die Errichtung einer Arbeitsgemeinschaft mit Vorort München, die wie schon vor 1933 alle die Industrie- und Handelskammern betreffenden wichtigen Anliegen gemeinsam und einheitlich bearbeiten und sie gegenüber den Ministerien und sonstigen Stellen geschlossen vertreten sollte. Die Kammer München wurde aufgefordert, geeignete Schritte hierzu zu unternehmen.[43]

Auf einer deswegen für den 25. Juni einberufenen Besprechung der bayerischen Kammern wurde der Beschluß gefaßt, einen Satzungsentwurf für eine Arbeitsgemeinschaft der Bayerischen Industrie- und Handelskammern zu erarbeiten, eine Aufgabe, welche Augsburg und München übernahmen. Der Entwurf wurde anschließend am 22. Juli in altbewährter Weise in einer Kommission mit Vertretern aller bayerischen Kammern beraten. Dabei war deutlich zu erkennen, daß die letzten Jahre, in denen die Handelskammern in die nationalsozialistische Wirtschaftsorganisation eingebunden gewesen waren, tiefe Spuren im Bewußtsein der Kammervertreter hinterlassen hatten. Man war nicht mehr bereit, den Aktionsradius und die Entscheidungsfreiheit der einzelnen Kammer einer wie auch immer gearteten übergeordneten Organisation zu opfern.[44] Dies mag ein Grund dafür gewesen sein, daß man sich von dem traditionellen Namen des „Industrie- und Handelskammertags“, der ja einen festen Kammerverbund implizierte, distanzierte und stattdessen den Begriff der „Arbeitsgemeinschaft“ wählte. In der Namenswahl lag aber auch ein Entgegenkommen an die amerikanische Besatzungsmacht, die eine schlichte Arbeitsgemeinschaft wohl einfacher akzeptieren konnte als einen zentralistisch anmutenden „Handelskammertag“.[45] „Die Kommission ging bei ihren Beratungen davon aus, dass die Arbeitsgemeinschaft der Industrie- und Handelskammern eine möglichst lose Form erhalten soll. Sie hat daher bei der Abfassung der Satzung alles vermieden, was zur Anwendung

---

[42] Vormerkung zum Entwurf der AG der bayerischen IHKn, 1.10.1946. BHStA MWi 13052.

[43] IHK Nürnberg an IHK München, 31.5.1946, in Abschrift an die anderen IHKn; IHK Passau an die bayerischen IHKn, 7.6.1946; IHK Mainfranken an IHK München, 4.6.1946, in Abschrift an die anderen IHKn. Archiv IHK Passau, 103.000.

[44] Vgl. hierzu auch die Schriftwechsel der bayerischen IHKn v. August 1946 in BWA K1/II/53, 2. Akt. Die IHK Augsburg äußerte z.B.: „Auf die Erhaltung der absoluten Selbständigkeit der einzelnen Kammern legen wir auch im Interesse des Staates selbst den größten Wert.“

[45] Vgl. die Ausführungen von Dieter Soltmann in: 50 Jahre Arbeitsgemeinschaft der Bayerischen Industrie- und Handelskammern, München 1997, S. 16.

der bürgerlich rechtlichen Vereinsgrundsätze zwingen würde. Es wurde daher auch der Ausdruck ‚Mitgliederversammlung' vermieden und nur von Tagungen gesprochen."[46] Dennoch ging die Kammer München von einer erheblichen Mehrbelastung durch die Vorortstätigkeit aus, so daß sie zur Bearbeitung der die Arbeitsgemeinschaft betreffenden Angelegenheiten Dr. Ludwig Mellinger, den früheren Herausgeber der Zeitschrift *Die Bank*, einstellte.[47]

Trotz des neuen Namens und der „möglichst losen Form" unterschieden sich die Satzungen der Arbeitsgemeinschaft[48] nicht wesentlich von jenen des Bayerischen Industrie- und Handelskammertages. Die Bestimmungen bezüglich der Versammlungen waren nun etwas knapper gehalten, zudem wurde von vornherein die Möglichkeit eingeräumt, zur Besprechung bestimmter Fragen Ausschüsse zu bilden oder Geschäftsführer- bzw. Sachbearbeiterbesprechungen einzuberufen (§ 5). Dasselbe hatte man ja schon vor 1936 getan, nur war es eben nicht in den Satzungen festgehalten worden. Zur Führung der Geschäfte sollte nun alle zwei – statt bisher alle drei – Jahre ein Vorort gewählt werden; doch wie schon zu Zeiten des Handelskammertages läßt sich auch für die Arbeitsgemeinschaft ein anderer Vorort als München nicht feststellen. Beschlüsse wurden weiterhin mit einfacher Stimmenmehrheit gefaßt, ebenso blieb es der Minderheit unbenommen, ihren abweichenden Standpunkt selbständig weiterzuvertreten. Neu war die Bestimmung, wonach die Tagung schon beschlußfähig war, wenn mindestens die Hälfte der Kammern vertreten war (§ 4). Hier hatte man wohl aus den Erfahrungen des Handelskammertages gelernt, wo doch hin und wieder Beschlüsse auf die nächste Sitzung vertagt worden waren, weil eine oder mehrere Kammern nicht anwesend waren.

Der Hauptgeschäftsführer der Industrie- und Handelskammer München, Edmund Simon, übersandte im Namen der Arbeitsgemeinschaft die ausgearbeitete Satzung am 13. September 1946 an Assessor Henze im bayerischen Wirtschaftsministerium „mit der Bitte um baldgefällige Genehmigung."[49] Henze antwortete am 1. Oktober mit der Mitteilung, der bayerische Staatsminister für Wirtschaft, Ludwig Erhard, habe die Satzungen der Arbeitsgemeinschaft genehmigt, allerdings „mit der Auflage, daß das Bayerische Staatsministerium für

---

[46] IHK Augsburg an IHK München, 24.7.1946. BWA K2/I/2.

[47] Vormerkung zum Entwurf der AG der bayerischen IHKn, 1.10.1946. BHStA MWi 13052. Mellinger war zunächst als Syndikus der Münchner Kammer eingestellt worden, wurde aber bald zu deren Hauptgeschäftsführer und zum Geschäftsführer der Arbeitsgemeinschaft berufen, vgl. FUCHS: Wiederaufbau, S. 194, Anm. 4.

[48] Vgl. Wortlaut der Satzungen im Anhang.

[49] Simon an Henze, 13.9.1946. BWA K2/I/2. Simon unterschrieb den Brief, da noch keine Wahl des Vororts stattgefunden hatte, etwas voreilig mit „Arbeitsgemeinschaft der bayer. Industrie- und Handelskammern". Offenbar fühlte sich die Kammer München aus der Tradition heraus bereits wieder als Vorort.

Wirtschaft von den Tagungen der Arbeitsgemeinschaft unter gleichzeitiger Angabe der Tagesordnung jeweils rechtzeitig in Kenntnis zu setzen ist."[50]

Obwohl das offiziell angegebene Motiv des Ministeriums für diese Auflage – die Möglichkeit, daß unter Umständen die Auffassungen der einzelnen Kammern und das Zustandekommen der Beratungsergebnisse von besonderem Wert waren[51] – vergleichsweise harmlos war, konnten die Kammern gerade nach den Erfahrungen mit dem Nationalsozialismus diese nicht hinnehmen. Sie wollten endlich wieder frei, ohne Überwachung oder Bevormundung durch staatliche Stellen, ihrer Arbeit nachgehen können, zumal diese ja alles andere als staatsgefährdend einzustufen war: „Es war bisher nicht üblich, solche Zusammenkünfte eines ganz begrenzten Personenkreis [sic] zur Besprechung rein wirtschaftlicher Fragen unter Beobachtung zu stellen und es verträgt sich das wohl auch kaum mit den Prinzipien, an denen sich die Staatsführung heute ausrichtet."[52]

Bei ihrer Zusammenkunft am 4. Oktober beschlossen die Kammervertreter daher, daß die Präsidenten der Kammern München und Augsburg, Reinhart Kloepfer und Otto Vogel, bei nächster Gelegenheit Minister Erhard persönlich aufsuchen und ihm den Standpunkt der Kammern darlegen sollten. Zugleich wählten sie auf Vorschlag Vogels die Kammer München für die nächsten zwei Jahre zum Vorort der Arbeitsgemeinschaft.[53]

Kloepfer und Vogel begaben sich schon in den nächsten Tagen zu Ludwig Erhard und baten ihn, die Auflage als nicht mehr zeitgemäß zurückzunehmen. Sie wiesen in ihren Ausführungen auch darauf hin, daß selbstverständlich, wie in der Zeit vor 1933, Einladungen zu allen Besprechungen an den zuständigen Referenten des Wirtschaftsministeriums ergehen würden;[54] die Kammern waren ja an einer engen Zusammenarbeit mit den Behörden durchaus interessiert, da sie nur von Vorteil sein konnte. Diesbezüglichen Zwang wollten sie allerdings nicht mehr ertragen. Erhard ließ sich im Gespräch davon überzeugen, daß die Kammern auch in der Arbeitsgemeinschaft zusammengeschlossen kein Risiko für den demokratischen Staat darstellten, und genehmigte die Satzung ohne weitere Auflagen.[55]

---

[50] Henze an IHK München, 1.10.1946. BWA K2/I/2.

[51] Vgl. Vormerkung zum Entwurf der AG der bayerischen IHKn, 1.10.1946. BHStA MWi 13052.

[52] Entwurf eines Briefes an Erhard. BWA K2/I/2. Der Brief wurde wahrscheinlich nicht abgeschickt, da die Präsidenten der IHKn München und Augsburg persönlich bei Erhard vorsprachen, nichtsdestoweniger gibt er aber den Standpunkt der bayerischen IHKn wieder.

[53] Niederschrift über die Zusammenkunft der bayerischen IHKn am 4.10.1946. BWA K2/II/1, 7. Akt.

[54] Vgl. Entwurf des o.g. Briefes. BWA K2/I/2.

[55] Kloepfer an Erhard, 10.10.1946; IHK München an die bayerischen IHKn, Entwurf ohne Datum. BWA K2/I/2.

Die Arbeitsgemeinschaft der Bayerischen Industrie- und Handelskammern konnte so, wie früher ihre Vorgängerin, ungehindert ihre Arbeit aufnehmen, die sich in den ersten Nachkriegsjahren vornehmlich um Entnazifizierungsfragen, die Reorganisation der Wirtschaft und die noch unsichere Zukunft des Industrie- und Handelskammerwesens drehte.[56] Interessanterweise nutzten einzelne Kammern die nunmehrige Existenz der Arbeitsgemeinschaft auch dafür, bei den Firmen für den Beitritt zur Kammer zu werben. So schrieb die Kammer Regensburg noch im Oktober 1946 in ihren Mitteilungen: „Durch den Zusammenschluß der bayerischen Kammern wird eine verstärkte Wirkung ihrer Arbeit, besonders hinsichtlich der Erstattung von Gutachten gegenüber Gesetzentwürfen erreicht werden.“[57]

In den ersten Jahren ihrer Tätigkeit erfüllte die Arbeitsgemeinschaft daher nicht zwei, sondern drei Funktionen; zu den traditionellen Aufgaben des früheren Industrie- und Handelskammertages, die Vertretung der Anliegen der Kammern nach außen und die Koordinierung der wirtschaftlichen Selbstverwaltung nach innen, gesellte sich noch die Funktion des Werbeträgers bei den bayerischen Firmen zugunsten einer Mitgliedschaft in der Industrie- und Handelskammer des jeweiligen Bezirks.

Tabelle 21: Zusammenstellung über Mitgliederzahl und Beitragseingang der bayerischen Industrie- und Handelskammern 1947

Industrie- und Handelskammer	*Gesamtzahl der Mitglieder*	*davon im Handelsregister*		*Beitragseingang 1947 in RM*
		eingetragen	*nicht eingetragen*	
München	30.725	10.625	20.100	820.000,00
Nürnberg	20.996	4.585	16.411	671.000,00
Passau	11.266	1.925	9.341	209.574,31
Regensburg	9.903	2.157	7.746	272.800,00
Würzburg	7.371	2.728	4.643	281.309,71
Bayreuth	4.958	3.706	1.252	354.361,83
Augsburg	4.060	2.900	1.160	396.000,00
Aschaffenburg	2.157	1.005	1.152	-
Coburg	1.600	900	700	85.000,00

Quelle: Mellinger an Henze, 2.10.1948. BHStA MWi 13070. Aschaffenburg konnte, da 1946 erst gegründet, noch keine Angaben über das Beitragsaufkommen machen.

Inwieweit die Arbeitsgemeinschaft tatsächlich dazu beitragen konnte, die Unternehmer zum Beitritt zur Kammer zu bewegen, läßt sich nur vermuten. Ein Großteil von ihnen war jedenfalls, wie Tabelle 21 ausweist, von den Vorteilen der Kammerzugehörigkeit trotz der Notwendigkeit von Beitragszahlungen fest

[56] Vgl. Protokolle der Sitzungen in BWA K2/II/1, 7. Akt.
[57] Mitteilungsblatt der IHK Regensburg 10/46, S. 1.

überzeugt, denn viele von ihnen erklärten ihre freiwillige Mitgliedschaft, so daß die Kammerarbeit in ganz Bayern uneingeschränkt fortgeführt werden konnte.[58]

III. Ausblick

Die Arbeitsgemeinschaft der Bayerischen Industrie- und Handelskammern entwickelte in den folgenden Jahren eine rege Tätigkeit, die durch die endgültige Regelung des Kammerwesens durch das Gesetz von 1956 wesentlich erleichtert wurde, da es die Pflichtmitgliedschaft wieder einführte und den Kammern insgesamt einen festen Rahmen für ihre Arbeit bot. Zum 1. Januar 1973 wurden die Satzungen der Arbeitsgemeinschaft überarbeitet und neu gefaßt. Die neuen Bestimmungen waren detaillierter als diejenigen von 1946 und erstmals in Satzung und Geschäftsordnung unterteilt. Nachdem seit 1909 der Vorort trotz der einschlägigen Vorschriften niemals gewechselt hatte, bestimmte § 2 der Satzung nun die Industrie- und Handelskammer für München zum festen Vorort der Arbeitsgemeinschaft.[59]

In Erinnerung an ihre Wurzeln nahm die Arbeitsgemeinschaft 1996, anläßlich ihres 50jährigen Jubiläums, wieder den Namen „Bayerischer Industrie- und Handelskammertag“ an, um so verstärkt die Gemeinsamkeit der Arbeit und des Auftretens der heutigen zehn bayerischen Industrie- und Handelskammern zu signalisieren.[60] Zugleich ist dies eine Rückbesinnung, ein Ausdruck der Verbundenheit der bayerischen Kammern mit dem 1909 gegründeten Zusammenschluß und ihrer eigenen Geschichte in Kaiserreich, Weimarer Republik und NS-Zeit sowie eine späte Bestätigung des Erfolgs der Tätigkeit des Bayerischen Industrie- und Handelskammertages in den ersten 27 Jahren seines Bestehens.

---

[58] Nach Schätzungen der IHK München traten ca. 80 % der Firmen freiwillig bei, FUCHS: Wiederaufbau, S. 146f. Vgl. auch HELFRICH: 125 Jahre, S. 40, sowie BRANDT: Organ, S. 178.

[59] Satzungen und Geschäftsordnung in Archiv IHK Passau, 100.000.

[60] Niederbayerische Wirtschaft, Dezember 1996, S. 580; 50 Jahre Arbeitsgemeinschaft der Bayerischen Industrie- und Handelskammern, S. 3. Satzung und Geschäftsordnung von 1996 in Archiv IHK Passau, 100.000.

E. ZUSAMMENFASSENDE DARSTELLUNG

Wie in ganz Deutschland setzte in Bayern zu Beginn des 19. Jahrhunderts ein Wirtschaftsaufschwung ein, der durch den Zollverein noch verstärkt wurde. In den Kreisen der bayerischen Gewerbetreibenden, zunächst in der Pfalz, bald in allen Gebieten des noch jungen Königreiches, wuchs in dieser Situation der Ruf nach einer geeigneten Vertretung ihrer Interessen. Als solche wurden die Handelskammern nach französischem Vorbild betrachtet, welche die Pfälzer bereits während der französischen Besatzung kennengelernt hatten. Nachdem sich auch die Ständeversammlung einige Jahre später dieser Forderung anschloß, begann der bayerische Innenminister Oettingen-Wallerstein mit der Ausarbeitung von Plänen bezüglich der Einsetzung von Handelskammern, mußte diese aber angesichts des Widerstands König Ludwigs I. zurückziehen. Erst seinem Nachfolger Abel gelang es, Ludwig mit Hinweisen auf ein relatives Zurückbleiben der bayerischen Wirtschaft gegenüber anderen deutschen Ländern von der Vorteilhaftigkeit des Instituts Handelskammer zu überzeugen, so daß der König am 19. September 1842 die erste bayerische Handelskammer-Verordnung unterzeichnete. In der Folge kam es zur von oben angeordneten Gründung von acht Handelskammern, d.h. je einer Kammer pro Regierungsbezirk. Die Entwicklung der Handelskammern in Bayern unterschied sich dadurch von vornherein deutlich von jener in anderen deutschen Staaten, wo Kammern meist aufgrund lokaler Bedürfnisse und örtlicher Initiativen entstanden.

Der Gedanke zur Gründung eines wie auch immer gearteten Zusammenschlusses der bayerischen Handelskammern ist ebenso alt wie diese Kammern selbst. Die in den Entwürfen zur Handelskammer-Verordnung von 1834 und auch in den Vorarbeiten Abels zur schließlich angenommenen Verordnung noch vorgesehene gemeinsame Institution der Kammern, ein „allgemeiner und zentraler Industrie- und Handelsrat", scheiterte am Mißtrauen König Ludwigs I., dessen neoabsolutistischer Regierungsstil der Errichtung weiterer Repräsentativversammlungen in Bayern entgegenstand. Bei späteren Kammerreformen wurde die Idee wieder aufgegriffen, die Kammern zum Nutzen des Staates überregional zu verbinden, doch nahmen diese Vorschläge nie konkrete Gestalt an.

Vorstöße aus dem Kreis der Kammern selbst, die sich an den in manchen anderen deutschen Ländern schon bestehenden Kammertagen und dem 1861 gegründeten Deutschen Handelstag orientierten, blieben ebenfalls folgenlos. Der weitreichendste von ihnen, die Initiative der Handels- und Gewerbekammer München im Jahr 1883, scheiterte am Widerstand einzelner Schwesterkammern, allen voran der Kammern Augsburg, Nürnberg und Regensburg, die – neben Meinungsverschiedenheiten über eine Aufnahme der Bezirksgremien in den Kammertag – nicht nur die Notwendigkeit eines Zusammenschlusses bezweifelten, sondern in ihm vielmehr eine Gefährdung der eigenen Kompetenzen erblickten. Zudem wurde eine Dominanz der Münchner Kammer befürchtet, da diese über die größte Behördennähe verfügte. Ein deutlicher Hinweis aus dem bayerischen Innenministerium, wonach die Regierung die Gründung eines Handelskammertages begrüßen würde, konnte an der Haltung der genannten Kammern nichts ändern.

Erst die Konkurrenz durch die um die Jahrhundertwende entstehenden Fachverbände, vor allem durch den Bayerischen Industriellen-Verband, und die 1907 vom bayerischen Staat eingesetzten Zentralstelle für Industrie, Gewerbe und Handel überzeugte auch die bisher skeptischen Kammern von den Vorzügen und der Notwendigkeit eines Kammertages, mußten sie doch fürchten, ihren Einfluß sowohl auf die Regierung als auch auf die von ihnen vertretenen Unternehmer zu verlieren. Insbesondere Ludwigshafen, das 1883 eine Beteiligung an einer Vereinigung noch wegen der großen Entfernung zum rechtsrheinischen Bayern entschieden abgelehnt hatte, betrieb jetzt, unter dem neuen Präsidenten Franz von Wagner, energisch deren Bildung und legte 1903 sogar einen eigenen Entwurf für einen Handelskammertag vor. 1907 einigten sich die bayerischen Handelskammern auf die Gründung eines Bayerischen Handelskammertages, die schließlich am 2. März 1909, nach der Reform der geltenden Handelskammer-Verordnung 1908 und der Neukonstitution der Handelskammern im Januar 1909, in München erfolgte.

Nach seiner Satzung war der Handelskammertag eine freie Vereinigung mit dem Zweck, wichtige gemeinsame Aufgaben seiner Mitglieder durch gemeinsame Beratungen und Beschlußfassungen zu fördern. Als freie Vereinigung bildete er, im Gegensatz zu den mit öffentlich-rechtlichem Status versehenen Kammern selbst, aber analog zum Deutschen Industrie- und Handelstag, einen Zusammenschluß privatrechtlicher Natur. Weder der Staat noch die einzelnen Kammern durften ihm daher hoheitliche Aufgaben übertragen; für deren Erfüllung blieben allein die Kammern zuständig. Ein wichtiger Teil der herkömmlichen Handelskammeraktivitäten wie das Erstellen von Gutachten oder das Ausstellen von Ursprungszeugnissen war dem Handelskammertag damit von vornherein verwehrt.

Er vereinte alle acht, nach dem Anschluß Coburgs neun bayerischen Handelskammern auf einer gleichberechtigten Basis. Das Votum einer jeden Kammer hatte bei Abstimmungen das gleiche Gewicht, unabhängig von ihrer jeweiligen Größe und ihrem nach Leistungsfähigkeit gestaffelten Beitrag zur Finanzierung des Handelskammertages. Darin unterschied er sich – wie andere Landesverbände auch – deutlich vom Deutschen Handelstag, der das Stimmgewicht an die Beiträge koppelte, so daß größere und reichere Kammern dort über mehr Einfluß verfügten. Sah sich eine Kammer außerstande, sich einem Mehrheitsbeschluß des Bayerischen Handelskammertages anzuschließen, blieb es ihr unbenommen, ihren eigenen Standpunkt weiterzuvertreten; eine Majorisierung einzelner Kammern gegen ihren Willen war damit ausgeschlossen. Den überwiegenden

Anteil der Arbeit innerhalb des Handelskammertages übernahmen die größeren Kammern München, Augsburg und Nürnberg, die über einen leistungsfähigeren Apparat verfügten, doch beteiligten sich im Rahmen ihrer Möglichkeiten kontinuierlich auch die anderen Kammern bis hin zu den kleinsten, Passau und Coburg. Der Bayerische Handelskammertag stellte daher nicht nur eine Interessensvertretung der drei größten Kammern dar; vielmehr läßt sich aus der Analyse der Sitzungsprotokolle der Schluß ziehen, daß alle bayerischen Kammern gleichermaßen von der Tätigkeit des Bayerischen Handelskammertages profitieren konnten.

Die auf der Gründungssitzung angenommenen Satzungen hatten formal bis zur Auflösung des Handelskammertages 1936 Bestand, erwiesen sich aber als so flexibel, daß sie bei Bedarf praktisch abgeändert oder ergänzt werden konnten. Eine der wichtigsten Änderungen bestand in der Einführung der in den Satzungen nicht vorgesehenen Delegiertenkonferenzen, die als echte Arbeitssitzungen mit einer überschaubaren Zahl von Teilnehmern an die Seite der als „Handelskammertage" bezeichneten, in der Regel gut besuchten Vollversammlungen traten, welche sich wiederum eher zu repräsentativen öffentlichen Demonstrationen des Gewichts von Industrie und Handel in Bayern entwickelten. Die Zielsetzung dieser Vollversammlungen paßte sich dabei im Betrachtungszeitraum an die politischen Gegebenheiten an: Während die Handelskammern in der politisch stabilen Prinzregentenzeit, sich im Glanze und Bewußtsein der eigenen Bedeutung sonnend (unbestrittener Höhepunkt war hierbei der zweitägige VI. Bayerische Handelskammertag 1913 in Ludwigshafen mit über 130 Teilnehmern, dem nach der Sitzung noch ein Ausflug in die Pfälzer Weinberge folgte), jeweils zum Beginn der Landtagssessionen im September zusammentraten, versuchten sie in der unruhigen Phase der Weimarer Republik, in der die Arbeitnehmerinteressen stärker im Vordergrund standen, die Öffentlichkeit mittels der Vollversammlungen von ebendieser Bedeutung zu überzeugen, eine Haltung, die am deutlichsten auf dem IX. Bayerischen Industrie- und Handelskammertag von 1928 zutage tritt. Die Handelskammertage entwickelten sich also von überwiegend repräsentativen Veranstaltungen zum politischen Machtinstrument.

Eine zweite wichtige Änderung lag in der 1912 getroffenen Festlegung, den Vorort nicht turnusmäßig alle drei Jahre zu wechseln, sondern ihn ständig in München zu belassen. Auf diese Weise blieb die Nähe zu Behörden, Regierung und Landtag gewahrt; zugleich konnte sich der Handelskammertag dauerhaft des Einflusses der größten bayerischen Handelskammer und seiner Präsidenten Otto von Pfister, Joseph Pschorr und – im Nationalsozialismus – Albert Pietzsch versichern. Daß München sich dadurch nahezu zwangsläufig zu einem primus inter pares entwickelte, was 1883 noch einer der Gründe des Scheiterns gewesen war, wurde von den anderen Kammern nun billigend in Kauf genommen.

In den ersten fünf Jahren seiner Existenz, in der Kaiserzeit bis zum Ersten Weltkrieg, entwickelte der Bayerische Handelskammertag eine rege Tätigkeit. Für die Arbeit der Organisation selbst war dabei zunächst die Beschäftigung mit der beschlossenen Satzung und ihrer Umsetzung bzw. die erwähnte Anpassung an die realen Gegebenheiten entscheidend, weil sich nur so allmählich eine effiziente, gut strukturierte Arbeitsweise herausbilden konnte. Im Vordergrund ihrer Tätigkeit stand allerdings – wie auch in den späteren Zeiträumen – das wirtschaftspolitische Wirken, also die Vertretung der Interessen von Handel und Industrie und auch der Kammern selbst nach außen, d.h. gegenüber Regierung, Landtag, Ministerien und anderen Behörden. In erster Linie ist hier die Beschäftigung mit der bayerischen Steuerreform von 1910/1912 zu nennen, in deren Ausgestaltung sich der Handelskammertag anhand zweier Denkschriften zumindest teilweise erfolgreich einschaltete. Daneben versuchte der Handelskammertag, die Vertretung von Handel und Industrie in den Distrikts- und Landräten sowie in der Kammer der Reichsräte zu verbessern. In direktem Zusammenhang hiermit stand sein Eintreten zugunsten einer Beendigung der Regentschaft in Bayern, welches zugleich zeigte, daß die bayerischen Handelskammern nicht davor zurückscheuten, das ihnen durch den Zusammenschluß zugewachsene Gewicht auch auf wirtschaftsferneren Gebieten zur Geltung zu bringen. Auf dem Gebiet der wirtschaftlichen Selbstverwaltung, also der Ordnungsfunktion in der Wirtschaft, das gegenüber dem wirtschaftspolitischen Wirken ein wenig zurückblieb, einigten sich die Kammern auf gemeinsame Richtlinien zur Bestellung von Sachverständigen, insbesondere für Handelschemiker und Bücherrevisoren, und schufen damit in dieser Beziehung einheitliche Verhältnisse für ganz Bayern. Die 1911 erfolgte Übernahme der Münchner Kammerzeitschrift, der *Bayerischen Handelszeitung*, als gemeinsames Organ des Bayerischen Handelskammertages erleichterte die Außenwirkung seiner Arbeit erheblich. Der Kammertag entwickelte sich dadurch nach der anfangs nötigen Regelung einiger „technischer Details“ zu einer gut strukturierten und funktionierenden Organisation, in der die bayerischen Handelskammern trotz gelegentlicher Meinungsverschiedenheiten weitgehend reibungslos und vor allem erfolgreich zusammenarbeiteten.

Der Erste Weltkrieg veränderte seine Arbeitsweise jedoch auf drastische Weise. In Anbetracht der Kriegsereignisse und angesichts der den Kammern immer zahlreicher übertragenen offiziellen Aufgaben sah man von Zusammentritten zunächst ganz ab. Auch das Erscheinen der *Bayerischen Handelszeitung* wurde eingeschränkt. Erst ab Mitte 1915, als ein Ende des Krieges nicht in Sicht war, konnten die Kammern nicht mehr darauf verzichten, sich im persönlichen Gespräch untereinander auszutauschen. Die nun anberaumten Sitzungen folgten nicht dem klaren Rhythmus der Kaiserzeit, sondern fanden – gerade in den letzten beiden Kriegsjahren – wesentlich häufiger statt. Anlaß hierfür war die Wahrnehmung wirtschaftspolitischer Interessen; alle anderen Sachbereiche traten demgegenüber in den Hintergrund. Insbesondere die Stellung des Handels in der Kriegswirtschaft wurde immer wieder thematisiert, da dieser aufgrund der zum Teil massiven Preissteigerungen von Kriegsbeginn an in der Kritik der Behörden und der Verbraucher stand. Der Forderung des Handelskammertages nach einer stärkeren Berücksichtigung der wirtschaftlichen Notwendigkeiten bei der Beurteilung der Preissteigerungen durch das Kriegswucheramt und die Preisprüfungsstellen stand jedoch die Volksstimmung entgegen, auf die zu hören die Behörden im eigenen Interesse gezwungen waren, obwohl der Leiter der für die Wirtschaft zuständigen Abteilung II des Außenministeriums, Wilhelm Ritter von Meinel, die Notlage des Einzelhandels durchaus erkannte. Aus demselben Grund scheiterte auch das Eintreten des Handelskammertages für die Errichtung eines Handelsministeriums in Bayern; immerhin wurde aber die Abteilung II ausgebaut, womit sich der Handelskammertag notgedrungen zufrieden geben mußte. Mehr Erfolg konnte er mit dem Ruf nach einem Ausbau der bayerischen Wasserkräfte zur Energiegewinnung und zum Bau einer bayerischen Großschifffahrtstraße verzeichnen, da auch große Teile des Landtags vom Nutzen dieser Entwicklung überzeugt waren.

Bedeutende Energie richtete der Handelskammertag auf die Mitgestaltung der Übergangswirtschaft, die nach Kriegsende die bestehende Kriegs- in die Friedenswirtschaft überleiten sollte, da die Kammern eine Fortführung der Zwangsbewirtschaftung und insbesondere eine Durchsetzung der gemeinwirtschaftlich orientierten Thesen Rathenaus befürchteten. Die hierfür angestellten Überlegungen wurden mit dem unvorhergesehenen politischen Umsturz im November 1918 allerdings obsolet. Der Bayerische Handelskammertag sah sich damit vor die Notwendigkeit gestellt, sich unter veränderten politischen Bedingungen zurechtzufinden.

Diese Notwendigkeit führte zur aktivsten Periode seiner Tätigkeit. Zwar erwies sich eine Rückkehr zur strukturierten Arbeitsweise der Vorkriegszeit als unmöglich, doch war der Kammertag flexibel genug, durch häufige und kurzfristig einberufene Sitzungen auf die Erfordernisse der Nachkriegsjahre zu reagieren. Hiervon gab es genug: Zunächst mußte die Organisation des Handelskammertages selbst wieder koordiniert, die Herausgabe der *Bayerischen Handelszeitung* neu gestaltet werden. 1920 wurde zudem die Handelskammer Coburg in den Kammertag aufgenommen, nachdem das frühere Herzogtum Sachsen-Coburg seinen Anschluß an Bayern erklärt hatte. Daneben mußten nun, nach Kriegsende, die Handelsbeziehungen zu den an Bayern angrenzenden Ländern wieder normalisiert werden, weshalb der Handelskammertag die Nähe zu außerbayerischen Kammern wie etwa der Deutschen Handelskammer in der Schweiz und den österreichischen Kammern suchte. Nach dem politischen Umsturz galt es, eine Basis zur Zusammenarbeit mit den neuen Machthabern zu finden, sodann die Sozialisierung der Wirtschaft zu verhindern und zugleich im „Kampf" gegen die geplanten Bezirkswirtschaftsräte – die schließlich der Inflation zum

Opfer fielen – nicht selbst unterzugehen. Diese Auseinandersetzung mit der geplanten Neugestaltung der beruflichen Vertretung war wohl die größte Herausforderung des Handelskammertages in seiner Geschichte, eine Herausforderung, der er sich energisch stellte. Gleiches gilt auch für seinen Einsatz zugunsten der Einzelhändler während der Inflation, deren Benachteiligung durch die Gesetzgebung er in Eingaben und Resolutionen an die Regierung immer wieder anprangerte. Zur Verstärkung seiner Positionen in den wichtigsten Fragen, vor allem bei den Bezirkswirtschaftsräten und der Wuchergesetzgebung, ging der Bayerische Handelskammertag wechselnde Allianzen mit den maßgebenden Fachverbänden ein, um die Forderung nach Berücksichtigung der Interessen von Industrie und Handel gegenüber der Regierung auf eine breite Basis stellen zu können.

Mit dem Ende der Inflation 1923 und dem damit einhergehenden Einfrieren der Rätediskussion kam die engagierte Arbeit des Bayerischen Handelskammertages in den Nachkriegsjahren zum Erliegen. Die Kammern widmeten sich nun verstärkt den Sorgen und Nöten der Wirtschaft ihrer jeweiligen Kammerbezirke, gemeinsame Besprechungen im Rahmen des Kammertages, der 1927 im Zuge einer Kammerreform in Bayerischer Industrie- und Handelskammertag umbenannt wurde, wurden seltener. Dabei spielten vor allem finanzielle Motive eine Rolle, denn die Kammern hatten die Inflation nicht unbeschadet überstanden und versuchten, durch eine geringere Anzahl von gemeinsamen Konferenzen ihre Haushalte zu entlasten, doch mochte auch eine gegen Ende der Weimarer Republik allenthalben festzustellende Verbandsmüdigkeit hierzu beigetragen haben. Erst die Vorboten der Weltwirtschaftskrise brachten sie im November 1928 dazu, eine Vollversammlung abzuhalten, auf der sie die schlechte Wirtschaftslage und die ihrer Meinung nach fehlende Unterstützung durch die bayerische Staatsregierung anprangerten. Im Vordergrund stand dabei das Engagement für den Erhalt des Handelsministeriums, das dennoch 1928 wieder in das Außenministerium eingegliedert wurde. Das Scheitern in dieser Sache trug wesentlich zur Verstimmung der Kammervertreter gegenüber der Regierung Held bei. Auch mit seiner Forderung nach Steuersenkungen, mit der der Kammertag zu den zahlreichen Novellierungen des Reichssteuersystems Stellung nahm, konnte er sich, bedingt durch die desolate Finanzlage des Reichs, nicht durchsetzen. Aus der Diskussion um die in den Notverordnungen enthaltenen Steuererhöhungen schaltete der Handelskammertag sich dagegen selbst aus, um die politische Lage nicht weiter zu destabilisieren. Mehr Erfolg verzeichnete er in diesem Zeitraum auf dem Gebiet der wirtschaftlichen Selbstverwaltung. Er schaltete sich in die Gestaltung des Vergleichs- und Konkursverfahrens ein und erreichte die von ihm geforderte Veröffentlichung des Schuldnerverzeichnisses. In manchen Fragen, so die Festlegung einheitlicher Fristen für die Ausverkäufe, gelang es den Kammern allerdings nicht, sich auf eine gemeinsame Position zu verständigen. Die weiteren Probleme, die die Wirtschaft bis 1933 beschäftigten, konnten die Kammern aber trotz breiter Zustimmung in der Sache selbst nicht dazu bewegen, die Organisation des Industrie- und Handelskammertages wieder so auszugestalten, daß dieser als schlagkräftiges Instrument für die Interessen der Wirtschaft eingesetzt werden konnte. Daran änderte sich auch die drohende – und von den Kammern durchaus erkannte – Gefahr der Machtübernahme durch die Nationalsozialisten nichts. Widerstand gegen die drohende Diktatur war angesichts dieser lethargischen Haltung vom Kammertag, der sich zudem immer als unpolitische Institution verstanden hatte, nicht zu erwarten.

Es gelang den Nationalsozialisten daher relativ unproblematisch, mit der personellen Gleichschaltung bereits im Frühjahr 1933 entscheidenden Einfluß auf die bayerischen Industrie- und Handelskammern und damit auch auf die Tätigkeit des Bayerischen Industrie- und Handelskammertages zu nehmen. Wie die Kammern selbst mutierte dieser nun im wesentlichen zu einem bloßen Befehlsempfänger, dem nur mehr in sehr engem Rahmen gestalterischer Spielraum blieb. Auf Bestreben seines neuen Präsidenten Albert Pietzsch unterlag er noch im selben Jahr einer Reihe von Versuchen zur Neuorganisation, die sich jedoch rasch allesamt als untauglich erwiesen, so daß man Anfang 1934 wieder zur alten Arbeitsweise zurückkehrte. Der Kammertag beschäftigte sich dabei in erster Linie mit der Suche der Handelskammern nach ihrer Stellung im Wirtschaftssystem des neuen Staates; alle anderen Themenbereiche traten demgegenüber so stark in den Hintergrund, daß sie fast gänzlich von der Tagesordnung verschwanden. Die Entwicklung dieses neuen Wirtschaftssystems verlief für die Kammern, die mit der Übernahme des Deutschen Industrie- und Handelstages durch den Vorsitzenden des Kampfbundes des gewerblichen Mittelstandes, Renteln, ihren stärksten Lobbyisten in Berlin verloren hatten, äußerst nachteilig. Sowohl die Fachverbände als auch die neuen NS-Organisationen, allen voran Reichsnährstand und Reichskulturkammer, versuchten, ihre Stellung auf Kosten der Handelskammern auszubauen. Bis zu seiner Auflösung bot der Bayerische Industrie- und Handelskammertag den bayerischen Kammern eine ideale Plattform, sich zu ihrer Eingliederung in den „organischen Aufbau der deutschen Wirtschaft" zu äußern und sich gegen ihre drohende Entmündigung insbesondere zugunsten der Fachverbände zu wehren. Welche Motive die Kammerpräsidenten damit verfolgten, ob es ihnen tatsächlich um den Erhalt der Kammertradition oder eher um die Sicherung der eigenen Posten und des damit verbundenen Einflusses ging, läßt sich nicht genau abgrenzen; vermutlich handelte es sich um eine Mischung aus beidem. Einen Verbündeten in diesem Bemühen besaß der Handelskammertag in dem bayerischen Wirtschaftsministerium, das auf diese Weise versuchte, wenigstens einen Rest eigenständiger Wirtschaftspolitik vor dem Berliner Zentralismus zu bewahren. Letztlich konnten jedoch beide nichts erreichen; der nationalsozialistische Wirtschaftsaufbau schritt fort. Die Einführung der Wirtschaftskammer in Bayern und die in ihr errichtete Abteilung Industrie- und Handelskammern bedeuteten das Ende für den auf freiwilligem Zusammenschluß beruhenden Bayerischen Industrie- und Handelskammertag, der wie die Kammertage der anderen Länder nicht in das neue System paßte. Mit Zustimmung aller bayerischen Kammerpräsidenten wurde er daher am 10. September 1936 aufgelöst.

Obgleich sich der Einfluß von Handelskammern und Kammerverbänden auf die Wirtschaftspolitik nur schwer nachweisen läßt, ist die Arbeit des Bayerischen Industrie- und Handelskammertages insgesamt positiv zu beurteilen. In Einzelfällen wie der bayerischen Steuerreform von 1910 wird deutlich, daß durch den Einsatz des Handelskammertages mehr erreicht werden konnte als durch das Engagement der einzelnen Kammern. Auch in anderen Fällen, zum Beispiel bei den Planungen zum Ausbau der Donau zu einer Großschiffahrtsstraße ab 1917, zogen die Initiativen des Handelskammertages sichtbare Ergebnisse nach sich. Die Wirksamkeit seiner Tätigkeit hing dabei immer wesentlich von der Zusammenarbeit mit den zuständigen Behörden ab. Da die bayerischen Handelskammern seit ihrer Gründung zunächst dem Innen-, dann dem Außenministerium, zwischenzeitlich auch dem Handelsministerium unterstellt waren, gehörten Kontakte zur Verwaltung zur Tagesordnung. Im Gegensatz zu den Fachverbänden verfügte der Bayerische Handelskammertag damit von vornherein über enge Beziehungen zu den Verantwortlichen, insbesondere zu den beiden Handelsministern Hamm und Meinel, die, wie andere Vertreter der zuständigen Behörden auch, auf Einladung des Vorortes regelmäßig an seinen Sitzungen teilnahmen.

In vielen Fällen stand die für die Kammern zuständige Abteilung II des Außenministeriums bzw. das Handelsministerium auf der Seite des Handelskammertages und befürwortete dessen Entschlüsse, auch und insbesondere gegenüber der bayerischen Staatsregierung und dem Landtag. Wie sehr die bayerischen Behörden die Arbeit der Handelskammern und des Kammertages zu schätzen wußten, wurde in der Diskussion um die Reform der Berufsvertretungen in den Jahren nach dem Ersten Weltkrieg deutlich, als das Handelsministerium alles in seiner Macht Stehende unternahm, um die Kammern in ihrer Struktur zu erhalten. Fehlte diese Unterstützung dagegen – wie zum Beispiel im Fall der Wuchergesetzgebung, die den Einzelhandel in der Inflationszeit aus der Sicht der Kammern stark benachteiligte –, scheute sich der Handelskammertag nicht davor, Allianzen mit den Fachverbänden, hier dem Bayerischen Industriellen-Verband, der Arbeitsgemeinschaft des bayerischen Einzelhandels sowie dem Zentralverband des deutschen Großhandels, Gruppe Bayern, einzugehen, um seine Interessen bestmöglich zu vertreten. Die Verbündeten aus der Wirtschaft konnten den mangelnden Rückhalt bei den Behörden jedoch nie wettmachen. Der Handelskammertag mußte daher auf einzelnen Gebieten auch Niederlagen hinnehmen, wenn der Widerstand aus Politik oder Gesellschaft gegen seine Forderungen zu groß war, wie es das Beispiel der Auflösung des Handelsministeriums 1928 zeigt.

In jedem Fall aber bot der Handelskammertag den bayerischen Kammern immer eine Plattform zur Koordinierung, Diskussion und Bündelung ihrer Anträge an die Regierung sowie – in Ausübung der ihnen übertragenen wirtschaftlichen Selbstverwaltung – zur Festlegung einheitlicher Regelungen für ganz Bayern. So gelang es, für die nach der Handelskammer-Verordnung von 1908 öffentlich anzustellenden Sachverständigen gemeinsame Kriterien zu schaffen, die in den Folgejahren kontinuierlich an die Erfordernisse der Zeit angepaßt wurden, ehe schließlich in der Weimarer Republik Prüfungsausschüsse des Handelskammertages eingesetzt wurden. Daß dies keine Selbstverständlichkeit war, wird am Beispiel der einheitlichen Termine für Ausverkäufe sichtbar, welche ebenfalls in der Weimarer Republik diskutiert wurden, angesichts des Widerstandes der Münchner Kammer aber nicht durchgesetzt werden konnten.

Die rasche Wiedergründung des Handelskammertages als Arbeitsgemeinschaft der Bayerischen Industrie- und Handelskammern nach dem Zusammenbruch des Dritten Reiches zeigt, daß auch die Kammern selbst die Tätigkeit des Kammertages positiv beurteilten und seine Institution als notwendig erachteten. Diese positive Bewertung manifestiert sich darüber hinaus in der Wiederbelebung des traditionellen Namens „Bayerischer Industrie- und Handelskammertag“, welchen die Arbeitsgemeinschaft 1996 in Erinnerung an das Wirken des ersten bayerischen Kammerzusammenschlusses wieder annahm.

Anhang

Satzungsentwürfe und Satzungen für den Bayerischen Industrie- und Handelskammertag

I. Satzungsentwürfe für den Bayerischen Handelskammertag

1. Entwurf einer Geschäftsordnung des Bayerischen Handels- und Gewerbetages (1883)[1]

§ 1. *Zweck.* Der bayerische Handels- und Gewerbetag bildet eine freie Vereinigung der bayerischen Handels- und Gewerbekammern und der Bezirksgremien, welche zur Förderung der gemeinsamen Zwecke und Ziele sowie zur Besprechung und Beschlussfassung über gemeinschaftliche Angelegenheiten periodisch zusammentritt.

§ 2. *Abstimmung.* Zur Teilnahme berechtigt sind diejenigen Mitglieder und Beamten der Handels- und Gewerbekammern und der Bezirksgremien, welche hierzu abgeordnet werden, ohne dass die Zahl der Delegierten eine beschränkte ist. Die Abstimmung findet nicht nach Delegierten, sondern nach Korporationen in der Weise statt, dass jeder Kammer *zwei* und jedem Gremium *eine* Stimme zustehen. Die verschiedenen Delegierten einer und derselben Korporation haben sich über die Abstimmung unter sich zu verständigen.
Zur Beschlußfähigkeit des Handels- und Gewerbetages ist erforderlich, dass mindestens die Hälfte der demselben angehörigen Korporationen durch Delegierte vertreten ist.
Die mit Stimmengleichheit gefassten Beschlüsse gelten als abgelehnt.

§ 3. *Folgen der Abstimmung.* An den Beschluss, welchen die gemeinsame Beratung und erfolgende Abstimmung über eine der Behandlung des bayerischen Handels- und Gewerbetages unterzogene Angelegenheit herbeiführt, sind die abweichenden Korporationen nicht gebunden. Es bleibt vielmehr den die Minorität bildenden freies Handeln gewahrt.

§ 4. *Vorort.* Zur Einberufung des Handels- und Gewerbetages, zur Ausführung und Vollziehung seiner Beschlüsse und zur Besorgung der laufenden Geschäfte wird für jedes Jahr aus der Zahl der teilnehmenden Kammern ein Vorort bestimmt und zwar nach folgendem Turnus: München, Nürnberg, Augsburg, Bayreuth, Würzburg, Regensburg, Passau, Ludwigshafen.

---

[1] BWA K1/II/3.

Im Falle der Ablehnung des Vorsitzes seitens einer der Kammern geht derselbe auf die nächstfolgende u. s. w. über.

§ 5. *Zusammentritt.* Die Einberufung und Zusammenkunft des bayerischen Handels- und Gewerbetages findet nach Bedürfnis auf Einladung des jeweiligen Vorortes statt. Der Vorort ist verpflichtet, die Einberufung vorzunehmen, wenn mindestens 10 Korporationen des Landes gemeinschaftlich dieselbe beantragen. Ort und Zeit der Zusammenkunft bestimmt der Vorort.

§ 6. *Leitung der Verhandlungen.* Die Leitung der in der Regel öffentlichen Verhandlungen liegt dem jeweiligen Vororte ob, welcher auch für entsprechende Protokollirung und Veröffentlichung derselben Sorge zu tragen hat. Auf Antrag einer der teilnehmenden Korporationen kann ein Gegenstand in geheime Beratung verwiesen werden.

§ 7. *Tagesordnung.* Der Handels- und Gewerbetag berät auf Grundlage der von dem Vororte festgestellten Tagesordnung.
Der Vorort ist verpflichtet, alle diejenigen Gegenstände auf die Tagesordnung zustellen, welche von den einzelnen Mitgliedern des Handels- und Gewerbetages mindestens drei Wochen vor dem Zusammentritt angemeldet sind. Die Tagesordnung selbst ist, unter Beifügung der gestellten Anträge und deren Motivirung, jeder Korporation mindestens 14 Tage vor dem Zusammentritt des Handels- und Gewerbetages mitzuteilen. Eine Verhandlung und Beschlussfassung über Gegenstände, welche nicht auf die Tagesordnung gestellt sind, sowie Abänderungen in der Reihenfolge der Beratungsgegenstände können nur unter einhelliger Zustimmung des Handels- und Gewerbetages erfolgen.

§ 8. *Kosten.* Die Reisekosten der Teilnehmer trägt die abordnende Korporation. Die laufenden Kosten der Vereinigung werden alljährlich derart auf die zugehörigen Korporationen verteilt, dass auf die Handels- und Gewerbekammern je 2, auf die Bezirksgremien je 1 Teil entfallen.

2. Entwurf eines Statuts nebst Geschäftsordnung des Bayerischen Handels- & Gewerbekammertages (1903)[2]

Zweck.
§ 1. Die bayerischen Handels- & Gewerbekammern bilden in ihrer Gesamtheit den „Bayerischen Handels- & Gewerbekammertag."

---

[2] BWA K1/II/15, 1. Akt.

Zweck desselben ist, in solchen Angelegenheiten, welche für sämtliche bayerische Kammern von Bedeutung sind, gemeinsame Beratungen und Beschlussfassungen herbeizuführen.

Mitgliedschaft.
§ 2. Die Mitgliedschaft ruht auf den einzelnen Handels- & Gewerbekammern, welche dieselbe bei den Versammlungen durch ihren Vorstand und ihren Sekretär ausüben lassen.
Anstelle und neben dem Vorstand können auch noch andere Kammermitglieder zu den Versammlungen des Handels- & Gewerbekammertages abgeordnet werden.

Geschäftsjahr.
§ 3. Das Geschäftsjahr des Handels- & Gewerbekammertages ist das Kalenderjahr.

Führung der Geschäfte (Vorort).
§ 4. Zur Führung der Geschäfte wird alljährlich eine Handels- & Gewerbekammer als Vorort gewählt. Der Vorsitzende dieser Kammer ist dann auch Vorsitzender des bayerischen Handels- & Gewerbekammertages.
Dem Vorort liegt insbesondere ob, die Versammlungen des Handels- & Gewerbekammertages vorzubereiten und die auf demselben gefassten Beschlüsse auszuführen.
Es bleibt jedoch dem jeweiligen Beschluss des Handels- & Gewerbekammertages vorbehalten, zu bestimmen, ob eine Kammer, welche einen Antrag zur Tagesordnung gestellt hat, den aufgrund der Verhandlungen und Beschlüsse des Handels- & Gewerbekammertages über diesen Punkt abzufassenden Bericht selbst auszuarbeiten hat oder ob dies der Vorort tun soll.
Die ausgearbeiteten Berichte, Gutachten u. dgl. sind vor ihrer Absendung allen Kammern im Wortlaut zur Genehmigung vorzulegen.

Versammlung.
§ 5. Der Handels- & Gewerbekammertag ist in der Regel vor jeder Vollversammlung des Deutschen Handelstages einzuberufen, um die auf letzterem zur Verhandlung kommenden Fragen zu beraten.
Im übrigen tritt der Handels- & Gewerbekammertag nur dann zusammen, wenn dies von mindestens 3 Kammern unter Angabe des Zwecks und der Gründe gewünscht wird.

§ 6. Tag und Ort der Zusammenkunft bestimmt der Vorort. Wenn nicht besondere Verhältnisse den Ort der Zusammenkunft anderweit festlegen, ist der Sitz des Vorortes zugleich Versammlungsort.

§ 7. Die Einladungen zu den Versammlungen sind von dem Vorort in der Regel mindestens 14 Tage vor dem Termin der Versammlung unter Mitteilung der Tagesordnung zu erlassen und sind auch an die Kgl. Regierung zwecks Entsendung von Vertretern zu richten.
Auf die Tagesordnung sind alle diejenigen Gegenstände nachträglich einzusetzen, welche von mindestens 2 Handels- & Gewerbekammern spätestens 8 Tage vor dem Zusammentritt angemeldet worden sind.
Die Anträge der Berichterstatter zu den einzelnen Punkten der Tagesordnung sind in Form kurz begründeter Beschluss-Anträge dem Vorort so zeitig vorzulegen, dass – wenn irgend tunlich – mindestens 8 Tage vor der Zusammenkunft alle Teilnehmer an derselben mit Vervielfältigungsexemplaren versehen sind.
Die Reihenfolge der Tagesordnung bestimmt der Vorort. Abänderungen in dieser Reihenfolge können nur unter Zustimmung des Handels- & Gewerbekammertages erfolgen.
Ebenso bedarf die Verhandlung und Beschlussfassung über Gegenstände, welche nicht auf der Tagesordnung stehen, der Zustimmung des Handels- & Gewerbekammertages.

§ 8. Die Leitung der Verhandlungen liegt dem Vorsitzenden der Handels- und Gewerbekammer des jeweiligen Vororts ob. Im Falle der Verhinderung desselben wird der Vorsitzende aus der Mitte der Versammlung nach freier Wahl bestellt.
Für den Leiter der Verhandlungen werden zwei Stellvertreter aus der Mitte der Versammlung nach freier Wahl bestellt.
Die eben genannten Wahlen erfolgen durch Stimmzettel. Sie können per Acclamation erfolgen, wenn niemand widerspricht.

§ 9. Auf Vorschlag des Vorsitzenden werden zwei Schriftführer durch Acclamation gewählt. Dieselben haben ein Protokoll zu führen, in welches alle Anträge und Beschlüsse in ihrem Wortlaute aufzunehmen sind. Das Protokoll wird von dem Vorsitzenden und fungierenden Schriftführer unterzeichnet.
Die Schriftführer nehmen ferner die Anmeldung zum Wort entgegen und besorgen bei der Abstimmung nach Mitgliedern den Namensaufruf und die Feststellung des Ergebnisses.

§ 10. Die Verhandlungen des Handels- & Gewerbekammertages sind öffentlich; jedoch ist die Oeffentlichkeit auszuschliessen, wenn dies von mindestens 2 Kammern gewünscht wird.

§ 11. Zur Teilnahme an den Beratungen sind die sämtlichen von den Handels- und Gewerbekammern abgeordneten Mitglieder und Beamten berechtigt. Auch

kann der Handels- & Gewerbekammertag ausserhalb der Kammer stehende Sachverständige mit beratender Stimme zu seinen Verhandlungen beiziehen.
Das Wort wird in der Reihenfolge der Anmeldungen erteilt. Wer zur Geschäftsordnung reden will, erhält das Wort vor den sonst angemeldeten Rednern.
Ausser den Berichterstattern darf niemand länger als 10 Minuten reden.
Anträge müssen schriftlich und vor Schluss der Debatte dem Vorsitzenden eingereicht werden.
Der Antrag auf Schluss der Debatte bedarf der Unterstützung von 2 Mitgliedern des Handels- & Gewerbekammertages. Findet er diese Unterstützung, so wird sogleich ohne Verhandlung über ihn abgestimmt.
Nach Schluss der Debatte erhalten noch die Berichterstatter das Wort.

§ 12. Die Abstimmung findet nach Kammern statt, wobei jeder Kammer für jede ihrer Abteilungen je eine Stimme zusteht.
Die Beschlüsse werden durch einfache Stimmenmehrheit gefasst. Stimmengleichheit gilt als Ablehnung.
Zur Abänderung dieser Satzung nebst Geschäftsordnung bedarf es einer Mehrheit von ⅔ der abgegebenen Stimmen.
Insofern die Beschlüsse nicht einstimmig gefasst sind, ist in der Niederschrift über die Verhandlungen auch die Ansicht der Minderheit wiederzugeben; auch ist der Minderheit unbenommen, ihren abweichenden Standpunkt selbständig weiter zu vertreten.

§ 13. Über die Verhandlungen ist von dem Vorort ein eingehender Sitzungsbericht auszuarbeiten, der den Gang der Verhandlungen, sowie den wesentlichen Inhalt der einzelnen Reden enthalten soll.
Die stenografischen Aufnahmen sind den einzelnen Rednern vorher zur Berichtigung vorzulegen.
Die Sitzungsberichte sind zu vervielfältigen und jeder Kammer in der von ihr gewünschten Anzahl zur Verfügung zu stellen.

Kosten.
§ 14. Die gesamten Kosten des Handels- & Gewerbekammertages – einschliesslich der Kosten für die Führung der Vororts-Geschäfte – werden von den einzelnen Kammern gemeinsam zu gleichen Teilen getragen.
Die Reisekosten und Tagegelder der Vertreter der Kammern bei den Zusammenkünften trägt jede Kammer für sich.

Schlussbestimmung.
Im Falle der Trennung der Gewerbekammern von den Handelskammern gilt das vorstehende Statut nebst Geschäftsordnung sinngemäß für den „Bayerischen Handelskammertag“.

II. DIE SATZUNGEN DES BAYERISCHEN HANDELSKAMMERTAGES (1909)[3]

Zweck.
§ 1. Die bayerischen Handelskammern bilden eine freie Vereinigung, welche den Namen „Bayerischer Handelskammertag" führt.
Zweck des Handelskammertages ist, die Erledigung wichtiger gemeinsamer Aufgaben der bayerischen Handelskammern durch gemeinsame Beratungen und Beschlußfassungen zu fördern.

Mitgliedschaft.
§ 2. Mitglieder der Vereinigung sind die einzelnen Handelskammern als solche. Sie üben ihre Mitgliedschaft bei den Versammlungen des Handelskammertages durch besondere Abgeordnete (Mitglieder oder Beamte) aus. Diese sind unter gleichzeitiger Verzeichnung des stimmführenden Abgeordneten und seines Stellvertreters dem Vorort (§ 4) jeweils namhaft zu machen.

Geschäftsjahr.
§ 3. Das Geschäftsjahr des Bayerischen Handelskammertages ist das Kalenderjahr.

Geschäftsführung (Vorort).
§ 4. Zur Führung der Geschäfte wird alle drei Jahre eine Handelskammer als Vorort gewählt. Der Vorsitzende dieser Kammer ist zugleich Vorsitzender des Bayerischen Handelskammertages.
Dem Vorort liegt insbesondere ob, die Versammlungen des Handelskammertages vorzubereiten und die auf demselben gefaßten Beschlüsse auszuführen.
Es bleibt jedoch dem jeweiligen Beschluß des Handelskammertages vorbehalten, zu bestimmen, ob eine Kammer, welche die Aufnahme eines Gegenstandes in die Tagesordnung beantragt hat, den über diesen Gegenstand auf Grund der Beschlußfassung des Handelskammertages abzufassenden Bericht selbst auszuarbeiten hat oder ob dies der Vorort tun soll.
Die ausgearbeiteten Berichte, Gutachten und dergl. sind vor ihrer Absendung allen Kammern im Wortlaut zur Genehmigung vorzulegen. Die Genehmigung gilt als erteilt, wenn nicht binnen acht Tagen bei dem Vorort schriftlich Einspruch eingereicht wird. Die Entscheidung über den Einspruch steht dem Vorort zu.

Versammlung.
§ 5. Der Handelskammertag wird vom Vorort in der Regel alljährlich einberufen.

---

[3] BWA K2/I/2.

Eine Einberufung muß erfolgen, wenn sie von mindestens drei Kammern unter Angabe des Zweckes und der Gründe gewünscht wird.

§ 6. Tag und Ort der Zusammenkunft bestimmt der Vorort. Dieselbe findet in der Regel am Sitze des Vorortes statt, doch kann auch ein anderer Ort hiezu bestimmt werden.

§ 7. Die Einladungen zu den Versammlungen sind von dem Vorort in der Regel mindestens 14 Tage vor dem Termin der Versammlung unter Mitteilung der Tagesordnung zu erlassen.
Auf die Tagesordnung sind alle diejenigen Gegenstände nachträglich einzusetzen, welche von mindestens zwei Handelskammern spätestens 10 Tage vor dem Zusammentritt angemeldet werden sind.
Die Reihenfolge der Tagesordnung bestimmt der Vorort. Abänderungen in dieser Reihenfolge können nur unter Zustimmung des Handelskammertages erfolgen.
Die Berichterstatter zu den einzelnen Punkten der Tagesordnung werden vom Vorort ernannt, jedoch ist die Hauptberichterstattung in der Regel derjenigen Kammer zu übertragen, von welcher die Anregung zur Aufnahme eines Verhandlungsgegenstandes in die Tagesordnung ausgegangen ist. Die Anträge der Berichterstatter sind in der Form kurz begründeter Beschlußanträge dem Vororte so zeitig vorzulegen, daß sie – wenn irgend tunlich – wenigstens 8 Tage vor der Versammlung den einzelnen Handelskammern zugestellt werden können.
Eine Verhandlung oder Beschlußfassung über Gegenstände, welche nicht auf der Tagesordnung stehen, darf nur dann erfolgen, wenn sich von keiner Seite Widerspruch erhebt.

§ 8. Die Leitung der Verhandlungen liegt dem Vorsitzenden der Handelskammer des jeweiligen Vororts ob. Im Falle der Verhinderung desselben wird der Vorsitzende aus der Mitte der Versammlung nach freier Wahl bestellt.
Für den Leiter der Verhandlungen werden zwei Stellvertreter aus der Mitte der Versammlung nach freier Wahl bestellt.
Die eben genannten Wahlen erfolgen durch Stimmzettel. Sie können durch Zuruf erfolgen, wenn niemand widerspricht.

§ 9. Auf Vorschlag des Vorsitzenden werden zwei Schriftführer durch Zuruf gewählt.
Dieselben haben ein Protokoll zu führen, in welches alle Anträge und Beschlüsse in ihrem Wortlaut aufzunehmen sind.
Die Schriftführer nehmen ferner die Anmeldungen zum Wort entgegen und besorgen bei der namentlichen Abstimmung den Namensruf und die Feststellung des Ergebnisses.

§ 10. Die Verhandlungen des Handelskammertages sind öffentlich; jedoch ist die Öffentlichkeit auszuschließen, wenn dies von mindestens zwei Kammern gewünscht wird.

§ 11. Zur Teilnahme an den Beratungen sind die sämtlichen von den Handelskammern abgeordneten Mitglieder und Beamten berechtigt. Auch kann der Handelskammertag außerhalb der Kammern stehende Sachverständige mit beratender Stimme zu seinen Verhandlungen beiziehen.
Das Wort wird in der Reihenfolge der Anmeldungen erteilt. Wer zur Geschäftsordnung reden will, erhält das Wort vor den sonst angemeldeten Rednern.
Anträge müssen auf Verlangen schriftlich und vor Schluß der Debatte dem Vorsitzenden eingereicht werden.
Der Antrag auf Schluß der Debatte bedarf der Unterstützung von zwei Mitgliedern des Handelskammertages. Findet er diese Unterstützung, so wird sogleich über ihn abgestimmt.
Nach Schluß der Debatte erhalten noch die Berichterstatter das Wort.

§ 12. Die Abstimmung findet nach Kammern statt, wobei jeder Kammer eine Stimme zusteht.
Die Beschlüsse werden durch einfache Stimmenmehrheit gefaßt. Stimmengleichheit gilt als Ablehnung. Bei Wahlen entscheidet das Los.
Der Minderheit ist unbenommen, ihren abweichenden Standpunkt selbständig weiter zu vertreten.

§ 13. Über die Verhandlungen ist von dem Vorort ein eingehender Sitzungsbericht auszuarbeiten, der den Gang der Verhandlungen, sowie den wesentlichen Inhalt der einzelnen Reden enthalten soll.
Jedem Redner ist der Entwurf des Sitzungsberichtes zur eventuellen Berichtigung oder Ergänzung des auf seine Ausführungen bezüglichen Teils des Berichtes vorzulegen.
Insofern die Beschlüsse nicht einstimmig gefaßt sind, ist in der Niederschrift über die Verhandlungen auch die Ansicht der Minderheit wiederzugeben.
Die Sitzungsberichte sind zu vervielfältigen und jeder Kammer in der von ihr gewünschten Anzahl zur Verfügung zu stellen.

Kosten.
§ 14. Die gesamten Kosten des Handelskammertages einschließlich der Kosten für die Führung der Vorortsgeschäfte werden von den einzelnen Kammern nach Maßgabe des Gewerbesteuersolls ihrer Beitragspflichtigen getragen.
Die Reisekosten und Tagegelder der Vertreter der Kammern bei den Zusammenkünften trägt jede Kammer für sich.

Abänderung der Satzungen.
§ 15. Zur Abänderung dieser Satzungen bedarf es einer Zweidrittel-Mehrheit der bei der Abstimmung beteiligten Kammern.

Schlußbestimmung.
§ 16. Gegenwärtige Satzung tritt sofort in Kraft. Das erste Geschäftsjahr endigt mit dem 31. Dezember 1909.

III. SATZUNGEN DER ARBEITSGEMEINSCHAFT DER BAYERISCHEN INDUSTRIE- UND HANDELSKAMMERN (1946)[4]

§ 1.

Die bayerischen Industrie- und Handelskammern schliessen sich zu einer freien Vereinigung mit dem Namen „Arbeitsgemeinschaft der bayerischen Industrie- und Handelskammern“ (im nachfolgenden kurz „Arbeitsgemeinschaft“ genannt) zusammen. Mitglieder dieser Vereinigung sind die einzelnen Kammern als solche.

Die Arbeitsgemeinschaft hat den Zweck, die Erledigung wichtiger gemeinsamer Aufgaben der Kammern durch gemeinsame Beratungen und Beschlußfassungen zu fördern.

§ 2.

Zur Führung der Geschäfte wird alle 2 Jahre eine Industrie- und Handelskammer als Vorort gewählt. Dem Vorort obliegt es, die zur Erreichung des Zweckes der Arbeitsgemeinschaft notwendigen vorbereitenden Maßnahmen zu treffen, insbesondere die Versammlungen der Arbeitsgemeinschaft vorzubereiten und die gefassten Beschlüsse auszuführen.

§ 3.

Die Beratungen und Beschlußfassungen innerhalb der Arbeitsgemeinschaft erfolgen in der Regel in einer Tagung der Mitglieder. Die zu den Tagungen zu entsendenden Vertreter bestimmt jede Kammer.

Jede Mitgliedskammer ist berechtigt, sich durch eine andere Kammer vertreten zu lassen. Die Beauftragung zur Vertretung muss schriftlich erfolgen. In eiligen Fällen muss sie der Vorortkammer vor einer Tagung mitgeteilt werden.

Die Tagungen werden nach Bedarf einberufen. Die Einberufung muss erfolgen, wenn 4 Kammern die Einberufung unter Angabe des Zweckes und der Gründe verlangen.

Die Einladungen erfolgen durch die Vorortkammer mittels einfachen Briefes, in der Regel unter Einhaltung einer Frist von einer Woche.

In eiligen Fällen kann diese Frist unterschritten werden, erforderlichenfalls können die Einladungen auch telefonisch ergehen. Der Einladung ist eine Tagesordnung beizufügen. Soweit dies aus Zeitgründen nicht möglich ist, ist diese Tagesordnung zu Beginn der Sitzung vorzulegen.

§ 4.

Die Tagungen leitet der Präsident der Vorortkammer oder ein von den zur Tagung erschienenen Mitgliedern gewählter Vertreter einer Mitgliedskammer.

---

[4] BWA K2/I/2; Archiv IHK Passau, 103.000.

Die Tagung ist beschlußfähig, wenn mindestens die Hälfte der Kammern vertreten ist.
Jede Kammer hat eine Stimme. Sie wird durch den Präsidenten der Mitgliedskammer, bei seiner Verhinderung durch den von ihm bestimmten Vertreter abgegeben.
Beschlüsse werden mit einfacher Stimmenmehrheit gefasst. Stimmengleichheit gilt als Ablehnung. Werden Beschlüsse mit Stimmenmehrheit gefasst, so bleibt es der Minderheit unbenommen, ihren abweichenden Standpunkt selbständig weiterzuvertreten.
Abstimmungen erfolgen durch Zuruf. Eine Abstimmung durch Stimmzettel muß erfolgen, wenn der Abstimmung durch Zuruf widersprochen wird. Über Gegenstände, die nicht auf der Tagesordnung stehen, kann nur mit Zustimmung der anwesenden Kammern beraten und Beschluß gefasst werden.
Die Tagungen sind nicht öffentlich. Die Arbeitsgemeinschaft kann die Abhaltung öffentlicher Sitzungen beschließen. In diesem Falle können auch Einzelheiten über die Durchführung solcher Sitzungen festgelegt werden.
Über die Sitzungen ist eine Niederschrift aufzunehmen. Aus ihr müssen die gestellten Anträge und die gefassten Beschlüsse hervorgehen. Im Falle von Minderheitsbeschlüssen ist in der Niederschrift auch der Standpunkt der Minderheit festzuhalten. Die Niederschrift wird vom Vorort erstellt.

§ 5.
Zur Beratung bestimmter Fragen können Ausschüsse gebildet, Geschäftsführerbesprechungen oder Sachbearbeiterbesprechungen abgehalten werden, denen auch die Erledigung bestimmter Aufgaben übertragen werden kann. Für die Abhaltung solcher Sitzungen gelten sinngemäss die für die Tagung festgelegten Bestimmungen.

§ 6.
Die Kosten der Arbeitsgemeinschaft einschließlich der Kosten für die Geschäftsführung durch den Vorort werden von den Mitgliedskammern getragen und jährlich auf die einzelnen Kammern umgelegt. Der Umlegungsschlüssel wird jeweils in einer Tagung der Mitglieder festgelegt. Von der Vorortskammer ist nach Abschluss eines Geschäftsjahres über die angefallenen Kosten Bericht zu erstatten. Das Geschäftsjahr ist das Rechnungsjahr (1.4. eines Jahres bis 31.3. des folgenden Jahres).
Die Reisekosten und Tagegelder der Vertreter der Mitgliedskammern bei Sitzungen der Arbeitsgemeinschaft tragen die einzelnen Kammern selbst.

§ 7.
Zur Beschlußfassung über die Auflösung der Arbeitsgemeinschaft bedarf es einer Mehrheit von 2/3 der in der Tagung vertretenen Kammern. Das gleiche gilt

für die Beschlußfassung über Satzungsänderungen. Eine Beschlußfassung über die Auflösung oder über Satzungsänderungen darf nur erfolgen, wenn die Einladung zur Tagung rechtzeitig schriftlich erfolgt ist und wenn diese Beratungsgegenstände in der mit der Einladung übermittelten Tagesordnung ausdrücklich genannt sind.

§ 8.
Diese Satzung tritt am 1.10.1946 in Kraft. Das erste Geschäftsjahr endet mit dem 31.3.1947.

Die Vorsitzenden und Präsidenten der bayerischen Handelskammern 1909-1936

Die Präsidenten der Kammer München und damit Präsidenten des Bayerischen Handelskammertages:[1]

1906-1911 Otto von Pfister, Kommerzienrat und Geheimer Kommerzienrat, Teilhaber der Fa. Pfister, Mayr & Co., Getreidegroßhandlung, München

1912-1933 Josef Pschorr, Kommerzienrat und Geheimer Kommerzienrat, Teilhaber der Fa. Gg. Pschorr, Pschorrbräu AG, München

1933-1944 Dr.-Ing. e.h. Albert Pietzsch, Maschinenbau-Ingenieur, Vorstandsmitglied der Elektrochemischen Werke München AG, Höllriegelskreuth; Mitglied der NSDAP seit 1925, 1933-1936 Vertrauensmann für Wirtschaftsfragen im Stabe des Stellvertreters des Führers, Leiter der Wirtschaftskammer Bayern, ab Dezember 1936 Präsident der Reichswirtschaftskammer

Die Vorsitzenden (ab 1934 Präsidenten) der Kammer Augsburg:[2]

1900-1919 Dr. Ing. e.h. Paul (von) Schmid, Geheimer Kommerzienrat, Leiter des Bankhauses Friedrich Schmid & Co., mehrfacher Aufsichtsratsvorsitzender, Augsburg

1919-1934 Christian Diesel, Geheimer Kommerzienrat, Leiter des Speditionsunternehmens W. Floßmann, mehrfacher Aufsichtsratsvorsitzender, Augsburg

1934-1937 Dr. Walther Gaulis Clairmont, Geheimer Kommerzienrat, Vorstand der Neuen Augsburger Kattunfabrik, Präsident des Bayerischen Industriellenverbands, Augsburg

Die Vorsitzenden der Kammer Bayreuth:[3]

1894-1922 Carl Schüller, Geheimer Kommerzienrat, Bayreuth

1922-1933 Wilhelm Koch, Geheimer Kommerzienrat, Teilhaber der Fa. Oskar Teuscher, Zuckerwarenfabrik, Bayreuth

1933-1942 Erich Köhler, Spinnereidirektor, schon mehrere Jahre vor der Machtübernahme im Dienst der „Bewegung", Leiter des Büros des

---

[1] Winkel: Wirtschaft, S. 261; Frentzel: Industrie- und Handelskammern, S. 138; Blaich: Bayerische Industrie, S. 242; Esenwein-Rothe: Wirtschaftsverbände, S. 190.

[2] Weitere Angaben bei Zorn/Hillenbrand: Sechs Jahrhunderte, S. 415-418.

[3] HK Bayreuth an HK München, 21.10.1922. BWA K1/II/8, 1. Akt. Oberfränkische Wirtschaft, S. 24; Blaich: Bayerische Industrie, S. 242.

Gauleiters der Bayerischen Ostmark für den Vierjahresplan, Sonderreferent des Gauleiters für die Industrie der Bayerischen Ostmark, Ratsherr in Bayreuth

DIE VORSITZENDEN UND PRÄSIDENTEN DER KAMMER COBURG:[4]

1903-1927	Georg Gagel, Kommerzienrat, Fabrikant, Coburg
1927-1930	Alfred Haußknecht, Kommerzienrat, Coburg
1930-1933	Hans Leh, Kommerzienrat, Coburg
1933	Dr. Hans Müller, Verlag des Sprechsaal Müller & Schmidt, Coburg
1933-1943	Max Brose, Inhaber der Firmen Metallwerk Max Brose & Co. und Chemische Fabrik E. Jühling & Co., Mitglied der NSDAP, Coburg

DIE PRÄSIDENTEN DER KAMMER LUDWIGSHAFEN:[5]

1898-1926	Franz Ritter von Wagner, Kommerzienrat, Bankier, mehrfacher Aufsichtsratsvorsitzender, Ludwigshafen
1927-1937	Dr. Hermann Troeltsch, Jurist, Vorstand und Aufsichtsratsvorsitzender der Pfälzischen Hypothekenbank, Ludwigshafen

DIE VORSITZENDEN (AB 1933 PRÄSIDENTEN) DER KAMMER NÜRNBERG:[6]

1907-1923	Eugen Mayer, Kommerzienrat, Teilhaber der Fa. Carl Mayer's Kunstanstalt und Verlag, Nürnberg
1923-1924	Hermann Hetzel, Inhaber der Fa. Vereinigte Silberhammerwerke sowie der Fa. Hetzel & Co., Nürnberg
1924-1933	Georg Ernst Schmidmer, Geheimer Kommerzienrat, Fabrikbesitzer, Handelsrichter, Mitglied des DIHT, Nürnberg
1933-1937	Georg Schaub, Direktor der Fa. G.L. Kayser m.b.H., Speditions- und Schiffahrtsgesellschaft, Nürnberg

---

[4] IHK Coburg an IHK München, 2.6.1933. BWA K1/II/8, 3. Akt. MAHNKE: 75 Jahre, S. 41, 76; BLAICH: Bayerische Industrie, S. 242.

[5] 150 Jahre IHK Pfalz, o.S.

[6] Handelsvorstand Nürnberg an HK München, 3.3.1922. BWA K1/II/8, 1. Akt. IHK Nürnberg an IHK München, 2.6.1933. BWA K1/II/8, 3. Akt. Aufstellung der Vorstände, Vorsitzenden bzw. Präsidenten der HK Nürnberg 1842-1988, zusammengestellt von Rudolf ENDRES, im Archiv der IHK Nürnberg. Ergänzend herangezogen wurde das Faltblatt „Vom Handelsvorstand zur IHK Nürnberg für Mittelfranken", hg. von der IHK Nürnberg, o.J.

DIE VORSITZENDEN DER KAMMER PASSAU:[7]

1903-1921 Karl Wagner, Kommerzienrat, Kaufmann, Passau

1921-1932 Heinrich Martin jun., Kommerzienrat, Kaufmann, Passau

1932-1933 August Lacher, Fabrikdirektor, Regierungsbaumeister, Passau

1933-1943 Otto Erbersdobler, Geschäftsführer der Arbeitsgemeinschaft der Bayerischen Pflastersteinindustrie GmbH rechts des Rheins, Passau; Mitglied der NSDAP, Inhaber des Goldenen Ehrenzeichens der Partei, Reichsredner der NSDAP und der DAF, Gauleiter von Niederbayern, Reichsfachredner der Kommission für Wirtschaftspolitik, Schulungsbeauftragter der DAF für den Gaubereich der Bayerischen Ostmark, MdR, stellvertretender Präsident des Kreistags von Niederbayern-Oberpfalz

DIE PRÄSIDENTEN DER KAMMER REGENSBURG:[8]

1909-1918 Georg von Christlieb, Geheimer Kommerzienrat, Fabrikbesitzer und Direktor der d'Orevilleschen Schnupftabakfabrik, Regensburg

1919 Wilhelm Laux, Kommerzienrat, Regensburg

1919-1933 Ludwig von Donle, Geheimer Kommerzienrat, vormals Ministerialrat in München, seit 1917 Vorstand des Bayerischen Lloyd in Regensburg

1933-1935 Fritz Weidinger, Direktor der Fa. Kohlenbüro Regensburg GmbH, Regensburg; Mitglied der NSDAP (verstarb im August 1935)

1935-1945 Arthur Knab, Inhaber der Fa. Hans Schricker, vormals Christian Zinstag & Co., Baugeschäft, Regensburg; von 1922 bis zur Auflösung Mitglied des Freikorps Oberland, Mitglied der NSDAP seit 1931, Wirtschaftsberater der Partei im Kreis Regensburg, Ratsherr in Regensburg

---

[7] LOIBL: Wirtschaft, S. 89; Tradition und Bewährung, S. 53; BLAICH: Bayerische Industrie, S. 242. Zu Erbersdobler siehe auch HILLE, Martin: Zur Sozial- und Mitgliederstruktur der Passauer NSDAP in den zwanziger und dreißiger Jahren, in: Passau in der Zeit des Nationalsozialismus. Ausgewählte Fallstudien, hg. von Winfried BECKER, Passau 1999, S. 9-41, hier S. 17f.

[8] Aufstellungen der Amtszeiten der Vorsitzenden und Präsidenten der HK Regensburg 1843-2003, zusammengestellt von Petra MARTENSEN, im Archiv der IHK Regensburg. IHK Regensburg an IHK München, 19.6.1933; IHK Regensburg an das bayerische Wirtschaftsministerium, in Abschrift an IHK München, 30.6.1933. Beide in BWA K1/II/8, 3. Akt. Vgl. auch BINGOLD: Handelskammer, S. 300; KAMMERER: Interessenvertretungspolitik, S. 240, 283; SCHMIDT: Industrie- und Handelskammer, S. 33; BLAICH: Bayerische Industrie, S. 242.

DIE PRÄSIDENTEN DER KAMMER WÜRZBURG:[9]

1900-1933	Wilhelm Hilcken, Geheimer Kommerzienrat, Direktor der Bayerischen Vereinsbank, Filiale Würzburg
1933-1934	Dr. jur. Ernst Corves, Teilhaber der Fa. M. Ph. Seißer, Weiß-, Woll-, Kurz- und Modewarenhandlung, Würzburg; Mitglied der SA, mußte auf Druck des Gauleiters Hellmuth nach der Röhm-Affäre zurücktreten
1934-1943	Ludwig Schüller, Major a.D., Gesellschafter der Fa. Ebert & Jacobi, Großhandlung mit Chemikalien, Drogen, Medizinalwaren, Würzburg; führend tätig in der Freikorps-Bewegung, Mitglied des Beirats der Wirtschaftskammer Bayern und der Nordischen Gesellschaft

[9] IHK Würzburg an IHK München, 14.6.1933. BWA K1/II/8, 3. Akt; 125 Jahre IHK Würzburg-Schweinfurt, o.S; BLAICH: Bayerische Industrie, S. 242; SCHÄFER: 125 Jahre, S. 149.

Die Sekretäre, Syndici und Geschäftsführer der bayerischen Handelskammern 1909-1936

Die Ersten Syndici (ab 1933 Hauptgeschäftsführer) der Kammer München:[1]

1886-1922 Dr. Julius Kahn, Justizrat und Geheimer Justizrat
1922-1933 Dr. Edmund Simon, seit 1914 in der Kammer tätig, auf Druck der NSPAP entlassen
1933-1945 Dr. Hans Buchner, zuvor Wirtschaftsredakteur am „Völkischen Beobachter"

Die Sekretäre bzw. Syndici (seit 1918) der Kammer Augsburg:[2]

1904-1918 Dr. Erhard Büttner, seit 1915 auf Ersuchen der Reichsbehörden im Kriegsausschuß der deutschen Baumwollindustrie
1908-1933 Dr. Walter Böhm, nach Ausscheiden Büttners geschäftsführender Syndikus
1917-1952 Dr. Johannes Meier, zunächst als wissenschaftlicher Mitarbeiter, ab 1933 geschäftsführender Syndikus
1920-1961 Dr. Andreas Lauter, wissenschaftlicher Mitarbeiter

Die geschäftsführenden Syndici der Kammer Bayreuth:[3]

1909-1919 Dr. jur. Walter Hoffmann (zuvor bei der Kammer Nürnberg beschäftigt)
1919-1942 Dr. phil. Fritz Streit, seit 1913 in der Kammer tätig

Die Sekretäre (ab 1922 Syndici) der Kammer Coburg:[4]

1897-1927 Kuno Hirsch, Justizrat, Rechtsanwalt und Notar, Coburg
1928-1933 Dr. Helmut Cremer, Coburg (schied freiwillig aus)
1934-1937 Dr. Hellmut Höfer, Coburg (wechselte als stellvertretender Geschäftsführer zur IHK Würzburg)

---

[1] WINKEL: Wirtschaft, S. 263.
[2] ZORN/HILLENBRAND: Sechs Jahrhunderte, S. 163, 245f., 254, 269.
[3] Oberfränkische Wirtschaft, S. 25; Jahrbuch der deutschen Handelskammern 1922, S. 277.
[4] IHK Coburg an IHK München, 3.1.1928. BWA K1/II/8, 2. Akt. IHK Coburg an die Wirtschaftskammer Bayern, 31.5.1937. BWA K1/II/8, 4. Akt. MAHNKE: 75 Jahre, S. 38, 76.

DIE SYNDICI DER KAMMER LUDWIGSHAFEN:[5]

1902-1935	Dr. phil. Max Kehm, zuvor Syndikus der Handelskammer Gießen
1932-1941	Oberregierungsrat Dr. Oskar Frisch, zuvor Hauptgeschäftsführer des Verbandes Pfälzischer Industrieller in Neustadt a.d.H., ab 1935 leitender Geschäftsführer der Kammer (1941 zur Wehrmacht einberufen)

DIE SYNDICI DER KAMMER NÜRNBERG:[6]

1904-1920	Dr. Otto Heyn
1906-1918	Dr. Joseph Gunz (am 1.1.1918 zum Wirtschaftlichen Beirat des stellvertretenden Bevollmächtigten Bayerns zum Bundesrat ernannt)
1913- ? (min. bis 1939)	Friedrich Weiß, Rechtsanwalt, zunächst Assistent, im März 1921 zusammen mit Hofmann zum Syndikus ernannt
1914-1945	Dr. phil. Dr. jur. Hanns Heinz Hofmann, zunächst Assistent, im März 1921 zusammen mit Weiß zum Syndikus ernannt

DIE SEKRETÄRE (AB 1917 SYNDICI) DER KAMMER PASSAU:[7]

1899-1917	Joseph Hörtreiter, Rechtsanwalt, Passau
1917-1927	Dr. Max Heberle, Justizrat, Passau
1927-1945 1947-1964	Dr. Hans Bauer, Passau, zuvor wissenschaftlicher Beamter der HK Regensburg; 1945 verhaftet, konnte sein Amt nach Lagerhaft und Entnazifizierung durch die Spruchkammer Passau am 1.8.1947 wieder aufnehmen

[5] IHK Ludwigshafen an IHK München, 30.9.1932. BWA K1/II/8, 3. Akt. IHK Ludwigshafen an die Wirtschaftskammer Bayern, 27.5.1941. BWA K1/II/8, 4. Akt. Alle weiteren Angaben in Archiv IHK Ludwigshafen, 26 Ca 2.

[6] Jahresbericht der Handels- und Gewerbekammer für Mittelfranken 1904, Nürnberg 1905. Jahresbericht der Handels- und Gewerbekammer für Mittelfranken 1906, Nürnberg 1907. Jahresbericht der Handelskammer Nürnberg 1919, Nürnberg 1920, S. XXIf. Nachrichten der IHK Nürnberg, 8.9.1938, 15. Jg., Nr. 36. Nachrichten der IHK Nürnberg, 7.10.1939, 16. Jg., Nr. 40. Wirtschaftliche Rundschau, Nürnberg, Januar 1945, 21. Jg., 1. Folge.

[7] Tradition und Bewährung, S. 64; LOIBL: Wirtschaft, S. 91.

DIE GESCHÄFTSFÜHRER (BIS 1918/20 RECHTSBEISTÄNDE) DER KAMMER REGENSBURG:[8]

1904-1909	Dr. jur. Walter Hoffmann, Regensburg (wechselte 1909 zur HK Bayreuth)
1909-1910	Dr. phil. Paul Wildner, Regensburg
1910-1920	Dr. Gerhard Clarus, Rechtsanwalt, Regensburg
1918-1945	Dr. Dr. Heinrich Bingold, bis 1920 2. Syndikus, Regensburg

DIE HAUPTGESCHÄFTSFÜHRER DER KAMMER WÜRZBURG:[9]

1893-1919	Dr. Josef Balduin Kittel
1919-1939	Alfred Weichsel, Rechtsanwalt, seit 1913 in der Kammer tätig

[8] Aufstellungen der Rechtsbeistände und Geschäftsführer der HK Regensburg 1870-1990, zusammengestellt von Petra MARTENSEN, im Archiv der IHK Regensburg. Vgl. auch BINGOLD: Handelskammer, S. 299; KAMMERER: Interessenvertretungspolitik, S. 240, 273.

[9] 125 Jahre IHK Würzburg-Schweinfurt, o.S.; Jahrbuch der deutschen Handelskammern 1922, S. 288.

Quellen- und Literaturverzeichnis

I. Ungedruckte Quellen

I.1 Staatliche Archive

1.1 Bayerisches Hauptstaatsarchiv München (BHStA):

MA 99974	Privatkorrespondenz Handelsminister Hamm 1922.
MH 11429	Wucher (allgemein).
MH 11737	Bayerische Erzeugungs- und Außenhandelsstatistik.
MH 13494	Handakten v. Meinel.
MH 14161	Industrie- und Handelskammern.
MH 14262	Bayerischer Handelskammertag 1909-1922.
MH 15463	Wirtschaftliche Lage im allgemeinen 1918/1919.
MH 15496	Organisatorische Anpassung der bayer. Industrie an die durch den Krieg und seine Bedürfnisse geschaffene Lage. Erhebungen des Prof. v. Gottl-Ottilienfeld 1915-1920.
MH 15505	Tätigkeit der Handels- und Handwerkskammern während des Krieges 1914-1918.
MH 16303	Landesausschuß für Übergangswirtschaft.
MH 16305-16306	Übergangswirtschaft 1916-1918.
MInn 72611	Teuerung 1922-1937.
MInn 72623	Landespreisprüfungsstelle 1915-1917.
MJu 12917-12918	Offenbarungseid. Schuldnerverzeichnis.
MJu 13541	Vereinigung Coburgs mit Bayern, Bd. 1.
MJu 13543	Vereinigung Coburgs mit Bayern. Vollzug. Allgemeines.
MJu 15511	Allgemeine Wirtschaftslage und Teuerung. Lebenshaltung und Preisbildung. Preisabbau.
MJu 15523	Vorbereitung des organischen Aufbaues der deutschen Wirtschaft. Reichsgesetz vom 27. Februar 1934.
MJu 16484	Handelskammern und Handelsgremien 1890-1933.
MWi 763	Handelschemiker und Bücherrevisoren.
MWi 1572	Landesbeirat für Industrie, Gewerbe und Handel 1914-1919.
MWi 2880	Walchenseekraftwerk. Bayernwerk 1914-1917.
MWi 5607	Bezirkswirtschaftsräte (hier: besondere bayerische Fragen) 1920.
MWi 5614	Neuorganisation der Wirtschaft, Bd. 1, 1934-1937.
MWi 5616	Wirtschaftskammer Bayern.
MWi 5637	Wirtschaftliche Lage Bd. 3, 1928-1935.
MWi 5676-5677	Industrie- und Handelskammern. Verordnung vom 27. Februar 1927. Vollzug. 1934-1937.
MWi 5679	Wahlen zu den Industrie- und Handelskammern. Allgemeines. 1926-1933.
MWi 5682	Abteilung für Handel, Industrie und Gewerbe, Bd. 1, 1926-1941.
MWi 5683	Kosten der Handelskammern, Bd. 2, 1917-1934.
MWi 5688	Bayerische Industrie- und Handelszeitung, ab 1934: Süddeutsche Handelszeitung, nun: Bayerische Wirtschaftszeitung, 1920-1942.

MWi 5747	Organ für den Bayerischen Handelskammertag.
MWi 13052	Handelskammern allgemein 1941-1948.
MWi 13059	Handelskammer-Verordnung 1945-1947.
MWi 13070	Arbeitsgemeinschaft der bayerischen Industrie- und Handelskammern 1948-1961.
MWi 13701	Industrie- und Handelskammern. Anordnung Nr. 6 v. 25.10.45 über die Errichtung von Industrie- und Handelskammern.

1.2 BAYERISCHES STAATSARCHIV COBURG (BSTA):

Min Z, 24	Bericht der Handelskammer Coburg 1919.

I.2 KAMMERARCHIVE UND -BESTÄNDE

2.1 BAYERISCHES WIRTSCHAFTSARCHIV MÜNCHEN (BWA):

AKTEN DER INDUSTRIE- UND HANDELSKAMMER MÜNCHEN:

K1/I/0	Protokolle 1919.
K1/I/26, 1. Akt	Kassawesen 1896-[1915].
K1/I/53	Betriebsrat.
K1/II/3	Bayer. Handels- und Gewerbetag.
K1/II/8, 1.-4. Akt	Verkehr mit Handels- bzw. Handels- und Gewerbekammern (1882-1941).
K1/II/15, 1. Akt	Bayer. Handelskammertag 1903-1938.
K1/II/53, 1.-2. Akt	Industrie- und Handelskammer – Verordnung von 1945.
K1/XXIII/436	Zusammenschluß von Verbänden.

AKTEN DES BAYERISCHEN INDUSTRIE- UND HANDELSKAMMERTAGES:

K2/I/1	Konstituierung.
K2/I/2	Satzungen des Bayer. Handelskammertages.
K2/I/3	Wahl des Vororts des Bayer. Handelskammertages.
K2/I/4	Schaffung eines offiziellen Organs des Bayer. Handelskammertages.
K2/I/5	Kassawesen 1910.
K2/I/6, 1.-2. Akt	Einhebung der Handelskammerbeiträge durch die Rentämter 1910-1926.
K2/I/13	Anhörung der Handelskammern 1912.
K2/I/15	Errichtung einer Handelskammer in Aschaffenburg.
K2/I/16	Behördeneigenschaft der Handelskammern.
K2/I/22	Bestellung eines Vertreters des Bayer. Handelskammertags in Berlin.
K2/I/24, 1. Akt	Vereinfachung der Staatsverwaltung.
K2/I/25, 1.-3. Akt	Bezirkswirtschaftsräte 1920-1921.
K2/I/25a	Bezirkswirtschaftsrat. Verhandlungen in Essen 1920.
K2/I/39	Handelskammer-Umlagen 1929.
K2/I/40	Geschäftsführerkonferenz 1929.
K2/I/44	Führerrat (1933-).
K2/I/45	Erhebung des Bayer. Industrie- und Handelskammertages zur öffent-

	lich-rechtlichen Körperschaft.
K2/I/46	Ermächtigungsgesetz und wirtschaftliche Selbstverwaltung 1934.
K2/I/47	Industrie- und Handelskammerverordnung.
K2/I/53	Arbeitstagung der Industrie- und Handelskammern aller vier Zonen in Frankfurt/M.

K2/II/1, 1.-7. Akt	Protokolle 1909-1952.
K2/II/2	II. Bayer. Handelskammertag 20. September 1909.
K2/II/7	VII. Bayer. Handelskammertag 1913.
K2/II/8	VIII. Bayer. Handelskammertag 1914.
K2/II/9	Außerordentlicher Bayer. Handelskammertag am 25. Januar 1917.
K2/II/11	Außerordentlicher Bayer. Handelskammertag am 5. Februar 1919.
K2/II/12	Außerordentlicher Bayer. Handelskammertag am 25. März 1919.
K2/II/13	Außerordentlicher Bayer. Handelskammertag am 11. Juli 1919 und Delegiertenkonferenz am 12. Juli 1919.
K2/II/14	Bayer. Handelskammertag am 10. September 1923.
K2/II/15	IX. Bayer. Handelskammertag am 23. November 1928.
K2/II/17	Bayer. Industrie- und Handelskammertag vom 19. November 1935.
K2/IIa/1	Delegiertenkonferenz vom 16. November 1909.
K2/IIa/6	Delegiertenkonferenz am 15. Mai 1914.
K2/IIa/8	Delegiertenkonferenz vom 27. September 1916.
K2/IIa/11	Delegiertenkonferenz am 10. Januar 1918.
K2/IIa/16	Delegiertenkonferenz am 26. März 1920.
K2/IIa/17	Delegiertenkonferenz u. Besprechung mit der Deutschen Handelskammer in der Schweiz in Lindau am 14./15. Juni 1920.
K2/IIa/18	Delegiertenkonferenz am 10. September 1920.
K2/IIa/19	Delegiertenkonferenz am 15. November 1920.
K2/IIa/21	Delegiertenkonferenz am 5. September 1921.
K2/IIa/23	Delegiertenkonferenz am 26. Mai 1922.
K2/IIa/24	Delegiertenkonferenz am 7. November 1922.
K2/IIa/25	Tagung mit der Deutschen Handelskammer in der Schweiz am 7. November 1921 in Konstanz.
K2/IIa/26	Tagung mit der Deutschen Handelskammer in der Schweiz, Mai 1923 in Lindau.
K2/IIa/27	Delegiertenkonferenz am 9. Juni 1923.
K2/IIa/28	Delegiertenkonferenz am 27. November 1925.
K2/IIa/28a	Delegiertenkonferenz am 3. März 1925.
K2/IIa/33	Delegiertenkonferenz am 18. Dezember 1929.
K2/IIa/36	Delegiertenkonferenz am 30. Mai 1930.
K2/IIa/37	Delegiertenkonferenz am 27. Februar 1931.
K2/IIa/42	Delegiertenkonferenz am 30. Oktober 1933.
K2/IIa/43	Delegiertenkonferenz am 3. Februar 1934.
K2/IIa/44	Delegiertenkonferenz am 24. März 1934.
K2/IIa/46	Delegiertenkonferenz am 19. Oktober 1934.

K2/IX B/34	Vergleichsordnung (1928-).
K2/XVa/3	Errichtung eines bayerischen Handelsministeriums.
K2/XVII/1, 1. Akt	Bayerische Steuerreform 1909.
K2/XXIII/3	Lebensmittelversorgung 1915.

K2/XXIII/4	Lebensmittelwucher 1915.
K2/XXIII/7, 1. Akt	Kohlenversorgung 1915-1937.
K2/XXIII/10, 1. Akt	Unterausschuß des Bayer. Handelskammertages betr. Übergangswirtschaft 1916.
K2/XXIII/10, 2. Akt	Übergangswirtschaft 1918.
K2/XXIII/11, 1.-3. Akt	Wucherbekämpfung 1916-1923.
K2/XXIII/13	Vaterländischer Hilfsdienst.
K2/XXIII/62	Umwälzung in Bayern 1918.
K2/XXIII/66	Waffenstillstand und Friedensvertrag 1919.
K2/XXIII/68	Anschluß Deutsch-Österreichs an Deutschland 1919.

2.2 ARCHIV DER INDUSTRIE- UND HANDELSKAMMER LUDWIGSHAFEN:

XXIV B	Bayer. Handelskammertag (hier: Ausgaben desselben).
XXIV B.2	Delegiertenkonferenzen des Bayer. Handelskammertags.
XXIV B.5	Geschäftsführerkonferenzen des Bayer. Handelskammertages.
XXIV B.100	Bayer. Handelskammertag (hier: Sonstiges & Vermischtes).
XXIV D.100	Bayer. Handelskammern (hier: Sonstiges & Vermischtes).
26 Aa 2 h	Revision der Verordnung vom 25.10.1889, die Handels- und Gewerbekammern betreffend.
26 Aa 2 p	Reform der Handelskammerverordnung in Bayern 1919.
26 Ca 2	Sekretäre der Kammer 1870-1936.
26 Ib 1	Kreisfondszuschuß 1880-1925.

2.3 BESTÄNDE DER INDUSTRIE- UND HANDELSKAMMER NÜRNBERG:

Liste der Vorstände, Vorsitzenden bzw. Präsidenten der Handelskammer Nürnberg 1842-1988, zusammengestellt von Rudolf ENDRES.

2.4 ARCHIV DER INDUSTRIE- UND HANDELSKAMMER PASSAU:

100.000	Organisation der IHK'n (Handelskammerverordnung, Gesetz zur vorläufigen Regelung des Rechts der IHK'n).
103.000	Arbeitsgemeinschaft der bayer. IHK'n in München. Allgemeines (Satzung, Vorstand, Geschäftsführung).

RAITHEL, Marga: Die Zeitschriften der Industrie- und Handelskammern. Sonderdruck des Deutschen Industrie- und Handelstages, Bonn 1958.

2.5 ARCHIV DER INDUSTRIE- UND HANDELSKAMMER REGENSBURG:

Listen der Amtszeiten der Vorsitzenden, Präsidenten, Rechtsbeistände und Geschäftsführer der Handelskammer Regensburg 1843-2003, zusammengestellt von Petra MARTENSEN.

II. Gedruckte Quellen

II.1 Amtliche Quellen

Akten der Reichskanzlei – Weimarer Republik. Das Kabinett Müller II: 28. Juni 1928 bis 27. März 1930. Bd. 2: August 1929 bis März 1930, bearb. v. Martin VOGT, Boppard am Rhein 1970.

Akten der Reichskanzlei. Die Regierung Hitler 1933-1938. Teil 1: 1933/34, Bd. 1: 30. Januar bis 31. August 1933, bearb. v. Karl-Heinz MINUTH, Boppard am Rhein 1983.

Bayerische Berufsstatistik 1907. Berufliche und soziale Gliederung (Beiträge zur Statistik des Königreichs Bayern, Heft 80), hg. vom K. Statistischen Bureau, München 1908.

Bayerische Berufsstatistik 1925 (Beiträge zur Statistik Bayerns, Heft 111), hg. vom Bayer. Statistischen Landesamt, München 1926.

Bayerische Verfassungsurkunden. Dokumentation zur bayerischen Verfassungsgeschichte, bearbeitet von Alfons WENZEL, 4. erg. Auflage, Stamsried 2002.

Bayern im ersten Vierjahresplan. Denkschrift der Bayerischen Staatsregierung zum 9. März 1937, München 1937.

Bayern im Lichte seiner hundertjährigen Statistik, hg. vom Bayerischen Statistischen Landesamt (Beiträge zur Statistik Bayerns, Heft 122), München 1933.

Bayerns Entwicklung nach den Ergebnissen der amtlichen Statistik seit 1840, hg. vom K. Statistischen Landesamt, München 1915.

EHEBERG, Karl Theodor v.: Die wirtschaftliche Entwicklung Bayerns unter der Regentschaft 1886 bis 1911. Fest-Rede zur Feier des 90. Geburtstages Seiner Kgl. Hoheit des Prinzregenten im Auftrage des K. akademischen Senats am 4. März 1911, Erlangen 1911.

Gesetzblatt für das Königreich Bayern 1851/52, 1866/69.

Gesetz- und Verordnungsblatt für das Königreich Bayern 1889, 1908.

Gesetz- und Verordnungsblatt für den Freistaat Bayern 1920, 1926, 1927.

Die Kriegs-Volkszählungen vom Jahre 1916 und 1917 in Bayern (Beiträge zur Statistik Bayerns, Heft 89), hg. vom Bayer. Statistischen Landesamt, München 1919.

Die Protokolle der Landtagsfraktion der bayerischen Zentrumspartei 1893-1914, hg. u. bearb. v. Dieter ALBRECHT, Bd. 5: 1912-1914 (Schriftenreihe zur bayerischen Landesgeschichte Bd. 102), München 1993.

Protokolle des Bayerischen Ministerrats 1945-1954, bearbeitet von Karl-Ulrich GELBERG, 4 Bde., München 1995-2003.

Statistisches Jahrbuch für das Königreich Bayern, 11. Jg. 1911.

Reichsgesetzblatt 1897, 1916, 1934 (Teil I), 1939 (Teil I), 1942 (Teil I).

Reichsgewerbeordnung [15]1899.

Regierungsblatt für das Königreich Bayern 1842, 1848, 1850, 1853, 1855, 1862, 1868.

Verhandlungen des Bayerischen Landtages 1919/1920, Stenographische Berichte, Bd. 2.

Verhandlungen der Kammer der Abgeordneten des bayerischen Landtages 1850, Beilagenbd. 5.

Verhandlungen der Kammer der Abgeordneten des bayerischen Landtages 1905/06, Stenographische Berichte, Bd. 1.

Verhandlungen der Kammer der Abgeordneten des bayerischen Landtages 1907/08, Beilagenbd. 4.

Verhandlungen der Kammer der Abgeordneten des bayerischen Landtages 1912, Stenographische Berichte, Bd. 1.

Verhandlungen der Kammer der Abgeordneten des bayerischen Landtages 1913/14, Stenographische Berichte, Bd. 8.

Verhandlungen der Kammer der Abgeordneten des bayerischen Landtages 1917, Stenographische Berichte, Bd. 15; Beilagenbd. 16.

Verhandlungen der Kammer der Reichsräte des bayerischen Landtages 1917. Stenographische Berichte, Bd. 4.

Verhandlungen der Zweiten Kammer der Ständeversammlung des Königreichs Bayern 1831, Bde. 20, 21, 27, 28; Beilagenbd. 10.

II.2 Dokumente zu den Handelskammern

Der Deutsche Industrie- und Handelstag in seinen ersten hundert Jahren. Zeugnisse und Dokumente, hg. vom Deutschen Industrie- und Handelstag, Bonn 1962.

Jahrbuch der Deutschen Handelskammern und sonstigen amtlichen Handelsvertretungen, hg. im Auftrag des Deutschen Handelstags von der Handelskammer zu Leipzig, Jg. 1905, Leipzig 1905.

Jahrbuch der Deutschen Handelskammern und sonstigen amtlichen Handelsvertretungen, hg. im Auftrag des Deutschen Handelstags von der Handelskammer zu Leipzig, 2. Ausgabe 1910, Leipzig 1910.

Jahrbuch der Deutschen Handelskammern und sonstigen amtlichen Handelsvertretungen, hg. im Auftrag des Deutschen Handelstags von der Handelskammer zu Leipzig, 8. Ausgabe 1922, Leipzig 1922.

Jahresbericht der Handels- und Gewerbekammer für Mittelfranken 1903, Nürnberg 1904.

Jahresbericht der Handels- und Gewerbekammer für Mittelfranken 1904, Nürnberg 1905.

Jahresbericht der Handels- und Gewerbekammer für Mittelfranken 1906, Nürnberg 1907.

Jahresbericht der Handels- und Gewerbekammer München 1906, München 1907.

Jahresbericht der Handelskammer München 1909, München 1910.
Jahresbericht der Handelskammer Nürnberg für das Jahr 1919, Nürnberg 1920; dsgl. 1920, Nürnberg 1921.

Jahresbericht der Kreis-Gewerbe- und Handelskammer der Pfalz für 1861, Ludwigshafen a. Rh. 1862.

Jahresbericht der Pfälzischen Handels- und Gewerbekammer für die Jahre 1882-1884, Ludwigshafen a. Rh. 1883-1885.

Jahresbericht der Pfälzischen Handels- und Gewerbekammer für das Jahr 1902, Ludwigshafen a. Rh. 1903.

II.3 Briefwechsel

Briefwechsel Hertling-Lerchenfeld 1912-1917. Dienstliche Privatkorrespondenz zwischen dem bayerischen Ministerpräsident Georg Graf von Hertling und dem bayerischen Gesandten in Berlin Hugo Graf von und zu Lerchenfeld, hg. von Ernst DEUERLEIN (Deutsche Geschichtsquellen des 19. und 20. Jahrhunderts Bd. 50), Boppard a. Rh. 1973.

II.4 Zeitungen

Augsburger Abendzeitung.
Augsburger Postzeitung.
Bayerische Handelszeitung.
Bayerische Industrie- und Handelszeitung.
Bayerische Staatszeitung.
Bayerische Wirtschaftszeitung.
Bayerischer Kurier.
Berliner Tageblatt.
Deutscher Reichsanzeiger.
Fränkischer Kurier.
Frankfurter Zeitung.
Mitteilungen des Deutschen Industrie- und Handelstags.
Mitteilungsblatt der Industrie- und Handelskammer Regensburg.

München-Augsburger Abendzeitung.
Münchner Neueste Nachrichten.
Münchner Post.
Nachrichten der Industrie- und Handelskammer Nürnberg.
Nürnberger Zeitung.
Völkischer Beobachter.
Vossische Zeitung.
Wirtschaftliche Rundschau mit den Nachrichten aus der Gauwirtschaftskammer Franken, Nürnberg.

III. LITERATUR

25 Jahre Handelskammer Coburg 1896-1921. Ein Rückblick mit besonderer Berücksichtigung der Kriegszeit und des Jahres 1920, Coburg 1921.

50 Jahre Arbeitsgemeinschaft der Bayerischen Industrie- und Handelskammern (IHKT Schriftenreihe, Bd. 1), München 1997.

100 Jahre Handwerkskammer für Oberfranken, hg. von der Handwerkskammer für Oberfranken, Bayreuth 2000.

125 Jahre Industrie- und Handelskammer Würzburg-Schweinfurt, hg. von der Industrie- und Handelskammer Würzburg-Schweinfurt, Würzburg [1968].

ABEL, Heinz: Die Industrie- und Handelskammern im nationalsozialistischen Staate, Breslau ^{2}1941.

ADAM, Hermann: Der Einfluß der Industrie- und Handelskammern auf politische Entscheidungsprozesse (Campus Forschung Bd. 77), Frankfurt/M., New York 1979.

ALBRECHT, Dieter: Von der Reichsgründung bis zum Ende des Ersten Weltkriegs, in: Handbuch der bayerischen Geschichte, hg. von Max SPINDLER, 2. völlig neu bearbeitete Ausgabe, München 2003, Bd. 4/1, S. 319-439.

ALBRECHT, Willy: Landtag und Regierung in Bayern am Vorabend der Revolution von 1918. Studien zur gesellschaftlichen und staatlichen Entwicklung Deutschlands von 1912-1918 (Beiträge zu einer historischen Strukturanalyse Bayerns im Industriezeitalter Bd. 2), Berlin 1968.

Am 7. April 1843 – 125 Jahre Industrie- und Handelskammer für München und Oberbayern, hg. von der Industrie- und Handelskammer für München und Oberbayern, München 1968.

AMBROSIUS, Gerold: Von Kriegswirtschaft zu Kriegswirtschaft (1914-1945), in: Deutsche Wirtschaftsgeschichte. Ein Jahrtausend im Überblick, hg. von Michael NORTH, München 2000, S. 282-350.

ANGERMANN, Erich: David Justus Ludwig Hansemann, in: Neue Deutsche Biographie, hg. von der Historischen Kommission bei der Bayerischen Akademie der Wissenschaften, 7. Bd., Berlin 1966, S. 626-629.

ARNSPERGER, Leopold: 125 Jahre Handelskammer in der Pfalz, in: Pfälzisches Industrie- und Handelsblatt. Nachrichtenorgan der Industrie- und Handelskammer für die Pfalz, 43. Jg., 1968, S. 261-263.

AY, Karl-Ludwig: Die Entstehung einer Revolution. Die Volksstimmung in Bayern während des Ersten Weltkrieges (Beiträge zu einer historischen Strukturanalyse Bayerns im Industriezeitalter Bd. 1), Berlin 1968.

BACHMANN, Harald: 100 Jahre Industrie- und Handelskammer zu Coburg, in: Coburger Geschichtsblätter 4/1996, S. 121-131.

BAER, Wolfram: Ursprung und Gründung der Kammer, in: Bayerisch-Schwäbische Wirtschaft. Zeitschrift der Industrie- und Handelskammer für Augsburg und Schwaben 5/1993, S. 8-12.

BAUERNFEIND, Martina: 100 Jahre Handwerkskammer für Mittelfranken, Nürnberg 2000.

BECHTEL, Heinrich: Wirtschaftsgeschichte Deutschlands im 19. und 20. Jahrhundert, München 1956.

BECK, Birgit: Im Dienst am Ganzen. Hundert Jahre Handwerkskammer für München und Oberbayern, München 1999.

BECKER, Arno: Eine Interessenvertretung von des Königs Gnaden, in: 150 Jahre IHK Pfalz. Sonderbeilage der Rheinpfalz, Nr. 111, 14.5.1993.

BECKER, Winfried (Hg.): Georg von Hertling 1843-1919 (Beiträge zur Katholizismusforschung Bd. 8), Paderborn 1993.

BECKER, Winfried: Die Organisation der NS-Volksgemeinschaft in Passau. Gleichschaltung – Konflikt – Widerstand, in: Passau in der Zeit des Nationalsozialismus. Ausgewählte Fallstudien, hg. von Winfried BECKER, Passau 1999, S. 137-166.

BECKER, Winfried: Niedergang und Wiederaufstieg: Grenzstadt im Königreich Bayern 1803-1918, in: Geschichte der Stadt Passau, hg. von Egon BOSHOF u.a., 2. erweiterte und aktualisierte Auflage, Regensburg 2003, S. 219-262.

BECKER, Winfried: Franz Sperr (1878-1945), in: Zeitgeschichte in Lebensbildern, Bd. 11: Aus dem deutschen Katholizismus des 19. und 20. Jahrhunderts, hg. von Jürgen ARETZ, Rudolf MORSEY u. Anton RAUSCHER, Münster 2004, S. 93-106.

BERGMANN, Hannsjörg: Georg Heim – der „Bauerndoktor" (1865-1938), in: Berühmte Regensburger. Lebensbilder aus zwei Jahrtausenden, hg. von Karlheinz DIETZ und Gerhard H. WALDHERR, Regensburg 1997, S. 289-298.

BINGOLD, Heinrich: Die Handelskammer Regensburg und ihre Vorläufer, Diss. Erlangen 1921 (masch.).

BLAICH, Fritz: Wirtschaftlicher Partikularismus deutscher Länder während der Weltwirtschaftskrise 1932: Das Beispiel der Auto-Union AG, in: Vierteljahreshefte für Zeitgeschichte, 24. Jg. 1976/1. Heft, S. 406-414.

BLAICH, Fritz: Die bayerische Industrie 1933-1939. Elemente von Gleichschaltung, Konformismus und Selbstbehauptung, in: Bayern in der NS-Zeit II. Herrschaft und Gesellschaft im Konflikt, Teil A, hg. von Martin BROSZAT und Elke FRÖHLICH, München/Wien 1979, S. 237-280.

BLAICH, Fritz: Staat und Verbände in Deutschland zwischen 1871 und 1945 (Wissenschaftliche Paperbacks Sozial- und Wirtschaftsgeschichte Bd. 14), Wiesbaden 1979.

BLAICH, Fritz: Die Energiepolitik Bayerns 1900-1921 (Regensburger Historische Forschungen Bd. 8), Kallmünz/Opf. 1981.

BOETTCHER, Erik: Kooperation und Demokratie in der Wirtschaft (Schriften zur Kooperationsforschung, A. Studien, Bd. 10), Tübingen 1974.

BORCHARDT, Knut: Handel, Kreditwesen, Versicherung, Verkehr 1914-1970, in: Handbuch der deutschen Wirtschafts- und Sozialgeschichte, hg. von Hermann AUBIN und Wolfgang ZORN, Stuttgart 1976, Bd. 2, S. 845-875.

BORCHARDT, Knut: Zur Geschichte des Bayerischen Staatsministeriums für Wirtschaft und Verkehr (Beiträge zur Wirtschafts- und Sozialgeschichte Bd. 34), Stuttgart 1987.

BORN, Karl Erich: Der wirtschaftliche und soziale Strukturwandel in Deutschland am Ende des 19. Jahrhunderts, in: Moderne deutsche Verfassungsgeschichte (1815-1914), hg. von Ernst-Wolfgang BÖCKENFÖRDE unter Mitarbeit von Rainer WAHL, 2., veränderte Auflage, Königstein/Ts. 1981.

BOSL, Karl: Die „geminderte" Industrialisierung in Bayern, in: Aufbruch ins Industriezeitalter. Bd. 1: Linien der Entwicklungsgeschichte, hg. von Claus GRIMM, München 1985, S. 22-39.

BRAEUER, Walter: Friedrich List, in: Neue Deutsche Biographie, hg. von der Historischen Kommission bei der Bayerischen Akademie der Wissenschaften, 14. Bd., Berlin 1984, S. 694-697.

BRÄUER, Karl: Ertragssteuern, in: Handbuch der Finanzwissenschaft, Bd. 2, Tübingen 1927, S. 3-64.

BRANDT, Harm-Hinrich: „Ein tüchtiges Organ des Handels- und Fabrikantenstandes". Die Industrie- und Handelskammer Würzburg-Schweinfurt in 150 Jahren, o.O. [1993].

BREMER, Heinz: Kammerrecht der Wirtschaft, Berlin 1960.

BURKHARDT, Irene: Das Verhältnis von Wirtschaft und Verwaltung in Bayern während der Anfänge der Industrialisierung 1834-1868 (Schriften zur Wirtschafts- und Sozialgeschichte Bd. 64), Berlin 2001, zugl. Diss. Erlangen/Nürnberg 1994.

COHEN, Arthur/SIMON, Edmund: Geschichte der Handelskammer München seit ihrer Gründung (1869). Beitrag zur Wirtschaftsgeschichte der letzten Jahrzehnte, München 1926.

CONRADT, Wolfgang: Die deutschen Gewerbezählungen von 1875 bis 1950 und ihre Erhebungsgrundlagen, in: Zeitschrift des Bayerischen Statistischen Landesamts, 1954, Heft 1/2, S. 49-56.

CONZE, Werner: Möglichkeiten und Grenzen der liberalen Arbeiterbewegung in Deutschland. Das Beispiel Schulze-Delitzschs, in: Interessenverbände in Deutschland, hg. von Heinz Josef VARAIN, Köln 1973, S. 85-102.

Damals & heute. Menschen & Persönlichkeiten ihrer Heimatstadt [Ludwigshafen a. Rh.], hg. von Reinhold MAAß, Aspach 2003.

Der Deutsche Handelstag 1861-1911, hg. vom Deutschen Handelstag, Berlin 1911, 1. Bd.

DOMARUS, Max: Die Gründung der Handelskammer für Niederbayern und ihre Vorgeschichte, o.O. [1968] (masch.).

DORSCH, Volker: Die Handelskammern der Rheinprovinz in der zweiten Hälfte des 19. Jahrhunderts: eine Studie zu Funktion und Entwicklung wirtschaftlicher Interessenvertretungen (Frankfurter historische Abhandlungen Bd. 24), Wiesbaden 1982, zugl. Diss. Frankfurt/M. 1979.

DRESSEL, Carl-Christian H.: Vom Sturz des Herzogs bis zur Vereinigung Coburgs mit Bayern, in: 75 Jahre Coburg bei Bayern, hg. von Detlef BEIL und Stefan KLEIN, Coburg 1995, S. 20-27.

ECKARDT, Günther: Industrie und Politik in Bayern 1900-1919. Der Bayerische Industriellen-Verband als Modell des Einflusses von Wirtschaftsverbänden (Beiträge zu einer historischen Strukturanalyse Bayerns im Industriezeitalter Bd. 15), Berlin 1976.

EHLERT, Hans Gotthard: Die wirtschaftliche Zentralbehörde des Deutschen Reiches 1914 bis 1919. Das Problem der „Gemeinwirtschaft" in Krieg und Frieden (Beiträge zur Wirtschafts- und Sozialgeschichte Bd. 19), Wiesbaden 1982, zugl. Diss. Bonn 1981.

EMMINGER, Ottmar: Die bayerische Industrie (Bayerns Wirtschaft. Schriftenreihe der „Volkswirtschaftlichen Arbeitsgemeinschaft für Bayern" Heft 2), München 1947.

ENDRES, Rudolf: Die selbständig handelnde Kaufmannschaft. Nürnberger Handelsvorstand zwischen Renaissance und Biedermeier, in: Im Zeichen der Waage. 425 Jahre Nürnberger Handelsvorstand 1560-1985, hg. von der Industrie- und Handelskammer Nürnberg mit Gerhard PFEIFFER, Nürnberg 1985, S. 35-44.

ENGEL, Thomas: 150 Jahre Mittler zwischen Staat und Wirtschaft, in: IHK magazin. Wirtschaftsinformationen der Industrie- und Handelskammer für die Pfalz 6/1993, S. 12-14.

EPP, Wolfgang: Die Industrie- und Handelsgremien – Ursprünge und Widerstände, in: Bayerisch-Schwäbische Wirtschaft. Zeitschrift der Industrie- und Handelskammer für Augsburg und Schwaben 5/1993, S. 18f.

ERDMANN, Jürgen: Coburg, Bayern und das Reich 1918-1923 (Gesellschaft für Coburger Heimatkunde und Landesgeschichte und der Coburger Landesstiftung Reihe II, Heft 22), Coburg 1969.

ESENWEIN-ROTHE, Ingeborg: Die Wirtschaftsverbände von 1933 bis 1945 (Schriften des Vereins für Socialpolitik, Neue Folge Bd. 37), Berlin 1965.

FACIUS, Friedrich: Wirtschaft und Staat. Die Entwicklung der staatlichen Wirtschaftsverwaltung in Deutschland vom 17. Jahrhundert bis 1945, Boppard am Rhein 1959.

FALKENBERG, Jörg: Die Industrie- und Handelskammer zu Coburg, in: 75 Jahre Coburg bei Bayern, hg. von Detlef BEIL und Stefan KLEIN, Coburg 1995, S. 79.

FAUCK, Siegfried: Zur Geschichte der Industrie- und Handelskammer, in: Pfälzisches Industrie- und Handelsblatt. Nachrichtenorgan der Industrie- und Handelskammer für die Pfalz, 43. Jg., 1968, S. 263-266.

FEHN, Hans: Das Land Bayern und seine Bevölkerung seit 1800, in: Handbuch der bayerischen Geschichte, hg. von Max SPINDLER, München 1975, Bd. 4/2, S. 647-707.

FELDMAN, Gerald D.: Kriegswirtschaft und Zwangswirtschaft: die Diskreditierung des „Sozialismus" in Deutschland während des Ersten Weltkrieges, in: Der Erste Weltkrieg. Wirkung – Wahrnehmung – Analyse, hg. von Wolfgang MICHALKA, München 1994, S. 456-484.

FISCHER, Doris: Die Münchner Zensurstelle während des Ersten Weltkrieges. Alfons Falkner von Sonnenburg als Pressereferent im bayerischen Kriegsministerium in den Jahren 1914 bis 1918/19, Diss. München 1973.

FISCHER, Wolfram: Die Wirtschaftspolitik des Nationalsozialismus (Schriftenreihe der Niedersächsischen Landeszentrale für Politische Bildung. Zeitgeschichte, Heft 13), o.O. 1961.

FISCHER, Wolfram: Unternehmerschaft, Selbstverwaltung und Staat, Berlin 1964.

FISCHER, Wolfram: Bergbau, Industrie und Handwerk 1914-1970, in: Handbuch der deutschen Wirtschafts- und Sozialgeschichte, hg. von Hermann AUBIN und Wolfgang ZORN, Stuttgart 1976, Bd. 2, S. 796-843.

FISCHER, Wolfram: Vom Agrarstaat zur Industriegesellschaft, in: Das deutsche Kaiserreich 1867/71 bis 1918. Bilanz einer Epoche, hg. von Dieter LANGEWIESCHE, Freiburg, Würzburg 1984, S. 64-72.

FOX, Angelika: Die wirtschaftliche Integration Bayerns in das Zweite Deutsche Kaiserreich. Studien zu den wirtschaftlichen Spielräumen eines deutschen Mittelstaates zwischen 1862 und 1875, München 2001.

FRENTZEL, Gerhard: Die Industrie- und Handelskammern und ihre Spitzenorganisation in Staat und Wirtschaft, in: Die Verantwortung des Unternehmers in der Selbstverwaltung, hg. aus Anlaß der 100-Jahr-Feier des Deutschen Industrie- und Handelstages, Frankfurt/M. 1961, S. 27-192.

FRENTZEL, Gerhard/JÄKEL, Ernst: Die deutschen Industrie- und Handelskammern und der Deutsche Industrie- und Handelstag (Ämter und Organisationen der Bundesrepublik Bd. 11), Frankfurt/M., Bonn 1967.

FREY, Alfons: Die industrielle Entwicklung Bayerns von 1925 bis 1975. Eine vergleichende Untersuchung über die Rolle städtischer Agglomerationen im Industrialisierungsprozeß (Schriften zur Wirtschafts- und Sozialgeschichte Bd. 76), Berlin 2003, zugl. Diss. Eichstätt-Ingolstadt 2002.

FUCHS, Rainer: Die bayerischen Industrie- und Handelskammern im Wiederaufbau 1945 bis 1948 – Zwischen amerikanischem Demokratisierungswillen und eigener Selbstverwaltungstradition (Miscellanea Bavarica Monacensia Bd. 142), Diss. München 1988.

GAERTRINGEN, Friedrich Hiller v.: Die Deutschnationale Volkspartei, in: Das Ende der Parteien 1933, hg. von Erich MATTHIAS und Rudolf MORSEY, Düsseldorf 1979, S. 543-652.

GELBERG, Karl-Ulrich: Die bayerische Pfalzpolitik 1945-1956, in: Die Pfalz und Bayern 1816-1956, hg. von Hans FENSKE, Speyer 1998, S. 237-264.

GELBERG, Karl-Ulrich: Vom Kriegsende bis zum Ausgang der Ära Goppel (1945-1978), in: Handbuch der bayerischen Geschichte, hg. von Max SPINDLER, 2. völlig neu bearbeitete Auflage, München 2003, Bd. 4/1, S. 635-956.

GEMBRIES, Helmut: Die Pfalz und Bayern in der Weimarer Zeit, in: Die Pfalz und Bayern 1816-1956, hg. von Hans FENSKE, Speyer 1998, S. 189-212.

GÖTSCHMANN, Dirk: Das bayerische Innenministerium 1825-1864. Organisation und Funktion, Beamtenschaft und politischer Einfluß einer Zentralbehörde in der konstitutionellen Monarchie (Schriftenreihe der historischen Kommission bei der Bayerischen Akademie der Wissenschaften Bd. 48), Göttingen 1993, zugl. Habil. Regensburg 1990.

GRAFF, Dieter: EDEKA – älteste Einkaufsgenossenschaft des Lebensmitteleinzelhandels, Köln [2]1994.

GRIMM, Claus: „Industriezeitalter" – eine geschichtliche Epoche, in: Aufbruch ins Industriezeitalter. Bd. 1: Linien der Entwicklungsgeschichte, hg. von Claus GRIMM, München 1985, S. 11-21.

HAAN, Heiner: Gründungsgeschichte der Industrie- und Handelskammer für die Pfalz im Spiegel der pfälzischen Wirtschaftsentwicklung (1800-1850), in: Beiträge zur pfälzischen Wirtschaftsgeschichte, Speyer 1968, S. 175-207.

HAAN, Heiner: Die Anfänge der Industrialisierung in der Pfalz, in: Festschrift für Max SPINDLER zum 75. Geburtstag, hg. von Dieter ALBRECHT, Andreas KRAUS, Kurt REINDEL, München 1969, S. 633-655.

HAMBRECHT, Rainer: Zwischen Bayern und Thüringen – Coburg von 1900 bis 1945, in: Ein Herzogtum und viele Kronen – Coburg in Bayern und Europa. Aufsätze zur Landesausstellung 1997 des Hauses der Bayerischen Geschichte und der Kunstsammlungen der Veste Coburg in Zusammenarbeit mit der Stiftung der Herzog von Sachsen-Coburg und Gotha'schen Familie und der Stadt Coburg, hg. von Michael HENKER und Evamaria BROCKHOFF, Augsburg, Regensburg 1997, S. 186-196.

HEINZ, Hans-Joachim: NSDAP und Verwaltung in der Pfalz. Allgemeine innere Verwaltung und kommunale Selbstverwaltung im Spannungsfeld nationalsozialistischer Herrschaftspraxis 1933-1939. Ein Beitrag zur zeitgeschichtlichen Landeskunde (Geschichte im Kontext Bd. 1), Mainz 1994, zugl. Diss.

HEINZ, Hans-Joachim: Bürckels Gaupartikularismus, München und Berlin 1933-1939, in: Die Pfalz und Bayern 1816-1956, hg. von Hans FENSKE, Speyer 1998, S. 213-235.

HELFRICH, Paul: 125 Jahre Industrie- und Handelskammer für München und Oberbayern. Daten und Fakten, Zahlen und Namen. Nachtrag zu der 1968 erschienenen Jubiläumsschrift, München 1971.

HENNING, Friedrich-Wilhelm: Die Industrialisierung in Deutschland 1800 bis 1914 (Wirtschafts- und Sozialgeschichte Bd. 2), 8. durchges. und erg. Auflage, Paderborn u.a. 1993.

HENNING, Friedrich-Wilhelm: Das industrialisierte Deutschland 1914-1992 (Wirtschafts- und Sozialgeschichte Bd. 3), 8. durchges. u. wesentl. erw. Auflage, Paderborn u.a. 1993.

HESSE, Horst: Auswirkungen nationalsozialistischer Politik auf die bayerische Wirtschaft (1933-1939), in: Zeitschrift für bayerische Landesgeschichte (43) 1980, S. 369-485.

HESSELMANN, Hans: Das Wirtschaftsbürgertum in Bayern 1890-1914. Ein Beitrag zur Analyse der Wechselbeziehungen zwischen Wirtschaft und Politik am Beispiel des Wirtschaftsbürgertums in Bayern der Prinzregentenzeit (Beiträge zur Wirtschafts- und Sozialgeschichte Bd. 32), Stuttgart 1985.

HEYMANN, Lida Gustava: Das Wahlrecht der Frauen zu den Handelskammern in den deutschen Bundesstaaten, Leipzig 1910.

HILLE, Martin: Zur Sozial- und Mitgliederstruktur der Passauer NSDAP in den zwanziger und dreißiger Jahren, in: Passau in der Zeit des Nationalsozialismus. Ausgewählte Fallstudien, hg. von Winfried BECKER, Passau 1999, S. 9-41.

HIRSCHMANN, Gerhard: Aufbruch in das Industriezeitalter. Der Handelsvorstand im Königreich Bayern 1806 bis 1918, in: Im Zeichen der Waage. 425 Jahre Nürnberger Handelsvorstand 1560-1985, hg. von der Industrie- und Handelskammer Nürnberg mit Gerhard PFEIFFER, Nürnberg 1985, S. 45-60.

HUBER, Franz Caspar: Die Württembergischen Handelskammern 1856-1906. Festschrift zur Feier des 50jährigen Bestehens der Württembergischen Handelskammern, Bd. 1, Stuttgart 1906.

HUBER, Ernst Rudolf: Deutsche Verfassungsgeschichte seit 1789, Bd. 6: Die Weimarer Reichsverfassung, Stuttgart u.a. 1981.

HÜRTEN, Heinz: Revolution und Zeit der Weimarer Republik, in: Handbuch der bayerischen Geschichte, hg. von Max SPINDLER, 2. völlig neu bearbeitete Auflage, München 2003, Bd. 4/1, S. 440-499.

JAEGER, Hans: Unternehmer in der deutschen Politik 1890-1918 (Bonner Historische Forschungen Bd. 30), Bonn 1967.

JAMES, Harold: Deutschland in der Weltwirtschaftskrise 1924-1936, Stuttgart 1988.

KAMMERER, Martin: Interessenvertretungspolitik im Wandel – von der „Oberpfälzisch-Regensburg'schen Handelskammer" zur Industrie- und Handelskammer Regensburg (1843-1932). Wirtschaftshistorische Analyse des institutionellen Wandels der Industrie- und Handelskammer Regensburg und der Veränderungen ihrer Aufgaben und Interessenvertretungspolitik (Reihe Wirtschafts- und Sozialgeschichte Bd. 15), Weiden/Regensburg 2002, zugl. Diss. Regensburg 2001.

KEßLER, Richard: Heinrich Held als Parlamentarier. Eine Teilbiographie 1868-1924 (Beiträge zu einer historischen Strukturanalyse Bayerns im Industriezeitalter Bd. 6), Berlin 1971.

KEUCHER, Johannes: Geschichtliche Entwicklung und gegenwärtiger Stand des Kammer-Systems (Industrie- und Handelskammern, Landwirtschafts- und Handwerkskammern), Weißenfels a. S. 1931, zugl. Diss. Halle-Wittenberg.

KIM, Hak-Ie: Industrie, Staat und Wirtschaftspolitik. Die konjunkturpolitische Diskussion in der Endphase der Weimarer Republik 1930-1932/33 (Schriften zur Wirtschafts- und Sozialgeschichte Bd. 50), Berlin 1997, zugl. Diss. Bochum 1995.
KITTEL, J.B.: Die Würzburger Handelsvertretung in alter und neuer Zeit, in: Festschrift zur Eröffnung des Handelskammer-Gebäudes Würzburg, Würzburg 1914, S. 15-127.

KÖGLMEIER, Georg: Die zentralen Rätegremien in Bayern 1918/19. Legitimation - Organisation – Funktion, München 2001, zugl. Diss. Regensburg 1998.

KÖNIG, Ingrid: Handelskammern zwischen Kooperation und Konzentration. Vereinigungen, Arbeitsgemeinschaften und Zweckverbände von Handelskammern im niederrheinisch-westfälischen Industriegebiet 1890 bis 1933 (Schriften zur rheinisch-westfälischen Wirtschaftsgeschichte Bd. 32), Diss. Köln 1981.

KRAUS, Andreas: Grundzüge der Geschichte Bayerns, 2. durchges. u. aktualisierte Auflage, Darmstadt 1992.

KRAUS, Andreas: Die Regierungszeit König Ludwigs I. (1825-1848), in: Handbuch der bayerischen Geschichte, hg. von Max SPINDLER, 2. völlig neu bearbeitete Ausgabe, München 2003, Bd. 4/1, S. 129-236.

KUHLO, Alfred: Jubiläumsdenkschrift des Bayerischen Industriellen-Verbandes e.V. 1902-1927, München 1927.

LANDWERS, Richard: Die Lage des Kleinhandels und die Gründungen der Rabatt-Sparvereine und Einkaufsgenossenschaften der Händler, Berlin 1905, zugl. Diss. Heidelberg.

LANGE, Thomas: Bayern im Ausnahmezustand 1919-1923. Zur politischen Funktion des bayerischen Ausnahmerechts in den ersten Jahren der Weimarer Republik, Diss. München 1989.

LANZINNER, Maximilian: Zwischen Sternenbanner und Bundesadler. Bayern im Wiederaufbau 1945-1958, Regensburg 1996.

LEONHARDY, Friedrich: Gliederung der bayerischen „Handels- und Gewerbekammern" und späteren „Handelskammern" bis zur Gegenwart und ihre innere und äußere Handelspolitik in der Zeit von 1869 bis zum Ausbruch des Weltkrieges, Nürnberg 1926, zugl. Diss. Erlangen.

LICHTER, Jörg: Die Handelskammern und der Deutsche Handelstag im Interessengruppensystem des Deutschen Kaiserreichs (Kölner Vorträge und Abhandlungen zur Sozial- und Wirtschaftsgeschichte Heft 40), Köln 1996.

LÖFFLER, Bernhard: Die bayerische Kammer der Reichsräte 1848 bis 1918. Grundlagen, Zusammensetzung, Politik (Schriftenreihe zur bayerischen Landesgeschichte Bd. 108), München 1996.

LOIBL, Richard: Die Wirtschaft Niederbayerns und ihre Industrie- und Handelskammer, Passau 1998.

LUEBECK, Julius: Die wirtschaftliche Entwicklung Bayerns und ihre Verwaltung von Handel, Industrie und Gewerbe. Denkschrift der Handelskammer München über die zukünftigen Aufgaben des Staatsministeriums für Handel, Industrie und Gewerbe, München/Leipzig 1919.

MAHNKE, Fritz: 75 Jahre Industrie- und Handelskammer zu Coburg, Coburg 1971.

MEYER-MARSILIUS, Hans Joachim: 75 Jahre Handelskammer Deutschland-Schweiz. Die schweizerisch-deutschen Wirtschaftsbeziehungen im Spiegelbild der Geschichte der Handelskammer Deutschland Schweiz. Festschrift anlässlich des 75jährigen Jubiläums der Handelskammer Deutschland-Schweiz im Jahre 1987, Zürich 1987.

MIELKE, Siegfried: Der Hansa-Bund für Gewerbe, Handel und Industrie 1909-1914: Der gescheiterte Versuch einer antifeudalen Sammlungspolitik (Kritische Studien zur Geschichtswissenschaft Bd. 17), Göttingen 1976.

MITCHELL, Allan: Revolution in Bayern 1918/1919. Die Eisner-Regierung und die Räterepublik, München 1967.

MÖCKL, Karl: Die Prinzregentenzeit. Gesellschaft und Politik während der Ära des Prinzregenten Luitpold in Bayern, München 1972.

MÖCKL, Karl: König und Industrie. Zur Industrialisierungspolitik der Könige – Max I. Joseph, Ludwig I. und Max II., in: Aufbruch ins Industriezeitalter. Bd. 2: Aufsätze zur Wirtschafts- und Sozialgeschichte Bayerns 1750-1850, hg. von Rainer A. MÜLLER, München 1985, S. 12-36.

MOMMSEN, Wolfgang J.: Die Urkatastrophe Deutschlands. Der Erste Weltkrieg 1914-1918 (Handbuch der deutschen Geschichte Bd. 17), 10. völlig neu bearbeitete Auflage, Stuttgart 2002.

MOST, Otto: Selbstverwaltung der Wirtschaft in den Industrie- und Handelskammern, Jena [3]1927.

MOSTHAF, Walther: Die württembergischen Industrie- und Handelskammern Stuttgart, Heilbronn, Reutlingen, Ulm 1855-1955. Festschrift zum 100jährigen Bestehen der Industrie- und Handelskammern Stuttgart, Heilbronn, Reutlingen, Ulm. Bd. 1: Die Handels- und Gewerbekammern 1855-1900, Stuttgart 1955. Bd. 2: Die Handelskammern 1900-1933, Stuttgart 1962.

MÜNCH, Friedrich: Die agitatorische Tätigkeit des Bauernführers Heim. Zur Volksernährungsfrage aus der Sicht des Pressereferates des bayerischen Kriegsministeriums während des Ersten Weltkrieges, in: Bayern im Umbruch. Die Revolution von 1918, ihre Voraussetzungen, ihr Verlauf und ihre Folgen, hg. von Karl BOSL, München 1969, S. 301-344.

Niederbayerische Wirtschaft, hg. von der Industrie- und Handelskammer für Niederbayern in Passau, Dezember 1996.

NIPPERDEY, Thomas: Interessenverbände und Parteien in Deutschland vor dem Ersten Weltkrieg, in: Politische Vierteljahresschrift – Zeitschrift der Deutschen Vereinigung für Politische Wissenschaft, Jg. 2, 1961, S. 262-280.

NIPPERDEY, Thomas: Deutsche Geschichte 1866-1918. Bd. 2: Machtstaat vor der Demokratie, 2. durchges. Auflage, München 1993.

NORDEN, Heinrich van: Die Einkaufs-Vereine der Händler unter besonderer Berücksichtigung des Verbandes Deutscher Glas-, Porzellan- und Luxuswaren-Händler Nürnberg, Nürnberg 1913.

NORDEN, Heinrich van: Die Einkaufsgenossenschaften des Einzelhandels, Berlin 1920, zugl. Diss. Bonn.

Oberfränkische Wirtschaft. Mitteilungsblatt der Industrie- und Handelskammer für Oberfranken Bayreuth. Sondernummer zum 125jährigen Bestehen der Industrie- und Handelskammer für Oberfranken Bayreuth, Bayreuth 1968.

OSEL, Heinrich: Zur Entwicklung von Bayerns Industrie und Handel, Diessen bei München 1917.

PETZINA, Dietmar: Zum Problem des Verlaufs und der Überwindung der Weltwirtschaftskrise im regionalen Vergleich, in: DERS.: Die Verantwortung des Staates für die Wirtschaft: ausgewählte Aufsätze, Essen 2000, S. 158-187.

PFEIFFER, Gerhard: Aus den Anfängen der Industrie- und Handelskammer zu Nürnberg, in: 125 Jahre Industrie- und Handelskammer Nürnberg 1843-1968, hg. von der Industrie- und Handelskammer Nürnberg, Nürnberg 1968, S. 49-75.

PIECHULLEK, Dieter: Das Rathaus der Wirtschaft. Handelsvorstand und IHK Nürnberg für Mittelfranken, Nürnberg 2001.

PÖHLMANN, Barbara: Heinrich Held als Bayerischer Ministerpräsident (1924-1933). Eine Studie zu 9 Jahren bayerischer Staatspolitik, Diss. München 1995.

POHL, Hans: Stellungnahmen des Deutschen Handelstages zur Verkehrs- und Außenwirtschaftspolitik 1861 bis 1914, in: Zur Politik und Wirksamkeit des Deutschen Industrie- und Handelstages und der Industrie- und Handelskammern 1861 bis 1949. Referate und Diskussionsbeiträge eines Symposiums aus Anlaß des 125jährigen Bestehens des Deutschen Industrie- und Handelstages am 1. Oktober 1986 in Ludwigshafen am Rhein, hg. von Hans POHL, Stuttgart 1987, S. 50-65.

POHL, Harald: Kommunale Wirtschafts- und Finanzpolitik in Bayern zur Zeit der Weimarer Republik: dargestellt am Beispiel der Wirtschaftsregion Ingolstadt, Diss. Regensburg 1988.

POLLINGER, Melanie: Initiative und Engagement. 50 Jahre Industrie- und Handelskammer Aschaffenburg, Aschaffenburg 1996.

PROLLIUS, Michael v.: Das Wirtschaftssystem der Nationalsozialisten 1933-1939. Steuerung durch emergente Organisation und Politische Prozesse, Paderborn 2003, zugl. Diss. Berlin 2001.

PROWE, Diethelm: Im Sturmzentrum: die Industrie- und Handelskammern in den Nachkriegsjahren 1945 bis 1949, in: Zur Politik und Wirksamkeit des Deutschen Industrie- und Handelstages und der Industrie- und Handelskammern 1861 bis 1949. Referate und Diskussionsbeiträge eines Symposiums aus Anlaß des 125jährigen Bestehens des Deutschen Industrie- und Handelstages am 1. Oktober 1986 in Ludwigshafen am Rhein, hg. von Hans POHL, Stuttgart 1987, S. 91-122.

REIMANN, Joachim: Der politische Liberalismus in der Krise der Revolution, in: Bayern im Umbruch. Die Revolution von 1918, ihre Voraussetzungen, ihr Verlauf und ihre Folgen, hg. von Karl BOSL, München 1969, S. 165-199.

ROTH, Regina: Staat und Wirtschaft im Ersten Weltkrieg. Kriegsgesellschaften als kriegswirtschaftliche Steuerungsinstrumente (Schriften zur Wirtschafts- und Sozialgeschichte Bd. 51), Berlin 1997, zugl. Diss. Tübingen 1995.

RUDHART, Ignaz: Ueber den Zustand des Königreichs Bayerns nach amtlichen Quellen. Bd. 2: Ueber die Gewerbe, den Handel, und die Staatsverfassung des Königreichs Bayern, Erlangen 1827.

RÜRUP, Reinhard: Entstehung und Grundlagen der Weimarer Verfassung, in: Vom Kaiserreich zur Republik, hg. von Eberhard KOLB, Köln 1972, S. 218-243.

SANDERN, Detlef: Coburg im Deutschen Bund und Deutschen Reich. Coburg von Ernst I. bis zu Carl Eduard, in: Ein Herzogtum und viele Kronen – Coburg in Bayern und Europa. Aufsätze zur Landesausstellung 1997 des Hauses der Bayerischen Geschichte und der Kunstsammlungen der Veste Coburg in Zusammenarbeit mit der Stiftung der Herzog von Sachsen-Coburg und Gotha'schen Familie und der Stadt Coburg, hg. von Michael HENKER und Evamaria BROCKHOFF, Augsburg/Regensburg 1997, S. 81-84.

SCHÄFER, Dieter: Der Deutsche Industrie- und Handelstag als politisches Forum der Weimarer Republik. Eine historische Studie zum Verhältnis von Politik und Wirtschaft, Hamburg 1966.

SCHÄFER, Dieter: 125 Jahre Industrie- und Handelskammer in Unterfranken, in: 125 Jahre Industrie- und Handelskammer Würzburg-Schweinfurt, hg. von der Industrie- und Handelskammer Würzburg-Schweinfurt, Würzburg [1968], S. 81-189.

SCHÄFER, Dieter: Weggefährten einer Handelskammer, Würzburg 1978.

SCHÄFER, Dieter: Die Begründung der Handelskammern in Bayern, in: Aufbruch ins Industriezeitalter. Bd. 2: Aufsätze zur Wirtschafts- und Sozialgeschichte Bayerns 1750-1850, hg. von Rainer A. MÜLLER, München 1985, S. 269-279.

SCHÄRL, Walter: Die Zusammensetzung der bayerischen Beamtenschaft von 1806 bis 1918 (Münchener Historische Studien, Abteilung bayerische Geschichte, Bd. 1), Kallmünz/Opf. 1955.

SCHERER, Karl: Zum Verhältnis Pfalz-Bayern in den Jahren 1816-1848, in: Die Pfalz und Bayern 1816-1956, hg. von Hans FENSKE, Speyer 1998, S. 9-40.

SCHIECK, Hans: Die Behandlung der Sozialisierungsfrage in den Monaten nach dem Staatsumsturz, in: Vom Kaiserreich zur Republik, hg. von Eberhard KOLB, Köln 1972, S. 138-164.

SCHMIDT, Eva: Die Industrie- und Handelskammer Regensburg zur Zeit des Nationalsozialismus. Magisterarbeit an der Universität Regensburg 2003 (masch.).

SCHNORBUS, Axel: Arbeit und Sozialordnung in Bayern vor dem Ersten Weltkrieg 1890-1914 (Miscellanea Bavarica Monacensia Heft 19), Diss. München 1969.

SCHÖNHOVEN, Klaus: Die Bayerische Volkspartei 1924-1932, Düsseldorf 1972.

SCHREMMER, Eckart: Die Wirtschaft Bayerns. Vom hohen Mittelalter bis zum Beginn der Industrialisierung (Bergbau, Gewerbe, Handel), München 1970.

SCHULTZ, Reinhard: Einkaufsgenossenschaften und freiwillige Ketten des Lebensmittelhandels – ein Vergleich (Vorträge und Aufsätze des Instituts für Genossenschaftswesen der Universität Münster Heft 15), Karlsruhe 1969.

SCHULZ, Gerhard: Über Entstehung und Formen von Interessengruppen in Deutschland seit Beginn der Industrialisierung, in: Interessenverbände in Deutschland, hg. von Heinz Josef Varain, Köln 1973, S. 25-54.

SCHULZ, Gerhard: Räte, Wirtschaftsstände und die Transformation des industriellen Verbandswesens am Anfang der Weimarer Republik, in: Gesellschaft, Parlament und Regierung. Zur Geschichte des Parlamentarismus in Deutschland, hg. von Gerhard A. RITTER, Düsseldorf 1974, S. 355-366.

SCHUMANN, Dirk: Bayerns Unternehmer in Gesellschaft und Staat 1834-1914. Fallstudien zu Herkunft und Familie, politischer Partizipation und staatlichen Auszeichnungen (Kritische Studien zur Geschichtswissenschaft Bd. 98), Göttingen 1992.

SCHWARZ, Klaus-Dieter: Weltkrieg und Revolution in Nürnberg. Ein Beitrag zur Geschichte der deutschen Arbeiterbewegung, Stuttgart 1971.

SPERL, Gabriela: Wirtschaft und Staat in Bayern 1914-1924 (Schriften der Historischen Kommission zu Berlin Bd. 6), Berlin 1996.

SPILKER, Ernst Moritz: Bayerns Gewerbe 1815-1965 (Volkswirtschaftliche Forschungsbeiträge Bd. 2), München 1985, zugl. Diss. Köln.

STADTHAGEN, Hans/BRIEFS, Götz: Die Preisprüfungsstellen (Beiträge zur Kriegswirtschaft Heft 22/23), Berlin 1917.

STÄBLER, Wolfgang: Weltwirtschaftskrise und Provinz. Studien zum wirtschaftlichen, sozialen und politischen Wandel im Osten Altbayerns 1928 bis 1933 (Münchener Historische Studien, Abteilung Bayerische Geschichte, Bd. 14), Kallmünz/Opf. 1992, zugl. Diss. München 1989.

STERN, Ernst: Der Höchstpreis. Eine systematische Untersuchung auf Grund der Erfahrungen der deutschen Kriegswirtschaft, München u.a. 1923.

STIHL, Hans Peter: Fundament Freiheit. Wirtschaftliche Selbstverwaltung aus unternehmerischer Sicht. Vortrag auf der Tagung des Verbandes der Geschäftsführer deutscher Industrie- und Handelskammern zu Ehren seines 100. Jubiläums, Berlin 1991.

STOLPER, Gustav: Deutsche Wirtschaft seit 1870, fortgeführt von Karl HÄUSER und Knut BORCHARDT, Tübingen 1964.

STRAATEN, Martin: Entwicklung und Aufgaben der Einkaufsgenossenschaften des Bäcker- und Konditorenhandwerks in Deutschland (Schriften zum Genossenschaftswesen und zur Öffentlichen Wirtschaft Bd. 26), Berlin 1989, zugl. Diss. Köln 1988.

STÜRMER, Erich: Die Geschichte des Instituts der Handelskammern in Bayern, Amorbach 1911, zugl. Diss. Erlangen.

THALMANN, Frauke: Die Industrie- und Handelskammern im Ruhrgebiet während der Weimarer Republik: Wirkungsgeschichte und Handlungsspielräume zwischen Konkurrenz und Kooperation, Berlin 1996, zugl. Diss. Bochum.

THALMANN, Heinrich: Die Pfalz und Bayern in der Zeit des Ersten Weltkriegs, in: Die Pfalz und Bayern 1816-1956, hg. von Hans FENSKE, Speyer 1998, S. 163-188.

THRÄNHARDT, Dietrich: Wahlen und politische Strukturen in Bayern 1848-1953. Historisch-soziologische Untersuchungen zum Entstehen und zur Neuerrichtung eines Parteiensystems, Düsseldorf 1973.

TILLY, Richard H.: Vom Zollverein zum Industriestaat. Die wirtschaftlich-soziale Entwicklung Deutschlands 1834 bis 1914, München 1990.

Tradition und Bewährung. 125 Jahre Industrie- und Handelskammer für Niederbayern in Passau, hg. von der Industrie- und Handelskammer für Niederbayern in Passau, Passau 1973.

Vom Handelsvorstand zur IHK Nürnberg für Mittelfranken, hg. von der Industrie- und Handelskammern Nürnberg o.J. (Faltblatt).

WAGNER, H.: Die Organisation der bayerischen Industrie, in: Geschichte der bayerischen Industrie, hg. von Alfred KUHLO, München 1926, S. 201-213.

WEHLER, Hans-Ulrich: Krisenherde des Kaiserreichs 1871-1918. Studien zur deutschen Sozial- und Verfassungsgeschichte, 2. überarbeitete u. erweiterte Auflage, Göttingen 1979.

WELLER, Karl/WELLER, Arnold: Württembergische Geschichte im südwestdeutschen Raum, Stuttgart und Aalen ^{8}1975.

WERNER, Stefan: Wirtschaftsordnung und Wirtschaftsstrafrecht im Nationalsozialismus (Frankfurter kriminalwissenschaftliche Studien Bd. 30), Frankfurt/M. 1991, zugl. Diss. 1990.

WINKEL, Harald: Wirtschaft im Aufbruch. Der Wirtschaftsraum München-Oberbayern und seine Industrie- und Handelskammer im Wandel der Zeit, München 1990.

WINKLER, Heinrich August: Pluralismus oder Protektionismus? Verfassungspolitische Probleme des Verbandswesens im deutschen Kaiserreich (Institut für europäische Geschichte Mainz – Vorträge Nr. 55), Wiesbaden 1972.

WÜLKER, Gerda: Der Wandel der Aufgaben der Industrie- und Handelskammern in der Bundesrepublik (Schriftenreihe der Harkort-Gesellschaft e.V. Hagen, Abt. B, Bd. 2), Diss. Hagen 1972.

WÜNSCHEL, Hans-Jürgen: Anmerkungen zum pfälzisch-bayerischen Verhältnis 1866-1914, in: Die Pfalz und Bayern 1816-1956, hg. von Hans FENSKE, Speyer 1998, S. 131-161.

WYSOCKI, Josef: Die pfälzische Wirtschaft von den Gründerjahren bis zum Ausbruch des Ersten Weltkrieges, in: Beiträge zur pfälzischen Wirtschaftsgeschichte, Speyer 1968, S. 209-251.

WYSOCKI, Josef: Zwischen zwei Weltkriegen – wirtschaftliche Probleme der Pfalz 1918-1939, in: Beiträge zur pfälzischen Wirtschaftsgeschichte, Speyer 1968, S. 253-294.

ZIEGENFUß, Hans: Aufgaben einer Industrie- und Handelskammer. Vortrag vor dem Rotary-Club Passau am 17.1.1995 (unveröffentlichtes Manuskript).

ZIEGLER, Dieter: Das Zeitalter der Industrialisierung (1815-1914), in: Deutsche Wirtschaftsgeschichte. Ein Jahrtausend im Überblick, hg. von Michael NORTH, München 2000, S. 192-281.

ZIEGLER, Walter: Bayern im NS-Staat 1933 bis 1945, in: Handbuch der bayerischen Geschichte, hg. von Max SPINDLER, 2. völlig neu bearbeitete Ausgabe, München 2003, Bd. 4/1, S. 500-634.

ZINNER, Bernd: Die Handelskammer von Mittelfranken. Organisation und gutachtliche Tätigkeit 1842-1889 (Schriftenreihe des Stadtarchivs Nürnberg Bd. 19), Nürnberg 1976, zugl. Diss. Erlangen.

ZORN, Wolfgang: Kleine Wirtschafts- und Sozialgeschichte Bayerns 1806-1033, München-Pasing 1962.

ZORN, Wolfgang: Die wirtschaftliche Struktur Bayerns um 1820, in: Festschrift für Max SPINDLER zum 75. Geburtstag, hg. von Dieter ALBRECHT, Andreas KRAUS, Kurt REINDEL, München 1969, S. 611-631.

ZORN, Wolfgang: Bayerns Gewerbe, Handel und Verkehr (1806-1970), in: Handbuch der bayerischen Geschichte, hg. von Max SPINDLER, München 1975, Bd. 4/2, S. 782-845.

ZORN, Wolfgang/HILLENBRAND, Leonhard: Sechs Jahrhunderte schwäbische Wirtschaft. Beiträge zur Geschichte der Wirtschaft im bayerischen Regierungsbezirk Schwaben (125 Jahre Industrie- und Handelskammer Augsburg), Augsburg 1969.

Peter Lang · Europäischer Verlag der Wissenschaften

Claudia-Anja Kaune

Willy Hellpach (1877–1955)

Biographie eines liberalen Politikers der Weimarer Republik

Frankfurt am Main, Berlin, Bern, Bruxelles, New York, Oxford, Wien, 2005.
441 S.
Mainzer Studien zur Neueren Geschichte.
Herausgegeben von Peter C. Hartmann, Walter G. Rödel und Konrad Amann.
Bd. 15
ISBN 3-631-53851-0 · br. € 68.50*

Willy Hellpach war DDP-Politiker, politischer Schriftsteller und Psychologe in der Weimarer Republik. Das politische Leben dieses vielseitigen Intellektuellen und bekannten politischen Redners wird in dieser Arbeit als historische Biographie entwickelt und seine politische Haltung untersucht. In seiner Person verbindet sich auf einzigartige Weise die Haltung der Hochschullehrer als Elite zur Weimarer Republik, die badische Landesgeschichte, an der er als Kultusminister einen Anteil hatte, mit der politischen Geschichte Weimars. Seine Überzeugungen unterlagen geringeren Schwankungen, als man angesichts vier politischer Systeme erwarten könnte. Hellpach hinterließ bleibende Ergebnisse als Kultusminister und sein politisches Lebenswerk – ein Regierungssystem für Deutschland.

Aus dem Inhalt: Willy Hellpach (1877–1955) – historische politische Biographie · DDP-Politiker · Politischer Schriftsteller · Hochschullehrer · Leben und Wirken in vier deutschen politischen Systemen · Politische Geschichte der Weimarer Republik und badische Landesgeschichte · Niedergang des Weimarer Liberalismus und Aufstieg des Nationalsozialismus · Reichspräsidentschaftswahl 1925 · Reichstag 1928–1930

Kolibri 360 GmbH
Ferdinand-Jühlke-Straße 7
99095 Erfurt, Deutschland
produktsicherheit@kolibri360.de

Druck:
CPI Druckdienstleistungen GmbH
im Auftrag der
Kolibri 360 GmbH
Ferdinand-Jühlke-Str. 7
99095 Erfurt